Sabine Bobert

Jesus-Gebet und neue Mystik

Grundlagen einer christlichen Mystagogik

www.buchwerft-verlag.de

Die Deutsche Bibliothek – CIP-Einheitsaufnahme

Bobert, Sabine:
Jesus-Gebet und neue Mystik: Grundlagen einer
christlichen Mystagogik / Sabine Bobert. –
Kiel: Buchwerft, 2010
ISBN 978-3-940900-22-7

Druck und Bindung: Buchwerft Kiel

Titelbild: Zisterzienserkirche Neuberg an der Mürz, © Fotograf: Martin Aigner,
URL: http://www.burgenseite.com, „Download".
Umschlagdesign: Julia Annika Richter

I

H

S

Inhalt

III. Der kulturelle Kontext einer gegenwärtigen Mystik

IV. Der mystische Weg des Einzelnen

V. Gemeinsame Rituale als Einweihungswege

Vorwort

Ein mystagogischer Ansatz für das 21. Jahrhundert

Der aufgeklärte, modernisierte Protestantismus hat ein spannungsreiches Verhältnis zum Thema Spiritualität. Die Entdeckung, dass spirituelle Übungen die Persönlichkeitsentwicklung und die Autonomie fördern können, steht der akademischen Theologie noch bevor. Die eigenständige Logik religiöser Methoden wird kaum noch reflektiert. Sie ist weitgehend durch die Übernahme säkularer Methoden in Seelsorge, Predigt, Bildungsarbeit und im Verständnis der Rituale ersetzt worden. Hierdurch geht jedoch Wesentliches vom Beitrag der christlichen Religion zur Persönlichkeitsentwicklung und Autonomieförderung verloren.
Ebenso in Vergessenheit geraten ist auf akademisch-theologischer Ebene eine ursprüngliche Form von Theologie, die in einem spirituellen Übungsweg wurzelt. Solch eine mystagogische Theologie wurde ursprünglich in den Klöstern als Typus der „monastischen Theologie“ kultiviert. Mystagogische Theologie, Theologie aus einem eigenen geistigen Sehen heraus, war der Theologietypus der christlichen Theologen der ersten Jahrhunderte. Sie wurde im Abendland durch die mittelalterlichen Universitätsgründungen und die dort etablierte scholastische Theologie zunehmend an den Rand gedrängt.
Mystagogische Theologie setzt die Umformung des Denkens durch einen Übungsweg voraus. Sie gilt noch heute als Haupttypus östlich-orthodoxer Theologie. Das Unverständnis abendländischer Theologen für christlich-orthodoxe Argumentationsformen zeugt einerseits von der Freiheit westlicher Denkformen, andererseits aber auch von einem mangelnden Sinn für die Notwendigkeit einer spirituellen Schulung des Denkens, bevor es seinen nicht-physischen Gegenstand zunehmend klar erfassen kann.
Der vorliegende Band möchte diesen jahrhundertealten Traditionsstrom mystagogischer Theologie in die akademische Debatte einbringen. Eine Theologie für das postsäkulare 21. Jahrhundert wird eine Theologie sein, die mit einem eigenen spirituellen Übungsweg verbunden bleibt. Mystagogie und ein Sinn für die unsichtbaren Wirklichkeitsdimensionen bleiben die Voraussetzungen dafür, um in einer multireligiösen Weltgesellschaft mit anderen religiösen Systemen in einen Dialog treten zu können. Lebendig wird ein Dialog erst dann, wenn er über den Austausch von Begriffen hinausgeht und wenn die Dialogpartner dazu in der Lage sind, religiöse Systeme aus ihrer eigenen religiösen Logik heraus zu begreifen.

Gliederung

Im einleitenden *Teil I „Der Christ der Zukunft ist Mystiker“* wird die Trendwende fort von autoritätsfixierten Glaubensformen, aber auch fort von einer platten Modernitätsgläubigkeit hin zu einer neuen religiösen Empirie skizziert.
Im *Hauptteil II „Von der antiken zur christlichen Mystagogik“* wird die lange Vorgeschichte einer christlich profilierten Mystagogie in einzelnen Etappen dargelegt. Durch diese historische Grundlegung soll der Ansatz des evangelischen Theologen Manfred Josuttis aus den 1990er Jahren mit einer langen Vorgeschichte verbunden werden.
Die einzelnen Kapitel dieses Hauptteils sind so verfasst, dass sie sich problemlos als Bausteine herausgreifen lassen, wie z.B. Informationen über den Typus der monastischen Theologie als Alternativmodell zur scholastischen Theologie (Kapitel 3.3), die Darstellung von Dietrich Bonhoeffers mystagogischem Ansatz (Kapitel 4.2) oder das Kapitel zu Manfred Josuttis´ Konzept einer neuen Mystagogie (Kapitel 4.3).
Der *Hauptteil III „Der kulturelle Kontext einer gegenwärtigen Mystik“* geht davon aus, dass alte christliche mystagogische Techniken im Kontext des 21. Jahrhunderts neue Bedeutung und neue Konnotationen gewinnen. Der kulturelle Kontext wird durch radikalisierte Individualisierungstendenzen und durch eine zunehmende seelische Destabilisierung markiert („Pixel-Ich“ und narzisstische Strategien zur Selbstvergewisserung). Der neue Kontext spiegelt sich in mystischen Kunstformen wider, und er wird zum Marktplatz für esoterische Einweihungsangebote.
Hauptteil IV „Der mystische Weg des Einzelnen“. Im Zeitalter der aufgenötigten und erstrebten Individualisierung wird die Lebenskunst des Bei-sich-Seins, das mönchische „Secum esse“, zu einer seelischen Schlüsselqualifikation. Die Kirchen, die Seelsorgerinnen und Seelsorger werden diesem gesellschaftlichen Bedarf nur dann gerecht, wenn sie Menschen nicht allein dogmatisch-behauptend oder rhetorisch-predigend, sondern schwerpunktmäßig lebenspraktisch in die seelische und mentale Selbständigkeit führen. Das Zeitalter eines lediglich von Autoritäten übernommenen Glaubens ist im postmodernen Kontext passé. Glaube muss sich lebenspraktisch bewähren, oder er wird als unpraktisch verworfen. Lebenspraktische Mystagogie ist im Zeitalter individualisierter Glaubenswege dringender nötig denn je.

Die christliche Mystik versteht Glaubensentwicklung als eine dynamische Umwandlung der gesamten Persönlichkeit. Ein frühes mystisches Entwicklungskonzept soll exemplarisch anhand des Mystikers Ambrosius von Mailand vorgestellt werden. Es ist zugleich ein Zeugnis für die frühe, erotisch gefärbte Brautmystik.

Einer der Gründe, warum sich die akademische Theologie von der Selbstfundierung in spirituellen Übungen und von deren Reflexion abgewendet hat, mag in den unausgereiften Reflexionsmitteln des Rationalismus des 18. Jahrhunderts gelegen haben. Inzwischen bieten Forschungsansätze jedoch wesentlich adäquatere Zugänge zu spirituellen Übungen (Kapitel 3 „Neurotheologie: Aufmerksamkeitssteuerung als spirituelles Werkzeug"). Eine zentrale Rolle spielen hierbei gegenwärtig die Neurowissenschaften und die hier angesiedelte Meditationsforschung. Bildgebende Verfahren ermöglichen inzwischen Einblicke in Wirkungszusammenhänge zwischen spezifischen religiösen Übungen und ihren kurz-, mittel- und langfristigen hirnphysiologischen Auswirkungen. Psychotherapeutische Ansätze nutzen inzwischen die therapeutische Kraft religiöser Techniken.
Ein mystischer Entwicklungsweg führt zu einem veränderten Zeiterleben und zur Wahrnehmung davon, wie wir selbst das, was „Zeit" ist, als Einzelne und als Gruppe konstruieren. Daher beginnt das Kapitel 4 „Der mystische Weg" mit Überlegungen und Beschreibungen von Experimenten zu dem, was „Zeit" ist und sein kann: ein fließendes Jetzt voller Lebensfülle.

Mystagogie arbeitet mit konkreten Techniken. Im Christentum gehören dazu Techniken für das individuelle Training sowie gemeinschaftliche Rituale. Die aus meiner Sicht wichtigste Übung zu einer gegenwärtig praktikablen Mystik besteht im Wiederholen eines kurzen Textes („ruminatio", „Wiederkäuen"). Wer Taizé-Lieder singt, macht bereits Erfahrungen damit, wie befreiend die Wiederholung heilsamer Bilder und Texte sein kann. Der wichtigste Anbieter von Mantren ist allerdings in der Mediengesellschaft nicht mehr die Kirche, sondern die Werbeindustrie. Seit der Allgegenwart von Radio und Fernsehen prägen mantrisch wiederholte Werbeslogans, meist gechantet, tief die Seelen nahezu aller Menschen.
Mentale Autonomie heißt im Kontext der Mediengesellschaft: Wer nicht mit einem selbstgewählten Mantrum arbeitet, wird unweigerlich bis tief ins Unbewusste von Werbemantren in seiner Aufmerksamkeit zerstreut und gesteuert, mag er sich auch intellektuell für noch so autonom halten. Das Dressur-Leitmantrum der Konsumgesellschaft lautet: „Kaufen macht glücklich!" Demente Menschen vergessen mitunter ihren Namen und erkennen nicht mehr ihre engsten Angehörigen. Doch bei einem entsprechenden Reiz werden sie noch immer die passiv eingeübten Mantren der Werbekultur wortgetreu wiederholen können. Sie sind tiefer in den Seelen verankert als Name und Gesicht der engsten Angehörigen. Im Kontext der Mediengesellschaft lässt sich die Arbeit mit einem autonom gewählten Mantrum als eine Form von Selbstschutz, als ein Mittel zur Wahrung der Personwürde und als ein Weg zur mentalen Autonomie betrachten.
Die christliche Arbeit mit einem ständig zu wiederholenden kurzen Text gleicht formal der Arbeit mit Mantren in anderen Religionen. Der zentrale

Unterschied im Christentum liegt in der Zentrierung der Aufmerksamkeit auf den Namen Jesu. Die christliche Mystik geht wie andere Religionen davon aus, dass ein spezifischer Name den Zugang zu einer außeralltäglichen Kraftsphäre bildet. Die Technik des in diesem Buch vorgestellten Jesus-Gebetes zählt zu den kraftvollsten Techniken für Menschen, die nach einer mystischen Persönlichkeitsentwicklung streben.

Als ein eher passives Widerfahrnis einer Einweihung in mystische Wirklichkeitsbereiche lassen sich Nahtoderfahrungen verstehen. Zunehmend mehr Menschen berichten von ihren Nahtoderfahrungen als von einem mystischen Geschehen, das ihre Persönlichkeit tiefgreifend umgewandelt hat. Berichte von Nahtoderfahrungen wurden bereits im frühen Christentum als Zeugnisse für die Unsterblichkeit der Seele gesammelt. Sie waren schon damals mit dem Interesse verbunden, Näheres über den Weg des Menschen nach dem physischen Tod aussagen zu können. Im Kapitel 6 „Nahtoderfahrungen als mystischer Weg" wird die jahrhundertealte christliche Nahtodtradition mit gegenwärtigen Forschungsansätzen in einen Dialog gebracht.

Hauptteil V. „Gemeinsame Rituale als Einweihungswege". Wer einen mystischen Entwicklungsweg geht, wird „Gemeinschaft", „Person", „Menschheit" und „Gott" auf neue Weise erfahren. Er wird sie theologisch anders definieren als ein Mensch dies tut, der die Welt nur sinnlich von außen erfährt. Für die Mystikerin, den Mystiker ist die abstrakte theologische Behauptung eines mystischen Leibes der Menschheit eine alltägliche Erfahrung.

Die mystisch erfahrbare Verbundenheit aller Menschen in einem unsichtbaren Leib bzw. Kraftfeld wird von Christen rituell in der Eucharistiefeier veranschaulicht. Diese Feier führt die Einzelnen durch zentrierende Rituale jeweils neu in dieses umwandelnde Kraftfeld hinein.

Neben der Eucharistiefeier werden Taufe und Bestattung als wichtige transformative Rituale vorgestellt. Der Schwerpunkt liegt dabei auf der mystischen Perspektive. Wirksame religiöse Rituale sind stets Schwellenhandlungen: Sie sind sichtbare Ausdrucksformen für das Handeln im Unsichtbaren.

Lesehinweis für Praxisorientierte

Das Buch wurde zunächst als ein Beitrag zur akademischen Diskussion geschrieben. Wer nach einer Anleitung für einen mystischen Entwicklungsweg sucht, kann im Hauptteil „IV. Der mystische Weg des Einzelnen“ mit dem Kapitel „3. Neurotheologie“ beginnen. Hier dominiert zwar noch die Theorie, aber es finden sich bereits wichtige Begründungen für einzelne Übungen. Wer es noch eiliger hat, mag direkt mit dem nächsten Kapitel starten: „4. Der mystische Weg“. Hier kann er bzw. sie direkt in Kapitel „4.4 Entwicklungsstufen des Betens: die mystische Entwicklung durch konkrete Techniken“ springen.
Um Menschen, die konkret nach mystischer Praxis und heilenden Übungen fragen, gerecht zu werden, ist nach dieser theoretischen Grundlegung ein Praxisbuch geplant. Aus meiner Erforschung alter Mönchstechniken und aus der Beschäftigung mit der Theorie und Praxis des Jesusgebetes ist inzwischen ein eigenes Seelsorgekonzept entstanden. Es hat sich in der Arbeit mit seelisch stark belasteten Menschen bewährt. Da dieses Seelsorgekonzept viele Übungen für einen mystischen Weg enthält und therapeutisch wirkt, habe ich es „Mystagogisch Therapeutische Seelsorge“ genannt. Für eine Kultur, die Abkürzungen liebt, nenne ich es „MTS“. Auf „MTS“ baue ich inzwischen auch eine eigenständige christliche Coaching-Form auf, die sich im multikulturellen Zeitalter für Menschen anderer Religionen und für Atheisten abwandeln lässt. All das also im nächsten Buch.

Danksagung

Beim Schreiben dieses Buches fühlte ich mich Menschen auf vielen Ebenen verbunden. Zunächst danke ich meinen Kollegen der Kieler Theologischen Fakultät für ein Forschungsfreisemester. Ohne dieses Freisemester wäre das Buch nie entstanden.
Wichtige inhaltliche Anregungen verdanke ich Ute Minne für das Kapitel über Neurotheologie und Meditationsforschung sowie Prof. Dr. Mechthild Schrooten für meine Ausführungen über Spiritualität als wichtigen Wirtschaftsfaktor.
Ich danke auch Jan Lohrengel sowie Roberto Jürgensen. Sie unterstützten mich bei den Recherchen. Jan Lohrengel erstellte das Satzlayout und das Personenregister.
Insgesamt verdanke ich den Kieler Studierenden meine Einsicht, dass es Zeit wird für eine neue Art von Theologie. Wo sie gelangweilt vor sich in Vorlesungen hindämmerten, wusste ich, dass ich für diese Generation falsch

lag. Wo sie wach wurden, mich durch Fragen weiterbrachten und zu Praxisprojekten mit ihnen anregten, wusste ich, dass etwas Neues anfängt. Daraus sind inzwischen, neben diesem Buch, das Projekt der Evangelischen Messe in der Kieler Citykirche St. Nikolai geworden, die Kieler Mystagogik-Vorlesungen sowie die „Exerzitienseminare".

Kiel, In Festo sanctissimi Nominis Jesu 2010

I. Der Christ der Zukunft ist Mystiker

1. Eine Theologie jenseits von Barth und Bultmann

Der katholische Dogmatiker *Karl Rahner* sagte im letzten Jahrhundert das Ende eines erfahrungslosen Christentums voraus. Zugleich beschrieb er den Typus des Zukunfts-Christen: „... der Fromme von morgen wird ein 'Mystiker' sein, einer, der etwas 'erfahren' hat, oder er wird nicht mehr sein, weil die Frömmigkeit von morgen nicht mehr durch die im Voraus zu einer personalen Erfahrung und Entscheidung einstimmige, selbstverständliche öffentliche Überzeugung und religiöse Sitte aller mitgetragen wird, die bisher übliche religiöse Erziehung also nur noch eine sehr sekundäre Dressur für das religiös Institutionelle sein kann.“[1]

Rahners Voraussage wird inzwischen von Soziologen bestätigt. Anfang der 1980er Jahre bahnte sich in den Geisteswissenschaften ein weltanschaulicher Umbruch an. Die auf das Säkularisierungsdogma eingeschworenen soziologischen Theorien wurden und werden zunehmend zurückgebaut und korrigiert. An ihre Stelle treten Entwürfe, die Transzendenzerfahrungen in ihrer eigenen Realität ernst nehmen. Die neuen theoretischen Ansätze erkennen zudem die herausgehobene Rolle von Religion bei der Entwicklung der menschlichen Persönlichkeit an. Und sie weisen den Religionen eine Schlüsselstellung bei der Lösung der Probleme einer globalisierten Moderne zu.

Bereits 1970 thematisierte der US-amerikanische Wissenssoziologe *Peter L. Berger* vorsichtig die Wiederentdeckung des Übernatürlichen in der modernen Gesellschaft.[2] Zehn Jahre später untersuchte er die wissenssoziologischen Auswirkungen des religionskulturellen Pluralismus und ihre Rückwirkungen auf theologische Formen der Wissenskonstruktion. Die Angebotsvielfalt an religiösen Traditionen nötige die Zeitgenossen zu einem *„häretischen Imperativ“*.[3] Die faktische Vielfalt von Überlieferungen relativiere absolute Wahrheitsansprüche. Religiös Interessierte seien dadurch genötigt, sich aus den vorfindlichen Traditionen Passendes auszuwählen. Auch wer sich für eine fundamentalistische oder orthodoxe Option entscheidet, bleibt angesichts anderer Wahlmöglichkeiten damit konfrontiert, dass seine orthodoxe Option revidierbar ist und dass die Alleingeltung auf einer subjektiv gefällten Entscheidung beruht.

Die selbst auswählenden und urteilenden Zeitgenossen setzen faktisch die religionskritische Pointe des Protestantismus um, der ganz auf die Urteils-

---

[1] *Karl Rahner*, Frömmigkeit heute und morgen (1966), in: Andreas Schönfeld (Hg.), Spiritualität im Wandel, Würzburg 2002, 79-94, hier: 87f.

[2] *Peter L. Berger*, A Rumor of Angels. Modern Society and the Rediscovery of the Supernatural, Garden City/NY 1970.

[3] Vom griechischen Wort αἷρεσις (hairesis): „Wahl“ oder „Auswahl“. *Ders.*, Der Zwang zur Häresie, Frankfurt M. 1980.

fähigkeit des einzelnen Subjektes setzt, das sich seine Mündigkeit nicht mehr von Autoritäten und Institutionen abnehmen lässt. „Nicht mehr andere, Autoritäten oder die Tradition, entscheiden für mich, sondern als einzelner bin ich meinem Gewissen verpflichtet. Diese Entdeckung gehört zur Grundausstattung des Protestantismus, der zur Modernisierung der Welt wesentlich beigetragen hat."[4]
Berger unterscheidet drei Typen von religiösem Wissen:

a. *autoritär* aus Geltungsansprüchen der Tradition abgeleitetes Wissen (Prototyp: *Karl Barth*; Zugangsweg zur Tradition: durch einen blinden Glauben an die autoritär behauptete Geltung der Tradition),
b. die *Negierung religiösen Wissens* durch ein *Anpassen* der religiösen Überlieferung an ein materialistisches Weltbild (Prototyp: *Rudolf Bultmann* und das von ihm vertretene Programm einer religiösen Entmythologisierung),
c. das Ansetzen bei der *Erfahrung* als Quelle religiösen Wissens (Prototyp: *F. D. E. Schleiermacher*, Methode der Induktion).[5]

Angesichts der Wahlmöglichkeiten auf dem globalisierten Religionsmarkt überzeugt nach Berger ein autoritäres Wiederholen religiöser Wahrheiten (Typ a) kaum noch. Dennoch seien die Zeitgenossen religiös aufgeschlossen. Eine Ermäßigung der religiösen Wahrheitssuche im Sinne einer radikalen Entmythologisierung (Typ b) führt zu einer Selbstbanalisierung. Sie findet zudem bei Zeitgenossen, die eigene religiöse Erfahrungen machen, keine Akzeptanz. Bultmanns Grundfehler liegt nach Berger in einer falschen Realitätsdefinition. Zwar würde der Durchschnittsdeutsche nach einer Dämonenvision tatsächlich eher einen Psychiater aufsuchen als einen Exorzisten. Insofern treffe die Behauptung zu, dass der durchschnittliche moderne Mensch zu mythologischem Denken unfähig sei und nicht mehr in einem Universum lebe, das von göttlichen oder anderen übermenschlichen Kräften durchzogen sei. Doch diese Unfähigkeit gründe lediglich in anerzogenen verengten Realitätsauffassungen, die durch wissensvermittelnde Institutionen täglich wiederholt werden. „Doch die Frage bleibt bestehen: Gibt es tatsächlich Dämonen? ... Der empirische Befund, dass dieser Mensch, in seiner Zeit und an seinem Ort, die Möglichkeit nicht erfassen kann, ist keine Antwort auf die gestellten Fragen. Es ist am Ende doch möglich, dass der Mensch, der keine Dämonen wahrnehmen kann, einen großen Fehler macht. ... es ist möglich, dass das moderne Bewußtsein, während es die Wahrnehmung des Menschen für manche Aspekte des Universums schärft,

[4] *Rüdiger Sachau,* Weiterleben nach dem Tod?, Gütersloh 1998, 42.
[5] Vgl. Berger, a.a.O. (Anm. 3).

ihn andere Aspekte, die gleichermaßen real sind, aus dem Blick verlieren lässt."[6]

Der religiöse Wissenstyp der Zukunft setzt nach Berger bei der Erfahrung ein (Typ c). Ihm muss wissenssoziologisch eine Phänomenologie der religiösen Erfahrung entsprechen. Die von Berger dazu benannte „induktive Methode" setzt „bei alltäglichen menschlichen Erfahrungen" ein und erforscht „die aus ihnen zu empfangenden ′Signale der Transzendenz′".[7] Der induktive Ansatz lässt Spielraum dafür, dass es manchen Menschen leichter fällt als anderen, Transzendenzerfahrungen zu machen. Dass solche Erfahrungen vielen Menschen unzugänglich bleiben, darf nicht zu einem Dogma über die Unmöglichkeit solcher Erfahrungen verallgemeinert werden. „Es gibt Menschen, Mystiker und dergleichen, die behaupten, unmittelbare persönliche Erfahrungen mit religiösen Realitäten gehabt zu haben. … für solche Menschen *sind* religiöse Glaubensvorstellungen genauso unvermittelt selbstbeglaubigend wie die Erfahrung eines Zahnschmerzes."[8]

Mit der Abkehr von der äußeren religiösen Autorität hin zu einem individuellen Erfahrungsweg beschreibt Berger den Zukunftstyp des Christen wie bereits Karl Rahner. Ein Theologietyp, der dieser Glaubensbewegung wissenssoziologisch entspricht, muss die Transzendenzerfahrungen der alten und neuen Mystiker reflektieren und sie als Grundlage von religiösem Wissen analysieren. Alle theologischen Begriffe haben ihren Sitz im Leben in der Transzendenzerfahrung: im Erleben eines anderen Raumes, einer anderen Zeit, in verwandelnden Begegnungen. In der religiösen Erfahrung lassen Menschen die alltäglichen Zeit- und Raumerfahrungen hinter sich. Ihre Auffassung der Wirklichkeit erweitert sich. Während der religiösen Erfahrung wird die „Welt des Übernatürlichen … als ′draußen′ erfahren, als eine Welt, die unwiderstehliche Realität besitzt, unabhängig vom Willen des einzelnen, und dieser überwältigend objektive Charakter stellt den alten Realitätsstatus der normalen Welt in Frage." „Es entsteht ein Gefühl aufrüttelnder und vollkommen überzeugender Einsichten. … Während des Erlebnisses verwandeln sich die Kategorien der normalen Existenz, vor allem die Kategorien von Zeit und Raum. Immer wieder wird das Übernatürliche als etwas in einer anderen Raum- oder Zeitdimension Liegendes erfahren." „Die Erfahrung des Übernatürlichen verändert auch die Wahrnehmung seiner selbst und der anderen. Während des Erlebnisses … hat [man] das Empfinden, sein ′wahres Selbst′ sei aufgedeckt worden."[9] „Schließlich führt das Erlebnis häufig (nicht immer) zu Begegnungen mit anderen Menschen, die in der normalen Realität nicht möglich sind. Das mögen die ′wahren Selbste′ an-

[6] A.a.O., 22f.
[7] A.a.O., 7.
[8] A.a.O., 47.
[9] Dieses und vorangehende Zitate a.a.O., 56. Ergänzung in eckigen Klammern SB.

derer Menschen oder Tiere sein, die ´Seelen´ der Toten oder übernatürliche Wesen, die in der Alltagswelt keinerlei Körperexistenz besitzen."[10]

Auch der deutsche Soziologe *Ulrich Beck* nimmt Max Webers Annahme von einer religiös entzauberten Moderne ausdrücklich zurück. Er begründet inzwischen die Notwendigkeit von Religion gerade aus der modernisierten Weltgesellschaft heraus. Im „eigenen Gott" findet das moderne Individuum eine für sich selbst „unüberbietbare Richtschnur". „Es geht um die Errichtung und Sicherung eines *inneren* Raumes – als Voraussetzung des eigenen Lebens."[11] Vor allem Angehörige der „kulturellen Intelligenz" suchen zunehmend Transzendenzerfahrungen in der sogenannten „Neuen Religiösen Bewegung" in Europa und in den USA. Dies sind junge Erwachsene im Alter zwischen 25 und 40 Jahren, die meist ein Universitätsstudium abgeschlossen haben, materiell gesichert leben und ihren Erfahrungshorizont durch regelmäßige Auslandsreisen erweitern.[12] In den westlichen Gesellschaften, die „die Autonomie des Individuums als Prinzip verinnerlicht haben, schafft sich der einzelne Mensch in immer größerer Unabhängigkeit diejenigen Glaubenserzählungen – den ´eigenen Gott´ –, die zum ´eigenen´ Leben und ´eigenen´ Erfahrungshorizont passen."[13] „Es sind die Aufrichtigkeit und das persönliche Engagement des gläubigen Individuums, also seine ´glaubwürdige Suche´, die ihm Autorität verleiht, nicht das Bemühen um Konformität mit den vorgegebenen Wahrheiten."[14]
Allerdings führt die religiöse Individualisierung mit ihrer aufrichtigen Suche nach dem „eigenen Gott" nicht unabdingbar in neue Freiheiten. Der globale Markt bedient die von religiösen Vorgaben freigesetzten Einzelnen. Er stellt hierfür standardisierte religiöse Baumarkt-Produkte warenförmig bereit. Einer tatsächlich gelebten individuellen Religionsfreiheit widerspricht „allein schon die Warenförmigkeit der angebotenen ´Religionsprodukte´ und deren standardisierter Konsum. Die Individualisierung des Glaubens folgt also den Mechanismen der religiösen Symbolökonomie, die mehr und mehr von den Gesetzen des Marktes durchdrungen wird. So kommt es zu der Paradoxie, dass hochindividualisierte Glaubenskulturen, in denen jeder bzw. jede sich ihrem eigenen Selbstverständnis nach die Authentizität der spirituellen Glaubenserzählung selbst zurechnet, aus einer Außenperspektive beobachtet, völlig standardisiert funktionieren."[15]
Der gegenwärtige Kontext individueller Glaubenswege ist daher durch zwei gegenläufige Bewegungen gekennzeichnet. Einerseits sind die Individuen in

---

[10] A.a.O., 56f.
[11] *Ulrich Beck*, Der eigene Gott, Frankfurt 2008, 29.
[12] A.a.O., 45f.
[13] A.a.O., 115.
[14] A.a.O., 118.
[15] A.a.O., 119. Folgendes Zitat ebd.

ihre freie Religionswahl entlassen. Andererseits bleibt die Freiheit durch vorschnelle Übernahmen entlastender Glaubensschablonen gefährdet, die der Religionsmarkt feilbietet. „Das individualisierte Glaubensbewusstsein ist demzufolge das kollektive Standardbewusstsein, das ich als solches nicht mehr zu durchschauen vermag, weil es sich als individualisiertes Selbstbewusstsein versteht.“

2. Der Trend zur religiösen Empirie

Die zeitgenössischen Transzendenz-Sucher fassen ihre religiösen Erfahrungen bevorzugt in eine naturwissenschaftliche Sprache. Was Rudolf Bultmann Probleme bereitete – gleichzeitig den Rasierapparat und einen Lichtschalter zu benutzen und an eine Wirklichkeit zu glauben, die umfassender ist, als sie die Naturwissenschaften um 1941 beschrieben, das bereitet Zeitgenossen offenkundig keine Probleme mehr. Während Bultmann in der Konfrontation von Naturwissenschaft und Glaube transzendente Realitäten auf existenzphilosophische Allgemeinplätze und einen mythologischen Rest reduzierte,[16] formierte sich bereits um 1900 ein alternatives Religionsparadigma. Es realisierte sich in der Zusammenführung von Gedankengut aus Aufklärung, Wissenschaft und empirisch verstandenem Glauben. In diesem modernisierten religiösen Rahmenmodell verstanden sich die Anhänger von alternativen religiösen Bewegungen, bis hin zu Rudolf Steiners Anthroposophie, als wissenschaftliche und religiöse Avantgarde. Der sich um 1900 formierende Okkultismus ist darum, soziologisch betrachtet, gerade kein irrationales Phänomen, sondern ein Kind und eine „andere Gestalt der Moderne".[17] Religiöse Konzepte wurden im Modernisierungsschub um 1900 formal auf der Ebene der Sprachspiele und zugleich inhaltlich neu formuliert. Die bevorzugten Dialogpartner der modernisierten religiösen Sucher wurden die neuzeitliche Physik (Magnetismus, Wellenmodell, Elektrizität, Metaphern aus technischen Innovationen), Mythenforschung, vergleichende Religionswissenschaft und Naturphilosophie. Erste Ansätze zur Modernisierung nichtchristlicher religiöser Traditionen begegnen bereits im 18. Jahrhundert beim schwedischen Wissenschaftler und Mystiker Emanuel Swedenborg (1688-1772) sowie bei dem Arzt und Heiler Franz Anton Mesmer (1734-1815).

Das modernisierte religiöse Paradigma ist seit 1900 unabwendlich das einer *religiösen Empirie* geworden. Der von den Naturwissenschaften auf die Religion übertragene Empirismus befreit (vordergründig) die modernen religiösen Sucher von Bindungen an religiöse Autoritäten. Paradigmatisch steht hierfür Rudolf Steiners okkulte Schrift „Wie erlangt man Erkenntnis Höherer Welten?" (1904). In ihr legt Steiner dar, welche Übungen ein religiöser Sucher absolvieren muss, um über verschiedene Erkenntnisstufen bis zur Erfahrung des eigenen Reinkarniertseins zu gelangen.

Folgende zwei Beispiele aus der gegenwärtigen Debatte über Reinkarnation veranschaulichen das empirische Religionsmodell: die 'Reinkarnationsfor-

---

[16] Vgl. dazu Berger, a.a.O. (Anm. 3).

[17] Vgl. *Ulrich Linse*, Geisterseher und Wunderwirker. Heilssuche im Industriezeitalter, Frankfurt M. 1996.

schung′ durch die Ärztin Elisabeth Kübler-Ross und den Psychologen Thorwald Dethlefsen. Bei beiden Vertretern handelt es sich um Wissenschaftler, die Reinkarnationsvorstellungen in ihre wissenschaftliche Sprache übersetzt und an ihr empirisches Wissenschaftsmodell angepasst haben. Aufgrund der empirischen Argumentationsformen und der wissenschaftlichen Sprachformen würden viele Reinkarnationsgläubige nicht von einem Reinkarnations*glauben* sprechen, sondern von Reinkarnations*erfahrungen* bzw. reflektierter von einem Reinkarnations*modell,* das hilft, viele ihrer persönlichen Erfahrungen konsistent zu ordnen. Der Religionssoziologe Karl-Fritz Daiber zieht aus diesem wissenssoziologischen Umbruch in bezug auf den christlichen Auferstehungsglauben das Fazit: „Die Neubeschäftigung mit der Zukunft nach dem Tode ist eine wissenschaftliche. Sie ist nicht Religion, zumindest ihrem Selbstverständnis nach, sondern eben Wissenschaft, orientiert am grundlegenden Erfahrungsmodell dieser Gesellschaft.“[18]

Der Psychologe *Thorwald Dethlefsen* (geb. 1946) ist Deutschlands bekanntester Reinkarnationstherapeut. Seine Bücher erreichen Millionenauflagen. Wie kommt ein Psychologe dazu, sein Leben dem Thema Reinkarnation zu widmen? Aus Dethlefsens eigener Sicht gelangte er auf wissenschaftlichem Wege und rein empirisch dazu. Im Jahre 1968 nahm er als 22jähriger Psychologiestudent mit einer Versuchsperson ein Experiment vor: eine Altersregression unter Hypnose. Diese Altersregression enthielt eine wichtige Abweichung zur üblichen Versuchsanordnung. Dethlefsen ließ die Regression nicht in der Kindheit enden, sondern er ging mit der Person „ohne Rücksicht auf die reale Zeit, einfach immer weiter zurück“. Der studentische Forscher war auf die mit dem Versuchsergebnis verbundenen metaphysischen Fragen nicht vorbereitet: Wo beginnt das Menschenleben? Sein Fazit lautet: „Ich sah, dass Zweifel an der Lehre der Wiedergeburt nur aus mangelnder Information entspringen.“[19] Fortan suchte Dethlefsen nach Quellen und Traditionen, die seine experimentelle Erfahrung für sich und andere reflektierbar und kommunizierbar machen konnten. Er fand Erklärungsmuster in östlichen Religionen, in C. G. Jungs Psychologie und in esoterischen Strömungen.

Dethlefsen befand sich mit seinem religiös-wissenschaftlichen Experiment seinerseits bereits in einer langen Wissenschaftstradition. Um 1900 experimentierte bereits der französische Oberst Albert de Rochas (1837-1914) mit Rückführungen unter Hypnose. In den USA hatte sich Edgar Cayce (1876-

[18] Daiber, in: Sachau, a.a.O. (Anm. 4), 63.
[19] Dethlefsen zitiert nach Sachau, a.a.O., 67.

1945) damit befasst. Auch in der Sowjetunion experimentierte man mit diesem Verfahren.[20]
Dethlefsen entwickelte eine eigene Form einer angeblich wissenschaftlich fundierten Reinkarnationstherapie. Er versteht sein Vorgehen als eine radikalisierte Psychoanalyse: Im Unbewussten lagern nicht nur die Sedimente *eines* Lebens, sondern vieler Leben. Psychoanalytischen Überzeugungen gemäß steuert das Unbewusste unser gegenwärtiges Leben gerade *weil* es unbewusst ist. Ebenso wirkt nach Dethlefsen Karma. Erst wenn Menschen sich ihr unbewusstes Karma bewusst machen, können sie sich vom Gesetz des Schicksals befreien. Allerdings müsse auch das Bewusstseinskonzept selbst erweitert werden: Voll bewusst (ohne Abspaltungen und abgewehrte Bereiche) denkt erst diejenige Person, die nicht mehr polar denkt (z.B. im Modell einer in Diesseits und Jenseits gespaltenen Welt) und die das fiktive Zeitmodell eines Zeitstrahls bewusst dekonstruiert hat. Erst dieser umfassend integrative Standpunkt gewähre einen – im Vergleich zum Alltagsbewusstsein – quasi überbewussten, vollbewussten Einblick in die Gleichzeitigkeit alles je Erlebten. Dethlefsen verbindet sein Reinkarnationsmodell auf diese Weise mit einer lerntheoretisch ausgerichteten Metaphysik.

Der Anspruch auf Wissenschaftlichkeit erscheint bei Dethlefsen, Kübler-Ross und ähnlich vorgehenden Forschern dadurch problematisch, dass sie nicht wissenschaftlich genug vorgehen. Beide setzen vorschnell eine Deutungsmöglichkeit absolut, ohne sorgfältig alternative Deutungen zu überprüfen. Zu Dethlefsens Versuchsergebnis gibt es zahlreiche andere Deutungsmöglichkeiten als die einer experimentell bewiesenen Reinkarnation: z.B. dass Versuchspersonen lediglich ihre unbewussten Konflikte in surreale Bildlandschaften verwandeln. Zugleich kann an Dethlefsens Vorgehen die suggestive Kraft von wissenschaftlichen Settings und die Autorität von ´studierten Wissenschaftlern´ in der heutigen Gesellschaft gut veranschaulicht werden. Häufig wird ein gedankliches Nachvollziehen von Forschungsweg und Deutung aus mangelnder Kompetenz durch eine autoritätsbezogene Glaubenshaltung ersetzt. Der neue populäre Glaube an ´die Wissenschaft´ ist dermaßen tragfähig, dass er inzwischen auch religiöse Botschaften mit trägt: Der Wissenschaftsglaube ist zum modernen religiösen Sprachspiel geworden.
Auch die Ärztin *Elisabeth Kübler-Ross* (1926-2004) vertrat eine empirisch orientierte Religiosität in einem naturwissenschaftlichen Sprachspiel, eine „Jenseitshoffnung in quasi-wissenschaftlichem Gewand".[21] „Ich glaube nur,

---

[20] Vgl. einführend: Art. Edgar Cayce, in: Wikipedia, http://de.wikipedia.org/wiki/Edgar_Cayce. (Zugang: 31. 10. 2009). Zu sowjetischen Experimenten vgl. *Sheila Ostrander/Lynn Schroeder*, PSI, Bern/München/Wien [2]1992.
[21] Sachau, a.a.O. (Anm. 4), 64. Vgl. zum Folgenden: 54ff.

was ich erfahren kann".[22] „Mir geht es nicht um Glauben, ich habe mit den Kirchen nichts im Sinn. Für mich ist das Jenseits eine Gewissheit. Meine Erfahrungen und meine 'Spooks' haben mich darin bestärkt." Kübler-Ross wurde in den 1960er und 1970er Jahren international bekannt durch ihre Beschreibung von Sterbephasen (Nichtwahrhabenwollen, Zorn, Verhandeln, Depression, Zustimmung) sowie durch Beschreibungen von Nahtod-Erfahrungen.[23] Als Forschungsergebnisse präsentierte sie auch Aussagen über das Weiterleben nach dem Tod und über Reinkarnation. Kübler-Ross selbst hatte sich einer Reinkarnationsrückführung unter Hypnose unterzogen.

Aus ihren empirischen Beobachtungen wagte sie den Überschritt in eine Metaphysik. Ihre Kern-Botschaft lautete: „Es gibt keinen Tod." Kübler-Ross zufolge existiert in jedem Menschen ein göttlicher Funke. Dieser verbindet uns mit unserer göttlichen Quelle. „Es ist eben jener Teil in uns, der uns wissen lässt, dass wir unsterblich sind. Viele Leute beginnen wieder gewahr zu werden, dass der physische Körper nur das Haus, den Tempel oder … den Kokon darstellt, welchen wir nur für eine bestimmte Anzahl von Jahren bewohnen, bis wir uns jener Umwandlung übergeben, die man als den Tod bezeichnet."[24] „Was begraben oder verbrannt wird, sind nicht Sie, sondern nur der Kokon."

Zeitgenössische religiöse Sucher haben längst mit ihren Transzendenzvorstellungen die Hürde der Naturwissenschaften genommen. Bevorzugt zitieren sie führende Naturwissenschaftler des 20. Jahrhunderts als neue Glaubenszeugen wie Erwin Schrödinger, Max Planck, Wolfgang Pauli, Werner Heisenberg und Albert Einstein. Der Wissenschaftsoptimismus reicht inzwischen so weit, dass Zeitgenossen der Forschung eine neue Grundlegung der Religion zutrauen, gemäß dem Diktum von Werner Heisenberg: „Der erste Trunk aus dem Becher der Naturwissenschaft macht atheistisch, aber auf dem Grund des Bechers wartet Gott."

Ein weltanschaulicher Bruch auf dem Glaubensweg wird nicht im Gegenüber zur zeitgenössischen Naturwissenschaft wahrgenommen, sondern nur im Rückblick auf eine überholte naturwissenschaftliche Epoche und ihr physikalistisch-mechanistisches Weltbild, das durch die Namen Isaac Newton und Rene Descartes repräsentiert wird.

Die genannten Naturwissenschaftler des 20. Jahrhunderts repräsentieren demgegenüber ein nicht-dualistisches, immanentes Verständnis von Transzendenz. *Albert Einstein* grenzt sich von einer theistischen Gottesauffassung und Frömmigkeit ab. Für die traditionelle kirchliche Frömmigkeit sei „Gott ein Wesen, auf dessen Sorgfalt man hofft, dessen Strafen man fürchtet ... –

---

[22] A.a.O., 63. Das folgende Zitat: ebd.
[23] A.a.O., 59.
[24] Ebd. Folgendes Zitat: ebd.

ein Wesen, zu dem man gewissermaßen in einer persönlichen Beziehung steht, so respektvoll diese auch sein mag.“ Seine im Verlaufe der Forschung entwickelte Frömmigkeit gründe „im verzückten Staunen über die Harmonie der Naturgesetzlichkeit, in der sich eine so *überlegene Vernunft* offenbart, dass alles Sinnvolle menschlichen Denkens und Anordnens dagegen ein gänzlich nichtiger Abglanz ist. ... Unzweifelhaft ist dies Gefühl nahe verwandt demjenigen, das die religiös schöpferischen Naturen aller Zeiten erfüllt hat.“[25]

Der Atomphysiker *Max Planck* gelangte zur Auffassung vom Primat des Geistes als Urgrund der Materie – eines Geistes mit Bewusstsein und Intelligenz: „Als Physiker sage ich Ihnen nach meinen Erforschungen des Atoms dieses: Es gibt keine Materie an sich! Alle Materie entsteht und besteht nur durch die eigene Kraft, welche die Atomteilchen in Schwingung bringt und sie zum winzigsten Sonnensystem des Atoms zusammenhält.“ Wir müssen „hinter dieser Kraft einen bewussten und intelligenten Geist annehmen. Dieser Geist ist der Urgrund aller Materie! Nicht die sichtbare, aber vergängliche Materie ist das Reale, wahre Wirkliche, sondern der unsichtbare, unsterbliche Geist ist das Wahre! Da es aber Geist an sich allein ebenfalls nicht geben kann, sondern jeder Geist einem Wesen gehört, müssen wir zwingend Geistwesen annehmen.“[26]

Die hier skizzierte Problemlage eines religiösen Empirismus mit wissenschaftlichem Anspruch wird im Kapitel über „Esoterische Mystikkonzepte“ an zwei Beispielen ausführlich dargelegt. Im folgenden Kapitel werden geschichtliche Grundlagen einer christlichen Mystagogik näher untersucht. Inwiefern hängen christliche Spiritualität und Mystagogie zusammen? Sind Einweihungswege nur esoterische oder fernöstliche religiöse Praktiken? Welche mystagogischen Strömungen gehören zur Kulturgestalt des Christentums selbst? Und an welche mystagogischen Vorläufer knüpfte das Christentum an?

---

[25] *Albert Einstein*, Die Religiosität der Forschung, in: Carl Selig (Hg.), Mein Weltbild, Zürich/Stuttgart/Wien [2]1953, 21f, hier: 21. Zu den in der neuen Religionsszene gerne zitierten Klassikern zählen: *Hans-Peter Dürr* (Hg.), Gott, der Mensch und die Wissenschaft, Augsburg 1997; *ders.* (Hg.), Physik und Transzendenz, Bern 1986; *Jean Guitton/Grichka und Igor Bogdanov*, Gott und die Wissenschaft, München 1991; *Herbert Pietschmann*, Das Ende des naturwissenschaftlichen Zeitalters, Wien 1980; *Stephen W. Hawking*, Eine kurze Geschichte der Zeit, Hamburg 1988.

[26] *Max Planck*, zitiert in: Zeitschrift für Erfahrungsheilkunde (ZfEHK), Heft 12 (1990), S. 807.

II. Von der antiken zur christlichen Mystagogik

1. Mystagogie als kontextueller Rahmen einer erneuerten christlichen Mystik

Wer die Zukunft des Christentums in einer mystischen Spiritualität sieht, steht vor der Aufgabe, eine zeitgenössische Mystagogie zu entwickeln. 'Mystagogie' ist die Kunst, Menschen in das Geheimnis ihres eigenen Lebens, der Welt und zugleich Gottes hineinzuführen. Mystagogie weiß um eine verborgene Dimension. Sie ist die Kunst der Initiation. Die Dimension des Geheimnisses und die Notwendigkeit von Initiationen hängen mit der Wahrnehmungsfähigkeit zusammen. Die Wahrheit über sich selbst und über die Wirklichkeit ist den meisten Menschen faktisch verborgen. Sie setzen partielle Beschreibungen ihrer Existenz absolut und gelangen nicht zu einer umfassenden Sicht dessen, was sie *auch* noch bzw. *wesentlich* sind. Der Mensch ist mehr, als er von sich sieht und weiß. Das Wesen des Menschen ist ein faktisches Geheimnis, das keiner aktiven Geheimhaltung bedarf.

Mystagogie ist die Kunst der Initiation, der Hineinführung in das Geheimnis der eigenen Existenz, insofern die meisten Menschen Begleitung auf dem Weg zur Erkenntnis ihrer eigenen Wahrheit benötigen. Begleitung umfasst dabei nicht nur Belehrung, sondern ebenso die Unterweisung in spezifischen Techniken sowie eine symbolisch-rituelle Darstellung des Geheimnisses.

Um die verschiedenen Dimensionen von Mystagogie zu erfassen, werden zunächst unterschiedliche mystagogische Formen in der abendländischen Geschichte untersucht. Auch das in diesem Buch entwickelte Konzept nimmt wichtige Anregungen aus den verschiedenen mystagogischen Epochen auf. Zu dieser Vorgeschichte zählen die antiken Mysterien in der kultischen Gestalt von Eleusis und in der philosophischen Weiterentwicklung durch Platon. Beide Strömungen wurden in der alexandrinischen Theologie im 2. Jahrhundert durch Clemens von Alexandrien und Origenes aufgegriffen und christianisiert. Die Theologie der byzantinischen und griechischen Kirchenväter wird bis zur Gegenwart in den Ostkirchen als deren wichtigste Grundlage betrachtet. Der orthodoxe Kultus will Mystagogie für das Volk und die orthodoxe Theologie Reflexion dieser Mystagogie sein.

Das weströmische, lateinisch sprechende Christentum kultivierte seine mystagogischen Traditionen vorrangig in Klöstern. Sie entwickelten eine eigenständige Form von Theologie, die sich formal und inhaltlich von der mittelalterlichen scholastischen und von gegenwärtigen akademischen Konzepten unterscheidet. Während für den wichtigen Zweig der orthodoxen Theologie auf umfassende Darstellungen verwiesen werden kann, soll die monastische Theologie der Klöster als spezifischer Lebensstrom christlicher Mystagogie im Abendland ausführlicher dargestellt werden. Für das 20.

Jahrhundert werden drei Konzepte vorgestellt, die wichtige Beiträge zur Erneuerung einer christlilichen Mystagogie leisten: die Mysterientheologie des Benediktinermönchs Odo Casel, das Aufgreifen des frühkirchlichen Taufkatechumenats und der Arkandisziplin bei Dietrich Bonhoeffer und – bereits an der Wende zum 21. Jahrhundert – die mystagogische Pastoraltheologie von Manfred Josuttis. Am Ende des Kapitels wird eine eigene Definition für eine Mystagogik des 21. Jahrhunderts vorgestellt und in Thesen erläutert.

2. Antike Mystagogie

2.1 Das „antike Mysterienwesen“ als Mythos des 19. Jahrhunderts

Die verschiedenen historischen Stufen von Mystagogie im Abendland lassen sich zwar für eine Darstellung diskursiv voneinander trennen. Faktisch nahmen jedoch Theologen, die sich um eine Erneuerung einer christlichen Mystagogie bemühten, schon immer Anregungen aus vorangegangenen Epochen auf. Hierbei spielte der jeweilige Forschungsstand eine wichtige Rolle, so dass Rekonstruktion und Konstruktion, aus heutiger Sicht, immer ineinander flossen. So stützte sich beispielsweise Odo Casel (S. 67ff) unter anderem auf Richard Reitzensteins Forschungsergebnisse über die antiken Mysterienkulte, die inzwischen nicht mehr haltbar sind. Dietrich Bonhoeffer folgte in seiner Darstellung der mystagogischen Stufen des altkirchlichen Taufkatechumenats einer Rekonstruktion durch Gerhard von Zezschwitz.
Aufgrund dieser wechselseitigen Beeinflussungen und der sich wandelnden Forschungslage sollen im Folgenden Mythen und neuere Thesen zu den verschiedenen mystagogischen Epochen und ihren Konzepten kurz vorgestellt werden. Dies ermöglicht zugleich, kritisch und konstruktiv mit Unzulänglichkeiten in Konzepten wie beispielsweise dem Odo Casels umzugehen.
Die Erforschung der Mysterienkulte hat seit 1900 vor allem aufgrund archäologischer Funde große Fortschritte gemacht. Hiervon legen die umfassenden Dokumentationen durch Maarten J. Vermaseren zu Mithras-Monumenten, von Reinhold Merkelbach über „Isis regina – Zeus Sarapis“ sowie George E. Mylonas zur archäologischen Erschließung von Eleusis Zeugnis ab.[1] Zu Forschungsquellen zählen, neben Ausgrabungsergebnissen, an Textgattungen vor allem griechische Romane (so erschließt z.B. Karl Kerényi Eleusis), Zauberpapyri (einer der letzten Eleusinischen Hierophanten, Zosimos, war ein anerkannter Zauberer) sowie gnostisch-hermetische Literatur. Die Quellen zeigen, wie schwer die einzelnen Kultformen miteinander vergleichbar sind. Letztlich wird damit auch der im 19. Jahrhundert konstruierte Sammelbegriff des „antiken Mysterienwesens“ infrage gestellt.

---

[1] Zu Mithras: *Maarten J. Vermaseren*, Mithras. The Secret God, London 1963; *ders.*, Mithraica I: The Mithraeum at S. Maria Caua Vetere, Leiden 1966 (EPRO 9); *ders.*, Der Kult des Mithras im römischen Germanien, Stuttgart 1974; *Reinhold Merkelbach*, Mithras. Ein persisch-römischer Mysterienkult, Wiesbaden o.J.. Vgl. *M. J. Vermaseren* (Hg.), Die orientalischen Religionen im Römerreich, Leiden 1997; *ders.*, Cybele and Attis. The Myth and Cult, London 1977; *Reinhold Merkelbach*, Isis regina – Zeus Sarapis, München/Leipzig ^{2}2001; *George E. Mylonas*, Eleusis and the Eleusinian Mysteries, Princeton 1961.

Inzwischen erscheint es weder als angebracht, die griechisch-römischen Mysterienkulte mit dem Gnostizismus und einem davon abhängigen Urchristentum zu vermengen,[2] noch alle Mysterienkulte aus einem orientalischen Ursprung abzuleiten (unter dem Sammelbegriff der „griechisch-orientalischen Kulte“),[3] noch überstark die Gemeinsamkeiten antiker Kulte auf Kosten der Differenzen herauszustellen.[4] Eine übereilte Konstruktion eines einheitlichen antiken Mysterienwesens verstellt den Zugang zu ihrer Vielgestaltigkeit und zu den vielfältigen inzwischen vorliegenden Quellen. Die Unterschiede untereinander bleiben radikal. Dennoch können weiterhin zahlreiche Überschneidungen und soziale Verbindungen wahrgenommen werden. Die „Gruppenidentität“ innerhalb der einzelnen antiken Kulte blieb locker. Es gab keine „Häresie“ und keine „Exkommunikation“. Ein Isispriester in Athen war zugleich ein Iakchogos der Eleusinischen Mysterien. Die Tochter eines Sarapispriesters in Delos wurde „Korbträgerin“ des Dionysos. Eine Isispriesterin richtete ein Dionysosfest aus.
In der Moderne wird „Mysterium“ hauptsächlich mit „*Geheimnis*“ assoziiert. Zu dieser Wortbedeutung hat auch der neutestamentliche Sprachgebrauch beigetragen. Geht man jedoch von antiken lateinischen Übersetzungen zu den griechischen Wörtern μυστήρια (mysteria) und μύειν (myein) aus, so gelangt man zu einer sehr präzisen *kultischen* Bedeutung, nämlich: „initia“, „initiare“, „initiatio“. Das Verb μυέω (myeo, meist passiv verwendet) ist entsprechend mit „*einweihen*“ zu übersetzen. Neben μυστήρια (mysteria) hängen wichtige termini technici mit τέλειν (telein) zusammen: „vollenden“, „feiern“, „weihen“. Hierzu zählen τελετή (telete) – „Fest“, „Weihe“, „Ritual“; τελεστής (telestes) – „Weihepriester“, τελεστήριον (telesterion) – „Weihehaus“, „Halle der Initiationen“.
Burkert definiert auf diesem Hintergrund *„Mysterien“ als „Initiationsrituale“*, bei denen „die Zulassung von einer persönlichen Zeremonie abhängt, der sich jeder einzelne zu unterziehen hat. Andere bleiben ausgeschlossen. Die Geheimhaltung ist die notwendige Begleiterscheinung dieses Prinzips; darum finden auch die meisten Mysterien zur Nachtzeit statt.“[5]
Inzwischen sind Initiationsriten in ihren reichhaltigen Formen vor allem von Ethnologen, Religionswissenschaftlern und Soziologen untersucht worden.

---

[2] Das ist die Position von *Georg Wobbermin*, Religionsgeschichtliche Studien zur Frage der Beeinflussung des Urchristentums durch das antike Mysterienwesen, Berlin 1896, in modifizierter Form auch die Rudolf Bultmanns.
[3] So *Franz Cumont*, Die orientalischen Religionen im römischen Heidentum, Stuttgart [4]1931, und *Richard Reitzenstein*, Die hellenistischen Mysterienreligionen nach ihren Grundgedanken und Wirkungen, Leipzig [3]1927.
[4] Religionswissenschaftlicher Vergleich, frühe Vertreter: *Karl Hendrik Eduard de Jong*, Das antike Mysterienwesen in religionsgeschichtlicher, ethnologischer und psychologischer Beleuchtung, Leiden [3]1923; *Raffaele Pettazzoni*, Misteri, Rom 1924.
[5] *Walter Burkert*, Antike Mysterien. Funktionen und Gehalt, München 1990, 15. Herv. SB.

Die Kategorieneinteilungen für Einweihungsriten reichen von Pubertätsweihen, Königsweihen bis zu Priesterweihen und Zulassungen zu geheimen Gesellschaften. Aus ethnologischer Perspektive waren es vor allem Arnold van Gennep und Victor Turner, aus religionswissenschaftlicher Sicht Mircea Eliade, die Struktur von Einweihungsritualen als Passage-Riten, als „rituelle Status-Veränderung“ und als „Status-Dramatisierung“ erforscht haben.[6] Auf diesem Hintergrund beschreibt Burkert die antiken Mysterieneinweihungen als einen „eigenartigen Sonderfall“: „... sie konstruieren keine Geheimgesellschaft mit festen, dauerhaften Verbindungen – abgesehen allerdings von den Mithrasmysterien. Die Zulassung ist nicht abhängig von Alter und Geschlecht; und der äußere, gesellschaftliche Status ändert sich nicht in merklicher Weise für die Eingeweihten. In der Innenansicht des Initianden verändert sich allerdings sein Status gegenüber einer Gottheit, indem er in einen inneren Kreis der Vertrauten eintritt. In der Außensicht des skeptischen Betrachters ist ein Wandel nicht der sozialen Stellung, sondern der Persönlichkeitsstruktur zu konstatieren, die von einer besonderen Erfahrung im Bereich des Heiligen herrührt.“[7]
Dieses *Mysterienziel: ein religiös evozierter Wandel der Persönlichkeitsstruktur*, macht auf die wichtige kulturhistorische Epoche aufmerksam, die mit der Blütezeit der antiken Mysterien zusammenhängt, und ebenso mit der Ursprungsepoche der christlichen Religion: die „Entdeckung des Geistes“ und die „Entdeckung der Persönlichkeit“ (B. Snell).[8] Nach Snell setzte diese Entdeckung der Persönlichkeit mit den Anfängen der Eleusinischen Mysterien ein. Die Mysterieneinweihungen waren mit einer neuen Stufe von religiösem Bewusstsein und zugleich Selbstbewusstsein verbunden. „Als Initiationsrituale freiwilligen, persönlichen, geheimen Charakters waren die antiken Mysterien bestimmt, durch Erfahrung des Heiligen einen neuen Status der Bewusstheit zu vermitteln.“[9] Mit den Mysterienkulten setzt eine Religionsform ein, in der der *Einzelne* einen persönlichen Entwicklungsweg auf der Grundlage einer *privaten Entscheidung* einschlägt. Er sucht eine ganz persönliche Beziehung zum Göttlichen und damit zugleich zu sich selbst und zum Kosmos.
Der Neutestamentler *Günther Bornkamm* wagt trotz der disparaten Quellenlage eine allgemeine Definition der Mysterienkulte. Er fasst ihre Mannigfaltigkeit in folgenden Grundzügen zusammen: „Mysterien sind kultische Fei-

---

[6] *Arnold van Gennep*, Les rites de Passage, Paris 1909 (deutscher Titel : „Übergangsriten“). *Mircea Eliade*, Birth and Rebirth, 1958; ders., Rites and Symbols of Initiation, New York 1965. Van Genneps Untersuchungen wurden weitergeführt von *Victor Turner*, Das Ritual, Frankfurt/M. [2]2005 [1969].
[7] Burkert, a.a.O. (Anm. 5), 15.
[8] *Bruno Snell*, Die Entdeckung des Geistes. Studien zur Entstehung des europäischen Denkens bei den Griechen, Göttingen 1946, 4. neubearb. Aufl. 1975.
[9] Burkert, a.a.O. (Anm. 5), 18.

ern, in denen die Geschicke einer Gottheit durch heilige Handlungen vor einem Kreise von Geweihten vergegenwärtigt werden, um diesen Anteil zu geben am Lose der Gottheit. … Zum Begriff der Mysterien gehört, dass die, welche an ihrer Feier teilnehmen wollen, sich einer Einweihung unterziehen müssen, Uneingeweihten aber der Zutritt und die Kenntnis der heiligen Handlung versagt wird."[10]
Die kultische Grundstruktur der antiken Mysterien bringt Bornkamm auf folgenden gemeinsamen Nenner: „Wie in der Kultsage schon die Einzelheiten des Kultes vorgezeichnet sind und also die Gottheit gleichsam schon die Rolle des Mysten spielt, so spielen Hierophanten, Priester und Mysten im Kultdrama die Rolle der Gottheit. … Die Einigung mit der Gottheit stiften vor allem die in den einzelnen Mysterien sehr verschiedenen, unter Verwendung göttlicher Symbole vorgenommenen sakramentalen Handlungen: heilige Mahlzeiten und Hochzeiten, Fruchtbarkeits- und Geburtsriten, Taufen, Bekleidungen mit heiligen Gewändern, Sterbe- und Auferstehungsriten oder kultisch symbolisierte Hades- und Himmelfahrten."[11]
Kennzeichnend für die Mysterienkulte ist das den Eingeweihten auferlegte Schweigegebot (Arkandisziplin). Es war so wirksam, dass wir textlich gesichert nur wenig mehr als diese Schweigegebote überliefert bekommen haben.

[10] *Günther Bornkamm*, Art. μυστήριον, μυέω, in: ThWNT IV (1942), 809-834, hier: 811.
[11] A.a.O., 812.

2.2 Kultische Mystagogie in den Mysterien von Eleusis

Trotz dieser prekären textlichen Quellenlage können die Eleusinischen Mysterien als der bestdokumentierte Kult der antiken Welt beurteilt werden. Wir verfügen nicht nur über literarische Aufzeichnungen durch Homer und spätere antike Dichter und Philosophen, sondern inzwischen auch über Ausgrabungen, Inschriften und ikonographische Dokumente. Die Mysterien von Eleusis[12] sind die „eigentlich modellhaften 'Mysterien' für die antike Welt ... und bleiben über die Jahrhunderte hinweg die Mysterien schlechthin".[13] Sie sind mit Athen und dem Höhepunkt der griechischen Kultur im 5. und 4. Jahrhundert v. Chr. eng verbunden und blieben an diese Stadt gebunden, hatten also keine internationalen Ableger. Insofern bildete Athen diesbezüglich einen „Wallfahrtsort" für die antike Welt. Welche soziale Rolle die Eleusinischen Mysterien spielten, klingt noch im 4. Jahrhundert n. Chr. in einem Protestbrief des römischen Prokonsuls von Griechenland nach. Der christliche Kaiser Valentinianus wollte im Jahre 364 n. Chr. alle heidnischen Mysterien verbieten lassen. Praetextus schrieb gegen diese Verordnung zurück, dass sie „das Leben der Griechen unlebbar machen würde, wenn die das ganze Menschengeschlecht zusammenhaltenden heiligsten Mysterien" nicht nach ihren Satzungen durchgeführt werden könnten.[14] Er selbst widersetzte sich dieser Verordnung und erlaubte, die Eleusinischen Mysterien in der überlieferten Weise zu begehen.

Die wichtigste Quelle für die 'Theologie' von Eleusis ist der homerische Hymnus an Demeter aus dem 7. Jahrhundert v. Chr. Er entfaltet die Mythologie von Demeter und den Göttern in ihrem Umkreis. Der Hymnus beginnt mit der Beschreibung von Persephones Raub durch Hades. Er erzählt von der Stiftung der Einweihungen zu Eleusis durch eine Epiphanie Demeters und von der zyklischen Rückkehr ihrer Tochter Persephone an die Erdoberfläche im Kreislauf der Jahreszeiten.

Burkert unterscheidet für die antiken Mysterien drei soziale Organisationsformen: a) der einzelne, wandernde Charismatiker (der wandernde Seher oder Priester), b) ein Klerus, der einem Heiligtum zugehört (vor allem im Nahen Osten und in Ägypten), c) ein freier Kultverein (griechisch θίασος, thiasos). Die griechischen Heiligtümer waren entweder „Familieneigentum",

---

[12] Durch Ausgrabungen inzwischen überholt ist: *Paul Fourcart*, Les mystères d'Eleusis, Paris 1914. Zum gegenwärtigen Forschungsstand vgl. Mylonas, a.a.O. (Anm. 1), *K. Clinton,* The Sacred Officials of the Eleusinian Mysteries, Philadelphia 1974; *ders.*, Myth and Cult. The iconography of the Eleusinian Mysteries, Stockholm 1992; *Karl Kerényi*, Die Mysterien von Eleusis, Zürich 1962. Als fernab von den gegenwärtigen Forschungsgrundlagen beurteilt wird *Diether Lauenstein*, Die Mysterien von Eleusis, Stuttgart 1987.

[13] Burkert, a.a.O. (Anm. 5), 10.

[14] Kerényi, a.a.O. (Anm. 12), 26f.

oder sie wurden von der Polis verwaltet. Letzteres trifft auch für Eleusis zu. Der jährlich gewählte König, der ἄρχων βασιλεύς (archon basileus), beaufsichtigte die Mysterien. Die Finanzen wurden von einem Collegium (ἐπιστάται, epistatai) verwaltet. Die Eleusinische Priesterschaft wurde von zwei ortsansässigen Familien gestellt, den Eumolpiden und den Keryken. Die Eumolpiden entsandten den ranghöchsten Priester, den Hierophantes (wörtlich: „der das Heilige zeigt"). Die Keryken stellten die beiden rangfolgenden Priester: den Daduchos („Fackelträger") und den Hierokeryx („Herold des Heiligen"). Beide Familien besaßen die Freiheit, individuelle Einweihungen durchzuführen. Eine hellenistische Inschrift begründet diese Familienautorität aus gewachsenem Praxiswissen: einem „Wissen aus dem Priestertum, das so viele Generationen in der Familie gewesen ist".[15] Über die Zulassungspraktiken von Eleusis schrieb der Chronist Herodot (490/480-425 v. Chr.): „Wer von den Athenern oder den anderen Griechen es wünscht, wird geweiht".[16]

In bezug auf das *Einweihungsziel* spricht Burkert sich klar gegen eine verkürzte Darstellung als „Erlösungsreligion" aus, die vornehmlich auf ein besseres Los im Jenseits ziele. Ein anderes Todesverständnis ist nur ein Aspekt der Einweihung. Diesbezüglich preist bereits der homerische Demeterhymnus die Eingeweihten. „Glückselig ist der von den Menschen auf Erden, der das geschaut! Wer nicht in die heiligen Zeremonien eingeweiht wurde, wer keinen Teil daran gehabt: nie hat er Anteil an ähnlichen Dingen, ein Toter in dumpfer Finsternis!"[17] Der Dichter Pindar (522-445 v. Chr.) und der Athener Sophokles (497-406 v. Chr.) bezeugen das gewandelte Todesverständnis in ähnlicher Weise. Sophokles dichtet: „Dreimal selig sind/ die Sterblichen, die dieser Weihen Ziel geschaut/ und gehen zum Hades; denn es gibt allein für sie/ dort Leben, für die andern aber alles Leid."[18] Auch Platon (427-347 v. Chr.) spricht von einer Verwandlung durch die kultische Einweihung über den Tod hinaus. „So mögen auch die bekannten Stifter der Mysterien keine geringen Leute gewesen sein, haben sie doch in Wirklichkeit schon lange angedeutet, dass, wer ohne die Weihen und ungeheiligt in die Unterwelt kommt, im Schlammstrom liegen muß, während der, der gereinigt und geweiht dorthin kommt, bei den Göttern wohnen wird." (Phaedon 69c-d) Und noch in der Grabinschrift eines Eleusinischen Hierophanten aus dem 2. Jahrhundert n. Chr. klingt der Sieg über den Tod durch die Eleusinischen Weihen nach: „Wahrlich ein herrliches, gottge-

---

[15] Zitiert nach: Burkert, a.a.O. (Anm. 5), 41.
[16] Zitiert nach: Burkert, a.a.O., 17.
[17] V. 480f, zitiert nach der Übersetzung von Kerényi, a.a.O. (Anm. 12), 29.
[18] *Sophokles*, Tragödien und Fragmente, hg. v. W. Willige, München 1966, 13.

schenktes Mysterium ist´s, dass der Tod den Sterblichen nicht nur kein Übel, sondern ein Gut sein soll.“[19]

Burkert nennt als Einweihungsziel die „verwandelnde Erfahrung“ in diesem Leben. „Die Weihe sollte ein Erlebnis sein, das auf das ganze weitere Leben ausstrahlt, Erfahrung, die die Existenz verwandelt.“[20] Er bezieht sich zur Verdeutlichung auf Aristoteles´ Unterscheidung zwischen μαθεῖν (mathein), παθεῖν (pathein) und διατεθῆναι (diathetenai). „Schon Aristoteles sprach in pointierter Antithese davon, dass es in den Mysterien schließlich und endlich nicht mehr auf ´Lernen´ (μαθεῖν) ankomme, sondern darauf, ´zu erleiden (παθεῖν) und in einen Zustand versetzt zu werden (διατεθῆναι)´“. Insofern gilt auch für Eleusis das Motto des Delphischen Orakels: „Erkenne dich selbst!“ Selbst- und Welterkenntnis sind eng miteinander verschränkt. Diesbezüglich hatte bereits der Stoiker Kleanthes (331-232 v. Chr.) den Kosmos mit einer Mysterienhalle verglichen. Als Athener Philosoph hatte er dabei vielleicht das Eleusinische Telesterion vor Augen.

Will man Näheres über die Einweihungspraktiken von Eleusis erfahren, so gilt weiterhin die Klage von Franz Cumont: Beim großen Schiffbruch der antiken Literatur sei der Verlust der liturgischen Bücher des Heidentums besonders zu bedauern.[21] Was wir davon wissen können, muss mühsam aus Textfragmenten bei Dichtern und Philosophen sowie aus Wandfriesen, archäologischen Ausgrabungen etc. rekonstruiert werden. Insofern kann die folgende Darstellung nur der Versuch einer Annäherung sein.

Die Mysterieneinweihung von Eleusis verlief über die beiden Stufen der Kleinen und der Großen Mysterien. Die Kleinen Mysterien wurden im Frühling (Ende Februar, Anfang März) gefeiert. Von den Einweihungspraktiken während dieser Stufen ist außer Anspielungen nichts nach außen gedrungen. Setzt man den seit Platon (mit unterschiedlichen Termini) bezeugten Dreischritt von *Reinigung (Elengchos), Überlieferung (Didache) und Schau* (ἐποπτεία, epopteia) voraus,[22] so lassen sich den Kleinen Mysterien von Eleusis vor allem Reinigung und Teile der Paradosis zuweisen. Der Demeter-Hymnus als Stiftungsmythos von Eleusis und als zentraler Teil der Paradosis (der mehrere Überarbeitungsstufen erfuhr), lässt verschiedene Deutungsebenen zu. Er kann wörtlich-literal, existential, naturhaft-kosmisch oder auch metaphysisch-spekulativ interpretiert werden. Existentiale, naturhaft kosmische und metaphysische Deutungsebenen schlossen einander in der Antike nicht aus. Eher lassen sie sich als eine jeweils tiefere seelische und geistige Durchdringung des Mythos verstehen, als Kulturstufen einer

---

[19] Zitiert in: *Odo Casel*, Die Liturgie als Mysterienfeier, Freiburg i. Br. 1922, 16.

[20] Burkert, a.a.O. (Anm. 5), 75, folgendes Zitat ebd.

[21] Cumont, a.a.O. (Anm. 3).

[22] Siehe hier unten: S. 44ff und 49ff.

zunehmenden geistigen Differenzierung. Auf dem Hintergrund dieser Stufung lässt sich für die Einweihungsstufe der Überlieferung (Didache) annehmen, dass in ihr die Initianden zu diesem differenzierten Mythenverständnis geführt wurden, mit dem Höhepunkt einer kultisch-existentialen Aneignung in einer persönlichen Schau der im Mythos formulierten Wahrheiten. *Nur der Uneingeweihte versteht den Mythos literal.* Zum Beispiel ist von Plutarch (45 v. Chr.-125 n. Chr.) bezeugt, wie die ägyptischen Priester den Mythos von Isis und Osiris als Deutungshintergrund für Naturvorgänge heranziehen. Plutarch selbst ist diese Deutungsebene noch zu vordergründig. Er will den Mythos in seiner geistigen Aussage erschließen und entfaltet eine metaphysische Deutung im Rahmen eines einheitstiftenden Prinzips und eines Prinzips der Zerteilung. Der Philosoph Numenios erfuhr in einem Traum, er habe – gerade durch seine *philosophische* Deutung – das Geheimnis von Eleusis verletzt und der Öffentlichkeit preisgegeben.[23]

Der Kultus als zentraler Einweihungsweg in die Großen Mysterien dient vor allem einer „existentialen" Auslegung.[24] Der kultische Vorgang will dem Mysten auf unauslöschlich persönliche Weise Wissen über sich selbst im Zusammenleben mit den göttlichen und den kosmischen Kräften erschließen. Die kultisch-existentiale Einführung in den Mythos führt zu einem erweiterten Selbstbild: einer Selbsterkenntnis als Teilhaber und Mitgestalter an kosmischen Vorgängen und am göttlichen Schicksal.

Der homerische Demeterhymnus prägte den Eleusinischen Kultus. Dies ist z.B. durch Reliefs bis in Details hinein bezeugt. Demeter werden im Hymnus Handlungen zugeschrieben, die im Initiationsritual nachvollzogen wurden. Demeter – ebenso der Initiand – setzt sich auf einen Schemel, auf dem ein Widderfell liegt. Demeter – und ebenso der Initiand – verhüllt das Haupt und schweigt. Demeter wird zum Lachen gebracht und trinkt – wie auch der Initiand – den κυκεών (kykeon), den Gerstentrank.

Das Synthema, das geheime Kernstück der Überlieferung, lautet bei Clemens von Alexandrien: „Ich fastete, ich trank den *kykeon*, ich nahm aus der *kiste*, ich werkte und legte dann zurück in den *kalathos* und aus dem *kalathos* in die *kiste*." „Kiste" ist ein Deckelkorb, „kalathos" ein offener Korb. Das Synthema muss zusammen mit dem Relieffries, das die rituellen Vollzüge abbildet, verstanden werden. Burkert beschreibt ihn wie folgt: „Der Relieffries enthält drei Szenen, Voropfer, Reinigung und die Begegnung mit den Göttinnen. Die ersten beiden geben offenbar rituelle Vorgänge

[23] Nach: Burkert, a.a.O. (Anm. 5), 72.

[24] Vgl. *Hans-Werner Bartsch* (Hg.), Kerygma und Mythos, Hamburg 1954ff. Bultmanns existenzphilosophische Interpretation bleibt ein wichtiges Element. Sie muss jedoch in eine kosmische und eine pneumatische Dimension hinein erweitert werden, da diese ebenso menschliche Lebensdimensionen sind. Bei Bultmann droht die deutende Theorie (Existenzphilosophie) den zu deutenden Inhalt zu ersetzen.

in realistischen Einzelheiten wieder, insbesondere wie der Initiand mit verhülltem Haupt auf einem Widderfell sitzt, während mit Fackel und Getreideschwinge hantiert wird; die dritte Szene spielt mit einer höheren, mythisch-göttlichen Ebene: Demeter wendet sich der ankommenden Kore zu. Doch sitzt sie eben auf der *kiste*, ein Zweigbündel, Requisit ritueller Realität, kennzeichnet den vor ihr stehenden Mysten; eine Schlange ringelt sich um die *kiste*, die der Myste ohne Furcht berührt; er ist ′frei und gelöst′…"[25]

Die kultische Einweihung führt den Mysten zur Epopteia, zur Schau der göttlichen Welt. Aelius Aristides beschreibt das Erlebnis der Schau gefühlsmäßig als „Gegenwart von Wohlbefinden (parousia euthymia) und Lösung und Befreiung von den von der Vergangenheit herrührenden Unbehaglichkeiten".[26] Um diesen Moment von Loslösung und Schau mit irdischen Mitteln zu befördern, wurden Techniken eingesetzt, die den Einzuweihenden nahezu gewaltsam aus seinem Alltagsbewusstsein herausrüttelten. Durch überstarke Sinneseindrücke wurde der Betreffende in einen Zustand versetzt, der einem Schock gleichkommt. Entsprechend beschreibt Aelius Aristides die Einweihungen von Eleusis als das „zugleich … Schauerlichste und das Lichteste von allem, was für Menschen göttlich ist".[27] Eine der bekanntesten Beschreibungen dieser Techniken und ihrer emotionalen Wirkungen stammt von Plutarch. „Dann erlebt die Seele etwas von der Art wie diejenigen, die in große Mysterien eingeweiht werden…: Umherirren zuerst, ermüdende Umläufe, ängstliches Gehen im Dunkel, das kein Ziel findet; dann unmittelbar vor dem Ende all das Furchtbare, Schauder, Zittern, Schweiß und Staunen. Dann kommt ein wunderbares Licht entgegen, reine Räume, Wiesen nehmen uns auf, es gibt Stimmen, Tänze, Feierlichkeit heiliger Worte und heiliger Erscheinungen: inmitten von ihnen ist der Vollendete, Geweihte frei und gelöst geworden, er geht umher, bekränzt und feiert das Fest in Gemeinschaft mit heiligen, reinen Menschen, und er sieht herab auf die ungeweihte, ungereinigte Menge, die in Schlamm und Nebel unter seine Füße getreten wird…"[28]

Das „Umherirren" und „ängstliche Gehen im Dunkel" könnte in der Pluton-Grotte auf dem Gelände von Eleusis stattgefunden haben. Sie liegt am Weg von den Propyläen zum Telesterion. Die Grotte ist in keinem überlieferten Text erwähnt. Ihre Existenz wurde vor Nichtgeweihten geheim gehalten. Sie wurde erst durch Ausgrabungen entdeckt. „Hier gibt es Öffnungen im

---

[25] Burkert, a.a.O. (Anm. 5), 79f. Das Synthema bei Clemens, Protreptikos 21,2.

[26] Zitiert nach in Burkert, a.a.O., 125, Anm. 13.

[27] Burkert, 78.

[28] Plutarch, Fragment 168, zitiert bei Burkert, a.a.O. (Anm. 5), 77. Ebenfalls zitiert bei Clemens eccl. Proph. 34f. Burkert bezieht das Fragment auf Eleusis, auch wenn es von philosophischen Motiven überlagert wird.

Boden, Stufen, hier ließen sich die ′ängstlichen Umläufe im Dunkeln′ inszenieren“.[29]
Auf der Grundlage der Überlieferung kann also angenommen werden, dass die eigentliche Einweihung in Eleusis mit einem schockartigen Hervorrufen von Todesangst verbunden war. Die empfundene Todesnähe löste außeralltägliche Bewusstseinszustände aus, die mit Nahtod-Erfahrungen verglichen werden können. Sowohl Nahtodberichte als auch die Textfragmente zu Eleusis berichten von einem schockähnlichen Zustand, Desorientiertheit, allmählicher Ruhe, Dunkelheit, die in einer Lichterfahrung, großer Gelöstheit und Begegnungen mit jenseitigen Wesen gipfeln. Der US-amerikanische Psychologieprofessor Kenneth Ring dokumentiert Langzeitwirkungen von Nahtoderfahrungen, die mit den Langzeitwirkungen der Einweihungen von Eleusis vergleichbar sind.[30] Er spricht von charakterlichen Veränderungen, von einem ethischen Wertewandel, von einem neuen Religionsverständnis sowie von paramystischen Phänomenen.
Der Hierophant als Mystagoge sowie *Legomena* – den Prozess begleitende Erklärungen – dienten als Stütze vor der Eskalation in Wahnsinn oder in einen tödlichen Schock. Um den innerseelischen und geistigen Prozess der Umwandlung voranzutreiben, zeigte der Hierophant heilige Dinge, *Deiknymena*, die als sinnliche Mittler der unsichtbaren ′Zielwelt′ dienten. Krateros, ein Gnostiker aus der Sekte der Naassener, verrät über eines dieser Realsymbole: „Wenn die Athener Einweihung feiern im Eleusinischen Fest, zeigen sie den Epopten das große, wunderbare, vollkommenste Geheimnis des Ortes, im Schweigen eine geschnittene Ähre“.[31]
Zum Erreichen der Epopteia diente auch der Einsatz von grellem Licht. In dieser Lichtphase rief der Hierophant die Geburt eines Knaben aus einer Jungfrau aus. Das Licht war zur nächtlichen Stunde weit außerhalb des Telesterions sichtbar. Krateros beschreibt: „Der Hierophant selbst, wenn er bei Nacht in Eleusis unter einem großen Feuer die großen, unsagbaren Mysterien vollzieht, ruft aus und lässt erschallen: einen heiligen Sohn hat die

---

[29] Burkert, a.a.O. (Anm. 5), 80.

[30] *Kenneth Ring*, Den Tod erfahren – das Leben gewinnen, Stuttgart/München 1984. Den Einweihungsstufen von Eleusis lassen sich aus Sicht der Altertumswissenschaftlerin *Christina Schefer* (Platons unsagbare Erfahrung, Basel 2001) drei Bewusstseinsstufen zuordnen:
1) eingangs das normale Bewusstsein des Neophyten, der aufgrund seiner Vorbereitung klare Erwartungen hat;
2) im Verlauf der μύησις (myesis) ein ἀπόρρετον (aporreton, „Unaussprechliches“);
3) schließlich – in Verbindung mit dem Bewusstseinszustand bei der ἐποπτεία (epopteia) – der Zustand des ἄρρητον (arreton, „Unsagbaren“).
'Απόρρετον (aporreton) und ἄρρητον (arreton) übersteigen das Alltagsbewusstsein. 'Απόρρετον (aporreton) bezeichnet eine Stufe, über die sich die Vorbereiteten und Eingeweihten ggf. noch bildlich austauschen können. "Αρρητον (arreton) entzieht sich der Vermittlung durch Sprache, die zur Verständigung in einer und über eine Sinneswelt geschaffen ist.

[31] Zitiert nach Burkert, a.a.O. (Anm. 5), 76.

Herrin geboren, Brimo den Brimos.“[32] Diese kultische Szene überliefert auch der Kirchenvater Hippolyt von Rom (um 170-235): „So ruft und schreit der Hierophant selber, ... nachts in Eleusis, wenn er unter großem Licht die großen, unaussprechlichen Mysterien vollzieht: 'einen heiligen Knaben gebar die Herrin Brimo, den Brimos', das heißt die Starke den Starken. Herrin ist nach ihm die pneumatische Geburt, die himmlische, obere; stark aber ist der so Gezeugte.“[33] Hippolyt verknüpft diese Schau-Phase mit einer christlichen Deutung. Er sieht in der geistigen Schau und Geburt eine Vorstufe der Wiedergeburt aus dem göttlichen Geist heraus, die sich in der Seele des Eingeweihten vollzieht. Das „Haus Gottes“ (Gen 28,17) sei „einzig den Geistigen vorbehalten“. Der Mensch müsse zu einem „Bräutigam“ des Geistigen werden, einen „jungfräulichen Geist“ empfangen, selbst zu einer Jungfrau (Jes 7,14) werden und einen Sohn empfangen und gebären, „nicht einen psychischen, nicht einen leiblichen, sondern den seligen Äon der Äonen.“[34]

Burkert beschreibt als Nachwirkung der Eleusinischen Einweihung eine Wesensveränderung der Eingeweihten. Die rituelle Einweihung reichte über ein zeitlich begrenztes Bewusstseinsabenteuer hinaus. „Der skeptische Psychologe wird immerhin von einer 'Bewußtseinsveränderung' sprechen, einem Erlebnis von etwas 'Anderem', das aus der Alltäglichkeit herausreißt. 'Ich kam heraus aus dem Telesterion, befremdet über mich selbst', so versucht noch ein späterer Rhetor das Erlebnis von Eleusis zu fassen.“[35]

---

[32] Zitiert nach Burkert, ebd.

[33] Hippolyt, Philosophumena/Refutatio V, 8, 40, übersetzt bei: *Werner Foerster*, Die Gnosis, Bd. 1: Zeugnisse der Kirchenväter, Zürich 1969, 356.

[34] *Hippolyt von Rom*, Der heiligen Hippolytus von Rom Widerlegung aller Häresien (Philosophumena), übersetzt von Konrad Preysing, München/Kempten 1922 (BKV 40), V,8, S. 106f.

[35] Burkert, a.a.O. (Anm. 5), 76.

2.3 Philosophische Mystagogie: Platons Stufenweg der rein geistigen Einweihung

Der Athener Philosoph *Platon* (427-347 v. Chr.) war in die Kleinen und Großen Mysterien von Eleusis eingeweiht. Dies gilt in der gegenwärtigen Forschung als gut gesichert. Sein Werk wäre ohne Eleusis nicht denkbar. Ebenso gilt: Die Eleusinischen Mysterien sind in Anspielungen und bis in kultische Details hinein erst durch Platon gut bezeugt. Aufgrund dieser günstigen Quellenlage gibt es inzwischen zahlreiche Forschungsarbeiten, die versuchen, die Einweihungspraxis von Eleusis anhand von Platons Schriften zu rekonstruieren.[36]

Der Begriff *Mysterium* hat bei Platon eine kulturgeschichtliche Entwicklung durchlaufen. Dem Philosophen geht es nicht mehr um eine Einweihung durch *kultische* Handlungen. Er entwirft einen Einweihungsweg durch ein von Eros beflügeltes *Denken*. Bei Platons Vermittlung des neuen Denkens und eines neuen Welt- und Selbstbildes spielen weiterhin Mythen und symbolische Rede eine mystagogische Rolle. Der Mensch soll sich symbolisch denkend einem Ideenkosmos eingliedern. Die vormals kultisch vermittelte Kommunion mit den Göttern wird bei Platon zu einer geistigen Kommunion.

Philosophieren dient in dieser Mystagogie dazu, in der menschlichen Seele eine μετάνοια (metanoia) auszulösen: „... das Umwenden der Seele aus einem gleichsam nächtlichen Tage zum wirklichen Tage, der Aufstieg zum wirklichen Sein“ (Politeia VII, 521c). Neben dem *Höhlengleichnis* in der Politeia 514a-517a sind die beiden wichtigsten Texte zum philosophischen Einweihungsweg *Symposion* 199-212 sowie *Phaidros* 249-250.

Im Symposion (in Diotimas Rede über den Eros) setzt Platon die dreistufige Einweihungspraxis von Eleusis voraus. Der griechische Text wird durch die klassischen Weihetermini und die entsprechenden Angaben der Weihestufen strukturiert. Diotima weist Sokrates, der durch den Dämon Eros geleitet wird, den Weg zum Aufstieg aus dem wechselhaften Seienden zur Offenbarung des einen unwandelbaren Seins. Sie nennt diesen Weg die wahre Weihe.

[36] Vgl. zum Folgenden vor allem *Christoph Riedweg*, Mysterienterminologie bei Platon, Philon und Klemens von Alexandrien (Untersuchungen zur antiken Literatur und Geschichte 26), Berlin/New York 1987.

1. Die *Reinigungsstufe* (ἔλεγχος, elengchos) erörtert Platon im Symposion 199c3-201c9.

2. Die Einweihung in die *Überlieferung* (διδαχή, didache) entfaltet er anhand eines Mythos im Symposion 201e8-209e4.

3. Auf der Stufe der *Schau* (ἐποπτικά, epoptika) lässt Platon Diotima als Hierophantin auftreten. Diotima unterscheidet die „erste Einweihung" (μύειν) von der „vollkommenen, epoptischen Einweihung" (τέλεα ἐποπτικά, telea epoptika) (Symposion 209e-210a). „Soweit nun kannst vielleicht auch du, Sokrates, in das Mysterium des Eros eingeweiht werden; ob du aber zur abschließenden Stufe der Einweihung (ἐποπτεία, epopteia) fähig bist, um derentwillen auch die erste Stufe der Einweihung stattfindet, wenn man den Weg richtig geht, weiß ich nicht." Schließlich lehrt Diotima Sokrates den Weg zur Erkenntnis des Schönen (211c). „Denn dies ist die rechte Art, sich auf die Liebe zu legen oder von einem andern dazu angeführt zu werden, dass man von diesem einzelnen Schönen beginnend jenes einen Schönen wegen immer höher hinaufsteige, gleichsam stufenweise von einem zu zweien, und von zweien zu allen schönen Gestalten, und von den schönen Gestalten zu den schönen Sitten und Handlungsweisen, und von den schönen Sitten zu den schönen Kenntnissen, bis man von den Kenntnissen endlich zu jener Kenntnis gelangt, welche von nichts anderem als eben von jenem Schönen selbst die Kenntnis ist und man also zuletzt jenes selbst, was schön ist, erkenne." (211c-d)

Platons *Phaidros* (249-250c) verwendet als mythischen Ausdruck für die Schau das Bild von der *Wagenfahrt der Seele* durch den Himmel. Auf der Höhe der Kuppel schaut die Seele ins Jenseits. Eine getrübte Erinnerung an die vorgeburtliche Schau verbleibt einigen Seelen. Das scheinbar verlorene Wissen kann durch die Begegnung mit dem Schönen in dieser Welt wiedererweckt werden. Dann geraten diese Seelen außer sich. Sie erkennen sich neu und wissen wieder, „wie damals glänzende Schönheit zu sehen war, als sie im seligen Chor selige Bilder und Gesichte im Gefolge des Gottes schauten und geweiht wurden in die Weihen, die man die seligsten nennen darf, eine Weihe, die wir feierten, selbst vollkommen ..., in vollkommene, einfache, unbewegte, selige Erscheinungen eingeweiht und sie schauend – als Mysten und Epopten – im reinen Glanz, selbst rein und noch nicht geprägt von dem, was wir jetzt mit uns herumtragen und Körper nennen" (Phaidros 250bc).
Nach Burkert geht die „visionäre Magie der Formulierungen … in der Übersetzung verloren", doch „dem Philologen bleibt festzustellen, dass Ein-

zelheiten offensichtlich von Eleusis genommen sind, vor allem die Doppelung von Mysten und Epopten; auch der tanzende Chor, die heilige Schau, die unvergessliche Seligkeit ist in anderen Texten wie denen von Plutarch und Dion belegt. Die 'heiligen Rufe' fehlen bei Platon, da zur 'Idee' nun einmal das 'Sehen' gehört; angespielt wird immerhin auch auf das 'Erschreckende', deimata, das der Verehrung des Göttlichen vorausgeht."[37]

Platons philosophische Entfaltung und zugleich Popularisierung der Eleusinischen Weihestufen prägte das philosophische und religiöse Denken der Folgezeit: den Neuplatonismus, die christliche alexandrinische Theologie und die christliche Mystik (mit dem wichtigen Vermittler Pseudo-Dionysios Areopagita) bis in das frühe Mittelalter hinein. „Das liebende Streben (Eros) der Seele nach Erkenntnis ihres göttlichen Ursprungs und die höchste Glückseligkeit der Erkenntnis, wenn die Seele ihr Ziel erreicht und sich mit dem göttlichen Einen verbindet, präfigurieren den mystischen Aufstieg und die Unio mystica."[38] Die bei Platon unpersönliche Idee, die in der seligen Schau erfasst wird, wird in der christlichen Mystik personalisiert. Auf dieser Grundlage kann die Vereinigung als personale Vereinigung von Liebenden verstanden werden.

[37] Burkert, a.a.O. (Anm. 5), 78.

[38] *Peter Dinzelbacher*, Christliche Mystik im Abendland, Paderborn etc. 1994.

3. Christliche Mystagogie in Antike und Mittelalter

3.1 Mysterion als theologischer und kultischer Zentralbegriff in der Frühen Kirche

Neutestamentler wie Hans Dieter Betz gehen bereits für die Schriften des *Paulus* von einer „kreativen Verarbeitung von mysterientheol. Vorstellungen und Begriffen“ aus.[39] Zwar sei die christliche Kultpraxis aus dem Judentum hervorgegangen. Doch bereits Paulus deute die Sakramente als Teilnahme (κοινωνία, koinonia 1Kor 1,9; 10,16-18) am Christusgeschehen und rezipiere damit ein mysterientheologisches Kultverständnis. In der Letztfassung seiner Tauflehre (Röm 6-8; vgl. Gal 3,26; 1Kor 1,13-17) versteht er die Taufe als einen Initiationsritus, durch den die Getauften in das Heilsgeschehen von Tod und Auferstehung sowie in die Kirche als Christi Leib „eingepflanzt“ (σύμφυτοι, symphytoi) werden (Röm 6,5). Vor allem Röm 6,3f erinnere an das Nacherleben des Schicksals der Gottheit in den Mysterienkulten. Die Eucharistie verstehe Paulus als eine rituelle Vergegenwärtigung des letzten Mahles Jesu, als Verkündigung seines Todes und als Darstellung des Lebens in Agape (1Kor 11,17-34). Auch wenn diese Thesen unter neutestamentlichen Forschern umstritten sein mögen, so bleibt festzuhalten, dass Paulus μυστήριον (mysterion) zentral auf Christus bezieht: μυστήριον ist in der christlichen Religion *Christusmysterium.*[40] Als ein zentrales christliches Geheimnis stellt Paulus dabei die Verwandlung des Menschen in der Auferstehung dar (1Kor 15,51). Die *paulinische Schule* (Kolosserbrief, Epheserbrief) und die Ignatiusbriefe (Eph. 19; Mag. 9,1; Trall. 2,3) entfalten diesen mysterientheologischen Ansatz weiter.
In der frühen Christenheit erhält der Begriff μυστήριον (mysterion) bereits bei den frühen Apologeten eine wachsende Bedeutung. *Justin Martyr* (100-165), der offenkundig über die gegenwärtig kaum rekonstruierbaren Rituale im Mithraskult informiert war, fielen Ähnlichkeiten zur christlichen Eucharistiefeier auf. Er führt sie auf das Vorherwissen und das Nachäffen durch Dämonen zurück. „Auch diesen Brauch haben die bösen Dämonen in den Mithrasmysterien nachgeahmt und Anleitung dazu gegeben. Denn dass Brot und ein Becher Wassers bei den Weihen eines neuen Jüngers unter Hersagen bestimmter Sprüche hingesetzt werden, das wisst ihr oder könnt es erfahren.“ (Erste Apologie, Kapitel 66)[41]

---

[39] *Hans Dieter Betz*, Art. Mysterienreligion II. Christlicher Kult und Mysterien, in: RGG [4]2002, Bd. 5, 1640-1642, hier: 1641.
[40] Zu Details vgl. *Bornkamm*, a.a.O. (Anm. 10), 825ff.
[41] *Justin Martyr*, Die beiden Apologien Justins des Märtyrers, in: Frühchristliche Apologeten und Märtyrerakten (BKV 12), Kempten 1913, 55-101, hier: 81.

Tertullian (150-230) argumentiert angesichts ritueller Ähnlichkeiten mit antiken Mysterienbräuchen ähnlich wie Justin. Aus geistiger Bosheit hätte der Teufel die christlichen Mysterien verraten und den Heiden für ihre Kulte eingegeben: „dessen Rolle es ja ist, die Wahrheit zu verdrehen, der sogar die Handlungen der göttlichen Sakramente in seinen Götzenmysterien nachäfft" (Praescr. Haer. 40) Tertullian erkannte Gemeinsamkeiten sowohl bei der christlichen Taufe als auch bei der Eucharistiefeier (Über die Taufe/ Bapt. 5; Prozesseinreden gegen die Häretiker/Praescr. Haer. 40).[42] Die christliche Taufe vergleicht er mit den rituellen Bädern und Besprengungen in den Kulten von Isis und Mithras, bei den Apollospielen und bei den vorbereitenden Einweihungen in Eleusis. Der Teufel „tauft auch – natürlich seine Gläubigen und Getreuen; er verheißt Nachlassung der Sünden in Kraft eines Taufbades, und wenn ich noch des Mithras gedenke, so bezeichnet er dort seine Kämpfer mit auf der Stirn, feiert auch eine Darbringung von Brot, führt eine bildliche Auferstehung vor, und nimmt unter dem Schwerte einen Kranz hinweg" (Praescr. Haer. 40). Tertullian erkennt also – bei aller Distanzierung – Gemeinsamkeiten in den Darstellungsformen und Zielen an. Gemeinsame Ziele seien bei der Taufe „Wiedergeburt und Straflosigkeit" (Bapt. 5) sowie „Nachlassung der Sünden" (Praescr. Haer. 40). Rituell gehe es Christen und Heiden um eine „bildliche Darstellung der Auferstehung" (ebd.).

Neben partiellen Gemeinsamkeiten mit zeitgenössischen Kulten spielt die platonische Philosophie, die ihrerseits von den Mysterien in Eleusis inspiriert war, eine wichtige Rolle bei der Vermittlung zentraler theologischer Deutungskategorien für den christlichen Kult und christliche Erkenntniswege hinein in das Mysterium Christi. Der alexandrinische Theologe Origenes (185-254) sprach gegenüber seinem Gegner Celsus terminologisch ganz unbefangen von „unseren Weihen" (τὰς παρ' ἡμῖν τελετάς) (Contra Celsum 3,59).

Von *Clemens von Alexandria* (150-215) behauptet der christliche Geschichtsschreiber Eusebius sogar, dass er selbst in die antiken Mysterien eingeweiht gewesen wäre.[43] Der Textbestand bei Clemens ergibt jedoch ein schlichteres Bild. Clemens zitiert lediglich Zeugen und einen Lexikontext über verschiedene antike Mysterienkulte, der sich als Quelle auch bei anderen antiken Autoren nachweisen lässt. Clemens bietet keine darüber hinaus-

[42] *Tertullian*, Tertullians private und katechetische Schriften, Kempten/ München 1912 (BKV 7), 274-299 (Über die Taufe/Bapt.), hier: 280-282. *Ders.*, Tertullians apologetische, dogmatische und montanistische Schriften, Kempten/München 1915 (BKV 24), 303-354 (Die Prozesseinreden gegen die Häretiker/De Praescr. Haer.), hier: 349f.

[43] PE II, 2,64, vgl. Riedweg, a.a.O. (Anm. 36), 121.

reichenden Informationen. Daher wird Eusebs Behauptung inzwischen stark angezweifelt.[44]
Clemens hat seine ursprünglich beabsichtigte Werktrilogie von „Protreptikos – Paidagogos – Didaskalos" („Mahnrede an die Heiden" - „Erzieher" - „Lehrer") nicht in dieser Form vollendet. Doch bereits das dreistufige Konzept zeigt die Absicht des Verfassers an. Er will die Leserinnen und Leser in einen aufsteigenden Erkenntnisprozess hineinnehmen. Clemens versteht seine Unterweisungen als Mystagogie. Unbefangen verwendet er das Wort μυσταγογεῖν (mystagogein) hierfür. So gebraucht er Einweihungstermini für Christus selbst: „Der Heiland selbst *führt uns*, um die Worte der Tragödie zu verwenden, geradezu *in die Weihen ein*".[45] Auch der christliche Glaube (πίστις) kann zum Erkennen (γνῶσις) und zur Schau (ἐποπτεία) vertieft werden (vgl. Strom. V 1,4: „ἐκ πίστεως γάρ εἰς γνῶσιν" – „aus dem Glauben zur Erkenntnis"). Zu dieser Glaubensentwicklung trägt vor allem eine geistliche Schrifterkenntnis bei. Erst durch sie offenbart sich die Fülle der in Gleichnissen verhüllten „Mysterien der heiligen Propheten".
Vor allem die „Stromateis" („Teppiche") dienen der christlichen Initiation. Hierbei fließen zwei Traditionen zusammen:

1. neutestamentliche Stellen, die auf eine christliche Arkandisziplin hindeuten,
2. Platonische philosophische Mystagogie.

Zu 1: Clemens zitiert in den „Stromateis" zur Begründung einer christlichen Mystagogie Texte wie Mt 22,14: „viele sind berufen, aber wenige erwählt", 1Kor 8,7: „nicht alle haben das Wissen (gnosis)" und Mt 19,11: „nicht alle fassen das Wort, sondern die, denen es gegeben ist" (Strom. V 17,5; V 61,3; V 63,6).
Zu 2: Clemens übernimmt Platons Modell von Erkenntnisstufen (ἔλεγχος, διδαχή mit Mythos, ἐποπτικά) und untergliedert den Entwicklungsprozess im Glauben in eine Reinigungs-, Unterweisungs- und Schaustufe.[46] Bei ihm lauten die Stufen: κάθαρσις (Reinigung), μίκρα μυστήρια (Kleine Mysterien,

---

[44] Vgl. Riedweg, a.a.O., 117ff, zu Euseb 121. Im Folgenden lege ich Riedwegs philologische Analyse zur Mysteriensprache bei Clemens zugrunde.
[45] *Clemens von Alexandrien*, Des Clemens von Alexandreia Teppiche wissenschaftlicher Darlegungen entsprechend der wahren Philosophie (Stromateis), Buch IV-VI, übersetzt von Otto Stählin, München 1937 (BKV Reihe 2, Bd. 19), Strom. IV 162,3, S. 109, Herv. SB.
[46] Riedweg, a.a.O. (Anm. 36), 21, zieht vergleichend noch das Stufenschema des *Theon von Smyrna* (gest. nach 132) hinzu. Theon war ein platonischer Philosoph, Mathematiker und Astronom, der unter anderem die Kugelgestalt der Erde bewies. Seine drei Einweihungsstufen lauten: καθαρισμός, τῆς τελετῆς παράδοσις, ἐποπτεία (katharismos, tes teletes paradosis, epopteia). – Vgl. die umfassende Darstellung von *Walther Völker*, Der wahre Gnostiker nach Clemens Alexandrinus, Berlin/Leizpig 1952.

Bezeichnung für die vorbereitenden Weihen von Eleusis) und μέγαλα μυστήρια (Große Mysterien, Bezeichnung für die abschließende Weihestufe von Eleusis). „Es ist daher wohl begreiflich, daß auch den griechischen Mysterien *Reinigungen* vorhergehen, so wie bei den Barbaren das Bad. [71,1] Darauf folgen die *kleinen Mysterien*, die gewissermaßen die Aufgabe haben, durch Unterricht auf das Kommende vorzubereiten; die *großen Mysterien* aber drehen sich um das Ganze, wo es nichts mehr zu lernen gibt, vielmehr nur das Wesen der Dinge zu schauen und zu betrachten. [71,2] Wir gewinnen aber die Stufe der *Reinigung* durch Sündenbekenntnis, die Stufe des *Schauens*, indem wir durch Teilung zur Grundlage des Verstehens fortschreiten und durch Zergliederung den Anfang mit dem machen, was dem Schauen zugrunde liegt" (Strom. V 70,7-71,2).[47]

Clemens versteht sich als christlicher Mystagoge. Wie Platon im Phaidros (274c ff) will er die eigentlichen christlichen Mysterien nur *mündlich* weitergeben, jedoch seinen Texten Erinnerungszeichen (ὑπομνήματα, hypomnemata) einstreuen. Der Kundige soll die Anspielungen erkennen und verstehen. Der noch Unreife soll an den heiligen Lehren vorübergehen (Strom. VII 110,4).

Zur Stufe der Reinigung: Zu ihr zählt Clemens ein umfassendes „Fasten": „dass man sich überhaupt alles Bösen enthält, sowohl in Taten als auch in Worten als auch selbst in Gedanken" (Strom. VI, 102,3). Der Reinigung von Geist und Seele dienen die Bitte um Vergebung, ein Leben in Liebe zu Gott und ein ständiges inneres Gebet: ein Beten „im Gedanken zu jeder Zeit" (Strom. VI 102,1). Zudem muss sich der Mensch von falschen Meinungen befreien. Clemens begründet diese mentale Reinigung mit der Praxis antiker Mysterien. „Dementsprechend sagen wir auch, daß man die Seelen zuerst durch die wahre Lehre von den bösen und schlechten Meinungen reinigen und sich erst dann, wenn dies geschehen ist, der Einprägung der wichtigsten Hauptlehrsätze zuwenden muß. Denn so verlangt man auch von denen, die sich in Weihen aufnehmen lassen wollen, daß sie sich gewissen Reinigungen unterziehen, bevor man ihnen die Geheimlehren überliefert; das bedeutet, daß man die gottlose Meinung erst aufgegeben haben muß, bevor man sich der wahren Überlieferung zuwenden kann" (Strom. VII 27,6).[48]

Zugleich geht Clemens davon aus, dass die Erkenntnis der Wahrheit selbst reinigend wirkt. Die Wahrheit selbst verwandelt das Denken und den Charakter. Die Wahrheit selbst trägt den Menschen auf dem Weg zur Gotteserkenntnis empor. „Die Erkenntnis ist also ein rasches Mittel der Reinigung und geeignet, die vollkommene Veränderung zum Besseren zu bewirken.

---

[47] A.a.O. (Anm. 45), BKV IV, S. 180, Herv. SB.

[48] *Clemens von Alexandrien*, Teppiche, Buch VII, München 1938 (BKV Reihe 2, Bd. 20), S. 33.

(57,1) Sodann versetzt sie den Menschen auch leicht in den göttlichen und heiligen Zustand, der der Seele verwandt ist, und mit einem nur ihr eigenen Licht führt sie ihn durch die mystischen Entwicklungsstufen, bis sie ihn zu dem alles überragenden Ort der Ruhe gebracht und den, der ′reinen Herzens′ ist, Gott ′von Angesicht zu Angesicht′ mit klarem Wissen und mit vollem Verständnis zu schauen gelehrt hat." (Strom. VII 56,7-57,1)[49]
Zur Stufe der Unterweisung (Kleine Mysterien): Hierzu rechnet Clemens vor allem die Unterweisung über die Weltentstehung. Sie bilde das Fundament für die Gotteserkenntnis. „... dann werden wir erst zu der wahrhaft gnostischen Wesenslehre kommen, nachdem wir uns vor den großen in die kleinen Mysterien haben einweihen lassen" (Strom. IV 3,1).[50] „Nun hängt aber die ... Wesensschau, die dem wahrheitsgetreuen Maßstab gnostischer Überlieferung entspricht, von der Lehre über die Weltentstehung ab und steigt von hier aus zu dem Wissenschaftsgebiet der Lehre von Gott auf." (Strom. IV 3,2)[51]
Ferner zählen Übungen hierher, die das Denken von der Sinneswahrnehmung loslösen. Erst die Übungen ermöglichen die Schau des physisch körperlosen Göttlichen. „Das Gott wohlgefällige Opfer besteht aber darin, daß man sich von seinem Körper und dessen Leidenschaften lossagt, ohne dies je zu bereuen. ... Und vielleicht ist deswegen die Philosophie von Sokrates mit Recht eine Vorbereitung auf den Tod genannt worden. Denn wer beim Denken weder den Gesichtssinn mitbenützt, noch irgendeinen der anderen Sinne mitheranzieht, sondern ganz ausschließlich mit dem Geist die Dinge zu erfassen sucht, der befleißigt sich der wahren Philosophie." Clemens bezieht sich vergleichend auf die fünfjährige Schweigezeit der Schüler des Sokrates, „damit sie sich von dem sinnlich Wahrnehmbaren abkehren und ganz allein mit dem Geiste die Gottheit schauen möchten" (Strom V 67,1).[52]
Zur Stufe der Schau (Große Mysterien): Clemens christianisiert die platonische Stufe der Schau. Dies wird insbesondere dadurch deutlich, wie er Platons Beschreibung der seligen Schau im Phaidros (250bc) – fast – wörtlich zitiert (Strom. V 137,3). Aus einer vergangenen Schau in einem präexistenten Seelenleben (εἶδον, „eidon" im Aorist bei Platon) wird bei Clemens eine *erst in der Zukunft vollendete Schau* (ἐποπτεύσωμην, „epopteusomen" im Futur). Im Kontext anderer Stellen zur Schau der christlich „völlig rein gewordenen Seele" ist zudem der *Bezug auf Christus* deutlich. Der Gnostiker wird „endlich, ′reinen Herzens′ geworden, durch die von

[49] A.a.O., BKV V, S. 62.
[50] A.a.O., BKV IV, S. 12.
[51] A.a.O., BKV IV, S. 12.
[52] A.a.O., BKV IV, S. 177.

dem Sohne geschenkte Erkenntnis in die selige Schau ´von Angesicht zu Angesicht´ eingeweiht werden" (Strom. VI 102,2).[53]
Clemens nennt den Christen auf dieser Stufe „Gnostiker" und einen „Mann und ... Freund Gottes, der in den Rang eines Sohnes aufgenommen ist". Das Schauen Gottes sei „die allerhöchste Stufe..., zu der die Seele des Gnostikers gelangen kann, wenn sie vollkommen rein geworden und gewürdigt worden ist, den allmächtigen Gott ohne Aufhören ´von Angesicht zu Angesicht´ zu schauen. Denn da sie ganz geistlich geworden und zu dem gekommen ist, was ihr verwandt ist, bleibt sie in der geistlichen Kirche und wartet auf die von Gott verheißene Ruhe." (Strom. VII 68, 3-5)[54]
Im Unterschied zu gnostischen Strömungen bleibt für die Beziehung zwischen pistis und gnosis bei Clemens festzuhalten, „dass die Gnosis nichts Höheres oder Vollkommeneres erfasst als der G[laube], sondern dasselbe wie dieser, dies aber auf vollkommenere Weise." Die Gnosis der Gnostiker hingegen will den Glauben inhaltlich überbieten.[55] „Die wahre Epoptie ist die des einen Gottes, wie ihn der Logos auf Erden offenbarte." Mit Clemens ist „eine seit Plato eingeleitete Deutung der Epoptie christlich vollendet".[56]

Aus den antiken Mysterien sind bei Clemens die „Mysterien des Logos" und „die heiligen Weihen des Logos" geworden (Protr. XII 119,1). Auf die „Bacchen" des Euripides zurückgreifend sowie auf Eleusis bezugnehmend, beschreibt Clemens im Schlussteil des „Protreptikos" die Weihenacht und Schau in den christlichen Mysterien. Christus wird dabei als Hoherpriester und Hierophant dargestellt. Die Szene ist in den Lichtglanz der Eleusinischen Weihen getaucht. „Christus, durch den die Augen der Blinden wieder sehen, leuchtet auf, heller als die Sonne." (119,2) „O wie wahrhaft heilig sind die Mysterien, o wie lauter das Licht! Von Fackellicht werde ich umleuchtet, damit ich den Himmel und Gott schauen kann; ich werde heilig dadurch, daß ich in die Mysterien eingeweiht werde; der Herr enthüllt die heiligen Zeichen (er ist Hierophantes) und drückt dem Eingeweihten durch die Erleuchtung sein Siegel auf und übergibt den, der gläubig geworden ist, der Fürsorge des Vaters, damit er für die Ewigkeit bewahrt werde. Dies sind die Bakchosfeste meiner Mysterien; wenn du willst, so lasse auch du dich einweihen! Und mit den Engeln wirst du den Reigen um den ´ungeschaffenen und unvergänglichen´ und wahrhaft einzigen Gott tanzen, wobei der Logos in unsere Loblieder miteinstimmt." „... dies ist der Einklang, dies die Harmonie des Vaters, dies ist der Sohn, dies Christus,

---

53 A.a.O., BKV IV, S. 307.
54 A.a.O., BKV V, S. 72.
55 *Eberhard Jüngel*, Art. Glaube IV. Systematisch-theologisch, in: ⁴RGG Bd. 3, 953-974, hier: 955. Ergänzung in Klammern SB.
56 Beide Zitate: *Erich Fascher*, Art.: Epoptie (ἐποπτεία), in: RAC 5, Stuttgart 1962, 973-983, hier: 981f.

dies der Logos Gottes..., der Wille des Vaters. Ihr, die ihr zwar von alters her Abbilder, aber nicht lauter ähnliche seid, ich will euch in Übereinstimmung mit dem Urbild bringen, auf dass ihr mir auch ähnlich werdet." (Protr. XII, 120,1-4)[57]

Mit Christus in der Rolle des Hohenpriesters und Hierophanten führt Clemens die platonische Mysterienterminologie zu einem kultischen Kontext zurück. Ging es bei Platon wesentlich um den erosbeflügelten denkenden Aufstieg zu einer geistigen Kommunion mit dem Göttlichen, so kommt es bei Clemens durch die Verbindung mit dem christlichen Kultus zu einer neuen Ritualisierung der Einweihungssprache.[58]

Dieser kultische Grundzug wird im *4. Jahrhundert* verstärkt. Theologen beginnen jetzt, das Sakramentsverständnis begrifflich zu fixieren. Sie greifen dafür vorrangig auf Termini aus den Mysterienreligionen zurück. Gerade diese scheinen den Kirchenvätern die angemessene Sprachform zu bieten, um ihr Erleben mit den Sakramenten kommunizierbar und theologisch denkbar zu machen. Zur Bandbreite der neuen theologischen Begrifflichkeit zählen: μυστικός, μύησις, μύστης, μύειν, τελετή, τελεῖν, ἐπιτελεῖν, παράδοσις, representare, ostendere, imitari, sowie als Adjektive zu μυστήρια: ἅγια, ἱερα', ἀπόρρητα, φρικτά.[59]

Neben der sprachlich ausgedrückten Nähe fällt eine weitere Gemeinsamkeit mit den antiken Mysterien auf: die *Arkandisziplin*.[60] Ihr zentraler Inhalt sind – wie in den antiken Mysterien – gerade nicht die allgemeinen Mythen und Lehren. Sondern durch Arkandisziplin wird die kultische Einweihungspraxis und deren geistiges Verständnis geschützt. So darf nach Theodoret von Cyrus (393-460) ein nicht durch die Taufe Initiierter zwar erfahren, dass in der Eucharistie Brot und Wein gereicht werden. Die sakramentale Praxis soll ihm jedoch verborgen bleiben: dass der Ritus unter den Elementen von Brot und Wein vollzogen wird.[61]

Noch ungelöst ist die Frage, wie weit Clemens von Alexandrien Zugang zu einer mündlichen, *nicht öffentlichen Überlieferungstradition* hatte, die auf die Apostel selbst zurückgegangen sei. Clemens selbst behauptet dies für sich im ersten Buch der Stromateis. „Jene Lehrer aber, die die wahre, unmittelbar von den heiligen Aposteln Petrus und Jakobus, Johannes und Paulus stammende Überlieferung der seligen Lehre unversehrt bewahrten

---

[57] *Clemens von Alexandrien*, Des Clemens von Alexandreia Mahnrede an die Heiden. Der Erzieher, Buch I, übersetzt von Otto Stählin, München 1934 (BKV Reihe 2, Bd. 7), I, S. 196f.

[58] Vgl. Riedweg, a.a.O. (Anm. 36), 159.

[59] Bornkamm, a.a.O. (Anm. 10), 833.

[60] Zur katholisch-protestantischen Kontroverse seit dem 16. Jh. um die Arkandisziplin sowie zum Verständnis der Arkandisziplin bei Ambrosius von Mailand vgl. *Christoph Jacob*, „Arkandisziplin", Allegorese, Mystagogie, Frankfurt M. 1990.

[61] Theodoret von Cyrus, Dialog II; PG 83, 168 (zitiert nach: *Karl Christian Felmy*, Art. Mysterienreligion II.2 Orthodoxie, in: [4]RGG (2002) Bd. 5, 1641.

und immer sie ein Sohn von seinem Vater übernahm ..., kamen in der Tat mit Gottes Hilfe auch zu uns, um jene von den Vätern ererbten Samenkörner (in uns) niederzulegen."[62] Eusebius vermutete, dass Clemens mit dem letzten Lehrer auf Pantainos von Alexandria (gest. um 216) verweist.[63] Dieser war der erste in der Überlieferung namentlich bekannte Leiter der alexandrinischen Katechetenschule.
Noch der Asket und Bischof *Basilios von Cäsarea* (330-379) führt viele christliche Bräuche auf eine mündliche Überlieferung der Apostel zurück. Er nennt sie eine „verborgene und geheimnisvolle Überlieferung" (ἀπὸ τῆς σιωπωμένης καὶ μυσιτκῆς παραδόσεως). Aufgrund der mündlichen Tradierung weist er einen Biblizismus scharf zurück, der nur die Lehren und Bräuche als christlich anerkennen will, die wörtlich in der biblischen Überlieferung beschrieben werden. Denn gerade große Geheimnisse würden nicht der Schriftform anvertraut werden. Zu den auf die Apostel zurückgehenden Geheimnissen zählt er unter anderem Worte der Epiklese bei der Konsekration von Brot und Wein, Initiationsriten bei der Taufe, das Bekreuzigen und die Gebetsrichtung zur aufgehenden Sonne hin (nach Osten). „Unter den in der Kirche bewahrten Glaubenslehren und Verkündigungen (δογμάτων καὶ κερυγμάτων) besitzen wir die einen aus der schriftlich festgelegten Unterweisung, die anderen haben wir von der Tradition der Apostel auf dem Weg der Mysterien überliefert empfangen. Beide haben für den Glauben die gleiche Bedeutung. Dieser Feststellung wird niemand widersprechen, der auch nur die geringste Erfahrung mit den geheiligten Satzungen der Kirche hat. Denn wenn wir es betrieben, den ungeschriebenen Brauch als minder gültig abzulehnen, dann würden wir unvermerkt auch das Evangelium an Stellen treffen, die ihrerseits von grundlegender Bedeutung sind. Mehr noch, wir beschränken die Verkündigung auf bloße Namen. Welche Anweisung aus der Schrift gibt es, um zunächst das Gebräuchlichste zu nennen, daß die auf den Namen unseres Herrn Jesus Christus Hoffenden, sich mit dem Kreuzeszeichen bezeichnen? Welcher Buchstabe hat uns gelehrt, uns beim Gebet nach Osten zu wenden? Die Worte der Epiklese bei der Konsekration des Brotes der Eucharistie und des Kelches der Segnung – wer von den Heiligen hat sie uns schriftlich hinterlassen? Wir begnügen uns ja nicht mit dem, was der Apostel oder das Evangelium anführen, sondern sprechen vorher und nachher noch andere Worte, die wir aus der nichtschriftlichen Lehre empfangen haben und die eine große Bedeutung für das Geheimnis

---

[62] *Clemens von Alexandrien*, Teppiche wissenschaftlicher Darlegungen entsprechend der wahren Philosophie (Stromateis), Buch I-III, hg. v. Otto Stählin, München 1936 (BKV II/17), hier: Teppiche I, Buch 11,3. S. 19.
[63] Vgl. zur Diskussion dieser These *Marco Frenschkowski*, Art.: Pantaenus (Pantainos), in: BBKL XVI (1999), 1186-1189; online: http://www.kirchenlexikon.de/p/pantaenus.shtml. (Zugriff: 31. 10. 2009)

haben. Wir segnen (εὐλογοῦμεν) auch das Taufwasser und das Öl der Salbung und außerdem den Täufling selbst. Aufgrund welcher Schrifttexte tun wir das? Mehr noch, welches geschriebene Wort lehrte uns die Salbung mit Öl ihrerseits? Das dreifache Untertauchen des Täuflings, woher kommt es? Und all die anderen Dinge bei der Taufe, das dem Teufel und seinen Engeln Entsagen, aus welcher Schrift stammt das? Etwa nicht aus dieser nichtöffentlichen, verborgenen Lehre (ἐκ τῆς ἀδημοσιεύτου ταύτης καὶ ἀπορρήτου διδασκαλίας), die unsere Väter in unbekümmertem und schlichtem Schweigen bewahrt haben, wohl darüber belehrt, daß die Ehrwürdigkeit der Geheimnisse (μυστηρίων) durch Schweigen bewahrt bleibt? Was die Nichteingeweihten nicht einmal sehen durften (Ἃ γὰρ οὐδὲ ἐποπτεύειν ἔξεστι τοῖς ἀμυήτοις), wie sollte es vernünftig sein, das als Lehre schriftlich auszuposaunen?“[64]

Basilios unterscheidet die esoterische, mündliche Überlieferung von der exoterischen, schriftlichen Überlieferung mit den Begriffen δόγμα (dogma) und κήρυγμα (kerygma). Die Inhalte des „kerygma“ sind für die Verkündigung an „die große Masse“ bestimmt. Die Inhalte des „dogma“ (mit anderer Wortbedeutung als heute, siehe oben) müssen zum Schutz ihrer Erhabenheit durch Schweigen bewahrt werden. „Auf die gleiche Weise haben die Apostel und Väter, als sie am Anfang den Kirchen durch Gesetze ihre Ordnung gaben, den Geheimnissen (τοῖς μυστηρίοις) durch Verbergen und Darüber-Schweigen die Erhabenheit bewahrt. Überhaupt kein Geheimnis nämlich ist, was in der Öffentlichkeit und ins erste beste Ohr ausgetragen wird. Dies ist also der Sinn der Überlieferung des Nichtgeschriebenen: Die große Masse soll im Hinblick auf die Kenntnis der Glaubenslehren nicht nachlässig werden und sie wegen der Gewöhnung nicht geringschätzen. Etwas anderes nämlich ist die Glaubenslehre (dogma), etwas anderes die Verkündigung (kerygma). *Über die Glaubenslehre (dogma) schweigt man, die verkündigten Lehren werden in die Öffentlichkeit getragen.*“

Basilios stützt sich für seine Praxis einer arkanen Glaubensüberlieferung auf die Form, in der Jesus selbst in der Heiligen Schrift lehrt. „Eine Form des Verschweigens ist übrigens auch die Dunkelheit, deren sich die Schrift bedient, indem sie den Sinn der Glaubenslehren (δογμάτων) schwer zugänglich macht, und zwar zum Vorteil der Lesenden.“[65]

Noch die katholische Theologie des 16. Jahrhunderts teilt mit den Kirchenvätern die Annahme einer arkanen christlichen Überlieferung.[66]

---

[64] *Basilius von Cäsarea*, De spiritu sancto – Über den Heiligen Geist, hg. von Hermann Josef Sieben, Freiburg etc. 1993 (Fontes Christiani 12), Abschnitt 66, S. 272-277. Das folgende Zitat: 277-279. Herv. und Klammern SB.

[65] A.a.O., 278f.

[66] Z.B. *M. Cano*, De locis theologicis, Löwen 1564, 182-186. Vgl. dazu Jacob, a.a.O. (Anm. 60), 45f.

3.2 Mysterienterminologie in der Orthodoxen Theologie

Nach Auffassung von Karl Christian Felmy sehen die wichtigsten Vertreter der orthodoxen Theologie der Gegenwart (z.B. Alexander Nikolajewitsch Afanasiev, Alexander Schmemann) weiterhin in der Theologie der griechischen und byzantinischen Kirchenväter die angemessene Weise, Theologie zu treiben.[67] Damit wendet sich der Hauptstrom orthodoxer Theologie bewusst von den Ansätzen ab, die in der westlichen Spätscholastik und in der Folgezeit entwickelt worden sind. In Fortführung patristischer Theologie wird Theologie insgesamt als Mystagogie verstanden. Ihren Hauptgegenstand bildet der sakramentale Kultus. Ihre Hauptmethode besteht darin, die Form und Handlungslogik der Sakramente zu beschreiben und sie „gleichsam am gottesdienstlichen Vollzug der Mysterien entlang" zu reflektieren.[68] Die theologische Argumentation bleibt daher ständig auf rituelle Texte und Praktiken bezogen. Sie arbeitet bevorzugt phänomenologisch statt definierend, und sie verzichtet auf eine überstarke begriffliche Ausdifferenzierung und systematische Zuspitzung. In der orthodoxen Theologie erhalten aufgrund des rituell-phänomenologischen Ansatzes liturgische Differenzen den theologischen Stellenwert, den dogmatische Differenzen in der westlichen Theologie innehaben.

Der „als Mysterium verstandene Kult trägt … Züge, die an eine Mysterienreligion erinnern, z.B. in der Entlassung der Katechumenen und dem Ruf 'Die Türen! Die Türen!', die auf die im 5. Jh. aufgegebene Arkandisziplin verweisen, und in der zuweilen aus Gründen der Ehrfurcht geübten Geheimhaltung der Proskomidie oder der Priestergebete."[69]

Da zur orthodoxen Theologie umfassende Darstellungen und Analysen vorliegen, soll in diesem Rahmen der Schwerpunkt auf weniger bekannten Konzepten liegen.

---

[67] *Karl Christian Felmy*, Art. Mystagogie/Mystagogische Theologie II. Orthodoxe Kirche, in: ^{4}RGG 5 (2002), 1636. Vgl. *ders.*, Die Deutung der göttlichen Liturgie in der russischen Theologie, Berlin/New York 1984. *Alexander Schmemann*, Introduction to Liturgical Theology, Paris 1961.

[68] *Dorothea Wendebourg*, Mysterion und Sakrament, in: Peter Hauptmann (Hg.), Unser ganzes Leben Christus unserm Gott überantworten. FS Lilienfeld, Göttingen 1982, 272-294, hier: 293.

[69] Felmy, a.a.O. (Anm. 67), 1641.

3.3 Monastische Theologie: Klöster als Sitz im Leben einer mystagogischen Theologie

Die akademische Wiederentdeckung einer ganz anderen Art Theologie zu treiben, geht auf *Jean Leclerq* (1911-1993) zurück. Leclercq war Benediktiner. Er untersuchte die theologischen Konzepte des Zisterzienserabtes *Bernhard von Clairvaux.*[70] Leclercqs Wiederentdeckung eines anderen Theologietyps im Abendland wurde in Italien und Frankreich breit aufgenommen. In Deutschland wurde die Debatte nur von wenigen Spezialisten aufgegriffen.[71]

„Monastische Theologie" hat als Form einer Theologie eine lange Vorgeschichte. Sie setzt eine existentielle Form, theologische Aussagen zu formulieren, fort, die bereits bei Paulus, bei den Kirchenvätern und in den Anfängen des christlichen Mönchtums bei den ägyptischen Wüstenmönchen[72] die Grundgestalt von Theologie war. Die Klöster nehmen diesen Strom auf und formen ihn auf ihre Weise um. Wer die Tradition der monastischen Theologie untersucht, blickt auf den über 1000 Jahre geflossenen Hauptstrom der Theologie zurück, aus dem sich mit der Gründung der Universitäten, mit der Scholastik und in neuer Gestalt mit der Aufklärung die akademische Theologie als Spezialisierung abzweigte.

Leclercqs Verdienst ist es, eine alternative Gestalt von Theologie akademisch greifbar und wieder begreifbar gemacht zu haben. Er führt hierfür eine wichtige *soziologische* Unterscheidung in die akademische Theologie ein. Er lenkt die Aufmerksamkeit darauf, dass der *Ort* wichtig ist, an dem Theologie betrieben wird. 'Ort' meint die Lebensverhältnisse des Theologen. Die Theologie ist immer auch ein Ausdruck der Lebensverhältnisse. Wie man lebt, vor allem wie man die Gottesbeziehung lebt, so denkt man sie auch. Leclercq greift zur Analyse dieses Zusammenhangs auf die exegetische Kategorie des *'Sitzes im Leben'* zurück. Sie wurde um 1900 von Hermann Gunkel geprägt, um literarische Formen alttestamentlicher Texte im sozialen Kontext zu verorten.

---

[70] *Jean Leclercq*, Wissenschaft und Gottverlangen. Zur Mönchstheologie des Mittelalters, Düsseldorf 1963, auf französisch 1957 erschienen.

[71] Vgl. *Ulrich Köpf*, Monastische und scholastische Theologie, in: D. R. Bauer/G. Fuchs (Hg.), Bernhard von Clairvaux und der Beginn der Moderne, I-W 1996, 96-135; *Reinhard Schwarz*, Luthers unveräußerte Erbschaft an der monastischen Theologie, in: Kloster Amelungsborn 1135-1985, in: Gerhard Ruhbach/Kurt Schmidt-Clausen (Hg.), Amelungsborn 1985, 209-231. Aktuelle Beiträge stammen u.a. von den Benediktinern *Dominik Terstriep*, Weisheit und Denken. Stilformen sapientialer Theologie, Rom 2001 (Analecta Gregoriana 283) (über von Bernhard von Clairvaux) und *Marianus Bieber*, Theologie der Innerlichkeit, Regensburg 2003 (Ratio fidei 17).

[72] *Heinrich Holze*, Erfahrung und Theologie im frühen Mönchtum, Göttingen 1992.

Zur Zeit des Abtes Bernhard von Clairvaux (um 1090-1153) konstituierte sich als Vorstufe akademischer Theologie die universitäre scholastische Theologie. Die erste in mehrere Fakultäten gegliederte Universität entstand um 1230 in Paris aus einer Fusion freier Schulen mit der Kathedralschule von Notre Dame. Die theologischen Fakultäten der Universitäten wurden zu neuen Zentren einer neuen Form von Theologie. Kathedralschulen bzw. Domschulen als Vorläufer der theologischen Fakultäten waren bischöfliche Ausbildungsstätten. Die Blütezeit besonderer Kathedralschulen war auf bedeutende Lehrer (magister) oder Schulleiter (scholasticus) zurückzuführen. Neben den Kathedralschulen lehrten einzelner Magister an freien Schulen. Sie unterrichteten vorwiegend Philosophie in ihrer Wohnung oder in angemieteten Räumen und besaßen meist kein kirchliches Amt. Sie zogen häufig um und ihre Schüler mit ihnen. Die Kathedralschulen verloren seit den Universitätsgründungen an Bedeutung und beschränkten sich auf die Vermittlung von Grundkenntnissen.
„Wenn man die Lebensform des Mönchs durch den Gegensatz zur ´Welt´ (saeculum) definiert, dann kann man den ´Sitz im Leben´ der scholastischen Theologie ganz allgemein als die Schule in der ´Welt´ bestimmen. Dabei ist es von untergeordneter Bedeutung, ob es sich um eine Kathedralschule oder um die Schule eines freien Magisters handelt.“[73] Die Universität und ihre Lehrer, die Kathedralschule und die Schule des freien Lehrers liegen in der Stadt und nehmen an ihrem Leben Anteil. Sie sind „nach ihrer ganzen Konzeption offen – für neue Lehrer, für neue Schüler, vor allem aber auch für neue Gedanken, Anregungen, Fragestellungen, für neue Methoden und neues Wissen.“[74] „Trachteten die Mönche vom Glauben aus nach der geistlichen Weisheit (sapientia), so suchten Lehrer und Studenten an den Universitäten nach der begrifflichen Klarheit, die sie durch Infragestellen und kritische Prüfung mit Hilfe philosophischer Methoden gewinnen wollten. Bemühten sich die Mönche um die geistliche Erfahrung (experientia), so erstrebten die Scholastiker das rein intellektuelle Wissen (scientia).“[75] Diese Unterscheidung darf allerdings nur im Sinne von Schwerpunktsetzungen verstanden werden und keineswegs diastatisch, gerade für die Anfangszeit der universitären Fakultäten. Denn viele der ersten großen Scholastiker waren zugleich Ordensangehörige und Mystiker, man denke an Thomas von Aquin (1225-1274) oder an Bonaventura (1221-1274).
Der unterschiedliche Sitz im Leben hatte *unterschiedliche Denkformen und Inhalte der Lehre* zur Folge. Die scholastische Theologie richtete sich an

[73] Köpf, a.a.O. (Anm. 71), 123. Vgl. *ders.*, Art. Monastische Theologie, in: LThK 7 (1998), 389f; *ders.*, Monastische Theologie im 15. Jahrhundert, in: RoJKG 11 (1992), 117-135.
[74] Köpf 1996, a.a.O., 124.
[75] *Alf Härdelin*, Monastische Theologie – eine „Praktische“ Theologie vor der Scholastik, in: ZKTh 109 (1987), 400-415, hier: 402.

Kleriker, die in der Seelsorge, religiösen Unterweisung, Predigt und Kirchenleitung außerhalb von Klöstern arbeiten sollten. Die Kleriker sollten dazu befähigt werden, religiöse Abweichler zu bekämpfen und Nichtchristen zu missionieren. „Schon im 12. Jahrhundert wurde eine dreifache Aufgabe der Vernunft gegenüber Ungläubigen oder Häretikern, Gläubigen und Einfältigen im Glauben formuliert. Die scholastische Theologie, die auf solche 'apostolischen' Aufgaben vorbereitet, ist nicht nur nach innen, sondern ebenso nach außen gewandt und lebt von Dialog und geistiger Auseinandersetzung.“[76] Hierfür wurde ein möglichst umfassendes Wissen angestrebt. Alle bisher überlieferten Themen und zusätzlich neue Fragen und Themenstellungen wurden gesammelt und erstmalig mit Hilfe neuester philosophischer Kategorien geordnet. Allerdings bleibt anzumerken, dass die akademische Theologie schon damals – gegenüber praktischen Ausbildungszielen – einer gewissen Eigendynamik folgte: dem reinen Drang nach Erkenntnis. Ihm wurden bereits damals Fragen der Nützlichkeit des vermittelten Stoffes für die praktische Arbeit eines Priesters nachgeordnet.

Unterschiedliche theologische Schulen, die sich bildeten, eiferten miteinander um die Entwicklung je eigener Systematiken zur Ordnung des Stoffes und um dessen Darstellung in eigenen Sammelwerken (Sentenzenwerken und Summen). Eine herausragende Stellung nimmt dabei Abaelards (1079-1142) „Theologia“ ein. Sie gliedert die Stofffülle anhand von drei Stichworten: „fides“ (Dogmatik auf der Grundlage des Apostolicum), „caritas“ (Ethik) und „sacramentum“ (Sakramentenlehre).
Die „Sentenzen“ (sorgfältig ausgewählte Aussagen der Kirchenväter) des *Petrus Lombardus* (um 1095/1100-1160), Leiter der Kathedralschule von Notre Dame in Paris, sind in vier Bücher eingeteilt. Der Magister sententiarum folgt dabei vorrangig einem heilsgeschichtlichen Prinzip. Er setzt ein bei der Trinität und den Eigenschaften Gottes (Buch 1). Es folgen thematisch Schöpfung und Sündenfall (Buch 2), Christologie und Soteriologie mit einer anschließenden Tugendlehre (Buch 3). Sakramentenlehre und Eschatologie (Buch 4) beschließen die Rundum-Kategorisierung. Die Kommentierung dieser Sentenzensammlung wurde seit dem 13. Jahrhundert zum festen Bestandteil des theologischen Magisterstudiums. Die Systematik des Lombarden prägte die theologischen Systeme bis in die Neuzeit hinein. Hinter dem Streben nach Vollständigkeit, Systematik und zugleich einer eigenständigen theologischen Erkenntnistheorie traten persönliche Bezüge zu den Inhalten zurück. Sie erschienen mehr und mehr objektiv und vorgegeben.

---

[76] Köpf 1996, a.a.O. (Anm. 71), 125. Zugleich muss in Betracht gezogen werden, dass die Priesterweihe damals kein Theologiestudium voraussetzte und dass die Priester so ungebildet waren und mitunter so wenig Latein beherrschten, dass sie nur mühselig die Messe lesen konnten.

Der Ordensgründer der Benediktiner bezeichnet in seiner Ordensregel auch das Kloster als „Schule“ (scola). Damit beabsichtigt Benedikt von Nursia jedoch keinen organisierten Unterricht wie an einer Kathedralschule oder der Universität. Sondern er geht von gruppendynamischen Lernprozessen aus. Eine zentrale Rolle spielt hierbei die Beziehung zwischen Schüler und Meister. Das Wichtigste über Religion erlernt man nicht aus Büchern, sondern durch personale Beziehungen und eigene reflektierte Erfahrungen. Der Meister im Kloster ist der Abt. In seiner Hand liegt die geistliche Begleitung der Mönche.

Die Gruppendynamik bleibt nicht dem Zufall überlassen. Das Kloster ist als learning environment gestaltet: Es bildet eine auf Selbsterkenntnis und Gotteserkenntnis konzentrierte Umgebung. Dieser Konzentration dient bereits die *Lage des (Benediktiner-)Klosters*: möglichst abgeschieden, von dicken Klostermauern umgeben. *Die Anlage* soll in ihrer Symbolik das Unsichtbare abbilden, damit es alltäglich wird. Der Kern eines Benediktinerklosters besteht im Regelfall aus einem großen quadratischen Garten, in dem ein Brunnen steht. Der Garten wird von einem überdachten Gang umschlossen, dem „Kreuzgang“. An die vier Seiten des Gartens schließen sich die Gebäude der Kloster-Stadt an, wobei die Kirche (an der Nord- oder Südseite angebaut) mit ihrem Altarraum zur aufgehenden Sonne hinweist. Das Quadrat ist ein antikes Weltsymbol und gilt als Grundriss der idealen Stadt. Die himmlische Stadt Jerusalem gilt als quadratisch angelegt (Ez 48,30-35; Apk 21,9-27). Die Mönche leben experimentell das künftige Leben im jetzigen und lassen ihren Alltag bis in die kleinste Symbolik hinein von der unsichtbaren Wirklichkeitsdimension inspirieren. Die Quelle im Garten, an der die Mönche früher ihr Wasser holten, symbolisiert den Paradiesstrom (Gen 2,10-14) und verweist auf die ständige Verbindung zwischen sichtbarer und unsichtbarer Dimension. Der Kreuzgang ist das alltägliche Zentrum, das alle Klosterräume miteinander verbindet, und zugleich ein liturgischer Ort. Der Zisterziensermönch Bernardin Schellenberger beschreibt ihn als eine „Art begehbare Sonnenuhr, in der man die Stunden des Tages ablesen konnte“. „Bei den Prozessionen an bestimmten Festtagen durchschritten wir das Kreisrund gegen den Uhrzeigersinn und gegen den Lauf der Zeit… Diese Prozessionen waren sakrale Wanderungen *gegen* die Richtung der Vergänglichkeit“. „Unser Kreuzgang ist … ein heiliger Ring, … wo der Weg und das Ziel zusammenfallen, wo alle Wege und Zeiten sich finden.“[77]

Auch die *Zeitstruktur* soll Prozesse der Selbst- und Gottesfindung unterstützen. Die Zeiteinteilung, die ganz vom Lauf des Kirchenjahres und damit der Darstellung des Lebens Christi geprägt ist, verschränkt innere und äußere Lebensprozesse im Gleichgewicht miteinander, in Rhythmen von Stille und

[77] *Bernardin Schellenberger*, Die Stille atmen. Leben als Zisterzienser, Stuttgart 2005, 54-58.

Hören, Gottesdienst und Arbeit, rigiden Zeitplänen und freiem Selbststudium. Die vorgegebenen Rhythmen geben dem Mönch in seinen inneren Entwicklungsprozessen stabilen äußeren Halt. ′Kloster als Schule′ meint eine Lebensschule, eine Art Religionsunterricht total: als Lebensprojekt im Gruppenlernen auf Langzeit.

In dieser Konzentration tritt das im Alltag Unsichtbare aus seiner Verborgenheit. Der ferne Gott wird in der Konzentration sichtbar, hörbar, fühlbar. Es entsteht eine intensive Gefühlsbeziehung zu Christus, die Mystiker wie Bernhard von Clairvaux auch als intensives Verliebtsein in Christus beschreiben. Es geht um eine möglichst ununterbrochene Lebensnähe zu dem als anwesend gespürten Christus, eine Nähe, die auch bei Feld- oder Küchenarbeit nicht mehr abreißt.

Monastische Theologie ist ein Sprechen und Schreiben über Gott aus dieser kontemplativ erlebten Nähe heraus. ′Gott′ wird zu keiner Sache, keiner abstrakten Idee, sondern er bleibt derjenige, mit dem man in einer personalen, dynamischen Beziehung lebt, die etwas gedanklich Unergründliches behält. Beim Versuch, Gott zu beschreiben in der Nähe und der Unverfügbarkeit zugleich, stoßen die Mönchstheologen an die *Grenzen der Sprache* vor.[78] Analog zur Sorgfalt der Universitätstheologen für Begriffe suchen die Mönchsschriftsteller nach einer neuen Sprache, die die Grenze der Beschreibung des Sichtbaren übersteigen kann. Gerade Mystiker werden deshalb zu Sprachschöpfern. Wie die Zisterzienser Sümpfe und Wälder in Kulturland verwandeln, so versuchen die Mönche die Alltagssprache urbar zu machen für Gott. Da die überlieferten Begriffe zur Beschreibung und Kategorisierung von statischen Dingen und nicht zur Beschreibung personaler Prozesse entwickelt wurden, bevorzugen die Mönche für ihre Form der Gottesbeschreibung Hochformen der Sprache. Daher verfassen sie keine Summen und Dispute mit Begriffskategorien aus Philosophie und Rechtswissenschaft, sondern poetische Predigten und Kommentare voller Spielräume für Emotionalität und Imagination, und sie verdichten ihre Theologie in Hymnen, Sequenzen und Tropen. Ebenso dicht komprimiert begegnet diese Theologie in Briefen, Traktaten, Predigtsammlungen, Bibelkommentaren und Werken zur Geschichtsschreibung.

Von den scholastischen und philosophischen Begriffen und Argumentationsformen machen Theologen wie Bernhard von Clairvaux nur soweit Gebrauch, wie die Begriffe, aus seiner Sicht, das Wesen der Sache nicht verstellen.[79] Die Kloster-Theologie „bewegt sich nicht linear mit Hilfe lo-

---

[78] Vgl. *von Brockhusen*, Art.: Sprache der Mystik, in: Peter Dinzelbacher (Hg.), Lexikon der Mystik, Stuttgart 1989, 466-469 und die dort genannte Literatur.

[79] „So kennt Bernhard unter anderem die Begriffe definitio, distinctio, divisio; forma, materia, substantia, qualitas, quantitas; causa efficiens, formalis, materialis." (Köpf 1996, a.a.O. [Anm. 71], 127)

gischer Operationen von einem Ausgangspunkt zu einem Ergebnis hin, sondern kreist um Sachverhalte und Probleme. Ihr gewichtigstes systematisches Element ist die Wechselbeziehung von Selbsterkenntnis und Gotteserkenntnis, wie sie Bernhard in klassischer Weise in seinen Hoheliedpredigten beschreibt. Beide sind heilsnotwendig; ohne Gotteserkenntnis führt kein Weg zum Heil, aber ohne Selbsterkenntnis kein Weg zu rechter Gotteserkenntnis. Alle sinnvolle Bemühung um Erkenntnis ist auf diese beiden Erkenntnisse wie auf die beiden Brennpunkte einer Ellipse bezogen; sie bilden die Bezugspunkte der Systematik, von der die monastische Theologie bestimmt ist."[80] Auch die Klöster sind mit der Breite der Überlieferung der christlichen Tradition vertraut. Aber die monastischen Theologen wählen aus der Fülle der Überlieferung vorrangig das aus, „was sich zum religiösen Subjekt, seinem Leben und seinen Erfahrungen in Beziehung setzen lässt".[81]

Der Inhalt der Theologie erfordert – nach der Erfahrung der Mönche – eine neue Sprache, die die Kategorien der sichtbaren Welt zu übersteigen vermag. Monastische Theologie spekuliert wenig. Sie bevorzugt eine phänomenologische Erschließung ihres Gegenstandes: der personalen Prozesse, die lange und konzentriert untersucht worden sind. Die Haltung kontemplativer Aufmerksamkeit zielt darauf, andere in diese konzentrierte Welt- und Selbstbetrachtung hineinzunehmen. Monastische Theologie ist *Theologie aus Mystagogie für Mystagogie*. „Der Sitz im Leben dieser Theologie ist nicht das scholastische Disputieren, sondern das kontemplative Gottsuchen."[82] Sie konzentriert sich auf die Möglichkeit der Gottesbegegnung. Daher geht sie nicht allen möglichen theologischen Fragen und Argumenten gleichmäßig ausführlich nach, sondern sie „bemüht sich um Verdichtung des Denkens vor allem in Meditation und Gebet."[83] Gerade durch diese Konzentration auf Grundfragen des Menschseins, der Weltdeutung und der Gottsuche behält die monastische Theologie etwas Allgemeines. Sie beantwortet existentielle Fragen und führt Menschen in die Tiefen des Christseins.

Die monastische Theologie hat eine *eigene Erkenntnistheorie* entfaltet. Diese Erkenntnistheorie folgt wesentlich stärker den antiken philosophischen Schulen als die akademische Rezeption dieser Philosophien. Während sich die rationale Rezeption auf Distinktionen von Begriffen konzentriert, waren antike philosophische Schulen zugleich mit dem Einüben in Lebenshaltungen verbunden. Hierzu zählten auch die ins Mönchtum übernomme-

[80] Köpf 1996, 128f.
[81] A.a.O., 130.
[82] Härdelin, a.a.O. (Anm. 75), 405.
[83] Köpf 1996, a.a.O. (Anm. 71), 128.

nen Übungen von Schweigen und Fasten.[84] Eine Erkenntnis kann nicht abgelöst werden von der Lebenshaltung der Erkennenden. Die Wahrnehmungsfähigkeit und Erkenntnisfähigkeit eines Menschen kann nicht nur durch unzulängliche Begriffe und Kategorien getrübt werden, sondern ebenso durch Leidenschaften, Vorurteile, kulturelle Irrtümer, etc.. Daher steht im Vordergrund des theologischen Erkenntnisweges im Mönchtum die Klärung des eigenen Geistes als des wichtigsten Erkenntnisinstrumentes. Die klösterlichen Übungen dienen nicht, wie ein reformatorisches Klischee es nahe legt, dem Wachsen des Ego durch fromme Werke. Sondern sie dienen der zunehmenden Dekonstruktion des Ego – dem Erkennen der eigenen Erkenntnisgrenzen, dem Loslassen ungeeigneter Kategorien und verunreinigender Stimmungen, auch dem Loslassen von Vorstellungen über die eigene Identität. In einen existentiellen und zugleich sozial gelebten Erkenntnisprozess, nicht in einen masochistischen Weg, weisen die zwölf Stufen der Demut in Benedikts Klosterregel (RB 7) ein.

Christliche Askese ist Bestandteil eines existentiellen Erkenntnisweges, „′insofern sie das Auge reinigt und dazu bewegt, sowohl intellektuell als auch affektiv nicht beim Irdischen zu verweilen, sondern sich … verweisen zu lassen′... Diese Distanz zu sich und zur Welt ist notwendig, weil die Sünde die natürlichen Zusammenhängen in Unordnung gebracht hat: Der Mensch folgt dem eigenen und nicht mehr Gottes Willen und setzt gerne vorläufige Dinge absolut. Die Sünde verkehrt nicht nur den Willen; sie stört auch die Wahrnehmungsfähigkeit und damit die Erkenntnis der Wahrheit.“[85]

Die stärkste klärende und auf Gott hin orientierende Kraft wird dabei dem Wort in Gestalt des biblischen Wortes selbst zugetraut. Der Mönch lässt sich auf einem gestuften Weg von lectio (Lesung), meditatio (Meditation), oratio (Gebet) und contemplatio (Schau) vom Wort selbst hinein in die Gegenwart Christi führen. Der Kartäusermönch Guigo II. (gest. 1193) beschrieb diese Stufen als „scala claustralium“.[86] Rationale und affektive Aspekte des Menschen werden dabei in den Prozess der Verwandlung durch das Wort einbezogen.

Erkennen und Denken durchlaufen auf dem kontemplativen Weg eine Verwandlung vom Analysieren von Sinnesdaten oder vom Spekulieren hin zum *intuitiven Erkennen* der Wahrheit.[87] ′Intuition′, abgeleitet vom lateinischen

---

[84] Vgl. *Rudolph Arbesmann*, Art.: Fasten, in: RAC (1969) Bd. 7, 447-493; *ders.*, Das Fasten bei den Griechen und Römern, Giessen 1929.

[85] *Bernhard A. Eckerstorfer*, Weisheit und Innerlichkeit ins Denken bringen. Anstöße für eine monastische Theologie heute, in: EuA 82 (2006), 405-420, hier: 408 mit einem Zitat von Dominik Terstriep.

[86] *Guigo der Kartäuser*, Scala Claustralium – Die Leiter der Mönche zu Gott. Eine Hinführung zur Lectio divina. Übersetzt und eingeleitet von Daniel Tibi, Nordhausen 2008.

[87] Vgl. *Arthur Deikman*, Therapie und Erleuchtung, Reinbek 1986, 54ff.

intueri, ansehen, betrachten, verweist auf einen Erkenntnisprozess, dem ein unmittelbares Gewahrwerden zugrunde liegt und der daher in seinen grundlegenden Daten weder auf Sinnesdaten noch auf rationale Analysen angewiesen ist. Der französische Philosoph *Henri-Louis Bergson* unterschied den rationalen vom intuitiven Erkenntnisweg folgendermaßen: „... die Philosophen sind sich einig, eine tiefe Unterscheidung zu machen zwischen zwei Arten, ein Ding zu erkennen. Die erste bedeutet, um es ganz herumzugehen, die zweite, in es hineinzugehen. Die erste Art hängt vom gewählten Standpunkt und den benutzten Symbolen ab, während die zweite von keinem Standpunkt aus sieht und auf keinen Symbolen beruht. Von der ersten Art der Erkenntnis wollen wir behaupten, daß sie beim Relativen stehen bleibt, von der zweiten hingegen, daß sie, wo immer möglich, das Absolute erreicht... ein Absolutes kann nur durch Intuition vermittelt werden, während alles übrige sich durch Analyse erschließt. Wir bezeichnen hier mit Intuition die Sympathie, die einen in das Innere des Dinges trägt, um dem, was daran einzigartig und deshalb unaussprechlich ist, zu begegnen."[88]

Zwischen der hoch personalen, zugleich erotischen Metaphorik der Mystiker und dem juristischen Vokabular der Schuld-und-Sühne-Metaphorik, die die lateinisch-westliche Theologie stark prägte (bis hinein in Luthers Formulierungen der Rechtfertigungslehre), klaffen erkenntnistheoretische Abgründe. In den Worten der spanischen Mystikerin Teresa von Avila: „es wird der Seele durch eine Erkenntnis vor Augen geführt, die klarer ist als die Sonne. Ich sage nicht, dass man Sonne oder Helligkeit sieht, wohl aber ein Licht, das, ohne dass man ein Licht sieht, das Erkenntnisvermögen erleuchtet, damit die Seele eine so große Wohltat genießt."[89]

Die mystagogische Kloster-Theologie beantwortet *neuzeitliche Probleme* auf eine eigene Weise. Sie ist nicht an einem Theoriegebäude interessiert, das quasi-objektiv geltende, metaphysische Wahrheiten präsentiert. Die Mönche folgen einem einzigen theologischen Programm. Sie betreiben *Theologie aus der Perspektive des Subjektes*. Anthropologie und Theologie – das Sprechen über Gott – werden als Aspekte erörtert, die in ein und demselben Erkenntnisprozess miteinander verschränkt sind. Karl Rahners Forderung einer empirisch-mystischen Theologie und Peter L. Bergers wissenssoziologisch begründete Forderung nach einer induktiven Erkenntnismethode und Theologie begegnen in einer Vorform im Strom der mystagogischen Theologie der Klöster. In ihren Predigten, Kommentaren und theologischen Abhandlungen beschreiben und reflektieren die Mystiker-Theologen ihre Erkenntnisprozesse und ihre religiösen Erfahrungen mit

---

[88] Zitiert nach: Deikman, a.a.O., 60.

[89] *Teresa von Avila*, Das Buch meines Lebens, hg. und übersetzt von Ulrich Dobhan/Elisabeth Peeters, Freiburg/ Basel/Wien ^{5}2009, Kapitel 27, S. 386.

Hilfe möglichst erfahrungsnaher Begriffe und einer prozesshaften Metaphorik. Dadurch bleibt der Erkenntnisprozess und sein Ergebnis weitgehend nachvollziehbar.

In ihrer Nähe zur Phänomenologie und zur religiösen Empirie bleibt die monastische Theologie eine wichtige Partnerin der akademischen Theologie. Sie bindet theologische Aussagen an einen spezifischen Sitz im Leben (an spezifische Erkenntnisbedingungen) zurück und hat eine eigene Form religiöser Empirie entwickelt. Ihre Abstraktionen bleiben in einer spezifisch religiösen Empirie begründet. „Für die monastische Theologie, verkörpert im Werk Bernhards, spielt die religiöse Erfahrung eine zentrale Rolle: als Voraussetzung, Quelle, Vergewisserung und Ziel der Erkenntnis.“[90] Der Erfahrungsbezug gilt auch für den Umgang der Mönchs-Theologen mit der Heiligen Schrift als Offenbarungsquelle. „Auch für sie hat die auctoritas, vor allem die der Heiligen Schrift, einen hohen Rang. Aber diese Theologie benützt die Aussagen von Bibel und kirchlicher Tradition nicht wie mathematische Axiome, aus denen man logische Schlüsse ziehen kann; sondern sie fragt nach ihrem Erfahrungsgrund, sie sucht nach ihrem erfahrbaren Gehalt, und sie bemüht sich, vergangene Erfahrung für gegenwärtige und künftige Erfahrung zu erschließen und fruchtbar zu machen.“

Die reformatorische Theologie behält in ihrer Gründergestalt *Martin Luther* und seinen Schriften eine starke Akzentsetzung durch die monastische Theologie. Luther provoziert einen Showdown zwischen Neuzeit und Mittelalter, der zugleich als Konflikt zwischen monastischer und scholastischer Theologietradition ausgetragen wird. „Die Spätscholastik entwickelt zuweilen mit einem ungeheuren Aufwand an Scharfsinn Überlegungen, die sich längst von der Ebene der religiösen Lebenswirklichkeit abgelöst haben und keinerlei inhaltliche Bereicherung mehr erbringen. Es ist bezeichnend, dass die Kritik eines Mönchs am Anfang des 16. Jahrhunderts ihre ganze Erfahrungs- und Lebensfremdheit bloßgelegt hat.“[91]

Luther griff als religiöses Subjekt die Autorität eines abstrakten Denksystems und der kirchlichen Überlieferungen an und argumentierte dabei mit seinen eigenen religiösen Erfahrungen, die sich in der Kernfrage bündelten: Wie erlange ich einen gnädigen Gott? Damit fragte Luther zugleich neuzeitlich und mystagogisch. Seine reformatorische Erkenntnis reifte in ihm auf dem mystagogischen Weg der scala claustralium – durch lectio, meditatio und oratio. Seine Theologie bleibt – zum Leidwesen systematischer Theologen – unsystematisch, weil sie durch die Methoden und literarischen Formen monastischer Theologie geprägt ist: Sie entfaltet sich in der Schriftauslegung und bleibt über weite Strecken eingebettet in die

---

[90] Köpf 1996, a.a.O. (Anm. 71), 133. Folgendes Zitat: ebd.
[91] Köpf 1996, a.a.O., 133f.

Form biblischer Kommentare. Sie kristallisiert sich aus in Predigten, Briefen, theologischen Traktaten und kirchenpolitischen Gelegenheitsschriften.

Zugleich ist sie thematisch hoch konzentriert: auf Mensch und Gott in der Christusbeziehung. Luthers Christologie, bis hin zur Frage nach Christi Gegenwart bei der Eucharistie, erhält erst in der lutherischen Orthodoxie eine neoscholastische Ausgestaltung, die die bei Luther beschriebenen personalen Prozesse nicht mehr zu erfassen vermag. Luther selbst rang nach sprachlichen Formen, die der personalen Dynamik des Christentums angemessen bleiben, die Christus, Gnade, Heil nicht verdinglichen, zur Idee abstrahieren oder historisieren. Christsein ist dynamische Christusbeziehung. Predigt und Sakramente sind personale Christusgegenwart. Sie werden nur in ihrem pro-me-Bezug angemessen thematisiert. Luthers Theologie bleibt existentiell rückgebunden. In monastischer Tradition erhebt er die „experientia“ zur Kompetenzforderung für Theologen. „Experientia facit theologum“. Von dieser personalen religiösen Empirie hatte sich die scholastische Theologie zugunsten reiner Spekulation verabschiedet. Eine evangelische Mystagogik findet bei Luther noch formal und inhaltlich verbunden, was auch im protestantischen akademischen Diskurs immer wieder auseinanderzufallen droht: experientia und Reflexion.

4. Versuche zur Erneuerung einer Mysterientheologie im 20. Jahrhundert

4.1 Odo Casels Mysterientheologie

Der katholische Theologe und Mönch Odo Casel verschrieb sein Leben der Erneuerung der Theologie und Spiritualität aus der altkirchlichen Mystagogie heraus. Er arbeitete lebenslang an einer Mysterientheologie. Hierfür studierte er zum einen die Kirchenväter. Zugleich modernisierte er den altkirchlichen Ansatz, indem er die Aussagen der Kirchenväter mit Konzepten der Religionswissenschaftlichen Schule und der Religionsphänomenologie verband. Dieser Modernisierungsversuch macht zugleich eine Stärke und Schwäche in Casels Erneuerungsversuch aus. Als die Schwächen in den Konzepten der Religionswissenschaftlichen Schule klar hervortraten, wurde zugleich Casels Ansatz angegriffen. Dies spricht jedoch eher für eine Fortführung mit aktuellen Dialogpartnern und erweist die Kurzatmigkeit theologischer Moden. Das Anliegen, das altkirchliche Erbe für die Konstruktion einer zeitgenössischen Mystagogie zu erschließen, wirkt nach wie vor lohnend.

Odo Casel wurde 1886 in Koblenz geboren. 1905 trat er in die Benediktiner-Abtei Maria Laach im Rheinland ein. 1911 wurde er zum Priester geweiht. Er starb am Ostermorgen 1948. Seine Grabinschrift nennt ihn „mystagogus nobis et pater" („Mystagoge und Vater/Pater für uns").[92] Sein Benediktinerkloster war sein Lebensraum und Denkraum. Er greift die klassische Tradition der monastischen Theologie auf und versucht, sie in die zeitgenössische Theologie und Denkwelt zu integrieren.

Für Casels mysterientheologisches Konzept sind *drei Quellen* wesentlich:

1. sein *eigenes Erleben* der Eucharistiefeier,
2. die Theologie der *Kirchenväter*,
3. religionsgeschichtliche Studien zu den *antiken Mysterienkulten*.

Casel verbindet das Quellenstudium mit *religionsphänomenologischen* Forschungen, um die eigenständige Realität und Handlungslogik spirituell-geistiger Vorgänge argumentativ erweisen zu können.

---

[92] Vgl. einführend und vertiefend: *Burkhard Neunheuser*, Art.: Casel, Odo, in: TRE 7 (1981) 643-647. *André Grozier*, Odo Casel. Künder des Christusmysteriums, Regensburg 1986. *Jakob Plooij*, Die Mysterienlehre Odo Casels, Neustadt an der Aisch 1968. *Arno Schilson*, Theologie als Sakramententheologie. Die Mysterientheologie Odo Casels, Mainz 1982 (mit dem Schwerpunkt auf Casels Christologie und Anthropologie). *Judith Krahe*, Der Herr ist Geist. Studien zur Theologie Odo Casels, 2 Bde., St. Ottilien 1986.

1. *Christusbegegnung in der Eucharistiefeier*: Casel bekundet, dass die Eucharistiefeier die wichtigste Inspiration zu seiner Mysterientheologie war. „Hinzufügen muß ich ..., daß ... die erste Intuition über die Mysterienlehre mir in der Liturgie bei der Feier des Hochamtes gekommen ist. Leben kann ja nur aus Leben hervorgehen." „Der eigentliche 'heilige Bronnen' war die Feier der Liturgie selbst... Nicht das bloße Studium, sondern das lebendige Mitleben mit Christus in mysterio ist die letzte Quelle aller wahren Gnosis."[93]

2. *Theologie der Kirchenväter*: Casel fand sein mystisches Erleben bei den Kirchenvätern gespiegelt. 1912 reichte er in Rom seine theologische Dissertation über „Die Eucharistielehre des hl. Justinus Martyr" ein.[94] Justins Vergleich der Eucharistiefeier mit den Mysterien des Mithras regte Casel dazu an, den Gemeinsamkeiten und Unterschieden zwischen antiken und christlichen Mysterien genauer nachzugehen. „Wie die Mithrasjünger in verschiedenen Weihestufen (teletais) eingeweiht wurden, so weihten sich die Katechumenen in der Auferstehungsnacht durch Taufe, Firmung, Eucharistie Gott (anethekan heautous katecheseis mystagogikai). Jene drei hl. Riten also waren die christlichen Mysterien oder Sakramente."[95] „Die hl. Eucharistiefeier ist demnach *Gedächtnisfeier*, ja noch mehr, die mystische *Wiederheraufführung* und dadurch in gewissem Sinne die *Fortsetzung* des Werkes der Erlösung." In seiner Dissertation formuliert Casel Grundzüge der Mysterientheologie, die er später ausarbeiten wird.

3. Religionsgeschichtliche Studien zu den *antiken Mysterienkulten*: Die Erforschung und Deutung der antiken Mysterienkulte boomte um die Jahrhundertwende. Casel folgte in vielen Grundannahmen über die antiken Kulte den Thesen von *Richard Reitzenstein* (1861-1931). Dies bezeugt seine wissenschaftliche Modernität und Offenheit, wurde ihm jedoch mit dem Niedergang dieses Ansatzes kritisch vorgehalten. Er rezipierte umfassend die damals neuesten Forschungsergebnisse zu den antiken Kulten. Der religionswissenschaftliche Vergleich, „die Analogie der antiken Mysterien lehrt uns viele der christlichen Wahrheiten erst tiefer erkennen und durchschauen".[96] „Das Christentum ist zugleich eine Mysterien- und Geistesreligion."[97] Casel versteht die antiken Mysterien als Kultmystik. Hierin sieht er einen wichtigen Vergleich zur christlichen Mystik: Auch sie sei eine rituell geführte Mystik. „Wenn die antiken Mysterien eine in ihrer Art wunder-

[93] Beide Zitate in: Grozier, a.a.O., 11.
[94] Veröffentlicht in: Der Katholik 4 (1914), 153-176.243-263, 331-355, 414-436.
[95] A.a.O., 155. Folgendes Zitat: a.a.O., 163.
[96] *Odo Casel*, Die Liturgie als Mysterienfeier, Freiburg i. Br. 1922 (Ecclesia Orans, 9), 98.
[97] Casel, a.a.O., 127, gesperrt gedruckt.

voll ausgebaute liturgische Mystik darstellen, so ist demgemäß auch das christliche Mysterium wesentlich Kultmystik. Die heiligen Riten führen ... auf aufsteigender Stufenleiter in immer tieferer Symbolik bis zur höchsten Einheit mit der Gottheit.“[98]

Casel beschreibt die christliche Kultmystik mit der Begrifflichkeit der antiken Mysterien. Er folgt darin den Kirchenvätern des 4. und 5. Jahrhunderts. Sein Akzent liegt dabei auf der mystischen Stufung, die sakramental im Christentum angelegt ist. Jemand steht vor einer Schwelle, wird eingeweiht, wird weitergeführt und erlebt die Vereinigung mit Christus. Mit der Besiegelung in der Taufe „ist die Einweihung (τελετή) des Neumysten beendigt; die das Sakrament der Vollendung (τελείωσις) empfangen haben, sind Vollgeweihte (τέλειοι). Sie dürfen sich jetzt zu den Christen gesellen. Zu Ende sind aber noch nicht die Geheimnisse; vielmehr beginnen jetzt erst die eigentlichen Mysterien, die diesen Namen in besonderem Maße tragen; und auch die Einweihung erreicht ihren vollen Höhepunkt erst in der innigsten Vereinigung mit Christus in der Kommunion.“[99] Die Eucharistiefeier ist kein toter Ritus, sondern personale Vereinigung mit Christus und die Öffnung für Christi Verwandlungsweg. „Die Gläubigen aber vereinigen sich geistig aufs innigste mit dem Tun ihres Heilandes und Herrn; sie opfern sich mit ihm und durch ihn und eignen sich die von Christus objektiv vollzogene Erlösung an; sie schöpfen von den Quellen des Erlösers. Sie leiden mit ihm, stehen mit ihm auf, werden mit ihm verklärt und treten ein in sein himmlisches Sein. Sie führen also mit ihm ein heiliges, gnadenbringendes Drama auf. ... alles ist in dem symbolisch-mystischen Akt der Konsekration zusammengedrängt.“[100]

Casel beschreibt *Christus als den „ersten Mysten des Vaters“*. Er versteht unter einem Mysten jemanden, dem durch eine geistige Schau die verborgene Wahrheit und Wirklichkeit Gottes erschlossen wurde. Christus wird zum Mystagogen der Menschheit, indem er sie darin einweiht, was er geschaut hat und woran er teilhat. Erst durch die Mystagogie Christi können Menschen einen individuellen mystischen Weg gehen. In der Schau der Herrlichkeit des Sohnes werden die Menschen in Töchter und Söhne Gottes verwandelt (vgl. Joh 10,34f). Dann lebt Christus in ihnen (Gal 2,20). „So wird die communio zur unio.“[101]

Am Anfang des christlichen Einweihungsweges steht, wie in antiken Mysterien, die Stufe der *Reinigung*. Der christliche Reinigungsweg geschieht nach Casel vor allem durch Leiden in der Nachfolge des Kreuzes. „Der Einzuweihende empfängt aber die Offenbarung zunächst nicht direkt, sondern er

---

[98] A.a.O., 98.
[99] A.a.O., 92f.
[100] A.a.O., 65.
[101] Casel, in: Grozier, a.a.O. (Anm. 92), 78.

muß erst dazu fähig gemacht werden. Das geschieht u.a. auch durch das Leiden, das dazu dient, den Menschen zu läutern und zu reinigen und ihn zu der höheren Gnosis zu befähigen. Darum ist für den Christen das Kreuz der Weg zur Gloriengnosis."[102]

Die Stufe der *Schau* beschreibt Casel, wie einst der Kirchenvater Clemens von Alexandrien, als „Gnosis". Sie ist „ein Erkennen, das nicht aus dem schlußfolgernden Sinn und Verstand kommt, sondern eher durch ein Eindringen in die göttliche Wirklichkeit. Sie ist also von Gott eingegeben, sie ist eine Glaubensschau aus göttlicher Erleuchtung kommend, die in der Liebe ihre Vollendung findet."[103] Das schauende Erkennen ist, im Unterschied zur antiken Philosophie oder Mysterienschau, ganz durch Christus vermittelt. Es ist „nicht ein Erfassen mittels des Verstandes ..., sondern ein Berühren und Besitzen Gottes durch den Sohn hindurch."[104]

In der verwandelnden Reinigung und in der Schau öffnet sich der Mensch mehr und mehr für Christus, überwindet seine egoistischen Grenzen und wird zunehmend wahrer Mensch. „Die Demut, der Sankt Benedikt das längste Kapitel seiner Regula weiht, ist nur die praktische Durchführung des soli deo, des Lebens für Gott allein. Je mehr der Mensch als Mensch untergeht, desto strahlender geht das Ebenbild Gottes auf. Je mehr durch den Gehorsam, das Schweigen, das Verschwinden in der Gemeinschaft das Eigenwillige des Ichs zerstört wird, desto mehr entfaltet sich jener wahre Mensch, der in Christus ist."[105]

Da die *Umwandlung* allein in der Christusgemeinschaft geschieht, bleibt die liturgisch vermittelte Gemeinschaft mit Christus ein wichtiger Lebensstrom. Sie kann wie das Atmen als ein Atemholen der Seele erlebt werden. Die Verbindung durch die Liturgie nimmt hinein in die Selbstentfaltung des trinitarischen Lebens Gottes. Christus ist das ewig aus dem Glanz des Vaters hervorgehende Wort. „Dabei hat der kultische Akt ein Ziel in sich, er ist nicht nur ein Zweck für uns. Der Mönch lernt so im Laufe seines liturgischen Lebens, sich mit Gott zu vereinen, an ihm teilzuhaben und zu ´sehen´, dass es in Gott einen trinitarischen Kult gibt, der nichts anderes ist als die Entfaltung Gottes in Gott selbst durch die ´Hervorgänge, die Prozessionen´ des Wortes und des Heiligen Geistes, denn diese Hervorgänge gehören zum Wesen Gottes. Das Wort als ´Herrlichkeit des Vaters´ ist wirklich der seinsmäßige und wesenhafte Kult; das Wort ist also die Mitte der kultischen Bewegung, der ganzen Liturgie, der himmlischen wie der Liturgie auf Er-

[102] Casel, in: a.a.O., 77.
[103] Casel, in: a.a.O., 76.
[104] Ebd.
[105] Casel, in: a.a.O., 88.

den. Christus, das Wort, ist mit seiner Kirche, der er sich am Kreuz verbunden hat, der einzige Liturge."[106]
Wenn Casel von „*Mysterium*" spricht, so bezieht er es in seinen Werken

1. grundlegend auf Gott selbst,
2. auf das Christusmysterium,
3. auf die Werke im Heilsplan und daraus abgeleitet
4. auf das Kultmysterium.

Zum *Kultmysterium*: Mit Vorliebe zitierte Casel einen Satz Leos des Großen: „Was am Herrn sichtbar war, ist in die Mysterien übergegangen.", sowie von Ambrosius von Mailand: „Ich finde dich in deinen Mysterien wieder." Unter „Kultmysterium" versteht Casel den „rituellen Vollzug des Erlösungswerkes Christi in der Ecclesia unter der Modalität der Symbole".[107] Die Beziehung zwischen Christusmysterium und Kultmysterium versucht Casel, möglichst eng zu beschreiben: als „rituelle Darstellung und Wiederhinstellung" all dessen, was sich im Christusmysterium ereignet hat. In einem Brief erläutert er diese Beziehung näher: „Sie fragen jetzt nach dem Unterschied zwischen Christusmysterium und Kultmysterium. Das Christusmysterium ist nach den paulinischen Briefen die Christustatsache selbst, d.h. die Offenbarung Gottes in seinem menschgewordenen Sohne, diese Offenbarung, die in dem Opfertod und der Verklärung des Herrn gipfelt. Das Kultmysterium ist demgegenüber die rituelle Darstellung und Wiederhinstellung des Christusmysteriums, wodurch es uns ermöglicht wird, in das Christusmysterium selbst einzutreten. Das Kultmysterium ist also ein Mittel, dass der Christ im Christusmysterium lebt." [108] *Das Kultmysterium ist der Weg ins* „Urmysterium", ins *Christusmysterium*. Es wirkt nicht objektiv-magisch, sondern ist personale Gegenwart Christi, die auf eine Lebensgemeinschaft zielt. „Durch das Kultmysterium treten wir in das Urmysterium ein. Aber das Kultmysterium hat nur Wert, wenn das Leben mit dem Herrn dahinter steht, wenn wir mit ihm der Welt gekreuzigt sind und sein Leben leben."[109]
Wie die griechischen Kirchenväter, so lebt und denkt Casel das christliche Kultmysterium im Rahmen der platonischen Philosophie. Ohne eine *reale Teilhabe zwischen „Urbild" und „Abbild"* wäre für ihn die Beziehung zwischen Christusmysterium und Kultmysterium nicht denkbar. Die christliche Kultwirklichkeit lebt aus der Spiegelung und aus der Teilhabe an der Christuswirklichkeit. Darin liegt ihre verwandelnde Kraft. Nur weil der

---

[106] Grozier, a.a.O., 84f.
[107] Casel in: Grozier, a.a.O., 21.
[108] Casel am 20. 4. 1943 in einem Brief, in: Grozier, a.a.O., 23.
[109] Casel, in: Grozier , a.a.O., 23.

christliche Kultus das Geheimnis durch wahre Symbole sinnlich zugänglich macht, kann er die Kult-Teilnehmer dem Urbild ebenbildlich machen. „Tod und Auferstehung aber sind die Mysterien, die uns dem Urbilde ebenbildlich machen. Durch die Teilhabe an den Mysterien treten wir in das Abbild ein und gelangen dadurch zum Urbilde. So stellt die Messe nicht nur den Tod Christi dar und vermittelt uns die Wirkungen des Opfers Christi, sondern sie ist wirkendes Abbild des Pascha Christi und gliedert uns unmittelbar ein in das, was einmal mit Christus geschah. Das Messopfer hat also die Macht, uns der Heilstat Christi gleichzeitig zu machen, uns in ihre unmittelbare Gegenwart zu stellen."[110]

In dieser Kraft-Teilhabe liegt auch die Kraft des menschlichen Wortes begründet, das im Kultus gesprochen wird. Menschen leihen hier ihre Worte und Handlungen dem Logos selbst. Dadurch werden menschliche Worte und Riten zur Epiphanie, zu Erscheinungsformen des Göttlichen. Sie sind nicht mehr Informationsträger für rein menschliche Konstrukte, sondern umschaffende Kraftträger. Sie erhalten Anteil an dem, was das hebräische דבר (dabar) mit der Schöpferkraft von Worten mitausspricht. „Denn es geht dabei nicht um den Austausch von menschlichen Gedanken und Vorstellungen, sondern um die Verwirklichung unseres Seins. Der biblische Begriff für das Wort, 'Dabar', hat immer einen dynamischen Aspekt. Daher ist mit 'Dabar' Wort und Tat zugleich gemeint. Außerdem ist das Wort für die Zeit der Kirchenväter eine Epiphanie des göttlichen Logos. Durch das Wort wird die Erlösung pneumatisch gegenwärtiggesetzt. Daher ist die Liturgie auch nichts anderes als die in einer Kulthandlung konkret dargestellte Bibel. Das Offenbarungswort soll klar ausdrücken, was das sinnlich erfahrbare Element andeutet."[111]

Casel wurde von Kritikern vorgeworfen, theologisch unklar zu schreiben. Meines Erachtens liegt diese Unklarheit nicht in Randfaktoren begründet, etwa darin, dass Casel ein platonisch denkender Mystiker gewesen sei. Die begrifflich empfundene Unklarheit verweist auf etwas viel Zentraleres. Das wirkliche Mitdenken der Eucharistie und der christlichen Geheimnisse erfordert ein *neues Denken*. Es sprengt die unpersonalen, statischen Kategorien scholastischer und neuscholastischer Systematiken. Es lässt diese Kategorien hinter sich wie bereits jede individuelle Person mit ihren Entwicklungswegen, die anhand scholastischer Kategorien oder testweise durch eine theologische Systematik beschrieben werden sollte. Manche Ansätze würden bereits daran scheitern, die *Individualität* der Hauskatze Schnurrle zu beschreiben. Christus ist zugleich eine pneumatisch realisierte Person. Eucharistie ist Christus! Verallgemeinernde Begriffe bleiben hinter der

---

[110] Casel, in: Grozier, a.a.O., 23f.
[111] Casel, in: Grozier, a.a.O., 24.

Dynamik und Individualität des Lebens zurück. Individuen zentrieren sich in Narrationen, wandeln sich in Prozessen und erfordern dichte Beschreibungen, die ihrer Individualität in ihren spezifischen Lebenskontexten gerecht werden. Bereits hierin bleibt die Feinheit theologischer Begriffe hinter der phänomenologischen Dichte von qualitativer Sozialforschung, psychologischen Konzepten und Religionsphänomenologie zurück. Der hoch individualisierte, pneumatisch realisierte Mensch Jesus Christus sprengt das individualitätsbezogene Begriffsinstrumentarium nochmals, da es auf die Phänomene des sichtbaren, westlich sozialisierten Menschen in seinem Alltagsleben bezogen ist. Christus als der geistig realisierte Mensch ist der Maßstab theologischer Anthropologie und des Individualisierungsweges.

Casel sah den philosophischen und theologischen *Rationalismus um 1900* mit seiner Erblindung für pneumatische Prozesse auf einem Irrweg. Was Casel wieder als Fundament für theologische Spekulationen erschließen wollte – Transzendenzerfahrung und ein feines Instrumentarium zum Verstehen religiöser Phänomene – das war um 1900 selbst im Katholizismus vielen Theologen nicht existentiell nachvollziehbar oder denkbar. Casel hingegen theologisierte als religiöses Individuum auf der Grundlage eigener Transzendenzerfahrungen. Sie waren, im Bergerschen Sinne, für ihn empirisch und unzweifelhaft zugänglich. In der zeitgenössischen Theologie fand Casel keine geeignete Begrifflichkeit vor, die Transzendenzerfahrungen als realen Erfahrungen gerecht werden konnte. Bei den Kirchenvätern fand er diesen Zugang zu Transzendenzerfahrungen und eine theologische Sprache, die der nichtsinnlichen, mehr als seelischen, pneumatischen Dimension der Wirklichkeit beschreibend gerecht wurde. Casel weigerte sich, die auf Alltagsrationalität verstümmelte Beschreibung der Wirklichkeit zu teilen. Es ist wichtig, festzuhalten, dass Casel – im Bergerschen Sinne[112] – nicht zum autoritären offenbarungstheologischen Typus zählt, wenn er sich von einer rationalistischen Verkürzung in der Theologie abgrenzt. Er vertritt einen induktiven Typus und will die Theologie zur Wahrnehmung und Reflexion dieser Erfahrungen zurückführen.

An der Scholastik kritisiert er den verlorenen Zugang zur „Glaubensschau“. Sie habe versucht, diesen Verlust durch eine autoritäre Setzung von Offenbarung und „Übernatur“ auszugleichen, der sich die Vernunft zu beugen habe. Doch diese thetische Autorität konnte bereits im Mittelalter den Wirklichkeitsverlust der Theologie nicht aufhalten. Die Denkkategorien wurden immer sachferner, und Argumente der Alltagsrationalität ersetzten dichte Beschreibungen. Kritisch schreibt Casel über das Scheitern autoritärer Setzungen: „In der 'Theologie' sah man nun mehr die Durchdringung der aus dem Glauben ererbten Sätze mit dem Geiste rationaler Philosophie, die

[112] S. 20ff.

Auseinandersetzung zwischen ´Natur´ und ´Übernatur´. Der Glaube war noch Prämisse; von ihm ging man aus und suchte das ´Verstehen´: credo ut intelligam. Aber dieses Verstehen ist jetzt nicht mehr so sehr jene Glaubensschau, die vom Pneuma und vom Gebete genährt wird und die sich der überwältigenden Wirklichkeit Gottes hingibt, nicht mehr die stille ... Flamme frommer Beschauung und Versenkung in das göttliche Mysterium, sondern es ist mehr die vom Menschen angezündete Flamme der Vernunft, die in die Abgründe des göttlichen Logos hineinzuleuchten versucht."[113]
Aus der Sicht des Mystikers Casel reicht das Licht der Alltagsrationalität nicht aus, um die „unendliche Lichtfülle der Gotteswelt" zu erfassen. Die aufgestellten Prämissen und Kategorien umzirkeln einen dunklen, selbstgeschaffenen Raum. Die Denker sind nicht mehr in der Lage, zu reflektieren, wie stark sie gegenüber ihrem Erkenntnis-Gegenstand erblindet sind. „Man merkte nicht, dass man so aus der unendlichen Lichtfülle der Gotteswelt in die Enge und das Dunkel eines selbstgeschaffenen Raumes trat, wo einem zur Schau der Dinge oder vielmehr zum Experimentieren mit ihnen nur das aus eigener Kraft gespeiste, auf einen kleinen Umfang beschränkte Licht der Vernunft blieb; Ja dass man in sich selbst auch noch dieses Licht auf die bewußten Kräfte einengte und die stärkeren, unbewußten Lichtquellen auslöschte. Der Rationalismus, stolz darauf, von niemandem abhängig zu sein, erblindete durch seine eigene Überanstrengung." [114] Demgegenüber hält Casel als monastischer Theologe mit den patristischen Theologen an einem empirischen mystagogischen Weg fest: „Das Wesen des Theologen [ist] die Glaubensschau, die von Christus ausgeht."[115]
Eine auf Sinnesdaten und Kategorien der Alltagsrationalität reduzierte Theologie ist nicht mehr in der Lage, Wesen und Sinn des *christlichen Kultus* zu erfassen. Sie bleibt an der Oberfläche stehen. Von ihr geht keine mystagogische Kraft mehr aus, und sie läuft Gefahr, den Kultus entsprechend ihren verkürzten Kategorien zu verstümmeln. Ein mystagogischer Kultus verbindet Menschen mit einer mystischen, nichtalltäglichen Dimension der Wirklichkeit. „In der Tat ist es wahrhaft theologische Schau, die inneren Gründe des christlichen Kultes zu erfassen, nicht bei dem einfachen Glauben an die Wirkkraft der Sakramente stehen zu bleiben, sondern zu erkennen suchen, wie die Kultsymbole die göttliche Wirklichkeit des Heilswerkes ... in sich tragen, sie darstellen, gegenwärtig machen und die Teilhabe daran vermitteln". [116] Es bleibt hervorzuheben, dass Casel sich keine Erneuerung von Theologie und Liturgie durch einen blinden Kinder-

---

[113] Casel, Glaube, Gnosis und Mysterium (1941), in: Schilson, a.a.O., (Anm. 92), 40-52, hier: 43.
[114] Ders., a.a.O., 44.
[115] Ders., a.a.O., 40.
[116] Ders., a.a.O., 41.

glauben „an die Wirkkraft der Sakramente" verspricht. Er setzt auf Mystagogie. Er will denkend falsche Vorstellungen ausräumen und die transzendente Dimension der Wirklichkeit erschließen, um Zeitgenossen erfahrungsbezogene Zugänge zu den christlichen Mysterien anzubahnen.
Das Verstehen des Kultus ist der Ernstfall der Theologie. Scheitert sie hierin, so scheitert sie an der Denkbarkeit der Gegenwart Christi in materiellen Prozessen. Kultus ist Zentrieren auf den gegenwärtigen Christus mit sinnlichen Mitteln. Das Anselmische „Credo ut intelligam" („Ich glaube, um zu verstehen.") wandelt sich bei Casel in ein kultisches „participio ut intelligam" („Ich nehme am Kultus teil, um zu verstehen.")[117] Alle Glaubensinhalte und alle ethischen Prinzipien begegnen – personalisiert im Auferstandenen – in sinnlichen Ausdrucksformen im Kultus, und sie können von hier aus entfaltet werden. Der „Kult ist der Quell und der Ursprung der ′Erkenntnis′ Gottes und der Nachfolge Christi. Darum ist die Liturgie die Voraussetzung der Dogmatik und der Ethik. Die ′lex credendi′ ist verwurzelt in der ′lex orandi′."[118] Wie der Kultus der Ursprung lebendigen Glaubens ist, so ist er auch ein Ursprungsort individueller Ethik. Das Berührtwerden vom Auferstandenen nimmt hinein in ein Handeln aus Liebe. „Nicht in der theologischen Doktrin, sondern im Erlebnis der Liturgie berührt die Seele unmittelbar Gott, wird die göttliche Liebe zur Tat."[119]
Aufgrund der personalen Gegenwart Jesu in der *Eucharistie* kritisiert Casel die scholastische Effectus-Theorie als kategorial unangemessen. In der eucharistischen Vereinigung teilt Jesus keine von seiner Person losgelösten Gnadengüter mit, sondern er nimmt in eine Lebens-, Liebes- und Wesensgemeinschaft mit sich hinein. „Die Heilstatsachen Christi sind dem Christen so notwendig, dass er, ohne sie nach- und mitzuerleben, nicht ein alter Christus werden kann. Nicht die Lehre macht den Christen, selbst nicht seine Gnade als bloße Zuwendung; sondern das volle Einswerden mit der Person Christi durch Nachleben seines Lebens. Die Liebes-, Lebens- und Wesensgemeinschaft wird durch gemeinsames Leiden und Tun erreicht."[120]

Jesus nimmt als Gastgeber der Eucharistie Menschen in die Zukunft der Menschheit und in die Potentiale des Geistes hinein. Insofern ließe sich die reformiert-lutherische Kontroverse über den Modus der Gegenwart Christi beim Abendmahl christologisch und pneumatisch neu formulieren. Es geht nicht einseitig um die Potentiale des Endlichen (das lutherische „finitum capax infiniti" gegen das reformierte „finitum *non* capax infiniti"). Sondern es geht um die Verklärung des Endlichen durch das Unendliche, durch den kosmischen Christus, der das Endliche umgreift und es mit seinen Entwick-

[117] Mit Plooij, a.a.O. (Anm. 92), 200.
[118] Plooij, a.a.O., 207.
[119] *Odo Casel*, Die Liturgie als Mysterienfeier, Freiburg i. Br. 1922, 151.
[120] Casel, in: Grozier, a.a.O. (Anm. 92), 29.

lungspotentialen verbindet. „Die Ewigkeit ergreift die Zeit und heiligt sie: *inifinitum* capit finitum.“[121]
Das christliche Kultmysterium entfaltet sich im Jahreslauf als *Festmysterium.* Das liturgische Jahr ermöglicht, das Leben Christi mitzuleben und dadurch verwandelt zu werden. „Seitdem Christus nicht mehr sichtbar unter uns weilt, ist sein Leben, wie Sankt Leo sagt, in die Mysterien übergegangen. Sie malen uns Christi Opfertod und Auferstehung so lebendig, dass wir sie unmittelbar nachleben können, noch intensiver, als wenn wir sie geschichtlich miterlebt hätten. Denn jetzt haben wir durch die pneumatische Form des Christustodes und Christuslebens die Möglichkeit, sie an uns nachzubilden und dadurch in Christus selbst verwandelt zu werden.“ [122]
„Bild Gottes zu sein, ist also das Wesen des Menschen, aber zugleich seine Aufgabe.“[123]
Stets zielt das Fest auf die Entwicklung des Menschen. Zu Weihnachten z.B. geht es nicht lediglich um ein Sich-Erinnern an die Geburt Christi. Sondern das Fest zielt auf die Vergöttlichung des Einzelnen und der Menschheit. Casel zitiert hierfür Leo den Großen: Natalis capitis, natalis est corporis. Der Geburtstag des Hauptes ist auch der Geburtstag des Leibes. Epiphanias zielt nicht auf die Offenbarung für die drei Magier, sondern auf die Wahrnehmung des Verborgenen und die Erschließung dieser Lebensdimension. Die Vergegenwärtigung des Pfingstereignisses will Menschen mit den Kräften des Geistes verbinden. Kosmos, Welt und Menschheit werden zum physischen Leib Christi. Eine kontemplative Wahrnehmung und die Öffnung für Christi geistige Gegenwart in allen Dingen verbindet fortan mit Christus. Der äußere Kultus zielt auf den inneren, umgekehrten Kultus. Nicht Menschen vergegenwärtigen rituell Christus. Sondern Christus realisiert sich in den Menschen. „Es ist Christus selbst, der das Fest in uns feiert. Das liturgische Leben kennt nur der, der Christus lebt, der *der auf Erden fortlebende Christus* selbst ist.“[124]
Wird der *christliche Kultus* mysterientheologisch *als ein Einweihungsweg* verstanden, so erscheinen Kontroversen über eine tote, erstarrte Liturgie einerseits und eine kultfeindliche, verinnerlichte Frömmigkeit andererseits als überholt. „Der Gegensatz von Geist und Form, von Innen und Außen wird auf religiösem Gebiet leicht zu einem Kampfe zwischen Frömmigkeit und Kult. Eine vergeistigte Religiosität verschmäht seelenlosen Prunk und äußerlichen Aufwand; aber sie geht auch leicht dazu über, jede äußere Betätigung des Frömmigkeitslebens als schädlich für die wahre Hingabe an

---

[121] Plooij, a.a.O. (Anm. 92), 213, Hervorhebung SB.
[122] Casel, in: Grozier, a.a.O. (Anm. 92), 86.
[123] Ebd.
[124] Grozier, a.a.O., 52.

das Geistige zu betrachten."[125] Die Gegensätze sind in einem mystagogisch verstandenen Kultus, der auf die mystische Entwicklung des Einzelnen zielt, aufgehoben. „... wir würden uns täuschen, wenn wir glaubten, der Geist schließe jede äußere Handlung aus. Im Gegenteil kann eine äußere Sache, eine körperliche Handlung notwendiger Träger des Geistes werden."[126]
Ein gut inszenierter mystagogischer Kultus erdrückt nicht das subjektive Leben, sondern er führt es auf Höhen, die der Einzelne mit individuellen Übungen nur schwer erreichen kann. Zudem schützt der kultisch vergegenwärtigte Christus die subjektive Frömmigkeit vor Irrwegen. Das religiöse Subjekt läuft stets Gefahr, innere Bildwelten und Konzepte mit Christus gleichzusetzen und seine eigene Bildwelt sowie eigene Konzepte zu vergotten. „Was bietet da noch Bürgschaft dafür, daß göttlicher Geist sich zu dieser Frömmigkeit herablässt, daß nicht vielmehr der Mensch in eitler Selbsttäuschung sich ein Verhältnis zum Göttlichen vorspiegelt, das im Grunde reiner Subjektivismus ist?"[127]
Eine Frömmigkeit, die den mystagogischen Sinn des Kultus mit alltagsrationalen Systemen kaum zu erfassen vermag, droht, im Rationalismus zu verkümmern, den eine stark rationale Predigtkultur kaum aufzubrechen vermag. „... mit dem Kulte aber schwindet auch die lebendige Religion; es bleibt schließlich nur eine philosophische Theosophie einiger weniger hochgebildeter Menschen zurück, und diese Frömmigkeit wird bald in einem hochmütigen Intellektualismus erstarren."[128]
Nur am extra nos, an dem von außen herankommenden Christus selbst, gelangt das Subjekt in neue Bereiche von Christus- und Selbsterkenntnis. Auf diesem Hintergrund erklärt Casel: „Die Liturgie ist der Kanon aller kirchlich-christlichen Mystik." [129] „Das liturgische Leben muß innerlichstes Leben der Seele werden, und das innere Seelenleben muß sich am Kult orientieren. Dann fließen objektive Gottestat und subjektives Mitleben, gemeinschaftliches liturgisches Tun und persönliches Mitschwingen untrennbar ineinander; dann ist der äußere Opferdienst auch Herzenshingabe, und das innerlichste Sehnen und Fühlen ist in die große Tat Christi und der Ekklesia eingebaut und erhält damit ewigen Wert vor Gott."[130]
Der Laacher Mönch beschreibt den liturgisch gegenwärtigen Christus bildlich als die Feuersäule in der Wüstenwanderung. „... die Liturgie muß immer die Norm der Mystik bleiben, an der sie sich bildet und schult, von

---

[125] Casel, Die Liturgie als Mysterienfeier, Freiburg i. Br. 1922, 107.
[126] A.a.O., 48.
[127] Casel, Liturgie (Anm. 125), 114.
[128] A.a.O., 114, vgl. 120. Casel übersieht, dass Theosophie, über reine Spekulation hinaus, als ein Einweihungsweg mit meditativen Übungen verbunden war.
[129] A.a.O., 99, im Original gesperrt gedruckt.
[130] Casel, in: Grozier, a.a.O. (Anm. 92), 85.

der sie Ausgang nimmt und zu der sie zurückkehrt. Wenn Christus der innerste Kern alles kirchlichen Lebens ist, so muß die Liturgie, der mystische Schleier Christi, durch den er zu uns spricht, wie die Feuersäule, in der Gott selbst thronte, uns auf dem Wege ins gelobte Land der Vereinigung mit Gott voranleuchten. Wenn außerhalb der Kirche kein Heil ist, dann auch nicht außerhalb der Liturgie. In ihr vollzieht sich objektiv die Rettung und Heiligung unserer Seele."[131]

Das Festhalten an einem *sinnlichen* Kultus gegenüber einem in Metasprache und Ansprachen weitgehend aufgelösten Kultus hat noch einen tieferen Grund. Einer säkularisierten Gesellschaft mag ein kultischer Erkenntnisweg gegenüber rational abstrahierenden Methoden antiquiert erscheinen. Auch Casel muss zudem die in der katholischen Kirche gepflegte Tradition einer rein „geistigen Kommunion" vertraut gewesen sein. Der tiefere Grund für einen materiell realisierten Kult liegt nicht in einem primitiven Festhalten an überholten sinnlichen Vorstufen. Sondern wer am verleiblichten Kult festhält, der behält das Ziel der Entwicklung von Mensch und Kosmos im Blick: das zu-sich-selbst-Kommen von Gottes Geist in der Materie und die Verbindung aller Lebensbereiche mit dem Geist. Erst wenn die materielle Gestalt zum vollkommenen Ausdruck des Geistes Christi wird, dann vollzieht sich der Ostersieg im physischen Leben. „Das ist die wunderbare Harmonie von Geist und Form, von Innen und Außen, wie sie nur das Christentum mit seiner Predigt vom Ostersiege durchführen konnte. Mit ihr ist erreicht, worum einst Platon im Phaidros beten ließ: ´Gebet mir, gut zu sein im Innern; was ich aber außen habe, möge dem Innern verwandt sein.´"[132]

Das Mysterium der Wandlung darf daher nicht materialistisch missverstanden werden. Hier wird nicht Brot in materielles Fleisch verwandelt. Sondern Brot wird vom verklärten geistigen Leib des Auferstandenen als Medium der physischen Präsenz durchstrahlt. „Das ist kein ´religiöser Materialismus´, es ist vielmehr höchster Triumph des Geistes, daß die Materie hier ganz dienender Ausdruck des Geistigen wird und anderseits die geistige Kraft das Element zu sich emporzieht und vergeistigt. In diesem Sinne auch ernährt die Eucharistie unsern Leib zur Auferstehung, d.h. zu einem erhöhten, ewigen Dasein im Geiste. Wie die Herrlichkeit des göttlichen Logos auf dessen angenommenen Leib überströmt, so muß auch die Glorie, die aus der zunächst im Geiste stattfindenden Vereinigung des Menschen mit Christus hervorgeht, auf seinen Leib zurückstrahlen."[133]

Im Teilhaben an diesem Wandlungsgeschehen erhält alles beteiligte Physische den ursprünglichen Lichtglanz zurück, der in der alltäglichen Aufspal-

[131] Casel, Liturgie, a.a.O. (Anm. 125), 99.
[132] A.a.O., 127f.
[133] A.a.O., 62.

tung des Lebens von ihm gewichen ist. Der Mensch wird mit seinen physischen, seelischen und geistigen Kräften neu zentriert. Ostern ist der christliche Weg zur Durchgeistigung der Physis, zur Aufhebung des Konfliktes zwischen Innen und Außen. Diese Zusammenführung von Geist und Materie ist ein Basiskriterium für *christliche* Spiritualität. Deshalb ist ihr Wesen am klarsten im sinnlichen Kultus realisiert: Hier verleiblicht Materie Christi Geist. Physisches Leben wird dargestellt als vom Geist Christi durchdrungen. Die Aufspaltung der Welt in eine göttliche und eine profane Zone ist aufgehoben.

Bei Casel finden sich, in Wiederaufnahme der mysterientheologischen Tradition, auch Überlegungen zu einer Erneuerung der christlichen *Arkandiziplin*. Das Aufgeben der Arkandisziplin war nach Casel in einer Gesellschaft kulturgeschichtlich sinnvoll, die insgesamt christianisiert war. Sein Wiederaufgreifen des Themas Arkandisziplin zu Beginn des 20. Jahrhunderts begründet er in seinem Buch „Die Liturgie als Mysterienfeier" (1922) wiederum *kulturgeschichtlich*: Die christliche Gesamtkultur zerfällt. „Eine Zeit, die ganz christlich war, brauchte die Arkandisziplin nicht mehr. Vielleicht wird die jetzt schnell voranschreitende Teilung der Menschheit in Christen und Ungläubige sie wieder zu Ehren bringen und notwendig machen. Sie würde gewiß der Würde und Anziehungskraft des Gottesdienstes neues Gewicht geben."[134]

Neben dem kulturgeschichtlichen Argument für ein Wiederaufgreifen der christlichen Arkandisziplin nennt Casel zwei weitere Gründe: die *Liebe* und das *Wesen des Christusmysteriums*. Wer etwas liebt, dem erscheint das Geliebte wertvoll, und er will es schützen. Wer die Tiefen des Christusmysteriums zunehmend existentiell und intellektuell erkennt, wird über diese anderen Menschen unverständlichen Wirklichkeitsbereiche nicht wie über ein Alltagsthema plaudern und sie Unkundigen zur Debatte stellen. „Von Dingen und Menschen, die man liebt und deren Gedanken einen im tiefsten Innern ergreifen, spricht man nicht vor jedermann. Drängt es einen aber doch, ... so greift man gerne zu Bildern, die dem Wissenden verständlich, dem Profanen aber stumm sind."[135]

Zum Christusmysterium zählt ein grundlegend arkaner Aspekt. Je stärker die christliche Monokultur zerfällt, desto lauter werden Spott und Stimmen über Fremdheit und Nichtverstehen werden. Aus dieser wesenhaft arkanen Dimension des Christusgeheimnisses ergibt sich die Aufgabe von Mystagogie – einer stufenweisen Hineinführung in die christliche Wirklichkeitsauffassung durch eine zunehmende Wahrnehmung des Auferstandenen in allen Prozessen.

---

[134] A.a.O., 144.
[135] A.a.O., 150.

Mystagogie führt Menschen über einen Autoritätsglauben, der sich an Äußerlichkeiten und tradierten Aussagen festmacht, in eine zunehmend existentielle Beziehung zum Christusmysterium hinein. Ihre höchste Form erreicht Mystagogie in der geistigen Schau, in der die physische Welt transparent geworden ist für Christi Gegenwart. „In den Fußstapfen Platons wandelnd, umgaben der Jude Philon, die Neupythagoreer, die Platoniker der ersten zwei christlichen Jahrhunderte, die Hermetiker und schließlich die Neuplatoniker ihre Lehre mit dem ganzen Zauber der Mysteriensprache. Wenn auch bei ihnen hie und da eine wirkliche Schweigedisziplin bestand, so war doch ihre eigentliche Absicht, hervorzuheben, dass die göttliche Wahrheit sich nur dem reinen Auge des Auserwählten und Willigen offenbart… Die Wahrheit schützt sich selbst vor unreinen und unwürdigen Blicken; der Schleier des Mysteriums lüftet sich nur dem, der durch die Gnade der Gottheit berufen und durch ein reines Herz würdig geworden ist.“[136]

Dem Spötter und dem Autoritätsgläubigen (Bergers Typ 1)[137] entzieht sich das Geheimnis. Beide spalten die Wirklichkeit und sehen nur physische Wirklichkeiten. „Das blöde Auge des Ungläubigen sieht nur die unscheinbare und ihm oft verächtlich vorkommende Außenseite.“[138] Casel zitiert in diesem Zusammenhang 1Kor 1,18ff. „Das Wort vom Kreuze ist für die, die verloren gehen, Torheit…“ und den in der altkirchlichen Mystagogik viel zitierten Vers: „Weisheit reden wir unter den Vollkommenen“ (ἐν τοῖς τελείοις, 1Kor 2,6).[139]

Die christische Dimension der Wirklichkeit kann sich der physischen Welt nur symbolisch vermitteln. Symbolsprache, symbolische Ausdrucksformen sind der Einweihungscode ins Arkanum. „Die Symbole zeigen an und verhüllen. Hier liegt auch der tiefste Grund, weshalb die Liturgie nicht in der Sprache des Alltags, sondern in altehrwürdiger Kultsprache gehalten wird.“ [140] Casel versteht im Kontext der Einheit von materieller und Christus-Wirklichkeit unter einem religiösen Symbol nicht einen willkürlich von Menschen codierten sprachlichen leibhaften oder dinglichen Zusammenhang zwischen Zeichen, Bezeichnetem und Zeichencode. Ein wirksames religiöses Symbol wirkt, weil es den Betrachter bzw. Hörer in eine reale Wirklichkeit hineinführt, die er mit Hilfe der Aufmerksamkeit zentrierenden Zeichen zunehmend wahrnehmen lernt. Im Rahmen der platonischen Philosophie wurde dieser mystagogische Zusammenhang zwischen

---

[136] A.a.O., 144f.
[137] S. 20ff.
[138] Casel, Liturgie, a.a.O. (Anm. 125), 145.
[139] Ebd.
[140] A.a.O., 146.

einem wahren religiösen Zeichen und der bezeichneten verborgenen Wirklichkeit als Teilhabeverhältnis zwischen Urbild und Abbild formuliert.

Mythische und symbolische Ausdrucksformen bleiben zur Wahrnehmung pneumatischer Prozesse unentbehrlich. Mit dem Ethnologen Bronislaw Malinowski, „Myth in primitive Psychology“ (1926) versteht Casel Mythen als die Sprachform einer nicht-sinnlichen, überalltäglichen Wirklichkeit. Sie formulieren deren Gesetze und ihren Zusammenhang mit dem alltäglichen Leben. Ihre lebendige Kraft wird im Kult inszeniert und durch Symbole vermittelt. Daher wendet sich Casel gegen eine rein aitiologische Mythendeutung. „Der Mythos erklärt nicht in dem Sinne, daß er eine aitia = Ursache gibt. Er bedeutet vielmehr eine Wiederhinstellung einer urgeschichtlichen Wirklichkeit in erzählender Form. Diese Auffassung ist für uns Christen entscheidend bei der Wertung des Wortes in der Liturgie. Das gesprochene Wort läßt die Urtat wieder erstehen.“[141] Casel hält jedoch an Differenzen zwischen christlichem und antikem Mythos fest. Der ′christliche Urmythos′ verkörpert sich in einer konkreten historischen Person.

Casels Bedeutung liegt vor allem darin, den Zusammenhang zwischen dem innerlichen, individuellen Weg der Mystik und dem sinnlichen, sozial organisierten Kultus für das Christsein herausgestellt zu haben. Eine rein auf individuelle Mystik ausgerichtete Mystagogik geht ohne Korrektur durch den von außen begegnenden Christus leicht in die Irre. Äußerer Kultus zielt auf einen inneren, mystischen Kultus. Ein lebendiger Kultus hat mystagogische Kraft und führt die Teilnehmenden durch vor- und überbewusste Formen zu einer vertieften Wahrnehmung der Wirklichkeit und zu einer inneren Vereinigung mit Gott.

[141] Casel in: Grozier, a.a.O. (Anm. 92), 59.

4.2 Dietrich Bonhoeffers Forderung einer neuen Mystagogie zur Erneuerung der evangelischen Kirche

Als Dietrich Bonhoeffer (1906-1945) über eine neue Mystagogie in der evangelischen Kirche nachdachte, befand sie sich in einer tiefen Krise. Bonhoeffer erlebte im Kirchenkampf seit 1933 die Selbstauflösung der Deutschen Evangelischen Kirche mit, die zum Teil enthusiastisch, zum Teil orientierungslos der nationalsozialistischen Rasselehre zustimmte und den sogenannten „Arierparagraphen" in ihre eigene Beamtengesetzgebung übernommen hatte. Diese Politik spaltete die Kirche schließlich auch organisatorisch in die Deutsche Evangelische Kirche einerseits und die Bekennende Kirche andererseits. Intern gab es innerhalb dieser Flügel weitere Abstufungen, die großteils abhingen von der Frage, wie weit überhaupt politische Fragen wie der Umgang mit den jüdischen Mitbürgern etwas mit dem Evangelium zu tun haben. Bonhoeffer sah in dieser theologischen und zugleich kirchenpolitischen Orientierungslosigkeit eine spirituelle Verwahrlosung mit einer langen Vorgeschichte. „Ist der Preis, den wir heute mit dem Zusammenbruch der organisierten Kirche zu zahlen haben, etwas anderes als eine notwendige Folge der zu billig erworbenen Gnade?"[142] Er versuchte, der Krise durch eine neue Ausrichtung auf Christus, ein Leben nach der Bergpredigt sowie durch ein Wiederaufgreifen klösterlicher Praxis zu begegnen.[143] Eine wichtige Rolle spielen bei seinen Reformen auch die Kirchenväter, vor allem ihr Verständnis vom Arkanum und ihre Praxis der Mystagogie.

Eine zentrale Vermittlerrolle kommt hierbei *Carl Adolf Gerhard von Zezschwitz* (1825-1866) und dessen „System der christlichen Katechetik" zu.[144] Zezschwitz folgte seinerseits *Richard Rothe* (1799-1867) in der Annahme, dass die Alte Kirche ihre *Arkandisziplin aus dem Katechumenat* heraus entwickelt habe. Hierbei hätte das Credo das erste und wichtigste Stück der Arkandisziplin gebildet. Das treibende Motiv zur Entstehung von Arkandisziplin und Katechumenat sei jedoch lediglich eine „Massenpädagogik" gewesen, um den Ansturm neuer Mitglieder zu ordnen.[145]

---

[142] *Dietrich Bonhoeffer*, Nachfolge, hg. v. Martin Kuske/Ilse Tödt, München 1989 (DBW 4), 40.

[143] Vgl. zum Folgenden ausführlicher: *Sabine Bobert-Stützel*, Dietrich Bonhoeffers Pastoraltheologie, Gütersloh 1995. *Andreas Pangritz*, Dietrich Bonhoeffers Forderung einer Arkandisziplin. Eine unerledigte Anfrage an Kirche und Theologie, Köln 1988.

[144] *Gerhard von Zezschwitz*, System der christlichen Katechetik, Bd. 1, Leipzig 1863. Vgl. zu von Zezschwitz kurz: Jacob, a.a.O. (Anm. 60), 85-88. Vgl. von Zezschwitz, Art. Arkandisciplin, in: Real-Encyklopädie für protestantische Theologie und Kirche, Bd. 1 (^{2}1877), 637-645.

[145] „... dass die im Katechumenat ausgeprägte Tendenz der Massenpädagogik durch die Kirche das eigentliche Motiv der ausgebildeten Arcandisziplin ist, neben dem die anderen Einflüsse der Zeitrichtung nur als formbestimmende Gesichtspunkte in Frage kommen" (a.a.O., 198).

Zum Kultmysterium der Kirchenväter findet von Zezschwitz aus seiner damaligen protestantischen Perspektive keinen Zugang. Gottesdienstliche Riten erscheinen ihm als Ballast, der zudem das Wort im Gottesdienst zu ersticken drohe. Das mysterientheologische Verständnis des Kultes durch die Kirchenväter beurteilt er, hierin Theodosius Harnack folgend, als eine hellenistische Entfremdung.

Auf diesem Theoriehintergrund ist es spannend zu verfolgen, welche Aussagen Bonhoeffer aus den Überlegungen bei von Zezschwitz übernimmt und an welchen Stellen er eigene, neue Schwerpunkte setzt. Bonhoeffer benutzt von Zezschwitz´ Darstellung vorrangig als Fundgrube für historisches Material über die altkirchliche Mystagogie im Taufkatechumenat. In seiner eigenen Darstellung des Taufunterrichtes und seiner Rituale legt er den Akzent auf ein *stufenweises Hineingeführtwerden* in das christliche Leben (mit Verweis auf Tertullian, Origenes, Augustinus und Cyrill von Jerusalem). „Origenes: ... Drei Stufen Christen: erstens durch Handauflegung, zweitens Katechumenen, drittens Getaufte. Die Taufe also das letzte, oft nicht einmal erreichte und nicht notwendigste!“[146] Auch bei Augustinus seien es „drei Stufen, in denen der Christ durch den Katechumenat hindurch zur Taufe fortschreitet“.[147] „Seit Origenes sind die Gottesdienste auch für Heiden öffentlich, aber die Sakramente werden ihnen solange wie möglich entzogen. Unter dem Druck staatlicher Verfolgung wurde Geheimhaltung nötig: Vaterunser, Symbol, Sakramente. Dies war der Raum, wo sie ganz unter sich war. Schweigepflicht.“[148] Bonhoeffer sieht, trotz einer analogen Verfolgungssituation bei der Bekennenden Kirche, geänderte Rezeptionsbedingungen für eine zeitgenössische Mystagogie: Die bereits seit Cyprians Zeit praktizierte Kindertaufe könne nicht rückgängig gemacht werden. Dies sei jedoch kein Gegenargument für ein Wiederaufgreifen einer mystagogischen Praxis in der Gegenwart.

Bonhoeffer setzt im Unterschied zu von Zezschwitz einen Schwerpunkt im kultischen Bereich. Er findet es problematisch, dass der evangelische Gottesdienst ein Trümmerfeld sei, und mit diesem desolaten Zustand hänge ein aufgelöstes Gemeindeleben zusammen. „... heutiger Gottesdienst ist isolierter Restbestand aufgelösten Gemeindelebens. Darum erst wieder verständlich machen als das, was er ist. Was früher der Katechumene sah, muß ihm heut in [der Situation der] Zerstörtheit erst gesagt werden.“[149] Seine

---

[146] *Dietrich Bonhoeffer*, Katechetik (Mitschrift 1935/36), in: *ders*., Illegale Theologenausbildung: Finkenwalde 1935-1937, hg. v. O. Dudzus et al., Gütersloh 1996 (DBW 14), 530-551, hier: 547. Satzbau und Orthographie so im Original.

[147] Ebd.

[148] A.a.O., 549.

[149] Bonhoeffer, Schlussteil der Vorlesung über Katechetik im ersten Kurs (Mitschrift 1935), in: DBW 14 (a.a.O, Anm. 146), 552-554, hier: 552f. Ergänzung in Klammern so im Original.

Forderung nach einer neuen Arkandisziplin in der evangelischen Kirche lässt sich verstehen als Ruf nach einer mystagogischen Praxis, die das Heilige vor Herabwürdigung und Spott schützt. Der achtsame, schützende Umgang mit den heiligen Inhalten und Riten liegt nach Bonhoeffer, wie bei Casel, *im Wesen* des christlichen Glaubens begründet. Mystagogie entspricht diesem Wesen, indem sie Menschen stufenweise in die christlichen Geheimnisse hineinführt.

Für Bonhoeffer ist daher, im Unterschied zu von Zezschwitz, mystagogische Praxis nicht lediglich ein pädagogischer Kniff. Sondern sie bezieht sich auf ein reales Arkanum, das durch Kerninhalte des Christentums markiert wird. Bonhoeffer zählt hierzu „das Geheimnis der Trinität, Sakramente, Geburt Jesu". „Der Sinn des altkirchlichen Katechumenats: die Kirche will ihre Gaben nicht verschleudern, bewahrt das ihr anvertraute Geheimnis. … Das Geheimnis der Trinität, Sakramente, Geburt Jesu hat Spott herausgefordert. Geheimhaltung, bis die Predigt verstanden war. Die katholische Kirche hat die Arkandisziplin in gewisser Weise beibehalten. Wir haben sie freigegeben."[150] Dass es in der katholischen Kirche noch immer Reste einer Arkandisziplin gebe, findet er bedenkenswert.

Bonhoeffers Votum für eine neue Arkandisziplin und eine neue Mystagogie muss verstanden werden als eine *Gegenbewegung zur „billigen Gnade"* und zu einem „Verschleudern" der Sakramente. „Kirche, die die Taufe verschleudert und nicht als heiligstes Eigentum erkennt, missbraucht die Taufe."[151] Wenn sich die Kirche um den Preis ihrer Selbstauflösung konstituieren will, schadet sie sowohl sich als auch ihren Zeitgenossen. Im Verschleudern der Sakramente verleugnet die Kirche den lebendigen Christus und dispensiert sich von seiner Nachfolge. „Billige Gnade ist der Todfeind unserer Kirche."[152] „Billige Gnade ist … Leugnung des lebendigen Gottes."[153] „Billige Gnade ist Predigt der Vergebung ohne Buße, ist Taufe ohne Gemeindezucht, ist Abendmahl ohne Bekenntnis der Sünden, ist Absolution ohne persönliche Beichte. Billige Gnade ist Gnade ohne Nachfolge, … Gnade ohne … Christus."[154] Von dieser theologischen Position her greift Bonhoeffer die Tendenz der evangelischen Kirche zur Selbstpopularisierung bis hin zur Selbstauflösung an: „Wir haben bewußt popularisiert."[155]

Demgegenüber betont er, dass auch Luther noch versuchte, das Heilige zu schützen. „Luther bejaht dies ‚Das Heilige den Heiligen': er will Massenzu-

---

[150] Ders., Katechetik (Mitschrift 1935/36), a.a.O. (Anm. 146), 550.

[151] Ders., a.a.O., 554.

[152] Ders., Nachfolge, a.a.O. (Anm. 142), 29.

[153] Ebd.

[154] A.a.O., 30.

[155] Ders., Katechetik (Mitschrift 1935/36), a.a.O. (Anm. 146), 550, dort Anm. 91.

strom von Unwürdigen abdämmen."[156] In seinem Buch „Nachfolge" fragt Bonhoeffer: „Wo blieben die Erkenntnisse der alten Kirche, die im Taufkatechumenat so sorgsam über die Grenze zwischen Kirche und Welt, über der teuren Gnade wachte?"[157]

Für eine zeitgenössische Mystagogie rezipiert Bonhoeffer aus der altkirchlichen Mystagogik das Prinzip der Hinführung in die Geheimnisse des Christseins über *Entwicklungsstufen*. „Die Kirche ist ein sichtbares Reich mit eigenen Geboten, Rechten, Entwicklungsstufen. Allmähliches Vorwärtsführen. Mit der Taufe ist nicht alles auf einmal fertig."[158] Zugleich betont er, dass die Entwicklungsstufen keine Geltungsstufen des Christseins bedeuten, sondern auf Wachstumschancen verweisen. „Die Proselyten heißen schon auf der ersten Stufe Christen, müssen aber doch noch weitere Stufen durchschreiten. Zulassung zum Abendmahl ist bei uns der einzige Punkt, wo etwas wie Arkandisziplin ist. Wer sich in die kirchlichen Listen eingetragen hatte, konnte es nicht mehr zurücknehmen. Freiwillige Willenserklärungen, Orientierung des ganzen Unterrichts am Gottesdienst der Gemeinde, das sind wichtige Punkte. Es sind nicht Stufen der Würdigkeit, sondern des Wachstums, von denen hier geredet ist."[159]

Noch in seinen Gefängnisbriefen kommt Bonhoeffer auf seine in Finkenwalde erstmalig entfalteten Überlegungen zu einer neuen Arkandisziplin zurück. Der Kirche könne ein Neuanfang nach dem Zweiten Weltkrieg nur gelingen, wenn sie selbst ein mystagogisches Leben führe. Dazu zählt die Nachfolge Christi, die nach außen in engagierter Zeitgenossenschaft als „Kirche für andere" gelebt wird. Im arkanen Bereich lebt die Kirche konzentriert aus ihrer Mitte heraus: aus Kultus und Exerzitien. Aus dieser engen Christusgemeinschaft und Zeitgenossenschaft heraus wird eine neue Kirche geboren werden. „Es gibt Stufen der Erkenntnis und Stufen der Bedeutsamkeit; d.h. es muß eine Arkandisziplin wiederhergestellt werden, durch die die Geheimnisse des christlichen Glaubens vor Profanierung behütet werden."[160]

Mystagogie zielt auf die *Verwandlung des Menschen* durch die christlichen Geheimnisse. Christus und Trinität bleiben bei Bonhoeffer keine externen Glaubensinhalte. Der christliche Weg zielt auf eine Metamorphose des Menschen, auf einen Gestaltwandel durch eine existentielle Teilhabe an Christus und am dreieinigen Gott. Christliches Leben führt in ein „umgestaltet werden" zu Christus! „Wir werden ihm gleich sein, denn wir werden

---

[156] A.a.O., 551.
[157] Ders., Nachfolge, a.a.O. (Anm. 142), 40f.
[158] Ders., Katechetik, a.a.O. (Anm. 146), 550.
[159] A.a.O., 551.
[160] *Dietrich Bonhoeffer*, Widerstand und Ergebung, hg. v. I. Tödt/ Chr. Gremmels u.a., Gütersloh 1998 (DBW 8), 415; an Eberhard Bethge am 5. 5. 1944.

ihn schauen, wie er ist".[161] „Das ist die letzte Bestimmung des Jüngers, dass er werden soll ´wie Christus´."[162]
Durch diese Verwandlung wird der Mensch wieder seiner Gottesgestalt teilhaftig. Bonhoeffer belässt es nicht bei einem externen Gnadenakt Gottes am Menschen, der dann lediglich kognitiv anerkannt wird. Sondern es geht ihm um ein Transparentwerden des ganzen Menschen für die ursprüngliche Gottesgestalt des Menschen. Es geht ihm um eine erkennbare Verwandlung des irdischen Menschen. Dieses Sich-Verwandeln-Lassen, dieses Durchlässigwerden für die geistige Wirklichkeit ist ein Lebens- und Übungsweg.

„Es muß eine Umgestaltung, eine ´Metamorphose´ (R. 12,2; 2. Kor. 3,18), ein Wandel der Gestalt vor sich gehen, wenn der gefallene Mensch wieder zum Bilde Gottes werden soll. Die Frage ist, wie die Umwandlung des Menschen in Gottes Bild möglich werden kann."[163] Bonhoeffer belegt dies mit Texten aus den Paulusbriefen: 2Kor 3,18 und Rö 8,29: „´Wir alle aber, die wir mit unverhülltem Angesicht die Herrlichkeit des Herrn sich in uns spiegeln lassen, werden dadurch in sein Ebenbild umgestaltet [μεταμορφούμεθα – SB] von Herrlichkeit zu Herrlichkeit´ (2. Kor. 3,18)."[164] Er fasst diese Verwandlung zusammen mit Gal 2,20: „Nun aber lebe nicht ich, sondern Christus lebt in mir".[165]
Der Transformationsweg verläuft über *Stufen, die dem Lebensweg Jesu Christi als dem Urbild des erneuerten Menschen* entsprechen. Der Christ nimmt am Wege Christi also nicht nur denkend, sondern existentiell teil. „Es ist die ganze Gestalt des Menschgewordenen, des Gekreuzigten und des Verklärten, der wir gleich werden sollen."[166] Der Nachfolgende vertieft sein eigenes Verbundensein mit der Erde, er nimmt einen Leidens- und Todesweg in gelebter Zeitgenossenschaft auf sich, und er erlebt in sich die verwandelnden Auferstehungskräfte. „Aus der Todesgestalt des Gekreuzigten, in der wir leben, … wird schon die Klarheit und das Leben des Auferstandenen hervorleuchten, und immer tiefer wird die Umgestaltung zum göttlichen Ebenbild, immer klarer wird das Bild Christi in uns; es ist ein Fortschreiten von Erkenntnis zu Erkenntnis, von Klarheit zu Klarheit, zu immer vollkommenerer Gleichheit mit dem Bild des Sohnes Gottes."[167]
Die Verwandlung zielt darauf, dass die ganze *Trinität im Menschen wohnt und ihn – als Leib, Seele und Geist – umbildet*. „´Nun aber lebe nicht ich, sondern Christus lebt in mir´ (Gal 2,20). Der Menschgewordene, der

---

[161] Ders., Nachfolge, a.a.O. (Anm. 142), 302.
[162] A.a.O., 297.
[163] A.a.O., 299. Vgl. zum Folgenden: Nachfolge, „Das Bild Christi", 297ff.
[164] A.a.O., 302f.
[165] A.a.O., 303f.
[166] A.a.O., 301.
[167] A.a.O., 302.

Gekreuzigte, der Verklärte ist in mich eingegangen und lebt mein Leben. 'Christus ist mein Leben' (Phil 1,21). Mit Christus aber wohnt der Vater bei mir, und Vater und Sohn durch den Heiligen Geist. Es ist die heilige Dreieinigkeit selbst, die in dem Christen Wohnung gemacht hat, ihn erfüllt und ihn zu ihrem Ebenbilde macht."[168] „Leib, Seele und Geist, die ganze Gestalt des Menschen soll das Bild Gottes auf Erden tragen. Gottes Wohlgefallen ruht allein auf seinem vollendeten Ebenbild."[169]

Am täglichen Umgang mit dem Menschen-Urbild Christus bildet sich der Mensch wiederum zu seinem Urbild um. In der täglichen Lebensgemeinschaft mit dem am Urbild erfährt der Übende umwandelnde Kräfte. „Niemand findet das verlorene Ebenbild Gottes wieder, es sei denn, dass er teilgewinnt an der Gestalt des menschgewordenen und gekreuzigten Jesus Christus."[170]

Bonhoeffer rezipiert hier platonische Tradition. Diese versteht *Urbilder* (εἶδος) als keine leeren und kraftlosen Gedanken, sondern als Realitäten und wirksame Kräfte. „Das Bild Jesu Christi, das der Nachfolgende immer vor Augen hat, vor dem ihm alle anderen Bilder entschwinden, dringt in ihn ein, erfüllt ihn, gestaltet ihn um, dass der Jünger dem Meister ähnlich, ja gleich wird. Das Bild Jesu Christi prägt in der täglichen Gemeinschaft das Bild des Jüngers. Der Nachfolgende kann das Bild des Sohnes Gottes nicht anschauen in toter, müßiger Betrachtung; von diesem Bilde geht umschaffende Kraft aus."[171]

Scharf unterscheidet Bonhoeffer in diesem Zusammenhang zwischen von Menschen entwickelten *Ideen bzw. Idealen* über Gott und Christus einerseits und den vorgegebenen Urbildern andererseits. „Das Bild entspringt am Leben, am lebendigen Urbild. Gestalt formt sich an Gestalt. Entweder ist es die erdachte Gottesgestalt, an der die menschliche Gestalt sich bildet, oder es ist die wahrhaftige, lebendige Gottesgestalt selbst, die die Menschengestalt zu Gottes Ebenbild prägt."[172] „Weil wir Christi Bild schon tragen, darum allein kann Christus das 'Vorbild' sein, dem wir folgen."[173] Insofern ist Bonhoeffers Spiritualitätskonzept der Metamorphose im Ansatz vor dem Vorwurf von „Werkerei" geschützt. „Der Gestalt Jesu Christi gleichzuwerden, ist nicht ein uns aufgegebenes Ideal der Verwirklichung irgendeiner Christusähnlichkeit. Nicht wir machen uns zum Ebenbilde, sondern es ist das Ebenbild Gottes selbst, es ist die Gestalt Christi selbst, die in uns Gestalt gewinnen will (Gal. 4,19). Es ist seine eigene Gestalt, die sich in uns

---

[168] A.a.O., 303.
[169] A.a.O., 299.
[170] A.a.O., 300.
[171] A.a.O., 297.
[172] A.a.O., 299.
[173] A.a.O., 303.

zur Erscheinung bringen will. Christus ruht nicht mit seiner Arbeit an uns, bis er uns zur Christusgestalt gebracht hat.“[174]

Ferner bewahrt ihn dieser Ansatz vor dem Vorwurf einer Grenzverwischung zwischen Christus und Mensch. Christus bleibt das schöpferische Urbild, *der Mensch bleibt Abbild (Ebenbild, Spiegelung)*. „Jeder Mensch trägt ein Bild. Sein Leib und Leben treten sichtbar in Erscheinung. Ein Mensch ist nicht ein bloßes Wort, ein Gedanke, ein Wille, sondern er ist vor dem allen und in dem allen eben ein Mensch, eine Gestalt, ein Bild, ein Bruder.“[175] In Jesus Christus „wird sein Bild offenbar“. Die umformenden Kräfte gehen aus dem Urbild hervor, nicht aus dem Abbild.

Auf der Grundlage einer differenzierten Teilhabe zwischen Urbild und Abbild (Spiegelung) kann Bonhoeffer von einer Gleichheit des Menschen mit Christus, von einer *Gottessohnschaft des Menschen* sprechen. „Allein darum können wir sein ´wie Christus´, weil wir ihm gleichgemacht sind.“ [176] „Wer sich Jesus Christus ganz ergibt, der wird und muß sein Bild tragen. Er wird zum Sohne Gottes, er steht neben Christus als dem unsichtbaren Bruder in gleicher Gestalt, als das Ebenbild Gottes.“

[174] A.a.O., 301f.
[175] A.a.O., 299. Das folgende Zitat: 300.
[176] A.a.O., 304. Das folgende Zitat: 297.

4.3 Manfred Josuttis und die Forderung nach einer neuen Mystagogie: evangelische Pfarrerinnen und Pfarrer als Führer ins Heilige

Der emeritierte Göttinger Praktische Theologe *Manfred Josuttis* hat seit den 1990er Jahren einen eigenständigen mystagogischen Ansatz entfaltet. Hierbei steht die Person der Pfarrerin bzw. des Pfarrers im Vordergrund. Er fordert die Geistlichen dazu auf, sich wieder als Mystagogen zu verstehen. „Pfarrer und Pfarrerin werden in Zukunft Führer/in sein. Sie begleiten Menschen in eine spezifische Wirklichkeit.“ [177] „Pfarrer und Pfarrerin führen in die verborgene und neuerdings auch verbotene Zone des Heiligen.“[178] Josuttis nennt das Heilige eine „verbotene Zone“, weil „diese Macht die einzig reale Alternative gegenüber den destruktiven Tendenzen des Mammonismus darstellt. Deshalb liegt im Kontakt mit dieser Macht die tiefste Begründung auch für das kerygmatische und das diakonische Handeln.“[179]

Für seine Definition von Mystagogik zitiert Josuttis den katholischen Pastoraltheologen Paul Zulehner: „Kirche wird immer nur durch ‚Mystagogie'. Dem Sinne der zu Grunde liegenden griechischen Wörter entsprechend, ist Mystagogie das Einführen (αγειν) des Menschen in ein Geheimnis (μυστεριον). Gemeint ist dabei nicht so sehr das Mysterium Gottes an sich, sondern das Leben des Menschen, das am Geheimnis Gottes insofern teilhat, als jede Lebensgeschichte stets Gottes reuelose Liebesgeschichte mit diesem Menschen ist.“[180]

Eine wichtige Anregung zu seinem mystagogischen Ansatz erhielt Josuttis von künstlerischer Seite: durch *Andrei Tarkowskis* Kinofilm „*Stalker*“ (1979) und dessen mystagogische Hauptfigur. „Der Stalker ist eine Figur, die kaputte Menschen in eine verborgene und verbotene Zone führt. Dort können sie das 'Zimmer' betreten, dort finden sie das Glück und das Heil ihres Lebens. Tarkowskis Science-Fiction-Film zeigt auf, was auf der beschwerlichen und gefährlichen Expedition in die Mitte des Lebens alles passieren kann.“[181]

Die mystagogische Kompetenz der Pfarrer hängt nach Josuttis vor allem vom Beherrschen spiritueller „*Techniken*“ ab. „Frömmigkeit ist eine 'Tech-

---

[177] *Manfred Josuttis*, Die Einführung in das Leben. Pastoraltheologie zwischen Phänomenologie und Spiritualität, Gütersloh 1996, 18ff, hier: 18. Vgl. *ders.*, Religion als Handwerk, Gütersloh 2002, Einleitung (9ff) und „Zur Problematik religiöser Methoden“ (19ff).

[178] Ders., Einführung, a.a.O., 18.

[179] A.a.O., 20.

[180] Paul Zulehner, in: Josuttis, Einführung, a.a.O., 31.

[181] Josuttis, a.a.O., 18. Ausführlicher zu „Stalker“: *Ders.*, Heiligung des Lebens, Gütersloh 2004, 226ff und 231f.

nik′ der Gottesbegegnung".[182] Hierzu zählt er individuelle Techniken wie Meditation und rituelle Techniken zum mystagogischen Führen einer Gruppe im Kultus. Über die christliche mystagogische Tradition hinaus interessiert sich Josuttis im umfassenden Sinne für „Techniken der Bewusstseinserweiterung" wie in Trance, Ekstase oder auch Drogenerfahrungen[183]. „Der Führer als Mystagoge kennt vielmehr jene Techniken, mit denen man im Bereich des Heiligen arbeiten kann. Zu denken ist an Techniken der Versenkung in der Meditation, Techniken der Sakramente in der Transformation, Techniken der Bewusstseinserweiterung in Trance und Ekstase."[184]

Eine rein theoretische Kenntnis der spirituellen Techniken reicht nach Josuttis für eine mystagogische Arbeit nicht aus. Mystagogie muss auf einem existentiellen Weg angeeignet werden. Nur wer selbst in der „verborgenen und verbotenen Zone des Heiligen" lebt, kann Menschen dorthin führen. Hier spielt der persönliche Übungs- und Lernweg eine wichtige Rolle. „Wer Menschen in die verborgene und verbotene Zone des Heiligen führen möchte, muss selber schon Wege in diese Richtung gegangen sein und muß ′Techniken′ anwenden und vermitteln können, die die Kontaktnahme mit dieser Wirklichkeit möglich machen."[185] Josuttis zitiert Joachim Wach: „Großer Nachdruck liegt auf Vorbereitung und Erhaltung der richtigen G-emütsverfassung für diese Kommunion mit dem Numinosen und auf jedem Mittel, das diese Stimmung nährt: geistliche Exerzitien, Selbsterforschung, Andacht, Gebet und Meditation."[186] Vernachlässigen die evangelischen Mystagogen diesen Aspekt, dann werden sie zu Sozialarbeitern und Managern. Sie werden ihrer Kernaufgabe nicht mehr gerecht. „Religiosität wird dann reduziert auf soziale Bezüge, und die Führungsaufgabe wird vereinfacht zum Problem der Gemeindeleitung."[187]

Das gegenwärtige Theologiestudium betrachtet Josuttis als unzureichend, da es die Rolle religiöser Praxis als Grundlage für den religiösen Beruf unberücksichtigt lässt. Das Studium macht grundsätzlich mit profanen Arbeitsmethoden vertraut, ohne spezifische Wahrnehmungs- und Handlungsformen für den Umgang mit dem Heiligen zu vermitteln. „Die gegenwärtige theologische Ausbildung rechnet damit, dass man mit der Aneignung von hermeneutischen und historischen, philosophischen und psychologischen Verfahren eine tragfähige Grundlage für den religiösen Beruf erhält. Im Gefolge

[182] Ders., Einführung, a.a.O., 9.
[183] *Ders.*, Die religiöse Dimension von Rausch und Ekstase, in: Wolfgang Scheiblich (Hg.), Rausch - Ekstase - Kreativität. Dimensionen der Sucht, Freiburg i.Br. 1987, 27-37.
[184] Ders., Einführung, a.a.O. (Anm. 177), 25f.
[185] A.a.O., 26.
[186] Wach, in: Josuttis, Einführung, a.a.O., 26.
[187] Ebd.

von G. Ebeling wird für diese Entscheidung gern die reformatorische Theologie in Anspruch genommen, ohne Rücksicht darauf, dass die Reformatoren selbst beim Studium und bei der religiösen Praxis spirituelle Übungen eingesetzt haben."[188] Die Theologin bzw. der Theologe gerät durch die einseitige Fixierung auf diese Methoden in seinem Berufskontext in einen Dauerkonflikt. „Der Wirklichkeitshorizont, mit dem alle diese Methoden rechnen, ist auf historische Gesetzmäßigkeiten, auf soziale Prozesse, psychologische Konflikte, interpersonale Kontakte beschränkt. Deshalb ist der eigentlich unvermeidliche Versuch, in einem solchen Kontext von Gott zu reden, jedesmal ein höchst prekäres Unternehmen. Es kann sich dann allenfalls um Chiffren, Symbole, Metaphern handeln, wenn man sich nicht von vornherein dem Projektionsverdacht unterwirft und Gott-ist-tot-Parolen vertritt."

Die Predigt droht auf der Basis profaner Methoden zur „Fortsetzung der Theologie mit anderen sprachlichen Mitteln" zu werden, zu einem exegetischen Vortrag oder einem existenzphilosophischen Essay, falls sich nicht doch eine methodisch unreflektierte spirituelle Praxis dazwischenschaltet.[189]

Josuttis kritisiert in der Theologie ein verinnerlichtes, rational reduziertes Wortverständnis, das sich inzwischen weit von dem in Handlungen, Zeitzyklen, Räumen und Sozialstruktur verankerten Wortverständnis der Reformatoren entfernt hat. „Die Reformation hat zwar mit ihren prinzipiellen Äußerungen das Wortgeschehen ins Zentrum gerückt, aber sie hat daneben und in diesem Rahmen durchaus auch andere Formen der Vergegenwärtigung akzeptiert: die Sakramente, das Kirchenjahr, die Kirchengebäude, das Amt. Die exklusive Konzentration auf das Wort führt zu einer wesentlichen Reduktion der religiösen Praxis. Sie wird sprachorientiert und tendenziell bewusstseinsorientiert und gerät damit mehr und mehr in die bürgerliche Lebenswelt."

Gegenüber dem Manipulations- und Machbarkeitsverdacht, der im Protestantismus gegenüber religiösen Methoden erhoben wird, betont Josuttis den „medialen Charakter spiritueller Praxis".[190] „Alle Übungen, die zum Göttlichen hinführen, kommen vom Göttlichen her. Der Ritus realisiert einen Mythos." Josuttis distanziert sich von der cartesianischen Anthropologie, die dem Menschen die Position eines Subjektes zuweist, das Gott als Objekt betrachtet. In der religiösen Handlung öffnet sich der Mensch der Gegenwart Gottes und lässt sich von ihr durchströmen. „Jede Lesung eines heiligen Textes transformiert einen Menschen zum Medium."[191] Geistliche

---

[188] Ders., Handwerk, a.a.O. (Anm. 177), 17, vgl. zum Methodenproblem 21ff. Folgendes Zitat: 30.

[189] A.a.O., 26. Folgendes Zitat: 25.

[190] A.a.O., 13. Folgendes Zitat: 14.

[191] A.a.O., 13. Folgendes Zitat: 15.

Übungen und Rituale zielen nicht auf die banale Selbstvergewisserung des Menschen, sondern auf seine Verwandlung und die Entfaltung einer neuen Identität. „Nicht die Identität eines Subjekts, sondern die Konversion einer Person wird durch spirituelle Praxis in anthropologischer Hinsicht bewirkt. Ein menschlicher Leib wird zum 'Tempel Gottes' (1. Kor 3,16f.). Unter dem Einfluss des göttlichen Geistes wird eine Person zum Personanzraum [sic] von Gotteskraft."

Das in der evangelischen Theologie vorherrschende *Symbol- und Ritualverständnis* beurteilt Josuttis als verkürzt. Symbole und Rituale gehen nicht in ihrer hermeneutischen und psychologischen Funktion auf. Das Ensemble von Ritualen und Symbolen im Gottesdienst führt Menschen in die Zone des Heiligen. Erst von dieser Mitte her könne das Christentum Menschen wirklich helfen und die Gesellschaft verändern. Kritisch grenzt sich Josuttis von Gottesdienstmodellen ab, die diese mystagogische Dimension gekappt haben. Ein Gottesdienst, der wirklich zum Lebenszentrum für Menschen werden will, „setzt … voraus, dass man in einem solchen Gottesdienst mehr erstrebt als Selbstinszenierung des Glaubens und die Verständigung unter Zeitgenossen. Symbole und Rituale sind … seit jeher Medien der Grenzüberschreitung."[192] Ebenso grenzt sich Josuttis von einem gottesdienstlichen Machbarkeitswahn ab, den er im Trend zu Eigenkreationen und selbstfabrizierten Ritualen sieht. „Die permanente Suche nach neuen Formen ritueller Gestaltung ist der religiösen Lebenswelt fremd, und zwar nicht einfach wegen der in der Vergangenheit geltenden Traditionsorientierung, sondern aus sachlichen Gründen. Menschen können nicht einfach Methoden erfinden, mit deren Hilfe sie Gott gegenüber aktiv werden können. Sie sind und bleiben angewiesen darauf, sich auf Verhaltensmodelle einzulassen, die von weit her kommen und deren Tiefe sich erst allmählich erschließt."[193] Wirksame Rituale haben Gnadencharakter. Sie sind nicht menschengemacht, sondern gehen auf den Religionsstifter selbst zurück. „Alle Handlungen und Übungen, mit denen man sich dem Göttlichen zu nähern versucht, sind also von der Gottheit entweder selbst schon vollzogen oder zumindest gestiftet."

Am Ende seiner Karriere als Theologieprofessor wendet sich Josuttis von dogmatischen Ansätzen ab, die das Heilige nur noch behaupten können, jedoch Menschen nicht dorthin führen können. Und er verabschiedet reduktionistische Ansätze, die im Bergerschen Sinne (im Typus eines reduktionistischen Übersetzungsprogramms) [194] das Heilige zugunsten säkularer Sprachspiele verabschieden: es reduzieren auf psychologische Theorien, soziologische oder politische Sprachspiele. „Pfarrer und Pfarrerinnen arbeiten im Machtfeld des Heiligen. Dieser Wirklichkeitsbereich soll hier

[192] Ders., Einführung, a.a.O. (Anm. 177), 19.
[193] Ders., Handwerk, a.a.O. (Anm. 177), 14. Folgendes Zitat: ebd.
[194] S. 20ff.

weder in dogmatische Formeln gepresst noch auf funktionale Leistungen reduziert werden“[195] „Den theoretischen Rahmen für ein solches Konzept kann man nicht aus Dogmatik oder Tiefenpsychologie beziehen. Beide behandeln die Realität, um die es hier geht, in einer spezifischen Perspektive, die Dogmatik im Rahmen des kirchlichen Lehrsystems, die Tiefenpsychologie als Funktion psychischer Konflikte und sozialpsychologischer Prozesse.“[196]

Josuttis will religiöse Phänomene „möglichst wörtlich und möglichst wirklich … nehmen“.[197]

Als Ausweg aus dem Dilemma totaler Abstraktion einerseits und der totalen Reduktion andererseits wendet er sich einer außertheologischen Disziplin zu, der *Religionsphänomenologie*. Sie verfüge inzwischen über ausdifferenziertere Kategorien als die akademische Theologie, um das Heilige zutreffend und konkret zu beschreiben und denkbar zu machen, und sie beschreibe zudem konkrete Techniken im Umgang mit dem Heiligen. Sie stellt nichtreduktionistische und sachlich angemessene Konzepte bereit. Die Religionsphänomenologie konzipiert das Heilige als außerseelisch real. Sie reduziert es nicht auf eine subjektive Größe. Sie beschreibt es als transsubjektiv wirksam. „Angemessene Kategorien für das pastorale Arbeitsfeld stellt die Religionsphänomenologie zur Verfügung, weil sie das, wovon die Bibel erzählt, weder in dogmatische Formeln einsperrt noch zu funktionalistischen Aussagen verdünnt. Die Religionsphänomenologie rechnet damit, dass es ′das Heilige′ gibt, eine Wirklichkeit, die immer präsent, aber nicht immer zugänglich ist, die man infolgedessen auch nicht einfach behaupten muss oder psychologisch bzw. sozialpsychologisch auflösen darf.“[198] Religionsphänomenologische Systeme wie von Mircea Eliade, Rudolf Otto und Gerardus van der Leeuw beschreiben nach Auffassung von Josuttis den Wirkungsbereich des „Heiligen“ und Umgangsformen mit ihm zutreffender als gegenwärtige dogmatische Systeme und eine an der historisch-kritischen Methode orientierte Exegese.

Eine wichtige Rolle in Josuttis′ phänomenologischer Beschreibung des Heiligen spielt die Theorie von *atmosphärischen Gefühlsräumen*, die der Kieler Philosoph *Hermann Schmitz* entwickelt hat. Schmitz zufolge sind auch innermenschliche Regungen nicht lediglich als Produkte einzelner Subjekte zu verstehen. Gefühle begegnen Menschen atmosphärisch von außen und ergreifen sie. „Gefühle sind ergossene Atmosphären, die ebenso als ergreifende Mächte Subjekte durch affektives, leibliches Betroffensein

[195] Josuttis, Einführung, a.a.O. (Anm. 177), 9.
[196] A.a.O., 18.
[197] Ebd.
[198] Ebd. Vgl. ders., Handwerk, a.a.O. (Anm. 177), 31.

heimsuchen, wie nach Art des Wetters gleichsam ′in der Luft′ liegen.“[199] Eine Gottesbegegnung ereignet sich nach Schmitz atmosphärisch dann, wenn sie „für den Ergriffenen unbedingten Ernst besitzt“.[200] „Es ist die fesselnde Kraft des Göttlichen selbst, die den Ergriffenen nicht von sich loskommen lässt und ihm keine Chance gibt, sich redlich auch nur partiell in seiner Eigenschaft als erwachsener, mündiger Mensch ′darüberzustellen′.“[201] Die Aufgabe des Gottesdienstes liegt nach diesem atmosphärischen Modell darin, „durch rituelle Methoden ein atmosphärisches Machtfeld [zu] realisieren, in dem das Göttliche Menschen affektiv ergreift und leibliche Resonanzbewegungen auslöst.“[202]

---

[199] *Hermann Schmitz*, Das Göttliche und der Raum. System der Philosophie III/4, Bonn 1977, 80f, zitiert in Josuttis, Heiligung, a.a.O. (Anm. 181), 40. Vgl. dort zu Schmitz: 106ff.
[200] Schmitz in: Josuttis, Heiligung, a.a.O. (Anm. 181), 107.
[201] Schmitz in: ebd.
[202] Josuttis, Heiligung, a.a.O., 108.

5. Rahmen und Definition einer erneuerten christlichen Mystagogik

„Es bedarf einer Mystagogie in die religiöse Erfahrung, von der ja viele meinen, sie könnten sie nicht in sich entdecken, einer Mystagogie, die so vermittelt werden muß, dass einer sein eigener Mystagoge werden kann.“[203] Mystagogie ist die Kunst der Initiation, der Hineinführung in das Geheimnis der eigenen Existenz, das untrennbar mit dem Geheimnis der anderen Menschen, des Kosmos und Gottes verbunden ist. Sie umfasst nicht nur Lehre, sondern ebenso die Unterweisung in spezifischen Techniken und die symbolisch-rituelle Einführung in die bislang arkanen Dimensionen der Welt.

Manfred Josuttis konzentriert sich bei seinem mystagogischen Ansatz methodisch auf die Religionsphänomenologie und inhaltlich auf die Arbeit von Pfarrerinnen und Pfarrern. Seine Inspiration zu diesem Konzept entstammt der Gegenwartskultur – Tarkowskis Kinofilm „Stalker“. Die religionsphänomenologische Reflexion führt Josuttis zu einer Kritik an einem verkürzten Symbol- und Ritualverständnis, das Mystagogie in psychologische, soziologische, linguistische etc. Sprachspiele auflöst. Auf religionsphänomenologischer Basis fordert er dazu auf, religiöse Phänomene „möglichst wörtlich und möglichst wirklich“ zu nehmen.

Die vorliegende Darstellung einer *zeitgenössischen Mystagogie* baut auf den akademischen Vorarbeiten von Josuttis auf. Sie erachtet es jedoch als notwendig, ergänzend zur religionsphänomenologischen Grundlegung den genuin *christlichen* mystagogischen Traditionsstrang darzustellen und mit gegenwärtigen Theoriekonzepten zu vermitteln. Was ist das Wesen einer christlichen Mystagogie? Was unterscheidet sie von religionsphänomenologisch bei Josuttis nebeneinander gestellten Phänomenen wie Leibarbeit, Trance, Drogenerfahrungen, französischem Hexenwesen? Welche religiösen Techniken haben christliche Mystiker bevorzugt und wie wirken sie?

Der vorliegende Entwurf versteht christliche Mystik[204] nicht als ein lediglich historisches Phänomen, sondern als einen weiterhin Menschen zu vermittelnden Erfahrungsweg. Christliche Spiritualität zielt nicht auf ein dual konzipiertes jenseitiges Leben, sondern auf ein gegenwärtiges Leben in

---

[203] *Karl Rahner*, Frömmigkeit heute und morgen (1966), in: Andreas Schönfeld (Hg.), Spiritualität im Wandel, Würzburg 2002, 79-94, hier: 87.

[204] Beim Adjektiv „mystisch“ sind historisch bedingte Begriffsverschiebungen zu beachten. Die Kirchenväter in Antike und Mittelalter gebrauchten „mystisch“ für den verborgenen Sinn eines Bibeltextes und auch der Sakramente. Der Mystiker hingegen wurde als „homo contemplativus“ bzw. „homo spiritualis“ bezeichnet. Erst im Barock wurde der substantivierte Begriff „Mystik“ im heutigen Sinne geprägt. Vgl. *Peter Dinzelbacher*, Christliche Mystik im Abendland, Paderborn etc. 1994, 10.

der Vereinigung mit Gott sowie auf eine daraus stammende Gotteserkenntnis. Die unio mit Gott wird von Mystikern häufig als intuitive Schau bzw. als intuitives Wissen beschrieben, das zur Autonomie gegenüber der religiösen Überlieferung und gegenwärtigen Autoritäten führt. „Mystik ist ′cognitio Dei experimentalis′, auf Erfahrung gegründete Gotteserkenntnis. Gott wird also nicht nur geglaubt, nicht nur philosophisch erschlossen, sondern seine Existenz wird durch ein, durch viele religiöse Erlebnisse erfahren. Was die anderen Mitglieder der Religionsgemeinschaft aufgrund der Lehren der Heiligen Schriften und der Priester glauben, wissen die praktischen Mystiker aufgrund von Erfahrung.“[205]

Christliche Mystik versteht das Erlebnis der Vereinigung als *personale* Begegnung mit Jesus Christus bzw. mit dem trinitarischen Gott. Die Verschmelzung führt zu einer zeitweisen Aufhebung der Grenzen zwischen Gott und Mensch. Sie wird häufig in den Bildern intensivster personaler Begegnung als ein Liebesakt erlebt und beschrieben, mit erotischen Komponenten, die körperliche Erlebnisse einschließen.[206] Die Liebesmetaphorik in der christlichen Mystik hält an dem spezifisch christlichen Ziel fest: Es geht um die personalisierende Verwandlung des Menschen, nicht um seine Auflösung oder Rückführung in eine undifferenzierte Einheit mit Gott. Personalismus ist das Zentrum christlicher Mystik. Die Vereinigung mit Gott reinigt und differenziert das bislang im Menschen verschwommen Angelegte. Sie verbindet die Mystikerin bzw. den Mystiker klar und intensiv mit der Erde und mit seiner Zeit. Christus ist im Christentum das Urbild von Personalität. In der Verschmelzung mit dem Geliebten erlebt der Mystiker in einem zeitlosen Zeitraum seine eigene Vollendung und die Vollendung der Menschheit.

Teilhard de Chardin geht als Mystiker des 20. Jahrhunderts so weit, Christus als „super-personales und super-personalisierendes Zentrum“[207] der kosmischen Geschichte zu bezeichnen. Er deutet die Evolution von Materie, Biosphäre und Menschheit (Noosphäre) als eine Geschichte universaler „Amorisation“[208], bei der sich jeweils einzelne Elemente zu höheren Organisationsformen vereinigen. „Eine Liebe baut physisch das

---

[205] A.a.O., 9f.

[206] Mit dem Herausstellen des personalisierenden Aspektes der Liebe als einem Hauptstrang sollen andere Formen christlicher Mystik nicht ausgeblendet werden, können hier jedoch nicht differenzierend dargestellt werden. Vgl. S. 346ff.

[207] *Pierre Teilhard de Chardin*, Wissenschaft und Christus, Olten/Freiburg 1970, 217, August 1943.

[208] In: *Thomas Broch*, Pierre Teilhard de Chardin, Mainz/Stuttgart 1989, 74.

Universum".[209] Am Grund christlicher Mystik steht „die der menschlichen Person eingeborene Liebe, die sich auf das ganze Universum erstreckt".

Die christliche Mystik brachte seit jeher als theologischen Traditionsstrang mystagogische Literatur hervor. „Ein Origenes, Bernhard, Bonaventura, Mombaer, Baker und so viele andere wollten ja mit ihren Schriften Anleitungen geben, wie diejenigen Vorbereitungen geschaffen werden könnten, die von seiten des Menschen möglich sind, um zur ′cognitio Dei experimentalis′ schon in diesem Leben zu gelangen."[210]

Zur Vorgeschichte und Entfaltung einer christlichen Mystagogik zählen die Etappen und Entwicklungsgestalten von den Eleusinischen Mysterien, die Mystagogie der Kirchenväter und der christlichen Klöster und die Erneuerungsversuche im 20. Jahrhundert. Die Mysterien von *Eleusis* sind die eigentlich modellhaften Mysterien für die antike Welt. Die kultische Einweihung führt den Mysten zur Epopteia, zur Schau der göttlichen Dimension. Um diesen Moment der Loslösung des Bewusstseins und der Schau mit irdischen Mitteln zu befördern, wurden Techniken eingesetzt, die wahrscheinlich mit einem schockartigen Hervorrufen von Todesangst verbunden waren. Die empfundene Todesnähe löste nahtodähnliche Bewusstseinszustände aus. Die Einweihung in Eleusis führte durch vertiefte Welt- und Selbsterkenntnis zu Persönlichkeitsveränderungen.

Der Athener Philosoph *Platon* war in die Kleinen und Großen Mysterien von Eleusis eingeweiht. Sein Werk wäre ohne diesen Mysterienhintergrund nicht denkbar. Bei Platon hat der Begriff Mysterion eine kulturgeschichtliche Entwicklung durchlaufen. Nicht mehr kultische Handlungen führen zu einer Einweihung in eine andere Lebensdimension, sondern ein gewandeltes Denken. Platon versucht, Menschen durch Philosophieren zur Erkenntnis (Schau) der wahren Wirklichkeit zu führen.

Platons Popularisierung der Eleusinischen Weihestufen im Rahmen seiner Philosophie prägte das philosophische und religiöse Denken der Folgezeit. Der frühkirchliche Theologe *Clemens von Alexandrien* rezipiert platonisches Denken, um ein Konzept einer christlichen Einweihung zu entfalten. Bei Clemens begegnen die eleusinischen Einweihungsstufen als Reinigungsstufe, Kleine Mysterien und Große Mysterien mit der Stufe des Schauens wieder. Clemens hat diese Stufen christianisiert. Aus den antiken Mysterien sind bei ihm die „Mysterien des Logos" geworden.

Die Theologen des *4. Jahrhunderts* greifen zur Konzeption eines christlichen Sakramentsverständnisses begrifflich vorrangig auf Termini aus den Mysterienreligionen zurück. Neben der sprachlichen Nähe fallen als eine

---

[209] *Pierre Teilhard de Chardin*, Die menschliche Energie, Olten/Freiburg 1966, 95, 4. Mai 1936. Das folgende Zitat: *Ders.*, Der mystische Bereich, in: *ders.*, Frühe Schriften, Freiburg/München 1968, 144, 13. August 1917.

[210] Dinzelbacher, a.a.O. (Anm. 204), 20.

weitere Gemeinsamkeit mit den antiken Mysterien das Konzept und die Praxis der Arkandisziplin auf. Den zentralen Inhalt der christlichen Arkandisziplin bilden, wie bei den antiken Mysterien, nicht die Mythen und Lehren. Sondern geschützt werden die rituelle Einweihungspraxis und deren Verständnis.
Der Bischof *Basilios von Cäsarea* (330-379) unterscheidet eine arkane, nur mündlich weitergegebene Überlieferung (δόγμα, dogma), von der exoterischen, schriftlichen Überlieferung (κήρυγμα, kerygma). Die Inhalte des δόγμα (mit einer anderen Bedeutung als das heutige „Dogma“) müssen zum Schutz ihrer Erhabenheit durch Schweigen vor Popularisierung geschützt werden. Die Inhalte des κήρυγμα sind für die Verkündigung in einer Massenkirche bestimmt. Als eine weitere Form von Arkandisziplin benennt Basilios die symbolische Kommunikation, die bereits in der Verkündigung Jesu begegnet. Sie erfordert zu ihrer Decodierung bereits Vorkenntnisse.

Die *Orthodoxe Theologie* betrachtet in ihren wichtigsten Vertretern bis zur Gegenwart die Theologie der griechischen und byzantinischen Kirchenväter als sachlich am angemessensten zur Reflexion und Kommunikation des christlichen Glaubens. Sie will gezielt einen alternativen Ansatz gegenüber dem Zweig der westlichen Theologie fortführen, die sich seit der Scholastik an den Universitäten formierte. Durch ihre Kontinuität mit der Theologie der Frühen Kirche ist die Orthodoxe Theologie wesentlich Mysterientheologie geblieben. In ihrer Konzentration auf kultische Kommunikation und deren Deutung ist sie formal Theologie am Vollzug der Mysterien entlang.
Eine Erneuerung mysterientheologischer Ansätze im Rahmen der abendländischen Theologie kann an den breiten Strom der *„monastischen Theologie“* (Jean Leclerq) anknüpfen. In ihr ist die mystagogische Praxis und Theorie aus rund 1000 Jahren abendländischen Christentums gepflegt und tradiert worden. Die scholastische und daraus sich entwickelnde akademische Theologie ist unverzichtbar zur enzyklopädischen Ordnung des gesammelten Wissens, zur rationalen Durchdringung im Kontext einer rationalen Kultur sowie zur exoterischen Kommunikation des Christentums. Eine Neubeheimatung des Wissens der monastischen Theologie im Rahmen der akademischen Theologie und der gegenwärtigen christlichen Lebenskultur geht einher mit der Rekultivierung des Erkenntnisprozesses selbst im Rahmen der Theologenausbildung. Die monastische Theologie beansprucht als sozial gebundene Wissensform die Theologin und den Theologen bis in die Lebensform hinein. Sie führt ihn bzw. sie über existentiell-kognitive Klärungsprozesse zu einer Verdichtung des Denkens und zu einer vertieften Wahrnehmungsfähigkeit. Die Kommunikation von Inhalten der monastischen Theologie erfordert eine Erweiterung des bisherigen akademischen

Sprachcodes, der vorrangig mit rationalen Begriffen operiert und sich an alltäglichen Raum-Zeit-Konstrukten orientiert.
Der Theologe und Benediktinermönch *Odo Casel* entwickelt zu Beginn des 20. Jahrhunderts einen mysterientheologischen Ansatz, bei dem er sich vorrangig auf drei Quellen stützt: das eigene kontemplative Erleben der Gegenwart Jesu in der Eucharistiefeier, die Theologie der Kirchenväter sowie religionswissenschaftliche Studien zu den antiken Mysterienkulten. Methodisch integriert Casel die seinerzeit aktuellsten Forschungsergebnisse der religionsgeschichtlichen Schule sowie Studien aus der Religionsphänomenologie. Als problematisch erweist sich inzwischen vor allem die überholte Forschungslage der religionsgeschichtlichen Schule.
Casel entfaltet einen theologisch differenzierten Mysterienbegriff. Den christlichen Kultus versteht er in enger Beziehung zum Christusmysterium und in Analogie zu den antiken Mysterien als „Kultmysterium". Die Eucharistiefeier und die Feste des Kirchenjahres („Festmysterium") vermitteln als „Abbild" eine reale Kraftteilhabe am dargestellten „Urbild" des Gottmenschen Christus. In dieser Kraftteilhabe liegt ihre verwandelnde Kraft, Menschen dem Urbild ebenbildlich zu machen. In den kultischen Spiegelungen wirkt das Urbild, Christus, selbst. In dieser Kraftteilhabe liegt die Kraft des menschlichen Wortes und menschlichen Handelns im Kultus begründet. Worte sind im kultisch-darstellenden Rahmen und in kultisch-symbolischer Kommunikation nicht mehr nur Informationsträger für rein menschliche Konstrukte, sondern sie werden – in Fortführung des hebräischen Wortverständnisses von דבר (dabar) – zu umschaffenden Kraftträgern, sofern der Mensch grundsätzliche mystagogische Regeln befolgt. Casel zielt auf eine Überbrückung der fruchtlosen Diastase zwischen totem Ritualismus und subjektivistischer Erfahrungsspiritualität. Materie und Geist, Inhalt und Form sind voneinander so wenig trennbar wie Innen- und Außenseite derselben Wirklichkeit. Christliche Spiritualität will materielle Ausdrucksformen und Gesten nicht spiritualistisch überwinden, sondern der „Triumph des Geistes" liegt in der Materialisierung des Geistes und in der Spiritualisierung der Materie. Das christliche Zentralsymbol hierfür ist die Feier der Eucharistie.
Casel begründet sowohl den Abbruch als auch die Wiederaufnahme einer christlichen Arkandisziplin kulturgeschichtlich. Die Arkandisziplin wurde mit der kulturellen Vorherrschaft des Christentums überflüssig, und sie erhält mit einer erneuten Minderheitenposition wieder eine wichtige Schwellenfunktion. Ferner argumentiert Casel mit dem Wesen des Christusmysteriums, das Nichtverstehen und Spott herausfordert, mit den arkanen Aspekten symbolischer Kommunikation, sowie mit der Liebe und Wertschätzung dessen, der aus diesem Geheimnis heraus lebt.

Die Kommunikation von Casels mysterientheologischem Ansatz ist einerseits durch inzwischen überholte Theorieelemente erschwert. Zum anderen erfordert das Verständnis von Casels Ansatz nach wie vor einen *cognitive turn*: die Integrationsfähigkeit eines theologischen Querdenkens, wie es über Jahrhunderte hin in der monastischen Theologie kultiviert worden ist und bis hin in Luthers sakramentalem Denken und in seiner pro-me-bezogenen Spiritualität und Theologie lebendig war.
Der evangelische Theologe *Dietrich Bonhoeffer* entwickelt in einer Zeit der Rezeption nationalsozialistischer Ideologie und Gesetze und der inhaltlichen Selbstbanalisierung der Deutschen Evangelischen Kirche eine starke Sympathie für die mystagogische Praxis der Frühen Kirche und für die Praxis der Arkandisziplin. Gegenüber der bis um 1900 vorherrschenden evangelischen Abgrenzung gegenüber dieser als 'katholisch' titulierten Tradition, die zudem eine hellenistische Entfremdung des reinen evangelischen Christentums darstelle, erklärt Bonhoeffer die Mystagogie des Taufkatechumenates und die christliche Arkandisziplin als im Wesen des Christentums selbst begründet und verankert. Eine grenzenlose Popularisierung des christlichen Glaubens habe zur Selbstauflösung der Kirche und zur Zerstörung einer eigenen Gottesdienstkultur geführt. Mystagogie, verstanden als stufenweises Hineinführen von Menschen in die Geheimnisse des christlichen Glaubens, sei nicht lediglich eine pädagogische Maßnahme oder ein werbetechnischer Trick, sondern sie beziehe sich auf ein reales Arkanum. Das christliche Arkanum erschließt sich Menschen nur auf einem Entwicklungsweg. Mystagogie ist nach Bonhoeffer die Gegenbewegung zur Selbstzerstörung der Kirche im Verschleudern des Heiligen. Sie zielt auf die Entwicklung und stufenweise Verwandlung des Menschen. Im Zuge eines Gestaltwandels, einer „Metamorphose“, wird der Mensch zunehmend „wie Christus“. In diesem Prozess der Gleichgestaltung mit Christi Menschengestalt, Todesgestalt und Auferstehungsgestalt wird der Mensch seiner Gottesgestalt teilhaftig. In mystagogischen Prozessen tritt an die Stelle einer reinen Denkbewegung oder einer autoritätsbezogenen Übernahme von Behauptungen ein existentieller Lebensweg, der sich am Urbild des Menschen, Jesus Christus, ausrichtet.
Die in diesem Kapitel vorgestellten Entwicklungsstufen christlicher Mystagogie stammen aus sehr unterschiedlichen kulturellen Kontexten. Der vorliegende Entwurf einer zeitgenössischen christlichen Mystagogik zielt neben Anregungen für eine zeitgenössische christliche Mystik auf eine theologische Neuorientierung. Mystagogie zentriert stets. Durch mystagogische Praxis formierten sich kulturelle Eliten. Das Buch will eine zerstreute Kirche dazu ermuntern, sich auf mystagogische Prozesse zu zentrieren, und es will eine methodisch hervorragend ausgerüstete Theologie zu einem Marketing des Kerngeschäfts anregen.

Die evangelische Kirche, die zunehmend auf Strategien des Wirtschaftsmanagements setzt, sollte bei aller Berechtigung ihres Nachholbedarfs in Fragen von Betriebswirtschaft und Marketing gleichzeitig eine wichtige Trendwende wahrnehmen und dadurch ihr ganz *spezifisches Kapital* wahrnehmen. In maßgeblichen Wirtschaftszeitungen wie „Capital" berichten Führungskräfte beispielsweise davon, wie sie durch Zen-Meditation ihren Führungsstil geändert haben und eine authentische soziale Kompetenz entwickelt haben.[211] Professoren für Betriebswirtschaftslehre fordern die Unternehmen dazu auf, als Vorreiter gesellschaftlicher Entwicklung die Spiritualität ihrer Mitarbeiter zu fördern. Zunehmend schicken namhafte Unternehmen Manager zeitweise in Klöster, und Top-Manager lassen sich von geistlichen Begleitern coachen.
Nationale und internationale Firmen haben längst die spirituellen Techniken als Faktor in der Personalentwicklung entdeckt. Dem durch konzentrative Techniken und „Soul-Management"[212] generierten Human- und Sozialkapital wird ein nachhaltiger Einfluss auf den Unternehmenserfolg zugesprochen. „Faktoren, die bisher entscheidend für ein Bestehen im Wettbewerb waren", erscheinen „immer weniger geeignet …, entscheidende Vorteile zu bringen. Technik z.B. ist weltweit verfügbar und bringt in der Konkurrenz der ökonomisch entwickelten Länder keinen relevanten Vorsprung mehr. Dies gilt auch für den Zugriff auf Kapital, da die Börsen der Welt jedem entwickelten Unternehmen ab einer bestimmten Größenordnung zur Verfügung stehen. Ebenfalls einem weltweiten Prozess der Angleichung sind Forschung, Entwicklung, Fachwissen und Organisation unterworfen."[213]

Im Wettbewerb werden künftig diejenigen Unternehmen und Volkswirtschaften einen Vorsprung vor der Konkurrenz gewinnen, die über die besten Informationsflüsse sowohl auf technischer als auch auf der zwischenmenschlichen Ebene verfügen. Derzeit stellen Störungen der Kommunikationsflüsse zwischen Menschen und innerhalb des Menschen selbst eine wesentliche Wachstumsbremse dar. „Was die Unternehmen und Volkswirtschaften im Wettbewerb der Zukunft unterscheiden wird, ist die Gesundheit ihrer Menschen und die Qualität ihres Gesundheitswesens, ganzheitlich gesehen: körperlich, seelisch, geistig, sozial und ökologisch."[214] In einer

---

211 Vgl. *B. Lenz*, Die Kraft der Stille, in: Capital 3/1999, 84-88.

212 Vgl. *Lance H. K. Secretan*, Soul-Management. Der neue Geist des Erfolgs – die Unternehmenskultur der Zukunft, München 1997.

213 *Klaus Kairies*, Stressbewältigung durch Entwicklung von Spiritualität im Sinne einer religionsunabhängigen Erfahrung. Ein Konzept zur Verbesserung von Wettbewerbsfähigkeit und Steigerung von Produktivität in Unternehmen, Hannover 2007 (Fachhochschule Hannover Arbeitspapier/Abteilung Wirtschaft Nr. 170/2007).

214 *Leo A. Nefiodow*, Ganzheitliche Gesundheit – die Wachstumslokomotive für das 21. Jahrhundert, in: *ders.*, Der sechste Kondratieff – die neue lange Welle der Konjunktur, online: http://kondratieffzyklen.de/sechste.html (Zugriff: 08. 09. 2009).

entwickelten Spiritualität wird das wichtigste Potential zur Persönlichkeitsentwicklung, zu Stressmanagement, langfristiger Gesundheit, gesteigerter Produktivität und zu wichtigen soft skills gesehen. Klaus Kairies, Professor für Betriebswirtschaftslehre an der Fachhochschule Hannover, fordert die Hochschulen dazu auf, die künftigen Führungskräfte neben Fach- und Methodenkompetenzen auch zur Entwicklung einer eigenen Spiritualität anzuleiten, „denn der Zug fährt in Richtung Förderung von Kommunikation durch Entwicklung von Spiritualität im Sinne einer religionsunabhängigen Erfahrung zwecks Verbesserung von Wettbewerbsfähigkeit und Steigerung von Produktivität in Unternehmen".[215]

In diesem spirituellen Bereich könnte sich die evangelische Kirche stärker positionieren und ihr originäres Kapital, die Spiritualität, stärker als Asset nutzen. Mystagogie führt, über die Ebene mystagogischer Praxis hinaus, die Kirche und Theologie zu einer zentralen christlichen Tradition und Lebensbewegung zurück. Eine zeitgenössische Mystagogie geht davon aus, dass Menschen bei einer selbstbewussten und zugleich dialogfähigen Präsentation des Christentums entdecken, dass ihre eigenen Entwicklungsfragen im christlichen Konzept der Personwerdung vorkommen. Mystagogie setzt auf die erfahrbare Attraktivität des Mystagogen selbst: Christus, mit dem Menschen heilsame Erfahrungen machen und anspruchsvolle biographische Wege zurücklegen können.

In Thesen zusammengefasst, wird folgende *Definition* von Mystagogik zugrunde gelegt:

[215] Kairies, a.a.O. (Anm. 213), 14.

1. Christliche Mystagogik ist die christliche Lehre vom mystischen Weg mit Jesus Christus.

2. *Praktische Mystagogik* ist im engeren Sinne spirituelle Entwicklungshilfe im ästhetisch-kultischen sowie im individuell-übenden Kontext. Im weiteren Sinn ist sie christliche Bildungsarbeit zur Weiterentwicklung der Persönlichkeit.

3. *Mystagogische Theorie* reflektiert christliche mystagogische Traditionen (Wüstenväter, Kirchenväter, Mönchtum, Mystik, orthodoxe Theologie) im interdisziplinären Dialog (mit Dialogpartnern wie Neurowissenschaft, Religionswissenschaft, philosophischer Phänomenologie).

4. *Ziele mystagogischer Theorie und Praxis*: Mystagogische Theorie zielt darauf, eine neue Mystagogie in allen kirchlichen Handlungsfeldern anzuregen: Menschen entsprechend ihrer jeweiligen Lebensphase mit jeweils geeigneten rituellen Formaten und Übungen zu ihrem höchsten Entwicklungsziel zu führen: Gott und sich selbst im Geist und in der Wahrheit zu erkennen (Joh 4,24).

5. *Menschenbild*: Christliche Mystagogik geht davon aus, dass der Mensch auf seiner höchsten Entwicklungsstufe ein geistiges Wesen ist, das zur personalen Vereinigung mit Gott bestimmt ist.

6. *Christliche Mystagogik*: sieht in Jesus Christus das Urbild des voll entwickelten Menschen. Zugleich sieht sie in ihm ein lebendiges geistiges Gegenüber, das den Menschen leiblich-seelisch-kognitiv vollendet und seine eigentlichen menschlichen Entwicklungspotentiale anregt.

7. *Gesellschaftlicher Kontext*: Im gesellschaftlichen Kontext antwortet eine christliche Mystagogik auf die postmodernen Lebensbedingungen, die den Lebenslauf und Prozesse der Persönlichkeitsbildung zersplittern, sowie auf Herausforderungen durch den interreligiösen Dialog und durch esoterische Strömungen.

8. *Theo-Ästhetik*: Mystagogie führt Menschen zu einem anderen Sehen. Sie führt Menschen aus ihrer automatisierten und Bruchstück-Aufmerksamkeit durch konzentrierende kultische Ästhetik sowie durch einen individuellen Übungsweg zu einer deautomatisierten und zentrierten Aufmerksamkeit, die zunehmend wahrnehmungsfähig wird für den Mehrwert des Lebens und die Gegenwart Gottes in allen Prozessen und Dingen.

III. Der kulturelle Kontext einer gegenwärtigen Mystik

1. Autonom spirituell sein

1.1 Kultur der Atomisierung: Gesellschaftliche Atomisierung als Ort von Spiritualität im 21. Jahrhundert

1.1.1 Individualisierung als „metaphysischer Heimatverlust"

Soziologen und Psychologen beschreiben die zeitgenössische Grundverfassung der Menschen zunehmend als *„heilungsbedürftig"*. Peter L. Berger thematisierte das „Unbehagen in der Modernität" bereits 1974 als *„metaphysischen Heimatverlust"*.[1] Ulrich Beck entwarf nach dem Reaktorunglück im Kernkraftwerk von Tschernobyl 1986 eine soziologische Beschreibung unserer Lebenssituation als *„Risikogesellschaft"*. In seinem gleichnamigen Buch zeichnet er das Bild eines Menschen, der aus dem Seelen-Uterus seines Dorfes, seiner Traditionen und selbstverständlichen Autoritäten vertrieben ist. Der Mensch steht fortan vor der prometheischen Aufgabe, sich selbst individuelle Welten zu erschaffen. Becks gute Nachricht lautet: Wir sind frei. Wir sind zunehmend freigesetzt von Gruppenzwängen, Vormündern und Traditionen. Was z.B. ein glückender Lebenslauf ist, ist kulturell nicht mehr festgeschrieben: in einem bestimmten Alter zu heiraten, heterosexuell zu leben, ein Familienunternehmen fortzuführen, im Geburtsort zu sterben, sein Leben durch die christliche Religion prägen zu lassen. Schwellen, Orte und Normen sind zunehmend frei wählbar geworden.

Das Schwierige daran ist: Die neue Freiheit erfordert individuelle Reife. Medial gepredigte Normen und Modezwänge drängen sich in die Leerstellen und offerieren neue Identitätsbausteine. Säkulare Autoritäten bieten postreligiöse Lebensorientierung in den Bereichen Sport, Wirtschaftsunternehmen, Tourismus, Medienlandschaft, Technik und Psychoszene an.[2] Die einst durch Traditionen und Autoritäten außengeleiteten Menschen müssen ihr Leben zunehmend von innen heraus steuern, vor sich selbst als individuellem Richter und zugleich ohne alte soziale Netzwerke als Risikoagenten. Auch der Bereich der Religion gewährt keine objektive Lebensorientierung mehr. Denn bereits die Auswahl eines bestimmten religiösen Systems setzt dessen Wählbarkeit und die Möglichkeit von Alternativen und Revisionen voraus. Selbst wenn ich eine Religion zur Lebensorientierung auswähle, so bleibe *ich* das Fundament meiner Wahl. *Ich* habe entschieden, dass diese Religion die einzig wahre für mich ist. Die Entscheidung bleibt also subjek-

---

[1] *Peter L. Berger/Brigitte Berger/Hansfried Kellner*, Das Unbehagen in der Modernität, Frankfurt M. 1975, 74. – Vgl. bereits in Friedrich Nietzsches „Antichrist" den Gestus der metaphysischen Obdachlosigkeit nach dem Tode Gottes.

[2] Vgl. *Reinhard Hempelmann* et al. (Hg.), Panorama der neuen Religiosität, Gütersloh 2001.

tiv gesteuert. Sie bleibt damit begründungspflichtig vor anderen und vor mir selbst, und aufgrund ihrer subjektiven Kriterien lebenslang anfechtbar. So wurden bereits im ausgehenden 19. Jahrhundert in Europa östliche Religionen und Okkultismus (Theosophische Gesellschaft) und spiritistische Bewegungen attraktive Alternativen zu den christlichen Kirchen. Gleichzeitig ließen weltweit die bindenden Kräfte der tradierten großen Religionen nach: Den Kirchenaustritten in Europa vergleichbare Entwicklungen vollzogen sich Ende des 19. Jahrhunderts in den Hindu-Religionen Indiens sowie in Japan.[3]

„Individualisierung" meint nicht „Individualismus" oder „Egoismus" im moralischen Sinne. Es geht Beck um ein Benennen einer objektiv vorgegebenen Lebenssituation, die durch zunehmende gesellschaftliche Vereinzelung gekennzeichnet ist. Die Herauslösung aus objektiven Zwängen kann subjektiv als Einsamkeit empfunden werden und sie kann, muss sich aber nicht in egoistischen Haltungen niederschlagen. Den Zeitgenossen wird zunehmend bewusst, dass sie selbst für ihren Lebensweg vor ihren individuell gewählten Maßstäben haften. Geführtsein weicht der biographischen Ich-AG. Das Individuum muss alle Lebensrisiken innerhalb einer zunehmend fragmentierten Gesellschaft ausbalancieren und für ihre jeweiligen Folgen selbst haften.

1.1.2 Protestantische Kultur der Atomisierung: Das „Ich" als Ort des Glaubens

Der Grundzug zur Individualisierung, den Ulrich Beck in soziologischer Hinsicht für die „Risikogesellschaft" beschreibt, ist für den Protestantismus geradezu das religiöse Grundprogramm. Der Einzelne verantwortet unmittelbar selbst seine Glaubensentscheidungen und -risiken vor Gott. Eine Folge der Reformation war die Herauslösung des Individuums aus Bindungen an bisherige kirchliche Traditionen und Autoritäten. Die evangelische Art zu glauben verlagerte den Schwerpunkt auf das Einzel-Ich als den neuen Glaubensort. Salopp formuliert: Die Reformatoren begründeten die *Ich-AG im Glauben*. Im Kontext ihres Zeitalters wirkten sie faktisch als Vermittler des Renaissancegeistes auf den religiösen Bereich: Das Individuum wird sich nun auch in religiösen Angelegenheiten stolz seiner eigenen Kraft und Verantwortung bewusst.

Aus der psychologischen Sicht eines Reifungsprozesses könnte man die Reformation als eine pubertäre Ablösungssituation interpretieren. Im Kern

---

[3] Vgl. *Ulrich Linse*, Geisterseher und Wunderwirker. Heilssuche im Industriezeitalter, Frankfurt M. 1996.

ging es ihr um ein Autoritäts- und Freiheitsproblem in Glaubensdingen. Luther trennte Glaubensbeziehung und Unmündigkeitsverhältnisse voneinander, und er trennte die sakramentale Gotteserfahrung von Herrschaftsansprüchen (z.B. im Bußsakrament). Die Botschaft an die religiös Unmündigen lautete: Christus vereinzelt. Christus wirft Menschen auf ihr Einzel-Ich zurück. Luther subjektiviert alles religiöse Handeln radikal, ohne Gottes Eigenständigkeit in Subjektivität hinein aufzulösen. Kein Ritual funktioniere an sich („ex opere operato", „aus dem bloßen Vollzug heraus"). Alles religiöse Handeln und Sprechen müsse durch das persönliche Christusverhältnis hindurchgeschleust werden.

Es geht Luther nicht mehr vorrangig um einen objektiv wirksamen „solus Christus", sondern um die Individualisierung der Christusbeziehung. Christus wirkt nur heilvoll für den Menschen, der zu ihm in ein Lebensverhältnis tritt. Erst der Glaube („sola fide") verwandelt den historischen Christus, an den nach Luther auch die Teufel glauben, in den für mich („pro me") Auferstandenen. Das existentielle pro-me-Prinzip regiert bei Luther alle objektiven Glaubensinhalte. Der christliche Glaube wird in der Reformation auf das Einzel-Ich umbuchstabiert. An den Schöpfer und die Erschaffung der Welt zu glauben, heißt in Luthers pro-me-Dogmatik: „Ich glaube, daß *mich* Gott geschaffen hat samt allen Kreaturen, *mir* Leib und Seele, Augen, Ohren und alle Glieder, Vernunft und alle Sinne gegeben hat und noch erhält...". An Jesus Christus zu glauben, heißt, Jesus Christus „sei *mein* Herr, der *mich* verlornen und verdammten Menschen erlöset hat, erworben, gewonnen von allen Sünden, vom Tode und von der Gewalt des Teufels; ... damit *ich* sein eigen sei und in seinem Reich unter ihm lebe und ihm diene ..." An den Heiligen Geist und die Kirche zu glauben, heißt, „der Heilige Geist hat *mich* durch das Evangelium berufen, mit seinen Gaben erleuchtet, im rechten Glauben geheiligt und erhalten; gleichwie er die ganze Christenheit auf Erden beruft, sammelt, erleuchtet, heiligt".[4] Die radikale Vereinzelung vor Gott wird im Sterben erlebt: „Wir seyndt allsampt zu dem tod gefodert und wirt keiner für den andern sterben, Sonder ein yglicher yn eygner Person für sich mit dem todt kempffen. In die oren künden wir woll schreyen, Aber ein yglicher muß für sich selber geschickt sein in der zeyt des todts: Ich würd dann nit bey dir seyn, noch du bey mir."[5]

Die Mittlerfunktion des Priestertums wird von Luther den einzelnen Christinnen und Christen überantwortet, auch wenn weiterhin ein Mensch in Priesterfunktion professionell die Aufgabe übernimmt, andere Menschen in

[4] *Martin Luther*, Kleiner Katechismus, Zweites Hauptstück, Der Glaube (Auslegung des Apostolischen Glaubensbekenntnisses).

[5] *Martin Luther*, WA X/3, 1, 9. März 1522; als Grundmotiv der Einzel-Einsamkeit im Glauben zustimmend aufgegriffen bei *Dietrich Bonhoeffer*, Sanctorum Communio, hg. v. Joachim von Soosten et al., München 1986 (DBW 2), 119.

ihr existentielles Priestertum einzuführen. Die Taufe ist aus reformatorischer Sicht eine wirksame Priesterweihe. „Dem nach szo werden wir allesampt durch die tauff zu priestern geweyhet". „Dan was ausz der tauff krochen ist, das mag sich rumen, das es schon priester, Bischoff und Bapst geweyhet sey, ob wol nit einem yglichen zympt, solch ampt zu uben. Dan weyl wir alle gleich priester sein, musz sich niemant selb erfur thun und sich unterwinden, an unszer bewilligen und erwelen das zuthun, des wir alle gleychen gewalt haben".[6]

Häufig wird bei der Rezeption dieses Taufverständnisses im protestantischen Raum *ausgeblendet, dass diese Tauf-Weihe gleichfalls nicht ritualistisch „ex opere operato" wirkt*! Auch die protestantische Tauf-Weihe muss subjektiv angeeignet werden. Die Taufe weiht Menschen nur zu Priestern, insofern sie sich lebenslang selbst Christus weihen. Ohne Glauben gibt es nach Luther überhaupt kein Priestersein: Es gilt, „das, wer da nicht glewbt, keyn priester ist" (WA 12,316,26f). Es gibt im Protestantismus keine rituellen Vollzüge, die Menschen vom existentiellen Christusverhältnis dispensieren. Das hauptamtliche und ebenso das Laien- „Priester*sein*" entfaltet sich nur im existentiellen „Priester*werden*". Die Taufe ist ein sakramentaler Impuls zur selbstverantworteten Selbstweihe in Freiheit.

Im Kontext des existentiell verantworteten Glaubens spielen auch im Protestantismus *Exerzitien* eine grundlegende Rolle. Luther kennt keine Taufe als Priesterweihe ohne die Kultivierung des Glaubens in täglichen geistlichen Übungen. Alle Übungen dienen der *existentiellen Zentrierung auf Christus.* Das wichtigste Medium dabei bleibt die betende Konzentration auf biblische Texte. Eine Hauptaufgabe des allgemeinen Priestertums ist das priesterliche „Vor-Gott-Treten" im Gebet (vgl. WA 8,486,31ff; 36,366,23ff). Luther, der einen Do-ut-des-Opfergedanken ganz aus der evangelischen Messfeier getilgt hat (Streichung des Offertoriumsteils), weist dem evangelischen Priestertum eine neue Opferfunktion zu: das „Selbstopfer" aus Liebe (WA 6,368f; 8,492,21ff). Das Glaubensopfer des Christen offenbart sich in Handlungen der Liebe, es wird „dem nehisten zu dienst" getan (WA 17/2,7,1ff). Vom Do-ut-des-Motiv befreit und mit dem Akzent der Liebe bleibt das Priesteramt „Opferamt".[7] Die sich selbst weihenden protestantischen Priesterinnen und Priester haben aus der katholischen Tradition nicht einen schmückenden Titel oder eine dogmatische Kategorie ererbt, sondern sie haben einen Anteil am geistlichen und sozialen *Auftrag zur Stellvertretung* erhalten. Dieser jetzt auf viele verteilte Arbeitsauftrag enthält weiterhin klassische Priesterfunktionen. Luther beschreibt ihn vorrangig als Aufgabe zur Fürbitte. Ferner zählen dazu das

---

[6] Luther, WA 6, 408, 11-15.

[7] Vgl. *Harald Goertz/Wilfried Härle*, Art. Priester/Priestertum II/1, in: TRE 27 (1997), 402-410, hier: 403.

Bekanntmachen mit dem Evangelium, die Seelsorge und die Beichte (vgl. WA 7,28,6ff; 8,182ff; 10/3, 308ff.394f; 12,318,18ff).
Protestantismus realisiert sich im allgemeinen Priestertum. Das allgemeine Priestertum gibt es nur als Übungsweg der Individuen im Alltag. Luthers Schritt aus dem Kloster heraus ist eine *Radikalisierung und Universalisierung* des Priesterseins. Er delegiert den Ernst des Christseins nicht mehr an einen besonderen Stand (Nonnen/Mönche und Berufs-Priester). Sondern er überträgt die Verantwortung für den religiösen Lebensweg den Einzelnen. Luther vollzog für sich diesen Schritt zur Radikalisierung, indem er den von Profanität abgegrenzten klösterlichen Raum verließ und faktisch zur Spiritualisierung der Welt aufrief. Wirkungsgeschichtlich bleibt festzuhalten, dass das „Priestertum aller Laien" bislang nur in einzelnen geschichtlichen Phasen und spezifischen Bewegungen (Pietismus, Kirchenkampf, Kommunitäten, Erwachsenenbildung) entfaltet wurde. Solange das akademische Theologiestudium ausschließlich mit profanen Arbeitsmethoden vertraut macht und die Rolle spiritueller Methoden für den Pfarrberuf und dessen Vorbereitung weitgehend unberücksichtigt lässt, kann der Protestantismus seinen Grundimpuls zur Spiritualisierung der Profanität nur rudimentär realisieren. Er läuft Gefahr, zu einem Laientum aller Priester zu werden statt sein Programm des Priestertums aller Laien umzusetzen.

1.2 Kultur der Transformationen: Spiritualität im Rahmen von Persönlichkeitsentwicklung und freier Selbstvernetzung

Zeitgenossen sind im kulturellen Kontext metaphysischer Obdachlosigkeit kaum noch mit dem reformatorischen Grundimpuls beschäftigt, der sich gegen religiöse Autoritäten und Traditionen wendete. Sie sind inzwischen freigesetzt: Sie sind zur „Häresie" im Sinne Peter L. Bergers gezwungen. In diesem Lebenskontext muss der reformatorische Grundimpuls des allgemeinen Priestertums vom Protest zur Existenzform hin weiterentwickelt werden. Eine wichtige zeitgemäße Aufgabe besteht in spiritueller Mentorschaft. Mentorschaft bedeutet, dass Menschen – nicht nur Pfarrerinnen und Pfarrer – einander in Netzwerken (nicht nur in Ingroups wie Kerngemeinde, Hauskreisen, Kommunitäten) zunehmend darin fördern, ihr individuelles Priestertum zu realisieren. Das protestantische Konzept des Priestertums muss sozial real und existentiell werden, oder der Protestantismus verflüchtigt sich von einer kulturellen Bewegung hin zur Idee und begnügt sich zunehmend damit, ein akademischer Diskurs unter vielen zu sein.
Im gegenwärtigen Kontext fragen Menschen zunehmend nach

- Verwandlungswegen ihres Ich und, eng damit verknüpft, nach
- metaphysischer Rückbindung (religio) und neuer Beheimatung – sowohl in sozialen Netzwerken als auch im Kosmos (neue Schöpfungsspiritualität).

Das gesellschaftlich und religiös atomisierte Ich fragt aus seiner längst errungenen religiösen Freiheit und Entbindung von Autoritäten heraus nach neuen Vernetzungsformen. Im Bild der pubertären Revolte formuliert: Autonomie bewährt sich nicht im Protest. Wer ewig pubertiert, wird nie erwachsen. Autonomie gebiert sich aus dem Protest, doch sie bewährt sich in Kommunität, in neuer, frei gewählter Selbstvernetzung und Hingabe sowie in reflektierter Aneignung des zuvor vehement abgelehnten „elterlichen Erbes".
Für einen Entwurf eines christlichen Transformationsweges können Bonhoeffers Überlegungen zur menschlichen Metamorphose aufgegriffen werden.[8] Diese Überlegungen verbinde ich mit dem *personal-evolutionären* Welt- und Menschenbild von Teilhard de Chardin (1881-1955).
Mein Ziel ist es dabei, das christlich-trinitarische Gottesbild für eine gegenwartsbezogene Spiritualität als denkbar und erlebbar zu erschließen.

---

[8] S. 82ff.

Teilhards panentheistischer[9] Ansatz verlässt das metaphysisch dual konzipierte Weltbild von einem theistisch konzipierten Gott, der der Welt transzendent gegenübersteht. Teilhard versteht in seiner Kosmologie und Anthropologie Weltall und Mensch als nicht durch einen einmaligen Schöpfungsakt hervorgebracht, sondern als Selbstentfaltung Gottes durch Evolution mit einem „irreversiblen Aufstieg im Personalen". Die evolutionären Prozesse bleiben dabei als abhängig von göttlichen Kräften gedacht. Die Welt bleibt ein dynamisches Teilsystem innerhalb einer göttlichen Ordnung. Gott wird als der Welt inexistent gedacht.
Kosmos und Menschheit sind in einem Evolutionsprozess begriffen, in den sich der trinitarische Gott selbst hineinbegeben hat. Die immanente Trinität spiegelt sich in der ökonomischen Trinität, und die ökonomische Trinität spiegelt sich vorrangig im Menschen (Urbild-Abbild-Verhältnis). Der Mensch hat Anteil am trinitarischen Sein und an dessen Entfaltung. Menschheit und Einzelmensch sind ein Teil des trinitarischen Entwicklungsprozesses. Im Menschen gelangen Vater, Sohn und Geist als kosmisches Bewusstsein zu ihrer eigenen Spiegelung. Die Menschheit wiederum ist dabei, als Spiegelung („Noosphäre"), den Geist der Erde zu bilden, sich zu ihm hin zu entwickeln und sich in ihm differenziert zu vereinen. Gegenüber einem Pantheismus der Symbiosen und der formlosen Energien vertrete ich einen *christologischen Panentheismus der Individuation und Differenzierung*. Teilhard stellt einer seiner wichtigen systematisch-theologischen Abhandlungen ein Credo für das 20. Jahrhundert voraus: „Ich glaube, dass das Universum eine Evolution ist. Ich glaube, dass die Evolution auf den Geist hingeht. Ich glaube, dass der Geist sich im Personalen vollendet. Ich glaube, dass das höchste Personale der Christus-Universalis ist".[10]
Durch den Fokus auf eine sich weiter entwickelnde Personalität unterscheidet sich christliche Mystik von östlichen mystischen Wegen. Der christliche Entwicklungsweg zur Einheitserfahrung führt nicht über die Unterdrückung und Auflösung von Individualität, sondern über Ausdifferenzierung in eine verstärkte Individualisierung hinein, die in sozialen, kosmischen und spirituellen Lebensdimensionen Möglichkeiten zu ihrer individuellen Weiterentwicklung entdeckt. Im psychologischen Sinne stehen sich eine regressive Spiritualität, die Ausdifferenzierungen auslöschen will, um sich mit dem

---

[9] Vgl. *Matthias Wolfes*, Art.: Panentheismus, in: ^{4}RGG VI, 848-850. Zum Panentheismus bei Teilhard vgl. *Thomas Broch*, Teilhard de Chardin, in: W. Haug/D. Mieth (Hg.), Religiöse Erfahrung, München 1992, 425-451, hier: 436f. Zur Abgrenzung von esoterischen Konzepten: *ders.*, Pierre Teilhard de Chardin. Wegbereiter des New Age?, Mainz/Stuttgart 1989. Vgl. prozesstheologische Ansätze: *John B. Cobb/David R. Griffin*, Prozess-Theologie, Göttingen 1979; *Michael Welker*, Universalität Gottes und Relativität der Welt, Neukirchen-Vluyn 1981.
[10] *Teilhard de Chardin*, Mein Glaube, Olten/Freiburg 1972, 116; 28. 10. 1934.

Urgrund zu verbinden, und eine progressive Spiritualität gegenüber, die an die Stelle der Fusion Einungsprozesse in Liebe und Freiheit setzt.
Teilhard, der lange Zeit in China lebte, kennzeichnet aus der Perspektive seiner jesuitisch geprägten Mystik (Ignatius: „Gott finden in allen Dingen") den östlichen mystischen Weg wie folgt: „Gemäß dem ersten Weg (ich will ihn mehr oder weniger konventionell ´Den Weg des Ostens´ nennen) wird die geistige Einswerdung so begriffen, als vollziehe sie sich in einer Rückkehr zu einem gemeinsamen ´göttlichen´ Grund, der allen wahrnehmbaren Determinismen des Universums *zugrunde liegt* und *wirklicher* als sie ist. Von diesem Standpunkt aus wird die mystische Einheit durch unmittelbare Unterdrückung des Vielen sichtbar und erreicht, das heißt durch Nachlassen des kosmischen Bemühens der Differenzierung in uns und um uns herum, Pantheismus der Identifizierung. Geist ´der Entspannung´, Einswerdung durch Koextension mit der Sphäre mittels Auflösung".[11] Der Weg der westlichen Mystik führt über Differenzierung zur Konvergenz in einem gemeinsamen Zentrum. „Gemäß dem zweiten Weg … dagegen ist es unmöglich, eins mit dem Ganzen zu werden, ohne die zerstreuten Elemente, die uns bilden und uns umgeben, gleichzeitig in Richtung der Differenzierung und der Konvergenz bis ans Ende ihrer selbst voranzutreiben. Von diesem zweiten Standpunkt aus ist der ´gemeinsame Grund´ des östlichen Weges nur eine Illusion: Es existiert allein ein zentraler Brennpunkt, zu dem wir nur gelangen können, indem wir die zahllosen Leitlinien des Universums bis zu dem Punkt ihres Zusammentreffens vorantreiben. Pantheismus der Vereinigung (und folglich der Liebe). Geist der ´Anspannung´ durch Konzentration und Hyperzentration im Zentrum der Sphäre". Teilhard besteht daher auf einer Unterscheidung zwischen einer *Mystik der Entdifferenzierung*[12] und einer *Mystik der Differenzierung*. Einer weltflüchtigen Mystik wirft Teilhard die Verzögerung notwendiger menschlicher Entwicklungsschritte vor. „Es scheint, dass diese beiden Haltungen … bisher nicht klar unterschieden worden sind. Von hierher erklärt sich die extreme Konfusion, die, indem sie das Unaussprechliche der Vedanta mit dem eines heiligen Johannes vom Kreuz vermengt oder identifiziert, nicht nur eine Menge frommer Seelen wehrlos den schlimmsten aus dem Osten aufsteigenden Täuschungen ausliefert – sondern darüber hinaus noch, was sehr viel schlimmer ist, die

---

[11] *Ders.*, Mein Weltbild, Olten/Freiburg 1975, 64; 26. 8. 1948. Das folgende Zitat: 65.
[12] Kritisch bleibt gegenüber Teilhard festzuhalten, dass eine schematisierende Betrachtung östlicher Mystik zu Fehlurteilen führt. Zen, Taoismus, Buddhismus, Hinduismus, Yoga-Wege sind zudem inzwischen längst mit westlichen Individualitätskonzepten und Lebenshaltungen weiterentwickelt worden. Vgl. *Karl Baier*, Yoga auf dem Weg nach Westen, Würzburg 1998; *ders.*, Meditation und Moderne, Würzburg 2009. Ebenso kennt die christliche Mystik radikal aszetische Strömungen und Bestrebungen zur entdifferenzierenden Unio.

mit jedem Tag notwendiger werdende Individualisierung und Entfaltung einer würdigen und potenten modernen Mystik verzögert".[13]
Die positive Bewertung von Entwicklung durch Ausdifferenzierung ist in der christlichen Mystik für ein positives Weltverhältnis grundlegend. Forschung, politisches und soziales Engagement, vielfältig in sich differenzierte Lebensverhältnisse trennen nicht von der geistigen Dimension der Wirklichkeit, sondern sie sind materielle Nuklei auf dem Wege zur Selbstwerdung des Menschen. Sofern er voll bewusst in der physischen Sphäre lebt, helfen ihm alle Handlungen und Wahrnehmungen zur individuellen Auskristallisation seines Bewusstseins. Nicht die Abwendung von der Materie, sondern der Weg der Inkarnation, das engagierte und wache Leben in dieser physischen Dimension konzentrieren den Geist und verhelfen ihm zur Weiterentwicklung.
Das personale Konzept der christlichen Mystik setzt auf die differenzierende und vereinigende Wirkung der Liebe. Einigung in Freiheit und Liebe differenziert. Sie löst die einzelnen Personkerne nicht in Symbiosen oder mystischem Nebel auf. Der kosmische Einigungsprozeß in Christus zerstört die Personkerne nicht, sondern treibt die Personalisation an ihr Ziel: „eine vollkommene Durchsichtigkeit füreinander in vollkommenem Selbstbesitz".[14] „Die Vereinigung differenziert auf jedem beliebigen Gebiet, ob es sich um Zellen eines Körpers handelt oder um Glieder einer Gesellschaft oder um Elemente einer geistigen Synthese. In jeder organisierten Gesamtheit erlangen die Teile Vollkommenheit und Vollendung. Weil wir diese Universalregel vernachlässigt haben, konnten uns so viele pantheistische Lehren zum irrigen Kultus eines großen Alls verleiten, in dem die Individuen dazu bestimmt schienen, sich wie Wassertropfen zu verlieren und wie ein Salzkorn im Meer aufzulösen".[15] „Im Gegensatz dazu treibt unser Gott die Differenzierung der Geschöpfe, die Er als Mittelpunkt um sich vereinigt, zum Äußersten. Im höchsten Grad der völligen Hingabe finden die Auserwählten in Ihm die Erfüllung ihrer persönlichen Vollendung".[16] Parusie heißt in diesem Kontext: Ein Durchscheinendwerden der Erde auf den in ihr bereits anwesenden und wirksamen Geist Christi hin. Die Spiritualität des Einzelnen ist in diesem Kontext einer menschlichen Noosphäre als zunehmende Personalisierung durch soziale Differenzierung gedacht. Eine Spiritualität „für sich allein" hieße Stillstand in der eigenen Entwicklung.

[13] Teilhard de Chardin, Mein Weltbild, a.a.O. (Anm. 11), 65f.
[14] Teilhard de Chardin, zitiert in: *Adolf Haas*, Teilhard de Chardin-Lexikon, Bd. 2, Freiburg 1971, 235.
[15] Ebd.
[16] Ders., in: a.a.O., 237.

1.2.1 Teilhard de Chardin – eine Spiritualität mit transindividuellen Entwicklungszielen

Die rasanten gesellschaftlichen Veränderungen – Nötigungen zu ständiger Selbsttransformation, universalisierte Schwellensituation, Dauer-Adoleszenz ohne Entrinnen – konfrontieren den Menschen mit seiner Geschichtlichkeit und mit der nur ihm gestellten Aufgabe, sich selbst zu humanisieren: sich zum Projekt und Ziel seiner eigenen personalen und spirituellen Entwicklung zu machen. Ein Stein ist ein Stein. Eine Rose ist eine Rose. Sie haben nicht die Freiheit, etwas anderes als eine Grundform zu realisieren. Demgegenüber ist der Mensch nicht nur in seinem *situativen* Hier und Jetzt offen (*Offenheit in Körperlichkeit, Gedankenwelt, Emotionen* etc.) sondern ebenso in seinem biografischen Leben (*geschichtliche Offenheit*). Auch der Mensch als Gattungswesen insgesamt ist noch ein offenes Projekt (*evolutive Offenheit*). Während die körperliche Evolution weitgehend abgeschlossen ist, liegt vor dem Menschen weiterhin die Aufgabe seiner emotionalen, rationalen und transrationalen (mystischen) Evolution. Erst von diesem Entwicklungsziel her lässt sich letztlich etwas über das Wesen des Menschen aussagen.
Während das materiale Erscheinungswesen des Menschen bereits erfassbar ist (in Gestalt *der Menschen*), ist der Mensch noch weiterhin unterwegs, sein Humanum zu entwickeln (*den Menschen*). Dies betrifft sowohl Emotionen, als auch rationale und transrationale Entwicklungsaspekte. „In der Welt um uns herum würde es also nicht nur *Menschen* geben, die sich zahlenmäßig vermehren; sondern auch noch *Menschliches*, das sich bildet. Der Mensch ist, mit anderen Worten, zoologisch noch nicht erwachsen. Psychologisch hat er sein letztes Wort noch nicht gesprochen. Vielmehr ist so oder so ′Ultra-Humanes′ auf dem Wege“.[17]
Das ′kulturelle Wesen Mensch′ hat nach Teilhard in einer zunehmenden Individualisierung und Subjektivierung noch keineswegs sein Wesen realisiert. Gerade in einer unausweichlichen materialen Verdichtung der Menschen auf der Erdoberfläche sah er die Nötigung zur Reflexion einer neuen Kulturstufe. In einem „Fortschreiten der menschlichen Kollektivisation“ durch „ein beständiges Engerwerden der wirtschaftlichen Bindungen; intellektuelle und finanzielle Trusts; Totalisation der politischen Systeme“ etc. sah Teilhard „sich eine Art Blockwerdung der Menschheit in sich selbst“ vollziehen.[18] Diese „Blockwerdung“ und immer dichter werdende Vernetzung der Menschen untereinander auf der Erdoberfläche nötigt die Menschen zu einer neuen Reflexion von Individualität und Personsein und

[17] *Pierre Teilhard de Chardin*, Der Kern des Problems [1949], in: ders., Auswahl aus dem Werk, Freiburg 1964, 217-231, hier: 221.
[18] Ders., Leben und Planeten [1946], in: ders., a.a.O., 177-216, hier: 201f.

letztlich zu einer Neubeschreibung des Wesens des Menschen und seiner Entwicklungsziele.
Theologische Konzepte sollten mit Teilhard daran festhalten, dass der Gipfel individueller Entwicklung nicht in der Selbstzentrierung und Selbstreflexion erreicht ist. Diese Zentrierung ist die Basis für eine weitere Entwicklung: eine exzentrische Existenz des Individuums sowohl in die Menschheit hinein als auch in die transpersonale Ebene eines göttlichen Bewusstseins. „Völlig zu Recht macht es die Hälfte der Lebensfrage aus, sich zu zentrieren, zu individualisieren, zu personalisieren [die andere und die bessere Hälfte macht es aus …, sich in einen Größeren als man selbst zu exzentrieren…].“[19]
Der Medienphilosoph *Marshall McLuhan* griff Teilhards Vision einer Bewusstseins-Vereinigung in einer „Noosphäre“ auf. Er bezog sie auf die Ebene der kulturellen Vereinigung von Menschen mit Hilfe *technischer Medien.* In diesem Sinne verstand McLuhan das Entstehen eines globalen Bewusstseins als „kosmische Membran, die sich durch die elektrische Erweiterung unserer verschiedenen Sinne rund um den Globus gelegt hat“. Dabei reduziert er das menschliche Bewusstsein auf „ein technisches Gehirn für die Welt“. In Fortführung von McLuhans Interpretation der Noosphäre verstehen inzwischen einige Medienphilosophen auch den Ausbau von Online-Kommunikation als Teilstufe einer Entwicklung zu einer globalen Noosphäre.[20] Die Online-Datenmatrix ermögliche ein einheitliches globales Bewusstsein, in dem der Mensch aufgehen kann und dennoch zu sich als Individuum zurückkehren könne.
In Teilhards Sinne bleibt es dabei wichtig, die transindividuelle Dimension eines Weltbewusstseins, eines „Geistes der Erde“, von *totalitären Visionen eines Termitenstaates* zu unterscheiden, wie sie die Cyberpunk-Literatur und Science-Fiction-Filme in apokalyptischen Bildern vor Augen führen. Der Termitenstaat oder der totalitäre Maschinenstaat (vgl. den Kinofilm „Matrix I“, USA 1999) führt die zunehmende Maschinisierung des Menschen als Cyborg (Abkürzung von: *cyb*ernetic *org*anism, Maschinenmensch) und letztlich die Auslöschung des spezifisch menschlichen Bewusstseins in totalitären Fusionen visionär vor Augen. Teilhard selbst hatte die totalitären politischen Experimente des Hitler-Staates und marxistischer Staaten kritisch vor Augen und grenzte sich vehement von solchen Vereinigungsformen ab.
Vereinigungsprozesse, die dem menschlichen Bewusstsein entsprechen, beruhen auf Freiheit und Liebe. Erst dadurch werden neue seelische Fähigkeiten gefördert und neue Bewusstseinspotentiale freigesetzt. „Die allge-

---

[19] Teilhard, Der Geist der Erde [1931], in: ders., a.a.O., 97-143, hier: 114f.
[20] Vgl. *Paul R. Samson, David Pitt* (Hg.), The Biosphere and Noosphere Reader: Global Environment, Society and Change, London/New York 1999.

meine Konvergenz, in der die universelle Evolution besteht, ist mit der Hominisation nicht vollendet. Es gibt nicht nur Geister auf der Erde. *Die Welt fährt weiter fort: es wird dort einen Geist der Erde geben.*“[21]
Gegenüber einer Maschinisierung und Cyborgisierung, die die Einzel-Bewusstseine auslöscht, hat Teilhard mit der transindividuellen Entwicklungsebene der Menschen *eine Super-Differenzierung* der Menschheit in sich selbst vor Augen. Die Menschheit ist derzeit noch von diesem Entwicklungsziel entfernt, insofern ihr globales Zusammenwachsen noch als bedrohlich und mit der Gefahr der Auslöschung der Individuen verbunden gefürchtet wird (Fusionseinheit). Die Gefahr einer einseitigen Anpassung des Individuums an Schablonen globaler Märkte und maschinisierter Prozesse bleibt gegeben.
Das Entwicklungsziel eines humanen Geistes baut auf dem *Prinzip der Personalität* auf und ist als *dessen Weiterführung* zu verstehen, nicht als dessen Negierung. „Die Vereinigung, die wahre Vereinigung, die Geistes- und Herzensvereinigung, versklavt nicht und neutralisiert nicht die verbundenen Glieder. Sie super-personalisiert sie.“[22] „Gleicherweise dürfen auf einer höheren Ebene die menschlichen Elemente darauf hoffen, durch Sympathie [und nur durch Sympathie] in einem personalisierten Universum zu einer höheren Synthese zu gelangen.“[23]
Bei totalitären Lösungen, zu denen Staaten bislang immer wieder greifen, werden Menschen „den Eindruck haben, in den Zustand einer Maschine oder eines Termitenstaates überzugehen. Doch vertrauen wir uns den geistigen Energien an. Die wirkliche Vereinigung erstickt nicht, sie verschmilzt nicht die Elemente: sie supra-differenziert sie in der Einheit. Noch ein Schritt, und der Geist der Erde wird aus der Prüfung mit seiner spezifischen Individualität, seinem eigenen Charakter und seiner eigenen Physiognomie hervorgehen. Und dann wird an der Oberfläche der schrittweise in ihren Bemühungen und ihren Leidenschaften geläuterten Noosphäre – die immer auf die Lösung höherer Probleme und den Besitz größerer Gegenstände hin gerichtet ist – *das Hingespanntsein zum Sein maximal sein.*“[24]
Für Teilhard setzt die Selbst-Integration des Individuums in die eine Menschheit eine *personale Reife* voraus, die bislang nur vereinzelt anzutreffen ist. Das Individuum steht derzeit vor der *Aufgabe, seinen egozentrischen Horizont zu übersteigen und seine Funktion für die Weiterentwicklung der Menschheit als ganzer zu begreifen.* Dies ist mit einer schmerzhaften Selbstrelativierung als ′Gipfel der Schöpfung im Individuum′ verbunden, jedoch zugleich mit einer enormen Erweiterung des indi-

[21] A.a.O., 116.
[22] Teilhard, Leben und Planeten, a.a.O. (Anm. 18), 210.
[23] Ders., a.a.O., 209.
[24] Ders., Der Geist der Erde, a.a.O. (Anm. 19), 135.

viduellen Bewusstseins. Hierzu zählen ferner eine Abkehr von individuellen und nationalen Egoismen und ein Interesse daran, alle Kräfte für gemeinsame Problemlösungen einzusetzen. In diesem Zusammenhang greift Teilhard die in der Mystik gebräuchliche Redewendung vom *'Sterben des Ich'* auf, das zugleich auf die Geburt eines neuen Menschen zielt: „Wer an diesem Geist teilhaben will, muß sterben und dann wiedergeboren werden, für die anderen und sich selbst. Er muß, um an dieser höheren Ebene der Menschheit Zutritt zu erlangen, nicht nur eine besondere Situation reflektieren, intellektuell sehen – vielmehr muß er in der Tiefe selbst seiner Urteils- und Wirkweise eine totale Transposition vollziehen. In ihm muß *eine neue* [individuelle, soziale und religiöse] Ebene eine andere ausschalten. ... *Die Erde wird sich ihrer selbst nur durch die Krise der Bekehrung hindurch bewusst werden.*“[25]

Die freiwillige, derzeit vorrangig auf technischer Ebene gelebte Selbstvernetzung der Menschheit in *einem* Geist konvergiert im Laufe der Evolution in einer mystischen Fusion mit einem kosmischen Bewusstsein („Punkt Omega“). „Die letzte Phase dieser unermesslichen Offenbarung, deren Geschichte mit der der Welt zusammenfällt, kann nur die Phase der Vereinigung sein.“[26]

Teilhard geht für sein Noosphäre-Konzept von der biblischen Vorstellung vom *'kosmischen Leib Christi'* aus, wobei er hierauf bezogene Bibelstellen nicht nominalistisch, sondern *realistisch organisch* versteht. Alles ist durch Christus und auf ihn hin erschaffen. Er ist das Haupt des Leibes, der Anfang, der Erstgeborene von den Toten (vgl. Eph 1,9; Kol 1,15-18). „Die Verbindung ist viel naturhafter und tiefer begründet. Da das vollendete Universum – das Pleroma, wie Paulus sagt – eine Gemeinschaft von Personen, die Gemeinschaft der Heiligen ist, müssen wir diese Verbindung mit Hilfe von sozialen Analogien ausdrücken. ... Deshalb sehen viele Theologen, die darin ängstlicher sind als Paulus, nicht gern, wenn man der Verbindung, die im mystischen Leib die Glieder mit dem Haupt verknüpft, einen realistischen Sinn gibt... Wir beginnen auch deutlicher wahrzunehmen, wie sich über unserer inneren Welt die große Sonne Christus des Königs abhebt, des Christus 'amictus mundo' (umkleidet mit der Welt), des universalen Christus... Der Strom, der von dieser Mitte ausgeht, wirkt aber nicht nur .... dort, wo die menschlichen Tätigkeiten... ausgeübt werden. Um diese erhabenen Energien heil und stark zu erhalten, strahlt die Kraft des fleischgewordenen Wortes bis in die Materie hinein. Sie steigt hinab bis zum dunkelsten Grund der niederen Kräfte.“[27]

---

[25] A.a.O., 128.
[26] A.a.O., 142.
[27] Ders., in: Adolf Haas, Teilhard de Chardin-Lexikon I, Freiburg 1971, 197f.

Der Kosmos, der von Christus herkommt, bringt das Leben hervor (aus der *Kosmogenese* entwickelt sich die *Biogenese*). Das Leben bringt den Menschen mit denkendem Bewusstsein hervor (die Biogenese entwickelt sich fort in die *Noogenese* hinein). Der Mensch wird im Zuge weiterer Bewusstseinsentfaltung und Verdichtung um diesen Planeten die Noosphäre der Erde bilden. „Mit diesem Wort (Noosphäre) bezeichne ich die ′denkende Schicht′, die durch Ausbreitung der menschlichen zoologischen Gruppe oberhalb der Biosphäre (und kontinuierlich zu ihr) gebildet wird... Der Mensch, zunächst eine bloße Spezies, aber schrittweise .... darüber hinaus wachsend, wird allmählich zu einer in ihrer Art neuen Hülle dieser Erde. Er ist mehr als ein bloßer zoologischer Zweig.... ja mehr als ein ganzes Reich; er ist nichts weniger als eine ganze ′Sphäre′, ... welche die Biosphäre in ihrer ganzen Ausdehnung, doch ungleich geschlossener und homogener überlagert.“[28]

In der Sprache mathematischer Abstraktion bezeichnet Teilhard die transpersonale Dimension eines universalen Bewusstseins schlicht als „Punkt Omega“. Der „Punkt Omega“ ist nach Teilhards Vorstellung auch derzeit schon die wirksame Kraft bei der Selbstorganisation der Menschheit in Richtung auf *ein* Humanum hin. Allerdings seien bislang nur Menschen mit mystischer Schau in der Lage, sein Wirken zu erfassen. „...bezeichnen wir es, um nichts zu präjudizieren und um seine synthetisierende und personalisierende Funktion zu betonen, als den *Punkt Omega*. Nehmen wir an, dass von diesem universellen Zentrum, von diesem Punkt Omega, dauernd Strahlen ausgehen, die bisher nur von denen wahrgenommen wurden, die wir die mystischen Menschen nennen.“[29] Die zunehmende Dichte der Noosphäre wird in späteren Entwicklungsphasen jedoch auch das Erkenntnisvermögen der Einzelnen – wie ein Kraftfeld – verstärken und auf den Punkt Omega hin zentrieren. „... *aus der universellen Evolution emergiert Gott in unser Bewusstsein größer und notwendiger denn je.*“[30]

Teilhard formuliert die klassische theologische Eschatologie in das Konzept einer Anthropogenese um, die in einer evolutiven Gotteserkenntnis mündet. Er integriert darin evolutiv wirkende Kräfte auf kosmischer, biologischer und kultureller Ebene. Die Geschichte der Menschheit zielt auf eine noetische unio mystica. Für das Eingehen des Geistes Christi in die Evolutionsgeschichte der Menschheit gilt: „eine Person kann der Evolution nur ihre Personalität selbst weitergeben“.[31] Christus ist im Laufe der Evolutionsgeschichte in den Geist der Menschheit als ein „Geschenk“ eingegangen, das er selbst ist: der teleologische Entwicklungspunkt seiner Personalität.

---

[28] Ders., in: Adolf Haas, Teilhard de Chardin-Lexikon II, Freiburg 1971, 202.
[29] Ders., Leben und Planeten, a.a.O. (Anm. 18), 214.
[30] Ders., Der Geist der Erde, a.a.O. (Anm. 19), 136; Hervorhebung Teilhard.
[31] Dieses und das folgende Zitat: Ders., Der Geist der Erde, a.a.O., 141.

Eine Vereinigung mit diesem kosmischen Bewusstsein wird nicht niederen maschinellen Regeln folgen. Sie kann nur im Sinne einer *freiwilligen Vernetzung* gedacht werden, die für die Menschheit in der Erschließung noch höherer Komplexitäten gipfeln wird. In dieser Hinsicht muß der *Punkt Omega – im Unterschied zu einer matrixartigen Auslöschung* – als ein *hyperkomplex personal strukturiertes Zentrum* angenommen werden, da nur eine Person, nicht jedoch eine Maschine, komplexe personale Einheiten strukturieren kann, ohne deren individuelle Organisationszentren zu zerstören. *Eine unfreiwillige Gleichschaltung wie im Kinofilm „Matrix" entspräche einer Fusion durch Dezentrierung auf einen gemeinsamen Urgrund.* „Die wahrhafte Vereinigung verschmilzt nicht: sie differenziert und personalisiert."[32]

Im christlichen Sinne gibt es kein individuell isoliertes Leben und keinen spirituellen Weg, der jenseits sozialer Verantwortung gegangen werden kann. In Christus als dem Urbild jedes/jeder Einzelnen ist die Menschheit bereits auf unsichtbare Weise vernetzt. In Christus bildet sie einen einzigen strahlenden, in sich differenzierten geistigen Körper. Insofern zielt christliche Spiritualität nicht auf die isolierte Errettung des Einzelnen, sondern auf die Spiegelung der Einzelnen ineinander und in Christus. Es geht nicht darum, ′als erster am Ziel zu sein′, sondern es geht um das miteinander Leben in diesem geistigen Netzwerk, im sichtbaren sozialen und im unsichtbaren geistigen Sinne (mit Luther: stellvertretend einander Priesterin und Priester sein). Heil ist universale Heilung, Erkenntnis ist Erkenntnis einer universalen Wahrheit. Man rettet sich niemals allein, sondern stets zusammen mit den anderen.

Mystik im Denkrahmen von Bonhoeffers Konzept der menschlichen Metamorphose und von Teilhards evolutiven Prozessen führt den Menschen zur Selbsterkenntnis als Teilhaber an der Selbstentfaltung des trinitarischen Gottes in allen irdischen Prozessen. Das Individuum bleibt existentiell eingebunden in die Entwicklungsprozesse der Menschheit, der Erde und des Kosmos sowie in die Lebensprozesse des in Menschen und Prozessen anwesenden Gottes selbst. Der Mensch wird zur Erkenntnis seines wahren Selbst im Kontext dieser wechselseitigen Spiegelungen geführt:

1.) Teilhabe am Vater (Ebene von: Sein, Subsistieren, Erfahren von All-Einheit). Die Teilhabe an der[33] Hypostase des Vatergottes kann im überindi-

---

[32] Teilhard, Um klar zu sehen [1950], in: ders., Auswahl aus dem Werk, Freiburg 1964, 257-272, hier: 264. Teilhard geht davon aus, dass (göttliche und menschliche) Personalität zu ihrer Vollendung auf feldartige Vernetzungen zielen und dabei neue hyperpersonale Strukturen bilden werden. Vgl. die Aufnahme naturwissenschaftlicher Feldtheorien für die Pneumatologie und Trinitätslehre bei *Wolfhart Pannenberg*, Systematische Theologie, Bd. 2, Göttingen 1993, 96-105.

[33] „... perichoretisch in der Christusbeziehung vermittelten und anwesenden ..." – Ich setze dabei die Einheit von immanenter und ökonomischer Trinität und insbesondere die Lehre der

viduellen Erleben reinen Daseins erlebt werden. Die symbolisch vermittelte Rede von Gott als Vater verweist auf spirituelle Erfahrungen eines schöpferischen Urgrunds, aus dem alles Sein hervorgegangen ist (*Evolution*) und zu dem es, hochdifferenziert, in *involutiven* Prozessen zurückkehrt. Sein Sein ist unser Sein. Seine Substanz ist unsere Substanz. Im Bewusstsein zu sein erfühlen wir den göttlichen Vater. Er geht in uns durch alles Dasein. Der Erlebensbereich des Vaters ist verbunden mit dem Erleben des All-Einen. Es gibt nur den einen Urgrund. Erst im Bereich, der symbolisch mit dem des Sohnes bezeichnet wird, tritt der Vater als Werdender aus sich heraus und erschließt damit zugleich Entwicklungsräume, Freiräume für ein Gegenüber, für ein Anderes seiner Selbst, in dem er sich spiegelt.

2.) Teilhabe am Sohn (Ebene von: Werden, Ek-sistieren, Erfahren von Liebe und Freiheit im bewussten Handeln und Sprechen): Wir haben Teil an der Hypostase des Sohnes im Erleben der Energie des Werdens (Schöpfung durch den Logos) und in unserer eigenen Ausrichtung auf höhere Stufen unseres eigenen personalen Werdens. Der schöpferische Logos des Vaters wirkt über Prozesse von Evolution (Expansion) und Involution (Rückkehr, Konzentration). Christus ist das schöpferische Antlitz des Vaters. In unserem Handeln und Sprechen haben wir Teil am schöpferischen Wesen des Logos. Der Vater ist. Der Logos nimmt uns hinein in sein Werden, das auf unser Person-Werden zielt. Die ursprüngliche Gottähnlichkeit des Menschen, der nach dem Urbild Gottes erschaffen ist, vollendet sich in der Auferweckungsleiblichkeit Christi. Der historisch als Mensch erschienene Christus nimmt uns als Real-Symbol hinein in seinen Wandlungsweg: In seine geistige Vereinigung mit der Erde (Inkarnation), in seine Leidens- und Todeserfahrung (Passion) und in seine Verwandlung in einen lichthaften Leib hinein (Auferstehung), der den Zielzustand des Menschen abbildet. In der geistigen Vereinigung mit diesem Wandlungsweg geschieht die Geburt Gottes im Menschen und die Geburt des Menschen in Gott. In Christus erhält der Mensch Anteil an seinem wahren Wesen. Der Mensch ist nicht *durch* Christus gerettet, sondern er ist *in* Christus gerettet. *In Christus verbindet er sich mit seinem wahren Selbst. Subsistieren entfaltet sich im Existieren als werdende Söhne und Töchter Gottes.*

3.) Teilhabe am Geist (Ebene von: Bewusst-Werden, bewusstes Re-Integrieren in den Kosmos/in Gott, im göttlichen Geist rückbeheimatetes Denken): Christus ist das Licht des entwickelten menschlichen Bewusstseins. Der Heilige Geist ist der Geist Jesu Christi. Die Kirchenväter sprachen nicht nur von πίστις (pistis), sondern auch von γνῶσις. πίστις bezeichnet ein vertrauensvolles Glaubensverhältnis. γνῶσις im christlichen Sinne ist eine Form

---

Perichorese (der wechselseitigen Durchdringung der trinitarischen Personen) voraus. Vgl. *Eberhard Jüngel*, Gottes Sein ist im Werden, Tübingen 1967.

geistigen Sehens, sie ist die intuitive mystische Schau.[34] Gnosis ist nicht eine höhere, jedoch eine verwandelte Form des Glaubens. Ich möchte, fern der alten Verketzerungen, den Begriff der γνώσις (gnosis) im Sinne der alexandrinischen Kirchenväter wieder aufgreifen: im Sinne von klarem geistigen Wissen, klarer geistiger (nicht-sinnlicher) Schau der unsichtbaren Bereiche der Schöpfung und göttlicher Realitäten.[35] Vor allem durch ein neues Verständnis von Gnosis im Konzept mystischer Schau kann wieder eine präzise Rede vom Wirken der Hypostase des Heiligen Geistes in der gegenwärtigen aszetischen Debatte möglich werden.[36]

Die Teilhabe am göttlichen Geist führt zu einem zunehmend intuitiv zugänglichen klaren Wissen, zu einer zunehmend unvernebelten geistigen Klarheit im Hier und Jetzt und zu einer Schau der Gegenwart Gottes in allen Menschen und allen Prozessen. Schau bezieht sich nur im untergeordneten Sinne von unwesentlichen Begleitsymptomen auf Ekstasen und bildhafte Visionen. Die eigentliche Schau ist bildlos wie das Wesen des Geistes. Sie bezieht sich auf ein metaphorisch lichthaft klares Bewusstsein, das dem Grundzustand von Bewusstsein immer näher kommt. Schau bezeichnet ein Heraustreten aus der Blindheit für nichtsinnliche Realitäten. Theoria in diesem Sinne ist Quellgrund und Ziel von Spiritualität (im Gegensatz zu primär subjektiven Spekulationen über einen dozierten und deduzierten Gott). Ein Denken und Sprechen über Gott als Geist aus der Teilhabe am Geist heraus erschließt auch Nicht-Sehenden eine geistige Teilhabe.

Ein Leben in der Teilhabe am göttlichen Geist erweitert das an der sinnlichen Lebensumwelt orientierte Bewusstsein und führt Menschen zu Lebenskontexten, in denen der Mensch sich selbst neu verstehen lernt. Er erkennt zunehmend existentiell, wie der göttliche Geist sich im Menschen selbst als Mensch denkt. Der Mensch seinerseits erkennt sich dann als einen einmaligen, eigenständigen Gedanken im göttlichen Geist.

Die orthodoxe Theologie versteht die Erfahrung des Geistes als die Begegnung mit den wahren Urbildern. Urbilder sind Real-Symbole, da sie an der unsichtbaren Wirklichkeit teilhaben. Sie vermitteln erhellende Gedanken über unsichtbare Bereiche der Wirklichkeit. Ein orthodoxes Real-Symbol für Geist ist *Licht*. Licht wird dabei verstanden als reines Licht, als Urgrund der sinnlichen Welt der Farben, in der es sich bricht. Daher wird das Licht des göttlichen Geistes auf Ikonen bildlich als Goldgrund dargestellt – im Unterschied zu den farblichen Darstellungen der sinnlichen Welt. „Gold,

---

[34] Vgl. *Odo Casel*, Ein neues Theologieverständnis: Theologie als „Gnosis“, in: ders., Mysterientheologie, hg. v. Arno Schilson, Regensburg 1986, 40-52.

[35] Zur Grundlegung des christlichen Gnosis-Begriffs vgl. hier: S. 52ff (Clemens) und 70ff (Casel).

[36] Vgl. in der katholischen aszetischen Tradition z.B. *Gustave Thiels*, Christliche Heiligkeit, München 1961, 5. Teil, 7. Kapitel, „Die klar ausgeprägte Form des mystischen Lebens“, 572ff.

Metall, Sonne haben ja deswegen keine Farbe, weil sie nahezu identisch sind mit dem Sonnenlicht."[37] Da 'Himmel' eine Metapher für eine nichtsinnliche Dimension ist, darf er nicht mit Farbe, sondern nur mit Gold dargestellt werden – als Symbol für den Geist selbst. Geist ist reinstes Licht. *Die Formen des Sichtbaren werden durch die unsichtbaren Kraftlinien* des göttlichen Lichtes, *des Geistes, gebildet.* Der russisch-orthodoxe Religionsphilosoph und Kunstwissenschaftler Pavel Florenskij (1882-1937) verweist hierfür auf Eph 5,14: πᾶν γὰρ τὸ φανερούμενον φῶς ἐστιν. „Denn alles, was erscheint, ist Licht."
Letztlich sind alle Dinge und alle Prozesse Geist. Sie sind nicht nur vom Licht des Geistes beleuchtet, sondern vom Licht des Geistes selbst hervorgebrachte Formen. Sie sind nicht nur aus Licht modelliert, sondern sind aus Licht. Das Licht des Geistes ist der Urgrund allen Seins. Licht ist das schöpferische Prinzip, das sich für geistige Augen sichtbar in den Prozessen der Welt manifestiert.
Die Arbeit an der Klärung und Zentrierung des eigenen Geistes und dessen Rückverbindung mit dem Licht des Geistes Gottes ermöglicht das Wiedererscheinen des Geistes in allen Dingen und in allen Prozessen. Um das Leben des Geistes in ihnen zu schauen, muss das Auge selbst lichthaft werden. Geistige Übungen werden zur „Kunst des Sehens". Florenskij spricht in diesem Zusammenhang sogar von einem „geistigen Hellsehen", um die göttliche Ordnung der Dinge zu schauen.[38] Geistige Erfahrung, geistiges Erkennen vollziehen sich in der unmittelbaren Vereinigung mit dem Geschauten und Erkannten. Subjekt und Objekt werden im Erkennen eines. Erkennen durch religiöse Erfahrung im Sinne religiösen Schauens erschließt den Sitz im Leben christlicher Dogmen und führt zu einem lebendigen Verstehen, das einen anderen Zugang erschließt als ein an Autoritäten gebundener Glaube oder reine Spekulation.

[37] *Pavel Florenskij*, Die Ikonostase, Stuttgart 1988, 138.
[38] A.a.O., 175f.

1.2.2 Pavel Florenskij – die Verwandlung der Maske bzw. des Gesichts zum Antlitz

Die existentielle Teilhabe am trinitarischen Leben lässt sich auch durch Pavel Florenskijs Unterscheidung von „Maske" „Gesicht" und „Antlitz" veranschaulichen.[39] Der orthodoxe Theologe Florenskij erläutert an ihnen die zunehmende Verwandlung des Menschen in sein wahres Wesen hinein.

a) „Gesicht": Unter „Gesicht" versteht er „die rohe Natur..., an der ein Porträtist arbeitet, die aber noch nicht künstlerisch verarbeitet ist"[40]. „Gesicht" ist das, „was wir in der Tageserfahrung sehen, das, worin die Realitäten der hiesigen Welt für uns in Erscheinung treten"[41]. In diesem Sinne bezieht Florenskij „Gesicht" nicht nur auf menschliche Gesichter, sondern überhaupt auf sichtbare Wesen und Realitäten, wie man z.B. vom „Gesicht der Natur" spricht. Im Wesentlichen geht es Florenskij um einen Terminus für „Erscheinung" für den Modus, wie Realitäten dem *Tagesbewusstsein* erscheinen. „Die Realität ist in der Wahrnehmung eines Gesichts anwesend, jedoch verdeckt."[42] Die mit „Gesicht" benannte Erscheinungsform entspricht im oben entfalteten trinitarischen Kontext der *verdeckten, doch realen* Gegenwart des göttlichen Vater-Seins in allen Prozessen. Der Urgrund ist und tritt in Erscheinung, jedoch für das Tagesbewusstsein verdeckt. Er wird eher unbewusst oder gar nicht mit den Erscheinungen der Dinge im Tagesbewusstsein wahrgenommen.

b) „Antlitz": Unter „Antlitz" versteht Florenskij die „zur Erscheinung gebrachte Ontologie"[43]. Er greift zur Klärung des damit theologisch Gemeinten auf die Differenzierung zwischen „Bild Gottes" und „Ebenbild Gottes" zurück. „Bild" ist – im bei Bonhoeffer[44] verwendeten Sinne – auch bei Florenskij das real vorgegeben Urbild (εἶδος, ἰδέα; eidos, idea) im platonischen Verständnis.
Florenskij geht mit der Grundannahme eines Urbildes von einem transzendenten Bereich des menschlichen Wesens aus. Dieser „Kern des menschlichen Wesens – das Bild Gottes – bedarf nicht der Verwandlung, er ist selbst Licht und Reinheit – im Gegenteil, als schöpferische Form wandelt er selbst

[39] A.a.O., zum Folgenden: 56ff.
[40] A.a.O., 57.
[41] A.a.O., 56.
[42] A.a.O., 57.
[43] A.a.O., 57.
[44] Siehe oben: S. 86ff.

die ganze empirische Persönlichkeit um, die ganze Konstitution des Menschen, seinen Leib."[45]

„Ebenbild" ist die Potenz zur Realisierung des Wesens unter den Bedingungen von Raum und Zeit. „Bild" ist „ein ontologisches Geschenk Gottes, die geistige Grundlage jedes Menschen als solchen"[46]. „Ebenbild" ist „dagegen eine Potenz, die Fähigkeit zu geistiger Vollkommenheit, die Kraft, die empirische Persönlichkeit, in ihrem ganzen Bestand, zu Gottes Ebenbild zu formen, d.h. die Möglichkeit, das Bild Gottes, unser verborgenes Erbe, im Leben in der Persönlichkeit zur verkörpern und es so im Gesicht zur Erscheinung zu bringen."[47] Diese jedem Menschen gestellte Aufgabe vergleicht Florenskij mit der Arbeitsaufgabe eines Künstlers: ein naturgegebenes Gesicht in ein Porträt zu verwandeln. Allerdings gleiche der Künstler, im Unterschied zum spirituellen Weg, das Gesicht im Porträt nicht dem Urbild an, sondern der Künstler trägt subjektive eigene Wahrnehmungslinien in das Gesicht ein, um es in ein Porträt zu verwandeln.

Bei Florenskij verweist *„Antlitz"* auf *das* in diesem Leben *realisierte Wesen.* „Das Antlitz ist das im Gesicht verwirklichte Ebenbild Gottes."[48] Er geht von einer realen Persönlichkeitsentwicklung und Charakterveränderung des Menschen aus, die sich in den Gesichtszügen sichtbar ausdrückt. „Dann bekommt das Gesicht eine Klarheit in seinem geistigen Bau, anders als das einfache Gesicht; aber im Unterschied zum künstlerischen Porträt nicht kraft ihm äußerer Motive – etwa kompositorischer, … charakterologischer usw. – …, sondern in seiner materiellen Wirklichkeit selbst und in Harmonie mit den tiefsten Aufgaben seines eigenen Wesens. Alles Zufällige, … Bedingte, überhaupt alles in einem Gesicht, was nicht eigentlich Gesicht ist, wird hier durch die göttliche Energie verdrängt, die wie eine Quelle hervorsprudelt, die eine massive Materieschicht durchstoßen hat: das Gesicht ist zum Antlitz geworden."[49] „Das Antlitz an sich ist dadurch, dass es betrachtet werden kann, das Zeugnis dieses Urbilds; und diejenigen, die ihr Gesicht zu einem Antlitz umgebildet haben, tun die Geheimnisse der unsichtbaren Welt ohne Worte kund, allein durch ihr Aussehen."[50]

In den Energien des Geistes strahlt das Urbild des Menschen, Christus, durch das Gesicht und verwandelt es zum Antlitz Christi. Ziel des christlichen Weges ist die „zur Erscheinung gebrachte geistige Wesenheit", die

---

[45] A.a.O., 63.
[46] A.a.O., 57.
[47] A.a.O., 57.
[48] A.a.O., 58.
[49] A.a.O., 58.
[50] A.a.O., 58.

„himmlische Schönheit“, einen „Strahl vom Quell aller Bilder“ aus dem naturgegebenen Gesicht leuchten zu lassen.[51]

c) „Maske“: „Maske“ hingegen bezeichnet das naturgegebene Gesicht unter der *Herrschaft fremder Mächte*. Die Maske spiegelt die Entfremdung des Menschen in seinem Gesicht wieder. Die Sünde trennt „die Erscheinung vom Wesen“ ab. *Die Persönlichkeit spaltet sich* „von ihrem wesenhaften Kern ab und wird, wenn sie sich abgetrennt hat, zur Hülle“.[52]
Die Abspaltung des gelebten Lebens vom wahren Selbst ist die tiefste und zugleich *geistige Ursache der Fragmentierung* des Lebens und der Persönlichkeit. Das Leben und der Charakter haben ihre zentrierende Mitte verloren, von der her die Fragmente eine neue Ordnung und damit Sinn empfangen. In das Gesicht zeichnen sich widersprüchliche und gegenüber dem wahren Wesen fremde Züge ein. Es ist nicht reines Licht, sondern mit Finsternis vermischt. Es ist von fremden Formen entstellt. Es „erstarrt zu einer von Leidenschaften beherrschten Maske“[53]. Die „steinerne Maske anstelle des Gesichts“ bezeugt einen „Zerfall der Persönlichkeit“. Das von seinem eigenen schöpferischen Prinzip getrennte Gesicht ist „nicht mehr Fenster, aus dem Gottes Licht strahlt“.

Geistige Verwandlung, wie Florenskij sie aus dem Asketentum kennt, ist eine *Kunst*: die „höchste der Künste, die ′Kunst der Künste′“: Sie zielt darauf, Finsternis und das Unausgeprägte aus dem Gesicht zu entfernen. Sie will das „Gesicht zum künstlerischen Porträt seiner selbst, zum idealen Porträt, aus lebendigem Material geformt“ umgestalten.[54] So verstandene Mystagogie ist die Kunst, unser Wesen zu formen und gemäß dem Urbild zu bilden.
Gestaltwerden Christi heißt, dass die wahre, geistige Persönlichkeit, sich im naturhaften Menschen äußern kann, ihn umgestaltet, so dass sich „das ′innere Licht′ des Menschen nach außen verbreitet“[55]. Florenskij spricht in diesem Zusammenhang von einer „Licht-Verwandlung des Gesichtes zum Antlitz“, durch die z.B. Asketen „aufleuchteten wie die Sonnenscheibe“.

Im folgenden Kapitel werden diese theologisch abstrakt erscheinenden Erörterungen über die Entwicklung der menschlichen Persönlichkeit aus der Perspektive der psychoanalytischen Narizissmusforschung erläutert. Welche Erfahrungen lassen ein menschliches Gesicht zur Maske erstarren? Und wodurch wird ein Gesicht zum Antlitz, zum Ort der Erfahrung von Gnade?

---

[51] A.a.O., 58.
[52] A.a.O., 61.
[53] A.a.O. 62. Folgende Zitate: ebd.
[54] A.a.O., 62.
[55] A.a.O., 63. Folgendes Zitat: ebd.

2. Das Pixel-Ich – Der psychologische Abschied vom stabilen Ich

2.1 Das Pixel-Ich: der postmoderne Trend zum fragmentierten und multiplen Ich

Sherry Turkle, Professorin für Wissenschaftssoziologie am Massachusetts Institute of Technology (MIT), geht davon aus, dass jede Epoche ihre eigenen Metaphern für psychisches Wohlbefinden konstruiert. Als Klinische Psychologin und als Soziologin beobachtet Turkle die Rückwirkungen neuer Gesellschaftsstrukturen auf die Seele des Einzelnen. Stabilität als Leitmetapher und starre Rollenvorschriften sind mit den stabilen sozialen Welten zerbrochen. Seit den 1990er Jahren wird seelische Gesundheit und Identitätsbildung zunehmend mit Wandlungsfähigkeit gleichgesetzt: mit der Fähigkeit sich ständig neu anzupassen an neue Arbeitsplätze, neue Berufslaufbahnen, neue Geschlechterrollen und neue Technologien. Turkle selbst formuliert ihr postmodernes Leitbild von Identität in der Metapher des *multiplen, jedoch zugleich kohärenten Selbst.* Es ist durch die Eigenschaften von Vielfalt, Heterogenität, Flexibilität und durch die Gefahr von Fragmentierung charakterisiert. „In dem Maße, wie sich unsere Beziehungen über die gesamte Erde erstrecken, wie unsere Kenntnis fremder Kulturen unsere Einstellung relativiert und uns jeglicher Norm beraubt, existieren wir in einem ′fortwährenden Zustand des Aufbaus und Wiederaufbaus...′“[1]

Der US-amerikanische Psychologe *Kenneth J. Gergen* beschreibt ein Hauptproblem heutiger Identitätsbildung im Bilde des *„übersättigten Selbst*“ (1991).[2] Die Einzelperson ist durch ihre sozialen und technologisch vermittelten Beziehungen in vielfältige und widersprüchliche Kontexte eingebunden. Dies führt zu einer Vervielfältigung der Masken und zu zahlreichen Identitätsproblemen. „Während wir ihre [sc. Kommunikationstechnologien – SB] vielfältigen Inhalte und Bedeutungen in uns aufnehmen, werden sie ein Teil von uns und wir von ihnen. Gesellschaftliche Sättigung versorgt uns mit einer Vielfalt von unzusammenhängenden und beziehungslosen Ausdrucksweisen des Selbst.“ Gergen spricht diesbezüglich auch von dem Symptom der „Multiphrenia“. Wir leben „in einem fortwährenden Zustand des Aufbaus und Wiederaufbaus; es ist eine Welt, in der alles akzeptiert wird, worüber verhandelt werden kann. Jede Wirklichkeit des Selbst gibt einer rückbezüglichen Befragung nach, einer Ironie, und schließlich

[1] *Sherry Turkle*, Leben im Netz, Reinbek 1999, 418f. Zitat: Kenneth J. Gergen.

[2] *Kenneth J. Gergen*, Das übersättigte Selbst: Identitätsprobleme im heutigen Leben, Heidelberg 1996.

dem spielerischen Ausprobieren einer weiteren Wirklichkeit. Die Mitte gibt keinen ausreichenden Halt.“[3] Zugleich werden technische Medien wie das Internet zu neuen Spielwiesen für Identitätsexperimente. „Das Internet ist zu einem wichtigen Soziallabor für Experimente mit jenen Ich-Konstruktionen und -Rekonstruktionen geworden, die für das postmoderne Leben charakteristisch sind. In seiner virtuellen Realität stilisieren und erschaffen wir unser Selbst.“[4]

Der US-amerikanische Psychiater *Robert Jay Lifton* beurteilt die fließende Identität eines „Protean Self“ (1993)[5] als eine widerstandsfähige gesellschaftliche Gegenkraft gegen totalitäre und fundamentalistische Tendenzen. Gesund sei, wer eine flüssige und vielseitige Persönlichkeit entwickle. Denn die zersplitterten Lebensbedingungen („an age of fragmentation“) erfordern eine kontinuierliche Erkundung und persönliches Experimentieren anstelle der Übernahme reaktionärer oder fundamentalistischer Behauptungen. Die psychologische Trendwende wird inzwischen von Kulturanthropologen mitvollzogen. So spricht die Amerikanerin *Emily Martin* aufgrund der Zersplitterung von identitätsbildenden Prozessen in divergierenden Organisationsmodellen von „flexiblen Körpern“ und vom „flexiblen Selbst“.[6]

Damit hat ein neues Identitätsmodell das klassische Modell des *stabilen Selbst* abgelöst, das bis dahin von Psychologen als Leitbild für seelische Gesundheit propagiert wurde. Ein klassischer Vertreter hierfür war der Psychologe *Erik H. Erikson.* Er konstruierte im stabilen gesellschaftlichen Rahmen der USA der 1950er Jahre einen Musterlebenslauf, der die überschaubaren einzelnen Identitätskrisen des westlich zivilisierten Menschen in einer feststehenden Reihenfolge abzubilden beanspruchte. Als fundamental gegeben setzte Erikson dabei ein einheitliches und stabiles Ich voraus. Identitätskrisen galten ihm als auf einzelne Lebensjahre begrenzt. Erikson erschienen sie als Ausnahmesituationen, die in eine neue Einheitlichkeit und Stabilität überführt werden könnten.

Genau dieses Figur-Grund-Verhältnis hat sich seit den 1990er Jahren umgekehrt: Phasen von Stabilität bilden die Ausnahmesituation, und stabil wird nicht mehr die gesamte Persönlichkeit, denn eine in sich geschlossene Einheit ist nur noch in partiellen Persönlichkeitsbereichen erlebbar, da der Mensch in divergierende Existenzbereiche aufgesplittert lebt.[7]

---

[3] A.a.O., 29f.

[4] Turkle, a.a.O., 289f.

[5] *Robert Jay Lifton*, The Protean Self: Human Resilience in an Age of Fragmentation, New York 1993.

[6] *Emily Martin*, Flexible Bodies. Tracking Immunity in American Culture from the Days of Polio to the Age of AIDS, Boston 1994.

[7] Vgl. die von *Friedrich Schweitzer* herausgearbeiteten Differenzen zwischen Eriksons Musterlebenslauf und gegenwärtigen Konzepten: Postmoderner Lebenszyklus und Religion, Gütersloh 2003.

Während der Anthropologe *Victor Turner* für vorindustrielle Kulturen Schwellenphasen als vorübergehenden Zustand verstand – mit Phasen starker Spannungen, extremer Reaktionen und Entwicklungschancen –, hat die postmoderne Gesellschaft den Wandel auf Dauer gestellt.[8] Transformationen sind kein Ausnahmezustand mehr, auf den neue Stabilität folgt. Sondern der Schwellenzustand ist durch das Verwobensein der Identitätsbildung mit radikalen gesellschaftlichen Umbrüchen und Entgrenzungen universalisiert worden. In diesem sozialen Kontext wird das Ich zu einem dynamischen sozialen Konstrukt, zu einer zerfasernden Geschichte, die unaufhörlich umgeschrieben werden muss. Der Psychologe *Mario Erdheim* spricht auf diesem Hintergrund von einem Menschen, der aus dem Chaos der Pubertät nicht mehr herausgelangt. Dem gesamten Lebenslauf haftet fortan das Krisenhafte der adoleszenten Identitätssuche an.[9]

---

[8] *Victor Turner*, Das Ritual. Struktur und Anti-Struktur, Frankfurt M. 2005.

[9] *Mario Erdheim*, Adoleszenz und Esoterik, in: WzM 46 (1994), 198-209.

2.2 Grenzen der Fragmentarizität: Das multiple Ich

Die gesellschaftlichen Umbrüche einer radikalisierten Moderne gehen mit hohen seelischen Kosten für die Individuen einher. Während Soziologen nach Bedarfslage das „flexible Selbst“ für flexible Märkte propagieren, nehmen seit den 1990er Jahren verstärkt Persönlichkeitsstörungen zu, die in der zunehmenden Fragmentierung der Gesellschaft ihre Ursache haben bzw. durch sie verstärkt werden. Ursächlich für diese multiple Persönlichkeitsstörung (MPS, Multiples Persönlichkeits-Syndrom) waren früher schwere Traumata wie Missbrauchserfahrungen und anhaltende Gewalterfahrungen. Das Ich ist bei MPS als einem Extremzustand von Fragmentierung in klar konturierte Teilpersönlichkeiten aufgelöst, die sich nach Alter, Rasse oder Geschlecht und sexueller Orientierung voneinander unterscheiden. Jede Teilpersönlichkeit ist eine voll integrierte und komplexe Ganzheit mit einmaligen Wahrnehmungen, Erinnerungen, Verhaltensmustern und sozialen Beziehungen, die das Wesen der Handlungen bestimmen, sobald die betreffende Teilperson dominiert. Dann treten beispielsweise Veränderungen in der Stimmlage und Stimmmodulation auf, Unterschiede in der Handschrift, Syntax, im Akzent, Gesichtsausdruck und in der Körperhaltung. Die Teilpersönlichkeiten verfügen über unterschiedliche IQs, Temperamente, Verhaltensweisen und Fähigkeiten. Meist tragen sie zudem unterschiedliche Namen. Der durchschnittliche MPS-Patient lebt in acht bis neun Teilpersonen. In Einzelfällen können es 30, 40 oder mehr sein.

Eine solche Viel-Person erscheint wie mit vielen Gesichtern, die schroff wechseln können, ohne dass dies dem Betroffenen selbst bewusst wird. Die einzelnen Persönlichkeitsanteile kommunizieren nicht miteinander. Aufgrund dieser abgeschlossenen Existenz voreinander können diese Ressourcen nicht situativ nützlich eingesetzt werden. Das bewusste Ich-Konglomerat wird durch den zeitlichen Sieg einer ihm unbewussten Teilperson ausgeschaltet. Es erleidet einen zeitweisen Kontrollverlust. Aufgrund der Informationssperre zur Teilpersönlichkeit erleidet der MPS-Kranke Amnesien. Er weiß als bewusste Ich-Insel nichts von dem Zwischengeschehen.

Mit zunehmender Erforschung des Krankheitsbildes MPS wird deutlich, dass es sich zwar um einen extrem fragmentierten Persönlichkeitsaufbau handelt, dass jedoch der Durchschnittsmensch nicht völlig anders strukturiert ist. Er lebt fern von diesem Extrem, jedoch auf einem Kontinuum mit ihm verbunden. Jeder Mensch besitzt multiple Anteile bzw. Teil-Iche. Der Unterschied zwischen dem Verschüttgehen im eigenen Steinbruch und dem Spiel mit den Trümmern liegt darin, dass man sich zunehmend der eigenen Vielheit *bewusst* wird. Die Teilpersonen haben sich im Verlauf des Lebens im Gehirn als wiederkehrende Routineschleifen bzw. Programme einprogrammiert, und gerade ihre Unbewusstheit macht ihre Effektivität aus.

Der italienische Psychologe *Luc Ciompi* sieht in affektlogischen[10] Unterprogrammen die „grundlegenden Bausteine der Psyche". Je öfter sie aufgerufen werden, desto stärker verfestigen sie sich und desto nachhaltiger wirken sie persönlichkeitsbildend. „Insgesamt gleichen die mentalen Strukturen oder Programme somit einem durch den Gebrauch selbst angelegten und im Gebrauch ständig weiter aus- und umgebauten Weg- oder Straßensystem mit einigen früh schon festgelegten breit ausgewalzten Hauptachsen und einer komplex verschachtelten Hierarchie von mehr oder weniger fixen Verbindungsstraßen und -sträßchen zweiter und dritter bis n-ter Ordnung. Selbst Fuß- und Schleichwege fehlen nicht, und aus einem zunächst ganz unauffälligen Seitenpfad mag sich mit der Zeit ein immer häufiger benutzter Fühl-, Denk- und Verhaltensweg, zuletzt vielleicht sogar ein vollautomatisierter ′Gemeinplatz′ entwickeln."[11]
Jene als „Gemeinplätze" wirksamen affektiv-kognitiv-sensomotorischen Assoziationssysteme bilden in der Persönlichkeitsstruktur wiederkehrende Routineschleifen, „Unterprogramme" oder „Subselbste" (Teil-Iche). „Je besser sich die funktionellen Fühl-, Denk- und Verhaltensprogramme einschleifen und automatisieren, um so weniger sind sie mit bewußter Aufmerksamkeit belegt."[12]
Die pathologische Nichtkommunikation zwischen den Teil-Ichen ist beim Durchschnittsmenschen von einem oberflächlichen Synthetisierungsprozess überdeckt. Man ist sich der vielen Rollen, die man zu spielen vermag, mehr oder weniger bewusst. Sherry Turkles Leitbild von affektlogischer Gesundheit ist ein Ich-Raum, in dem die Subselbste miteinander wie die Einwohner einer Stadt kommunizieren und die flexibel diverse Aufgaben zu übernehmen in der Lage sind. Turkle bezieht sich für ihr postmodernes Identitätsverständnis u.a. auf den Philosophen *Daniel Dennett*, der in seiner Theorie des menschlichen Bewusstseins auf das flexible Selbst zu sprechen kommt. Er gebraucht hierfür den Begriff der *„parallelen Entwürfe"*. So gesehen erscheint das Selbst wie ein Computerbildschirm, „auf dem mehrere Versionen eines Dokumentes geöffnet sind, zwischen denen der User nach Belie-

---

[10] Zugrunde liegt das von Ciompi erarbeitete Modell der "Affektlogik". Es geht davon aus, dass jeglicher „logischen" Kognitionstätigkeit (verstandesmäßige Informationsverarbeitung) stets eine affektive (emotionale) Komponente zugrunde liegt. Das Zusammenwirken „affektiver" und „logischer" Bestandteile nennt Ciompi „affektlogische Bezugskomplexe". Vgl. *Luc Ciompi*, Die emotionalen Grundlagen des Denkens. Entwurf einer fraktalen Affektlogik, Göttingen ^{2}1999; *ders.*, Affektlogik. Über die Struktur der Psyche und ihre Entwicklung. Ein Beitrag zur Schizophrenieforschung, Stuttgart ^{4}1994.
[11] Ciompi 1999, 49.
[12] Ebd.

ben pendeln kann. ... Kein Aspekt kann für sich allein den Anspruch erheben, das absolute, wahre Selbst zu sein."[13]
Die fragmentierte Tiefenstruktur aus Unterprogrammen und Routineschleifen wird jedoch auch beim Durchschnittsmenschen selten optimiert. Trotz der gedanklichen Bewusstheit der eigenen Vielheit bleibt die emotionale und willentliche Kontrolle darüber, welche Teilperson durch bestimmte Situationen herausgefordert wird und in den Vordergrund tritt, relativ gering.

Pointiert ließe sich angesichts der zunehmenden „allgemeinen Multiplizität" behaupten, dass sich das *Alltags-Ich* weitgehend als *ein grammatikalisches Konstrukt* erweist, das auf eine *phänomenale Vielheit* im grammatikalischen Subjekt verweist. Abwechselnde neuronale Prozesse führen ein Eigenleben um die bewusste Kernpersönlichkeit herum. Der Kern selbst besteht gleichfalls aus einer Schnittmenge einer mehr oder minder lockeren Assoziation von Einzelwesenheiten (z.B. aus verschiedenen Lebensabschnitten). Er firmiert als *bewusst gewordener* Teil unter der Bezeichnung 'Ich' und ist mit einem Zugehörigkeitsgefühl verbunden. *Die Einheit des Subjekts auf der alltäglich bewussten Ich-Ebene ist aus dieser Sicht nur der bewusst gewordene Teil einer Vielheit.*
Das Ich bleibt, so betrachtet, ein dynamischer Prozess in seiner ganzen Fragilität. Unter Mikro-Betrachtung erweist sich auch das alltägliche Ich als ein kaleidoskopartiges Geschehen, als mitunter gewollte, mitunter auch nicht gewollte Switches zwischen lebensgeschichtlich erworbenen Sub-Ichen. Jedes Ich hört daher auf viele innere Stimmen. Manche unterstützen einander, andere treten in Konflikt zueinander. Das Stimmengewirr kann sich rasant beschleunigen, verlangsamen oder auch das bewusste Ich-Konglomerat bis zum Zusammenbruch durcheinanderbringen. Insofern befindet sich auch das alltägliche Durchschnitts-Ich in einem labilen Gleichgewicht.

[13] Turkle, a.a.O. (Anm. 1), 426. Vgl. 420f zum Leitbild des gesunden Selbst. Vgl. zur Diskussion über die Labilität und Konstruiertheit dessen, was Menschen als „Ich" empfinden: *Werner Siefer/Christian Weber*, Ich. Wie wir uns selbst erfinden, Frankfurt a. M. 2006.

2.3 Der Kinofilm „Alien (4) - Die Wiedergeburt": das postmoderne Pixel-Ich an der Grenze zur Auflösung

Der Kinofilm, nach wie vor ein Hauptmedium für Jugendliche, leistet mit seinen Identifikationsangeboten auf Probe zugleich wichtige Beiträge zum Einspielen von Teilidentitäten. „Der Film schafft es, Bilder zu finden auch für komplexe geistige Gehalte, die von der Theologie behandelt, offenbar aber nicht mehr in einer angemessenen, allgemein verständlichen Sprache wiedergegeben werden (können)."[14] Die Bilder-Geschichten des Films bearbeiten existentielle Themen, für die einst die Religion das Deutungsmonopol beanspruchte: „Gewalt, Liebe, Sexualität und Tod, Verwandlung und Auferstehung". „Die zwei Hauptthemen der ′großen Erzählung′ des Christentums und der meisten ′kleinen′ Erzählungen sind dieselben: Metaphysisch gesprochen geht es um ′Liebe′ und ′Gewalt′, im Film oft physisch übersetzt in ′sex and crime′."[15]
Mit dem Filmkritiker *Georg Seeßlen* lässt sich das Kino „zumindest [als] Parodie auf einen religiösen Kultraum" verstehen. Inge Kirsner verweist auf eine gleich bleibende Struktur oder auch „Liturgie" der meisten Kino-Erzählungen. Meist folgen sie einem Dreischritt von Schuld, Sünde und Erlösung, der lediglich variiert wird.[16] Das Kino schreibt Geschichten von Opfer und Erlösung, von Schöpfung und Identitätsverlust. Es versucht, kleine Antworten auf die großen Fragen nach dem Woher und Wohin zu geben. Dabei formuliert es seine Zugänge und Antworten weniger gemäß dem akademisch-theologischen Diskurs rational. Es bevorzugt emotional tief wirksame Zugänge. Gerade darin liegt seine Breitenwirkung für die Selbsttransformationen auf Zeit, die es anbietet.
„Alien (4) – Die Wiedergeburt" (Regisseur Jean-Pierre Jeunet, Erstausstrahlung USA 1997) ist die postmoderne Variante zu den drei Vorgängern in der Alien-Tetralogie. Sein Leitthema ist das Leiden der Hauptheldin an ihrer zerbrochenen Identität, ihrer zerstörten Biographie und ihrem strukturlosen Universum. Sofern man das Kino als einen nichtreligiösen Kultort betrachtet, lässt sich „Alien 4" als postmoderne Klageliturgie des fragmentierten Ich verstehen. „Alien 4" spielt im Genre des Horrorfilms die postmoderne Gefahr des völligen Scheiterns an der Aufgabe von Identitätsbildung

---

[14] *Inge Kirsner/Michael Wermke* (Hg.), Religion im Kino, Göttingen 2000, 7. Vgl. *Inge Kirsner*, Erlösung im Film, Stuttgart/Berlin/Köln 1996.
[15] Kirsner/Wermke, a.a.O., 7 und 14.
[16] Georg Seeßlen, in: Kirsner/Wermke, a.a.O., 13. Zum liturgischen Dreischritt (bzw. Zwölfschritt) vgl. 15f.

inmitten grenzenloser Wahlmöglichkeiten durch. Im Film ist kein einziges Kohärenzprinzip für ein einheitliches Selbst mehr identifizierbar.[17]
Die weibliche Action-Heldin Ripley (Sigourney Weaver) erscheint sich selbst und den Zuschauern in „Alien 4" als Black Box. Sie vermag sich nicht mehr als Subjekt im Gegenüber zu anderen zu bestimmen. Das radikal Andere aus der bisherigen Alien-Trilogie, die Alien-Figur, ist in „Alien 4" durch Klonierung mit Ripley bis in Ripleys Blut und Mimik hinein verschmolzen. Die aus Ripleys DNA geklonte Alien-Queen hat durch Ripleys Gebärmutter eine neue evolutionäre Stufe erreicht.
„Alien 4" spielt als Action- und Horrorfilm mit dem Grauen von *Grenzverwischungen*, mit dem Grauen des *Verlustes letzter ordnender Kategorien*. Hierzu zählen die Kategorien der Unterscheidung von Mutter und Mörderin, Frau und Mann, Mensch und Maschine, innen und außen, oben und unten. „Alien 4" setzt damit das Grauen des Übergangs von der Moderne zur Postmoderne und den damit verbundenen Verlust identitätsstiftender Kategorien in emotional nahegehende Bilder eines psychotischen Kosmos um. Grauenerregend sind nach *Sigmund Freud* das Formlose, das Realwerden von Kinderängsten im Erwachsenenleben und das Unentrinnbare.[18] Psychotisch wird die Perspektive von „Alien 4" dadurch, dass der Film die Perspektive der Formlosigkeit *universalisiert* und auch dem Zuschauer *keinen einzigen Fixpunkt* mehr übriglässt.[19]
Die Alienfilme 1-3 haben in jeweils gesteigerter Mischung mit dem Horror von Identitätskrisen bei der Kriegerin Ripley gespielt. Konstantes Thema blieben die je neu zu klärenden Mischungsverhältnisse zwischen Ripley und dem Killer-Alien, das sich mit ihr vereinigen will. In „Alien 3" kommt es zu einer Vergewaltigung der bewusstlosen Ripley in der Schlafkapsel eines Raumschiffs durch das Alien. Ripley wird dadurch zur unschuldig-schuldigen Alien-Überträgerin. Ihre Grenzen sind gewaltsam zerstört worden, und sie kann fortan nicht mehr für ihre Handlungen mit ihrer eigenen Identität bürgen.
In „Alien 4" wird Ripleys gesamtes Universum verrückt. Nichts ist mehr das, als was es erscheint. Niemand ist mehr, wer er oder sie zu sein meint. Eine Meta-Ebene existiert nicht mehr, um diesem drastifizierten postmodernen Chaos zu entrinnen und Ansätze zu einer Klärung und für eine neue feste Ordnung zu schaffen.

---

[17] Vgl. zum Folgenden *Inge Kirsner*, Apokalypse, Alienation und Auferstehung, in: Kirsner/Wermke, a.a.O. (Anm. 14), 51-66.
[18] *Sigmund Freud*, Das Unheimliche (1919), in: Gesammelte Werke, hg. v. Anna Freud et al., Bd. 12, Frankfurt M. [4]1972, 227-268.
[19] Vgl. zum „psychotischen Kosmos" *Christa Rohde-Dachser/Renée Meyer zur Capellen*, Prothesengott und Muttermacht, in: Christa Rohde-Dachser (Hg.), Zerstörter Spiegel, Göttingen 1990, 163-184, bes. 172ff.

(a) Grenze Mensch – Monster: Ripley ist durch DNA-Experimente gewaltsam in eine Symbiose mit dem Killer-Alien verschmolzen worden. Ihr Blut ist weiterhin rot, hat aber fortan die ätzenden Eigenschaften des Alien-Blutes. Sie fühlt sich zudem wie durch eine emotionale Nabelschnur mit der Alien-Queen und deren ´Kindern´ verbunden. Das Alien kennt gleichfalls keine Grenze mehr gegenüber Ripley. Es ist in „Alien 4" in einer bildlichen Mischung aus Kaiserschnitt-Geburt und Abtreibung aus Ripley hervorgegangen. Ripley wird sich gegen Ende des Filmes dazu genötigt sehen, ihr eigenes Enkel-Alien (das als Neuerung in der Serie sogar ein verschwommen menschliches Gesicht hat) in einer bildmotivischen Abtreibung durch die Raumschiff-Schleuse zu töten, obwohl es vertrauensvoll zu ihr eine fürsorgende Beziehung aufbauen will.

(b) Grenze Frau – Mann: Als zentrales postmodernes Thema greifen die Alienfilme die Destabilisierung tradierter Geschlechtsrollen auf. Als erste weibliche Actionheldin ist Ripley bereits in der Rollenbesetzung eine Grenzgängerin zwischen traditioneller Männer- und neuer Frauenrolle. Auch innerhalb der Handlungsebene der Alienfilme erscheint wiederholt unklar, wer und wie Frauen und Männer sind. So wird in „Alien 2" die coole Kriegerin Vasquez von einem Mitkrieger gefragt: „Hat man dich schon einmal für einen Mann gehalten?" „Nein", entgegnet Vasquez dem Krieger: „Und dich?" Die Männer erscheinen in „Alien 4" als lächerliche Karikaturen des traditionellen Action-Mannes. Sie treten genauso triebgesteuert auf wie die Aliens. Ihre geistigen und emotionalen Fähigkeiten konzentrieren sich auf Fighten, Schießen und Anmachen.
Wer ist gegenüber diesen verfallenden Actionhelden Ripley als Frau? Die vier Alienfilme gehen chronologisch wesentliche Beziehungskonstellationen im spätmodernen Beziehungschaos durch: Ripley der Single mit Katze (Alien 1); Ripley, die ein Waisen-Mädchen adoptiert, ihre Mutterrolle bejaht, und schließlich schuldbewusst ihr Leben für ihr Adoptivkind opfert (Alien 2); Ripley mit einer oberflächlichen heterosexuellen Affäre (Alien 3); und schließlich Ripley, die nur noch Verachtung für die verfallenen Helden empfindet und eine gleichgeschlechtliche Beziehung zu einer emotional reifen Mitstreiterin aufbaut (Alien 4). Auch auf der Beziehungsebene baut Ripley innerhalb der vier Alienfilme nur Identitätsfragmente auf. Ihr Liebes-Lebenslauf bleibt eine Ansammlung von Bruchstücken.
In der Figur des Alien finden die Grenzverwischungen zwischen dem physisch Männlichen und Weiblichen ihre horrende Steigerung. [20] Der Schlund des Alien bildet eine Mischung aus Vagina dentata mit einer penisartig ausfahrbaren Zunge. Damit sind zugleich Gesicht und Geschlecht,

[20] Vgl. *Annette Brauerhoch*, Die gute und die böse Mutter, Marburg 1996, 153-179.

Oben und Unten, verkehrt. Ferner verfügt das Alien über unzählige Wurmfortsätze, mit denen es in den jeweiligen Wirt (zunächst nur Männer als Brutkästen!) eindringen kann, die in ihrem Sterben das Alienbaby aus ihrem Brustkasten heraus gebären. Die Monster-Zwittergestalt wird durch einen degenerierten Schwanz als Alienkopf gekrönt.

(c) Grenze Mensch – Maschine: In „Alien 4" findet Ripley in den Männern kein menschliches Gegenüber mehr, das sie bei ihrer eigenen Identitätssuche stabilisieren könnte. Zum menschlichsten Menschen wird ihr die Androidin Call. Call, ein von Robotern geschaffener Roboter, bewahrt die menschlichsten Tugenden: Sie ist emotional, nimmt Anteil an Ripleys Ergehen und leidet mit ihr mit. Durch diese Eigenschaften wirkt sie in Ripleys Universum dermaßen fremd, dass sie eher einem Engel gleicht – denn die Kategorie ′Mensch′ erscheint für menschliche Eigenschaften zu verbraucht.

(d) Grenze Leben – Tod: Bereits die Konstruktion der Filmreihe setzt voraus, dass im Ripley-Universum auch der Tod keine eindeutige Grenze des Lebens mehr darstellt. In diesem Rahmen erscheint die Möglichkeit von Auferstehungen eher als Horror denn als Hoffnung. Die Auferstehungen sind zum einen der manipulierenden, grenzenlosen Machtgier von Wissenschaftlern geschuldet. Und sie sind zum andern untrennbar mit der Auferweckung des Alien verbunden. Denn der Mensch Ripley wird von den Wissenschaftlern und Militärs letztlich nur als Nährboden für Aliens in Kauf genommen. Im Universum schier unbegrenzter technischer Möglichkeiten ist das Leben ohne Tod zum Horror geworden. Der eigene Tod erlöst nicht mehr vom Verfolger, Feinde oder Freunde sterben nicht, weil sie Androiden sind, und Monster sind nicht totzukriegen. Für die zwischen den Toden lebende Ripley wird in „Alien 4" zunehmend unklar, ob sie in diesem strukturlosen Universum nicht dauerhaft ihre Identität verloren hat (Reste von Erinnerungsspuren sind ihr jedoch geblieben!), und ob sie nicht längst nur noch eine zombiehafte Existenz führt.

„Alien 4" variiert postmoderne Identitätsprobleme als Thema des Horrorfilms, indem der Film die Identitätsfragen gefühlsmäßig auf archaische Grundkonstellationen (Leben – Tod, Mann – Frau, Mutter – Kind, Selbstverhältnis, Mensch – Maschine) reduziert. Die Geburt des Individuums findet nicht mehr statt. Im strukturlosen Universum sind keine Unterscheidungen und Trennungen mehr möglich. Ein, in bürgerlich-traditioneller Metaphorik formuliert, ordnendes und trennendes ′väterliches′ Prinzip (die Kategorien der bürgerlichen Moderne sowie die männlichen Actionhelden) ist zerfallen oder tot (der Bordcomputer namens ′Vater′ wird in „Alien 4“ zerstört).[21] Das Individuum wird als traumatisiert dargestellt, herumirrend in verwaschenen Prozessen von miteinander schwanger gehenden, sich selbst und anderen fremden Wesen. Mütter und Mörder sind nicht mehr voneinander zu unterscheiden. Damit bietet „Alien 4“ den Abgesang auf die erfolgreiche Suche nach Identität.

---

[21] Anders als Kirsner betrachte ich eine „integrierende“ *Verschmelzung* zwischen Ripley und dem Alien nicht als Lösung aus der Identitätskrise. Ich sehe eine Lösung nur in einer *klaren Auseinandersetzung* zwischen beiden. Die Kategorienlosigkeit und die Verschmelzung von „Alien 4“ tragen deutlich gewaltsame Züge (z.B. entstanden durch Vergewaltigung, genetische Experimente).

2.4 Narziss auf der Suche nach Einheit

Die durchschnittliche zeitgenössische Zerbrechlichkeit wird von Psychologen als ´Narzissmus´ beschrieben. Der wichtigste Forschungsbeitrag zu dieser Beziehungs- und Leidensform stammt von dem US-amerikanischen Psychoanalytiker *Heinz Kohut.* Geradezu paradigmatisch setzt Kohut die menschliche Seele mit einer *kostbaren chinesischen Vase gleich, die bereits einen Sprung hat* und die jederzeit bei der kleinsten Erschütterung auseinanderbrechen kann. So jedenfalls beschreibt Don L. Carveth Kohuts implizites Menschenbild. „Kohut und seine Schüler scheinen das ´Selbst´ – mit seinen Qualitäten der Kohäsion, der Anfälligkeit gegenüber Fragmentierungserfahrungen oder seiner Tendenz, unter gewissen Umständen zu desintegrieren – gleich einem delikaten keramischen Kunstwerk zu verstehen, das im Brennofen der frühen Selbstobjekte nicht ausreichend gehärtet wurde.“[22]
Die Theologin Gunda Schneider-Flume betrachtet den typischen Symptomkatalog für narzisstische Störungen „eher als das Bild der Pathologie des Normalen, Alltäglichen“[23]. Diesen Konsens formulierte Klaus Strzyz bereits für die 1980er Jahre. Für Strzyz ist Narzissmus „eine spezifische Form der Pathologie, die aufgrund ihrer massenhaften Verbreitung fast schon wieder in den Bereich der Normalität gehört“.[24]
Zur Symptomfülle zählt die Angst vor dem eigenen *Zerfall.* In der Fachsprache geht es um einen Mangel an Zusammenhalt bzw. Kohäsion des Selbst, um Fragmentierungs- oder Desintegrationsangst. *Fragmentierung* ist eine Möglichkeit, auf eine erfahrene oder vermutete Beschämung zu reagieren. Das Auseinanderbrechen des Selbst ist die tiefste und weitreichendste Antwort auf eine überstarke seelische Belastung, nach anderen typisch narzisstischen Reaktionsmöglichkeiten wie einem beschämtem Rückzug, dem Versinken in Depression oder dem Aufbegehren in narzisstischer Wut.
Der Arzt und Analytiker *Donald W. Winnicott* beschreibt die Ängste seiner erwachsenen Patientinnen und Patienten als in Stücke gehen, unaufhörliches Fallen, keine Beziehung zum eigenen Körper mehr haben, Orientierungsverlust.[25] Auf der Ebene der Körperwahrnehmung kann Fragmentierung zum Empfinden führen, dass z.B. der eigene Kopf oder die Beine nicht

---

[22] *Donald L. Carveth*, Die Metaphern des Analytikers. Eine dekonstruktivistische Perspektive, in: *Michael B. Buchholz* (Hg.), Metaphernanalyse, Göttingen 1993, 15-71, hier: 25.
[23] *Gunda Schneider-Flume*, Narzißmus als theologisches Problem, in: ZThK 82 (1985), 88-110, hier: 95. – Zu Kohuts Symptomenkatalog vgl. *Heinz Kohut*, Narzißmus. Eine Theorie der psychoanalytischen Behandlung narzißtischer Persönlichkeitsstörungen, Frankfurt M. [8]1992, 41.
[24] *Klaus Strzyz*, Sozialisation und Narzißmus. Gesellschaftlicher Wandel und die Veränderung von Charaktermerkmalen, Wiesbaden 1978 (Theorie und soziale Praxis, Bd. 6), 7.
[25] *Donald W. Winnicott*, Ich-Integration in der Entwicklung des Kindes, in: Ders., Reifungsprozesse und fördernde Umwelt, München 1974, 72-81, hier: 74.

mehr Teil des Körpers seien. Eine leichtere Störungsform bildet die hypochondrische Sorge um die eigene Gesundheit. Auf der Gefühlsebene kann das im Zusammenhang mit Psychosen bekannte Gefühl auftreten, zu vergehen oder dass einem alle Dinge entgleiten und man die Kontrolle über sich und seine Welt verliert.
Ursache dieser Zerbrechlichkeit ist eine szenisch verinnerlichte „zerbrochene Wirklichkeit"[26]. Was *wirklich ist*, wird *lebensgeschichtlich zuallererst personal-relational* konstruiert – in *Liebesbeziehungen* zwischen Menschen: zunächst im einfühlenden Dialog zwischen Mutter und Kind. Für narzisstisch gestörte Menschen ist die Wirklichkeit „dort gebrochen ..., wo es am meisten zählt: in ihren Liebesbeziehungen"[27]. In den Worten von Gottfried Benn:

> „Mutter
> Ich trage dich wie eine Wunde
> auf meiner Stirn, die sich nicht schließt."[28]

Narziss reagiert auf die Zertrümmerung seiner Seele mit einer maßlosen Wut. Kohut hat ihr in ihrer Maßlosigkeit einen eigenen Namen verliehen. Er nennt sie *„narzisstische Wut"*.[29] Wer Narziss mit seiner zerbrechlichen Vasen-Identität zu unsanft antastet, verdient in seinem brüchigen Universum Tod und Rache. Sobald Narziss über gesellschaftliche Macht verfügt, kann er skrupellos die Lebenswelten anderer Menschen zerstören. Er empfindet Rache und Genugtuung darin, selbst zum „Zersplitterer aller Welten" zu werden, zum Verächter von Liebesbeziehungen und Leben. Die Psychoanalytikerin Christa Rhode-Dachser erinnert an Robert Oppenheimers religiöse Selbstüberhöhung, als dieser bei einem Atomtest in der Wüste von Neu-Mexiko die Worte aus der Bhagawadgita zitierte:

> „Brächen die Strahlen von tausend Sonnen
> gleichzeitig am Himmel hervor,
> wäre dies wie der Glanz des Allmächtigen ...
> Ich bin der Tod geworden,
> der Zersplitterer aller Welten".[30]

---

[26] Titel eines Buches von *Léon Wurmser,* Die zerbrochene Wirklichkeit. Psychoanalyse als das Studium von Konflikt und Komplementarität, Berlin etc. 1989.
[27] *Ders.*, Die Maske der Scham. Die Psychoanalyse von Schamaffekten und Schamkonflikten, Berlin etc. 1990, 275.
[28] *Gottfried Benn*, Einsamer nie, Berlin (Ost) 1986, 27.
[29] Vgl. *Heinz Kohut*, Überlegungen zum Narzißmus und zur narzißtischen Wut, in: *ders.*, Die Zukunft der Psychoanalyse. Aufsätze zu allgemeinen Themen und zur Psychologie des Selbst, Frankfurt M. ^{2}1985, 205-251.
[30] *Christa Rhode-Dachser/Renée Meyer zu Capellen*, a.a.O. (Anm. 19), 165.

2.4.1 Mutter, Teddy, Gott und der Trend zur Kuschel-Religion

Für ein Kind ist es wichtig, dass es Nicht-Sinnliches vergegenwärtigen lernt. Hierfür muss es eine mentale Repräsentanz in sich erzeugen. Das sinnlich Entschwundene bleibt dann durch ein inneres Bild gefühlsmäßig und gedanklich präsent. Für diesen Vorgang der Aufhebung der sinnlichen Welt in eine gedanklich-gefühlsmäßige Vergegenwärtigung spielen die kindlichen Beziehungen zu den wichtigsten Anderen im Leben eine förderliche oder blockierende Rolle.
Für das Kind ist es zunächst seelisch überlebenswichtig, sinnliche Abwesenheiten der Mutter in eine nicht-sinnliche Anwesenheit zu verwandeln. Dies vermag ein Säugling zunächst nur über die Zwischenstufe sinnlicher Ersatzobjekte. Nicht jedes Ding taugt allerdings als Stellvertreterin der Mutter beim Kind. Es muss vor allem ihre liebende Zuwendung aufspeichern und vergegenwärtigen können. Ein Kaktus zum Beispiel taugt hierfür nicht. Bevorzugt eignet sich alles, was auf der Berührungsebene weich wirkt und auf der Geruchsebene den realen Körpergeruch der Mutter verströmt. Häufig ist der Teddy die erste selbst erschaffene Mutter. Es kann jedoch ebenso eine Schmusedecke sein oder ein getragenes T-Shirt der Mutter. In diesem Realsymbol bleibt die Mutter beim Kind anwesend. Es kann sein Gesicht ans Teddyfell kuscheln, und die Gegenwart der Mutter-im-Teddy beruhigt es spürbar real. Sie tröstet und spendet Sicherheit in den alltäglichen Gefahren des Lebens wie etwa beim Einschlafen.
Der Kinderarzt und Psychoanalytiker *Donald W. Winnicott* untersuchte diese Teddyfunktionen genauer.[31] Weil ein Teddy faktisch ein Grenzgänger zwischen Sichtbarem und zeitweise Unsichtbarem, aber doch Realem bleibt, nannte Winnicott die Welt der Teddys & Co. „Übergangsobjekte". Übergangsobjekte sind sinnliche Container für die real erlebte Gegenwart von sinnlich abwesenden Personen. Im Teddy liebt die Mutter das Kind aus der Ferne weiter.
Der Teddy muss zwar immer wie eine Batterie durch seelisches Erleben mit der realen Mutter aufgeladen werden. Doch der 'aufgeladene' Teddy kann in der Zwischenzeit sogar die perfektere Mutter werden. Er ist idealer als eine Frau, die nebenher noch ein Eigenleben führt und nicht rund um die Uhr dem Kind zugewandt ist. Im Vergleich zur sinnlichen Mutter ist die geistig-sinnenhaft erschaffene Teddy-Mutter *immer* tröstend, *all*gegenwärtig. Nach Winnicotts Entdeckung des Teddy-Phänomens untersuchten Psychoanalytiker Teddy-verwandte Realsymbole. Sie merkten, wie wichtig die taktilen bzw. verfügbaren Realsymbole für das menschliche Erleben von

[31] Erstmals 1953. Dt.: *Donald W. Winnicott*, Übergangsobjekte und Übergangsphänomene, in: Psyche 23 (1969), 666-681.

Schutz und Geborgenheit bleiben. Wenn die Verinnerlichung gelingt, hat das Kind die Mutter eines Tages vom Teddy abgelöst. Der Bär bleibt unbeachtet auf der Couch sitzen. Die mütterliche Person ist im Klang ihrer Stimme, ihrem Geruch, ihrer warmen Zuwendung und all ihrer sinnlichen Gegenwart in das Herz des Kindes gewandert, und es kann sie jetzt ohne Teddy jederzeit vergegenwärtigen.

Wo die Mutterperson „not good enough" war (eine pragmatisch ausgerichtete Redewendung von Winnicott), um den Teddy mit Liebe aufzuladen, dort kann die innere Mutter teils monströse Züge tragen. Dann setzt das Kind und später der Erwachsene seine Suche nach Personen und Dingen fort, die ihm Wärme und Sicherheit spenden könnten. Die Suche kann angetrieben sein von einem dumpfen Zwang, einem Kind vergleichbar, das zunächst umherirrt und seine verlorene Mutter unablässig sucht. Derart unsicher „gebundene" Menschen (ein Fachausdruck aus der *Bindungsforschung*[32]) machen inzwischen die Mehrheit der Bevölkerung aus, so dass die populärwissenschaftliche Darstellungen zu der unzulässigen Verallgemeinerung neigen, die pathologischen Äußerungen narzisstisch gestörter Menschen seien unabänderliche Wesensäußerungen der menschlichen Natur. Hierzu zählen Aggression, Rassismus, die mangelnde Bereitschaft, anderen in Not zu helfen, ein übersteigertes Selbstwertgefühl, eine tiefe Unsicherheit und die Angewohnheit, auf Kritik oder Krisen mit Aggression oder Depression zu reagieren. Auf dem Hintergrund der experimentell abgesicherten Bindungstheorie zeigt sich, dass eine Verallgemeinerung von narzisstischen Verhaltensweisen und Charakterzügen lediglich zwei Typen unsicher gebundener Menschen zur Grundlage hat. Sie lässt den dritten, sicher gebundenen Typus, völlig außer Acht. Ein sicher gebundener Mensch (mit Winnicott: ein Mensch, der eine „good enough mother" verinnerlicht hat) erweist sich als neugierig, einfühlsam, humorvoll und kreativ. Denn er fühlt sich generell sicher und beschützt, sowohl durch seine eigene Stärke und Kompetenz als auch durch zuverlässige Personen, die ihm nahe stehen. Nicht der in seiner Bindungsfähigkeit gestörte, sondern der sicher gebundene Mensch erweist die wahre Natur des Menschen.[33]

Gerät hingegen Narziss in eine kritische soziale Situation, so stürzt er ins Bodenlose. Statt tröstlicher Stimmen hat er kritische Stimmen, Selbstzweifel, Kälte und Hoffnungslosigkeit verinnerlicht. Seine verinnerlichte Teddykopie trägt die Züge eines Monsters, und dieses Monster lässt ihn die Welt

---

[32] Die Bindungstheorie wurde in den 1920er Jahren vom britischen Psychiater *John Bowlby* entwickelt. Sie konzentriert sich auf die Stärke emotionaler Sicherheit oder Unsicherheit, die ein Kind in den ersten Lebensjahren entwickelt. Die amerikanische Psychologin *Mary Ainsworth* entwickelte Bowlbys Theorie in Experimenten weiter, bei denen Kinder kurzzeitig Trennungen von der Mutter und Begegnungen mit Fremden ausgesetzt waren.

[33] Vgl. einführend: *Sharon Begley*, Neue Gedanken – neues Gehirn, München 2007, 328ff.

aus einem monströs verzerrten Blickwinkel wahrnehmen. Weil Narziss weitgehend in der Vergangenheit lebt und mit seinem Teddy-Monster ringt, lernt er zudem emotional wenig dazu.
Der amerikanische Psychoanalytiker *Heinz Kohut* griff Winnicotts Konzept vom „Übergangsobjekt“ auf und gestaltete es zur Theorie der *„Selbstobjekt-Beziehungen“* um. Er studierte und erlebte diese Beziehungsformen, indem er sich im psychoanalytischen Setting selbst als ′Teddy-für-Patienten′ zur Verfügung stellte. Dabei stieß Kohut auf folgende drei grundlegende Beziehungsformen narzisstisch verunsicherter Menschen:

a. verschmelzende Beziehungen,
b. idealisierende Beziehungen,
c. Ich-bin-der-Star-Beziehungen (Kohuts Begriff: „Grandioses Selbst“).

Da der Bruchstückmensch seine Beziehungsmuster auch auf *religiöse Beziehungen* ausweitet, haben Psychoanalytiker die Theorie entwickelt, dass Religion letztlich nichts anderes sei als das, was Narziss aus ihr macht. Faktisch beschreiben sie damit die Religion einer Mehrzahl der Zeitgenossen, die nicht mehr in sicheren Bindungen aufwachsen, zutreffend. Diese Wahrheit ersetzt jedoch nicht die Reflexion über seelisch reife und gesunde religiöse Beziehungen. Im Folgenden werden die drei grundlegenden narzisstischen Beziehungsmuster näher betrachtet. Dabei steht ihre Auswirkung auf die Gestaltung religiöser Beziehungen im Vordergrund.

A. Verschmelzen mit der Natur, den Mitmenschen und Gott

Der Schriftsteller Romain Rolland kritisierte Sigmund Freuds Religionskritik. Freud wisse schlichtweg nicht, worum es beim religiösen Grundgefühl gehe. Nachdem Rolland Freuds Schrift „Die Zukunft einer Illusion“ [34] durchgelesen hatte, warf er Freud vor, die eigentliche Quelle der Religiosität nicht gewürdigt zu haben.[35] Rolland war sich sicher, diese Quelle zu kennen. Es handele sich dabei um „die Empfindung der 'Ewigkeit'..., ein Gefühl wie von etwas Unbegrenztem, Schrankenlosem, gleichsam 'Ozeanischem'“, „ein Gefühl der unauflösbaren Verbundenheit mit dem Ganzen der Außenwelt“. Freud gestand, dass ihm dieses Gefühl unbekannt sei.
Spätere Psychoanalytiker griffen Rollands Vorschlag auf. Zugleich fiel ihnen der Zusammenhang mit narzisstischen Beziehungsformen auf. Der ungarisch-britische Analytiker *Michael Balint* verglich die ozeanische Heilssuche von Narziss mit dem Fisch-im-Meer-Gefühl. „Ein schönes Bild dieser einander durchdringenden Verschränkung ist der Fisch im Meer (eines der archaischsten und verbreitetsten Symbole) – es ist sinnlos zu fragen, ob das Wasser in den Kiemen oder im Maul Teil des Meeres oder Teil des Fisches ist.“[36] Narziss ist auf der ständigen Suche nach Verschmelzung mit „primären Substanzen“: mit der tragenden Erde, mit dem Wasser und mit der Luft, die eingeatmet wird.[37]
Balint erkennt hierin die Suche nach einer ursprünglichen, geistig-seelisch empfundenen Einheit zwischen dem kleinen Kind und der Mutter wieder. Dieser ursprünglichen Einheit entspringt nach Balint auch die Urkraft der Paradiessymbole. Im Menschen lebe eine kindliche Kraft, die ihn zur Ekstase und Verschmelzung treibe. Balint versteht diese Triebkraft zur unio allerdings strikt mutterbezogen und damit infantil-rückwärts-gewandt. Denn so erlebte er seine Patienten. „Dieser unio mystica, der Erneuerung der harmonischen Verschränkung der Person mit ... ihren Liebesobjekten, gilt das Sehnen der ganzen Menschheit.“[38]
Damit hatten Rolland und Balint eine Traditionslinie vorgezeichnet, die im Folgenden nur noch variiert wurde. Kohut nahm Rollands und Balints Beobachtungen auf und formulierte auf ihrer Grundlage eine von drei narzisstischen Beziehungsformen. Hierbei stellte der das narzisstische Be-

---

[34] *Sigmund Freud*, Gesammelte Werke, Bd. 14, Frankfurt M. ^{5}1972, 323-380.
[35] Die folgenden Zitate in diesem Absatz aus: ders., Das Unbehagen in der Kultur, in: ders., a.a.O., 419-506, hier: 421f.
[36] *Michael Balint*, Therapeutische Aspekte der Regression. Die Theorie der Grundstörung, Stuttgart 1970, 81f.
[37] Ders., a.a.O., 166f. Vgl. dort sowie 177 zu diesen Metaphern für den Beziehungsaufbau des Analytikers zum Patienten.
[38] Ders., a.a.O., 91, vgl. 90.

dürfnis nach tragenden, haltenden, sichernden Beziehungen heraus.[39] „Das Kind, das psychologisch überlebt, wird in eine empathisch-responsive menschliche Atmosphäre (von Selbstobjekten) hineingeboren, ebenso wie es in eine Atmosphäre hineingeboren wird, die eine optimale Menge Sauerstoff enthält, wenn es physisch überleben soll."

Auf dem Hintergrund der mystisch-regressiven Sehnsucht der narzisstischen Patienten setzte sich fortan eine reduzierende und pathologisierende Betrachtungsweise religiös-mystischer Erlebnisse durch. Jede Person, die Ekstasen und mystische Vereinigungen (die unio mystica) erlebt, sei tendenziell narzisstisch gestört und infantil zurückgeblieben. Das „kosmisch-mystische" Erleben war damit auf eine narzisstische Pathologie zurechtgestutzt worden. Als klinisches Beispiel beschrieb der Analytiker Robert Randell einen Patienten, der eine Pieta meditierte und dabei emotional mit dem toten Christus auf Marias Schoß verschmolz. Darin erlebte der Patient zugleich eine Vereinigung mit Gott-Vater.[40] Die gleiche Beziehungsform wiederholte der Patient mit seinem Analytiker: „Er wollte aber auch eins mit mir sein, um so ein Erlebnis, wie vor der Pieta, wieder zu erwecken – ein mystisch-ozeanisches Gefühl des Einsseins."

Die Reduktion religiöser Mystik auf eine narzisstische Pathologie wurde auf theologischer Seite interessiert aufgegriffen. Auch hier wurde fortan reifes kontemplatives Erleben mit seinen kindlich-ängstlichen Zerrbildern uniert. Der Theologe *Manfred Josuttis* fand dieses mystisch-religiöse Gefühl in drogenindizierten Visionen mit religiösen bzw. quasi-religiösen Inhalten wieder: „In der Mehrzahl [sc. der visionären Inhalte] geht es um Spielarten jenes 'ozeanischen Gefühls', das S. Freud im Anschluss an R. Rolland als Basis der religiösen Erfahrung angesehen hat"[41].

---

[39] Kohut, a.a.O. (Anm. 29), z.B. 162. Folgendes Zitat: *ders.*, Die Heilung des Selbst, Frankfurt M. ³1988, 83.

[40] *Robert L. Randell*, Religiöse Vorstellungen einer narzißtisch gestörten Persönlichkeit, in: WzM 29 (1977), 68-78, hier: 74-76. Das folgende Zitat: 76.

[41] *Manfred Josuttis*, Die religiöse Dimension von Rausch und Ekstase, in: Wolfgang Scheiblich (Hg.), Rausch - Ekstase - Kreativität. Dimensionen der Sucht, Freiburg i.Br. 1987, 27-37, hier: 34.

B. Idealisierende Beziehung

Kohut charakterisiert die idealisierende Beziehungsform durch das Motto: Du bist vollkommen, aber ich bin ein Teil von Dir („Elternimago-Übertragung“).[42] Hierbei wird die Bezugsperson, Gruppe oder auch Institution zwar als gedanklich vom Bruchstückmenschen getrennt erkannt. Gefühlsmäßig erlebt und benötigt ein Mensch mit narzisstischem Beziehungstyp sie jedoch als eine seelische Prothese. Er kann nicht zulassen und wahrnehmen, dass sein Beziehungspartner bzw. Gruppenkontext autonomen Gesetzen folgen will. Da der idealisierte Partner wie ein seelischer Teddy funktionieren muss, soll er seelisch ebenso verfügbar wie ein Teddy sein. Der kindlich unsichere Narziss klammert sich an die Teddy-Person, die sein Leben absichert, wie an einen Rettungsring und versucht notfalls, Liebe und Unterstützung von ihr zu erzwingen.
Als guter mütterlicher Dienstleister wird der Partner im narzisstischen Universum quasi-religiös erhöht. Er wird idealisiert und zum „omnipotenten Objekt“ stilisiert. Kohut unterstreicht seine eigene religiöse Deutung dieser zwischenmenschlichen Erhöhung, indem er sie mit der „Beziehung des wahren Gläubigen zu seinem Gott“ gleichsetzt[43]. Starke Idealisierungen des anderen oder einer Gruppe können bis zu tranceähnlichen religiösen Empfindungen führen.[44]
Die Analytikerin *Martha Henricson-Cullberg* berichtet von einer zeitweise psychotisch gestörten Patientin, deren Störungen verschwanden, nachdem sie sich religiös bekehrt hatte. Fortan idealisierte sie nicht mehr die Analytikerin, sondern Gott.[45] Anfangs hatte Anna von der Analytikerin geschwärmt wie ein kleines Kind von seinen überlegenen und starken Eltern: „I ... served somewhat as a guide to life.“[46] Die idealisierende Beziehung scheiterte jedoch an den zunehmend wahrgenommenen Grenzen der Analytikerin. Weder war sie mächtig genug, um die seelischen Störungen zu beseitigen. Noch war sie ständig in Notsituationen verfügbar wie ein Teddy. Nach neuen schweren seelischen Krisen und einem Suizidversuch wendete sich Anna mit ihren idealisierenden Erwartungen Gott zu. Zugleich verschwanden die Störungen. Anna fühlte sich fortan sicher wie auf Mutters Schoß. “The holding function of God is of course a better one than that of the therapist, whose failures are easy to discover and who goes away now and then.

[42] *Kohut*, Narzißmus, a.a.O. (Anm. 23), 45.
[43] Kohut, a.a.O., 46 Anm. 13 sowie 130 Anm. 1. – Dasselbe Phänomen tritt im Verliebtsein auf (vgl. 98f).
[44] Vgl. a.a.O., 121; ders., a.a.O. (Anm. 29), 182.
[45] Vgl. *Martha Henricson-Cullberg*, God as Holding Function – a Religious Conversion, in: Scandinavian Psychoanalytic Review 7,12 (1984), 184-194.
[46] A.a.O., 185.

God is always present.“[47] Anna beschrieb ihren Gott als fürsorglich, hilfsbereit und die Armen und Elenden schützend.
Aus der Sicht der Analytikerin übertrug Anna die Funktionen eines idealisierten Übergangsobjektes (Teddys) auf Gott. Die Heilung aus schweren psychotischen Krisen setzte ein, als Anna sich selbständig in Gott die ideal fürsorgende Mutter symbolisierte. Dadurch konnte sie Menschen von ihrem seelischen Erwartungsdruck entlasten. Und zugleich wird sie von Menschen, einschließlich der Analytikerin, autonom. „Anna reported that it was much easier for her to say 'no' to people. She could stand for herself in a better way and it was not a catastrophe if she got angry at someone any more. She was much more free in relation to her husband, to me, and to other people.”[48] Nicht jede religiöse Beziehung im narzisstisch idealisierten Spektrum setzt dieses heilende Potential frei.
Da es zur Rollenerwartung gegenüber Geistlichen gehört, Gott symbolisch zu vergegenwärtigen, ist diese Berufsgruppe einem hohen religiösen Idealisierungsdruck ausgesetzt. Kohut sagt über den Pfarrer bzw. Priester in der idealisierten Teddy-Funktion: „dann werden wir uns nach jemandem sehnen, vielleicht einem Priester oder Pfarrer, der uns als Ersatz dient für jene, die uns nicht mit der anfänglichen Nahrung versorgt haben, die unser Selbst gebraucht hätte. Eine Gestalt wie ein *all*liebender oder *immer* freundlicher oder *alles* verstehender Gott; eine Gestalt wie Christus wird uns dann diese Nahrung bieten.“[49] Der Analytiker Randell erlebte eine an ihn herangetragene Priesterrolle wie folgt: „Einerseits sollte ich als Mittler zu einer erneuten Verschmelzung mit Gott dienen: ´Wenn ich mit Ihnen spreche ist es so, als ob ich mit Gott spreche.´ Auf der anderen Seite hoffte er mit mir zu verschmelzen, da er mich als eine Gott-ähnliche Person wahrnahm. ... Er wollte unbewußt an mir partizipieren und damit an dem, was er als ´christliche Größe´ empfand.“[50]
Wenn ein narzisstisch empfindender Mensch den Priester bzw. Pfarrer nicht mehr als *Mittler* wahrnimmt, sondern ihn seelisch mit Gott *identifiziert*, kommt es nach einem anfänglichen scheinbaren Heilungsschub zu einer heillosen Abhängigkeit, zu menschlicher Überforderung und zu vorprogrammierten Enttäuschungen wie in Annas Beziehung zu ihrer Analytikerin. Für die idealisierten Geistlichen oder auch andere Helfer und Ersatzteddys entstehen aus einer Rollen*übernahme* große Probleme. „Die momentane Idealisierung ... kann ... den religiösen Helferwillen stimulieren und ... ein

---

[47] A.a.O., 193.
[48] A.a.O., 191.
[49] Kohut zu Moss, in: *Heinz Kohut/David M. Moss*, Narzißmus, Empathie und die Fragmentierung des Selbst: ein Gespräch mit Heinz Kohut, in: WzM 29 (1977), 49-68, 64f, Kursivierung SB.
[50] Randell, a.a.O. (Anm. 40), 76. Vgl. ebenso Kohut, a.a.O. (Anm. 29), 193.

Gefühl der Unentbehrlichkeit vermitteln".[51] Dies kann auf seiten von Geistlichen, Ärzten, Lehrern, Startypen etc., die sich gerne idealisieren lassen (siehe Kohuts folgenden Narzissmustyp) gleichfalls zu suchtartiger Abhängigkeit führen und in Überforderung enden.

C. Die Ich-bin-der-Star-Beziehung (Kohut: „Grandioses Selbst")

Der idealisierten Beziehung entspricht das Motto: „Du bist großartig, aber ich bin ein Teil von Dir, daher fällt dein Glanz auch auf mich." Die Haltung des „grandiosen Selbst" bzw. des Stars entfaltet sich polar dazu: „Ich bin großartig – bestätigt es mir durch euren Beifall." Narziss in Starpose bevorzugt Beziehungen und Positionen, die ihm möglichst viel Anerkennung verschaffen und in denen ihm möglichst kritiklos zugestimmt wird. Auf zwischenmenschlicher Ebene äußert sich diese Beziehungsform vorrangig im Bedürfnis nach Beifall, Anerkennung und Bewunderung.[52]
Auf die Gottesbeziehung übertragen, wünscht sich der Bruchstückmensch in dieser Pose von Gott eigentlich nur eines: Beifall. Während sich der idealisierende Narzisst mit dem Empfinden begnügt: „Ich bin an Gottes Seite und habe Teil an seiner Größe", rückt der Star-Narzisst direkt in Gottes Nachfolge ein oder tauscht die Rollen mit ihm: „Gott ist an meiner Seite."[53] Der Analytiker Randell verweist als Beispiel auf einen seiner Patienten: „Herr J. hatte ... immer geglaubt, dass Gott ihn als etwas Besonderes ansah. Sein Schöpfer hatte ihm einzigartige Gaben verliehen. Auch seine Gebete beantwortete Gott immer und gab ihm genau das, was er wollte. Gott enttäuschte ihn nie. Was konnte man sich noch wünschen? Es war der Himmel auf Erden."[54] Bei Identifikationen mit Christus sollte in jedem Falle genauer geprüft werden, ob es um eine bruchlose Apotheose des Ego geht.[55]

---

[51] Randell, a.a.O., 76.
[52] „Prediger, Lehrer, Schauspieler und andere Öffentlichkeitspersonen ...: Sie sind sehr abhängig von den ihnen zugewandten, lächelnden Gesichtern in der Zuhörerschaft." (*Paul W. Pruyser*, Narzißmus in der Religion der Gegenwart, in: WzM 35 [1983], 32-43, hier: 42)
[53] So Randell, a.a.O. (Anm. 40), 74.
[54] A.a.O., 72f.
[55] Kohut, a.a.O. (Anm. 42), 187f. Vgl. auch ders., a.a.O. (Anm. 29), 185.

2.4.2 Der Kuschel-Gott als lebender oder toter Spiegel

Zentral für das narzisstische Gottesbild sind dessen *mütterliche Züge*. Nicht mehr Konflikte im Rahmen der Vaterproblematik stehen im Mittelpunkt, sondern Defizite aus dem frühen Zusammenspiel zwischen Mutter und Kind. Das alltägliche und das religiöse Leben drehen sich im narzisstischen Beziehungsrahmen nicht mehr um Schuldkonflikte wie noch in Luthers Biographie („Wie erlange ich einen *gnädigen* Gott?"). Sondern *die Selbstwertthematik hat die Schuldfrage verdrängt:* Wie erlange ich *Ansehen* vor den Menschen (und vor Gott)? Aus Sicht der Psychoanalytiker steht nicht mehr der Sohnes-Mensch vor Gott-Vater. Sondern das kleine Kind bemüht sich um das Aufstrahlen des zugewandten mütterlichen Antlitzes, um positive Aufmerksamkeit bei Mensch und Gott. „... der klassische Gott der westlichen Religionen beerbt nicht nur den Vater, sondern auch die Säuglingszeit"[56]. Kohut spricht von einem kulturellen Umbruch: fort vom Paradigma des „schuldigen Menschen", hin zum Paradigma des „tragischen Menschen". Der tragische Mensch ist durch seine Mängelausstattung das „in seinem Streben nach Selbstverwirklichung blockierte Wesen".[57]
Positive Aufmerksamkeit, das zugewandte Angesicht, wird in der psychoanalytischen *Entwicklungspsychologie* unter dem Begriff des „Spiegelns" thematisiert.[58] Die Bandbreite der Definitionen reicht hierbei vom Gewähren einfühlsamer Aufmerksamkeit über das Imitieren von Geräuschen des Säuglings oder seines Gesichtsausdrucks (d.h. Empathie auf Verhaltensebene) bis hin zum Übersetzen fragmentarischer oder impliziter (z.B. sensomotorischer) Äußerungen in Laute oder Sprache. Einfühlsames Spiegeln gilt als eines der wichtigsten therapeutischen Mittel bei der Heilung des Bruchstückmenschen.
Spiegeln und Aufmerksamkeit haben ihren ursprünglichen Sitz im Leben im geglückten Zusammenspiel zwischen Mutter und Baby. Das Spiel glückt, wenn die Mutter emotional dazu fähig ist, die ihr zugespielten Gefühle und Äußerungen des kleinen Menschen einfühlsam zu beantworten. Der Psychoanalytiker *Daniel Stern* spricht, wie beim Tuning eines technischen Gerätes, vom Einstimmen der Gefühle der Mutter („affective attunement") auf die des Kindes.[59] Für Winnicott und Kohut ist das menschliche *Gesicht* der wichtigste Ort für glückende oder misslingende Beziehungen. Das Ge-

---

[56] *Fritz Erik Hoevels*, Die Unsterblichkeitsvorstellung im Lichte der Psychoanalyse, in: system ubw 10 (1992), 7-30, hier: 18.
[57] H. Kohut, a.a.O. (Anm. 29), 269, vgl. 269ff.
[58] Vgl. zum Folgenden *Wolfgang Mertens*, Art.: Spiegeln – mirroring, in: *ders.*, Kompendium psychoanalytischer Grundbegriffe, München 1992, 236-238, dort die Literaturangaben: 238.
[59] Er bezog sich damit auf die Versprachlichung mimischer Äußerungen des Kindes durch die Mutter. Vgl. *Daniel N. Stern,* The interpersonal world of the infant, New York 1985.

sicht der Mutter ist der wichtigste Spiegel für den empfundenen und kommunizierten Wert eines Menschen.[60] Entwicklungspsychologisch werden Tiefenschichten im Menschen angesprochen, wenn anthropomorph gesprochen Gottes Gesicht dem Menschen barmherzig aufstrahlt. *Das Gesicht ist in der menschlichen Urerfahrung der primäre Ort der Erfahrung von Gnade (und Ungnade).* „Emotionally, the most important thing to be discovered in the world is the mother´s face."[61] „Die Liebe findet ihr Heim im Gesicht, in seiner Schönheit, in der Musik der Stimme und der Wärme des Auges. Liebe wird [zuerst] durch das Gesicht bewiesen, und dasselbe geschieht mit dem Liebesunwert – der durch Sehen und Hören, durch Gesehen- und Gehörtwerden bewiesen wird."[62]
Zunächst sind es die *Augen* der Mutter, die der Säugling im Gesicht zu fixieren versucht, sobald er dazu mit etwa zwei Monaten fähig wird. Darauf folgt der Mund. Der achtsam zugewandte Blick der Mutter wird zu einem seelischen Kokon, der die Handlungen des Säuglings schützt und seine Gefühle lebendig hält. Sich im Gesicht der Mutter spiegelnd, erhält der Säugling *sein Bild*, das er der Mutter darbietet, aus *ihrer Perspektive* zurück. Es handelt sich im zwischenmenschlichen Spiegel-Spiel also nie um eine tote Reflexion, um eine banale Kopie, die Retour geschickt wird. Bei einem geglückten Zusammenspiel der Blicke und der ausgetauschten Gefühle fließt stets die Sichtweise der bzw. des spiegelnden Anderen mit ein. Zwar geht es im basalen Spiegel-Spiel vorrangig um die Frage: Wer bin ich? Als wen siehst du mich? Dabei ist das *Selbst*bildnis die Figur, und das Gesicht des Anderen bleibt der Grund. Zugleich gilt jedoch ebenso fundamental: *Die/der Andere bleibt der Grund des Selbstbildnisses.*[63] „Indem die Mutter das Kind spiegelt, kommt es zu einem Austausch zwischen Mutter und Kind. Der Beitrag des Kindes ist, dass es *ist*, der der Mutter, dass sie auf das Sein des Kindes antwortet. Was das Kind erfährt, ist sein Bild von sich selber, das im Hin und Her des Austausches zwischen Mutter und Kind" Gestalt gewinnt.[64] Das Spiegel-Spiel zwischen Mutter und Kind ist der entwicklungspsychologische und identitätsbegründende Sitz im Leben für die These

---

[60] *Donald W. Winnicott*, Die Spiegelfunktion von Mutter und Familie in der kindlichen Entwicklung, in: *ders.*, Vom Spiel zur Kreativität, Stuttgart 1973, 128-135.
[61] *Vance R. Sherwood*, Object Constancy: The Illusion of Being Seen, in: Psychoanalytic Psychology 6,1 (1989), 15-30.
[62] Wurmser, a.a.O. (Anm. 27), 163, Ergänzung SB.
[63] Vgl. Sherwood: „The mother does not simply imitate the baby's actual behavior; rather, *she intuits* the feelings behind the infant's gestures, sounds, or facial expressions and finds ways to highlight the internal, private phenomena. Thus, whatever *she* can ´see´ in her baby, she can in turn show to him and render with clarity and definition what the infant senses only vaguely and fluidly internally." (a.a.O. [Anm. 61], 25; Herv. BS)
[64] *Lore Schacht*, Die Spiegelfunktion des Kinderanalytikers, in: Psyche 36 (1982), 47-58, hier: 52.

des Philosophen George Berkeley: *esse est percipi*. In Winnicotts Worten: „Wenn ich schaue, werde ich gesehen, also existiere ich.“[65]
Der therapeutische Weg für den Bruchstückmenschen zu Gott führt also zentral über Spiegel-Erfahrungen. Diese werden sehr tiefreichend über die Metaphorik vom zugewandten *Angesicht Gottes* angesprochen. Dies ist beim Aaronitischen Segen der Fall (Num 6,25, vgl. Ps 11,7; Ps 41,13). Zum Themenfeld des Antlitzes Gottes zählen ferner biblische Aussagen über *Licht und Dunkel, den Namen und die Kostbarkeit* des Menschen. Die *Licht-Dunkel*-Symbolik steht dem Erleben des leuchtend zugewandten oder abgewandten bzw. verfinsterten Gesichtes nahe (Ps 4,7, Ps 27,1; Gen 4,5; Am 5,20). Empfindungen von persönlicher Zuwendung, Einmaligkeit und Wert sind mit dem *Namen* verbunden. Auch dieser personale Aspekt ist in der jüdisch-christlichen Religion integriert. Die Heilszusage wird mit dem Namen verbunden (z.B. Jes 43,1). Die Namen gelten als „im Himmel aufgeschrieben“ (Lk 10,20; vgl. Phil 4,3, Hebr 12,23). Die Menschen werden als für Gott *kostbar* beschrieben: „Ihr seid teuer erkauft“ (1Kor 6,20), erlöst „mit dem teuren Blut Christi“ (1Petr 1,19). Sie sind vor ihm besondere Wesen, ohne diesen Wert beweisen zu müssen. In Christus „hat er uns erwählt vor der Schöpfung“ (Eph 1,4), und zwar als Wertlose: „was töricht ist vor der Welt“ (1Kor 1,27), als „die Armen dieser Welt“ (Jak 2,5).
Die christliche Hoffnung bleibt personal strukturiert. *Hoffnung ist zuerst die Hoffnung, gnädig gesehen zu werden*. „Wir werden ihn sehen wie er ist“ (1Joh 3,2). „Seine Knechte werden ... sehen sein Angesicht, und sein Name wird an ihren Stirnen sein“ (Apk 22,4, vgl. 1,7). Die Götzen hingegen können weder sehen noch hören (Apk 9,20). Dieses Spiegelungs-Spiel entfaltet sich bereits in die Gegenwart: „Nun aber spiegelt sich bei uns allen der Glanz (δόξα) des Herrn in unserm aufgedeckten Angesicht, und wir werden verklärt in sein Bild von einem Glanz zum andern“ (2Kor 3,18).
All diese Aussagen sprechen biographisch tief heilsam in die innere Zerrissenheit des Bruchstückmenschen hinein. Mit Florenskijs Theologie von Gesicht – Antlitz – Maske ist das Gesicht des Menschen, der in tote Spiegel blicken musste, zur Maske entfremdet. Sobald er auf seine verinnerlichten Stimmen hört, blickt er innerlich zugleich in kalte Gesichter, die ihn in seelische Abgründe stürzen. Die Hinwendung zur Gottesbeziehung kann, wie im oben dargestellten Fall von Anna, ein großes therapeutisches Potential entfalten. Ein ausschlaggebender Faktor für den therapeutischen Effekt bleibt dabei, inwieweit der Bruchstückmensch tatsächlich bereit ist, sich auf einen *lebendigen* Spiegelpartner einzulassen und wie weit er dazu bereit ist, auf einem Entwicklungsweg bisherige Identitätskonstrukte loszulassen.

---

[65] Winnicott in: Schacht, a.a.O., 48.

Wird lediglich ein Kuschelpartner akzeptiert und Gott zur krisenlindernden Droge, so bleibt die Situation verfahren.

2.4.3 Die Ego-Falle des Kuschel-Gottes (Gott als toter Spiegel)

Es kommt beim Spiegel-Spiel zentral auf eine Begegnung mit einem *Anderen* an, der geistig und seelisch *mehr* zurückspiegelt als auf sinnlicher Ebene gezeigt wurde. Hier liegt eine Grenze der physikalisch-mechanischen Spiegel-Metapher. Da es um menschliche Gesichter, um den Austausch von menschlichen Seelen und menschlichem Geist geht, muss man unterscheidend von einem *lebendigen* Spiegel sprechen. Zusammen mit dem physischen Gesicht bilden die Seele und der Geist des Anderen den Spiegel-Grund. Personale Begegnung bedeutet keine Reflexion an der Oberfläche, sondern ein Hineingelassen-Werden in den Anderen, einen kurzen Moment des Eintauchens in seine Seele und in seinen Geist, und schließlich eine bereicherte Rückkehr in die eigene Welt.

Der *Aufprall und das Abgewiesen-Werden an der Oberfläche* kennzeichnen stets den toten Spiegel. Am toten Spiegel zerbricht der Mensch. Hier wird nur *mechanisch* seine eigene sinnliche Oberfläche gespiegelt. Er wird zurückgeworfen auf sich selbst. Seine Seele erstarrt auf der kalt bleibenden Oberfläche. Sein Geist irrt auf der Oberfläche umher und empfängt keine neuen Ansichten auf sich selbst. Der tote Spiegel *entfremdet*, da er nicht zu lieben vermag. Der Teddy liebt, weil in ihm die Seele der Mutter inkarniert ist. Daher klingt die phantasierte Stimme des Teddys nicht mechanisch, sondern warm.

Der tote Spiegel ist die entwicklungsgeschichtliche Todeszone des Bruchstückmenschen. Die Fragmentierungsängste und das Umherirren zwischen Bruchstücken und kalten Stimmen haben hier ihren lebensgeschichtlichen Ort. Statt eines Zuhauses verkörpert der Bruchstückmensch in sich die Kälte der Fremde, die ihn daheim empfing und umgab. Der *Mythos von Narziss* entfaltet die seelische Sterbeszene vor dem toten Spiegel. Der Analytiker und Theologe Heribert Wahl[66] verweist in der Deutung des antiken Mythos auf das scheiternde Spiegel-Spiel zwischen Narziss und seiner Mutter, der Quellnymphe Leiriope. Narziss ist ein Kind der Gewalt. Sein Vater Kephissos, der Flussgott, hatte Leiriope vergewaltigt. Narziss findet nicht mehr aus diesem Kosmos der Gewalt heraus. Er kann sich nicht mehr für andere öffnen. Er nimmt sich selbst zum einzig sicheren Bezugspunkt. Die Liebe der ihm zugewandten Nymphe Echo bleibt ihm unerreichbar fremd. Auf sich

---

[66] *Heribert Wahl*, Narzißmus? Von Freuds Narzißmustheorie zur Selbstpsychologie, Stuttgart/Berlin/Köln/ Mainz 1985, 190f.

selbst fixiert, kommt er als Mensch dennoch nicht ohne den Dialog der Spiegelung aus. Narziß entscheidet sich für den toten Spiegel eines Flusses. Er ertrinkt darin.
Das Motiv des seelischen Zerbrechens vor dem toten Spiegel findet sich vielfältig variiert in der Gegenwartsliteratur wieder. *Marilyn French* beschreibt eine Szene vor dem Spiegel und nimmt dabei zugleich Bezug auf die Spiegelszene mit der bösen Königin im Märchen „Schneewittchen".[67] Mira „brauchte ihren Spiegel so nötig wie die Königin in *Schneewittchen.* Das ging vielen von uns so – wir verschlangen förmlich, was die Leute über uns sagten, und glaubten es." Mira versucht, sich im Spiegel „ganz zu sehen". Doch sie erblickt nur ein Sammelsurium auseinanderdriftender Äußerlichkeiten. „Sie trat näher an den Spiegel, prüfte ihre Augenbrauen und den blauen Lidschatten, den sie erst vor einer Stunde aufgelegt hatte. Beides war noch in Ordnung. Sie trat wieder zurück und versuchte sich ganz zu sehen. Es gelang ihr nicht. Seit sie den Stil ihrer Kleidung geändert hatte – das heißt, seit sie in Harvard war –, weigerte sich ihr Ich, sich im Spiegel zusammenzufügen. Sie sah nur Teile, Stücke – Haare, Augen, Beine –, aber die Teile wollten nicht zusammenpassen. Die Haare und die Augen paßten zusammen, aber der Mund nicht; er hatte sich in den letzten Jahren geändert. Die Beine waren in Ordnung, nur paßten sie nicht zu den klobigen Schuhen unter dem Faltenrock ..."
Der Kampf an und mit der Oberfläche ist ein Stellvertreterkrieg, da die Kämpfe in der Tiefe längst verloren sind. Die Seele ist längst erstarrt, der Geist ist in Teilidentitäten und Gelegenheitsrollen zersplittert. Was übrig bleibt, ist Design. Die Trümmerlandschaft des Ich soll attraktiv verpackt werden. Doch Mira gelingt dies nicht mehr. Auch ihre Oberfläche zeigt bereits Risse.
Das Starren in einen toten Spiegel bleibt immer noch eine Äußerung von Hoffnung. Der *Spiegel ersetzt ein Gesicht.* Wer um sich blickt und ein Gesicht sucht, hofft noch. Der mythische Narziss hat auch in seiner letzten Isolation nicht aufgegeben, eine Antwort zu erhalten auf die Frage: Wer bin ich in deinen Augen? Wie viel bin ich gespiegelt wert?
Der Prozess des seelischen Sterbens wurde in *Experimenten mit Säuglingen* in Mikrosituationen provoziert. Säuglingsforscher gaben Müttern die Anweisung, zum kalten, toten Spiegel für ihre Babys zu werden. Faktisch geschieht dies oft, wenn Mütter durch Depression nur noch ein maskenhaft leeres Gesicht haben und ganz nach innen gewandt leben. Deutlich wird in der Versuchsanordnung auch, wie inständig ein kleines Kind nach dem zugewandten Angesicht aufbegehrt, und was das Scheitern an menschlicher Kälte für den kleinen Menschen bedeutet.

[67] *Marilyn French*, Frauen. Roman, Hamburg 1982 (rororo 1490), Zitate: 11 und 17.

„Eine der streßreichsten Situationen [sc. für den Säugling] ist es, wenn die Mutter (auf Anweisung eines Versuchsleiters) ihr Gesicht bewegungslos hält, also nicht in die vom Säugling erwartete Interaktion einsteigt (´still face´, ... ´stimulated depression´ ... Ähnliches geschieht auch, wenn die Mutter ihre Augen schließt ...). Dann spielt der Säugling zunächst auf beinahe übertriebene Weise seinen Part aus und versucht energisch, seinen Erwartungen Recht zu verschaffen: Er beginnt zu lächeln, bewegt sich und sieht die Mutter an. Reagiert sie nicht, schlägt der positive Affekt in Verzweiflung und Wut und schließlich in Passivität um, der oder die Kleine wendet sich ab ... [Es] ist ... dem Säugling nicht möglich, seinen Affekt selbständig zu ´halten´. Das Funktionieren des Säuglings ´fragmentiert´, wenn seine Erwartungen nicht auf der Verhaltensebene ´gespiegelt´ werden.“[68]
Caroline Neubaur sieht in dieser toten Spiegelung die „Erfahrung des ´Dämonischen´“.[69] Denn der kalte oder der sich abwendende Blick und das Schauen in eine Maske kommen einer Negierung des eigenen Seins gleich. Die subtileren Todesblicke beschreibt der Dichter Honoré de Balzac: „Mein Freund, Sie wissen nicht, wieviel Impertinenz eine Frau wie meine Mutter in einen schützenden Blick, wieviel Erniedrigung in ein Wort, wieviel Verachtung in eine Begrüßung legen kann.“[70]
Mit der psychologischen Zentralstellung des Gesichtes bestätigen die psychoanalytische Narzissmusforschung und die Säuglingsforschung die Bedeutung theologischer Ansätze, die die Morphologie des Gesichtes thematisieren. Was die Säuglingsforscher als „still face“ und „stimulated depression“ einsetzen, um das Seelenleben von Säuglingen zu fragmentieren, und was Neubaur die „Erfahrung des Dämonischen“ nennt, hat Pavel Florenskij als das entfremdete Gesicht bzw. Maske bezeichnet. Die „Maske“ ist das vom menschlichen Wesen entleerte Gesicht, das fremde Züge trägt. Die „steinerne Maske“ ist das Gesicht des Menschen, der von seinem Wesen abgespalten lebt und in dem wesensfremde Leidenschaften ein Eigenleben führen. Die Maske ist kein „Fenster“ mehr, „aus dem Gottes Licht strahlt“. Das Gesicht, durch das der Mensch dem Mitmenschen Gottes Gnade vermittelt, ist in Florenskijs Terminologie das zum „Antlitz“ entwickelte Gesicht.[71]

---

[68] *Matthias Baumgart*, Psychoanalyse und Säuglingsforschung: Versuch einer Integration unter Berücksichtigung methodischer Unterschiede, in: Psyche 45 (1991), 780-809, hier: 796f. Ergänzungen SB.
[69] *Caroline Neubaur*, Übergänge. Spiel und Realität in der Psychoanalyse Donald W. Winnicotts, Frankfurt M. 1987, 135.
[70] Zitiert in: Wurmser, a.a.O. (Anm. 27), 24.
[71] Siehe oben S. 125ff.

Kohut verweist für die Degeneration durch maskenhafte Kälte auf die typisch kafkaesken Figuren, so z.B. auf *Franz Kafkas* „Jedermann". „Jedermann" mutiert in seiner Familie zu einem hässlichen Käfertier. Seelisch erstarrt, hat er die Hoffnung auf warme Blicke aufgegeben. „Ich erinnere Sie an die Schriften von Franz Kafka, besonders an *Die Verwandlung, Der Prozess* und *Das Schloss*. K. ist ... der Jedermann, der spürt, dass auch die Gesellschaft, diese spätere Erweiterung der Familie, ihm gleichgültig gegenübersteht, und der daher durch die Welt wandert, leer und schal, sich sehnend nach etwas, das er nicht mehr begreift, weil jener Teil seiner selbst, der einst heftig nach freundlicher Empathie verlangte, längst verschüttet und ihm nicht mehr zugänglich ist. Die kalten Stimmen der Familie sprechen von Gregor Samsa, dem Käfertier, in der unpersönlichen dritten Person, und für die unerreichbaren Richter im Prozeß ist K. eine Nummer, die zurückgewiesen wird, ohne daß ein Versuch unternommen wird, seine Zurückweisung individuell zu rechtfertigen."[72]
Zusammenfassend bleibt festzuhalten: Identitätsbildende Spiegelerfahrungen sind verinnerlichte Szenen geäußerter Liebe. Der Blick des Anderen vermittelt ein Bild, das sich auf dem Grund seiner Seele und seines Geistes weiter entwickelt hat. Der liebende Blick ist der Ort von Gnade. Der maskenhafte, kalte Blick vermittelt die Erfahrung des Dämonischen. Er führt zur Fragmentierung der Gefühle und der Person, prägt ihr selbst dämonische Züge ein und führt sie in eine lebenslängliche Abhängigkeit von Spiegelerfahrungen.
Nur Menschen und eine höher organisierte Personalität können lebendige Spiegelerfahrungen vermitteln. Tote Spiegel verschaffen Oberflächen-Begegnungen. Sie *ästhetisieren* den Prozess der Personbildung statt im Austausch innere Strukturen zuzuspiegeln. Sie lassen durch mechanisch repetierte, schablonisierte oder maskenhaft verzerrte Bilder das sich in ihnen spiegelnde Gesicht zur Maske erstarren. Zu toten Spiegeln zählen der reale Spiegel,[73] Drogen, ein als Fetisch (d.h. nicht mehr personal-dialogisch) funktionalisierter Gegenstand und dämonische Erfahrungen vermittelnde Symbole, die auf depersonalisierende Masken und schmerzhafte Erfahrungen bezogen sind (z.B. das Sich-Schneiden von Borderline-Patienten als eine körperliche Vergegenwärtigung schmerzhafter Kommunikationsszenen zur negativen Selbstvergewisserung).

---

[72] Kohut, a.a.O. (Anm. 29), 22f.

[73] „Das Kind..., das ausschließlich auf den realen Spiegel angewiesen ist, ... muß die Leere selber füllen, indem es an den Spiegel herantritt. Was es dabei gewinnt, ist jedoch nicht mehr als ein selbstgeschaffenes Bild" (Schacht, a.a.O. (Anm. 64), 53, vgl. dort das Fallbeispiel zum Übergang von einer ´toten´ zur lebendigen Spiegelerfahrung). Vgl. auch Kohut, a.a.O. (Anm. 29), 222.

2.4.4 Die Liebe Gottes als Grund des Selbstbildnisses (Gott als lebendiger Spiegel)

Die Gottesbeziehung wird als toter Spiegel erlebt und schädigt Menschen in ihrer Entwicklung, wenn Gott dämonische Züge zugewiesen werden, aber auch, wenn er als *anderer Grund* des Spiegelbildes ausgeblendet wird. Dies kann in allen drei von Kohut analysierten narzisstischen Beziehungstypen geschehen, sobald die narzisstische Bedürftigkeit und die Abwehr echter Dialogizität in ihnen die Oberhand gewinnen. Die Gottesbegegnung spiegelt dem Menschen dann kein *Mehr*-Sein zurück. Er bleibt mit seinen erstarrten Selbstbildern und Ängsten bei sich allein. In dieser Position wird Gott zu einem narzisstischen *Fetisch*. Er ist in das narzisstische Universum integriert und befriedigt Wünsche nach elementarer Verschmelzung und Lebensabsicherung, nach grandiosem Abglanz für den eigenen Lebensweg oder nach Beifall und Anerkennung für eigene Lebensleistungen. Für den zum narzisstischen Fetisch degenerierten Kuschel-Gott legt sich der Vergleich mit dem *Flaschengeist aus Aladins Wunderlampe* nahe.
Aus theologischer Sicht geht es in dieser seelischen Dynamik um das Spannungsverhältnis zwischen dem Streben nach Sicherheit (*securitas*) einerseits und der Fähigkeit zu Freiheit zulassendem Vertrauen (*certidudo*) andererseits.[74] Je seelisch autonomer, reifer ein Mensch wird, desto stärker kann er Gott Gott sein lassen und desto weniger muss er ihn funktionalisieren. Der Kuschel-Gott wird als seelische Plombe funktionalisiert. Der Bruchstückmensch ist zu sehr mit seinem alltäglichen seelischen Überleben beschäftigt und dreht sich noch viel zu stark gedanklich und emotional um sich selbst, als dass ihn Gott als ein andersartiges Gegenüber interessieren würde. Ebenso funktionalisiert der Bruchstückmensch seine Mitmenschen und seine Lebenswelt. Securitas als Lebenshaltung erschafft eine funktionalisierte Welt und kann auch Gott nur funktional erfassen. Damit bleiben Narziss die Lebensbereiche von Freiheit und Liebe und zugleich auch personaler Mystik verschlossen. Liebe entfaltet sich erst im freien Wechselspiel zweier Anderer.
Der Reifungsschritt zur certitudo ist mit Differenz-Erfahrungen verbunden, in klassischer theologischer Sprache: mit *Anfechtungen*. Durch die Erfahrung eines widerständigen Anderen differenziert sich die bisherige Konstruktion einer Welt, in der das Ego die Mitte darstellt und in der Dinge, Menschen und Gott dem Ego funktional dienen. In der klassischen mystischen Literatur wird der Weg durch diese Anfechtungen als „*Reinigung*" (purificatio) beschrieben. Ausgelöst werden sie durch den Überschritt vom *selbstkonstruierten Gott* zur Begegnung mit dem *lebendigen Gott*. Der

[74] Vgl. *Sabine Bobert-Stützel*, Frömmigkeit als Symbolspiel, Göttingen 2000, 328-332.

spanische Mystiker *Johannes vom Kreuz* (1542-1591) beschreibt diesen Reinigungsweg als „Die dunkle Nacht“.[75] In der Gottesbegegnung zerfallen unrealistische Selbst- und Gottesbilder. Die Lebensfragmente ordnen sich um ein neues Zentrum, dessen Bild dem Menschen erst im Verlauf einer realen Begegnung zugespiegelt wird.[76]

Die Kriterien der seelischen Heilung des Bruchstückmenschen bilden zugleich Merkmale der geistlichen Reifung. Sie beziehen sich zentral darauf, *die Andersartigkeit des Anderen tolerieren, zunehmend wertschätzen und lieben zu können*, ohne dass der Andere funktional etwas nützt. Gott ist dann aus menschlicher Sicht von einem transzendenten Kuscheltier zu einem Anderen geworden, dessen Liebe gespürt wird und auf den man sich aus eigener Freiheit heraus und nicht aus seelischem Zwang beziehen will. Aus der anfänglichen Funktionalisierung entwickelt sich zunehmend Neugierde. Aus der Kränkbarkeit über enttäuschte Pläne und Wünsche wird gelassenes Vertrauen und ein grundlegendes Gefühl des Getragenseins. Die *Entdeckung einer nicht-funktionalen Welt* bleibt nicht auf Gott bezogen, sondern prägt zunehmend einen nicht-funktionalisierten Umgang mit Menschen und eine nicht-funktionale Wahrnehmung der Welt.

Kohut beschreibt den zerbrechlichen Menschen, der aus dem narzisstischen Kokon ausbricht und die Eigendynamik des Lebens wertschätzen lernt, mit den Fähigkeiten: „Es sind

1. die schöpferische Begabung und Arbeit,
2. die Einfühlungskraft,
3. die Fähigkeit, die Begrenztheit des eigenen Lebens ins Auge zu fassen,
4. der Sinn für Humor und
5. die Weisheit.“[77]

In der Gegenwartskultur spielt vor allem die Kunst eine wichtige Rolle bei der nicht-funktionalen Wahrnehmung der Welt. Zugleich finden sich in der Gegenwartskunst hoch ausdifferenzierte Formen einer mystischen Ästhetik, die für einen Dialog mit einer zeitgenösssischen christlichen Mystik eine wichtige Rolle spielen. Daher werden im folgenden Kapitel Konzepte mystischer Ästhetik näher betrachtet.

---

[75] Vgl. *Johannes vom Kreuz*, Die dunkle Nacht, hg. v. Ulrich Dobhan, Elisabeth Hense, Elisabeth Peeters; Freiburg 1995.

[76] Siehe unten zur kontemplativen Entwicklungsdynamik: S. 307ff.

[77] Kohut, a.a.O. (Anm. 29), 154, vgl. 154ff. Im Gespräch mit Moss über das Sterben: a.a.O. (Anm. 49), 64-66.

3. Mystische Spiritualität in spätmodernen Formen

3.1 Mystische Ästhetik in der Gegenwartskunst: Das Unsichtbare als Unsichtbares im Sichtbaren evozieren

Jean-Francois Lyotard beschreibt die Aufgabe der Gegenwartskunst damit, sehen zu lassen, dass es Unsichtbares im Sichtbaren gibt.[1] Die Gegenwartskunst hat inzwischen eine eigene mystische Ästhetik geschaffen. Im Folgenden werden zwei Künstler vorgestellt, die mit ihrer je eigenen ästhetischen Mystik Zeitgenossen dazu führen, Unsichtbares im Sichtbaren als Unsichtbares wahrzunehmen: der Land-Art-Künstler Andy Goldsworthy mit seinem Versuch, „den Stein zu verstehen" sowie der Bildhauer Antony Gormley mit seiner ästhetischen Transformation des menschlichen Körpers in ein Quantenfeld.

3.1.1 Andy Goldsworthy: „den Stein verstehen"

Andy Goldsworthy ist ein Land-Art-Künstler. Wer seine Werke nicht vor Ort besichtigen kann, findet sie in Bildbänden dokumentiert sowie seit 2001 in einem Dokumentarfilm von Thomas Riedelsheimer vorgestellt.[2] Riedelsheimers Dokumentarfilm bildet wiederum eine eigene Kunstform. Goldsworthys Landart begegnet in Riedelsheimers Ansichten und wird mit der interpretierenden Musik des John-Cage-Schülers Fred Frith verbunden.[3] Der Film „Rivers and Tides" spielte über 3 Millionen Euro ein. Goldsworthys Bildbände zählen in Deutschland zu den meistverkauften Kunstbänden der letzten Jahre.

Goldsworthy wurde 1956 in Cheshire, England geboren und lebt in Penpont in Schottland. Ende der 1970er Jahre begann er, unter freiem Himmel mit Naturmaterialien zu arbeiten. Heute gilt er, neben Richard Long, als bedeutendster Vertreter der Land-Art. Er realisierte Werke rund um die Welt: im Riedelsheimer-Film in Kanada, den USA, in Frankreich und Schottland. Als Land-Art-Künstler arbeitet er mit dem, was er vorfindet, und zumeist dort, wo er es vorfindet. Er montiert Materialien wie Eis, bunte Herbstblätter,

---

[1] Vgl. *Jean-Francois Lyotard*, Der Augenblick. Newman, in: *ders.*, Das Inhumane, Wien 1989, 141-157 sowie *ders.*, Das Erhabene und die Avantgarde, a.a.O., 159-187.

[2] Uraufführung auf dem Forum der Berlinale 2001, Kinostart am 7. 3. 2002. Der Film wurde mit dem Deutschen Kamerapreis für Thomas Riedelsheimer ausgezeichnet.

[3] Thomas Riedelsheimer (*1963). Zu seinen eigenen Filmen zählen „Borderline" (1986/87), „Dann werden sie schon schießen" (1988/89), „Sponsae Christi – Die Bräute Christi" (1992), „Bildschirmherrschaft" (1993), „Schweben heisst Lieben" (1994), „Lhasa und der Geist Tibets" (1996/97), „Metamorphosen – Drei Begegnungen mit dem Tod" (1997).

Steine oder Treibholz. Sie bleiben meist nur als Foto (oder im Film) bestehen. Früher oder später werden sie wieder der Landschaft einverleibt. Sie werden vom Wind verweht, vom Wasser auseinandergerissen oder schmelzen. Zum Beispiel wirft Goldsworthy Staub aus zerriebenen Eisensteinen in den Wind, der kurzzeitig aufflackert wie ein Feuer. Oder er wirft Schnee empor, der im Wind herumgeistert wie ein Gespenst oder tanzt wie die Seele des Windes.[4]

Er macht das Unsichtbare, Unaussprechliche sichtbar und sagbar in einer eigenen, nicht mit Worten übersetzbaren Sprache. Er tritt in einen Dialog, in eine mystische Beziehung zu den Elementen der Natur. Er versteht sich als Dolmetscher, als Dialogpartner, als Empfänger. Er ringt lange um das Verstehen seines Gegenübers und stellt ihm seine Fähigkeiten zur Verfügung, damit es für kurze Zeit – im Fluss der Dinge – Gestalt gewinnt, bis es wieder vergeht. Es vergeht nicht wirklich, sondern es geht in eine unsichtbare Seinsweise über. Goldsworthy: „ich weiß, dass es mehr ist als nur ein Zerfallen und Auftauchen von Material. ... *Für mich tut sich hinter dem, was Worte erklären, eine Welt auf.* Worte erfüllen ihren Zweck. Aber was ich hier mache, sagt viel mehr."[5] „Das ist die Art, wie ich etwas begreife: Etwas sehen, das immer schon da war, für das ich aber bisher blind war."[6]

Im Studium wurde Goldsworthy dennoch gezwungen, über das dargestellte Unaussprechliche reden zu müssen. Daher besann er sich auf die Fotografie als Hilfsmedium. Durch sie (und ihre spezifische eigene Ästhetik)[7] wurde er international bekannt. Aber die Fotografien bilden nicht sein Hauptwerk, sondern sie dokumentieren und interpretieren es auf einer Metaebene. Sie bleiben eine sprachlich unzulängliche Prothese für den Kommunikationsprozess. Ein Problem der Fotografie liegt darin, dass es Goldsworthy um die Dynamik von *Prozessen* geht, Fotos jedoch *statische*, feste Zustände evozieren. Insofern erschließt der Dokumentarfilm als ein Medium, das Prozesse zu dokumentieren vermag, Goldsworthys Arbeiten angemessener.

---

[4] Thomas Riedelsheimer, Rivers and Tides, 2001, DVD Szene 15, Throw mit rotem Staub 1 h 26 min; vgl. den Throw mit Schnee 1 h 27 min.

[5] DVD Szene 15, 1:26 h; Hervorhebung SB.

[6] DVD Szene 3, 17:28 min.

[7] Der österreichische Künstler Leo Zogmayer beurteilt Goldsworthys Fotografien als eine Ästhetisierung von Natur zum tendenziell ambivalenzfrei Kitschig-Schönen, zum regelmäßig Ornamentalen. In ihnen sind die Prozesse erschaffender und zerstörender Energien kaum noch dokumentiert. Das die Energien eines Ortes in sich versammelnde Werk rückt in den Vordergrund und ist aus dem Flussprozess herausgelöst. Dies geschieht auch auf Werkebene, wenn Goldsworthy z.B. gut zahlenden Kunden Steinzapfen als Vorgarten-Kunstwerk baut und dabei mitunter Zement als Bindemittel einsetzt, um den Stein zu bändigen (Leo Zogmayer im Gespräch mit der Vfn. am 30. 09. 2004).

„Ich habe als Kunststudent angefangen zu fotografieren, als ich meine ersten Arbeiten im Freien machte und meinen Lehrern erklären musste, was ich tat. Und das ging am besten mit Fotos. Ein bisschen ist es heute noch so. Die Fotografie ist meine Art, über meine Skulpturen zu reden. Brancusi hat mal gesagt: Warum über Skulpturen reden, wenn man sie fotografieren kann. Das ist die Sprache, mit der ich beschreibe, was ich gemacht habe. Es ist auch der Weg geworden, über den ich meine Arbeiten verstehe. Wenn ich den ganzen Tag im Regen gearbeitet habe und müde bin, kann ich das, was ich gemacht habe, nicht mehr sehen und spüren. Ich brauche Zeit zwischen dem Machen und dem Betrachten des Bildes, um objektiv sehen zu können, was ich gemacht habe.“ [8]

Seine Arbeiten brechen mit überkommenen Sichtweisen auf Materialien, Pflanzen und Tiere. Im Gegensatz zur Hochglanz-Harmonie der Fotobände will Goldsworthy auch das Destruktive einbeziehen: „Ich glaube, dass wir die Landschaft falsch verstehen, wenn wir in ihr nur die Idylle sehen. Sie hat auch eine dunklere Seite.“ [9] Z.B. sind Schafe für Goldsworthy keine sanften, flauschigen und dummen Tiere, sondern sie verkörpern eine aggressive Macht mit Verstand. Ein Stein ist kein Ding, und sein Zustand ist nicht fest, sondern Steine sind fließende Energien mit einem eigenen Zyklus. Der feste Stein ist nur ein winziger Moment im – wie Goldsworthy sagt – „Zyklus des Steins“.

„Ich muss hier schon einige Male gearbeitet haben, bevor ich das Rot entdeckt habe. ... Der Anblick dieser Farbe, die im Fluss so fremd wirkt, ist im ersten Moment ein richtiger Schock. Aber eigentlich ist sie eng mit dem Ort verbunden. ... Ich hab mehrere Stunden gebraucht, um ein kleines Häufchen Farbpulver herzustellen, aus dem ich eine Kugel forme, die ich ins Wasser werfe, woraus sich dann ein Farbfleck bildet. *Das ist ein winziger Augenblick in den zyklischen Stadien des Steins, der erst fest, dann flüssig und dann wieder fest wird. Ich denke, es ist eine kurze Erinnerung im Leben eines Steins, sagt aber viel über das Wesen des Steins an sich. Wir stellen uns den Stein immer als etwas Festes vor. Und wenn ich dann Stein sehe, der tatsächlich flüssig ist, gerät mein Gefühl dafür, was von Dauer ist und was nicht, ernsthaft ins Wanken.*“ [10]

Die Welt, in der Goldsworthy sich bewegt, ist keine Welt von Dingen, und er nimmt sie jenseits des Subjekt-Objekt-Schemas wahr. Er selbst erfährt sich als schon immer von seiner Umwelt durchdrungen. Er erlebt sich als pulsierende Energie in einem Fluss unterschiedlichster Energiefelder mit eigenen Zyklen. Leben und Nicht-Lebendiges unterscheiden sich in diesen energetischen Abhängigkeiten nicht mehr voneinander. Der Stein lebt, wie Goldsworthy auch lebt.

---

[8] DVD Szene 7, 39:34ff min.
[9] DVD Szene 6, 34 min.
[10] DVD Szene 13, 17:39-20:16 min; Hervorhebung SB.

„*Das was unter der Oberfläche liegt, wirkt sich auf die Oberfläche aus.* ... Klar fühlt es sich lebendig an, sicher. Das ist der deutlichste Ausdruck des Lebens im Stein, geht fast zurück zu seinem lebendigen Ursprung im Vulkan. Ich meine, er ist immer lebendig, aber hier ist der sichtbarste Beweis der Bewegung und der Eruption. Es ist das Gefühl dieser Kraft, die in ihm steckt. Das ist Leben."[11]

Für die Annäherung an das Unaussprechliche in der Landschaft arbeitet Goldsworthy mit den Materialien, die ihm das Gegenüber reicht. Die Arbeiten tragen Namen wie „Kreis mit verwelkten Farnstengeln unter dem Baum", „Großer Stein mit Moor bestrichen", „Throws mit Schnee". Letztlich arbeitet Goldsworthy nicht mit Dingen oder mit einer Landschaft, sondern mit *Energien*. Er versucht, sie aufzuspüren. Und in seinen Werken für einen kurzen Moment wie in einer Linse zu bündeln. Er muss hierbei mehrfache Paradoxien bewältigen: Er muss die unsichtbaren Energien so sichtbar machen, dass sie *als* Unsichtbare sichtbar werden. Und er muss lebendige Prozesse für einen Moment einfrieren, aber sie im eingefrorenen Moment dennoch fließen lassen.
Ein gutes Beispiel für diese Paradoxien ist Goldsworthys Arbeit mit *Eiszapfen* (2. Filmszene). Sie dokumentiert Goldsworthys – eigentlich ständig scheiterndes – Ringen mit seiner unmöglichen Aufgabe. Die Zeit drängt. Das Werk schmilzt ihm förmlich unter den Händen weg. Der energetische Fokus erfordert einen glückenden Balanceakt aus Lichtverhältnissen, Sonnenstand, Temperatur, Materialzustand, etc. Die Vorbereitung hierfür erstreckt sich auf eine tendenziell lebenslange Meditation der Materialien und ihrer Flussprozesse.

„Wenn es gut läuft, ist mir warm, aber wenn etwas zusammenbricht, geht mir diese Kälte durch und durch. Gute Kunst hält dich warm. Heute habe ich den richtigen Zeitpunkt verpasst. Ich bin sehr früh aufgestanden, um 4 Uhr. Ich konnte nichts sehen. Der Mond schien, warf aber Schatten hier unten. Wenn dir einmal wirklich kalt ist, ist es vorbei. Ich muss mit bloßen Händen arbeiten, weil meine Handschuhe kleben, und ich mit Handschuhen nicht das nötige Gefühl habe. Ich kann es nicht spüren. Ich möchte die Dinge immer anfassen. Du schüttelst nie jemanden die Hand, wenn du Handschuhe anhast. Es geht mühsam, sehr mühsam voran, und manchmal hab ich eiskalte Hände, ich stehe sehr früh auf – und all diese Mühe versucht etwas zu schaffen, das mühelos ist."[12]

Dieselbe Mühe – um „etwas zu schaffen, das mühelos ist", nämlich *voll ausbalanciert inmitten der Dynamik der Energieströme* – zeigt sich, wenn Goldsworthy im Riedelsheimer-Film einen *Steinkegel* an der kanadischen Küste errichten will. Unter dem Zeitdruck der herannahenden Flut, im sich entwickelnden Dialog mit dem Stein, bricht der Kegel vor der Kamera fünfmal ein. Einmal errichtet, übersteht er drei Fluten unbeschadet im Dialog

---

[11] DVD Szene 14, 1 h 23:34 min und Szene 15, 1 h 25:05 min - 1h 25:35 min.
[12] DVD Szene 2, 7:40ff min.

mit dem Meer. Und er fällt schließlich unbeobachtet bei Ebbe zusammen (Szene 4).
Was sind das für „*Energien*", von denen Goldsworthy sich lenken lässt, mit denen er ringt, um sie – für einen kurzen Moment – zur Anschauung zu bringen? Ausgangspunkt für ihn ist: Er spürt sie. Sie sind für ihn evident. Mit ihrer Wahrnehmung begann seine Tätigkeit als Land-Art-Künstler: „Eines Tages bin ich zum Arbeiten einfach an den Strand gegangen. Was mich begeisterte, war die Energie, die ich hier draußen spürte. In den Mauern der Uni fühlte man sich immer sehr sicher. Aber kaum arbeitete man unter freiem Himmel, war da dieses atemlose Staunen und diese Unsicherheit. Absolute Kontrolle kann tödlich sein für die Arbeit."[13] Er spürt die Energien, doch auch für ihn bleiben sie „*dieses nicht Greifbare*, das da ist und dann wieder verschwunden". [14] Seine wichtigste Metapher, um die erspürten Prozesse jenseits des Dinghaften zur Sprache zu bringen, ist die *Metapher des „Fließens"* bzw. eines Flusses, der kein Wasser voraussetzt: „Das eigentliche Werk ist die Veränderung selbst."[15] „Zwei große Einflüsse auf meine Arbeit sind das Meer und der Fluss, beides Wasser." „Wenn ich etwas suchen müsste, das das Jahr verbindet, wäre es so etwas wie der Fluss. Der Fluss ist ein Fluss aus Steinen, aus Tieren, aus Luft, ein Fluss aus Wasser, ein Fluss aus vielerlei Dingen. *Der Fluss setzt kein Wasser voraus. Wir reden vom Fließen.*"[16] Goldsworthy geht es dabei nicht allein um den Wandel der Jahreszeiten. Er findet diese Energien noch im Lufthauch: „Die winzigen Veränderungen, die ich registriere ..."[17] Gerade *Stein* kann für ihn zum Sinnbild des Flusses in den Dingen werden. So wird für ihn die gewundene Mauer zwischen Bäumen im Storm King Park, USA zum sinnlichen Ausdruck der energetischen Adern, die die Welt durchziehen: „Das hat mir die Augen geöffnet für den Fluss der Adern, die sich um die Welt ziehen."[18]

In dieser Welt des ewigen Flusses gibt es nur oberflächlich *Vergehen und Tod.* Alle Energien sind Variationen des *einen* Flusses. Das Werk, das scheinbar vor den Augen des Zuschauers im Film zerstört wird, verwandelt sich. Der Zuschauer ist Zeuge einer *Metamorphose*. „Es ist so, als wäre es in eine andere Dimension, eine andere Welt oder ein anderes Werk übergegangen. Man hat nicht das Gefühl, dass etwas zerstört wurde: Dieser Moment ist Teil im Zyklus des Immer-Wiederkehrens."[19] Zerstörung, Tod sind

[13] DVD Szene 4, 20:28 min - 20:50 min.
[14] DVD Szene 8, 37 min.
[15] Ebd.
[16] DVD Szene 7, 47 min; Hervorhebung SB.
[17] DVD Szene 10, 57 min.
[18] DVD Szene 12, 1 h 10:50 min.
[19] DVD Szene 3, 16:20-16:46 min.

ein Hinübergleiten in einen anderen Aggregatzustand, einen weiteren Seinszustand.

„Am Tag nach Julias Tod habe ich am Baum gearbeitet. Es schien mir der richtige Ort. Und ich habe eine Arbeit mit einem Loch an diesem Baum gemacht. Irgendwann sah ich es als einen Eingang. Einen visuellen Eingang. In die Erde. In den Baum. In den Stein. Das Tor, durch das Leben abebbt. Und hereinflutet. Ich habe den Blick in ein schwarzes Loch oft verglichen mit dem Blick über einen Klippenrand. Diesem Gefühl, in die schwarze Tiefe, in die unendliche Ferne gezogen zu werden. Aber es ist auch diese andere Seite. Von der Wachstum kommt."[20] „Die Schwärze ist das nicht Vorhandene. Das nicht Greifbare. Aber es – es steht in Bezug zu dem Baum, von dem ich weiß, dass er wieder lebendig werden wird. Es gibt für mich nichts Stärkeres als ein schwarzes Loch, das ich gemacht habe und aus dem, wenn ich später zurückkehre, ein winziges Pflänzlein sprießt." [21]

Nach Goldsworthys Auffassung *haben die Energien, mit denen er arbeitet, ein eigenes Bewusstsein*. Ein Stein kann sich erinnern. Für Goldsworthy sind dies keine uneigentlichen Metaphern, sondern sie benennen die Realität, auf die er sich bezieht und mit der er arbeitet: „*Er ist immer lebendig.*"[22] „... das ist ein winziger Augenblick in den zyklischen Stadien des Steins, der erst fest, dann flüssig und dann wieder fest wird. Ich denke, es ist *eine kurze Erinnerung im Leben eines Steins*, sagt aber viel über das Wesen des Steins an sich."[23] Insofern ist es konsequent für Goldsworthy, dass er mit diesen Energien, die er vorfindet, spricht: „Ich hab den Ort begrüßt und angefangen."[24]
Goldsworthys Werke sind für ihn primär keine Objekte, sondern Lebewesen aus Energie, mit denen er in *persönlicher (energetischer) Verbindung* bleibt. „Die Flut kam und der Kegel verschwand und war weg. Aber er war immer noch da. ... Meine Verbindung zum Stein war noch ganz stark. Also war ich bei ihm da unten. Aber ich konnte ihn nicht mehr sehen."[25] Die anderen *Energien bleiben ein freies Gegenüber, von dem Ablehnung und Annahme kommen kann*: „Ich habe nicht nur ein Objekt gemacht, das dann vom Meer zerstört wird. Die Arbeit war ein Geschenk an das Meer. Und das Meer hat das Geschenk angenommen und mehr daraus gemacht als ich mir je hätte träumen lassen."[26] Am pointiertesten lässt sich Goldsworthys Verständnis der Energien als eigenständiges, dialogisches Gegenüber mit eigenem

[20] DVD Szene 10, 59:58 min – 1:00:55 h.
[21] DVD Szene 11, 1 h 01:28 min -1 h 01:47 min; vgl. ein weiteres Bild mit schwarzem Loch 1 h 02 min.
[22] DVD Szene 11, 1 h 24:50ff min: Throw in einen See mit blutrotem Steinpulver. – Vgl. DVD Szene 5, 27:52 min: „Wenn man Stein anschaut und darin Wachstum findet wie im Samen, dann ist das ein starkes Bild für mich."
[23] Szene 13, 1 h 19 min; Hervorhebung SB.
[24] Szene 2, Eiszapfen, 6:26 min.
[25] DVD Szene 5, 29:22-29:41 min.
[26] DVD Szene 5, 29:58-30:15 min.

Bewusstsein wiederum am Stein veranschaulichen. Der Künstler geht auf seiner energetischen Ebene einen realen Dialog mit der energetischen Ebene seines Kosmos ein. „Die Mauer entsteht aus ihrem *Dialog* mit dem Stein."[27] „Der Stein *spricht*."[28] „Es wächst in dem Maß, in dem ich den Stein verstehen lerne. Und das ist eines der Dinge, um die es in meiner Kunst geht: Sie versucht, den Stein zu begreifen. Und offensichtlich begreif ich ihn noch nicht gut genug."[29]

---

[27] DVD Szene 12, 1:07:52 h; Hervorhebung SB.
[28] DVD Szene 4, 21:03 min, Hervorhebung SB.
[29] DVD Szene 4, 25:44-25:59 min.

Andy Goldsworthy, The Cone,
auf dem Gelände der State University of New York (SUNY), in Purchase, New York
Fotograf: Dogears
Lizensiert unter: CC public domain (gemeinfrei)
URL: http://en.wikipedia.org/wiki/Andy_Goldsworthy

Andy Goldsworthy, Spire, 2008
in Presidio in San Franciso
Fotograf: Goodcitizens

URL: http://en.wikipedia.org/wiki/Andy_Goldsworthy

Antony Gormley, Quantum Cloud, London, Millenium Dome
Höhe: 30 Meter, konstruiert aus 1,5-Meter-langen Stahlstäben
Fotograf: Andy Roberts, London

URL: http://de.wikipedia.org/wiki/Antony_Gormley

Antony Gormley, Capacitor II, Eisen, Stahlstäbe, 2002,
Maße insgesamt 271 x 242 x 229 cm
Courtesy Xavier Hufkens Galerie, Brüssel,
dahinter: Gian Lorenzo Bernini, Verklärung Christi;
Ausstellunganansicht HIMMELSCHWER. Transformationen der Schwerkraft, 11.04.-15.06.2003
(Graz 2003 - Kulturhauptstadt Europas, Kuratoren: J. Rauchenberger / A. Kölbl / E. Louis),
Foto: J. Rauchenberger, mit freundlicher Genehmigung der Kuratoren

Gian Lorenzo Bernini, Die Metamorphose (Verklärung am Tabor),
Modell für eine Figurengruppe, Rom, ca. 1657,
Terracotta, Höhe 67 cm
Salzburger Barockmuseum, Sammlung Rossacher

Antony Gormley, Angel of the North, England
Fotograf: Andy Wright

URL: http://de.wikipedia.org/wiki/Antony_Gormley

3.1.2 Antony Gormley: die ästhetische Transformation des Körpers in ein Quantenfeld

Antony Gormley wurde 1950 in London geboren. Er zählt zu den britischen Künstlern, die während der 1980er Jahre bekannt wurden. Er war in Deutschland auf der „Dokumenta 8“ vertreten, hat diverse Kunstpreise erhalten, ist in führenden Galerien präsent und stellt vieldiskutierte Arbeiten weltweit aus: u.a. in den USA, Australien, Japan und China. „Engel des Nordens“ und „Weites Asiatisches Feld“ zählen zu den meistgefeierten Beispielen britischer Gegenwartskunst.[30]
In seinem Gesamtwerk beschäftigt er sich fast ausschließlich mit dem menschlichen Körper. Anfangs schuf er überwiegend Bleiabgüsse von seinem eigenen Körper, um den Raum in den entstandenen Bleikörpern auszuloten. „Aus den Bleikörpern, die den dunklen, den leeren Raum einschlossen, wurden [Mitte der 1990er Jahre – SB] positive Formen, die die Leere mit Fülle ersetzten. Ich betrachte diese aber noch immer als einen Versuch, diese Dunkelheit des Körpers zu visualisieren, fast so, als schälte man das Blei weg, oder als ob sie von der Innenseite der Bleihaut abgegossen wären.“[31] Der eigene Körper ist für Gormley eine Art „Urpunkt“ für alle grundlegenden Reflexionen: „Und ich glaube, dass in einer Zeit, wo Weltanschauungen und Ideologien kollabiert sind – man könnte sagen, sowohl religiös als auch politisch – es für mich das Wichtigste ist, irgendwie an einem Urpunkt wieder zu beginnen: Es ist die Beziehung zwischen Körper und Geist, dem Bewußtsein und den Vorgängen, die in meinem Körper passieren.“[32] „Der Körper ist für mich kein Objekt, er ist ein Ort. Vielleicht ist dies vorab das Wichtigste, was ich sagen möchte: Ich empfinde meine Existenz als eine Art Raumerforschung. Ich benütze meinen eigenen Körper als das erste Material, als ein Werkzeug, als ein Instrument dieser Erkundung – und als ein Subjekt. ... ich benütze *meinen* Körper, weil es der einzige Körper ist, den ich belebe. Er ist das Naheste der materiellen Welt zu meinem Bewusstsein. ... er ist der einzige Punkt der Freiheit, den wir in Wahrheit augenblicklich haben. Er ist eine Art bewusste Selbstbegrenzung dieser subjektiven Welt. Aber er ist auch ein Beispiel, ein wirklicher Ernstfall einer gemeinsamen ´conditio humana´ der Körperlichkeit.“[33]

---

[30] Vgl. zum Folgenden das Interview *Antony Gormley/Johannes Rauchenberger/Alois Kölbl*, The Darkness within the Body: A Space full of Potential, in: Kunst und Kirche 2003, H. 1, S. 28-32. Ferner *John Hutchinson/E. H. Gombrich/Lela B. Njatin*, Antony Gormley (Contemporary Artists), London 1995; *Richard Noble/Antony Gormley/Michael Mack*, Antony Gormley, Göttingen 2004; *Antony Gormley/Klaus Theweleit/Hans-Werner Schmidt*, Gormley/Theweleit, 2000. Vgl. ferner die werkspezifischen Bände von Gormley selbst.
[31] Gormley in: Gormley/Rauchenberger, a.a.O., 29.
[32] A.a.O., 28f.
[33] Gormley in: Gormley/Rauchenberger, a.a.O. (Anm. 30), 28.

Die Konzentration auf den Körper bedeutet für Gormley eine Abkehr von gefühlsfeindlichen Tendenzen in der Moderne. „Ich glaube, dass die Art und Weise, wie in der Moderne der Körper verneint wurde, auch ein Ausschluss der Gefühle von der Kunst war. Eine gewisse Art der Emotionalität, die Beziehungen zwischen Freude und Leid können meines Erachtens nur über den Körper ausgetragen werden. Die Moderne hat das nicht selten vergessen ...“[34]

Zur Werkphase der klar konturierten Hohlkörper zählt auch Gormleys Plastik *„Angel of the North“.*[35] „Angel of the North” ist eine gigantische Stahlplastik, die an einem Verkehrsknotenpunkt am Eingang zu einem Industriegebiet steht. Sowohl die täglichen Pendler auf der Autobahn (90.000 täglich auf der A 1) als auch die Bahnreisenden (East Coast Main Line zwischen London und Edinburgh) können sie nicht übersehen. Die Engelsfigur ist 20 Meter hoch, ihre 54 Meter Flügelspannweite können mit der eines Jumbojets mithalten. Der Engel hat kein ausgestaltetes Gesicht und ist mit einem warmen Rot angestrichen.[36]

Gormley wählte bewusst eine industrialisierte Engelsgestalt für ein Industriegebiet. Zugleich spielte er mit der Figur auf die in der Gegend tief verwurzelte religiöse Landschaftsgestaltung durch Megalithen an: „The hilltop site is important and has the feeling of being a *megalithic* mound. When you think of the mining that was done underneath the site, there is a poetic resonance. Men worked beneath the surface in the dark. Now in the light, there is a celebration of this industry.”

Nach seinem eigenen Verständnis wollte Gormley einen nichtreligiösen Engel erschaffen und die technischen Versuche der Menschen zur Vergöttlichung in diesem Engel darstellen.

„Mein Engel startet von der Erde, seine Ambitionen sind hinaufzukommen. Es ist sicher keiner, der oben startete und nach unten kam. Er startet mit der Idee, mit der Annahme, dass die formalen Attribute, die einmal göttlich waren, nun menschlich sind. Wir hören beispielsweise Stimmen, obwohl der Körper nicht anwesend ist, sehen Bilder von Orten, an denen wir uns gar nicht befinden; oder wir fliegen in die Luft oder schwimmen im Ozean – all das war einmal göttlich, nun ist es dem Menschen zugänglich. ... mein Engel hat eine Last: er ist eigentlich ein ironischer Engel, denn er erinnert eher an eine Kreuzigung. Da ist ein Körper, der keine Arme hat, der nichts tun kann, der nicht umarmen kann, der nicht berühren kann. Die Arme sind ersetzt durch diese sehr technischen Flügel, die diese schreckliche Last zum Ausdruck bringen. Mein ´großer Engel´ ist jenseits jeder Proportion, er möchte sagen: ´Warum sind die Flügel so groß, warum so schwer?´ Es geht darum, einen Versuch zu machen, zu sagen: Okay, du trach-

---

[34] Ebd.

[35] Vgl. zum Hintergrund der Arbeit *Antony Gormley*, Making an Angel, London 1998 sowie http://www.gateshead.gov.uk/Leisure%20and%20Culture/attractions/Angel/Background/Background2.aspx (Zugang: 31. 10. 2009).

[36] Gormley: „The face will not have individual features. The effect of the piece is in the alertness, the awareness of space and the gesture of the wings - they are not flat, they´re about 3.5 degrees forward and give a sense of *embrace*.” (Zitat a.a.O. [Anm. 35]).

test danach die Grenzen zu überschreiten und du hast dies geschafft, um die Grenzen menschlicher Existenz zu zeigen. Du hast diese Überschreitungen über deinen Körper hinaus gemacht. Aber mit welchem Ergebnis? Gewissermaßen wurde der Körper ... in seiner Existenz mehr gefangen. ... Je mehr wir uns innerhalb des technologischen Fortschritts ausbreiten, je mehr wird der Körper selbst begraben. ... Mein Engel möchte sagen, was aus uns geworden ist, als wir Engel wurden!"[37]

Ende der 1990er Jahre empfand Gormley die Ästhetik der geschlossenen Form als zu statisch. Zudem ging es ihm von Anfang an um den Raum innerhalb des Körpers, nicht um das Abbilden klarer Konturen. Er suchte nach einer Ästhetik des Abgründigen hinter den Erscheinungen, die dem Prozesscharakter des menschlichen Körpers stärker entspricht: *des Körpers als eines Ortes des Werdens und der Transformationen*. „Aber es ist doch so, dass der Raum, den wir in Wahrheit bewohnen, hinter den Erscheinungen liegt; und das ist es, womit ich in Kontakt kommen möchte. Ich glaube, dass es dabei um einen Raum von enormer Potentialität geht, aber auch einen dunklen, abgründigen Raum."[38] „Ich wollte von nun an über den Körper, und nicht bloß über ein Ding sprechen, ihn weder bloß als einen Ort, noch als ein Objekt charakterisieren, sondern *als Prozess*. Dies war der Beginn der ´Quantum Clouds´, einer Serie von Skulpturen, die versuchen, in gewisser Weise eine Keimzelle zu definieren, das Eigentliche des Körpers als einen Ort der Transformation zu zeigen."[39]
Gormley sucht nach einer post-heisenbergschen Ästhetik. Anstelle der Bleiabgüsse von Körpern haben seine Skulpturen keine Umrisse mehr. Sie lösen sich auf zu Feldern, welche durch mehr oder weniger geordnete Stahlstäbe skulptural angedeutet werden. Die Körper sind keine feste Substanz mehr sondern Energiefelder. „Vielmehr aber geht es darum, nicht den Körper abzubilden, sondern die Gegenwart des Körpers [sc. durch den gezeigten Leerraum – SB.] zu evozieren."[40] Gormleys postmoderne Ästhetik weist sich für ihre Interpretation auf den Betrachter als den Vollender des Werkes an.[41] Dieser muss selbst entscheiden, ob sich die angedeuteten Körper ausbreiten oder ob sie kollabieren.

---

[37] Gormley über eine kleinere, in Grundzügen ähnlich gestaltete Engelsfigur, in: Gormley/ Rauchenberger, a.a.O. (Anm. 30), 32.
[38] Gormley, a.a.O., 29.
[39] Ebd.
[40] A.a.O., 3.
[41] „Aber ebenso wichtig für neue Aspekte ist, wie die Betrachter den Körper rezipieren und wie sich der Körper des Betrachters mit einbeziehen lässt im Akt des Anschauens und des Seins vor dem Werk. So ist der Betrachter der ´Erfüller´." (a.a.O., 30) „... der Betrachteranteil, all dies macht in meiner Arbeit vielleicht mehr als die Hälfte aus, weil die Arbeit immer in einer gewissen Hinsicht unfertig ist. Meine Skulpturen geben keine genauen Details zu erkennen, keine Attribute oder Gesichtszüge. Der Betrachter ist immer dazu angehalten, sich hineinzuversetzen. ... In einer gewissen Weise, könnte man sagen, macht der Betrachter die Arbeit für mich." (ebd.)

Die ideale Rezeptionssituation seiner Werke beschreibt Gormley im Rahmen der *religiösen Ästhetik der Reliquare* (Reliquien-Behältnisse). Das Reliquar stellt lediglich einen Leerraum bereit, ein Behältnis für das in ihm geborgene Heilige, dessen Heiligkeit jedoch ebenso wie der heilige Gegenstand für den Betrachter verborgen bleibt. Insofern war bereits der Betrachter und Verehrer der Reliquie dazu aufgefordert, den Gegenstand und dessen Wirksamkeit in meditativer Konzentration für sich selbst zu erschaffen. Das Reliquar stellt hierfür lediglich das Medium bereit.

„Für mich ist das der permanente Versuch einer Neuthematisierung, wie Objekt und Rezipient in einer höchst dramatischen Weise voneinander abhängen. Und das Reliquar thematisiert dies in einer wunderbaren Weise, in der Art, wie die Beziehung zwischen der Wirklichkeit und der Imagination veranschaulicht wird. Ein Kopf, ein Fuß, eine Hand sind einerseits der Behälter für den wirklichen Fuß, die wirkliche Hand, den Kopf etc. Vielmehr aber geht es darum, nicht den Körper abzubilden, sondern die Gegenwart des Körpers zu evozieren.“[42]

Gormley greift zur Beschreibung der idealen Rezeptionssituation auf die Begriffe „Konzentration“ und „Achtsamkeit“ zurück, und er spricht von einem nötigen „Konzentrieren von Energie“. Die Betrachterin, der Betrachter soll durch Konzentration Energie in der vom Kunstwerk dargestellten Leerstelle versammeln, um das Werk imaginativ neu zu erschaffen: „es ist vielmehr eine Art von Achtsamkeit, mehr noch: eine Art der Konzentration. Es hat mit Konzentration von Energie mehr zu tun als jede andere bloß formale Art der Wahrnehmung.“[43]

Gormley eröffnet mit seiner Kunstästhetik in dieser Werksphase einen Dialog mit religiöser Ikonographie. Er versteht seine Werke als eine Neuinterpretation bzw. Weiterführung des Topos der „*Aura*“ in einer post-heisenbergschen Ära. Über das Werk „Quantum Clouds“ führt er aus: „Die Figur zeigt sich als skulpturale Evokation einer Welle, die den Raum des Körpers definiert, und die sich schließlich ausdehnt als ein Feld von Energie. Ich halte das für eine Art ´Post-Heisenbergsche Unschärferelation´ einer Aura, wie sie uns aus religiösen Bildern bekannt ist. Aber dies, so glaube ich, ist das Faktum eines historischen Trainings, einer Interpretation religiöser Ikonografie.“[44]

In der religiösen Ikonographie fand Gormley den Topos der Darstellung von *heiligen Energien*, die den Körper durchströmen, ergreifen, transformieren

---

[42] Ebd. Gormley hat sich hierfür exemplarisch auf den Fuß von St. Allard bezogen. Vgl. auch den von ihm als kongeniale Interpretation geschätzten Artikel von Stephen Bann „Die Auferweckung des Lazarus“. Bann erörtert darin die ontologische Kommunikation (eine Konzept von Hans-Georg Gadamer): In welcher Weise ist die religiöse Dimension der Kunst, die in der Sichtbarmachung des Unsichtbaren zum Ausdruck kommt, weiterhin eine fundamentale Kategorie der Kunst? (vgl. ebd.).

[43] Ebd.

[44] Ebd. Vgl. auch „Domain Field”, 2003 (Stainless steel bars 4.76 mm x 4.76 mm).

bzw. von Energien, die ein Körper oder ein Körperteil (z.B. Kopf, Hände) ausstrahlt. Dieses unsichtbare Geschehen wird religiös als Aura oder Heiligenschein interpretiert und abgebildet. Am ausgeprägtesten findet sich die *religiöse Ästhetik heiliger Energien* und der von ihnen bewirkten Transformationsprozesse im Christentum in den *Verklärungs- und Auferstehungsdarstellungen*. Sie versuchen, ein Geschehen jenseits von Raum und Zeit mit den Kategorien von Raum und Zeit abzubilden: *die Transformation eines Körpers in Licht bzw. in pure göttliche Energie*.

Für Gormley stehen die religiöse Ikonographie von Aura und Verklärung und seine eigene postmoderne Ästhetik des expandierenden oder implodierenden Körperfeldes nicht in einem Ausschlussverhältnis zueinander. Er versteht sich als Erbe und Neuinterpret des überlieferten religiösen Codes. Man könnte Gormley als einen *Radikalisierer dieser religiösen Licht-Ikonographie* verstehen: Die postmodernen Körper strahlen nicht mehr nur eine Aura aus. Sondern sie lösen sich insgesamt in eine Aura auf, sie verflüchtigen sich in diese hinein.

Gormley schlug für einen Dialog beider Ästhetiken auf der Grazer Ausstellung „Himmelsschwer“ (2002) die Gegenüberstellung einer barocken Verklärungsdarstellung und einer eigenen Plastik vor: Gianlorenzo Berninis Terracottamodell „Die Metamorphose (Verklärung am Tabor) zusammen mit Gormleys Stahlskulptur „Capacitor II“ (2002).[45] Zwei Ästhetiken der Transformation – die eine auf dem selbstgewissen Höhepunkt des barocken Christentums, die andere als ein ästhetischer Versuch des sich selbst vergewissernden Subjektes im Kontext dekonstruierter Weltbilder in einer Ära nach Heisenberg. Auf der einen Seite eine fast positivistische Ästhetik einer sinnlich wiedergegebenen Transformation in einen unsichtbaren Endzustand des Heils. Der verklärte Christus ist in Licht, in heilige Energie verwandelt. Er hat die Kraft der Gravitation überwunden und levitiert mit leichten Bewegungen in einer Art Windhauch. Seine eigene Kraft ist so gewaltig, dass er die Propheten Mose und Elia mit einer Sturmböe an den Rand der Szene drückt. Christus lässt alle materialen Hüllen seiner Heiligkeit fallen und offenbart beiden den transformierten Endzustand.

In Gormleys Transformationsästhetik dominiert demgegenüber ein chaotischer Zwischenzustand. Das Subjekt löst sich auf in ein Möglichkeitsfeld. Seine Form wird unsagbar. Es könnte in einem Schwarzen Loch implodieren oder endgültig auseinanderdriften. Die von Gormley evozierten Verwandlungsprozesse sagen weder Heil noch Unheil aus, bilden weder eindeutig die Geburt noch den Tod des Subjektes ab. Die Eigenschaften der Energieströme, mit denen seine menschlichen Skulpturen fusionieren, blei-

[45] Bilder hier: S. 168f. Vgl. den Kommentar von *Johannes Rauchenberger*, Stellprobe und Ernstfall, in: Kunst und Kirche 2003, H. 1, 12-17, hier: 14f.

ben ungewiss. Es sind Kräfte, aber nicht mehr wie in der religiösen Tradition eindeutig lichtvolle und heilsame. Das Kraftfeld, das den Menschen andeutet, bleibt ungerichtet und wirkt wirr wie das Mikado aus Stahlstäben, aus dem die Skulpturen zusammengeschweißt sind. Der Betrachter muss selbst entscheiden, welche Entwicklungsrichtung er vorfinden will. Er muss eine Struktur in die ungewisse Dynamik und in das Nicht Gezeigte hineindeuten.

Für Gormley ist es der *menschliche Geist*, der dem Körper und den menschlichen Energien eine Richtung verleihen muss. Der Bildhauer, der Ende der 1990er Jahre zwei Jahre in Indien lebte und sich von fernöstlicher Mystik inspirieren ließ, führt hierzu in einem Interview mit „China im Bild“ aus: „Der Geist ist die Kraft des Lebens, das Fleisch seine Verkörperung.“ „Wir sind uns der inhärenten Energien in allen Phänomenen bewusst. Bezogen auf den Körper heißt das: Der Körper ist weder die Krone der Schöpfung, noch ein Gefängnis, der Körper ist eine Werkstatt für den Geist, ein Werkzeug, würde ich sagen. Das aber immer neu gleichsam ′eingestellt′ werden muss. Er ist ein Ort, wo uns im Augenblick die Wahrheit gegeben wird, um unser Bewusstsein auszudehnen. Genau genommen ist er der einzige Ort!“[46]

„... ich glaube, dass die Erfahrung der transpersonalen Meditation eine große Befreiung war, um von einer schweren kulturellen und zum Großteil ikonografisch verankerten Last loszukommen. Zu erkennen, was es heißt, von Augenblick zu Augenblick zu leben, war sehr bedeutsam für mich. Die Herausforderung für die Zukunft sehe ich darin, wie es uns gelingt, mit dem Körper ein vollkommenes Gefäß für den menschlichen Geist zu werden und mit ihm in Beziehung zu treten; zu bedenken, was es heißt, das Leben im Tod oder den Tod im Leben zu sehen. Vielleicht hat das nichts zu tun mit der geoffenbarten Wahrheit. Vielleicht ist es eine Rückkehr zur alten, skeptischen Philosophie Griechenlands, die großteils verlorenging mit dem Aufstieg des Christentums. Ein ungeprüftes Leben im Sinne der sokratischen Philosophie, das ist ein Leben, das für mich nicht lebenswert ist, aber diese Auffassung ist ein phantastischer Anfang.

In gewisser Weise ist der Buddhismus hilfreicher, wenn es darum geht, die Wahrheit in der Suche des täglichen Lebens direkt zu erfahren. Man verwendet das eigene Leben, um es zu prüfen, von einem Augenblick zum anderen, Schritt für Schritt, in beinahe absolutem Maße. Es ist wie ein Klettern auf einen Berg. Und ich halte Ausschau nach einer Kunst, die in einem vollkommenen Sinne unreligiös ist. Sie soll dich aber unmittelbar erreichen, herausrufen: in der Herausforderung der Stille der Skulptur; sie soll das

[46] Gormley in: Gormley/Rauchenberger, a.a.O. (Anm. 30), 31.

Leben, das in dir wohnt, ansprechen: als innerer Zuschauer, um es zu prüfen und es in Frage zu stellen.“[47]

3.1.3 Mystische Ästhetik: Das Unsichtbare als Unsichtbares vergegenwärtigen

Spiritualität wurde von Kulturwissenschaftlern und Theologen im 20. Jahrhundert vorrangig mit der *Ästhetik abstrakter Malerei* verbunden. So lautete z.B. der Titel einer großen Ausstellung in Los Angeles im Jahre 1985 „The Spiritual in Art: Abstract Painting 1890-1985“. Vertreten waren u.a. Piet Mondrian, Marc Chagall, Wassily Kandinsky, Barnett Newman und Marc Rothko. Der Philosoph *Jean-Francois Lyotard* charakterisiert die Ästhetik der modernen Kunst am Beispiel Barnett Newmans durch den ästhetischen Leitbegriff des *„Erhabenen“*. Die moderne Kunst vermittle eine *mystische Erfahrung* durch das Erlebnis des Erhabenen. In der Kunst-Mystik erlebt der Betrachter die *Präsenz von etwas, den Augenblick sowie die Undarstellbarkeit des Seins*. „Daß hier und jetzt dies Bild ist, und nicht vielmehr nichts, das ist das Erhabene.“ Das Thema von Newmans Bildern sei der „Augenblick, der geschieht“. „Die Präsenz ist der Augenblick, der das Chaos der Geschichte unterbricht und daran erinnert oder nur appelliert, dass ′etwas da ist′, bevor das, was da ist, irgendeine Bedeutung hat. Das ist eine Vorstellung, die man mystisch nennen kann, da es sich um das Mysterium des Seins handelt.“[48]

Der US-amerikanische Theologe *Mark C. Taylor* beschreibt die postmoderne Kunst und Ästhetik in Kategorien, die an Lyotards Ästhetik des Erhabenen anknüpfen: Es gehe in einer Darstellung darum, auf Nicht-Darstellbares zu verweisen und das Gefühl für Undarstellbares mit der Darstellung und ihrer spezifischen Ästhetik zu evozieren. Taylor, der Parallelen zu theologischen Ansätzen des 20. Jahrhunderts zieht, nutzt als Leitwort für dieses ästhetische Konzept *„Disfiguring“*.[49] „Disfiguring enacts denegation in the realm of figure, image, form, and representation. As such, disfiguring is a formation that is a deformation and a deformation that is a formation. In the

---

[47] Ebd.

[48] *Jean-Francois Lyotard*, Der Augenblick. Newman, in: ders., Das Inhumane, Wien 1989, 141-157, hier: 155. Vgl. zum Folgenden: *Jörg Herrmann*, „Wir sind Bildhauern gleich“. Von der Verwandlung mystischer in ästhetische Erfahrung, in: *ders./Andreas Mertin/Eveline Valtink* (Hg.), Die Gegenwart der Kunst, München 1998, 87-105; Themenheft „Kunst und Kirche“ 2/1988: „Spuren des Mystischen in der modernen Kunst“; *Mark C. Taylor*, Disfiguring. Art, Architectur, Religion, Chicago/London 1992.

[49] Im Folgenden zitiere ich Taylor nach *Andreas Mertin*, Disfiguring. Postmoderne Perspektiven auf Kunst und Religion, in: Magazin für Theologie und Ästhetik 2 (1999), http://www.theomag.de/02/am9e.htm.

process of disfiguring, revelation and concealment as well as presence and absence are interwoven in such a way that every representation is both a representation and a depresentation." „In different terms, disfiguring figures the unfigurable in and through the faults, fissures, cracks, and tears of figures."[50]
Taylor nennt *drei ästhetische Strategien des disfiguring*:

> „In the first place, to disfigure is to *de-sign by removing figures*, symbols, designs, and ornaments.
> Second, to disfigure is to mar, deform, or deface and thus to *destroy* the beauty of a person or object.
> Finally, disfiguring is an unfiguring that (impossibly) *'figures' the unfigurable.*"[51]

Mit der dritten Strategie wird nach Taylor ein Raum für das a/theologische Denken geschaffen: „one must think what modernism leaves unthought by *trying to figure a disfiguring that struggles to figure the unfigurable*. It is *this endless task* that certain contemporary artists and architects call the a/theologian. To heed this call is to approach *the possibility of refiguring the sacred* by rethinking the interplay of art, ethics, and religion."[52]
Im Unterschied zur christlichen Mystik, die mit ihrer Sprache das Verstummen einleiten und zur eigenen Gotteserfahrung im eigenen *Inneren* hinführen will, arbeiten moderne und spätmoderne Künstler *sinnlich konkret in der materialen Außenwelt*: mit Farbe, bildhauerischen Materialien, Klängen. Aber auch sie setzen Strategien der *Bildverweigerung im Bild* und Mittel der *Entgrenzung* ein, wobei Differenzen in Differenzlosigkeit aufgehen, gerade noch sichtbare Farbnuancen sich z.B. in nicht mehr unterscheidbaren Lasuren verlieren. Der Bildhauer *Gormley* wendet die Strategie der Bildverweigerung und Entgrenzung in bezug auf die Körperkonturen an. Er verweigert klare Umrisse und evoziert lediglich potentielle Körper in der schwebenden Dynamik zwischen Explosion und Kollaps. In den Arbeiten des Land-Art-Künstlers *Goldsworthy* ist die Selbstauflösung des Kunstwerkes bereits im Entstehungsprozess integriert. Das sichtbare Werk ist nur ein winziger fokussierter Augenblick, in dem unsichtbare Fluss-Prozesse zur

---

[50] Taylor, a.a.O. (Anm.49), 7 und 8.
[51] A.a.O., 8 (Herv. SB).
[52] A.a.O., 9f. Beispiele für Strategie 1: Künstler, die das Figurative auflösen und abstrakt arbeiten, z.B.: Piet Mondrian, Kasimir Malevich, Ad Reinhardt, Pablo Picasso, George Braque, Wassily Kandinsky, Barnett Newman, Mark Rothko. Newman und Rothko verwiesen mitunter bei der Interpretation ihrer Bilder auf das Kreuzigungsgeschehen und Mystik. – Beispiele für Strategie 3 sind bei Taylor: Der Land-Art-Künstler Michael Heizer (vgl. dessen Werk „Double Negative", 457 x 15 x 9 m Schnitte in Sandstein als negatives Zeichen für Leere), Michelangelo Pistoletto, Anselm Kiefer.

Anschauung gebracht werden und deren Dynamik das Sichtbare transformieren wird. Das Kunstwerk wird zum Prisma, das zur Wahrnehmung unsichtbarer Prozesse führen soll. Es wird in seiner naturprozesshaften Auflösung schließlich selbst entgrenzt.
Für den im kunstästhetischen Diskurs verwendeten Referenzbegriff Mystik[53] bleibt aus theologischer Perspektive Klärungsbedarf. Was hat die kontemplativ erfahrbare Gottesgegenwart mit dem *Außen* der ästhetischen Erfahrung im Lyotardschen Sinne gemeinsam? *Jörg Herrmann* zeichnet in einem Aufsatz Grundzüge mystischer Ästhetik bei *Pseudo-Dionysios Areopagita*[54] auf der Grundlage seiner Schrift „Über die mystische Theologie" nach. Herrmann interpretiert mit Hilfe von Schlüsselbegriffen die Wahrnehmungseinstellung des Areopagiten als eine Vorform moderner Ästhetik. Zentral hierfür sind die Leitbegriffe mystischer Erfahrung: *Einheit, Reinigung, Gegenwart, Zweckfreiheit sowie Unsagbarkeit*. Herrmann teilt nicht die These von der Geburt der modernen Ästhetik aus dem Geiste der christlichen Mystik, denn ebenso wirksam waren die Einflüsse antiker Ästhetik. Dennoch müssen die Einflüsse christlicher Mystik mit berücksichtigt werden.[55] Hans Urs von Balthasar bezeichnete Pseudo-Dionysos als den „ästhetischsten aller Theologen". Er hatte einen weitreichenden Einfluss auf die christliche Mystik bis hinein in das 14. und 15. Jahrhundert und prägte Meister Eckhart, Johannes Tauler und Jan von Ruysbroek.
Die „mystische Theologie" beschreitet die via negationis, um auf die unsichtbare Schönheit des Göttlichen hinzulenken. Pseudo-Dionysios führt hierzu aus: „Daß wir in diesem überlichten Dunkel weilen und im Nichtsehen und Nichterkennen den sehen und erkennen möchten, der unser Sehen und Erkennen übersteigt, (und zwar gerade) *durch* Nichtsehen und Nichterkennen – denn das bedeutet in Wahrheit Sehen und Erkennen –, darum bete ich; und daß wir den Überseienden in überseiender Weise preisen, indem wir ihn abheben wollen von allem, was ist. Damit sind wir Bildhauern gleich, die aus einem gewachsenen Steinblock eine Statue meißeln: Sie hauen alles heraus, was dem reinen Anblick des verborgenen Bildes im Wege steht, und (allein dadurch), durch bloßes Weghauen, bringen sie die in ihm selbst verborgene Schönheit zum Vorschein".[56]

---

[53] Vgl. z.B. das Themenheft von „Kunst und Kirche" über „Spuren des Mystischen in der Kunst" (2/1988): über Ad Reinhardt, Marc Tobey, Edward Hopper und Ben Willikens.
[54] Es handelt sich um keinen namentlich bekannten Autor, sondern um eine Textsammlung, die um 500 n. Chr. entstanden ist. Der Name bezieht sich auf den in Apg 17,34 erwähnten Dionysios, den Paulus dort auf dem Athener Areopag bekehrt haben soll.
[55] Vgl. *Herrmann,* a.a.O. (Anm. 48). Vgl. zur Einführung *Bernhard McGinn*, Die Mystik im Abendland, Bde. 1-3, Freiburg 1996.
[56] *Dionysios Areopagita*, Über die Mystische Theologie, in: *ders*., Über die Mystische Theologie und Briefe, hg. und übersetzt von Adolf Martin Ritter, Stuttgart 1994 (BGL 40), 74-89, hier: 76 (Kapitel 2, 1025,1 A). Folgendes Zitat: S. 74.

Während das ästhetische Vorgehen des Bildhauers auf das Freilegen einer *sichtbaren* Schönheit zielt, geht es Dionysios um Schönheit als ontologische Kategorie des *göttlichen* Kosmos und seiner Gesetze, um die Schönheit der göttlichen Mysterien, die „an Schönheit alles in den Schatten stellt". Sie zu schauen, bedarf einer anderen Form des Sehens, eines Sehens, das das Sichtbare vor Augen zu negieren versteht. Denn Gott kann (entsprechend dem alttestamentlichen Bilderverbot) in keinem sinnlichen Bild zur Darstellung kommen. Seine Unbedingtheit und Unendlichkeit sprengt alle Bilder. Um ihn in seiner Schönheit zu schauen, entwickeln die christlichen Mystiker Sinne für eine geistige Wahrnehmung. Sie lassen sich nicht mehr durch das „Auge des Fleisches" leiten, und auch nicht mehr durch das „Auge des Verstandes". Gottesschau erfolgt durch das Auge der Kontemplation. Nach *Hugo von St. Viktors* (um 1097-1141) Lehre vom „dreifachen Auge der Erkenntnis" vermag die kontemplative Schau, „vieles oder sogar alles zu erfassen". Sie ist „der deutliche, freie und allseitige Blick des Geistes". Sie vermittelt eine „Lebendigkeit der Einsicht, die alles gegenwärtig hat".[57] Der mystische Weg zu dieser kontemplativen Schau vollzieht sich über die Stufen der Reinigung, der Selbstentäußerung und schließlich der Vereinigung mit dem Geschauten in einem Moment ewiger Gegenwart, der von Zwecken freigesetzt ist. Die Schau sprengt die Grenzen des Sagbaren, da das Sagbare auf das sinnlich Wahrnehmbare bezogen ist.

Neben den mit Lyotard, Taylor und Herrmann herausgestellten gemeinsamen ästhetischen Strategien, die Wahrnehmungsprozesse des Unsichtbaren einleiten, müssen ebenso Differenzen zur christlichen Mystik festgehalten werden. Hierbei kann auf Teilhards Leitunterscheidung zwischen einer Mystik der Entdifferenzierung und einer Mystik der Differenzierung zurückgegriffen werden.[58] Die christliche Einheitserfahrung und kontemplative Schau führt nicht über die Unterdrückung und Auflösung von Individualität, sondern sie ist ein Weg ausdifferenzierter und zunehmend gesteigerter Personalität. In der Gegenwartskunst werden Aspekte mystischer Erfahrung erschlossen, die aus rezeptionsästhetischer Perspektive mit Erfahrungen gesteigerter Personalität verbunden sein können. Im Vordergrund stehen jedoch apersonale Unio-Erlebnisse durch Entdifferenzierung. Gormley entgrenzt die Körperkonturen und stellt in seiner Kunstmystik den Menschen in einem Schwebezustand zwischen energetischer Explosion und Kollaps dar. Damit könnte ebenso ein drogeninduziertes Entdifferenzierungserlebnis oder der spätmoderne Horror der Entdifferenzierung der Action-Heldin Ripley aus „Alien 4" versinnlicht werden. Die dargestellte Entdifferenzierung ist strukturlos und ungerichtet. Gormley intendiert keine komplexere,

[57] Zitiert nach: Herrmann, a.a.O., 95.

[58] Siehe oben S. 107ff.

höhere Form von Personalität (mit Florenskij: die Verwandlung einer Maske oder des Gesichtes in ein Antlitz).

Goldsworthy konzentriert sich im Riedelsheimer-Film auf die atmosphärische Kommunikation mit apersonalen Prozessen. Er versucht, Menschen die Wahrnehmung dieser Atmosphären sinnlich zu erschließen. Seine Grundlage bleiben präzise Naturbeobachtungen, Selbstwahrnehmungen und rationale Strategien. Auf der Deutungsebene durch den Künstler vermengen sich physikalische und meteorologische Beobachtungen (Strömungsrichtung von Wasser, Windrichtung, Sonnenlauf, Finden und Zermahlen eisenhaltiger Steine im Flussbett) mit inszenierter Sensitivitität (der die Energien eines Ortes spürt und mit Steinen in Verbindung bleibt) und einer anthropomorphisierten Wahrnehmung. Exakt wahrgenommene und strategisch genutzte Naturvorgänge und die Leistung des Künstlers beginnen, ineinander zu verschwimmen. Ob das Ornament aus Herbstblättern ein Geschenk des Baumes ist oder eine kreative Schöpfung des Künstlers, fließt in den Filmszenen ineinander. Der eigene Beitrag menschlicher Reflexivität und Personalität im Gegenüber zu Naturprozessen und Energien wird in einem entdifferenzierenden Energiebegriff nivelliert. Lebensprozesse von Mineralien, Pflanzen, Tieren und Mensch werden in Goldsworthys Mystik einander gleichgestellt. Eine mystische Unio-Erfahrung wird durch Rückführung auf den gemeinsamen Nenner der „Flusserfahrung" in allen Dingen und Prozessen angebahnt.

Auch gegenüber Goldsworthys ästhetischem und deutendem Weg in die Unio-Erfahrung bleibt aus der Perspektive christlicher Mystik festzuhalten, dass christliche Mystik keine unmittelbare Symbiose und Regression durch Entdifferenzierung anzielt, sondern Zentrierung. Es geht um eine zunehmend präzise und projektionsfreie Wahrnehmungsfähigkeit sowie um Personalisierung durch Zentrierung auf ein hyperpersonales Zentrum. Auch dieser Weg führt zu einer Wahrnehmung von Gottes Gegenwart, von pneumatischen Kräften, von Energien in allen Prozessen und Dingen. Er ist jedoch nicht mit der Aufgabe und Rücknahme der eigenen Personalität in naturhafte Prozesse hinein verbunden. Der Mensch ist die sich selbst reflektierende und gegenüberstehende Anwesenheit Gottes in allen Dingen („Sohn Gottes").

Eine ebenso wichtige Rolle wie die Gegenwartskunst zum Erschließen mystischer Erfahrungen spielen inzwischen Einweihungswege in der Esoterikszene.[59] Menschen wenden sich zunehmend vom Christentum ab, weil sie es als eine Tradierung lebensferner Lehren erleben, die ihnen keine persönlichen Entwicklungsperspektiven erschließt. Selbst innerhalb des kirchlich organisierten Christentums leben zunehmend mehr Menschen als religi-

[59] Vgl. *Reinhard Hempelmann* et al. (Hg.), Panorama der neuen Religiosität, Gütersloh 2001.

öse Splitter. Sie schätzen die kirchliche Reflexionskultur und Gemeinschaft, gleichen jedoch einen empfundenen Mangel an spiritueller Orientierung durch Astrologie, Geistheiler, Reikieinweihungen, schamanistische Techniken oder fernöstliche Meditationspraktiken aus. Daher werden im folgenden Kapitel exemplarisch zwei esoterische Einweihungswege als Wege zeitgenössischer Mystik vorgestellt und diskutiert.

3.2 Esoterische Mystikkonzepte

Bereits im einleitenden Buchkapitel war die Rede vom „Trend zur religiösen Empirie“. Dieser wurde an der Reinkarnationsforschung durch die Ärztin Elisabeth Kübler-Ross und den Psychologen Thorwald Dethlefsen veranschaulicht. An die Stelle des garstigen Bultmannschen Grabens zwischen einem christlichen und einem naturwissenschaftlichen Weltbild ist ein Wissenschafts-Optimismus getreten. Zeitgenössische Transzendenzsucher trauen den Naturwissenschaften inzwischen eine neue Grundlegung der Religion zu. Dieser Trend bahnte sich bereits in der Okkultismus-Szene um 1900 an. Ein weltanschaulicher Bruch wird inzwischen nicht mehr zwischen religiösen Vorstellungen und Naturwissenschaften wahrgenommen, sondern er wird von Esoterikern innerhalb der Entwicklung der Naturwissenschaften selbst lokalisiert. Nicht die Möglichkeit von Transzendenzerfahrungen sei weltanschaulich überholt, sondern ein physikalisch-mechanistisches Weltbild, das durch die Namen Isaac Newton und René Descartes repräsentiert wird.

Der esoterische Autor und Seminarleiter *Christian Opitz*, der ein Buch über die im Folgenden dargestellten „Tachyon“-Produkte schrieb, nennt folgende Übereinstimmungen zwischen dem esoterischem und dem quantenphysikalischen Weltbild:

„1. Es gibt keine objektive Wissenschaft. Spätestens seit der sogenannten Kopenhagener Deutung der Quantenmechanik von 1927 müssen wir uns von der Vorstellung verabschieden, dass Wissenschaftler uns sagen können, wie die Welt beschaffen ist. Sie können Modelle konstruieren, mit denen man viele Phänomene in der Natur erklären kann, aber objektive Wirklichkeiten sind eine Illusion. Diese Neuformulierung der Wissenschaft ist deshalb von großer Bedeutung, weil damit klar wird, dass Wahrheit nicht ausschließlich über das rationale Denken erfasst werden kann. Dem solange vernachlässigten empirischen, intuitiven Begreifen der Natur gibt die Quantenmechanik wieder eine Existenzgrundlage.

2. Das ganze Universum ist ein großes Gewebe, in dem alle Dinge unmittelbar miteinander verbunden sind und das von einer faszinierenden, ordnenden Kraft durchdrungen wird. Albert Einstein, Nathan Rosen und Boris Podolsky entwickelten 1935 aufgrund von mathematischen Berechnungen eine These, nach der zwei räumlich beliebig weit voneinander entfernte Teilchen gleichzeitig die gleichen Veränderungen durchlaufen, wenn sie jemals eine Einheit gebildet haben. Diese Idee sprengte das rationale Denken, denn wie können weit entfernte Teilchen auf nicht sicht- oder messbare Weise miteinander verbunden sein? ... Aber 1964 veröffentlichte John S. Bell ein Konzept, das als die Bellsche Ungleichung oder Bells Theorem bekannt wurde und die Thesen von Einstein, Rosen und Podolsky voll und ganz bestätigte. ... 1972 gelang es Professor Clauser von der Berkeley-Universität, Kalifornien, die Richtigkeit von Bells Theorem im Versuch nachzuweisen.

Die Schlussfolgerungen aus diesen Erkenntnissen sind von ungeheurem Ausmaß: Wenn zwei oder mehr Teilchen gleichzeitig die gleichen Veränderungen durchlaufen, nur weil sie irgendwann aus derselben Einheit entstanden sind, so muß es eine Verbindung zwischen allen Teilen im Universum geben. Das 'Netz des Lebens', von dem Häuptling Seattle sprach, existiert wirklich, und seine Existenz ist sogar wissenschaftlich nachweisbar. Auch die Physik ist damit zu der Erkenntnis gelangt, dass dem Universum eine Einheit zugrunde liegt. Dies hebt den scheinbaren Gegensatz zwischen naturwissenschaftlicher Forschung und den Erkenntnissen aus Religion und Philosophie endgültig auf. Eine weitere Schlussfolgerung aus Bells Theorem ist nicht minder bedeutungsvoll: Da alle Dinge miteinander verbunden sind, ist der Zustand des Universums vom Zustand aller seiner Bestandteile abhängig. Der Zustand jedes Teilchens beeinflusst seinerseits den Zustand aller übrigen Teilchen bzw. Lebewesen im Universum."[1]

Die zeitgenössische esoterische Mystik gibt sich in diesem Text als passförmig mit führenden Wissenschaftszweigen. Sie verspricht mehr als die kirchlich organisierte Religion: das Heilwerden nicht nur an der Seele, sondern auch am Leib (Religion als Wellness) und an der Psyche (rasche und tiefgreifende positive Charakterveränderungen), Bewusstseinserweiterung, transzendente Erkenntnisse (Mystagogie wie in alten Mysterienreligionen), Vereinigung mit Gott bzw. dem Kosmos oder zumindest mit seinen Energien, paramystische Fähigkeiten (z.B. Hellsehen, Energieheilungen, Aurasehen, Telepathie etc.). Dies ist nicht wenig. Gegenüber einem überholten Autoritätsglauben und dem Vertrauen auf Predigten, Dogmen oder einen erlebnisfernen Gott wird in den Darstellungen und Werbetexten der Schwerpunkt auf Autonomie („das Heilige in mir entfalten") und Selbsttätigkeit (Anwendung mystikfördernder Produkte bzw. Übungen) gelegt. Dies kann allerdings viel Geld, Zeit und Geduld erfordern. Je nach mystischem Weg fallen die zu erbringenden Opfer anders aus.

Im Folgenden stelle ich zwei methodisch gegensätzlich arbeitende esoterische Mystik-Modelle vor: die „Tachyon"-Mystik des US-Amerikaners David Wagner sowie das Taoistische Yogasystem des Thailänders Mantak Chia. Damit will ich im Ansatz verdeutlichen und detailliert belegen, dass die gegenwärtige Esoterik-Szene in sich hoch differenziert ist und dass es nicht *den* esoterischen Einweihungweg gibt, sondern hoch divergente Einweihungspraktiken.

David Wagner und Mantak Chia gewinnen derzeit in Amerika und Europa zahlreiche Anhänger. Die Schwerpunkte von Mantak Chia liegen in Nord- und Südamerika sowie in Westeuropa. David Wagner missioniert erfolgreich in Nordamerika, West- und zunehmend auch Osteuropa. Beide Bewegungen starteten in den USA. Ihr Erfolg hängt zum einen mit einem professionellen Marketing zusammen. Zum anderen erschließen beide neomystischen Wege offenkundig intensive Erfahrungsbereiche, die von Anwenderinnen und Anwendern mit religiösen Einweihungserfahrungen gleichgesetzt werden.

Konträr sind beide Erfahrungswege insofern angelegt, als der eine das regelmäßige Anwenden und *Konsumieren von Produkten* erfordert, wähend meditative Übungen nur eine untergeordnete Rolle spielen. Der andere Weg

---

[1] *Christian Opitz*, Ernährung für Mensch und Erde, Freiburg [6]2001, 22-24.

hingegen führt über das *Absolvieren zahlreicher Übungsseminare und die tägliche eigene Übungspraxis*. Natürlich lassen sich beide Wege miteinnder kombinieren, was faktisch viele Neo-Mystiker auch tun.[2]
Bei den zeitgenössischen Mystikern (wie inzwischen auch bei Mitgliedern der christlichen Kirchen) begegnet ein bunter Mix aus dem Absolvieren verschiedener Übungsseminare, dem Einhalten bestimmter Ernährungsrichtlinien bzw. Einnehmen von Nahrungsergänzungsmitteln und der Zuhilfenahme zusätzlicher energiesteigernder Angebote bzw. Produkte. Der Anspruch auf Ausschließlichkeit *eines* Weges lebt eher jenseits des esoterischen Waren-Marktes in traditionsorientierten Schulen weiter. So kann z.B. ein/e Sufi-Meister/in für eine hochkonzentrierte Schulungszeit Ausschließlichkeit beanspruchen. Merkmale solcher traditionsorientierten Angebote sind zum einen, dass tatsächlich die spirituelle Weiterentwicklung des Schülers im Vordergrund steht, zum anderen häufig auch Kostenfreiheit für die Schülerin bzw. den Schüler.[3]

3.2.1 Mit Tachyonen auf dem Highway to Heaven

Man kann den Pilgerweg nach Santiago de Compostella zu Fuß, zu Pferd oder mit dem Fahrrad zurücklegen, um unterwegs zu reifen, getreu dem Motto: Der tägliche Weg ist das Ziel. Im Vordergrund steht dabei das Vertrauen in die umgestaltende Kraft des Pilgerns selbst. Wer die zeitgenössische Zielorientierung auch beim Pilgern nicht zurücklassen kann, erspart sich den Weg und lässt sich mit technischer Hilfe direkt am Ziel absetzen. Dieses Effizienzdenken trifft auch auf die „Tachyon"-Mystik David Wagners zu.
Im Vordergrund der folgenden Erörterungen steht die Frage: Welchen Transformationsbedingungen unterliegt mystisches Traditionsgut unter technisch-rationalen und marktwirtschaftlichen Rahmenbedingungen? Aus kulturhermeneutischer Perspektive steht nicht ein weltanschauliches Streitgespräch im Zentrum (über die Frage: ob die Produkte und Techniken wirksam sind), sondern das Wahrnehmen handlungsleitender Hypothesen und deren Folgen.

---

[2] Einen Einblick in die kommerzielle Berliner Esoterik-Szene geben die Webseiten der esoterischen Stadtmagazine „Körper, Geist, Seele" (www.kgsberlin.de) und „Sein" (www.sein.de).
[3] Sufi-Meister arbeiten in Deutschland in z.T. stark missionarisch ausgerichteten muslimischen Gemeinden. Zur Darstellung einer Meister-Schüler-Beziehung auf einem Sufi-Weg im 20. Jahrhundert vgl. *Irina Tweedie*, Wie Phönix aus der Asche, Reinbek 1984, sowie *Reshad Feild*, Ich ging den Weg des Derwisch, Reinbek 2001.

A) Okkultismus im Design der Quantenphysik: David Wagner

An „Tachyon“[4] fasziniert die Anwender dreierlei:

- die Verheißung *mystischer Erlebnishorizonte*,
- das *technisch-rationale Effizienzdenken*,
- sowie die Verbindung mit einem professionellen *globalisierten Marketing*.

Diese drei Marktvorteile sind laut öffentlicher Darstellung in der Person des Tachyon-Produzenten *David Wagner* miteinander vereinigt.[5] Marketingtexten zufolge stammt er aus einer *frommen Heilerfamilie*.[6] Wagner durfte sich als Kind mit Geistern unterhalten, ohne als seelisch gestört kritisiert zu werden. Er beschreibt und präsentiert sich öffentlich als eine sensitive Person, die die Aura und Energiestöme ohne Hilfsmittel sehen und Gedanken lesen kann.[7] Über seine Ausbildung heisst es, er habe an der Technischen Universität Phönix studiert und sei beruflich in der Computerindustrie tätig gewesen, mit dem Schwerpunkt auf Infrarottechnik und auf Geräten für die Computerdiagnostik.
Wagner beschreibt die Erfindung von „Tachyon“ in Verbindung mit einem Berufsunfall im Alter von 28 Jahren, durch den er zu einem Vollinvaliden wurde. Mit Hilfe der ihm gechannelten Herstellungsanleitung zu Tachyon-Produkten habe er sich von seiner Vollinvalidität zunächst selbst geheilt.

---

[4] Im Folgenden beziehe ich mich bei „Tachyon“ ausschließlich auf David Wagners Produktlinie. Bei Ebay z.B. werden eine Fülle anderer als „Tachyon“ („Takkyon“ etc.) bezeichneter Gegenstände gehandelt. Sie unterliegen jedoch anderen Herstellungsverfahren wie z.B. durch Reiki-Meditation. Wagner hat sein Produkt nicht patentieren lassen, da er – wie er öffentlich als Grund angibt – nicht seinen Herstellungsprozess preisgeben wollte. Laut Wagner seien auch einem Japaner die Grundlagen zur Tachyonisierung von Gegenständen gechannelt worden, vgl. *Gerry Wolke*, Tachyon Healing and the Physics of Love, 1995, http://www.naturalhealthconsult.com/THATPOL.html. (Zugriff: 31. 10. 2009.)

[5] Es sei im Folgenden dahingestellt, wie weit die vorrangig dem Marketing dienenden Texte Wahres wiedergeben. Die auf Verkäuferseminaren herausgestellte rasche Verbreitung der Produkte deutet darauf hin, dass Menschen aus ihrer Selbstwahrnehmung heraus damit ihren eigenen mystisch-religiösen Weg finden. Viele Anwender bekunden dies klar. Insofern sei auch für diese Darstellung das *Thomas-Theorem zugrundegelegt: Sobald Phantasien handlungsleitend werden, schaffen sie Wirklichkeit.* Der in der deutschen Esoterik-Szene renomierte Autor Marco Bischof bezweifelt die Existenz von Tachyonen: *Marco Bischof*, Tachyonen, Orgonenergie, Skalarwellen, Aarau 2002, 198-200 und 204.

[6] Die einzige mir zugängliche Quelle zur Vita wurde vom Produzenten selbst in Umlauf gebracht: *David Wagner/Gabriel Cousens*, Tachyon Energie, Aitrang 1999, „Der Weg der ganzheitlichen Heilung“, 105-111. Um die Darstellung lesbarer zu halten, gebrauche ich im Folgenden auch dort den Indikativ, wo aufgrund mangelnder Überprüfbarkeit ein Konjunktiv angebracht ist.

[7] Wagner/Cousins, a.a.O., 105. Vgl. http://www.planet-tachyon.com/DE/Home/tabid/313/language/en-US/Default.aspx (Zugang: 31. 10. 2009).

Daraufhin habe er andere Personen geheilt, und fortan vermarktete er die zunehmend erweiterte Tachyon-Produkt-Palette mit den Mitteln, die ihm aus seiner Berufswelt vertrauten waren. Er gründete 1991 eine eigene Firma, die „Advanced Tachyon Technologies". 2004 hat Wagner in den USA bei einer privaten Akkreditierungsgesellschaft die Lizenzen für eine private Universität mit Promotionsrecht erworben: die „Tachyon University for Spirituality and Science". Zum Marketing zählen Wagners Reisen in potentielle Kundenländer, ein Verkäufernetzwerk mit Downlines und gestaffelten Provisionen, Käuferschulungen, Anwenderseminare, Bücher und inzwischen auch Anwendersoftware, die z.T. eine Seminarteilnahme ersetzen kann und durch die Creditpoints an der Tachyon-University erworben werden können.

Wagner wird als spirituell interessierter Mensch dargestellt: „Neben seiner Arbeit mit Computern war er als Priester tätig. Er studierte die alten Schriften der Essener und wurde schließlich zum essenischen Priester geweiht. Zwischendurch gab er Kurse über Meditation und Heilen."[8]

B) Quantenphysikalisch reformulierte Esoterik: heilende Energien

Die *Grundstruktur des esoterisch-physikalischen Lehrgebäudes über Tachyon* lässt sich auf einer Schautafel zusammenfassen. Sie wird in allen Standardveröffentlichungen, bei Grundsatzvorträgen und in Werbeprospekten wiedergegeben. Inhaltlich beschreibt sie ein „energetisches Kontinuum".[9] Das Schaubild beschreibt und veranschaulicht das Modell eines Energiestroms in seinen sozusagen unterschiedlichen Aggregatzuständen, angefangen vom Universum und im Menschen endend. Die Zwischenstufen lauten in ihrer Abfolge: „Nullpunkt-Energie", „Tachyon", „subtile organisierende Energiefelder" („SOEFs"), Energieströme des menschlichen Körpers. In den Worten der Tachyon-Vertreter:

> „Die Wissenschaft hat nachgewiesen, dass *Materie lediglich die Kondensation* aus einem vibrierenden universellen, subtilen Energiesubstrat ist." „Das energetische Kontinuum *ist ein unaufhörlicher Energiestrom*, dessen Quelle die unbegrenzte, form- und schwingungslose, überlichtschnelle Nullpunkt-Energie ist. Dieser Energiestrom verdichtet sich zum ebenfalls überlichtschnellen Tachyon und schließlich zu SOEFs, die knapp unterhalb der Lichtgeschwindigkeit schwingen und die Energieschablone bilden, aus der alle physikalischen Formen entstehen."[10]

---

[8] A.a.O. (Anm. 6), 109.

[9] Vgl. die Schautafel im Buch des Heilpraktikes und Tachyon-Seminarleiters *Andreas Jell*, Gesund durch Tachyon, Aitrang 2001, S. 12 sowie 18 und 26, dazu die Erläuterungen S. 10ff; bei Wagner/Cousens, a.a.O. (Anm. 6), die Schautafel S. 30, Erläuterungen S. 31-38.

[10] Wagner/Cousens, a.a.O., 16

Als *Hauptmotivation* und Werbefaktor arbeiten die Tachyon-Anbieter mit dem Faktor *Gesundheit und Heilung.* Wer gesund ist, wird mit dem Wellness-Faktor ′Verjüngung′ umworben. Die Wirkung von Tachyon-Produkten wird mit spirituellen Heilungswundern verglichen. Tachyon wirke auf der Grundlage der religiösen energetischen Prinzipien – nur eben automatisch, auf technischer Basis und *ohne Glaubensanforderung.*[11] Wagners Firma vertreibt ein CD-Rom-Kurspaket mit Instruktionen zum Heilen auf der Basis von Tachyonprodukten. Bislang sind keine Heilungen für eine unabhängige Forschung zugänglich dokumentiert. Auch in der Frage der Dosierung bleibt alles offen. So dass sich im Zweifelsfalle stets der Anwender fragen muss, ob er noch zusätzliche Tachyonprodukte konsumiert muss.[12]

C) Vom Energiefluß zur Erleuchtung: ein Leben als Supraleiter

Der *mystische Weg* mit Tachyon scheint vorrangig eine Frage der konsumierten Menge an Tachyon-Energie sowie der Neuordnung eines starken Energieflusses zu sein. Wenn alle Energieblockaden beseitigt sind, gelangt man in der Logik des Tachyonfluss-Weltbildes in direkten Kontakt mit der höchsten Energiequelle: „dem All-Einen“, „Allem was ist“ (Jargon der Tachyon-Szene). Höchste Vitalität und tiefste Spiritualität werden an diesem Punkt eines. Man führe fortan ein Leben als „Supraleiter“. „In der Wissenschaft ist ein Supraleiter eine Substanz, die dem Fließen der Energie keinen Widerstand entgegensetzt. Um optimal gesund zu werden, müssen wir unsere spirituellen, emotionalen und physikalischen Körper zu solchen Supraleitern machen, damit die kosmische Energie, die uns aus dem energetischen Kontinuum zufließt, in ihnen ungehindert zirkulieren kann.“[13]

Jeder mystische Weg lässt sich aus der Tachyon-Anbieter-Sicht in *drei Stufen* einteilen:

---

[11] Vgl. a.a.O. 21.

[12] CD-Rom-Paket „Life without Limits“ inklusive zweier TLC-Heiler-Kristalle für zusammen rund 185 Euro. Wagner thematisierte auf einem Anwender-Treffen in Wiesbaden 2004 die Frage: *„Macht Tachyon süchtig?“* In der Szene wird die Tendenz zu einem stetig gesteigerten Konsum besprochen. Die Antwort der Tachyon-Literatur und -Händler lautet: Es kommt bei Tachyon zu einem Gewöhnungseffekt, so dass die Dosis für gleiche Empfindungen mit der Zeit steige. Für eine erhöhte Dosis steht eine reiche Palette tachyonisierter „OS“-Produkte zur Verfügung: „Organ Specific“ tachyonisierte Pflanzen-Essenzen für Leber, Hirn, Sport, Nerven und spezifische Krankheiten. Wagner selbst bejahte auf dem Wiesbadener Treffen die Frage nach dem Suchtpotential. Er deklarierte die Sucht als eine, die Menschen zu Heil und Frieden führe. Gleichzeitig bestreitet er wiederholt die Möglichkeit und Gefahren von Überdosierungen. Manische Phasen sind in der Szene jedoch bekannt und werden als „zu starke Schwingungserhöhung“ deklariert.

[13] A.a.O. (Anm. 6), 34.

1. Meditieren – Kundalini erwecken – oder Tachyonprodukte anwenden und Energie sammeln;
2. Vertikalität entsteht;
3. Erleuchtung erleben.

Diese drei Phasen werden im Folgenden unter dem Aspekt ihrer technischen Umsetzung in der Tachyon-Szene erläutert.

Ad 1: Meditieren / Kundalini erwecken / oder Tachyonprodukte anwenden. Wagner/Cousens gehen von einer religiösen Anlage im Menschen aus. Diese müsse jedoch erweckt werden, um eine spirituelle Entwicklung im Menschen einzuleiten. Verschiedene spirituelle Traditionen verwendeten hierfür lediglich untereinander austauschbare Begriffe.[14] Da diese Anlage bzw. Energie unter postmodernen Lebensbedingungen enorm geschwächt sei, sei es nahezu vergeblich für Zeitgenossen, diese auf meditativem Wege wieder zu beleben. In jedem Falle handele es sich um einen mühseligen Weg mit ungewissem Ausgang. Selbst bei Menschen, die in der Lage seien, sich mit starken Energieströmen zu verbinden und aufzuladen, hielten solche erfüllten Zustände (aus Tachyon-Sichtweise: vollzogenen Vertikalisierungen des Energiesystems) nur wenige Minuten bis maximal einige Stunden an. Die Anwendung von Tachyon-Produkten hingegen verspreche eine dauerhafte Vertikalisierung.

Ad 2: Überwinden der Sünde – dauerhafte Vertikalität erreichen. Im Kern gehe es bei spirituellem Fortschritt um die *Stärke* sowie um die *Ausrichtung* des menschlichen Energieflusses. Ein Mensch beginne ab dem Moment gesünder und spiritueller zu werden, ab dem seine Energie stärker fließt und sich von einer horizontalen Ausrichtung zurück in eine vertikale Ausrichtung bewegt.[15] Die Horizontalisierung des Energieflusses sei die Ursache für das menschliche Grundgefühl, „von Gott getrennt zu sein". Der Mensch ist dann abgeschnitten von der unendlichen kosmischen Quelle der Liebe und macht sich abhängig von irdischen Quellen.[16]
Tachyonprodukte leiten die spirituelle Anlage des Menschen bzw. seinen Energiefluss wieder in die natürlichen Bahnen zurück: von der Horizontalen in die Vertikale. Das wichtigste Tachyonprodukt hierfür ist der „Vortex Pendant" – ein geschliffener und tachyonisierter Bergkristall-Anhänger.
Der Vortex fungiere als eine Antenne für kosmische Energien. Sie wirke so stark, dass sie die Körperenergien innerhalb weniger Stunden nach dem an-

---

[14] A.a.O., 62.
[15] Beide Zitate: a.a.O., 64f, vgl. insgesamt das Kapitel: „Vertikalität – zurück zu unserer natürlichen Existenz", 64ff.
[16] A.a.O., 71.

fänglichen Tragen des Anhängers zu einem dichten Wirbel (spiralförmigen Energiefeld, „Vortex“) konzentriert und das Bewusstsein und die Gefühle auf kosmische Energien und in ihnen auf „Alles was ist“ einstimmt. Dieser Bergkristall-Anhänger führe das menschliche Energiesystem in eine dauerhafte Ausrichtung auf das Göttliche im Universum zurück. „Was einzelne bereits in Gipfelerfahrungen erleben konnten, oder in tiefer Meditation, ereignet sich durch dieses Werkzeug mehr und mehr in unserem alltäglichen Leben.“[17]

Ad 3: Unterwegs zur Erleuchtung. Eine Vertikalisierung des menschlichen Energiesystems sei noch nicht gleichzusetzen mit dem traditionellen religiösen Konzept von Erleuchtung. Die Tachyon-Vertreter unterscheiden beides voneinander. Eine dauerhafte Vertikalisierung stellt lediglich die Voraussetzung für das dar, was eines Tages vielleicht als Erleuchtung erfahren werden kann. Sie leitet einen wichtigen Prozess von Persönlichkeitsveränderungen und spirituellen Veränderungen ein. „Damit beginnt ein Prozess, der in der vollbewussten Verkörperung unserer Göttlichkeit gipfelt. ... Vorhandene Blockierungen und Persönlichkeitsstrukturen, die nicht die Essenz unseres Wesens zum Ausdruck bringen, werden ´aufgescheucht´ und damit ausscheidbar.“[18]

Anhand der Seminare, die für den Vortex-Erwerb erforderlich sind, lässt sich dieser Prozess unterwegs zur Erleuchtung in weitere Teilphasen untergliedern.

Level 1 dient der grundlegenden Vertikalisierung des Energiesystems. Der Vortex-Träger beginnt „einen sanften Übergang vom horizontalen System – das Energie verliert und raubt – zu einem ´autarken´ vertikalen System, das mit Allem, was Ist, in Verbindung steht.“[19] Die vom Vortex erschlossenen mystischen Erfahrungen werden wie folgt beschrieben: „Du wirst neue Höhen von Bewußtheit erreichen und wertvolle Einsichten in die Einstimmung auf die Lebenskraft erhalten, während Du energetisch vollkommen autark wirst. Du wirst mit der Göttlichen Glückseligkeit verschmelzen. Du wirst lernen, der Fluß des Lebens zu werden und wie Du mit anderen dieses Wissen teilen kannst.“ (aus einer Seminarbeschreibung zu Level 1)

Level 2 (mit Aushändigung eines breiteren Vortex-Anhängers) dient einem verstärkten und beschleunigten Energiefluss, der sich z.B. in paramystischen Phänomenen wie Hellsehen oder Aurasehen äußern kann.

---

[17] Jell, a.a.O. (Anm. 9), 135, vgl. 135-138.
[18] A.a.O., 136.
[19] Wagner/Cousens, a.a.O. (Anm. 6), 72.

Auf *Level 3* „eröffnet sich den Teilnehmern ein ungeahntes, ekstatisches Bewusstsein, ein süßes Verschmelzen mit der Existenz und ein Auftanken aller Ebenen des Seins im nährenden Fluß universeller Lebensenergie“.[20] Bereits die Beschreibungen für den Weg zur Erleuchtung enthalten eine Fülle von Versprechen. Sie stellen die derzeit bestverkäuflichen Sinnangebote auf dem Esoterik-Markt zusammen: Harmonie, Gesundheit, Einssein mit Gott. Je widerstandsloser die Energie fließen könne, desto dichter werde die Nähe zur unio-Erfahrung, in der diese Erfahrungen auftreten. Ambivalenzen scheinen hier ausgeschlossen zu sein.

„An diesem Punkt befinden wir uns in völliger Harmonie, in optimaler Gesundheit und in ekstatischer Kommunikation mit dem Strahlenden: mit Gott. Das also geschieht, wenn wir alle Blockaden beseitigen. Jedesmal, wenn wir ein Hindernis abbauen, durchströmt uns mehr kosmische Energie und Lebensfreude. Wir können das buchstäblich spüren. Es handelt sich nicht unbedingt um 'Erleuchtung', wohl aber um einen Zustand, in dem wir göttliche Energie spüren. Wenn wir das immer wieder erleben und die göttliche Energie uns ständig mit Freude, Frieden und Zufriedenheit erfüllt, begreifen wir allmählich, dass wir diese göttliche Energie *sind.* Dies ist eine Form der 'göttlichen Verhaltensänderung', wie wir es scherzhaft ausdrücken.“[21]

D) Biblische Relecture und Tachyon-Ethik

Theologinnen und Theologen mag besonders die Tachyon-Relecture zur Auferstehung Jesu interessieren. Jesus war es, aus der Sicht der Tachyon-Erfinder, faktisch ohne Tachyon-Anwendung möglich geworden, sich an einen starken Energiestrom anzukoppeln und seine Körper-organisierenden Felder (SOEFS) so umzuorganisieren, dass er seinen physischen Leib in einen „Ätherleib“ verwandeln konnte.

„Möglicherweise waren Jesu SOEFs so extrem harmonisch und sein physischer Körper der ätherischen Ebene derart nahe, dass er den nächsten Schritt tun und seinen Körper mit der Kraft seines Geistes ganz und gar in einen Ätherleib umwandeln konnte. Das hätte es ihm ermöglicht, durch verschlossene Türen zu gehen. Indem er seinen Geist in den Wirbel projizierte, absorbierte er die Substanzen, welche die SOEFs benötigten, um seinen Körper getreu dem Willen Gottes neu zu strukturieren.“[22]

---

[20] Jell, a.a.O. (Anm. 9), 137f. Auf den Seminaren wird die Freiheit von inhaltlichen spirituellen Vorgaben betont: „Sie vermitteln keine neuen Dogmen oder starren Konzepte, sondern stellen einfach nur ein Werkzeug zur Transformation zur Verfügung, verbunden mit den Empfehlungen für dessen sinnvollen Gebrauch. Sie erschaffen einen Raum, der die Vertikalität erfahrbar macht und lehren, wie diese anmutig in den individuellen Lebensweg eines jeden Seminarteilnehmers integriert werden kann.“ (Jell, a.a.O., 138)

[21] Wagner/Cousens, a.a.O. (Anm. 6), 34; vgl. dort Kap. 4 „Vertikalität – die Rückkehr nach Hause“, 61ff.

[22] A.a.O., 68f.

Ähnliche Fähigkeiten werden hinter Moses zeitweiliger Nahrungslosigkeit (Ex 34,28f) vermutet. Mose konnte durch sein Kronen- bzw. Scheitelchakra atmen und hinreichend nährende Energie aufnehmen, so dass er auf irdische Nahrung verzichten konnte. (Im Kontext der Tai-Chi-Szene ist diese Unabhängigkeit von physischer Nahrung als Zustand von „Bi Gu" – „ohne Getreide" – bekannt.)[23]
Die mit der Tachyon-Mystik verbundene *Ethik* wird skizzenhaft mit den Leitwörtern „wahre Liebe" sowie „Harmonie" angedeutet. „Harmonie" soll alle Lebensbezüge bestimmen bzw. wird nahezu automatisch das Handeln des höher entwickelten Menschen leiten.

„Die in diesem Handbuch dargestellten Ideen und Hilfsmittel sind eingebettet in die globale Vision einer Menschheit in Frieden und Harmonie mit sich selbst, im Einklang mit der Natur und allem, was existiert." „Zudem geraten wir in einen Zustand der inneren Harmonie und verspüren kein Verlangen mehr, mit anderen Menschen um belanglose Dinge zu streiten oder unser Prestige in der äußeren Welt zu vergrößern. Die Vertikalität hilft uns, ein reines Instrument der wahren Liebe zu werden."[24]

Weitere genannte Merkmale sind: furchtloses Handeln sowie heilende Existenz. Wer an einem Vortex-Level-2-Seminar teilnimmt, dem werden u.a. folgende verstärkte Fähigkeiten versprochen:

„Deine Fähigkeit zu entwickeln, andere bei ihrer Heilung zu unterstützen; Deine Fähigkeit zu entwickeln, Deinen Partner zu lieben; … Zu einem 'Kraftort' von Frieden, Liebe und Harmonie auf diesem Planeten zu werden; Deine Heilkräfte zu steigern, unabhängig davon, welche Ausbildung Du vorher durchlaufen hast; … Den Planeten allein durch Dein Dasein zu heilen". Wir „verlieren unsere Furcht. Das geht ziemlich schnell, wenn wir außer dem Vortex Pendant einige weitere Techniken anwenden. .... Vertikale Menschen brauchen die Energie der anderen nicht; sie tragen schon durch ihre Existenz dazu bei, den Planeten zu heilen, da sie über Energie in Fülle verfügen."[25]

---

[23] A.a.O., 69f. Vgl. *Chen Kaiguo/Zheng Shunchao*, Der Meister vom Drachentor. Geheime Praktiken des Daoismus im modernen China, München 2000, 89ff. Starke Kontroversen löste noch im 20. Jahrhundert das Phänomen der Nahrungslosigkeit bei Therese Neumann (Therese von Konnersreuth, 1898-1962) aus, vgl. *Fritz Gerlich*, Die stigmatisierte Therese von Konnersreuth, 2 Bde., München 1929. Vgl. in der gegenwärtigen Esoterikszene die Extremposition zur spirituellen Nahrungslosigkeit von *Jasmuheen,* Lichtnahrung. Die Nahrungsquelle für das kommende Jahrtausend, 1997; *dies*., Sanfte Wege zur Lichtnahrung. Von Prana leben und weiterhin das Essen genießen, 2004.
[24] Jell, a.a.O. (Anm. 9), 7 und Wagner/Cousens, a.a.O., 74.
[25] Wagner/Cousens, a.a.O. (Anm. 6), 74.

3.2.2 Auf den Pfaden asiatischer Meister: Taoistisches Yoga nach Meister Mantak Chia

A) Taoism goes West – Taoismus light?

Bei esoterischen Angeboten wird häufig auf ihr hohes Alter bzw. auf die Rezeption uralter Traditionen verwiesen. Dabei geraten häufig die *Transformationsprozesse* aus dem Blick, durch die diese Konzepte nach Westeuropa gelangt sind. Dies gilt auch für Meditationsbewegungen wie Zen und Taoistische Meditationssysteme aus China.[26] Zudem unterliegen alte Traditionen auch in ihren Ursprungsländern Wandlungsprozessen, wobei Urbanisierungs- und Globalisierungsprozesse eine große Rolle spielen. Schamanen entwickeln sich beispielsweise zu „Stadtschamanen" weiter.[27] Diese Umformungsprozesse spielen nicht nur eine periphere Rolle, sondern sie haben strukturbildende Auswirkungen.

Dies trifft auch auf das im Folgenden besprochene taoistische Meditationssystem zu, das der Thailänder Mantak Chia seit den 1980er Jahren in westlichen Industrienationen vermarktet. Auf den ersten Blick erscheint der von Chia gelehrte Meditationsweg durch die marktstrategisch wiederholt herausgestellte Rückbindung an uralte Traditionen als urwüchsig und gegensätzlich zur High-Tech-Mystik des Tachyon-Weges. Bei genauerer Betrachtung handelt es sich jedoch um ein marktförmiges Produkt, das zwar mit vielen Rückgriffen auf Traditionen, jedoch spezifisch für seine gegenwärtigen Adressaten designed wurde.

Der magische Taoismus der inneren und sexuellen Alchemie, auf den Mantak Chia sich überwiegend bezieht, wurde traditionell in Tempelschulen und von abgeschieden lebenden Meistern gelehrt. Chia beschreibt sich als letztes Glied einer zusammengebrochenen Traditionskette.

„Nach etwa zehn Jahren als Tempel-Schüler beschloß mein Meister, bei seinem Großmeister in der Höhle weiterzulernen. Doch wie viele der damaligen Meister führte dieser hochentwickelte Lehrer ein sehr abgeschiedenes Leben an einem sehr unzugänglichen Ort. Schon das Mitführen der für die Reise notwendigen Nahrung war ein sehr großes Problem. Schließlich kam er bei der Höhle des Meisters an, doch schon nach kurzer Zeit verließ der Großmeister während einer Meditation wochenlang seinen Körper. Schließlich hatte mein Meister nichts mehr zu essen und war gezwungen, in die Welt zurückzukehren. Das nächste Mal war er schlauer. Er brachte zu der Höhle erstens mehr Lebensmittel mit und zweitens eine Bürste. Damit ′staubte′ er den Großmeister ab, wenn dieser wieder einmal seinen Körper verlassen hatte, und beschützte ihn vor Raubtieren. Ab und zu kam der Großmeister in seinen Körper zurück, machte die Augen auf, sah, dass sein Schüler sich um ihn kümmerte, und ging wieder ′auf die Reise′. Schließlich war die Zeit für den Großmeister gekommen, seinen Körper für immer zu verlassen, und er gab

[26] Vgl. *Karl Baier*, Meditation und Moderne, Würzburg 2009; *ders.*, Yoga auf dem Weg nach Westen, Würzburg 1998.

[27] Vgl. *Serge Kahili King*, Der Stadtschamane, Freiburg 1994.

das System an meinen Meister weiter. Dieser praktizierte das System und verglich es mit den vielen anderen, die er im Laufe der Zeit gelernt hatte. Er erkannte, daß es auf dieser Welt viele Wege gibt und dass für einen Menschen der eine Pfad besser sein kann als ein anderer."[28]

Chia wird nach Selbstaussagen wiederholt Geheimnisverrat vorgeworfen, da er Teile der taoistischen Geheimlehre in Buchform und auf öffentlichen Seminaren darlege. Diesem Vorwurf begegnet er mit dem Hinweis auf einen Missionsauftrag für den Westen: Zu seinem für ihn wichtigsten Meister White Cloud kamen keine Schüler mehr in die Berge. Daher habe Chia von White Cloud den Auftrag erhalten, die geheime Tradition im Westen zu veröffentlichen. Chia proklamiert dabei eine problemlose Adaptierbarkeit des alten Systems an westliche Lebensbedingungen: Naturnahes Leben, Abgeschiedenheit in Tempelschulen oder bei Eremiten, Rituale und Symbole seien verzichtbar.

„Heute müssen wir nicht in Tempeln oder bei Meistern in der Wildnis in die Lehre gehen. Für unser spirituelles Wachstum brauchen wir keine Statuen, Tempel, Zeremonien und Rituale. Mit Hilfe des Heilenden Tao lernen wir, uns voll und ganz auf unsere Sinne, Drüsen und Organe zu verlassen – unser inneres Universum also, über das wir mit dem äußeren Universum Verbindung aufnehmen können. Wir haben so die Möglichkeit, die Praktiken, die den alten Meistern nur unter großen Opfern zugänglich gemacht wurden, zu erlernen, ohne deswegen unsere Familie, Karriere oder unseren Lebensstil aufgeben zu müssen."[29]

Angesichts dieses bequemen Angebotes stellt sich die Frage, wieso taoistische Meister einst auf Bequemlichkeit verzichtet hatten, da es sich bei den Lebenseinschränkungen und Ritualen Chia zufolge um Akzidenzien handelt? Abgesehen von erheblichen Kosten für Seminarbesuche scheint nach Chias Darstellung keinem westlichen Menschen etwas im Wege zu stehen, um sich neben seiner Berufstätigkeit zu einem Großmeister weiterzuentwickeln. Chia vermarktet seine Person als Beispiel für die Möglichkeit eines gelungenen kulturellen Transfers ohne große Reibungsverluste. Andererseits sollte im Blick behalten werden, dass gerade er noch bei Einsiedlern in die Lehre ging, um in das System eingeführt zu werden.
Chia wuchs in einer chinesisch-stämmigen Baptistenfamilie in Thailand auf, lebte und arbeitete längere Zeit in den USA und vermarktet derzeit das „System des Heilenden Tao" als Inhaber und Manager einer exklusiven Wellness-Hotelanlage in Thailand.[30] Mit westlichen Marketing-Strategien

---

[28] *Mantak Chia*, Gesundheit, Vitalität und langes Leben, München 2001, 103f. Vgl. die Darstellung einer klassischen Ausbildung mit Anspruch auf Authentizität: *Chen Kaiguo/Zheng Shunchao*, Der Meister vom Drachentor, München 2000. Vgl. die Darstellung kultureller Umbrüche in Romanform: *Deng Min-Dao*, Der Taoist vom Huashan, 3 Bde., Interlaken 1994.
[29] Chia, a.a.O., 104.
[30] „Universal Tao Center" und "Tao Garden Health Resort" nahe Chiang Mai, Nordthailand, vgl. http://www.universal-tao.com und www.tao-garden.com (Zugang: 31. 10. 2009).

wurde er bei seiner Arbeit als Vertreter für Offset-Maschinen vertraut. Insgesamt herrscht in seiner Darstellung des Systems ein technischer Stil vor: Es gehe lediglich um die Kenntnis und Anwendung von Techniken.[31]
Es gibt wenig Komplizierteres als die taoistische Weltanschauung.[32] Ein zu komplexes System eignet sie sich per se schlecht als globaler Exporthit. Chias Leitentscheidung ist dahingehend gefallen, den Export-Taoismus von seiner kulturellen und religiös-kultischen Einbettung möglichst zu bereinigen und ebenso die philosophischen Aspekte zu streichen. Mit Ausnahme von Passagen im Buch „Gesundheit, Vitalität und langes Leben" (bereits der Titel betont für den westlichen Markt den Wellness-Aspekt) vermitteln Chias Taoismus-Kurse und beschreiben seine Bücher lediglich Meditations-*techniken,* z.B. eine 13er Tai-Chi-Yang-Stil-Form, Chi-Kung-Übungen, Anleitungen zum Krafttraining, zum Stretching sowie Massagetechniken. Vieles in diesem als esoterische taoistische Techniken vermarkteten Paket zählt bei näherem Hinsehen zu chinesischem Alltagswissen und ist keineswegs als geheimes Wissen einzustufen (so z.B. die von Chia als „Chi Nei Tsang" gelehrten Massagetechniken).
Chia verknüpft die von ihm gelehrten Praktiken mit drei Hauptzielen:

„Die taoistischen Praktiken verfolgen drei Hauptziele: Durch das Entwickeln von Mitgefühl zu einem ganzheitlichen Wesen lernen wir, uns selbst zu heilen und zu lieben. Uns steht durch die Kräfte der Natur, des Himmels und der Erde soviel Energie zur Verfügung, dass wir auch andere Menschen heilen und lieben können. Wir entdecken die Urquelle in uns und bringen sie zur Entfaltung."[33]

Neben Gesundheit verheißt Chia den Praktizierenden *religiöse Autonomie*:

„Wir haben zwar schon als Kinder gelernt, dass diese Seelen- und Geistesnahrung uns von der Religion gegeben wird; doch eigentlich findet sich diese Nahrung überall... Wir müssen nur lernen, sie aufzunehmen und zu ′verdauen′. Der Taoismus zeigt uns, wie wir Zugang zu diesen Energien finden und damit Seele und Geist und unser ganzes Wesen entwickeln können."[34]

Nach Aussagen von Michael Winn hat Chia für den Export den *Gesundheitsaspekt* in das Zentrum gerückt und hierfür das ganze System umgebaut:

„Nachdem er viele verschiedene Systeme chinesischer Esoterik beherrschen gelernt hatte, hat Meister Chia eine Perspektive entwickelt, die sich von der der meisten anderen Lehrer gründlich unterscheidet: Für ihn steht das Erwecken der Heilenergie am Anfang der Ausbildung. Es

---

[31] Chias Konzept spricht als Kunden vor allem finanziell gut gestellte Männer an. Dies fällt im Vergleich zu einem sonst prozentual hohen Anteil von Frauen bei Meditations- und Wellness-Angeboten auf.
[32] Vgl. einführend: *John Blofeld*, Der Taoismus oder Die Suche nach Unsterblichkeit, München ^{6}1998. (Diederichs Gelbe Reihe; 61: China); *Jean C. Cooper*, Der Weg des Tao, Reinbek 1996.
[33] Chia, a.a.O. (Anm. 28), 41.
[34] A.a.O., 95.

stellt den wichtigsten Baustein seines Systems dar. Hat man das Kreisenlassen der eigenen Energie erst gemeistert, macht man in den anderen Disziplinen viel schnellere Fortschritte. Das Öffnen der Hauptenergiekanäle im Körper (in diesem Buch als 'Kleiner Energiekreislauf' bezeichnet) lässt sich mit der Ausbildung eines ABC-Schützen vergleichen, der zunächst das Alphabet erlernt."[35]

Aus der Perspektive einer modernisierten Theologie, die durch die *Bultmannsche Entmythologisierungsdebatte* hindurchgegangen ist, fällt auf, wie sich Chia zugunsten größerer Verkaufschancen um eine Entmythologisierung des ihm überlieferten taoistischen Systems bemüht: Es handele sich bei den Meditationstechniken weder um Magie noch um Religion, sondern um ein von jedermann erlernbares Handwerk, das vorrangig der Gesundheit und Wellness diene.

„Chias Hauptanliegen ist es, die Lehren von jedem Mystizismus zu entkleiden, wie den vermeintlich nur Gurus zu eigenen 'Kräften' oder der Abhängigkeit von jenseitigen und magischen Einflüssen. Statt dessen strebt er danach, ein berechenbares und zuverlässiges Arbeitsmodell vorzustellen, das man als *wissenschaftlichen Umgang mit Energiesystemen* bezeichnen könnte."[36]

Wer in Chias entmythologisiertes System einsteigt und seine Techniken anwendet, begegnet allerdings massiven „mythologischen Resten". Der Praktizierende wird in Büchern und Seminaren mit der Macht der Gestirne konfrontiert. Er erfährt, wie Mars, Merkur, Jupiter, Venus, Saturn und besonders der „Nordstern" den persönlichen Energiehaushalt bestimmen. Schülerinnen und Schüler des Tao lernen, wie schicksalprägend in bezug auf Lebensenergien und Charakter die Gestirnkonstellationen zum Geburtszeitpunkt waren, und sie erhalten Empfehlungen, wie sie diese Einseitigkeiten durch eine Ernährung nach den fünf Elementen ausgleichen können.

Ein durch die Bultmannschule *ganz* hindurchgegangener Theologe und Christ fühlt sich in die Periode der „unverständigen Galater" zurückkatapultiert, die ihr Schicksal Gestirnen und Zeiten anheim stellten (Gal 4,9f). Festgehalten sei bereits an dieser Stelle die Frage: Was macht ein Lebenskonzept als Spielball von Naturenergien um so vieles autonomer und attraktiver als ein durchschnittlicher westlicher Lifestyle?

---

[35] *Michael Winn*, Einleitung: Was ist die „heilende Energie des Tao"?, in: *Mantak Chia*, Tao Yoga. Praktisches Lehrbuch zur Erweckung der heilenden Urkraft Chi, Interlaken [6]1993, 16-19, hier: 18.

[36] Chia, a.a.O., 21.

B) Zwischen Entmythologisierung und religiösem Rest

Letztlich bleibt für Chias System wie für jede Religion unter westlichen Lebensbedingungen das Grundproblem eines schwer entmythologisierbaren „Restes“. Dies wird deutlich, sobald die Texte des taoistischen Meisters das hinter den Praktiken stehende Weltbild streifen und die traditionellen Ziele der Meditationspraktiken beschreiben. Ferner kommt es jedesmal zu Brüchen, sobald Chia kulturelle Kontexte durchscheinen lässt wie z.B. bei Verweisen auf chinesische „Heilige“. Westliche Leserinnen und Leser mögen bereits verwirrt sein, wenn Chia anmerkt, dass sein Lehrer Weiße Wolke etwa 240 Jahre alt gewesen sei und dass dessen Großmeister sich wiederholt für lange Zeit auf außerkörperliche Reisen begeben habe.

Dass es sich bei Chias Taoismus der Inneren Alchemie um ein *religiöses* System handelt, wird spätestens bei der Nennung der traditionellen Ziele des magischen Taoismus deutlich: „Überwindung der Reinkarnation und der Todesfurcht durch Erleuchtung“, „Unsterblichkeit des Geistes und Leben nach dem Tode“, „Unsterblicher Geist in einem unsterblichen Körper“.[37] In einem Interview erklärt Chia, etwas offener formulierend, zu den Zielen: „Das erste Ziel ist, dass die Menschen lernen sich selbst zu heilen und spirituell unabhängig zu sein. Das längerfristige Ziel ist spirituelles Wachstum und das höchste Ziel ist das Erreichen geistiger Unsterblichkeit.“[38]

Das *Welt- und Menschenbild* hinter den Techniken steht weiterhin auf einer mythischen Stufe. Der Mensch gilt als unsterbliches Wesen. Seine Sterblichkeit liegt, bei Chia marktförmig formuliert, in einem defizitären Energieetat begründet. „Die alten taoistischen Weisen glaubten, dass wir eigentlich zur Unsterblichkeit geboren sind und nur deshalb sterben, weil wir durch negative Emotionen, zu viel Sex und die Abhängigkeit von ausschließlich materiellen Energiequellen für die Lebenskraft unser Chi schwächen.“[39] Entgegen seiner sonst technisch orientierten Darstellung betont Chia, wie wichtig den alten Lehrern ein ausgewogenes Verhältnis zwischen physischer, energetischer und *spiritueller* Ebene war. Denn diese drei Aspekte verweisen auf drei unterschiedliche Existenzweisen bzw. Körper des Menschen. „Die alten Taoisten erkannten, wie wichtig es ist, auf *allen drei Ebenen* zu arbeiten – der physischen, energetischen und spirituellen Ebene. … Mit Hilfe dieser Leiter kann der Taoist die inneren Welten erkun-

---

[37] *Mantak und Maneewan Chia*, Tao Yoga der inneren Alchemie 1, Interlaken 1990, 216.

[38] *Carsten Dohnke/Mantak Chia*, Interview „Geistige Unsterblichkeit ist das höchste Ziel”, http://www.wrage.de/kgs/1101chia.htm (Zugang: 31. 10. 2009).

[39] Chia, a.a.O. (Anm. 28), 41f.

den und mit diesem Wissen und energetisch aufgetankt in die physische Welt zurückkehren."[40]
Das Hauptziel – ein autonomes Leben jenseits der Todesgrenze (hier gibt es verschiedene Stufen von Unsterblichkeit!) – wird durch die Entwicklung der feinstofflichen Körper erreicht. Die Vorbereitung darauf konnte jedoch selbst bei alten Meistern gut 800 Jahre in Anspruch nehmen. „Energiekörper" und schließlich „Geistkörper" sind „sozusagen das Raumschiff, mit dem das Bewußtsein zu seinem Ursprung zurückkehren kann".[41] Im Tod finde zwar auch der nicht meditierende Mensch zur Erleuchtung, da er hier dem „Urlicht" begegne. Allerdings sei es dann wichtig, über genug Energie zu verfügen, um diesem Licht folgen zu können.[42] Wichtiger sei es jedoch, den Reinkarnationszyklus durchbrechen zu können. Chias Lehrer waren davon überzeugt, „daß durch die Praxis der Inneren Alchemie der spirituelle Körper geboren und der Unsterbliche Körper in diesem Leben entwickelt werden kann und dadurch der Reinkarnationszyklus durchbrochen wird."[43]

Der „mythologische Rest" begegnet ebenso, wenn Chia die *Himmelfahrten* großer Meister beschreibt. Diese werden nach religiösen Verwandlungsstufen kategorisiert: Je weniger materielle Reste ein taoistischer Meister bei einer Himmelfahrt von sich hinterließ, desto höher hat er sich entwickelt. Eine Himmelfahrt auf einer niedrigen Ebene (d.h. in der sog. „Yin-Phase") funktioniert(e) folgendermaßen:

> „Viele der Meister, die diese Ebene des Unsterblichen Körpers erreichten, konnten das Materielle in das Immaterielle transformieren und in den spirituellen Körper übertragen. Im Augenblick des Todes nahmen sie ihr Bewußtsein, ihre Energie und die physischen Elemente ihres Körpers in den spirituellen Körper mit. Doch auch diese hochentwickelte Ebene ist noch nicht die Ebene des wahren Unsterblichen Körpers. Bei diesem Prozeß nahmen ihre physischen Körper sogar ab und wogen zum Zeitpunkt des Todes nur noch etwa zwei Drittel des ursprünglichen Gewichtes. Das bedeutet, dass sie bei vollem Bewußtsein tatsächlich einen Großteil ihres materiellen Wesens in einen immateriellen Zustand transformieren konnten."[44]

Die nächsthöhere Stufe einer Himmelfahrt wird ab der Erleuchtungsstufe von „Kan und Li" (wörtlich: „Wasser und Feuer") erreicht. Hierbei muss der Heilige offenkundig in Ewigkeit auf seine Haare verzichten und mit einer Glatze leben:

---

[40] A.a.O., 41. Herv. SB.
[41] A.a.O., 93.
[42] A.a.O., 42f.
[43] A.a.O., 47.
[44] Ebd.

„Auf dieser Stufe wird alle physische Essenz in den Unsterblichen Körper übertragen. Wenn alle materiellen Elemente des Körpers in feinstoffliches Chi transformiert sind, bleibt nur noch der sogenannte Regenbogenkörper übrig. Ein Meister, der in diesem Stadium aus der Welt scheidet, hinterläßt von seinem physischen Körper nur noch Haare und Nägel. Um diesen Prozeß zu beschleunigen, ist nach wie vor der Tod nötig."[45]

Das eigentliche Ziel des alchemistischen Taoismus liegt im Erlangen eines Visums für den Ewigen Transit zwischen den Dimensionen:

„Auf dieser Stufe wird der Tod vollständig transzendiert. Ein Meister auf dieser Ebene kann den physischen Körper ganz einfach in den Unsterblichen Körper transformieren und diese Welt nach Belieben verlassen und zurückkehren. Er hat die Ebene der völligen physischen Unsterblichkeit erreicht. Das Erreichen dieser Stufe und völlige Transformieren der materiellen Elemente des Körpers nimmt zwischen 80 und mehreren hundert [sic!] Jahren Übung in Anspruch. Das Ziel, der Aufstieg in den Himmel bei hellem Tageslicht, ist erreicht. Die chinesische Geschichte nennt viele Tausende von taoistischen Unsterblichen, die die Stufe des Aufstiegs in den Himmel bei Tageslicht erreicht haben. In der Bibel haben Elias und Moses diese Stufe erreicht. Auf der höchsten Stufe dieser Praxis kann der Schüler den unsterblichen spirituellen Körper, den Energiekörper und den physischen Körper nach Belieben vereinen oder auch trennen. Erst dann weiß der Mensch, was völlige Freiheit als Unsterblicher ist, eine Freiheit, in der keine Welt mehr Grenzen setzt."[46]

Die alttestamentlichen Legenden über die Himmelfahrten von Elia und Mose werden – über den Asia-Reimport – dem Westeuropäer zur spirituellen Tatsache erklärt und aus der Entwicklungsperspektive des Menschen zu einem taoistischen Heiligen gedeutet. Vielleicht muss sich der westliche nebenberuflich Meditierende mit etwas niedriger gesteckten Meditationszielen begnügen. Oder sollte er doch zu Tachyon greifen? Immerhin kann der westliche Taoist es, mit Chias Worten, zu einem „Bankkonto im Himmel" bringen. Das bedeutet zwar nicht das Erreichen von Unsterblichkeit, doch es ermöglicht – wie beim Geld auf Erden – mehr Beweglichkeit in anderen Dimensionen. Spiritualität als Bausparvertrag mit dem Himmlischen Jerusalem.

„Die taoistische Erfahrung zeigt, daß wir beim Verlassen dieser Welt direkt in den Himmel eingehen können, wenn wir zu Lebzeiten genug Energie in den Energiekörper transformiert haben. Es ist wie mit einem Bankkonto: Je mehr wir unser physisches Wesen zu einem spirituellen Wesen transformieren, desto mehr haben wir im Himmel. Je mehr Gutes wir hier auf der Erde tun, desto mehr positive Energie steht uns auch oben im Himmel zur Verfügung."[47]

Ob diese Manager-Perspektive auf den Himmel tatsächlich mit „jeder Religion kompatibel" ist, wie es in Begleittexten zu Chias Büchern wiederholt heißt, sollten die spezifischen Religionen selbst beurteilen. Aus protestanti-

[45] A.a.O., 49.
[46] Ebd.
[47] A.a.O., 46.

scher Perspektive handelt es sich um eine recht anstrengende Werkerei, die dazu Anstoß geben mag, vielleicht doch lieber das Vertrauen auf eine auch im Tod durchtragende Beziehung zu Jesus Christus zu setzen.
Chia belässt es nicht bei der Vermarktung chinesischer Meditationstechniken und Heiligenlegenden, sondern er geht in seinem Anspruch noch weiter. Er behauptet, den *„Generalschlüssel"* für ein Weltbild zu besitzen, das sämtliche Religionen und Wissenschaften überbietet. Er nimmt für das von ihm entwickelte taoistische System des „Healing Tao" die Attribute für den gottgleichen *Begriff des „Tao"* in Anspruch, um Erhabenheit, Fehlerfreiheit und Wahrheitsanspruch für sich zu beanspruchen und um sich auf einer Ebene jenseits von Religion und Wissenschaft zu vermarkten.

> „Das Tao … geht über religiösen Glauben hinaus, lässt diesen hinter sich wie die abgelegten Kleider der letzten Saison. Das Tao ist das Ziel der Wissenschaft und ist gleichzeitig über alle wissenschaftlichen Theorien erhaben, die die ganze, vollkommene Wahrheit immer nur teilweise und aus weltlicher Sicht darstellen. Der Taoismus umfasst alle Belange von Wissenschaft und Religion und ist doch viel umfassender, als Intellekt und religiöser Eifer dies je zu sein vermögen."[48]

Der zweifelnde Leser ist nach den Schilderungen von Himmelfahrten, Heiligenlegenden aus dem chinesischen Volksglauben, Berichten über 800jährige Meister, Seelenreisen und Energiekörper als Bankkonto im Himmel dann doch überrascht, wenn Chia andere Religionen als „abgelegte Kleider der letzten Saison" abqualifiziert. Ist der eigene Dress um so vieles schicker?

C) Der westliche Taoist: metareligiös oder im Rollback zu Autoritätsglauben und Naturreligion?

Chia wirkt wie ein Bultmann der taoistischen Mystik, der auf halbem Wege stehengeblieben ist. Der Gesamteindruck bleibt ambivalent. Einerseits bemüht Chia sich um einen Dialog mit der westlichen Medizin, um z.B. die Existenz von Energie-Meridianen als wissenschaftlich belegt zu behaupten. Er tritt religionskritisch auf und setzt Religionen pauschal mit Systemen gleich, die ihre Anhänger zu autoritätsfixiertem Glauben, toten Riten und einer „selbstausbeuterischen" Ethik nötigen, ohne ihnen Kraftquellen für ihr Leben zu erschließen.[49] Andererseits leugnet er den religiösen Gesamtrahmen des eigenen Systems, den er als metareligiös und metawissenschaftlich bewertet und dessen Traditionsstücke er selbstbewusst zitiert.

---

[48] A.a.O., 40.
[49] A.a.O., 99.

Im Verweis auf einen eigenen Sendungsauftrag durch den Meister White Cloud und eine direkte Sukzession behauptend, präsentiert Chia sich als einen authentischen Vertreter des ursprünglichen magischen Taoismus der Inneren Alchemie, der westlichen Menschen dessen heilende und magische Kräfte erschließen könne. Gleichzeitig vermarktet er sich als ein Entmythologisierer der Tradition, der sie vom Ballast des Einsiedlerlebens, der Tempelschulen und der Rituale befreit habe und der sein System des „Healing Tao" im Einvernehmen mit der westlichen Medizin lehre. Chias eigene Auswahl- und Transformationsprozesse bleiben unreflektiert und entfallen in der öffentlichen Darstellung.
Umso überzogener wirkt Chias Gleichsetzung zwischen seinem subjektiv entwickelten System und dem Wirken des Tao selbst. Neben dem Problem des „mythologischen Restes" erscheint Chias Verheißung religiöser Autonomie theoretisch und praktisch wenig nachvollziehbar. „Der Taoismus kennt keine höchsten Meister und Gurus, denn durch den Weg des Tao entdecken wir seine wunderbaren Kräfte, werden wir unser eigener Meister, können wir unser Schicksal selbst in die Hand nehmen und herausfinden, wer wir wirklich sind. Dabei stehen uns alle Götter, die Unsterblichen, die Weisen und Heiligen als Lehrer und Ratgeber zur Seite."[50]
Wer über Chias Weg „universale spirituelle Unabhängigkeit"[51] erlangen will, muss grundlegend darauf vertrauen, dass „alle Götter, die Unsterblichen, die Weisen und Heiligen" auch das System des „Healing Tao" als fehlerfrei, risikofrei für Anwenderinnen und Anwender und als tatsächlich zu Gesundheit und Unsterblichkeit führend beurteilen wie Chia selbst. Der Urheber des „Healing Tao"-Systems hat in seiner Einschätzung des Wesentlichen bzw. Unwesentlichen eine *Auswahl* getroffen. Dem Übenden bzw. der Leserin begegnen Fragmente. Bücher des Meisters existieren bislang nur zu unteren Meditationsstufen. In der Praxis erleben die Meditierenden eine jahrelange Abhängigkeit in Lehrer-Schüer-Beziehungen. Zur Erläuterung der Techniken wird auf Chias Bücher verwiesen. Philosophische und religiöse Hintergründe werden nicht erörtert und gelten als hinderlich für die spirituelle Entwicklung. Es bleibt faktisch ein Weg gläubiger Schülerschaft. Wer religiöse Erfahrungen im Bergerschen Sinne sucht, um vom autoritätsfixierten Glauben zu eigenen Erfahrungen als Basis seines spirituellen Weges zu gelangen, wird damit konfrontiert, dass er oder sie zunächst mehrere Jahre lang üben muss, um Bewegungsabläufe und Visualisierungstechniken, Muskelaufbau und Dehntechniken hinreichend zu beherrschen. Dies erfordert Zeit (empfohlen werden ein bis zwei Stunden täglich, regelmäßige Kursteilnahme sowie Wochenendkurse), Geld und Geduld. Wer

---

[50] A.a.O., 40.
[51] A.a.O., 39ff, Kapitel „Universale spirituelle Unabhängigkeit".

nicht in dieser Mühsal der Ebenen bereits aufgegeben hat, kann tatsächlich gesundheitliche Verbesserungen erleben und entdeckt mitunter auch andere Ziele als spirituelle, um weiter zu praktizieren. Zu mystischen Erlebnissen, von denen westliche Praktizierende berichten, zählen z.B. hohe Konzentrationsfähigkeit, das Empfinden der Auflösung physischer Körpergrenzen, visuelle und taktile Empfindungen zum Wahrnehmen von Kraftfeldern anderer Menschen sowie Vorherwissen durch Träume.

3.2.3 Neo-Mystik zwischen Verwandlung des Ich und Ego-Trip

Sowohl beim mystischen Weg durch Tachyon-Produkte als auch bei Mantak Chias System des „Healing Tao“ handelt es sich um keine traditionellen mystischen Wege. Sie wurden als Markt-Artikel speziell für den US-amerikanischen und westeuropäischen Markt entwickelt. Abschließend sollen das vorausgesetzte Kundeninteresse und kritische Rückfragen im Vordergrund stehen.

A) Die nichtreligiöse Religion bzw. die „Super-Religion“

Beide vorgestellten Mystik-Systeme verheißen viel. Im Vordergrund stehen dabei Gesundheit und Heilwerden. Bei Durchschnittskundinnen und -kunden wird offenkundig vorausgesetzt, dass sie sich krank und genesungsbedürftig fühlen.

Beide Angebote entsprechen in ihrem Profil dem Trend zur religiösen Empirie und damit zur religiösen Autonomie, den Peter L. Berger aus wissenssoziologischer Perspektive als Zukunftstypus von Religion prognostiziert. Sie versprechen Autonomie durch mystische Erfahrungen, die „unvermittelt selbstbeglaubigend wie die Erfahrung eines Zahnschmerzes“ sind.[52]

Eine empirische Grundlegung wird in beiden neomystischen Systemen über die Ebene individueller Evidenz hinaus durch zwar oberflächliche, jedoch nachdrücklich herausgestellte Bezüge zu naturwissenschaftliche Forschungsergebnisse suggeriert. Hierin führen sie das sich um 1900 konstituierende religiöse Rahmenmodell fort, das im Zuge der Modernisierung die Rückbindung an religiöse Autoritäten durch Bezüge auf naturwissenschaftliche Forschungsergebnisse zu ersetzen suchte.[53] Menschen, die ihren persönlichen Entwicklungsweg nicht mehr mit einem

---

[52] *Peter L. Berger*, Der Zwang zur Häresie, Frankfurt M. 1980, 47.

[53] Siehe oben S. 24ff.

erfahrungsfernen, blinden Glauben an religiöse Autoritäten vereinbaren wollen, wird jeweils ein religiöses System präsentiert, das mit dem Anspruch der Super-Religion und zugleich Super-Wissenschaft auftritt. Beide neomystischen Wege treten als wissenschaftlich kompatibel und religionskritisch auf. Beide beanspruchen zudem aufgrund gechannelten Wissens bei Tachyon bzw. in traditioneller Sukzession überlieferten Wissens beim „Healing Tao" für sich die Kompetenz, über allen Religionen und über der wissenschaftlichen Forschung zu stehen.

Für Zeitgenossen, die die Autonomie des Individuums als Prinzip verinnerlicht haben, wirkt die Verheißung „universaler spiritueller Unabhängigkeit" zwar attraktiv. Doch sowohl auf der Ebene des Lehrsystems als auch in der Praxis bilden beide Angebote in je verschiedener Mischung ein Konglomerat aus weiterhin autoritätsbezogenem Glauben, Hoffnung auf zukünftige Erfahrungen und individuellen Deutungen. In beiden Fällen erweist sich Ulrich Becks Analyse der „Neuen Religiösen Bewegung" als zutreffend, der einerseits das persönliche Engagement und die Abkehr von konformen Vorgaben bei der religiösen Suche des Individuums herausstellt.[54] Andererseits macht Beck auf eine warenförmige religiöse Symbolökonomie aufmerksam, die dem Individuum Entlastung auf seinem Weg zum je „eigenen Gott" verschafft. Die warenförmigen Religionsangebote führen nach Beck zu der Paradoxie, dass als hochindividuell angeeignete religiöse Praktiken und Wahrheiten aus der Außenperspektive als neue Konformität mit neuen religiösen Schablonen und Autoritäten und als vorschneller Abbruch einer tatsächlich individuellen religiösen Suchbewegung erscheint.

B) Der Kostenfaktor Religion

Beide religiöse Angebote sind von professionellen Unternehmern für den gegenwärtigen Religionsmarkt entwickelt worden. David Wagner vertreibt seine Produkte erfolgreich über Downlines und ist dabei, sich zusätzlich den osteuropäischen Markt zu erschließen. Chia führt sein Leben als Inhaber der exklusiven Anlagen des „Universal Tao Center" und des „Tao Garden Health Resort" nahe Chiang Mai in Nordthailand sowie als Seminarleiter und als Ausbilder von Kursleitern, die von ihm geprüft und zertifiziert werden.

Der mystische Weg ist ein Marktartikel. Sein Warencharakter macht ihn zugleich elitär. Wer den höchsten Einweihungsgrad in der Tachyon-Szene erwerben will, muss pro Einweihungsstufe die Kosten aufbringen für den

---

[54] Siehe oben S. 22f.

Vortex-Bergkristallanhänger, die Gebühren für mehrtägige Seminare sowie für Hotel- und Reisekosten. Zusätzlich werden ihr oder ihm weitere Tachyonprodukte empfohlen. Als stark wirksam zur Vertikalisierung und Verstärkung des Energieflusses gelten der tägliche Aufenthalt im Meditations-„Cocoon", die Harmonisierung der Wohnräume durch „Sun Spots", die Bestrahlung geschädigter Körperregionen durch „TLC Bars" und die langfristige Einnahme von „OS"-Produkten: „Organ Specific" tachyonisierter Tonika zur Leberentgiftung, Tonika gegen nervöse Störungen oder zur Leistungssteigerung beim Sport. Das Seelenheil kann zum teuren Markenartikel werden.

Wer sich sorgfältig in das System des „Healing Tao" einführen lassen will, kommt um jahrelange Kurseinheiten pro Woche und um Weiterbildungsseminare nicht umhin. Im ökonomisch günstigen Falle kann sie oder er sich als Ausbilder am umkämpften Markt niederlassen. Zusätzlich zur finanziellen Hürde gibt es beim mystischen Tao-Weg ein Problem, das vor allem von den Verdienern mit ihrem Berufsalltag vermittelt werden muss: ein hoher Zeitaufwand.

C) Naturreligiös sein im urbanen Kontext

Bereits 1904 beurteilte der Begründer der anthroposophischen Meditationsbewegung Rudolf Steiner die zunehmend urbanen Lebensverhältnisse als hinderlich für die mystische Entwicklung des Menschen:

> „Besonders günstig liegt die Sache bei dem, der seine Geheimschulung ganz in der grünen Pflanzenwelt oder zwischen sonnigen Bergen und dem lieben Weben der Einfalt vornehmen kann. Das treibt die inneren Organe [sc. energetische Anlagen des Menschen – SB] in einer Harmonie heraus, die niemals in der modernen Stadt entstehen kann. ... Wessen Auge nicht jeden Frühling die Wälder Tag für Tag in ihrem Grün verfolgen kann, der sollte dafür seinem Herzen die erhabenen Lehren der Bhagavad-Gita, des Johannes-Evangeliums, des Thomas von Kempen und die Darstellungen der geisteswissenschaftlichen Ergebnisse [sc. der Anthroposophie – SB] zuführen. Viele Wege gibt es zum Gipfel der Einsicht; aber eine richtige Wahl ist unerlässlich."[55]

Taoismus als magisch-religiöse Lebensform ist im urbanen Kontext relativ unpraktikabel. Wer nicht als Neo-Taoist im Eigenheim auf dem Lande, im Gebirge oder am Meer lebt und hier in einen stillen Dialog mit den Naturenergien und den Ordnungen des Kosmos einkehrt, der kann sich damit trösten, dass „viele Weg ... zum Gipfel der Einsicht" führen. Ihm oder ihr bleibt das Gemeinschaftsgefühl der Trainingsgruppe, die Wahl zwischen Tai Chi im Wohnzimmer oder im Stadtpark, und sie oder er hat immerhin

[55] *Rudolf Steiner*, Wie erlangt man Erkenntnisse der höheren Welten?, Stuttgart 1961, 70.

mehr Möglichkeiten, sich spezifisch meditationsfördernde Produkte wie Drachenaugen, roten Reis und schwarzen Palmzucker in einem Asia-Shop zu organisieren. Wenn die urbane Existenz den Energieetat zu stark schwächt und einer Lebensspanne von 240 Jahren illusionslos der Abschied gegeben werden muss, kann der Stadttaoist problemlos zu alternativen religiösen Angeboten greifen, um dieses Manko etwas auszugleichen. Die Tachyon-Mystik verfügt hier über urbane Marktvorteile.

D) Heilsegoismus in alle Ewigkeit?

Verglichen mit traditionellen fernöstlichen Mystiken fällt in gegenwärtigen Angeboten eine zunehmende Zentrierung auf das Ego auf. Nicht seine Verwandlung, sondern spiritueller Besitz und eine geistliche Sonderaustattung mit Wellnessfaktor stehen im Vordergrund der Offerten. Chia kritisiert in seinen Schriften einen religiösen Altruismus als vampiristisch und umwirbt seine potentiellen Kundinnen und Kunden mit den Verheißungen von Gesundheit, Multi-Orgasmen und freiem Transit zwischen Dies- und Jenseits. Chias spirituelle Logik ist passförmig mit der Gesellschaft kapitalistisch geworden. Wer auf dem Weg des „Healing Tao" übt, lernt nicht den Zusammenhang zwischen Mystik, Mitgefühl und vom Ego befreienden Handeln kennen. Zwar tauchen mitunter Verweise auf Mitgefühl in Chias Schriften auf. Doch den roten Faden seiner spirituellen Logik bildet die Akkumulation von Energie auf einem himmlischen Bankkonto. Von der Höhe des akkumulierten Kapitels hängen gegenwärtige Gesundheit, außerordentliche Fähigkeiten und das jenseitige Schicksal ab. Aus der naturreligiösen Verbundenheit taoistischer Spiritualität ist in Chias System eine Ressource von Naturenergien geworden, die der bzw. die Meditierende zur Erhöhung des eigenen Energieetats ausbeuten lernt. Eine entsprechende Tauschlogik zieht sich bis hinein in Chias technische Ratschläge für die Gestaltung des Geschlechtsverkehrs. Beide Partner können die intime Begegnung zur Verbesserung ihrer eigenen Energiebilanz nutzen lernen, indem sie weder die eigene noch die orgasmische Energie des Partners verschwenden, sondern konzentrieren, lenken und in den eigenen Energiehaushalt überführen lernen. Ferner erhalten sie bei Chia Beschreibungen für Übungen zum Lustgewinn und zur Steigerung ihrer sexuellen Leistungsfähigkeit.

Auch in der Produktpalette von Tachyon finden sich luststeigernde Elixiere und Salben. Doch der mystische Weg mit Tachyon weist verglichen mit Chias Tao-Mystik strukturell in eine andere Richtung. Bereits auf dem Seminar zum ersten Einweihungsgrad lernen die Kursteilnehmerinnen und Kursteilnehmer, dass ihre Lebensprobleme der Fiktion entstammen, dass ihr

Ego (im Kurs „Larry“ genannt) real existiere. Sie erlernen Techniken zur Entidentifizierung von Rollen und Gefühlen („De-Illusions Technik“ gegenüber „illusionären Mustern“).[56] Der mystische Tachyon-Weg zielt auf eine gegenüber dem horizontal ausgerichteten Ego andersartige Identitätserfahrung im „vertikalen Moment“. „Fühle die Freude und Harmonie Deiner eigenen Göttlichkeit und verbinde Dich mit dem, wer Du wirklich bist – Deinem Sein. Beachte den Unterschied zwischen den [horizontalen] Mustern und wer du *wirklich* bist! (Dein Sein.) … Beachte, wie friedvoll Du Dich fühlst, nun, da Du unabhängig von dieser [Ego-] Energie bist! … Erkenne, dass Du nicht die [Ego-] Energie bist.“[57]
Trotz dieses Aspektes einer verwandelten Identität bleibt der Gesamteindruck ambivalent. Die Tachyon-Mystik präsentiert sich vorrangig als eine Mystik positiver Gefühlserlebnisse. Die Entidentifikation des Individuums von seinen bisherigen Lebenserinnerungen, Gefühlsmustern und Rollen endet in einem positiven Gefühlsnirvana. Ziel ist es, „von der Kontrolle analytischen Denkens“ „befreit“ zu werden und dadurch „die Erfahrung wahrhaftiger Weisheit“ zu machen.[58] Die letzte Seite des Kursmaterials zur Einweihung in den ersten Vortex-Grad zeigt einen von Energiefeldern umströmten Menschen unter dem Slogan „Friede herrscht auf Erden“. Der Friede bleibt weltlos und unindividuell. Wer bleibt als Akteur? Was bleibt von der Welt, nachdem man sich von ihr verabschiedet hat? Wird ein Weg zurück überhaupt angestrebt?
Die Tachyon-Mystik zielt auf Glückseligkeitserfahrungen durch die Auflösung und dauerhafte Verabschiedung des Individuums. Insofern gelten ihr gegenüber strukturell die gleichen Einwände, die Teilhard de Chardin gegenüber Einheitserfahrungen durch Unterdrückung und Auflösung von Individualität formuliert hat.[59] Demgegenüber führt der christliche mystische Weg in Zustände hoher Konzentration, zu Differenzierung und hyperpersonalen Erfahrungen. Er endet nicht in einer weltlosen Glückserfahrung, sondern in einer differenzierten Wahrnehmung der Welt und einer freiwilligen Verbundenheit mit ihrem Schicksal und ihren Prozessen. Die Tachyon-Mystik verbindet individualistisches Glücksstreben mit einer Mystik der Entdifferenzierung, einem „Kultus eines großen Alls …, in dem die Individuen dazu bestimmt“ scheinen, „sich wie Wassertropfen zu verlieren und wie ein Salzkorn im Meer aufzulösen“.[60] Der Reichtum personaler

---

[56] Quelle: „Quality of One – Vertical Reality – 101. Präsentiert von ATTI und der University of Integrated Science California”. Copyright 2004, 2005. Kursmaterial für Teilnehmerinnen und Teilnehmer.
[57] A.a.O., 23. Ergänzungen in eckigen Klammern SB.
[58] A.a.O., 45.
[59] Siehe oben S. 113ff.
[60] Teilhard de Chardin, zitiert in: Adolf Haas, Teilhard de Chardin-Lexikon, Bd. 2, Freiburg 1971, 235.

Zentrierung, der Differenzierung und der universalen Vernetzung von Individuen bleibt ihr verborgen.
Gegenüber dem spätmodernen Ego-Trend der Marktmystiken sei als Vergleichsebene Rudolf Steiners Zielbeschreibung seiner anthroposophischen Mystik um 1900 herangezogen. Steiner warb noch innerhalb eines christlich monopolisierten Kulturraumes um Anhängerinnen und Anhänger für seinen alternativen religiösen Weg. Der christliche Universalismus, der die gesamte Menschheit im Blick hat, und ein ethischer Altruismus prägen noch die okkulte Mystik Steiners. So beschreibt er den gereiften anthroposophischen Mystiker mit universalistischen und altruistischen Grundzügen: „Zieht er [sc. der Eingeweihte – SB] seine eigene vorzeitige Erhöhung in die übersinnliche Welt vor, dann schreitet die Menschheitsströmung über ihn hinweg. Für sich selbst kann er nach seiner Befreiung aus der Sinnenwelt keine neuen Kräfte mehr gewinnen."[61] In Steiners christlich inspirierter Ethik geht es darum, egoistischen Lockungen zur Selbstverewigung zu widerstehen. „... ihr seid alle miteinander verbunden." „... ich kann kein Seliger sein, solange es noch Unselige gibt!" Der reife Mystiker ist daran erkennbar, dass er tendenziell wie ein christlicher Heiliger dazu bereit ist, auf seine eigene Seligkeit zugunsten der Menschheitsentwicklung zu verzichten.
Im folgenden Hauptteil geht es zentral um den christlichen mystischen Weg des Einzelnen. Eine grundlegende Rolle spielt dabei eine radikale Individualisierung durch Techniken der Selbstzentrierung. Eine traditionelle Form der Begleitung auf diesem Weg des „secum esse", der Einkehr in sich selbst, spielt im Christentum seit jeher die individuelle geistliche Begleitung. Nach einer exemplarischen Einführung in Formen geistlicher Begleitung werden mystische Stufen der Glaubensentwicklung aus der Sicht von Ambrosius von Mailand vorgestellt. Weil es sich bei der Glaubensentwicklung und der individuellen Entwicklung um ein und dieselbe Wirklichkeit handelt, wird die Leistungsfähigkeit spiritueller Konzentrationstechniken anschließend näher aus neurowissenschaftlicher Perspektive dargestellt.
Nach dieser Einführung, der theologischen und der humanwissenschaftlichen Grundlegung steht eine spezifische christliche Konzentrationstechnik im Mittelpunkt, die sich bereits in den Anfängen der christlichen Wüstenmönche entwickelt hat. Sie bildete lange Zeit die Mitte des abendländischen Mönchtums und ist bis zur Gegenwart eine zentrale Technik im ostkirchlichen Mönchtum geblieben: die Konzentration der Aufmerksamkeit durch Mantren. Speziell geht es um das christliche Mantrum des Jesus-Gebetes, das alle Aufmerksamkeit auf die Gegenwart Jesu zentriert.

[61] Steiner, a.a.O. (Anm. 55), 148. Folgende Zitate: 147.

Der christliche mystische Weg ist eng mit der zunehmenden Entwicklung der Fähigkeit des Einzelnen verbunden, lieben zu können. Daher werden anschließend Entwicklungsstufen der Liebe aus der Sicht eines christlichen Mystikers, des mittelalterlichen Abtes Bernhard von Clairvaux, vorgestellt. Den Abschluss des Hauptteils bildet ein Kapitel, das die mystische Dimension von Sterbe- und Nahtoderfahrungen als Erfahrung radikaler Selbstbegegnung erörtert.

IV. Der mystische Weg des Einzelnen

1. Individuelle Mystagogik: Geistliche Begleitung

1.1 Religiöse Individualisierung durch den Weg des „secum esse" – „Bei-sich-Seins"

„Wer heute bei uns eine christliche Kirchengemeinde betritt, der könnte in der Tat meinen, er sei ins Kinderparadies von Ikea geraten. So nett und lieb ist alles. So familienfreundlich. Von nichts anderem ist da die Rede als von der Familie als höchstem Wert. Und heißt die Pastoralassistentin einen in der Gemeinde willkommen, dann lächelt sie so nett, als wäre sie das Fräulein bei Ikea: 'Haben Sie schon unsere family card?'"[1] Hans Conrad Zander stellt der familienorientierten Kirche „das klassische Experiment des 'secum esse' ('zu sich selber Kommens')" gegenüber. Der Weg zu sich selbst, Phasen der Einsamkeit, die gezielte Suche nach dem eigenen Kern, wurzeln ebenso in der menschlichen Natur wie der Drang zur Geselligkeit. „In einem bestimmten Moment seines Lebens hat jeder wohl diesen geheimnisvollen und mächtigen Zug zur Einsamkeit in sich gefühlt."[2]
Begleitet die Kirche Menschen nicht auf diesen Weg in die Einsamkeit des „secum esse", dann enthält sie ihnen das halbe Abenteuer des Lebens vor. Zander meint pointiert: Dann wird die Religion langweilig. Die Moderne preist das Abenteuer der Einsamkeit in säkularen Neufassungen wie in Daniel Defoes „Robinson Crusoe" und in Hermann Hesses „Steppenwolf". In der protestantischen Familienwelt wird der mönchische Robinson Crusoe zum Star.
Die christlichen Wüstenväter wagten das Experiment der menschlichen Einsamkeit zu einer Zeit, als Einsamkeit sozial noch nicht erlernt war und physisch und seelisch oft tödlich verlief. Dies bezeugen die gebrochenen Gestalten, die scharenweise aus der Nitrischen und anderen Wüsten zurückkehrten. Der Ägypter *Antonius* (um 251-356) war zunächst als lebendige und literarische Modellgestalt[3] nötig, um dieses Lebensmodell um 300 überhaupt als neuen Kulturtrend zu etablieren.
Zum Christentum gehören seit jeher beide Lebensbewegungen: die Zusammenführung der Menschheit in einem universalen Organismus sowie die zunehmende Personalisation des Einzelnen auf einem Weg radikaler Individualisierung. Religion ist „das grenzüberschreitende Gefühl, dass jenseits

---

[1] *Hans Conrad Zander*, Als die Religion noch nicht langweilig war. Die Geschichte der Wüstenväter, Köln 2004, 37. Folgendes Zitat: 9f.
[2] Der französische Historiker und Publizist Charles Forbes René de Montalembert, 19. Jahrhundert, zitiert nach Zander, a.a.O., 9.
[3] Eine zentrale Rolle zur Propagierung dieses Lebensmodells spielte die „Vita Antonii" des Bischofs Athanasios von Alexandria (um 300-373): *Athanasius*, Leben des Heiligen Antonius, übersetzt von Hans Mertel, Kempten/München 1917 (BKV 31).

der winziggrünen Welt, die uns birgt, das Erlebnis einer maßlos anderen Welt beginnt. … Wer sinnenhaft hinauswill, aus der grünen Oase unserer beschränkten Welt hinaus in jene grenzenlos andere Wirklichkeit des Himmels, der ziehe allein in die Wüste und wage das Experiment der Einsamkeit.“[4]

Bereits der christliche Religionsstifter vereint beide Lebensbewegungen. Er bricht mit seiner orientalischen Großfamilie aus Verwandtschaft, Sippe und Clan und mit deren Besitzverhältnissen (Mk 3,21; Mt 19,29; Lk 14,33). Bereits im Jüngerkreis beginnt das christliche Experiment einer Existenzsuche jenseits bisheriger sozialer Zuschreibungen. Nachfolge Christi beinhaltet immer auch das Experiment des sozialen Fremdseins, des sozialen Ausstiegs zugunsten einer radikalen Individualisierungserfahrung. Daher spielte in der frühen Kirche und im Mönchtum das Verständnis von Nachfolge als ξενιτεία (soziales Fremdsein) eine wichtige Rolle. Wer Individualisierung über ξενιτεία riskiert, erlangt eine zunehmende emotionale und kognitive Distanz gegenüber sozialen Zuschreibungen und Zwängen. Er urteilt zunehmend aufgrund eigener Wahrnehmungen und Intuitionen. Der Weg der radikalen religiösen Individualisierung ist eine stufenweise durchlebte Ars moriendi, eine Vorwegnahme der Todeseinsamkeit. „Wir seyndt allsampt zu dem tod gefodert und wirt keiner für den andern sterben, Sonder ein yglicher yn eygner Person für sich mit dem todt kempffen.“[5] Im physischen Sterbeprozess verlieren materielle Prothesen des Selbst und die Identifikation des eigenen Wesens mit sozialen Rollen zunehmend an Bedeutung. Zur Einübung der Unterscheidung von Wesentlichem und Unwesentlichem schon in diesem Leben zählte daher bereits im frühen christlichen Mönchtum die wiederholte Imagination des eigenen Sterbeprozesses. Wer zu seinem unverwechselbar eigenen Wesen unterwegs ist, stirbt zunehmend falschen Zuschreibungen und eigenen Irrtümern über angeblich Wesentliches ab. Er nimmt partiell diejenige Verwesentlichung („Essentifikation“, Schelling) vorweg, die in der christlichen futurischen Eschatologie erst einem kommenden Leben zugeschrieben wird.

Sowohl christliche Mönche als auch schon antike Philosophen waren davon überzeugt, dass die Erkenntnis des eigenen wahren Wesens eingeübt werden könnte. „Askese“ ist kein genuin christlicher Begriff. Er meint schlichtweg „Training“, wie dies bereits Paulus in 1Kor 9,24-27 im Hinblick auf seinen eigenen spirituellen Trainingsweg formuliert und der christlichen Gemeinde in Korinth gleichfalls nahelegt. Für die antiken Philosophen hing Selbsterkenntnis (γνῶθι σεαυτόν) mit einer Reinigung des menschlichen Geistes zusammen sowie mit einem Kontrollgewinn über eigene Gefühle und Be-

[4] Zander, a.a.O. (Anm. 1), 28.
[5] *Martin Luther*, Sonntag Invocavit, 1522, WA 10/3,1, 15ff.

gierden, die die Wahrnehmung sowie ein objektives Urteil trüben können. Der Fortschritt der Selbstkultivierung erwies sich nicht vorrangig in der Fähigkeit, komplexe Theorien entwickeln zu können, sondern er erwies sich lebenspraktisch: in der Fähigkeit, Reden und Schweigen dosieren zu können, in wacher Wahrnehmungsfähigkeit, beim Essen und beim Trinken. Die Kultivierung der Begierden durch Übungen war aus der Sicht vieler antiker Philosophenschulen mit der Entdeckung und Entfaltung des spezifisch menschlichen Wesens verbunden.

Das Christentum intensiviert diesen Prozess der menschlichen Kulturwerdung, der Essentifikation. Das christliche Hauptmittel auf diesem Weg der Essentifikation ist die Beziehung zu einer Person: die Zentrierung auf Jesus Christus, der das Entwicklungsziel des Individuums und der Menschheit verkörpert. Für diesen Prozess der Konzentration des Einzelnen und der Zentrierung von Gruppen auf den gegenwärtigen Jesus Christus bleiben nach wie vor Trainingsmethoden sinnvoll. Aus neurowissenschaftlicher Perspektive gilt: Dasjenige, worauf ein Mensch seine Aufmerksamkeit lenkt, wird für ihn wirklich und damit lebenswirksam. Je zerstreuter seine Aufmerksamkeit ist, desto oberflächlicher wird seine Wahrnehmung sein und desto schwerer kann er sein Leben steuern.[6] Die eigene Kontrolle über die Wahrnehmungsfähigkeit, die eng verbunden ist mit der Fähigkeit zur Konzentration, ist eine der Schlüsselqualifikationen in der christlichen Mystik. Sie spielt bereits eine Rolle bei der zunehmenden Fähigkeit, die eigenen Gedanken und Gefühle differenziert wahrnehmen zu lernen, um sich von negativen Einflüssen zunehmend zu reinigen.

Der Weg der Reinigung und Zentrierung führt zu einem mentalen und psychischen Ausbalanciertsein. In Verbindung mit dem Jesus-Gebet wurde er vor allem als ἡσυχία (hesychia) beschrieben. Hesychia ist die Ruhe eines Menschen, der ganz in seiner Mitte ruht und damit eine große Autonomie erlangt hat. Er hat sich in seinen Wahrnehmungen, kognitiven Bewertungen, emotionalen Reaktionen und Handlungen unabhängig von eingeschliffenen Automatismen gemacht. Er ist tatsächlich ein individualisiertes personales Zentrum geworden.

Diese Ruhe aus der Zentrierung in einem einzigen Zentrum beschreibt noch Ignatius von Loyola (1491-1556) als ein Ziel seiner „Geistlichen Übungen". Sie führt nach seiner Beschreibung zur Freiheit und Gelassenheit gegenüber den Wechselfällen von Glück und Leid. Ignatius spricht statt von „Hesychia" von „Indifferenz". „Deshalb ist es nötig, dass wir uns gegenüber allen geschaffenen Dingen in allem, was der Freiheit unserer freien Entscheidungsmacht gestattet und ihr nicht verboten ist, indifferent zu machen. Wir sollen also nicht unsererseits mehr wollen: Gesundheit als Krankheit, Reich-

[6] Siehe unten S. 282ff.

tum als Armut, Ehre als Ehrlosigkeit, langes Leben als kurzes; und genauso folglich in allem sonst, indem wir allein wünschen und wählen, was uns mehr zu dem Ziel hinführt, zu dem wir geschaffen sind.“[7]

Athanasios versuchte, in der Übergangsphase des christlichen „secum esse“ zwischen anfänglich elitärem Weg und späterer Massenbewegung, diese Souveränität des menschlichen Geistes exemplarisch an der Gestalt des Aussteigers Antonius (etwa 251-356) zu beschreiben. In einer Zeit und Gesellschaft, in der soziale Bindungen das Individuum dominierten, zugleich aber auch sein Überleben sicherten, befürchteten die Zeitgenossen ein dramatisches Ende dieses Selbstversuchs. Athanasios beschreibt mit eigenen stilistischen Mitteln in der „Vita Antonii“, wie die Massen schließlich Antonius´ Einsiedelei stürmten, um den Ausgang des Selbstversuchs mit eigenen Augen zu sehen. Athanasios beschreibt Antonius als gereiften, der Masse autonom gegenüberstehenden Menschen. „Als sie ihn jetzt erblickten, staunten sie. Denn sie sahen, dass seine körperliche Verfassung gleichgeblieben war wie stets. Keineswegs war er dick geworden wie ein ´agymnastos´, und genauso wenig war er durch das Fasten oder durch den Kampf gegen die Dämonen abgezehrt. ... Auch sein seelischer Zustand war unbeeinträchtigt, weder vergrämt war er, noch ausgelassen, weder niedergeschlagen noch krampfhaft lustig. Als er die Menge sah, beeindruckte ihn das überhaupt nicht. Es bereitete ihm auch keine besondere Genugtuung, dass ihm so viele Leute zujubelten. Im Gegenteil, er blieb ganz er selber, wie ein Mensch, den der Verstand regiert und der im Einklang lebt mit der Natur.“[8]

In der Gegenwartskultur ist Individualisierung nach Ulrich Beck zum sozialen Zwang geworden. Menschen sind herausgelöst aus sozialen Einbindungen und traditionellen Vorgaben. Die neue Freiheit wird jedoch ambivalent erlebt, so dass Menschen zur Entlastung häufig zu neuen standardisierenden Identitätsschablonen aus Medien, Moden oder religiösen Vorgaben greifen. Die individuell gefühlte Individualisierung sieht in dieser Übergangsphase von Traditionsleitung zur Innensteuerung, von außen betrachtet, weiterhin gruppen- und warenförmig aus.

Ein wichtiger Beitrag des Christentums zur Personalisierung des Menschen liegt in seinen individualisierenden spirituellen Techniken. Sie reichen von Einsamkeit, Schweigen, Fasten, Introspektion und strukturierter Tageseinteilung über zentrierende Gebetsformen bis zu aufmerksamkeitslenkenden Gruppenritualen mit zentrierenden Klängen wie dem gregorianischen Choral oder Taizé-Liedern. Recht verstandene christliche Übungen sind kein Selbstzweck, um einen Gott zufrieden zu stellen. Sondern sie dienen der

---

[7] *Ignatius von Loyola*, Geistliche Übungen, hg. v. Peter Knauer, Würzburg ^{4}2006, Nr. 23.

[8] Zitiert nach der Übersetzung bei Zander, a.a.O. (Anm. 1), 53. Folgendes Zitat: 56.

Entwicklung des Menschen, um ihm durch Zentrierung sein wichtigstes Entwicklungspotential zu erschließen: seinen eigenen Geist. Indem Menschen dieses Potential ihres eigenen Geistes erschlossen wird, erschließen sich ihnen neue Wahrnehmungsdimensionen und Steuerungsmöglichkeiten für bewusst gewählte Individualisierungswege, die nicht lediglich durch gesellschaftliche Entwicklungen aufgenötigt werden.

1.2 Geistliche Begleitung als personale Zentrierung

Seit den Anfängen der christlichen Suche nach dem eigenen Wesen gab es als ein Hilfsmittel auf diesem Weg Formen *„geistlicher Begleitung“*.[9] Die Formen wechseln, da geistliche Begleitung immer auch Zeitgenossenschaft ist. Zudem begegnet geistliche Begleitung in verschiedenen institutionellen Varianten wie beispielsweise dem Einzelgespräch, Gruppenexerzitien in Kirchgemeinden, Tagungshäusern oder Klöstern oder insgesamt in der geistlichen Leitung einer klösterlichen Gemeinschaft bzw. Kommunität durch eine Spiritualin, Äbtissin oder einen Abt. Wesentliche Unterschiede zwischen den historischen und innerhalb der institutionellen Varianten treten bereits durch einen Vergleich der Kriterien hervor: Qualifikation des geistlichen Begleiters, Art der Kontaktaufnahme, Verlauf der Beziehung sowie Inhalt des Prozesses. Im Folgenden wird anhand dieser Kriterien exemplarisch der Gestaltwandel geistlicher Begleitung veranschaulicht: ihre charismatische Gestalt Ende des 3. Jahrhunderts im frühen christlichen Mönchtum, geistliche Begleitung in der pfarrgemeindlichen Arbeit um 1900 sowie die Begleitung durch einen Abt in einer klösterlichen Gemeinschaft.

1.2.1 Geistliche Begleitung zur Zeit der Wüstenväter

Die Qualifikation eines Wüstenvaters als Geistlicher Begleiter ist ausgewiesen durch sein *Erfülltsein mit Heiligem Geist* sowie durch seine *Lebensweise.*[10] Gegenüber seiner spirituellen Kompetenz treten andere Qualitäten

---

[9] Vgl. zum Folgenden *Peter Köster* [SJ], Einführung in die Praxis geistlicher Begleitung, Books on demand, 2002. *Klemens Schaupp*, Gott im Leben entdecken. Einführung in die geistliche Begleitung, Würzburg 2006. *Dorothea Greiner/Erich Noventa/Klaus Raschzok/ Albrecht Schödl* (Hg.), Wenn die Seele zu atmen beginnt... Geistliche Begleitung in evangelischer Perspektive, Leipzig 2007. Vgl. als traditionsorientierten Klassiker: *Gustave Thils*, Christliche Heiligkeit. Handbuch der Aszetischen Theologie für Ordensleute, Priester und Laien, München 1961.

[10] Vgl. *Bonifaz Miller* (Hg.), Weisung der Väter. Apophtegmata Patrum, auch Gerontikon oder Alphabeticum genannt, Freiburg 1965, im Folgenden zitiert als: „Apophtegmata“ mit Spruchnummer. *Michael Schneider*, Aus den Quellen der Wüste. Die Bedeutung der frühen

oder gesellschaftliche Statusmerkmale wie Lebenserfahrung und Alter zurück. So war Abbas Zacharias als Altvater akzeptiert, obwohl er noch ein Kind war. Über Isaak den Syrer hieß es: Seine Schüler „leiteten ihn wie einen Säugling in ihrer Gemeinschaft, denn er war für die Welt ein Unmündiger, seelisch aber vor Gott ein Vollendeter".[11] Da der Wüstenvater sein Leben auf Gott ausgerichtet hat und vom Heiligen Geist erfüllt ist, wirken seine Worte klärend und heilend. Aufgrund der konzentrierten Lebensführung klaffen Lehre und Leben nicht auseinander. Abbas Poimen sagt: „Ein Mensch, der lehrt, aber nicht tut, was er lehrt, gleicht einer Quelle: alles bewässert und reinigt sie, nur sich selbst vermag sie nicht zu reinigen."[12]

Durch sein geisterfülltes Leben verfügt ein Wüstenvater über die Gabe der unmittelbaren *Herzenserkenntnis* („Kardiognosie"). Er lebt in einer solchen Empathie, dass er ohne Vorinformationen aus einem geistigen Sehen heraus den Anderen versteht. Ferner verfügt er über die Gabe der *Unterscheidung der Geister*. Er erkennt die Motivation des Ratsuchenden, unterscheidet den Geist Christi von destruktiven Geistern und führt den Ratsuchenden zur Selbsterkenntnis. Aus dem Geist Christi heraus lebend, richtet er den Anderen nicht, sondern gibt ihm an diesem Geist existentiell Anteil. „Ein Bruder fragte den Altvater Sisoes: ′Was soll ich tun, Vater, weil ich gefallen bin?′ Der Altvater sagte ihm: ′Steh wieder auf!′ Der Bruder sagte darauf: ′Ich bin aufgestanden, aber wieder gefallen.′ Und der Altvater sagte darauf: ′Dann steh wieder und wieder auf!′ Der Bruder fragte: ′Wie lange?′ Der Greis antwortete: ′Bis du aufgenommen bist, entweder im Guten oder im Falle.′" (Apophtegmata 841) Vater Poimen rät anderen geistlichen Begleitern: „Wenn ein Mensch sündigt und es leugnet, indem er spricht: Ich habe nicht gesündigt, so verurteile ihn nicht. Andernfalls nimmst du ihm den Mut. Wenn du aber sagst: Sei nicht mutlos, Bruder, aber hüte dich in Zukunft!, dann erweckst du seine Seele zur Reue." (Apophtegmata 597)

Der *Kontakt* zum Wüstenvater entsteht, indem ihn jemand an seinem Lebensort in der Wüste aufsucht. Oft erfordert dies eine lange und mühselige Anreise. Verschiedene Anliegen sind uns in den „Apophtegmata Patrum" formelhaft überliefert: „Sag mir ein Wort, wie ich Rettung finde!" Die individuelle Situation tritt in der literarischen Überlieferung zurück. Trotz dieser formelhaften Sammlungen wird deutlich, dass die Wüstenväter die unterschiedlichen Lebenssituationen der Ratsuchenden wahrnehmen und

---

Mönchsväter für eine Spiritualität heute, Köln ^{2}1989; *Anselm Grün*, Geistliche Begleitung bei den Wüstenvätern, Münsterschwarzach 1991 (MKS 67). Mit Sinn für Komik: *Zander*, a.a.O, (Anm. 1), dort im Anhang weitere Literatur. Aus psychologischer Perspektive: *Daniel Hell*, Die Sprache der Seele verstehen. Die Wüstenväter als Therapeuten, Freiburg/Basel/Wien 2002.

[11] Zitiert nach: Schneider, a.a.O., 25.

[12] Zitiert nach Schneider, ebd.

berücksichtigen. Sie geben Anfängern und Fortgeschrittenen, die sich in ähnlichen Problemlagen befinden, gegenteilige Empfehlungen. Sie berücksichtigen spezifische charakterliche Veranlagungen sowie Stimmungslagen. So lobt Altvater Poimen einen Mönch, der seinen Acker bestellt und anderen davon Almosen gibt. Als der strenge Abbas Anub davon hört, macht er Poimen Vorwürfe: Ackerbau gehöre sich nicht für einen Mönch. Daraufhin revidiert Poimen seine erste Antwort und erklärt dem Ratsuchenden: „´Wenn du also dieses Werk tust, so ist es kein mönchisches!´ Als der Bruder das hörte, wurde er traurig und sagt: ´Ich verstehe kein anderes Werk als dieses, ich kann nichts als meinen Acker bestellen.´" Abbas Anub ist Zeuge dieser Szene und bereut die eigene Hartherzigkeit. Poimen erklärt ihm: „´Auch ich wusste von Anfang an, dass es kein Mönchswerk ist, aber ich sprach gemäß seiner Fassungskraft, und ich gab ihm auch Mut zur Vermehrung der Almosen. Nun aber ist er traurig weggegangen, und er tut das gleiche Werk.´" (Apophtegmata 596) Der Altvater Joseph wurde einmal gefragt, warum er zum Umgang mit den Leidenschaften gegensätzliche Auskünfte erteile. Dem Abba Poimen hatte er empfohlen, die Leidenschaften ruhig eintreten zu lassen und mit ihnen zu kämpfen. Einem anderen Fragesteller hatte er geraten: „Laß sie ganz und gar nicht hereinkommen, sondern haue sie auf der Stelle aus!" Joseph erklärt dem ihm ebenbürtigen Poimen: „Wenn die Leidenschaften eintreten, und du ihnen gibst und von ihnen nimmst, so werden sie dich bewährter machen. Ich habe aber zu dir gesprochen wie zu mir selbst! Es gibt aber andere, denen es nicht frommt, dass die Leidenschaften an sie herankommen. Sie haben es nötig, sie auf der Stelle abzuschneiden." (Apophtegmata 386)

Inhalt und Gestalt des Prozesses: Obgleich die eigene Entwicklung auf dem mystischen Weg die Schlüsselqualifikation zur Begleitung bildet, werden die Erfahrungen auf diesem Weg nicht zum Gegenstand der Lehre. Die eigenen Kämpfe oder auch Fortschritte bleiben arkan. Die Wüstenväter führen Menschen im Wesentlichen durch eine einzige spezifische Empfehlung („ein Wort", ῥῆμα), durch die der Ratsuchende sich weiterentwickeln und seine Krise lösen kann. Mitunter stellt der Wüstenvater dem Ratsuchenden eine exemplarische Aufgabe. Löst er sie, so erlebt der Fragesteller auf ihrer Symbolebene die gesuchte Antwort existentiell. „Ein Bruder kam zum Altvater Makarios, dem Ägypter, und sagte zu ihm: ´Vater, sage mir ein Wort! Wie kann ich das Heil erlangen?´ Der Greis belehrte ihn: ´Gehe hin zum Grabmal und höhne die Toten.´ Der Bruder ging also hin und warf mit Steinen. Dann kam er zurück und berichtete dem Greis. Der fragte: ´Haben sie dir nichts gesagt?´ Er antwortete: ´Nein.´ Da sprach der Greis zu ihm: ´Gehe morgen wieder hin und lobe sie!´ Und er kam zum Greis und berichtete: ´Ich habe sie gelobt!´ Und er fragte ihn: ´Haben sie nichts geantwortet?´ Der Bruder antwortete: ´Nein!´ Da belehrte ihn der Greis: ´Du weißt,

wie sehr du sie geschmäht hast, und sie antworteten dir nicht – und wie viel du sie gelobt hast, und sie haben nichts zu dir gesagt. So musst auch du sein, wenn du das Heil erlangen willst. Werde ein Leichnam, beachte weder das Unrecht der Menschen, noch ihr Lob – wie die Toten, und du wirst gerettet werden!'" (Apophtegmata 476)
Häufig werden die Ratsuchenden mit der Empfehlung einer einzigen alltäglichen Übung entlassen. Dies kann die Empfehlung sein, nicht in die Zerstreuung des Besuche-Machens zu fliehen, weniger zu fasten, nicht über Andere zu urteilen oder eine bisherige asketische Übung fortan einzustellen. „Schweige und miß dich nicht mit andern!" (Apophtegmata 165) „Baue nicht auf deine eigene Gerechtigkeit und laß dich nicht ein Ding gereuen, das vorbei ist, und übe Enthaltsamkeit von der Zunge und vom Bauch." (Apophtegmata 6) Die empfohlene Praxis hilft dem Fragesteller zur präzisen Selbstwahrnehmung und zu einem angemessenen Umgang mit einer Schwäche, die sein Leben einschränkt, wie z.B. Stolz, Habsucht, Ruhmsucht oder Zorn.
Im Folgenden werden Potentiale geistlicher Begleitung auf dem Weg zur persönlichen Zentrierung vorgestellt: 1) im klassischen Rahmen des *pfarrgemeindlichen Settings* am Beispiel des Abenteurers und Ordensgründers Charles de Foucauld um 1900 sowie 2) im Rahmen einer *Auszeit in einem Kloster* am Beispiel des Theologieprofessors Henri Nouwen aus dem 20. Jahrhundert.

1.2.2 Charles de Foucauld: Vom Dandy zum Märtyrer

Am Freitag, dem 1. Dezember 1916 wird der Mönch und Priester Charles de Foucauld in der marokkanischen Wüste erschossen. Ein 15jähriger Junge sollte Foucauld bei einem Überfall bewachen, verlor aber die Nerven und drückte ab. Der Junge gehört zum Stamm der Tuareg-Nomaden. Charles de Foucauld, „Bruder Karl" genannt, ist aus seiner Liebe zu den Tuareg in die Wüste hinausgezogen, um ihr Leben mit ihnen zu teilen. Doch was hat Foucauld in der marokkanischen Wüste zu suchen, die offenkundig für einen Ausländer ein lebensgefährlicher Ort ist? Seine spirituellen Lebensentscheidungen und sein durch sie geformter Lebensweg haben Foucauld in diese Situation geführt. Einen großen Anteil an diesem Weg trägt Foucaulds vertrautester Mensch, sein geistlicher Begleiter Abbé Huvelin.
Foucauld wird am 15. September 1858 geboren. Er durchlebt, durchleidet und meistert auf seine individuelle Weise eine Bruchstück-Biographie, die bereits viele postmoderne Züge aufweist. Lebenslang ringt er mit einer selbstzerstörerischen narzisstischen Dynamik, die sein Leben bis in die Adoleszenz hinein beherrscht, die seinen religiösen Weg teils ins Groteske

verzerrt und die erst im jahrelangen Dialog mit seinem geistlichen Begleiter zunehmend eingedämmt wird, so dass Foucauld zunehmend Ruhe findet und charakterlich reift.
Nachdem Foucaulds Vater an Tuberkulose und seine Mutter an den Folgen einer Fehlgeburt sterben, ist er mit fünf Jahren Vollwaise. Er wächst gemeinsam mit seiner Schwester bei seinem Großvater Oberst de Morlet auf. Charakterlich ist gilt er als verschlossen, sensibel, aber auch als jähzornig, angriffslustig und ungeduldig. Von einem Jesuiten-Gymnasium in Paris wird er wegen asozialen Benehmens und Disziplinlosigkeit als 15jähriger ausgeschlossen. Er selbst sagt über sich als 17jährigen: „Ich lebte, wie man eben lebt, wenn der letzte Funke des Glaubens erloschen ist."[13] Andere nehmen ihn als egozentrisch, gleichgültig und faul wahr. Als sein Großvater stirbt, verfügt Foucauld als 18jähriger über ein Erbe von 840.000 Goldfranken, rund 4 Millionen Euro. Er lebt exzessiv und ist mit seinen glamourösen Partys mit Delikatessen und den besten Pariser Prostituierten in einem großen Freundeskreis beliebt. Innerhalb von fünf Jahren hat er das Erbe ausgegeben.
Nach der Reifeprüfung entscheidet er sich für eine militärische Laufbahn. Störend fällt er wiederholt durch seine Faulheit, Fettleibigkeit und vor allem durch seine Disziplinlosigkeit auf. Seine Karriere in der französischen Armee ist 1881 gescheitert „wegen Ungehorsams, verschlimmert durch anstößiges Benehmen in der Öffentlichkeit". Er hatte seine Lieblings-Prostituierte Mimi nach Algerien mitgenommen, als sein Regiment dorthin verlegt wurde.
Foucauld wird in die Reserve versetzt, das ererbte Vermögen ist aufgebraucht und seine Familie entmündigt den 23jährigen 1882 offiziell und bestellt einen Vormund. Foucauld hat in Algerien seine Liebe zur arabischen Welt entdeckt, bleibt abenteuerlustig und unternimmt, als russischer Rabbi getarnt, mit einem Freund eine waghalsige einjährige Forschungsreise durch Marokko (1883-1884). Er riskiert dabei sein Leben, denn Christen ist das Betreten des Landes damals bei Todesstrafe verboten. Seine Tarnung wird unter anderem wegen mangelnder Kenntnisse des Judentums aufgedeckt, doch niemand liefert Foucauld aus. In dieser Zeit verfertigt der falsche Rabbi mit Kompass und Sextant die erste genaue Kartenskizze des marokkanischen Atlas-Gebirges, das damals noch ein weißer Fleck auf der Landkarte ist. Er veröffentlicht seine Reiseerlebnisse und Forschungsergebnisse in dem Buch „Erkundungsreise in Marokko". 1885 erhält er dafür die Goldmedaille der Französischen „Geographischen Gesellschaft", und die englische Presse feiert ihn. Foucauld wird nun in anderer Form zum Helden

[13] In: *Jean Francois Six*, Charles de Foucauld. Der geistliche Werdegang, München/Zürich/Wien 1978, 18. Vgl. *ders.*, Charles de Foucauld. Bruder aller Menschen, Freiburg/Basel/Wien 1977.

der Pariser Salonkultur. Doch er bleibt unzugänglich für den Ruhm. Wer dem verschlossenen Mann begegnet, hält ihn für körperlich oder seelisch schwer krank.

Im Salon seiner Tante Inès begegnet Foucauld *Kaplan Henri Huvelin. Die Qualifikation des Geistlichen Begleiters:* Huvelin ist in den intellektuellen Salons von Paris ein begehrter Gesprächspartner. Er ist bereits der Beichtvater von Foucaulds Kusine Marie. Huvelin hat in Rom Theologie studiert und die Lehrbefähigung für Geschichte erworben. Bei seiner Priesterweihe erbat er sich, als Kaplan statt auf einer Professur am Institut Catholique eingesetzt zu werden. Bis zu seinem Tod 1910 arbeitete er als Vikar, zunächst in der Pfarrei St. Eugène, ab 1875 in der Pariser Pfarrei St. Augustin. Dort führt Abbé Huvelin ein äußerlich betrachtet wirkungsloses Leben. Er hat ein Gespür für menschliche Beziehungen und legt in seiner Arbeit den Schwerpunkt darauf, den Menschen viel Geduld und Freundschaft entgegenzubringen. Sein Motto formuliert er darin: „Wenn man einen Menschen bekehren will, so soll man ihm keine Predigt halten; das beste Mittel ist nicht, ihm zu predigen, sondern zu beweisen, daß man den Betreffenden liebt."[14] Von ihm übernimmt Foucauld diese Methode für seine spätere Wüstenmission. Huvelin kann jedoch auch Grenzen ziehen, hartnäckig sein und Menschen konfrontieren. „Er versteht die Menschen, beruhigt sie, richtet sie auf; gleichzeitig aber ist er von unbestechlichem Scharfblick und stellt höchste Anforderungen. Er ist nicht bereit, über eine Sache hinwegzuschauen, wenn es darum geht, aus einem Herzen etwas zu entfernen, was einer größeren Liebe hindernd im Wege steht; auch drängt er stets auf immer größere Erniedrigung und konkretere Hingabe."[15] Aus gesprächspsychotherapeutischer Perspektive lässt sich sagen: Huvelin verfügt über die Gabe unbedingter Wertschätzung. Mit dieser Fähigkeit baut er zum introvertierten Foucauld eine belastbare Beziehung auf. Foucauld beginnt, diesen Menschen wie einen Vater zu lieben.

Huvelins Art der Seelenführung ist weder autoritär noch entmündigend. Davor bewahrt ihn die unbedingte Wertschätzung des Gegenübers und psychologisches Feingefühl. Huvelin kennt zudem existentiell die therapeutische Kraft spiritueller Techniken. Um Foucauld zu führen, wird er all diese Fertigkeiten und Kenntnisse einsetzen müssen.

Gestaltung der Beziehung: Foucaulds Austausch mit Huvelin endet erst nach 24 Jahren mit Abbé Huvelins Tod. Die Beziehung entwickelt sich über verschiedene Stufen. Zunächst wendet Foucauld sich 1886 an Abbé Huvelin, um bei ihm eine Einführung in die christliche Religion zu erhalten, eine Art Religionsunterricht für Erwachsene. Huvelin, von dem über seine enge Ver-

[14] In: a.a.O, 42.
[15] A.a.O., 57.

bindung mit Foucaulds Familie anzunehmen ist, dass er über Foucaulds Leben im Großen ganzen bereits informiert ist, strukturiert das Gespräch zu einer Lebensklärung und Bilanzierung um. Foucauld zieht einen Schlussstrich unter seine bisherige Lebensführung, empfängt als Siegel auf seine Lebenswende das Beichtsakrament und nimmt anschließend an einer Eucharistiefeier teil. Seine Radikalität wendet sich fortan in eine religiöse Richtung. „Sobald ich glaubte, dass es einen Gott gibt, verstand ich auch, dass ich nichts anderes tun kann, als nur ihm zu leben.“[16]

Foucauld stürzt sich ebenso maßlos in die Religion wie in seine bisherigen Lebensabenteuer. Unter Huvelins Einfluss beginnt er, sein Streben nach Grandiosität wahrzunehmen und entwickelt ein Verlangen nach Begrenztsein, Einfachheit und Armut und ein Bedürfnis nach Teilhabe am Leben unterprivilegierter Menschen und sachgemäßer Hilfe vor Ort.[17] Bei der Betrachtung des Lebens Jesu konzentriert sich Foucauld auf die Bewegung des Abstiegs: „Sein ganzes Leben war ein Hinabsteigen; er stieg hinab, indem er Mensch wurde; er stieg hinab, indem er ein kleines Kind wurde; er stieg hinab, indem er gehorsam war. Er stieg hinab, indem er arm wurde, hilflos, verbannt, verfolgt, hingerichtet; indem er stets den letzten Platz einnahm.“[18] Eine wichtige Rolle spielt bei der Zentrierung des eigenen Lebens spielen Jesu Gegenwart in der Eucharistie, verbunden mit langen Gebetszeiten vor dem Tabernakel, und das innere Gebet. Die eucharistische Meditation bzw. Anbetung, zu der Huvelin Foucauld führte, klingt zwar gut katholisch, war aber zur damaligen Zeit untypisch.[19] Das Geheimnis der eucharistischen Gegenwart Jesu führt aus Huvelins Sicht in Gottes Geheimnis des Schenkens ein. „In diesem Geheimnis gibt uns der Herr alles, er gibt sich uns selbst: Die Eucharistie ist das Geheimnis des Schenkens; sie ist das Geschenk Gottes, und durch sie sollen wir lernen zu schenken, uns selbst zu schenken; denn es gibt kein Geschenk, solange man sich nicht selbst schenkt.“[20] Foucauld lässt sich von der Grundbewegung des Sich-Verschenkens Gottes mitnehmen. „Kann ich müde werden, mich zu schenken, wenn ich sehe, wie er sich hinschenkt, ohne jemals zu ermüden? ... Du wirst nie so viel schenken, wie Jesus dir schenkt, du wirst dich nie so weit erniedrigen wie er, wenn er zu dir kommt.“[21]

Der Austausch zwischen Foucauld und Abbe Huvelin verläuft anfangs direkt über persönliche Gespräche. Später setzen beide den Kontakt fast nur noch in Briefform fort. Foucauld empfindet Huvelins Vorschläge zur Bändi-

---

[16] In: a.a.O., 328.
[17] A.a.O., 53.
[18] In: a.a.O., 72.
[19] Vgl. a.a.O., 59f.
[20] Huvelin in einer Predigt, in: a.a.O., 60.
[21] In: a.a.O., 60.

gung seines narzisstischen Temperaments insgesamt als Wohltat, wenngleich er Huvelins konstantes „Nein" zu Neuaufbrüchen, dessen Taktik der Verlangsamung sowie einzelne konkrete Empfehlungen wie eine Wallfahrt ins Heilige Land zunächst oft nicht nachvollziehen kann und als schmerzlich empfindet. Der Austausch mit Huvelin hilft ihm, in seinem Leben eine Struktur aufzubauen, an der sich Neues Auskristallisieren und in deren Schutzraum vieles reifen kann. Er schreibt: „... die Führung, und welche Führung! Gebet, Schriftlesung, täglicher Besuch der heiligen Messe vom ersten Tag meines neuen Lebens an; und nach wenigen Wochen oftmaliger Empfang der heiligen Kommunion und die häufige Beichte. Dazu eine immer eingehender und häufiger werdende Seelenführung, die ständig mehr Raum gewann, mein ganzes Leben umschloß und ein Leben des Gehorsams in den unbedeutendsten Dingen daraus machte, des Gehorsams gegen welchen Meister! Dann empfing ich fast täglich die heilige Kommunion."[22]

Inhaltliche Schwerpunkte der geistlichen Begleitung: Wie geht Huvelin in Einzelfragen vor? Foucauld neigt durch seine narzisstische Charakterstruktur zur Fragmentierung durch ständige Neuaufbrüche in grandiose Projekte. Abbé Huvelin verfolgt Foucauld gegenüber eine klare Linie, die man benediktinisch nennen könnte: Beständigkeit. Foucauld erlebt gerade die Beständigkeit als unerträglich. Sie leitet für ihn schmerzvolle Wandlungs- und Heilungsprozesse ein. Huvelin lässt sich nicht blenden durch die grandiose religiöse Fassade von Foucaulds Hang zu Großartigem. Die Projekte des Schützlings reichen von: Eintritt in einen Orden, Austritt aus einem Orden, Einsiedler in Palästina sein bis zur Idee, einen eigenen Orden zu gründen. Aus dem Ringen beider Partner um die Zentrierung einer Bruchstückbiographie seien zwei exemplarische Krisen und Abbé Huvelins Interventionen dabei herausgestellt: 1) Foucaulds Entschluss, Mönch zu werden; 2) Foucaulds Absicht, einen eigenen Orden zu gründen.

Ad 1: *Foucaulds Entschluss, Mönch zu werden.* „Ich wünschte, Ordensmann zu werden, nur für Gott allein zu leben und stets nur das Vollkommenste zu tun, gleichgültig was... Mein Beichtvater ließ mich aber drei Jahre warten."[23] Abbé Huvelin nötigt Foucauld eine Klärungszeit von drei Jahren auf. In dieser Zeit soll Foucauld sich selbst und das Ordensleben realistisch wahrnehmen und einschätzen lernen. Ein Leben im Kloster unterscheidet sich stark von dem, was Foucauld in seinen Phantasien damit verbindet. Zu dieser Selbstklärung schickt Huvelin Foucauld zunächst auf eine klassisch strukturierte Pilgerfahrt ins Heilige Land: 14 Tage Jerusalem und Umgebung, 14 Tage Galiläa, 14 Tage Judäa. Foucauld, der diese Empfehlung nur äußerst widerwillig annimmt, entdeckt an sich neue Seiten. Er

[22] In: a.a.O., 59.
[23] In: a.a.O., 61.

empfindet erstmals ein tiefes Bedürfnis nach Ruhe und kann es im Schutzraum der heiligen Stätten zulassen. „Ich befinde mich in einem Zustand, wie ich ihn noch nie empfunden habe, es sei denn ein bisschen bei meiner Rückkehr aus Jerusalem… Es ist ein Bedürfnis nach Sammlung, nach Stille, danach, mich Gott zu Füßen zu werfen und ihn fast schweigend zu betrachten.“[24]
Nach Paris zurückgekehrt, absolviert er in vier Klöstern nacheinander Exerzitien zur weiteren Klärung seines Weges. „… ich war auch in vier Klöstern [zu Exerzitien – SB], und bei allen vier Exerzitien hat man mir gesagt, dass Gott mich ruft, und zwar zu den Trappisten. Auch meine Seele zieht mich dorthin, und mein Beichtvater ist derselben Meinung.“[25] 1890 wird er, 32jährig, Novize in einem sehr armen französischen Trappistenkloster und siedelt dann in eine noch ärmere Ordensniederlassung im syrischen Akbès um. Zunächst erlebt er hier Frieden und die Ruhe.
Ad 2: *Foucauld will einen eigenen Orden gründen*. Die innere Unruhe und der Hang zu extremen, großartigen Leistungen sind mit Foucauld ins Kloster eingezogen. Die Schweigezeiten und Stille des Ortes sowie die rigide Tagesstruktur lassen ihn seine innere Unruhe umso klarer erleben. Er beginnt, den Orden zu kritisieren. Strenge und Armut reichen ihm nicht mehr. Er stellt den Antrag, außerhalb des Klosters in einer Höhle leben zu dürfen und darin die Armut der Einheimischen zu teilen. Dem Antrag wird nicht stattgegeben.
Die Jahre 1894-1896 sind extrem harte Jahre für Foucauld. Er gerät in eine tiefe Krise, kann nicht mehr beten. Er fragt Huvelin, ob er ihm noch etwas schreiben solle, da es nichts zu schreiben gebe. Huvelin kennt den therapeutischen Nutzen und sieht im Aufschreiben der Gedanken eine große Klärungshilfe. „Schreiben Sie Ihre Gedanken nieder; das ist eine ausgezeichnete Art, die Betrachtung zu halten. Für Sie ist das von besonderem Nutzen, weil es dazu hilft, die Gedanken bei der Sache zu halten.“[26] So schreibt Foucauld an Huvelin jeden Abend aus der Gebetszeit vor dem Tabernakel seine Gedanken nieder. In Zeiten innerer Unruhe greift er auch später gern auf diese Technik zur Selbstklärung zurück.
Aus der Krise heraus beginnt der Novize Foucauld, als neues Lebensprojekt über die Gründung eines eigenen Ordens nachzudenken. Er verfasst bereits eine Ordensregel. Seiner Cousine teilt er mit: „Alles sagt mir, ich solle mein Verlangen in die Tat umsetzen; die Neigungen meines Herzens, mein Verstand, die Treue zu meinen ursprünglichen Vorsätzen: alles sagt mir, das sei das Vollkommenste und Sicherste.“[27]

---

[24] In: a.a.O., 70.
[25] In: a.a.O., 78.
[26] In: a.a.O., 159.
[27] In: a.a.O., 123.

Auch Abbé Huvelin bezieht er in seine neuen Pläne ein und bittet ihn um Zustimmung. Huvelin antwortet hart. Er fordert ihn klar und streng auf, seinen gegenwärtigen Verpflichtungen nachzukommen. Das Projekt einer Ordensgründung verwirft er. Er konfrontiert Foucauld mit dessen narzisstischem Hauptlaster: seinem Hang zu „Übertreibungen“ und seiner „Tendenz zur Grenzenlosigkeit“.[28] „Sie haben ganz und gar nicht das Zeug, andere zu führen.“[29]
Huvelin gibt sich keinen Illusionen hin. Er erkennt den Ernst dieser Dynamik. Seine realistische Einschätzung teilt er Foucaulds Cousine, Marie de Bondy, mit und prognostiziert: „Es ist mir klar, dass er nicht [bei den Trappisten – SB] bleiben wird. Er wird seine Idee immer mehr für den Ruf Gottes halten, der an ihn ergeht. Die Schönheit des Ziels, zu dem er sich berufen glaubt, wird über alles übrige einen Schleier breiten, besonders über das, was nicht zu verwirklichen ist... Wie sehr erschreckt mich das Leben, das er beginnen will, dieses Nazaret, in dem er leben will, diese Gruppe, die er um sich scharen will. Aber ich habe keine Hoffnung, ihn bei den Trappisten halten zu können.“[30]
An Foucauld sendet Huvelin einen gestuften Plan zurück, um das Chaos zu strukturieren. Er legt Foucauld die bestmögliche Lösung dar und bedenkt zugleich den schlechtestmöglichen Ausgang mit: dass Foucauld die bisher eingehaltenen Grenzen sprengen und wieder etwas Großartiges beginnen wird. Huvelin nimmt Foucauld so an wie er ist. In diesem Krisenfall heißt das: Er nimmt die Größenphantasien im religiösen Gewand mitdenkend auf und gibt sie Foucauld in einer gezähmten und gestuften Version zurück. „1. Es wäre mir lieber, Sie blieben bei den Trappisten; 2. doch können Sie nicht dort bleiben, wenn Sie bei ihren gegenwärtigen Gefühlen beharren. 3. ... setzen Sie ihr Studium fort und warten Sie noch einige Zeit. 4. Wenn Ihre Absichten dann immer noch unverändert bleiben, so führen Sie ein anderes Leben; leben Sie an der Schwelle einer Klostergemeinschaft, in der Erniedrigung, die Sie ersehnen. 5. Gründen Sie nichts, ziehen Sie keine Gefährten an sich, ich flehe Sie an! Dies vor allem.“[31]
Foucauld nimmt Huvelins Angebot zur Strukturierung an. Er bleibt vorerst Ordensmitglied bei den Trappisten und lässt sich für die folgenden zwei Jahre zum Theologiestudium nach Rom entsenden. Als 38jähriger lebt er unter jungen Seminaristen, versteht kaum Latein und kann daher den Vorlesungen nur schwer folgen. Als er später unbedingt Priester werden möchte, um die Messe feiern zu können, erweist sich diese zusätzliche Leidenszeit als wichtige Lebensetappe.

---

[28] In: a.a.O., 136.
[29] In: a.a.O., 124.
[30] In: a.a.O., 127.
[31] In: a.a.O., 137.

Den Trappistenorden verlässt Foucauld schließlich doch nach sieben Jahren. Den Anlass bildet die feierliche Profess, die er nach sieben Jahren ablegen müsste und die ihn endgültig an den Orden binden würde. Stattdessen lässt er sich auch von seinen einfachen Gelübden entbinden und legt für seine weitere Zukunft zwei private Gelübde ab: Armut (nur das notwendige Werkzeug als Eigentum) und Keuschheit. Er will fortan als armer Einsiedler in Nazareth leben. Foucaulds vormaliger Abt, Dom Louis de Gonzugue von Staoueli, bedauert den Schritt. Er erkennt, dass Foucauld charakterlich nicht für das Leben in einer Klostergemeinschaft im Gehorsam gegenüber einem Abt geschaffen ist und hebt zugleich Foucaulds neue Charakterzüge anerkennend hervor: Ernst und Konstanz. „Unser Pater Marie-Albéric verlässt nun tatsächlich den Orden, um, ich glaube in Palästina, ein Einsiedlerleben oder so etwas ähnliches zu führen. Für mich ist das ein Unglück und ein großer Schmerz. Er könnte ein Heiliger werden, und ich wünsche es ihm, aber ein Heiliger nach seinen eigenen Vorstellungen, nicht im Gehorsam. Ich glaube, dass er zu große und edle Opfer gebracht hat, als dass Gott ihn in die Irre gehen ließe. Das ist meiner Meinung nach die einzige ernsthafte Garantie auf dem außergewöhnlichen Weg, den er einschlägt.“[32]

Abbé Huvelin gibt Foucauld auf seinen neuen Wegabschnitt in Palästina den alten Rat mit: „Suchen Sie nichts Außergewöhnliches.“ Er bestärkt Foucaulds Neigung zum ständigen inneren Gebet. Es verhilft ihm zu großer Sammlung und Ruhe. Huvelin empfiehlt Foucauld, hierbei „so weit wie möglich in den Hintergrund“ zu treten, damit aus einem neuen Zentrum heraus Neues entstehen kann. „Beten Sie, wie Sie sagen, für die anderen und lassen Sie sich vom Heiligen Geist durchdringen; treten Sie vor ihm zurück, um ihm möglichst viel Raum zu geben, damit er den Raum ganz einnehme… Treten Sie so weit wie möglich in den Hintergrund – empfangen Sie, soviel er gibt; nehmen Sie ein Buch zu Hilfe, um ihn zu suchen, wenn er sich suchen lässt. Die Psalmen, die heiligen Evangelien sind tatsächlich das Beste, was Sie finden können … Ich billige also vollkommen, mein liebes Kind, diese ganze Art Ihres Betens, von der Sie mir in Ihrem Brief berichten.“[33]

Reif für das eigentliche Werk. 15 Jahre sind seit Foucaulds Erstbegegnung mit Abbé Huvelin vergangen. Foucauld zeigt neue Charakterzüge, seinen Hang zu Extremen lebt er in einem extremen Altruismus. Jemand schreibt über ihn: Er „ist der edelste Mensch, der mir je begegnet ist; in unglaublicher Großmut beschreitet er mit Riesenschritten den Weg des Opfers und hat ein unstillbares Verlangen, sich der Erlösung der Ungläubigen zu weihen. Er ist zu allem fähig – außer vielleicht sich einer zu engen Führung

[32] In: a.a.O., 160f.
[33] In: a.a.O., 164.

unterzuordnen. ... Er hat das Zeug zu mehreren Heiligen in sich. Seine bloße Gegenwart ist schon eine sehr beredte Predigt."[34]

Abbé Huvelin stimmt Foucaulds Priesterweihe 1901 und seiner anschließenden Entsendung in die Sahara zu. In Beni Abbès hält sich der Einsiedler an den Tagesplan der Trappisten, mit ein paar kleinen härteren Zusätzen. Er schläft in zwei Etappen zusammen fünf Stunden, belässt es bei einer Mahlzeit am Tag aus Wasser und Brot, verrichtet sechs Stunden praktische Arbeit. Die restlichen 13 Stunden plant er, mit geistlichen Übungen zu verbringen: mit der Feier der Heiligen Messe, Lektüre (Foucauld bevorzugt die spanische Mystik: Teresa von Avila und Johannes vom Kreuz), Anbetung Christi im Altarsakrament. Er ist bereit, sein Projekt kontemplativer Abgeschiedenheit aufzugeben, als ihn bald täglich zwischen 20 bis zu 60 Menschen aufsuchen, die teils auch bei ihm übernachten. Er verteilt Arznei und Essen, verkürzt seine Gebetszeiten drastisch, verzichtet auf die geistliche Lektüre und beginnt damit, sich für die Freilassung von Sklaven und deren Versorgung einzusetzen.

Er beschreibt sich als „Bruder aller Menschen" und bittet um die Entsendung weiterer Personen für die anfallende Arbeit. Den Plan einer Ordensgründung hat er immer noch nicht fallengelassen. 1902 schreibt er die Regel der „Kleinen Schwestern vom Heiligsten Herzen Jesu" nieder. Die wenigen Helfer, die kurzeitig mit ihm zusammen leben, erkranken und reisen resigniert ab.

Als sein Herzenswunsch, noch tiefer in die Wüste zu reisen und dauerhaft bei einem Tuareg-Stamm zu leben, erfüllbar wird, zögert Foucauld. Er hat die Beständigkeit für seine persönliche Entwicklung schätzen gelernt. „Jede Veränderung, jede Bewegung erschreckt mich, erregt so etwas wie Schwindel und Entsetzen in mir. Ich fürchte, einen falschen Weg einzuschlagen und es nicht zu schaffen; die Angst vor der Illusion und zugleich vor meiner natürlichen Feigheit flößen mir bei jeder wichtigen Handlung diesen Schrecken ein... Gewöhnlich weicht der Schrecken, sobald ich mich der Leitung meines geistlichen Führers anvertraut und mich ihm ganz überlassen habe... Von dem Augenblick an erfüllt mich ein tiefer Friede und alles Zögern nimmt ein Ende. So geht es mir auch diesmal."[35]

Er muss zudem die Mitte seiner Spiritualität entbehren: die tägliche Feier der Messe. Er benötigt dafür einen Ministranten, und den hat er inmitten der Wüste fast nie. Erst kurz vor seinem Tod erhält er eine Sondererlaubnis. „Ich lasse mich führen wie einen Wagen."[36] Er missioniert keinen einzigen Tuareg. „Ich bete, stricke und stelle Holzschüsseln her und bin so wenig wie

---

[34] In: a.a.O., 226.
[35] In: a.a.O., 248.
[36] In: a.a.O., 257.

möglich von den Feldern abhängig."[37] Nebenher arbeitet er fieberhaft an einem Lexikon über das Leben der Tuareg, an einem Wörterbuch „Tuareg – Französisch" sowie an einem Buch über Tuareg-Dichtungen. Er erkrankt wiederholt infolge von Hungersnöten und übertriebener Askese. Fast 50jährig, zieht er Lebensbilanz. Er findet nichts Grandioses mehr an seinem Leben: „Ich, der nie etwas erreichen konnte, der nicht einmal einen Gefährten bekommen konnte, der stets nur Wünsche ohne Erfolg hatte und dessen Lebensordnungen, Konstitutionen und Regeln immer nur nutzloses Papier geblieben sind."[38]
Foucaulds bester biographischer Kenner, der Pariser Psychologe Jean-Francois Six, sieht in diesem Leben bereits das spätmoderne Einzelgängertum angelegt. „Charles de Foucauld hat alle Züge eines genialen Vorläufers. Und zwar nicht nur als Ordens-Stifter, sondern auch als psychologischer Typ. Aus einer bürgerlichen Institution nach der andern ist er ausgebrochen: Schule, Armee und Kloster. Als Außenseiter und Einzelgänger aber war er von fabelhafter Intelligenz, Tapferkeit und Leistungsfähigkeit."[39]

1.2.3 Henri Nouwen: Ein Theologiedozent sieben Monate im Trappistenkloster

Henri Nouwen, Theologieprofessor an der Yale Divinity School, katholischer Priester und Psychologe, beschließt 1974, für sieben Monate in ein Trappistenkloster zu gehen. Er lebt in der Abtei Getsemani in Kentucky nicht nur als Gast, sondern unterwirft sich den strengen Lebensregeln des Ordens. Über seine Erfahrungen bei diesem Experiment führt er Tagebuch.[40]
Nouwen fühlt sich ausgebrannt. Auch seinen geistlichen Beruf erlebt er nur noch als kraftraubend. „Mein Wunsch, sieben Monate in einem Trappistenkloster zu leben … wie ein Mönch, ist nicht über Nacht aufgekommen. Er hat sich nach vielen Jahren ruhelosen Suchens ergeben. Während ich Unterricht gab, Vorlesungen hielt und darüber schrieb, wie wichtig Einsamkeit, innere Freiheit und der Friede des Herzens seien, stolperte ich fortwährend über meine eigenen Zwänge und Illusionen. Was trieb mich eigentlich von einem Buch zum andern, von einem Ort zum andern, von einem Vorhaben

[37] In: a.a.O., 271.
[38] In: a.a.O., 292.
[39] Jean-Francois Six, zitiert in: *Hans Conrad Zander*, Die emanzipierte Nonne, Berlin/Zürich ²2007, 199.
[40] *Henri J. M. Nouwen*, Ich hörte auf die Stille. Sieben Monate im Trappistenkloster, Freiburg/Basel/Wien ²1978. Vgl. die detailreiche Darstellung des Klosteralltags der Zisterzienser (Ursprungsorden der Trappisten) bei *Bernardin Schellenberger*, Die Stille atmen. Leben als Zisterzienser, Stuttgart 2005.

zum andern? Was ließ mich über die 'Wirklichkeit des Unsichtbaren' denken und reden mit dem Ernst eines Menschen, der tatsächlich das alles, was wirklich ist, gesehen hat? Welche Kraft verkehrte meine Berufung, Zeuge der Liebe Gottes zu sein, in einen ermüdenden Job? ... Vielleicht redete ich mehr über Gott, als ich mit ihm sprach. ... es war nicht so leicht, Abstand zu gewinnen."[41]

Qualifikation des Begleiters: Seinen Begleiter für diese sieben Monate, Abt John Eudes Bamberger, kannte er von einem früheren Aufenthalt. Bamberger erschien ihm durch sein aufmerksames Zuhören, seine klaren Antworten und eine konzentrierte Gesprächsführung als der richtige Mann für die spirituelle Suche nach der eigenen Mitte. „John Eudes hörte mir aufmerksam und interessiert zu, zugleich jedoch verriet er eine tiefe eigene Überzeugung und eine klare Sicht der Dinge. Er widmete mir viel Zeit und Aufmerksamkeit, erlaubte mir aber nicht, auch nur eine Minute zu vergeuden. Er ließ mir völlige Freiheit, meine Gefühle und Gedanken zum Ausdruck zu bringen, zögerte aber auch nicht, seine eigenen Empfindungen darzulegen. Er bot mir Spielraum, meine Wahlmöglichkeiten abzuwägen und Entscheidungen zu treffen, hielt aber dabei nicht mit seiner Meinung hinter dem Berg, dass bestimmte Wahlmöglichkeiten und Entscheidungen besser seien als andere."[42]

Bamberger verbindet seine spirituelle mit psychologischer Kompetenz. Er hat Psychologie studiert und vertritt die wichtigen beziehungsfördernden psychologischen Tugenden wie Wertschätzung, Empathie und Authentizität. „Er war sehr offen, persönlich, warmherzig und machte es mir leicht, frei zu sprechen."[43] Dennoch setzt er geistliche Begleitung nicht mit psychologischer Beratung gleich. Er nimmt die Beziehungsebene und Nouwens Gefühlsdynamik und Abwehrmanöver aufmerksam wahr, doch zugleich versteht er sich als spiritueller Führer. In dieser Rolle übernimmt er die Verantwortung dafür, dass der Begleitete ein bestimmtes spirituelles Entwicklungsziel, das für ihn angemessen ist, erreicht. Nouwen selbst will Veränderung in seinem Leben und will dabei die spirituelle Lebensdimension einbeziehen. Er selbst spricht davon, dass er auf dieser Suche einen Führer braucht. Wie bei einer Expedition ist er dazu bereit, unterwegs unangenehme Erfahrungen in Kauf zu nehmen. Er sucht nicht nur nach Empathie und Selbstklärung, sondern er sucht im Rahmen des Klosteraufenthaltes eine Gottesbegegnung.

Nouwens geistlicher Führer benötigt hierfür, über psychologische Kenntnisse hinaus, mystagogische Kompetenz. Bamberger, der als Abt zugleich ein Kloster leitet und für die Seelsorge seiner Mönche zuständig ist, muss

---

[41] Nouwen, a.a.O., 11.
[42] A.a.O., 13.
[43] A.a.O., 40.

wissen, mit welchen Aufgaben und Inhalten er Nouwen angemessen konfrontieren kann, damit Nouwen sich an ihnen weiterentwickeln und seinem Ziel der Gotteserfahrung näher kommen kann. Für dieses mystagogische Wissen bezieht sich Bamberger vor allem auf die monastische Tradition. Ein wichtiger Autor, auf dessen Erfahrungen er selbst zurückgreift, ist der Mönchsschriftsteller Evagrius Pontikus mit seinen Schriften „Praktikos“ und „Über das Gebet“.

In allen Begegnungen bleibt Bamberger für Nouwen ein klares Gegenüber. Er fordert durch eigene mitgeteilte Sichtweisen heraus und äußert klare Optionen angesichts bestimmter Wahlmöglichkeiten. Bambergers Führungsarbeit überschreitet jedoch nie die Grenze zur Manipulation oder zu autoritärer Entmündigung. Nouwen erlebt die Gesprächsführung seines Begleiters als vertrauenerweckend und wohltuend klar. „Er ließ mich meinen eigenen Weg finden, ohne dabei die Landkarte zu verstecken, die die rechte Richtung zeigte. In unserem Gespräch erwies sich John Eudes nicht nur als guter Zuhörer, sondern auch als geistlicher Führer. Ich brauchte nicht lange, um mir darüber im klaren zu sein, dass dies der Mann war, den ich so nötig hatte.“[44]

Den wesentlichen *Inhalt des Prozesses* bildet Nouwens Suche nach einer neuen Gotteserfahrung, um seinen Alltag zentrierter und weniger kraftraubend leben zu können. Nouwen verbindet diese Suche mit dem Wunsch, „beten zu lernen“. „Ich wusste, dass meine Theologie aus dem Gebet herauswachsen musste“. „Ich bin ins Kloster gekommen, weil ich lernen wollte, in der Gegenwart Gottes zu leben, ihn hier und jetzt zu verkosten.“[45] Da die Gotteserfahrung jeweils nur in der eigenen Gegenwart und dem eigenen Lebensraum zugänglich wird, führt Bamberger Nouwen über viele alltagsbezogene Fragen. Grundlegend zählt hierzu der eigene Umgang mit den Lebenskoordinaten Raum und Zeit. Im Klosteralltag heißt das konkret: Nouwen soll beispielsweise sein Umherschweifen im Kloster einstellen und zunehmend das Hier und Jetzt der eigenen Zelle ertragen, um zur Ruhe zu kommen. In Nouwens Umgang mit der Zeit wird deutlich, dass er dazu neigt, sich zu übernehmen und eigene Grenzen nicht wahrzunehmen. Bamberger rät ihm auch hier zu einem Maß, in dem Nouwen sich nicht verliert. In der extremen Ruhe des Trappistenalltags und in den zentrierenden Rhythmen des Klosteralltags nimmt Nouwen zunächst nicht Gott, sondern zunehmend seine eigenen Gefühle und Gedanken wahr. Diese Selbstwahrnehmung verläuft für ihn schmerzlich und unangenehm. Aus dem langwierigen Prozess der Einzelgespräche zwischen Nouwen und seinem Begleiter seien

---

[44] A.a.O., 13.

[45] A.a.O., 21.

zwei Gespräche exemplarisch herausgegriffen: eines zum Umgang mit den eigenen Grenzen und eines zum Gottesbild.
a) *Umgang mit eigenen Grenzen*: Nouwen bemüht sich, wie ein Mönch mit den anderen Mönchen zu leben. Dies schließt ungewohnte Arbeitszeiten mit körperlich schwerer Arbeit ein, an die Nouwen als Hochschullehrer nicht gewohnt ist. Er arbeitet von 5:30 Uhr bis 8:15 Uhr am Heißbrot-Fließband in der Klosterbäckerei. Nachmittags steht er zwei Stunden im Flussbett und hebt Feldsteine für die neue Klosterkirche heraus. Gespräche untereinander sind selbst während der Arbeitszeit nicht erlaubt. Für wichtige Absprachen steht eine vom Orden entwickelte Zeichensprache zur Verfügung. Nach einem Monat fühlt sich Nouwen noch ausgebrannter als bei seiner Ankunft im Kloster. Er spricht mit seinem Begleiter darüber: „Ich berichtete ihm von meiner Niedergeschlagenheit, meiner Ermüdung, meiner Reizbarkeit, meinen Frustrationen, weil ich nicht genügend Zeit zum Lesen habe, und von meinem allgemeinen Erschöpfungsgefühl.“[46]
Bamberger informiert Nouwen über die spezifischen Lebensbedingungen und -belastungen eines Klosteralltags. Er antwortet empathisch und gewährt Einblick in seine eigenen Anfangsschwierigkeiten im Kloster. „Er antwortete sehr sympathisch. Zunächst einmal erklärte er mir, dass dies vorauszusehen war. Er sagte, dass er selbst ein ganzes Jahr gebraucht habe, um sich an das frühe Aufstehen zu gewöhnen, und dass körperliche Arbeit, der Verzicht auf Fleisch und andere Umstellungen im Lebensstil zu Müdigkeit, Depressionen, psychosomatischen Beschwerden und Zweifeln über die Berufung führen können, wenn die Anfangsbegeisterung geschwunden ist.“[47]
Bamberger rät Nouwen, nur noch einen Block täglich mitzuarbeiten und die eigenen Grenzen zu akzeptieren. Ein Teil der Frustrationen rührt daher, dass der Hochschullehrer gewohnt ist, alles Erlebte denkend zu verarbeiten, im Klosteralltag aber nicht hinreichend Zeit dafür findet. Indem Nouwen wieder stärker sein eigenes Leben führt und nicht in allem wie die Mönche lebt, wird er wieder Zeit für dieses Reflexionsbedürfnis finden. Wollte er allerdings Mönch werden, so meint Bamberger, hätte er ihm anderes geraten.

Zudem quält Nouwen ein überstarkes Bedürfnis zu essen. Sein Begleiter informiert ihn über die Psychologie des Klosters. Durch den Fortfall vieler Ersatzbefriedigungen wie Unterhaltung, Anerkennung und Zerstreuungen „fängt man an, auf primitivere Dinge zu verfallen: man beginnt, ans Essen und an sexuelle Dinge zu denken. Man wird sich viel stärker sehr elementarer Begierden bewusst. In einem gewissen Sinn sackt man ab und macht Rückschritte, aber zugleich wird man auch empfänglicher für geistliche

[46] A.a.O., 54.
[47] A.a.O., 55.

Führung, und ein Raum tut sich auf, indem sich das Gebet und das asketische Leben entfalten können. Es geht dabei um ein stärkeres Sensibelwerden. Das kann auch zu egozentrischem Verhalten führen. Man braucht deshalb eine Anleitung, um das zu verhindern."[48]

b) *Gespräch über das Gottesbild*: Nouwen bringt in den Austausch mit seinem Begleiter zu Beginn sein Leiden unter mangelnder Aufmerksamkeit ein. Er fühlt sich von den schweigenden Mönchen zu wenig wahrgenommen, leidet unter fehlendem Besuch und zu wenig Post. Sein Experiment des secum esse führt ihn nicht zu innerem Frieden. Er spürt stattdessen ein inneres Chaos und erlebt sich als fern von Gott. Bamberger strukturiert dieses Gespräch sehr stark. Er setzt drei eigene Akzente: beim Gottesbild, bei den Leidenschaften sowie beim Kampf.

Gottesbild: Nouwen spricht seine Erwartung aus, dass Gott sich ihm vielleicht eines Tages in einem leidenschaftlichen Erlebnis offenbare. Bamberger konfrontiert Nouwen mit dessen Blindheit für Gottes Gegenwart im Hier und Jetzt. Der sich eines Tages leidenschaftlich offenbarende Gott sei Nouwens Illusion. Sie verhindere sein Sich-Einlassen auf Gottes Gegenwart. „Sie möchten, dass Gott Ihnen nach dem Modell erscheint, das Ihre Leidenschaften entworfen haben, aber diese Leidenschaften machen Sie blind für seine Gegenwart hier und heute."[49]

Leidenschaften: Nouwens Erleben von Gottesferne wird nach der Überzeugung seines Begleiters durch ein inneres seelisches Chaos verursacht. Die in ihm tobenden Gefühle verzerren sein Gottesbild, und sie ziehen seine Aufmerksamkeit von der klaren Gegenwart Gottes hier und jetzt ab.

Bamberger rät Nouwen, das ständige Abgelenktwerden vom gegenwärtigen Erleben durch innere Dialoge und Gefühle aufmerksam zu beobachten, die Konzentration auf den gegenwärtigen Moment zu üben und zu einem stetigen klaren Wachsein weiter zu entwickeln. Erst in einem Zustand klarer Wachheit, die frei ist von Leidenschaften und Ablenkungen, werde er Gottes Gegenwart erleben. Die Kontrolle über die eigene Aufmerksamkeit ist nach Bamberger der wichtigste Schlüssel zur persönlichen Entwicklung und zur Gotteserfahrung. „Sammeln Sie sich im leidenschaftslosen Teil Ihres Wesens und nehmen Sie wahr, dass Gott dort gegenwärtig ist. Lassen Sie diese Seite Ihres Wesens in sich wachsen und treffen Sie Ihre Entscheidungen von dort her. Sie werden überrascht sein, wenn Sie erleben, wie dann plötzlich Kräfte, die unüberwindlich schienen, in sich zusammensinken."[50]

Kampf: Bamberger sieht Nouwen mit seinen inneren Kämpfen in der Wirklichkeit des Klosteralltags angekommen. Der Klosteralltag entspricht weder dem Klischee von Wellness und harmonischer Selbstfindung noch

---

[48] Ebd.
[49] A.a.O., 66.
[50] Ebd.

dem von mittelalterlicher Klosterromantik. Der Abt beschreibt ihn als einen Kampfplatz und vergleicht ihn mit einer Stierarena. Der alltägliche Kampf sei aufreibend, riskant und voller Niederlagen. Der Mensch habe Anteil an den Mächten der Finsternis und des Lichtes und lebe zerrissen in Selbstwidersprüchen. Das Klosterleben offenbart diesen Kampf in alltäglichen Mikrosequenzen. „Er kann so klein sein wie der Wunsch nach einem Brief oder die Begierde nach einem Glas Milch." Wer diesen Kampf bewusst aufnimmt, beurteilt seine Siege angesichts seiner zahlreichen Niederlagen nicht allzu hoch. Bamberger lenkt Nouwen fort von Konzepten eines geistlichen Heldentums und hin zur Wertschätzung der eigenen Teilnahme an diesem beschwerlichen Alltag: „dass ich froh sein sollte, am Kampf teilnehmen zu dürfen, ganz unabhängig von der Frage, ob ich siegen würde".[51]

Das Experiment des „secum esse", die gezielte Suche nach dem eigenen Kern, verläuft in einer eigenen Dynamik. Mehr als eineinhalb Jahrtausende bevor psychologische Konzepte in der protestantischen Theologie zur Entdeckung von Wachstumsstufen im Glauben führten und damit zu einer Dynamisierung des Glaubensbegriffs, hatten bereits christliche Mystiker die Gottesbeziehung als eine dynamische Geschichte konzipiert: als eine personalisierende Liebesgeschichte, die den Menschen seinem bisherigen Selbstverständnis entführt und die ihn verwandelt ins alltägliche Leben zurückführt. Es ist im Wesentlichen die Erfahrung intensiver Liebe, von der die christliche Mystik berichtet. Mystische Erfahrungen sind Begegnungen mit einem Gegenüber, die den Menschen in seinem innersten Selbstverständnis berühren und verwandeln. Im Folgenden wird aus der Fülle vorpsychologischer Entwicklungskonzepte das liebesmystische Entwicklungsschema des Ambrosius von Mailand aus dem 4. Jahrhundert vorgestellt.

---

[51] A.a.O., 67.

2. Stufen des Glaubens bei Ambrosius von Mailand

2.1 Glaubensstufen jenseits materialistischer Reduktion

In der Praktischen Theologie ist es spätestens seit dem Dialog mit James Fowler, Lawrence Kohlberg und anderen Psychologen üblich, vom Wachstum im Glauben sowie von Glaubensstufen zu sprechen.[1] Erstaunlich ist dabei, dass erst der Anstoß einer nichttheologischen Disziplin zu dieser neuen Dynamisierung des Glaubensbegriffes führte. Glauben wurde vor allem im *protestantischen* Raum weitgehend *statisch* verstanden, pointierter formuliert: *dia*statisch pendelnd zwischen Glauben und Unglauben, zwischen simul iustus et peccator.

Im Protestantismus steht noch weitgehend die Wiederbelebung eines dynamisierten Glaubensverständnisses auf einem theologischen Fundament aus. Dieses ist in der Geistlichen Begleitung und für eine mystagogisch orientierte Seelsorge unabdingbar. Denn es gibt Entwicklungsbereiche des Menschen, die von psychologischen Konzepten aufgrund materialistischer Prämissen nur unzureichend wahrgenommen werden oder psychopathologisch fehlgedeutet werden. Diese Eindimensionalität kritisierte z.B. der Psychiater und Psychotherapeut *Stanislav Grof*. Er zählt zu den Mitbegründern des Forschungszweiges der Transpersonalen Psychologie. Derzeit handelt es sich bei dieser Richtung um ein Sammelsurium verschiedener psychologischer Schulen, die einerseits durch ihre Kritik an einer biographisch-deterministischen und seelisch-kognitiven Reduktion des Menschen miteinander verbunden sind, andererseits durch die Absicht, Transzendenzerfahrungen als menschenmögliche Erfahrungen anzuerkennen und deren Potential therapeutisch zu nutzen.

Grof bemüht sich aus dieser Zielsetzung heraus um eine Differentialdiagnostik zwischen Krisen, die aus seelischen Erkrankungen herrühren, und Krisen, die aus einer unzureichenden Vorbereitung von Transzendenzerfahrungen stammen (vgl. im einleitenden Kapitel Bergers Beispiel von einer Dämonenvision am Frankfurter Flughafen). Letztere bezeichnete Grof als „spirituelle Krisen". Eine spirituelle Krise benennt eine unzureichende Integrationsfähigkeit des Menschen gegenüber plötzlichen Transzendenzerfahrungen. Sie darf diagnostisch nicht mit psychotischen Zuständen verwechselt werden, die aus einer umfassend erkrankten seelischen Struktur herrühren.[2]

---

[1] *James W. Fowler*, Glaubensentwicklung, München 1989; *ders.*, Stufen des Glaubens, Gütersloh 1991; *Lawrence Kohlberg*, Die Psychologie der Moralentwicklung, Frankfurt M. 1996; *ders.*, Die Psychologie der Lebensspanne, Frankfurt M. 2000.

[2] *Stanislav Grof*, Spirituelle Krisen, München 1990.

Mit seinem transzendenzoffenen Ansatz öffnet Grof, wie bereits vor ihm C. G. Jung, das psychologische Menschenbild für einen „geistreichen Menschen", der in der Lage ist, im Laufe seiner Entwicklungsprozesse auch mystische Erfahrungen zu machen. Hierzu zählen nach traditionsorientierten Standardwerken der christlichen Aszetik und Mystik reinigende Krisen, Erfahrungen von Ekstase, die dauerhafte umgestaltende Vereinigung sowie von Psychologen eher in den Bereich einer Borderline-Erkrankung und Psychose verwiesene Phänomene wie Visionen, Auditionen, Stigmata, das Wahrnehmen einer leuchtenden Aura, oder sogar das Wahrnehmen eines lieblichen Duftes bei spirituell hoch entwickelten aufgebahrten Toten.[3]
Die im Folgenden vorgestellten mystischen Entwicklungsstufen nach Ambrosius von Mailand eignen sich sehr gut zur Erörterung des Themas christlicher Glaubensstufen. Die Textgrundlage der Darstellung bildet eine Abhandlung des Mailänder Bischofs und Mystikers aus dem 4. Jahrhundert. Gegenüber einer Inflation des Wortes „Mystik" beschreibt Ambrosius profiliert Stufen einer christlichen Mystik. Gegenüber einer Absolutsetzung rein individueller Glaubenssuche wird bei Ambrosius die Verbindung von individueller und ritueller Mystik deutlich. Wie in Odo Casels Mysterientheologie, so zielt auch nach Ambrosius′ Verständnis äußerer Kultus auf einen inneren, mystischen Kultus. Ambrosius erlebt den Kultus als einen Einweihungsweg, der die Teilnehmenden durch zunächst vor- und unbewusste Formen zunehmend zu einer vertieften Wahrnehmung der Wirklichkeit und zur Vereinigung mit Gott führen kann. Sowohl Casel als auch Ambrosius gehen davon aus, dass eine rein individuell ausgerichtete Mystik ohne die Korrektur von außen – duch den rituell und im Wort begegnenden Christus – leicht in die Irre gehen kann.
Die Mystik des Ambrosius ist durch und durch erfahrungsgesättigt. In ihr brennt das Feuer des Verliebten. Sie kennt Phasen des völligen Benebeltseins des menschlichen Geistes. Sie kennt jedoch ebenso den Schmerz – aus dem Nichtverstehen der eigenen Transzendenzerfahrungen, weil das Geschaute alles Verstehbare überstrahlt, aus dem Ausbleiben jeglicher Erfahrung, durch das Loslassen des mystischen Erlebens zugunsten einer Rückkehr in die Alltagswelt, um sich liebend für die Mitmenschen zu öffnen.

In ihrer Vieldimensionalität und Reife setzt die Mystik des Ambrosius exemplarisch Maßstäbe für die Diskussion zahlreicher Markt-Mystiken, die die individuelle Suche nach Transzendenzerfahrungen ökonomisieren und

---

[3] Vgl. *Gustave Thils*, Christliche Heiligkeit. Handbuch der Aszetischen Theologie, München 1961, 584ff. Thils reflektiert auch Kriterien zur Abgrenzung von seelischen Erkrankungen, vgl. die dort genannte weiterführende Literatur. Vgl. *Peter Dinzelbacher*, Art.: Vision, in: *ders.*, Wörterbuch der Mystik, Stuttgart 1989, 514f. *Ders.*, Art.: Stigmatisation, in: a.a.O., 470. *Baatz*, Art.: Telepathie, in: a.a.O., 482. V. Brockhusen, Art.: Levitation, in: a.a.O., 321f.

vorschnell standardisieren.[4] Ambrosius beschreibt im Rückgriff auf antike philosophische Einweihungskonzepte einen Weg, der über rein innerseelische Erlebnisse hinaufführt zu Transzendenzerfahrungen und zur Vereinigung mit Christus. Das klare Kriterium des christlichen mystagogischen Weges ist das Verwandeltwerden des Menschen durch eine Quelle von *Liebe*, mit der er sich zunehmend stetig verbunden spürt. Es geht nicht mehr um geglaubte Liebe, sondern es geht um erfahrene Liebe. Sie heilt den Menschen – wie es nur erfahrene Liebe vermag, und sie verwandelt ihn in einen liebend-wachen Zeitgenossen.

Die gegenwärtige Diskussion über mystagogische Seelsorge und über Geistliche Begleitung wird durch eine aufmerksame Lektüre der christlichen Mystiker auf vielfache Weise bereichert: Geistliche Begleitung kann dem mystische Erfahrungen suchenden Zeitgenossen mit einem reflektierten Mystik-Verständnis begegnen. Sie kann eine Reduktion auf eindimensionale psychologische Konzepte aufsprengen und in einen freien Dialog treten, in den sie selbstbewusst die nicht-reduzierbare Realität von Transzendenzerfahrungen einbringt. Und sie kann ihre eigenen Reflexionen über gegenwärtige Transzendenzerfahrungen durch eine Kenntnisnahme der Tradition auf einem hohen Niveau beginnen.

---

[4] Siehe oben S. 22f.

2.2 Ambrosius von Mailand: Dichter, Mystiker, Politiker

Die Konzentration auf Ambrosius von Mailand und dessen Konzept des mystischen Weges dient der Veranschaulichung für ein Entwicklungsmodell des Glaubens. Ambrosius fasziniert in seiner Vielfalt. Er ist ein handfester Kirchenpolitiker, ein erlebnisorientierter Mystiker, ein engagierter Theologe, und er widmet sich der Caritas und der Poesie.

Im Folgenden steht seine Schrift „De Isaac vel Anima", „Über Isaak oder die Seele" im Vordergrund.[5] Sie ist in der wissenschaftlich-theologischen Diskussion als ein reifes Alterswerk des Ambrosius anerkannt, das die frühchristliche und die mittelalterliche Spiritualität nachhaltig beeinflusst hat. Die Abhandlung eignet sich in ihrer Reife und aufgrund ihrer frömmigkeitsgeschichtlichen Wirkungsgeschichte gut dazu, in phänomenologischer Perspektive Entwicklungsstufen des Glaubens zu diskutieren. Es wird nicht versucht, die patristische Diskussion zu „De Isaac" um ein weiteres Deutungsschema anzureichern. Sondern im Vordergrund steht die Frage, welche spirituellen Entwicklungsstufen nach Ambrosius für Christen überhaupt denkbar sind.

Als Ambrosius seine Abhandlung abfasst, ist er bereits Bischof von Mailand. Er wurde ungefähr 333 in Trier geboren und stirbt in der Osternacht am 4. April 397 in Mailand, wo er seit 374 als Priester und Bischof arbeitet. Zuvor hatte er eine politische Karriere bis zum Provinzstadthalter von Mailand absolviert. In der theologischen Diskussion wurde Ambrosius lange Zeit als reiner Kirchenpolitiker von geringer spiritueller Kraft eingestuft. Dem steht nicht nur die Schrift „De Isaac" entgegen, sondern ebenso die von Ambrosius verfassten und in die Messe eingeführten Hymnen, die noch Luthers Wertschätzung fanden. Ernst Dassmann nennt die Hymnen „ambrosianische Theologie im Telegrammstil".[6] Augustinus war von den Predigten und Hymnen des Ambrosius so tief berührt, dass er sich vom Mailänder Bischof taufen ließ.

Ambrosius spielt in der Liturgiegeschichte eine wichtige Rolle. Er hat den Gemeindegesang erfolgreich in die Messe eingeführt. Auf ihn gehen wichtige Formulierungen im eucharistischen Hochgebet zurück. Er führte die Fußwaschung in den Komplex der Taufriten ein, schuf Riten für die Jungfrauen- und Witwenweihe und gab Impulse für den Märtyrerkult. Herausragend bleibt sein mystisches Eucharistieverständnis. Während Ambrosius die Wandlung noch pneumatisch versteht, setzt bereits mit

[5] *Ambrosius von Mailand*, De Isaac vel Anima. Über Isaak oder die Seele, übersetzt von Ernst Dassmann, Turnhout 2003 (Fontes Christiani, Bd. 48). Vgl. die ausgezeichnete Einleitung in die Schrift.

[6] *Ernst Dassmann*, Ambrosius von Mailand. Leben und Werk, Stuttgart 2004. Dort zur Schrift „De Isaac" 209ff.

Augustinus eine symbolische Deutung ein. Bereits im 4. Jahrhundert zeigt sich in den lateinischen theologischen Konzepten eine pneumatologische Schwäche, die die mystagogische Dimension von Riten nicht mehr konzeptionell wiederzugeben vermag und die, bezogen auf die Eucharistie, in den Abendmahlsstreitigkeiten des 9. und des 11. Jahrhunderts ihren Höhepunkt erreichen sollte. In der lateinischen Theologiegeschichte spielt daher Ambrosius jedes Mal dann eine wichtige Rolle, wenn eine von Augustinus abweichende Lehrmeinung theologisch begründet werden soll. Thomas von Aquin berief sich in seiner Eucharistielehre daher vorrangig auf Ambrosius.

Ferner ist Ambrosius der erste abendländische Theologe, der eine Abhandlung über den Heiligen Geist verfasste („De spiritu sancto", im Jahre 381). Er zählt mit Augustinus zu den großen abendländischen Theologen des Altertums. Augrund seiner theologischen Qualität wird er bis zur Gegenwart in der Ostkirche geschätzt.

Der hochgebildete Mailänder Bischof war mit der Höhe der antiken Kultur vertraut. Er verfügte unter anderem über gründliche Kenntnisse von Vergil, Cicero, Philon und Plotin. Gedanken dieser Autoren begegnen bis in wörtliche Zitate hinein in seinen Schriften wieder. Mit dem Neuplatonismus kam Ambrosius, Dassmann zufolge, durch seinen Freund Simplician in Kontakt. Dieser wiederum war mit Marius Victorinus befreundet, der neuplatonische Schriften ins Lateinische übersetzte. Daher ist anzunehmen, dass Ambrosius z.B. Plotins „Enneaden" zumindest in Ausschnitten selbst gelesen hatte. Theologisch in die Schule gegangen ist der Mailänder vor allem bei den griechisch-sprechenden Kirchenvätern: Origenes, Eusebius, Basilius dem Grossen, Didymus sowie dem griechisch schreibenden Hippolyt.

Lange Zeit wendete die wissenschaftliche Diskussion diesen rezeptiven Reichtum gegen Ambrosius. Sie warf ihm Plagiatentum und mangelnde Eigenständigkeit vor. Auf reine Quellenpickerei konzentriert, übersah man, wie Ambrosius die antike Dichtung und Philosophie durch den Bezug auf Christus heilsgeschichtlich dynamisierte und ihren Begriffen neue Aussagen unterlegte. Der Zeitgenosse Augustinus jedenfalls zeigte sich von dieser Synthese zwischen antiker philosophischer Mystagogie und christlicher Mystik tief beeindruckt. Er äußerte sich über die Predigten und Schriften des Ambrosius in seinen „Confessiones" und andernorts voller Anerkennung.

Das Alterswerk des Ambrosius baut vor allem auf den Schriften von *Origenes* sowie auf einer durch Origenes erschlossenen geistlichen Deutung des alttestamentlichen „Hohenliedes" auf. Friedrich Ohly weist darauf hin, dass Ambrosius der erste Kirchenvater ist, der das Hohelied mit Ausnahme von 10 Versen durchgängig kommentiert habe, wenn man all seine Schriften

zusammennimmt.[7] Zu dieser Werkphase zählen die Schrift „De Isaac vel anima" (entstanden um 391), „Expositio psalmi 118" (387/388), „De virginitate" (nach 386) sowie die Predigten zum Lukasevangelium („Expositio Evangelii secundum Lucam", 390). Einen inhaltlichen Anschluss an das Schlusskapitel von „De Isaac" bildet die Schrift über den Tod „De bono mortis" (nach 390).
Origenes´ Einfluss auf die Theologie und Mystik des Ambrosius muss nachhaltig herausgestellt werden. Der Ambrosius-Kenner Ernst Dassmann geht davon aus, dass Ambrosius „erst durch den großen Alexandriner Schrifttheologen den ganzen Reichtum des Hoheliedes als Lehrbuch christlicher Vollkommenheit erfasste und auszuwerten begann. Die Deutung des Bräutigams und der Braut im Hohelied auf Christus und die Kirche – entsprechend der jüdischen Übertragung auf Jahwe und Israel – hatte Ambrosius schon von Hippolyt übernommen. Bei Origenes lernte er nun ihre Übertragung auf Christus und den gläubigen Christen, den göttlichen logos und die menschliche anima kennen."[8] „Alle wesentlichen Züge der origeneischen Christusfrömmigkeit, das Prinzip des Christus omnia, die zentrale Stellung des Nachfolgegedankens, Christus- und Brautmystik sowie die Direktheit der Jesusgebete finden sich bei Ambrosius wieder."[9]
Bilder der Brautmystik finden sich noch in Martin Luthers Frömmigkeit, bei ihm vorwiegend vermittelt durch Bernhard von Clairvaux (1090-1153).[10] Luther äußert an zahlreichen Stellen seine Hochschätzung für Ambrosius, wenngleich er diesem letztlich Augustinus vorzieht. Vor allem liebte er die ambrosianischen Hymnen (vgl. WA.TR 5,652, Nr. 6418; WA 54,34). Beachtenswert ist dabei: Luther zieht Ambrosius als Zeugen für seine Lehre von der Rechtfertigung aus dem Glauben heran (WA.TR 2,283, Nr. 1968; Nr. 5579).

[7] *Friedrich Ohly*, Hohelied-Studien. Grundzüge einer Geschichte der Hoheliedauslegung des Abendlandes bis um 1200, Wiesbaden 1958, 33. Ohly stellt jeweils leider nur „Grundzüge" dar. Zur Auslegung des Hippolyt von Rom (gest. 235) 15f, zu Origenes (gest. 253/54) 17-25, zu Ambrosius 32-46.
[8] Dassmann, a.a.O. (Anm. 6), 210.
[9] Dassmann, Vorrede zu „Isaak", a.a.O. (Anm. 5), S. 14.
[10] Vgl. *Friedrich Theophil Ruhland*, Luther und die Brautmystik. Nach Luthers Schrifttum bis 1521, Gießen 1938.

2.3 Die mystische Schrift „Über Isaak oder die Seele" („De Isaac vel anima")

Auf die Rolle neuplatonischer Philosophie in „De Isaac vel anima" kann hier nicht näher eingegangen werden. Dassmann hat sie im Rahmen seiner Textedition detailliert aufgewiesen. Offen bleibt jeweils, auf welchem Wege Ambrosius diese Traditionsströme aufgenommen hat. Als Vermittler infrage kommen vor allem Origenes[11], Plotin und dessen „Enneaden" sowie Plotins Schüler Porphyrios[12]. Zur Vermittlung und Christianisierung von Platons Wagenbild für die menschliche Seele (Phaedrus 246) spielte Origenes eine wichtige Rolle. Bei Ambrosius begegnet das Bild vom Seelenwagen und dessen Rössern in De Isaac 8,85-67 wieder (vgl. auch Virginit. 18,111). Aus der platonischen Biga ist eine Quadriga geworden, die vom Logos Christus gelenkt wird. „Christus besteigt also seine Pferde, Gott, das Wort, steigt auf die gottesfürchtigen Seelen." (Isaak 8,66)

Das Büchlein „De Isaac" hat Ambrosius aus eigenen Predigten über das Buch Hohelied und über den Patriarchen Isaak (Gen 24 und 26) zusammengestellt. Formal lassen sich drei Gedankengänge herausstellen, die er miteinander verwoben hat:

1. die Auslegung des alttestamentlichen Buches Hohelied,
2. eine Auslegung von Gen 24 und Gen 26,
3. eine neuplatonisch inspirierte Darstellung des Wesens der menschlichen Seele und ihrer Weiterentwicklung bis zur Gottesschau.

In „De Isaac" beschreibt der Mailänder Bischof die Glaubensentwicklung im Rahmen eines Lebens mit den Sakramenten und mit dem Wort Gottes. Ziel der Glaubensentwicklung ist die zunehmend enger werdende Beziehung zwischen der menschlichen Seele und Christus, dem Logos. Die höchste Entwicklungsstufe liegt in der Vereinigung zwischen Seele und Logos und in der Schau der Logos-Wirklichkeit. Dörrie stellt die ganze Schrift unter das Motto des delphischen Orakels „Erkenne dich selbst" und damit unter das Leitmotto des Einweihungsweges antiker Mysterien.[13]

---

[11] Vgl. *W. Wilbrand*, Ambrosius und Plato, in: Römische Quartalsschrift 25 (1911), 42-49.

[12] Während Dassmann eine direkte Plotinrezeption bei Ambrosius annimmt, vertritt Dörrie für die Ambrosius-Schrift „De Isaac vel anima" die These einer ausschließlichen Plotin-Vermittlung durch Porphyrios. Diese Behauptung begründet er allerdings wiederum so hypothetisch (mit einer verloren gegangenen Porphyrius-Schrift), dass ich Dassmanns besser abgesicherte Forschungsergebnisse zugrundelege. *Heinrich Dörrie*, Das fünffach gestufte Mysterium. Der Aufstieg der Seele bei Porphyrios und Ambrosius, in: Mullus. FS Theodor Klauser, Münster 1964, 79-92.

[13] Vgl. Dörrie, a.a.O., 81. Siehe oben S. 37ff.

Dieses Einweihungskonzept sieht Dörrie bereits bei den alexandrinischen Theologen sowie bei Gregor von Nyssa christianisiert. „Für Klemens dagegen eröffnet das γνῶθι σεαυτόν einen legitimen Weg zur Gott-Erkenntnis, so Paidag. 3,1 und Strom. 1, 178, ähnlich Strom. 4,27/8 mit Hinweis auf stoische und platonische Parallelen." „Wer sich erkennt, erkennt Gott; denn das Eigentliche am Menschen ist seine Seele, und deren Eigentliches ist das ihr innewohnende Göttliche, das Porphyrios als Logos oder als Nous bezeichnet. Cognitio sui führt also zur cognitio dei; Erkenntnis stellt eine feste Verbindung her, weil nur Gleiches von Gleichem erkannt wird. Im Erkenntnisakt verschmelzen Subjekt und Objekt des Erkennens zur Einheit."[14]

2.4 Zwei dynamische Rahmenschemata für Glaubensstufen

Die Diskussion über die exakte Abfolge von Glaubensstufen in der Schrift „De Isaac" wirkt wissenschaftlich so verfahren, dass selbst der Ambrosius-Spezialist Dassmann gegen Lebensende erwog, Ambrosius habe seine Hoheliedpredigten für die schriftliche Veröffentlichung nur mangelhaft durchgesehen.

Ambrosius spricht in seiner Schrift sowohl von einem dreistufigen als auch von einem vierstufigen Einweihungsweg.[15] Während Platon im Anschluss an die Weihen im Heiligtum von Eleusis nur ein Zwei-Stufen-Schema voraussetzte – die „kleinen" und die „großen Mysterien" –, wurde in der weiteren Entwicklung das Stufenschema immer weiter ausdifferenziert. Bei Theon von Smyrna ist bereits ein Fünf-Stufen-Schema ausgebildet.[16]

Ambrosius spricht im Rahmen eines *Viererschemas* vom Finden, Verlieren, Wiederfinden und von einer Vereinigung von Braut und Bräutigam. Diese Entwicklungslinie sieht er im Buch Hohelied vorgezeichnet. Er hat das platonische Aufstiegsschema konsequent *vergeschichtlicht.* Dadurch bleibt es

[14] Dörrie, a.a.O., 81 und 82.

[15] „Ungefähr in der Mitte der Schrift unterbricht er für einen Augenblick den Fortgang der Hoheliedexegese. Er wirft einen kurzen Blick zurück und voraus und erinnert dabei an vier Aufstiegsstufen der Seele, die er im Finden, Verlieren, Wiederfinden und der endgültigen Vereinigung von Braut und Bräutigam vorgebildet sieht (Isaac 6,50)." (Dassmann, Ambrosius, a.a.O. [Anm. 6], 211) „Aus all dem ergibt sich beim besten Willen kein einheitlicher Aufbau." (211) „Mehr 'Plan' sollte man hinter dem Aufbau jedoch nicht vermuten." (212) „Die Isaak-Schrift macht einen uneinheitlichen Eindruck, so als fehle eine letzte Überarbeitung." (213)

[16] Dörrie (a.a.O., Anm. 12) setzt bei Ambrosius – auf der hypothetischen Annahme einer Porphyrios-Rezeption – ein Fünfer-Schema voraus, in welchem Ambrosius Porphyrios folge. Dabei stellen sich allerdings zwei Probleme: Dörrie setzt einen verloren gegangenen Porphyrios-Text voraus, und er kann die fünfte Stufe bei Ambrosius nicht nachweisen.

biographiebezogen und offen für menschliches Scheitern, erneute Entfremdung oder auch neue Annäherung.
„Auf einer *ersten Stufe*, ungeduldig nach Liebe verlangend und das Ausbleiben des Wortes nicht ertragend, bat sie, seiner Küsse würdig zu sein. Und sie verdiente es, den Geliebten zu sehen und wurde in das Schlafgemach des Königs eingeführt (vgl. Hld 1,4).
Als sie sich – auf einer *zweiten Stufe* – miteinander im Gespräch befanden, ruhte sie in seinem Schatten (vgl. Hld 2,3). Doch plötzlich verließ das Wort sie mitten im Gespräch, blieb der Suchenden jedoch nicht lange fern, sondern kam wieder, springend über Berge und hüpfend über Hügel (vgl. Hld 2,8). Bald danach sprang es, während es mit der Geliebten sprach, wie ein Hirsch oder ein Hirschkalb fort (vgl. Hld 2,9) und verließ sie.
Als sie den Gesuchten – *dritte Stufe* – nicht im Zimmer, nicht des Nachts, auch nicht in der Stadt, auf den Straßen oder auf den Plätzen gefunden hatte (vgl. Hld 3,1f), rief sie ihn irgendwann einmal doch zurück mit ihren Bitten und ihrem Liebreiz, so sehr, dass sie auch selbst vom Bräutigam noch näher herangerufen wurde (vgl. Hld 3,4).
Auf der *vierten Stufe* schließlich wird sie schon von ihm aus dem Schlaf geweckt, obwohl sie im Herzen wach war, so dass sie sofort die Stimme des Anklopfenden hört (vgl. Hld 5,2). Aber während sie sich erst nach einer Wiele erhob, weil sie das Tempo des Wortes nicht erfassen konnte, und während sie öffnete, ging das Wort vorbei (vgl. Hld 5,5f). Auf sein Wort hin ging sie hinaus und suchte ihn mit ihren Wunden, jedoch Wunden der Liebe (vgl. Hld 2,5). Und schließlich fand sie ihn dann doch und hielt ihn fest, um ihn nicht später wieder zu verlieren (vgl. Hld 3,4).“[17]
Dassmann benennt diese vier Stufen wie folgt:

1. Gnadenhafter *Beginn*: Vereinigung der Seele mit dem Verbum,
2. *Gefährdungen*,
3. langer Prozess der *Läuterungen*,
4. ehe die Seele sich innig mit dem Verbum verbindet und sich und andere Seelen zur *Vollendung* führen kann.[18]

Parallel dazu gebraucht Ambrosius ein *Dreierschema* für die Intensivierung der Beziehung zwischen Braut und Bräutigam. Es besteht aus den Schritten:

1. *institutio* (Einsetzung),
2. *processus* (Fortschritt) und
3. *perfectio* (Vollendung).

---

[17] Ambrosius, a.a.O.(Anm. 5), Isaak 6,50, S. 107.109, Hervorhebung SB.
[18] *Ernst Dassmann*, Art. Ambrosius, in: TRE 2, 362-386, hier: 377.

„Perfectio" kann hierbei als latinisierte Form des griechischen Mysterienbegriffs τελετή, Weihe, verstanden werden. „... was folgt, bezieht sich auf den Fortschritt, das dritte auf die Vollendung der Seele."[19] Ohly fasst das Einweihungskonzept wie folgt zusammen: „Auf die institutio, durch welche die sehnsüchtige Liebe zu Gott geweckt wird, folgen die [sic!] processus (profectus) der Seele in der Aneignung und Bewährung der Tugenden, durch die sie der Welt abstirbt und in Christus begraben wird (677,21), bis sie zur perfectio gelangt, in der sich ihre Bestimmung erfüllt (690,13ff)."[20]

Das Verständnis des Ambrosianischen Einweihungskonzeptes wird dadurch erschwert, dass Ambrosius es nicht durch Definitionen grundlegt und begrifflich entfaltet, sondern hierfür eine metaphorische Sprache verwendet. Die sprachlichen Bilder bezieht er vorwiegend aus dem Buch Hohelied sowie aus der platonischen, mittelplatonischen und neuplatonischen Tradition. Christoph Jacob spricht aus diesem Grunde von einer mystagogischen Redeweise des Ambrosius in Gestalt einer „allegorischen Allegorese". Ambrosius wolle mit dieser Sprachform die pneumatische Dimension vor denjenigen verschleiern, die nicht reif dafür seien.[21]

Ich gehe demgegenüber statt von einer intendierten von einer faktischen und sachgemäßen Arkandisziplin der Ambrosianischen Mystagogie aus. *Faktisch* führt jede Redeweise über noch nicht Erkanntes Menschen an ihre Verstehensgrenzen und kann sie dazu führen, ihren Verstehenshorizont zu erweitern. Die *Sachgemäßheit* symbolischer Rede wurde bereits im Kontext von Casels Mysterientheologie und seinem Verständnis von Arkandisziplin erörtert.[22] Dynamisch-lebendige Prozesse können zwar definiert und über Begriffe erschlossen werden. Ihre Komplexität wird jedoch erst sachgemäß in einer ans Lyrische heranreichenden Sprache kommuniziert.

Sigmund Freud stand mit seiner Entwicklung einer psychoanalytischen Fachsprache vor einem sachbedingt vergleichbaren Problem. Einerseits wollte er eine Wissenschaft von seelischen Vorgängen in naturwissenschaftlicher Exaktheit entwickeln.Andererseits suchte er nach einer Begrifflichkeit, die der Komplexität seelischer Vorgänge genügte. Hierfür griff er vorwiegend auf die griechische Mythologie zurück (Ödipus, Narziss) und versuchte, die seelischen Prozesse möglichst phänomenologisch dicht zu beschreiben. Bis zur Gegenwart hält die Psychoanalyse als Wissenschaft aus sachgemäßen Gründen an der Notwendigkeit einer metaphorischen Fachsprache fest. Inzwischen wirft man Freud vor, die Psychoanalyse noch

---

[19] Ambrosius, a.a.O. (Anm. 5), Isaak 8,68, S. 137.
[20] Ohly, a.a.O. (Anm. 7), 38.
[21] *Christoph Jacob*, „Arkandisziplin", Allegorese, Mystagogie. Ein neuer Zugang zur Theologie des Ambrosius von Mailand, Frankfurt M. 1990 – eine bei Dassmann entstandene Dissertation.
[22] Siehe oben S. 79ff.

zu stark mit Hilfe einer naturwissenschaftlich-mechanistischen Fachsprache konzipiert zu haben (z.B. in der Rede vom „Objekt", in der Metapher der Seele als „Dampfkessel", in der Konzeption von „Trieben").[23] Vergleichbar mit Josuttis' Forderung des Erlernens spezifischer Berufstechniken[24] wird für den psychoanalytischen Ausbildungsweg akzeptiert und sogar gefordert, dass das begriffliche Erfassen der seelischen Dynamik des Menschen und der Wirkung berufsspezifischer Techniken durch ein existentielles Erfassen im Rahmen einer mehrjährigen Lehranalyse begleitet wird. Aufgrund der mangelnden Komplexität begrifflicher Konzepte und der vieldeutigen mythisch-metaphorischen Sprache ist bereits zum Verstehen seelischer Prozesse und unbewusster „Mechanismen" eine existentielle Heranführung unabdingbar.

Im Folgenden betrachte ich die beiden Stufen-Schemata in „De Isaac" als *zwei Möglichkeiten, ein und denselben dynamisch-lebendigen Prozess unter verschiedenen Aspekten* zu beschreiben. In der Doppelung der Phaseneinteilungen sehe ich die Möglichkeit, dynamische Prozesse dicht zu beschreiben und zugleich die Beschreibung hinreichend offen zu halten, so dass sie als Deutungsrahmen für individuelle Erfahrungen fungieren kann. Eben diesen Kriterien muss eine Beschreibung von Entwicklungsprozessen im Glauben entsprechen. Das Anwenden zweier Schemata zur Wiedergabe ein und desselben Prozesses zeugt weder von intellektuellem Stumpfsinn noch von einer nachlässigen Textverarbeitung, sondern von der Weisheit desjenigen, der erfahren hat, was er beschreibt und der diese lebendige Erfahrung für andere zu versprachlichen und zu systematisieren versucht. Ohly verweist nachdrücklich auf diesen Erfahrungshintergrund: „ohne ein nicht geringes Maß an mystischer Erfahrung wäre diese Schrift nicht möglich."[25]

---

[23] Vgl. z.B. *Hans Rudi Fischer* (Hg.), Eine Rose ist eine Rose. Zur Rolle und Funktion von Metaphern in Wissenschaft und Therapie, Weilerswert 2005; *Michael B. Buchholz (Hg.),* Metaphernanalyse, Göttingen 1993.

[24] Siehe oben S. 89ff.

[25] Ohly, a.a.O. (Anm. 7), 39.

2.5 Vom materialistischen zum geistigen Lesen der Bibel

Nach Ambrosius ist die Glaubensentwicklung mit der Entwicklung eines mehrdimensionalen Schriftverständnisses verbunden. Indem sich der Mensch im Glauben physisch, seelisch und geistig intensiver mit Christus verbindet, erschließen sich ihm existentiell bislang unerkannte Zusammenhänge zwischen den verschiedenen Lebensbereichen durch die zunehmend klare Wahrnehmung der Gegenwart Gottes in allen Prozessen. Zunächst konzentriert sich die menschliche Wahrnehmung auf die physische Welt. Je weiter sich ein Mensch entwickelt, desto stärker treten auch seelische und mentale Prozesse in seinen Wirklichkeitshorizont. Zur menschlichen Entwicklung gehört es nach Ambrosius, dass der Mensch schließlich auch die pneumatische Gegenwart Gottes in allen physischen, mentalen und seelischen Prozessen wahrnehmen lernt.

Entsprechend dieser vieldimensionalen Wirklichkeitsauffassung konzipiert Ambrosius drei Ebenen des Schriftverständnisses. Hierbei folgt er antiken Modellen. Er unterscheidet die Konzentration auf „naturgemäße" (sensus naturalis), auf „moralische" (sensus moralis) sowie auf „mystische" (sensus mysticus, rationabilis, intelligibilis) Prozesse voneinander. – Der historisch-kritische Schriftsinn, den Ambrosius selbstverständlich noch nicht kannte, ließe sich in seinem Schema der Schrifterkenntnis dem „naturgemäßen" Erkennen zuordnen. Bibliodramatische Methoden, die die Texte über Körperarbeit, Identifikation und Imaginationsübungen erschließen und die Text- und Selbstverständnis miteinander verschränken, lassen sich schwerpunktmäßig der seelischen und ethischen Dimension zuordnen, auch wenn sie ihren Ausgang beim historischen Schriftsinn nehmen. Hermeneutische Methoden wie die Textbetrachtung auf der zweiten und dritten Stufe der Ignatianischen Exerzitien zielen vorrangig auf den pneumatischen Schriftsinn: auf das Wahrnehmen der Gegenwart Christi im überlieferten Bibeltext.[26]

Ambrosius folgt in seiner ausdifferenzierten Texthermeneutik eindeutig Origenes als Meister der Schriftdeutung. Dieser formulierte den Zusammenhang zwischen den menschlichen Lebensdimensionen und verschiedenen Verständniszugängen zur Bibel in „Peri Archon" wie folgt: „Dreifach muß man sich die ´Sinne´ der heiligen Schriften in die Seele schreiben: Der Einfältige soll von dem ´Fleisch´ der Schrift erbaut werden – so nennen wir die auf der Hand liegende Auffassung –, der ein Stück weiter Fortgeschrittene

[26] Vgl. Bonhoeffers Unterscheidung zwischen drei hermeneutischen Zugängen zur Bibel: *Sabine Bobert-Stützel*, Dietrich Bonhoeffers Pastoraltheologie, Gütersloh 1995, 143ff. Zum Bibliodrama: *Wolfgang Drechsel*, Pastoralpsychologische Bibelarbeit, Stuttgart/Berlin/Köln 1994. Zur ignatianischen Hermeneutik: *Ignatius von Loyola*, Geistliche Übungen und erläuternde Texte, hg. v. Peter Knauer, Würzburg [4]2006.

von ihrer ′Seele′ ... und der Vollkommene ... erbaut sich aus dem ′geistlichen Gesetz′, ′das den Schatten der zukünftigen Güter enthält′ (vgl. Röm 7,14; Hebr 10,1). Wie nämlich der Mensch aus Leib, Seele und Geist besteht, ebenso auch die Schrift, die Gott nach seinem Plan zur Rettung der Menschen gegeben hat“ [27]

Als problematisch erweist sich allerdings ein allzu schematischer Umgang mit diesem Ansatz, indem Origenes und Ambrosius sowohl einzelne biblische Bücher als auch spezifisch das ′salomonische Werk′ jeweils einer dieser drei Lebensdimensionen zuweisen. Origenes sah in Salomo den ersten Lehrer der wahren Philosophie, der bereits lange vor den Griechen die philosophischen Hauptdisziplinen (moralis, naturalis, inspectiva) in seinen Büchern entfaltete und mit dem Buch Hohelied den Weg zur Gottesschau erschloss. Die sinnliche Dimension werde vor allem in den Sprüchen Salomos erörtert, die seelische und ethische Dimension im Buch Prediger (Kohelet) reflektiert und die pneumatische Dimension im Buch Hohelied erschlossen. Das Canticum führt den Menschen über die Erkenntnis der physischen Welt hinaus und lehrt ihn, Gott über den Weg der Liebe zu erkennen und sich mit ihm seelisch und geistig zu vereinigen.[28]

Origenes prägte in seiner mystischen Hohelied-Deutung wichtige Topoi der christlichen Mystik, die bis in das Hohe Mittelalter zur Beschreibung mystischer Erlebnisse und Entwicklungsstufen zentral blieben: die geistliche Hochzeit; die Liebeswunde, die die Braut von Gott empfängt; die Geburt des Wortes in der Seele; die fünf geistlichen Sinne; die Gegenüberstellung der vita activa der Martha und der vita contemplativa der Maria; die Entwicklungsstufen von via purgativa, via illuminativa und via unitiva. Für ihn bilden Theologie und Mystik noch eine Einheit. Vor allem die Benediktiner des 9. (Johannes Scotus Eriugena) und die Zisterzienser des 12. Jahrhunderts (Wilhelm von St. Thierry, Bernhard von Clairvaux) rezipierten die Schriften des Origenes und griffen zur Beschreibung mystischer Erfahrungen auf ihn zurück.

---

[27] *Origenes*, Peri Archon/De principiis IV 2,4;313; vgl. *ders.*, Genesis-Homilien IX, 1,1-3,71.

[28] *Origenes*, Commentarius in Canticum Canticorum, Werke 8, hg. W. A. Baehrens, Leipzig 1903 (CGS 10, Origenes Werke 4), 61-241 (lateinische Ausgabe). „Den Gedanken des stufenwiesen Aufstiegs und der Vervollkommnung der Seele führt Origenes, der ihn durch eingehende Interpretation auch in der Benennung der salomonischen Bücher wieder findet (83,20-87,2), noch einmal durch (79,21-83,20), indem er, jüdische Überlieferungen aufgreifend, das Canticum Canticorum als letztes von sieben Liedern der Bibel erweist, die jeweils Stufen der fortschreitenden Seele bezeichnen (83,13).“ (Ohly, a.a.O. [Anm. 7], 24)

2.6 Die Schwelle: Arkandisziplin

Ambrosius ist ein strikter Verfechter der Arkandisziplin. Sie schützt vor allem die Sakramente und damit verbunden die rituellen Texte und deren Erklärungen. Ambrosius begründet die Notwendigkeit einer Arkandisziplin aus der mystagogischen Dynamik des christlichen Lebens heraus. Im Vordergrund stehen dabei sakramententheologische und pneumatologische Überlegungen. Der pneumatisch in den Sakramenten gegenwärtige Christus leitet wichtige Entwicklungen im Menschen ein und macht ihn zunehmend geistig sehend. Das Wahrnehmen und Verstehen geistiger Vorgänge bezieht sich zunächst auf die Sakramente selbst: dass nicht ein Priester handelt, sondern Gott. Erst für denjenigen, der die Wirklichkeit einer geistigen Lebensdimension erfahren hat, haben Erklärungen überhaupt Sinn.

Daher markieren die Initiationssakramente – die Taufe mit ihren langen Vorbereitungen in Exorzismen, der Übergabe des Credo, der geistigen Öffnung von Ohren und Nase, den Salbungen etc. – sowie der erste Kommunionsempfang – eine sichtbare und zugleich eine pneumatische und erkenntnistheoretische Schwelle auf dem christlichen Einweihungsweg. Die unsichtbaren Vollzüge *in* den sichtbaren Handlungen erklärte Ambrosius den Neugetauften erst in der Woche *nach* der Taufe in Predigten. Die erste seiner mystagogischen Predigten beginnt er nach einer kurzen Vorrede mit den Worten: „Nun mahnt die Zeit, über die Mysterien zu sprechen und den eigentlichen Sinn der Sakramente zu erklären. Wenn wir der Meinung gewesen wären, dies vor der Taufe Personen mitteilen zu sollen, die die Initiation noch nicht empfangen haben, würden wir eher als Verräter denn als Lehrer angesehen. Ferner … weil das Licht der Mysterien sich selbst in Unwissende besser hineinergießt, als wenn ihnen eine Erklärung vorausgegangen wäre.“[29]

Ambrosius zieht die Grenzlinie der Arkandisziplin nicht subjektiv und willkürlich. Sie ist durch pneumatische Prozesse vorgegeben. Ein Sakrament ist ein physischer Kristallisationspunkt zweier Dimensionen – einer sinnlich-sichtbaren und einer nicht-sichtbaren, pneumatischen. Daher ist die Grenzlinie zwischen Glaube und Unglaube, Erkennen und Vorübergehen eine pneumatische.

---

[29] *Ambrosius von Mailand*, De Sacramentis. De Mysteriis. Über die Sakramente. Über die Mysterien, übersetzt von Josef Schmitz, Freiburg i. Br. 1990 (Fontes Christiani, Bd. 3), De Myst. 1,2, S. 207.

2.7 Die erste Stufe („Einführung der Seele"): Rituelle Transformation

Ambrosius deutet das Hohelied schwerpunktmäßig im Rahmen einer rituellen Mystagogie. „In diesen mystagogisch-katechetischen Auslegungen wird der Text des H. zur 'Vorausdarstellung der christlichen Initiation'".[30] Hierin folgt er anderen Kirchenvätern. Die sakramentale Hohelied-Deutung ergibt sich aus dem damaligen liturgischen Gebrauch. Denn Hohelied-Texte spielen eine wichtige Rolle in den frühkirchlichen Initiationsriten sowie in deren anschließenden mystagogischen Erklärungen. Cyrill von Jerusalem begrüßt die Täuflinge mit Worten aus Hld 1,2.4 und 2,12. Ambrosius versteht die Salbung der Neugetauften von Hld 1,3f her.[31] Bei der mystagogischen Deutung des Taufsiegels verweist er auf Hld 8,6[32] sowie Hld 8,7 „Lege mich wie ein Siegel auf dein Herz, wie ein Siegel auf deine Arme"[33]. Mit Bezügen auf Hohelied-Texte deuten die Kirchenväter auch den Ritus des Kleiderablegens und das Geführtwerden zum Taufwasser. Die Eucharistie im Rahmen der Initiationsriten wird als eschatologische Teilnahme am Hochzeitsmahl mit Christus verstanden, in dem die Seele mit Christus vereinigt wird.

Ambrosius' eigenes Leben war vom täglichen Umgang mit der Eucharistie geprägt. Während in den Ostkirchen die Eucharistie nur sonntags gefeiert wurde, schreibt Ambrosius von seiner „täglich[en] … Feier des heiligen Opfers" für die ihm Anvertrauten (epist. 76 (20), 15).[34] In den Friedhofskirchen und Kapellen in der Stadt „pflegte er selbst zu opfern" und zu predigen (epist. 77(22), 13). Eine Aufteilung der Stadt in Seelsorgebezirke gab es zur Zeit des Ambrosius noch nicht. Der Mailänder Bischof war auch für die Taufinitiation und für die anschließenden mystagogischen Unterweisungen zuständig. Seine Arbeit in diesem Bereich ist in den Werken „De Sacramentis" und „De Mysteriis" dokumentiert.

Bereits auf der ersten Stufe der „Einführung" („institutio") der Seele geht Christus als eigentlicher Mystagoge dem Menschen voran, und der Mensch folgt Christus. Erst jemand, den die Seele kennengelernt hat, kann eine Sehnsucht entfachen. „Denn indem er sich ihr zeigt, empfängt die Seele auch das Verlangen, Gott anzuhangen".[35] Ambrosius betont wiederholt: Der

---

[30] Vgl. zum liturgischen Gebrauch des Canticum: *Karl Suso Frank*, Art. Hoheslied, in: RAC 16, 58-89, hier: 79f. Zitat: 82, mit einem Zitat aus: *C. Daniélou*, Bible et liturgie, Paris 1958, 207.
[31] Ambrosius, a.a.O. (Anm. 29), De mysteriis 29, S. 227
[32] Ambrosius, a.a.O., De sacramentis 6,6f, S. 183.
[33] A.a.O., De mysteriis 41, S. 237.
[34] Die Briefzitate (epist.) sind zitiert nach: Dassmann, Ambrosius, a.a.O. (Anm. 6), 134-149, hier: 136.
[35] Ambrosius, a.a.O. (Anm. 5), Isaak 8,68, S. 137. Das folgende Zitat: Isaak 3,10, S. 63.

Logos „zieht“ die Seele hinauf. „Du siehst, daß er uns gern zu sich zieht, damit wir nicht zurückbleiben, wenn wir ihm folgen. Wer aber zu ihm gezogen werden will, laufe, um ihn zu ergreifen“.

Erkenntnistheoretisch ist der Mensch in der Phase der „Einführung“ noch weitgehend blind für eine pneumatische Lebensdimension. Ambrosius greift Platons metaphorischen Vergleich aus dem Höhlengleichnis auf. Er spricht von einer schattenhaften Erkenntnis der Wirklichkeit. „Im ersten Stadium, gleichsam in der Einführung (quasi in institutione), sieht die Seele noch Schatten (vgl. Hld 2,17). Sie ist noch nicht von der Offenbarung des sich nähernden Wortes angerührt, und der Tag des Evangeliums ist ihr bis zu diesem Zeitpunkt noch nicht aufgeleuchtet.“[36]

Jacob, der die sakramentale Mystagogik des Ambrosius untersucht und dargestellt hat, beschreibt den Zusammmenhang zwischen den christlichen Einweihungsritualen und geistigem Sehen wie folgt: „Über die ′occulta sapientiae′ soll nur unter denen gesprochen werden, die an den Sakramenten teilhaben. So bemerkt Ambrosius in der Einleitung seiner mystagogischen Katechesen, er dürfe die Sakramente erst erklären, nachdem seine Zuhörer in der Osternacht durch sie ′initiati′ geworden seien. [De myst 1,2 – SB] Erst durch die Taufe werden die Christen zu Gläubigen im vollen Sinne, zu solchen, die geistig sehen und verstehen können – und wissen, daß sie die Geheimnisse, die sie gesehen haben, verschweigen sollen.“[37]

In der frühen Kirche wird die Taufe mit vielen Namen bezeichnet. Unter anderem heißt sie „Bad der Wiedergeburt“, weil der Mensch durch sie eine Metamorphose durchlebt wie eine Statue, die umgeschmolzen wird. „Dieses Bad wäscht das Gefäß nicht einfach ab, sondern schmilzt es vollständig um.“[38] Weil der Taufakt den Täufling mit einer pneumatischen Dimension verbindet und zum geistigen Sehen hinführt, ist eine der altkirchlichen Hauptbezeichnungen „Erleuchtung“ (φωτισμός, photismos).

Die Tauferleuchtung bildet nach Ambrosius die Grundlage für alle weiteren mystischen Erfahrungen. Sie wirkt als „infusio lucis“, „inluminare“, bei dem sich Christus bzw. sein Geist selbst dem Menschen eingießt: „ut lumen tibi Christi infundatur aeternum“. Jacob beschreibt die Befähigung des Menschen mit Erkenntniskräften durch die Taufe wie folgt: „Das Licht, das eingegossen wird, ist das unvergängliche Licht Christi, und dieses Licht Christi wird sogleich mit dem Hl. Geist identifiziert. Das ′(se) infundere′ wird tatsächlich häufig vom Hl. Geist ausgesagt. Das Licht Christi ist aber gleichbedeutend mit der Gegenwart Christi, und so heißt es auch, dass Christus sich selbst der Seele eingießt. Ambrosius qualifiziert das ′infunde-

[36] A.a.O., Isaak 8,68, S. 137.

[37] Jacob, a.a.O. (Anm. 21), 127f.

[38] *Johannes Chrysostomus*, Taufkatechesen I, hg. R. Kaczynski, Freiburg etc. 1992 (Fontes Christiani, Bd. 6/1), Katechese 2/1, S. 171.

re´ neben dem Urheber auch nach der Wirkung. Eingegossen werden das Licht der/ für die Geheimnisse, die Helle der Erkenntnis, das Licht des ewigen Lebens, der Glaube, die (geistige) Gnade, die Heiligung, die Weisheit, das Streben nach der göttlichen Erkenntnis, die Erkenntnis der himmlischen Geheimnisse, die Liebe zu Christus".[39]
Jacob stellt heraus, dass Ambrosius Erleuchtung als *Ermöglichungsgrund* von pneumatischem Sehen und Intuition versteht, nicht jedoch als das Eingießen konkreter Erkenntnis*inhalte*. „Dieser ´fulgor scientiae´ ist jedoch kein Wissensinhalt, sondern eine Befähigung zum Wissen. Nur der kann nämlich Wissen haben, dem zuvor die Einsicht aufgestrahlt ist: ´cui ante intellectus adfulserit.´"[40] Ambrosius führt hierzu in seiner Auslegung zu Psalm 118 (10,19) aus: „Die Einsicht wird vorausgeschickt, so dass das gründliche Wissen folgen möge." („intellectus praemittitur ut scientia sequatur"). Nach Ambrosius wird nicht ein spezifisches Organ des Menschen vom Geist („gratia spiritalis") durchstrahlt, sondern der ganze Mensch. Pars pro toto spricht er von einem erleuchteten Verstand („intellectus spiritalis"), der Seele, dem Herzen und dem Blick des Menschen.
Der Mensch bleibt in einer Entwicklungsbewegung, deren Ziel die Gleichgestaltung mit seinem Zielbild Christus ist. Ambrosius spricht in seinem Lukas-Kommentar metaphorisch von der *Christus-Geburt in der Seele* des Einzelnen. Ohne die Gottesgeburt im Seeleninneren bleibe die Geburt in Bethlehem unnütz. Jede und jeder Christ muss zur „Mutter Christi" werden. Die Gleichgestaltung mit Christus bleibt nicht auf ein mystisch-ekstatisches Erleben beschränkt. Sie hat bei Ambrosius einen stark inkarnatorischen Grundzug: Der Geist gestaltet das physische Leben um, damit es die Gegenwart Gottes spiegelt. „Tu den Willen des Vaters, damit du Mutter Christi bist. Viele haben Christus empfangen und ihn doch nicht hervorgebracht. Nur wer Gerechtigkeit gebiert, gebiert Christus, wer die Weisheit gebiert, gebiert Christus, wer das Wort geboren hat, hat Christus geboren" (Luc. X, 25).
Christus als Logos ist der göttliche Same, den die Seele empfängt. „… infolge seines Samens, den die Seele in ihrem sozusagen geistigen Schoß empfangen hat, sehnt sie sich danach, die ganze Fülle seiner Göttlichkeit zu sehen… Aus der Anwesenheit des Wortes nämlich schöpft die Seele Kraft, so wie die Anwesenheit Marias, als sie schwanger war, den Johannes im Mutterleib belehrte, so daß er im Mutterschoß hüpfte und frohlockte, weil er die Gegenwart des Herrn erkannte (vgl. Lk 1,44)."[41]
Der *innere* Mensch bzw. in der Sprache des Ambrosius „die Seele" hat die pneumatischen Erkenntnismöglichkeiten verloren, auch wenn der äußere

---

[39] Jacob, a.a.O. (Anm. 21), 261f.
[40] Jacob, 264. Die folgenden Zitate ebd.
[41] Ambrosius, a.a.O. (Anm. 5), Isaak 6,53, S. 113.

Mensch seine physische Erscheinungsform voll ausgebildet hat. Orientierungslos für sein eigentliches Entwicklungsziel und in Unkenntnis über sein eigenes Wesen, wird sein Leben von wesensfremden Zügen beherrscht – in der Metaphorik von Florenskij: erstarrt sein Gesicht zur Maske, statt zu einem lichten Antlitz zu werden. Insofern sind bei Ambrosius erkenntnistheoretische und hamartiologische Überlegungen eng miteinander verknüpft. „Die Seele also, die nicht in Gott bleibt, wird aus sich selbst Urheberin des Bösen, daher sündigt sie. Die Seele aber, die sündigt, wird sterben (vgl. Ez 18,4.20). Aus den goldenen Bindungen der Tugenden gelöst, stürzt sie kopfüber herab und gleitet dem Niederen zu. Glückselig aber ist die Seele, die nicht von feindlichen Kämpfen des Leibes bezwungen wird."[42] „So wird ihre Sehfähigkeit gehindert und mit Schlechtigkeit angefüllt, weil sie sich, während sie nach Bosheit trachtet, mit deren Lastern füllt und ihr Mangel an Gutem immer maßloser wird."[43] Ambrosius spricht in diesem Zusammenhang von einer Verfinsterung der Seele („ich bin dunkel geworden", Isaak 4,12, S. 67), durch die sie das göttliche Licht, die „Sonne der Gerechtigkeit" nicht mehr erkennen kann. „Das heißt: Bekämpft haben mich die Leidenschaften des Körpers, die Lockungen des Fleisches haben mich [sc. dunkel – SB] gefärbt. Deswegen hat mir die Sonne der Gerechtigkeit (vgl. Mal 3,20) nicht geleuchtet."[44]

Ohne eine pneumatische Verwandlung kann kein Mensch Gott erkennen. Ambrosius geht in Bezug auf das Ausmaß der Verwandlung so weit, dass er die eucharistische Wandlungsterminologie auf den Täufling anwendet. Wie in Brot und Wein Gottes Gegenwart aufstrahlt, so strahlt sie auch im Menschen auf. Konsekration meint eine Wesensverwandlung durch die konzentrierte Gegenwart Gottes und die Reinigung von allem Wesensfremden. „Nachdem du konsekriert worden bist (consecratus es), bist du eine neue Schöpfung."[45]

Dieses Vorangehen des Logos gilt grundlegend für die Neuschaffung des geistigen Menschen in den Initiationssakramenten. Und es gilt fortfolgend für den geistigen Fortschritt der Seele, für ihren Umgang mit Krisen und für Momente der geistigen Schau. Die Metaphorik der Liebesbeziehung hält bei Ambrosius das Vorangehen des Logos in allen Schritten fest. Auch wenn die Seele sich selbständig aufmacht, um den Logos zu suchen, so setzt ihre Suche die Bekanntschaft mit dem Logos voraus. Christus ist es, der das Begehren nach Vereinigung mit ihm bewirkt und lebendig hält.

Der Geist Christi reinigt in der Phase der „Einführung der Seele" die Augen und Ohren und wirkt wie ein Same, der in der Entwicklung geistiger Sinne

[42] A.a.O., Isaak 7,61, S. 129.
[43] A.a.O., Isaak 2,5, S. 55.
[44] A.a.O., Isaak 4,13, S. 67.
[45] Ambrosius, a.a.O., (Anm. 29), De Sacr. 4,16, S. 145.

münden wird. „Augen wie Tauben besitzen die mit geistigen Sinnen Geschmückten, mit Sinnen, die scharf sind, um die Mysterien zu sehen und die Geheimnisse der göttlichen Schriften zu durchdringen.“[46] So sagt Ambrosius z.B.: „Hier wird noch vorbeigegangen, nicht schon durchdrungen, wie später etwa Maria ganz und gar durchdrungen wurde, wo der Herr Jesus wie ein Siegel in ihr Inneres gesetzt wurde.“[47]

In diesem Sinne eines Samenkorns einer künftigen mystischen Wahrnehmung versteht Ambrosius die Blindenheilung in Joh 9. Er bezieht Joh 9,7 in seinen mystagogischen Unterweisungen auf die von den Zuhörerinnen und Zuhörern soeben erlebte Taufinitiation zurück: „Du bist hingegangen, hast dich gewaschen und bist zum Altar gekommen. Du hast zu sehen begonnen, was du vorher nicht gesehen hattest. Das heißt: Durch den Taufbrunnen des Herrn und die lobpreisende Verkündigung des Leidens des Herrn sind deine Augen geöffnet worden. Der du zuvor im Herzen blind zu sein schienst, hast das Licht der Sakramente (lumen sacramentorum) zu sehen begonnen.“[48] Deutlich ist dabei auch, dass Ambrosius von spirituellen *Grundlagen* spricht. So heißt es im Zitat zwei Mal „du hast zu sehen *begonnen*“ – „was du vorher nicht gesehen hattest“, „das Licht der Sakramente“.

Zur Veranschaulichung geistigen Sehens sei als Beispiel auf die pneumatische Wahrnehmung eines Kraftfeldes (einer Aura) um den Menschen herum verwiesen, die in der Mystik häufig berichtet wird. Paulinus von Mailand schildert Ambrosius in der „Vita Ambrosii“ gegen Lebensende wie folgt: „Als er aber wenige Tage bevor er bettlägrig wurde, den dreiundvierzigsten Psalm diktierte, wobei ich das Diktat aufnahm und ihn sah, bedeckte plötzlich ein Feuer wie ein kleiner Schild sein Haupt und drang langsam in seinen Mund ein wie ein Bewohner in sein Haus; danach wurde sein Antlitz wie Schnee, und später gewann sein Gesicht das übliche Aussehen wieder. Als dies geschah, erstarrte ich vor Schreck und vermochte das von ihm Diktierte erst zu schreiben, als das Gesicht vorüber war... Ich aber berichtete das von mir Gesehene sogleich dem ehrenwerten Diakon Castor, dem ich unterstellt war; er aber, voll der Gnade des Herrn, belehrte mich auf Grund der Lektüre der Apostelgeschichte, ich habe die Ankunft des Heiligen Geistes gesehen.“[49]

---

[46] Ambrosius, Auslegung zu Ps 118, zitiert nach: Jacob, a.a.O. (Anm. 2), 265.
[47] A.a.O., Isaak 6,53, S. 115.
[48] Ambrosius, a.a.O. (Anm. 29), De Sacr 131, 3,15.
[49] Paulinus von Mailand, Das Leben des hl. Ambrosius, in: *Ernst Dassmann*, Das Leben des heiligen Ambrosius, Düsseldorf 1967, 67-69, hier: 62 (42. Abschnitt).

2.8 Die zweite Stufe: Christus pneumatisch wahrnehmen

Im Rahmen der Metaphorik von Braut (Seele) und Bräutigam (Christus, Logos) aus dem Buch Hohelied beschreibt Ambrosius die Sehnsucht der Braut nach vielen Küssen. „Also lechzt auch diese Seele nach vielen Küssen des Wortes, um mit dem Licht göttlicher Erkenntnis erleuchtet zu werden. Der Kuss des Wortes bedeutet das Licht heiliger Erkenntnis. Denn es küsst uns das göttliche Wort, wenn es unser Herz und das eigentliche Selbst des Menschen mit dem Geist göttlicher Erkenntnis erleuchtet.“[50] Alle Erkenntnisprozesse bleiben wortbezogen. Die Begegnung mit dem Logos bleibt die Grundlage der mystischen Entwicklung im Christentum.
Ambrosius geht es bei dem Bild des Kusses um eine erste Form mystischer Vereinigung. In ihr lässt sich der Mensch durchströmen vom göttlichen Geist: „dem Wort, durch das sich der Geist des Küssenden überträgt, so wie auch diejenigen, die einander küssen, sich nicht mit der Berührung der Lippen zufrieden geben, sondern jeder seinen Geist in den anderen einströmen lassen möchte“.[51]
Dieser intensive Beziehungsprozess zwischen Mensch und Logos gibt dem orientierungslos gewordenen Menschen die umwendende Kraft zu der bereits von *Platon* beschriebenen mentalen Neuorientierung, fort von der Absolutsetzung der Sinnesdaten hin zur Absolutsetzung der Wirklichkeit Christi in allen Prozessen. Bei Platon ist mit dieser Metanoia die Abwertung der physischen Welt verbunden. „,… das Organ, mit dem ein jeder erkennt, muss nur ebenso, wie wenn ein Auge nicht anders als mit dem ganzen Körper sich nach dem Hellen aus dem Dunklen umwenden könnte, mit der ganzen Seele aus dem Bereiche des wandelbaren Werdens umgelenkt werden, bis diese die Anschauung des reinen Seins und die der hellsten Region desselben ertragen kann, diese hellste Region ist aber nach unserer Erklärung das höchste.“ (Platon, Staat, VII 518c) In der Mystik des Ambrosius geht es um eine nur phasenweise ausschließliche Konzentration auf Christi Gegenwart. Der mystische Aufstieg und Erkenntnisweg mündet in einer Neuordnung aller Lebensdimensionen in Christus. Die περιαγωγή bzw. biblisch μετάνοια (Mt 3,8; Mk 1,4, Lk 5,32; 2Kor 7,9) ist kein punktueller Akt, sondern ein Lernprozess.
Je weiter diese Umwendung vorangeschritten ist, desto stärker kontrolliert der innere Mensch seine äußere, leibliche Existenzform. Kognition, Emotionen und damit auch Handlungen werden zunehmend autonom vom Leib, d.h. sie sind nicht mehr von ungeordneten Strebungen gesteuert, sondern bewusst und klar aus der Verbindung mit dem Geist Christi. Im Rückgriff

---

[50] Ambrosius, a.a.O. (Anm. 5), Isaak 3,8, S. 59.
[51] A.a.O., Isaak 3,8, S. 61.

auf das platonische Bild vom Seelenwagen sagt Ambrosius über die in Christus konzentrierte Seele: „Unser Wagenlenker ist Christus.“[52] „... obwohl im Leib befindlich“, kennt sie „keine Störung ihres geistlichen Laufs“ mehr durch Begierden.
Ambrosius christianisiert Platons Bild der neu befiederten Seele. Christus verleihe der Seele Feuerflügel. „Auf solchen Flügeln flog Henoch empor, als er in den Himmel entrückt wurde (vgl. Gen 5,24), mit solchen Flügeln flog Elija auf feurigem Wagen mit feurigen Pferden empor und wurde in die höheren Regionen überführt (vgl. 2Kön 2,11).“[53] „So nehmen wir also diese Flügel, die uns wie Flammen zu den höheren Regionen lenken.“
Ambrosius beschreibt Lernprozesse. Er schildert Erlebnisse, die Menschen mitunter überfordern. Der Mensch auf dem mystischen Weg hat die Welt bislang nur mit seinen alltäglichen Sinnen wahrgenommen. Er wird mit einer Erweiterung seiner Lebenswirklichkeit konfrontiert, die sein Fassungsvermögen zunächst übersteigt. Zudem nimmt er das Neue zunächst unscharf wahr. Sein „Seelenauge“ (ein von Ambrosius aufgenommener Begriff Platons) ist anfangs noch schwach entwickelt. Sein Blick muss geschärft werden. Hierzu zählen Klärungsprozesse, mentale und emotionale Neuorganisation, das Setzen neuer Handlungsprioritäten. „Was ist diese Flucht? Jedenfalls keine mit Füßen, die zum Leib gehören. ... Fliehen wir vielmehr geistig und mit inneren Augen und Füßen. Gewöhnen wir unsere Augen daran, auf alles den Blick zu richten, was leuchtend und klar ist, das Antlitz der Enthaltsamkeit... Dieses Auge soll er rein bewahren, daß es nichts Schmutziges enthält. ... denn Gott wollte, daß wir gleichförmig dem Bild seines Sohnes seien (vgl. Röm 8,29).“[54] „Dies ist das Auge, das jene große und wahre Schönheit sieht. Die Sonne sieht nur ein gesundes und kräftiges Auge, und das Gute sieht nur eine gute Seele. Gut werde daher, wer den Herrn sehen will und das, was gut ist. Seien wir diesem Guten ähnlich und tun wir demgemäß, was gut ist. Das Gute ist das, was über allem Handeln, allem Denken und Verstand ist.“
Erst im Durchlaufen dieser Klärungs- und Neuorganisationsprozesse kann der Mensch auf dem mystischen Weg dem Logos allmählich „in die höheren Regionen folgen“. „Er will also, daß sie [die Seele - SB] ihre Augen abwendet, damit sie sich nicht überhebt und die anderen Seelen verläßt, weil er in bezug auf sie der Meinung ist, daß sie ihm bereits in die höheren Regionen folgen kann. Darum hat er auch im Evangelium nicht allen Jüngern, sondern nur den vollkommenen seine Herrlichkeit geoffenbart (vgl. Mt 17,1-8).“[55] Ambrosius schließt von diesen Erkenntnisprozessen und die-

---

[52] A.a.O., Isaak 8,65, S. 135.
[53] A.a.O., Isaak 8,77, S. 147.149. Das folgende Zitat: Isaak 8,78, S. 149.
[54] A.a.O., Isaak 8,79, S. 153. Das folgende Zitat: Isaak 8,79, S. 153.
[55] A.a.O., Isaak 7,57, S. 121. Ergänzung in Klammern SB.

ser persönlichen Entwicklung keinen Menschen aus. Er rechnet realistisch mit unterschiedlichen Potenzialen bei Menschen, die der Gnade Christi begegnen. „Kannst du auch nicht Christi Haupt dich nahen, so berühre doch Christus dein Haupt mit seinen Füßen. Seinem Saume entströmt Heilkraft, seinen Füßen entströmt sie." (Luc. 6,19) Wer sich nicht mit Adlerschwingen zu erheben vermag, der flattere wenigstens wie ein Sperling (fug. Saec. 5,31). Ambrosius als Mystagoge argumentiert ähnlich wie der neutestamentliche Christus im Gleichnis vom unterschiedlichen Ackerboden (Mk 4,1-9). Menschen reagieren in ihrer Freiheit unterschiedlich auf die Begegnung mit dem Logos. Der eine lässt sich von der fremden Wahrheit gleichsam nur streifen. Die andere gibt ihr zunächst Raum, lässt dann aber sein Leben wieder in alten Bahnen verlaufen. Wieder andere lassen sich mitreißen, durchdringen und vom Logos verwandeln. Spirituelle Biographien verlaufen faktisch so verschieden wie menschliche Biographien überhaupt. Auch gegenüber der Wirkung der Gnade behalten die Menschen den Spielraum ihrer individuellen freien Antwort.

Wer dem Logos folgen will, muss dazu bereit sein, seinen bisherigen Lebenshorizont zu übersteigen und die Orientierung an Sinnesdaten zu transzendieren. „´Es führte mich der König in sein Schlafgemach´ (Hld 1,4). Glückselig die Seele, welches Innere sie auch betritt. Denn wenn sie sich vom Körper erhebt, entfernt sie sich von allem Äußerlichen und erforscht und sucht in sich selbst jenes Göttliche, um gewahr zu werden, ob sie ihm folgen könne. Wenn sie es ergreifen kann, wird sie, nachdem sie das, was der Verstand erfasst, überstiegen hat, von ihm gestärkt und genährt."[56] Wer sich vom Logos hinaufziehen lässt, muss neue Orientierungssysteme entwickeln. Ambrosius spricht vom Hinausgehen aus der „Tyrannei des Fleisches, nicht im Fleisch, sondern im Geist (in spiritu)".[57]

Wieweit der oder die Einzelne jeweils folgen kann, hängt von weiteren Faktoren ab. Es handelt sich um grundlegende Prozesse des Umtrainierens eingeschliffener Wahrnehmungs-, Verarbeitungs-, Reaktions- und Verhaltensmuster. Der Wesenswandel, den der Mensch auf dem mystischen Weg durchläuft, ist so fundamental, dass Ambrosius von einem Hinter-sich-Lassen der eigenen Natur spricht. Das Neue kann nur andeutungsweise wahrgenommen und kognitiv erfasst werden. Ambrosius gebraucht hierfür das Bild von einem zu starken blendenden Licht. „In äußerster Hingabe und ebensolchem Glauben hat sie [sc. die Seele] das Vermögen der Natur ihrer eigenen Verfassung hinter sich gelassen, denn das unzugängliche Licht (vgl. 1Tim 6,16) direkt anzuschauen, ist schwer erträglich. ´Wende deine Augen

[56] A.a.O., Isaak 4,11, S. 65.
[57] A.a.O., Isaak 4,16, S. 71.

von mir ab′, heißt es, weil sie die Fülle seiner Gottheit (vgl. Kol 2,9) und den Glanz des wahren Lichtes nicht ertragen kann."[58]
Das Entwicklungsziel ist das Gleichgestaltet-Werden mit Christus. Die Verwandlung verläuft über ständig wiederholte Einungsmomente mit Christus. In ihnen kann es geschehen, dass der Mensch vergisst, dass er noch ein physisches Wesen unter physischen Lebensbedingungen ist. Der Geist Christi erfüllt ihn dermaßen, dass seine physisch-sinnliche Wirklichkeit ganz davon überstrahlt wird. Die Aufmerksamkeit ist ungeteilt auf Christi Gegenwart gerichtet. „Als sie [sc. die Seele] ... gehört hatte ′Komm hierher...′ (Hld 4,8) und bemerkte, dass sie nicht im Fleische bei Christus zugegen sein könne, sondern nur bei ihm sei, wenn sie im Geiste zugegen sei, glich sie sich in der Tat seinem Willen an, um mit dem Bild Christi gleichförmig zu sein (vgl. Röm 8, 29). Sie fühlt nicht mehr das Kleid des Fleisches, und hat schon – als sei sie ein Geistwesen [iam quasi spiritus] – die körperliche Vereinigung aufgegeben. Als habe sie schon vergessen, dass sie, selbst wenn sie wollte, sich dieser Verbindung nicht mehr erinnern kann, spricht sie: ′Ich habe mein Kleid [sc. des Verderbens, der Leidenschaften] ausgezogen, wie soll ich es wieder anlegen?′ (Hld 5,3)"[59]
Ambrosius versteht die Schilderung dieser Prozesse nicht als philosophisch-intellektuelle Spekulation. Er will spirituelle Erfahrungen mit Christus beschreiben, wie sie auch Paulus nach dessen Selbstschilderung in 2Kor 12,3f in seiner Entrückung erlebte. „So erging es Paulus, der wusste, dass er ins Paradies entrückt war, jedoch nicht wusste, ob außerhalb des Leibes oder im Leibe (vgl. 2Kor 12,3f). Denn seine Seele war vom Körper aufgestiegen, hatte sich von den Eingeweiden und Fesseln des Leibes entfernt und erhoben und behielt – sich selbst entfremdet – unaussprechliche Worte bei sich, die er hörte, aber nicht bekannt machen durfte, weil er merkte, dass sie auszusprechen einem Menschen nicht gestattet ist (vgl. 2Kor 12,4)."[60]

Weil Ambrosius lebendige Prozesse beschreiben und Menschen in sie hineinnehmen will, spricht er realitätsbezogen auch von Entbehrungen, Rückschlägen und zeitweiligem Scheitern. Er personalisiert die Erfahrung zeitweisen Scheiterns im Bild des „*Wächters*", der die himmlische Stadt Jerusalem bewacht. Der Wächter hindert den Menschen am mystischen Aufstieg, jedoch nicht, um ihn dauerhaft aus der Stadt auszuschließen. Er schlägt die fortgeschrittene Seele, die im „hochzeitlichen Gewand" (Mt 22,12f) die Stadt betreten möchte, „damit sie noch mehr geprüft würde; Seelen werden ja durch Versuchungen gefestigt."[61]

---

[58] A.a.O., Isaak 7,57, S. 119.121.
[59] A.a.O., Isaak 6,51, S. 111. Ergänzungen in eckigen Klammern SB.
[60] A.a.O., Isaak 4,11, S. 65.
[61] Ambrosius, a.a.O. (Anm. 5), Isaak 6,55, S. 117.

Im Verständnisrahmen der antiken Philosophie ist bei dem Gewand-Symbol anzunehmen, dass Ambrosius von einem pneumatischen, kosmischen Leib der Seele spricht.[62] Bereits *Platon* verglich die Seele mit einem Weber (Phaedon 87b/e), der sich in der Seelenwanderung den Leib als Gewand webt. Einem bei Platon formulierten anthropologischen Prinzip zufolge (Tim 30b) kann der νοῦς (nous, Geist) sich nicht unmittelbar mit Materie, also einem physischen Menschenleib, verbinden. Die Seele nimmt eine wichtige Mittlerstellung ein. In der späteren philosophischen Diskussion wird die Kette der Zwischenglieder weiter ausdifferenziert, z.B. in einer Reihung wie: Gott – νοῦς – λόγος – ψυχή – πνεῦμα – Leib. In dieser Hierarchie der vielfältigen Leibesglieder wird das Steuerungszentrum des Menschen oft als Psyche bezeichnet, häufiger jedoch als νοῦς oder Logos.

Nach Ambrosius´ Verständnis ist das Herausfallen des Menschen aus seiner pneumatischen Lebensdimension mit einem Gewandverlust verbunden. Die Seele erkennt sich als nackt. Im Verlaufe der Christusbegegnungen wird ihr ein neues, pneumatisches Gewand (hier: „Mantel", „hochzeitliche Gewandung") gewoben. Doch die Wächtergestalt behandelt die Seele, als ob sie noch immer nackt sei. „Als auch diese da suchte, stieß sie auf die Wächter, welche die Stadt umschreiten. ´Sie schlugen und verwundeten mich´, heißt es, ´sie nahmen mir meinen Mantel, die Wächter der Mauern´ (Hld 5,7). Sie kam freilich korrekt wie eine Braut im Mantel, damit sie ihr Haupt verhüllen konnte, wenn der Bräutigam ihr entgegenkam. … so trug auch diese Seele bereits die Zeichen hochzeitlicher Gewandung im voraus, um nicht womöglich zurückgewiesen zu werden, weil sie ohne hochzeitliches Gewand komme (vgl. Mt 22, 12f), oder um das Haupt zu verhüllen wegen der Engel (vgl. 1Kor 11,5-10). Aber die Wächter schlugen sie, damit sie noch mehr geprüft würde; Seelen werden ja durch Versuchungen gefestigt. Sie nahmen ihr den Mantel, um zu erfahren, ob sie die wahre Schönheit reiner Tugend an sich trüge, oder auch weil man ohne Bedeckung jene Himmelsstadt betreten muß, ohne irgendwelche Hüllen der Verstellung."[63]

Wenn die Seele diesen Prüfungen standhält, so kann sie sich bereits in diesem physischen Leben bewusst mit der pneumatischen Lebensdimension der Menschheit zu verbinden. Ambrosius bezeichnet diesen geistigen Lebenskontext mit der biblischen Metapher von Jerusalem als „unserem Vaterland" sowie der „Mutter aller". „Fliehen wir darum in das einzig wahre Vaterland. Dort ist unser Vaterland, und dort haben wir den Vater,

[62] Zum facettenreichen antiken Sprachsymbol „Gewand" vgl. *Alois Kehl*, Art.: „Gewand (der Seele)", in: RAC 10, 945-1025. Vgl. dort das differenzierte Gewänder-Schema, das sich auf den kosmischen Abstieg und Aufstieg der Seele bezieht, während sie die sieben Planetensphären durchwandert (955ff).

[63] Ambrosius, a.a.O. (Anm. 5), Isaak 6,55, S. 117.

von dem wir geschaffen sind, wo sich die Stadt Jerusalem befindet, die Mutter aller (vgl. Gal 4,26; Hebr 12,22).“[64]

2.9 Die dritte Stufe (voll entwickeltes Transzendenz-Bewusstsein): Liebe in Denken, Fühlen und Wollen

Mit fortschreitender Vereinigung mit Christus fällt die Gültigkeit sinnlich-räumlicher Kategorien wie „drinnen“ und „draußen“ dahin. Von Christus gilt, „dass er, was ihn betrifft, draußen ist, für uns aber drinnen; dass er mitten unter uns ist (vgl. Joh 1,26), auch wenn er von uns noch nicht geschaut wird.“[65] Christus organisiert zunehmend das Denken, Fühlen und die Handlungsziele neu. „Das *Siegel* Christus ist auf der Stirn, ist auf dem Herzen: auf der Stirn, damit wir immer bekennen, auf dem Herzen, damit wir immer lieben, ein Siegel auf dem Arm, damit wir immer handeln. Sein Bild soll also in unserem Bekenntnis leuchten, in unserer Liebe, in unseren Handlungen und Taten, so daß sich möglichst sein Bild vollständig in uns darstellt.“[66] Alles wird zunehmend – nicht nur transzendental, auch biographisch-wirklich – von Christi Liebe durchdrungen. Die menschliche Liebe im Denken, Fühlen und Handeln ist ganz getragen von Christi Liebe, so dass Ambrosius sagen kann: „Deshalb ist Christus unsere Liebe (caritas).“

Mit dieser zunehmenden Vereinigung wächst die pneumatische Sehfähigkeit für Christi Gegenwart in allen Prozessen. Zugleich macht der Mensch wiederholt die Erfahrung, dass er nicht zentriert genug ist, um der Vereinigung standzuhalten und sich bewusstseinsmäßig nicht in ihr zu verlieren. Ambrosius gebraucht für diesen Selbstverlust in Ekstasen wiederholt das Bild der *Geist-Trunkenheit*: einer Trunkenheit der Seele infolge der Vereinigung mit den himmlischen Geheimnissen.[67] Zugleich wird aber deutlich, dass für ihn die Gottesschau gerade nicht in dieser Geist-Trunkenheit enden soll! Die Christus-Begegnung kann Trance-Zustände verursachen. Diese verweisen aber auf eine noch mangelnde Reife der Seele.
Ambrosius übernimmt das Motiv der Geist-Trunkenheit („sobria ebrietas“, wörtlich: „nüchterne Trunkenheit“) von Philon und Origenes. Gegenüber Philon ersetzt Ambrosius dessen ethisch orientierte Deutung durch die

[64] A.a.O., Isaak 8,78, S. 151.
[65] A.a.O., Isaak 8,69, S. 139.141.
[66] A.a.O., Isaak 8,75, S. 143.145. Das folgende Zitat: Isaak 8,75, S. 145.
[67] Z.B. Ambrosius, a.a.O. (Anm. 29), Myst. 57f; Sacr. 5,17, mit Cant. 5,1. Vgl. zu Herleitungen und Deutungen dieses Motivs bei Ambrosius zusammenfassend: Jacob, a.a.O. (Anm. 21), 222ff. Vgl. dasselbe Motiv auch in der Hoheliedauslegung bei Gregor von Nyssa, z.B. In Cant. Hom. 10.

mystische Deutung. Er bezieht sie motivisch auf das Trinken des Weines in der Eucharistiefeier. Ambrosius zieht für dieses Bild der Christusvereinigung zusätzlich Ps 22,5 heran, wo vom „berauschenden Becher“ (poculum inebrians) die Rede ist. In der Interpretation dieser Psalmstelle unterscheidet Ambrosius drei Ursachen für ein Berauschtsein vom Geist:

1. ein Geist-Trunkensein vom eucharistischen Kelch,
2. eine Geist-Trunkenheit („alia ebrietas“) aus der Christusbegegnung durch die Heilige Schrift,
3. eine Geist-Trunkenheit als Folge einer direkten Eingießung des Heiligen Geistes.

Der Verlust des eigenen klaren Bewusstseins in einem pneumatischen Rausch ist ein Zwischenzustand im mystischen Entwicklungsprozess. Nach der Auffassung von Ambrosius tritt Christus im Verlauf der weiteren Entwicklung an den Menschen heran, um ihn aus diesem ekstatischen Zwischenzustand herauszuführen. „Als sie dies hört, hat die Seele begierig die Trunkenheit der himmlischen Geheimnisse geschlürft, und, vom Wein eingeschläfert und gewissermaßen in Ekstase oder Besinnungslosigkeit versetzt, spricht sie: ´Ich schlafe, und mein Herz wacht´ (Hld 5,2). Sodann vom Licht des anwesenden Wortes durchdrungen, wird sie, obwohl sie mit geschlossenen Augen geruht hatte, vom Wort geweckt. Das bedeutet den vierten Fortschritt der Seele.“[68] „Auch wenn du schläfst, wenn er nur die Hingabe deiner Seele erkennt, kommt Christus, klopft an ihre Tür und spricht: ´Öffne mir, meine Schwester´ (Hld 5,2).“ Die mystische Entwicklung zielt auf eine bewusstseinsklare Schau, in der der Mensch nicht ausgelöscht wird.

Ein anderes Bild für die überfordernde Vereinigung mit Christus ist bei Ambrosius das Bild von einem *zu hohen „Tempo“ des Wortes*. „Auf der vierten Stufe schließlich wird sie schon von ihm aus dem Schlaf geweckt, obwohl sie im Herzen wach war, so dass sie sofort die Stimme des Anklopfenden hört (vgl. Hld 5,2). Aber während sie sich erst nach einer Weile erhob, weil sie das Tempo des Wortes nicht erfassen konnte, und während sie ihm öffnete, ging das Wort vorbei (vgl. Hld 5,5f). Auf sein Wort hin ging sie hinaus und suchte ihn mit ihren Wunden, jedoch Wunden der Liebe (vgl. Hld 2,5). Und schließlich fand sie ihn dann doch und hielt ihn fest, um ihn nicht später wieder zu verlieren (vgl. Hld 3,4).“[69]

Die höchste Vereinigungsstufe benennt Ambrosius als *„Hochzeit Christi“*[70]. Auch für diese Phase bleibt festzuhalten, dass es um keinen einmaligen

---

[68] Ambrosius, a.a.O. (Anm. 5), Isaak 6,50, S. 107. Das folgende Zitat: Isaak 6,51, S. 109.
[69] A.a.O., Isaak 6,50, S. 107.109.
[70] A.a.O., Isaak 5,46, S. 101.

Vollzug geht, sondern um eine weitere Entwicklungsphase. So kann Ambrosius kurz nach seiner Schilderung der geistigen Hochzeit erneute Krisen beschreiben.[71] Er vertritt keine spekulative Mystik, sondern er will dynamische Prozesse dicht beschreiben. Auch in Bezug auf die eben beschriebenen Motive der Geisttrunkenheit und des zu hohen Tempos finden sich bei Ambrosius keine exakten Festlegungen, wann diese Erlebnisse auftreten und wann sie enden (eindeutig vor oder nach der „Hochzeit Christi").

Die Einladung zur Hochzeit geht vom Logos aus. Der Mensch antwortet ihm, von seiner Liebe beflügelt. Der Logos ruft: „Komm hierher, du meine Braut, komm!"[72] Die Seele „bietet ... dem Wort in sich einen Ruheort an (Hld 8,3; Lk 9,58), auf daß es sich ihr zuwendet, sein Haupt niederlegt und ruht." Der Logos lädt ein zur ausschließlichen Konzentration auf sein Licht und zur Abwendung von allem, was diese Konzentration stört. „´Öffne mir´, sagt er, aber vor den Fremden schließe zu. Schließe zu vor dem Zeitgeschmack, schließe zu vor der Welt, gehe nicht selbst nach draußen zum Stofflichen, verlasse nicht dein eigenes Licht und suche ein fremdes, denn das physische Licht verbreitet dunkle Finsternis, so dass man das Licht der wahren Herrlichkeit nicht sieht. Darum öffne mir, öffne nicht dem Widersacher, und gib dem Teufel keinen Raum. Öffne mir dich selbst, sei nicht eng, sondern weit, und ich werde dich erfüllen. ... so öffne du mir, damit der Menschensohn in dir sein Haupt niederlegt (vgl. Lk 9,58)"[73]

Ambrosius ist sich der Grenzen des Bildes von der physischen Vereinigung bewusst. Er bemüht sich darum, Missverständnisse auszuschließen. Daher korrigiert er mitunter das Bild von der Seele als „Geliebter" und „Gattin" des Logos durch das Bild der „Schwester" des Logos. „Sie wird mit gutem Grund mehr Schwester als Gattin genannt (vgl. Gen 25,20), weil eine milde und friedvolle Seele mehr eine Kategorie allgemeiner Zuneigung als die einer besonderen Verbindung wählt und weil sie sich mehr dem allgemeinen als einem besonderen verpflichtet fühlt."[74] „Auch wenn du schläfst, wenn er nur die Hingabe deiner Seele erkennt, kommt Christus, klopft an ihre Tür und spricht: ´Öffne mir, meine Schwester´ (Hld 5,2). Zu Recht heißt es ´Schwester´, denn die Vermählungen des Wortes mit der Seele sind geistlicher Art. Seelen kennen weder Heiratsverträge noch den Vollzug körperlicher Vereinigung, sondern sie sind wie die Engel im Himmel (vgl. Mt 22,30)."[75]

Ambrosius vergleicht die bewusstseinsklare Schau, zu der die Seele durch ihre Vereinigung mit Christus gelangt, mit der Schau des Petrus, als dieser

---

[71] A.a.O., Isaak 6,52, S. 109.111.
[72] A.a.O., Isaak 5,47, S. 103. Das folgende Zitat: Isaak 8,68, S. 139.
[73] A.a.O., Isaak 6,51, S. 109.
[74] A.a.O., Isaak 4,19, S. 73. Das folgende Zitat: Isaak 8,78, S. 151.
[75] A.a.O., Isaak 6,51, S. 109.

am klaren Tagesanfang Christi Auferstehungsherrlichkeit schaute. „Ferner sah Petrus die Herrlichkeit der Auferstehung Christi, wollte nicht wieder (sc. vom Taborberg) hinabsteigen … (Mt 7,4). Um wie viel unvergleichbarer sind die Herrlichkeit und das unzugängliche Licht des Göttlichen (vgl. 1Tim 6,16). Wenn einer sie sieht, was anderes könnte er begehren?“[76]
Den Vorgang der hochzeitlichen unio mit Christus schildert Ambrosius kurz darauf im Text in Bildern des *endzeitlichen Mahles*. „Zweifellos zeigt sie damit ihre sittliche Vollkommenheit, die so viel Liebe Christi verdient hat, dass er zu ihr kommt, an ihre Türe pocht, mit dem Vater zusammen kommt und mit derselben Seele Mahl hält und sie mit ihm, wie es Johannes in der Apokalypse bezeugt (vgl. Offb 3,20).“[77] Hiermit verweist Ambrosius auf die mystische unio mit Christus in der Eucharistie.
Die mystische unio mit Christus ist das prozessweise Hineingenommenwerden in die Parusie Christi im Hier und Jetzt. Mit der Akzentuierung auf die präsentische Erfahrung der Wiederkehr Christi durch eine zunehmend erweiterte mystische Wahrnehmungsfähigkeit vertritt Ambrosius eine in der frühen Kirche verbreitete Auffassung. Der Mystiker kennt das Problem einer „Parusieverzögerung“ aufgrund seiner Christuserfahrungen nicht. Er kennt nur Hindernisse in der menschlichen Wahrnehmungsfähigkeit. Auch Gregor von Nyssa sieht in der Vermählung des Menschen mit Christus im Hohenlied einen mystischen Erkenntnisweg beschrieben und „erklärt … dieses geistige Schauen schon in diesem Leben für möglich“.[78]
Das Motiv der hochzeitlichen Vereinigung zwischen Gottheit und Mensch war in der Antike weit verbreitet. In der Regel wurde der Mensch dabei als empfangender, weiblicher Teil symbolisiert, die Gottheit als männlicher Partner, von dem die Initiative ausgeht. Im Alten Reich in Ägypten bezog sich dieses Symbol auf den König, der aus einer göttlichen Hochzeit hervorgegangen sein soll. Auch in der sumerischen und der babylonisch-assyrischen Religion war das Vermählungsmotiv zwischen König und Göttin lebendig (vgl. die Königshymnen mit Bezug auf Ischtar).
Origenes überliefert dieses Bild für das antike Priesterverständnis. Seinem Bericht zufolge musste die Priesterin und Seherin Pythia ἔνθεος (entheos) sein, d.h. Apollo in sich in einer geistigen Liebesvereinigung aufgenommen

---

[76] Aa.O., Isaak 8,78, S. 151.
[77] A.a.O., Isaak 6,51, S. 111.
[78] *J. Schmid*, Art. Brautschaft, heilige, in: RAC 2, 528-564, hier: 559. „Auf diese Frage erhalten wir keine einheitliche Antwort. Einigkeit besteht nur darin, dass die Gleichsetzung der messianischen Hochzeit mit der Parusie, wie wir sie bei Paulus finden, nicht in Betracht gezogen und der Zeitpunkt der Vermählung in die gegenwärtige Weltzeit vorverlegt wird, abgesehen von denen, die bereits eine himmlische Syzygie zwischen der präexistenten Kirche und dem präexistenten Christus annehmen… Demgemäß ist die Kirche auf Erden nicht erst die Verlobte, sondern die Ehegattin Christi (vgl. Orig. in Cant. Hom. 2,3…)“ (551) Dort auch Belege zum Folgenden.

haben, um weissagen zu können. „Von der pythischen Priesterin, deren Orakel die andern an Glanz und Ansehen zu übertreffen scheint, wird also berichtet, dass diese Prophetin des Apollo, über der Öffnung der kastalischen Höhle sitzend, den Geist durch ihren Schoß in sich aufnimmt, von dem erfüllt sie die für ehrwürdig und göttlich geltenden Weisungen verkündet." (Contra Celsum 7,3) Pythia wurde auch 'Απόλλωνος γυνὴ γαμετή, Gattin des Apoll, genannt.

Besonders im gnostischen System Valentins spielte „das Sakrament des Brautgemachs" eine herausragende Rolle. Jeder Gnostiker hatte, überlieferten Texten zufolge, einen Engel als Bräutigam. Er vollzog die geistige Ehe mit diesem Engel nicht seelisch (ψυχή, psyche), sondern im Geist (πνεῦμα, pneuma), da auch der Bräutigam als Geist vorgestellt wurde und, den Grundannahmen zufolge, nichts Seelisches in das Pleroma eingehen konnte.

Wahrscheinlich wurde Origenes, der Schöpfer der christlichen Brautmystik, zu seiner individualistischen Deutung des Hoheliedes von den valentinischen Gnostikern angeregt. „Origenes hatte Vorgänger in der Schule des Gnostikers Valentin und dem Dichter der Oden Salomos (Od. 3) sowie in Tert., der die Jungfrauen Bräute Christi nennt."[79] Für Origenes bildet die Logosmystik, im Unterschied zur Entwicklungslinie bei Ambrosius, nicht das letzte Ziel. Sie bleibt bei ihm eine Zwischenphase unterwegs zur mystischen Vereinigung mit dem Vater. Diese beschreibt er als eine direkte Schau ohne Vermittlung durch den Logos. Als Gegenstück zur Vereinigung mit Gott kennt Origenes die Vereinigung zwischen Seele und Teufel. Diese nennt er Ehebruch, da die Seele zur Brautschaft mit dem Logos bestimmt sei.

Wie Origenes, so interpretiert auch Ambrosius auf der Stufe mystischer Schriftauslegung, dass Salomo in die Geheimnisse der geistigen Vereinigung eingeweiht gewesen sei. „Schon Salomo wies also seinerzeit auf die Ehe entweder zwischen Christus und der Kirche oder zwischen dem Geist und dem Fleisch oder zwischen dem Geist und der Seele hin."[80]

Die Glaubensentwicklung ist in der Darstellung durch Ambrosius durch das *Merkmal zunehmender Liebe* von einem egozentrischen Vollkommenheitsstreben unterschieden. Die liebende Zuwendung zu den Mitmenschen ist das wesentliche Kennzeichen der vollkommeneren Vereinigung mit Christus. Ambrosius bereichert die Hohelied-Interpretation durch Origenes und Hippolyt um dieses soziale Kriterium. Wenn Christus im Hohenlied zur Seele spricht „Wende deine Augen von mir ab" (averte oculos), so zielt dies nach Ambrosius auf ihre Rückkehr in ihre eigene Lebenswelt, um sich denen zuzuwenden, die Christus nicht schauen können. Eine dauerhafte Iso-

[79] Schmid, a.a.O. (Anm. 78), 558, vgl. 548f.

[80] Ambrosius, a.a.O. (Anm. 29), De Sacr 5,8, S. 161.

lierung von den Mitmenschen endet in Überheblichkeit. „Er will also, daß sie ihre Augen abwendet, damit sie sich nicht überhebt und die anderen Seelen verlässt, weil er in bezug auf sie der Meinung ist, dass sie ihm bereits in die höheren Regionen folgen kann.“[81] Der entwickelte Mystiker will dafür arbeiten, „daß er [Christus] nicht auf jenem verborgenen Thronsitz und in jenem Licht bleibt, wohin ihm die Kraftlosen nicht folgen können“. Dabei spielt die Fürbitte eine wichtige Rolle. „„… als gleichsam vollkommene Seele bittet sie nicht für sich, sondern für andere“.

Die mystische Entwicklung zielt nicht auf das egozentrische Baden des Gnostikers im himmlischen Licht und auf seine Selbstüberhebung über zurückgebliebene Pistiker oder Ungläubige. Ebenso verfehlt ist ein Rückzug in ein Getto der Fortgeschrittenen. Es geht in allem um eine Vermittlung der Liebe Christi in dieser Welt. Ambrosius behauptet sogar: Christus wird nur in der Seele desjenigen geboren, „der in seinem Schoß den Geist des Heils empfängt und ihn anderen eingießt“[82].

„Der anima perfecta ist es bestimmt, sich von der Schau in der Fülle des Lichtes abzukehren in der helfenden Hinwendung zur Seele des Nächsten, die noch nicht genügend Kraft besitzt, der fortgeschritteneren bis zu diesem Ziel zu folgen. Die Schau des summum bonum und die Hinkehr zur schwächeren Seele in der Bewährung tätiger Hilfe stehen nicht im Widerspruch, sondern sind zwei Seiten der auf dieser Stufe zu erreichenden Vollkommenheit. Was sie verbindet, ist die Liebe, deren Preis die letzten Abschnitte dieses Buches über die Seele erfüllt (694,15ff). Die Flamme der Liebe läutert sie wie reines Gold (697,1), so dass sie erstarkt, ihr Auge an den Anblick des Lichtes gewöhnt und kein höheres Verlangen mehr kennt.“[83]

Man könnte abschließend fragen: Wenn Ambrosius den Zeitpunkt der eschatologischen Schau in das Hier und Jetzt vorverlegt: Was verändert sich dann überhaupt noch mit dem physischen Tod des Menschen? Ambrosius geht am Ende seiner Schrift „De Isaac“ auf diese Frage ein. Faktisch stellt der Tod die letzte Stufe der Glaubensentwicklung dar, und zwar ihre höchste. Er ist die Geburt und der dauerhafte Übergang in eine seelisch-geistige Seinsform mit einem pneumatischen Leib („Gewand“). Rückblickend von dieser Endstufe der Glaubensentwicklung her geurteilt, erscheinen die vorangegangenen Stufen als Ars moriendi. Hierzu zählen die rituelle Initiation mit dem symbolisch vollzogenen Tod in der Taufe, Erfahrungen der partiellen Ablösung von Seele und Geist vom physischen Körper, das Verlöschen in Ekstase und Geist-Trunkenheit, die zunehmende Zentrierung des Bewusstseins im Gegenüber zu Christus, das Gefestigtwerden in

---

[81] A.a.O. (Anm. 5), Isaak 7,57, S. 121. Beide folgenden Zitate: Isaak 8,69, S. 139.
[82] A.a.O., Isaak 8,74, S. 143.
[83] Ohly, a.a.O. (Anm. 7), 38.

Niederlagen und Krisen, der Verzicht auf einen rein individuellen Heilsweg, der losgelöst vom Schicksal der Mitmenschen verläuft.
Wer den mystischen Weg geht, lernt zunehmend existentiell begreifen, was der physische Tod ist. Sterben und Tod stellen für Ambrosius die letzte und höchste Stufe der Glaubensentwicklung dar. Faktisch bereiten alle bisherigen Erfahrungen, Übungen und Erkenntnisse den Übergang in die rein seelisch-geistige Seinsform vor. Um den Sterbevorgang zu beschreiben, greift Ambrosius auf Platons Kleidergleichnis zurück (Phaidon 87d). Wie der Menschenleib in der Spanne eines Erdenlebens mehrere Kleider verbrauche, da er selber dauerhafter sei als das Kleid, so sei auch die Seele dauerhafter als der Leib, ihr Kleid. Daher benötige sie im Laufe ihres unsterblichen Seins viele Leiber.
Ambrosius spekuliert hier nicht als Platonist, sondern spricht aus dem Erfahrungshintergrund eines Lebens mit dem Auferstandenen. Die letzte Stufe „ist Leben". „Es ist Leben, weil es immer währt und allem Leben und Sein gibt. Quelle des Lebens von allem ist Christus ... Fürchten wir darum nicht den Tod, denn er bedeutet Ruhe für den Leib, für die Seele aber Freiheit und Loslösung. Fürchten wir auch nicht denjenigen, der das Fleisch, aber nicht die Seele töten kann (vgl. Mt 10,28). Wir fürchten ja auch niemanden, der unsere Kleidung wegtragen kann, auch nicht den, der das Unsrige, nicht aber uns selbst stehlen kann. Wir sind also Seelen... Wir sind Seelen, unsere Glieder aber sind die Kleider. Die Kleider müssen gepflegt werden, damit sie nicht zerreißen und veralten, aber der, der sie benutzt, muß noch mehr sich selbst bewahren und beschützen."[84]
Diese Sätze bilden zugleich das Schlusswort der Hohelied-Meditationen des Ambrosius. Faktisch schließt sich hier die Schrift „De bono mortis" an, die im gleichen Zeitraum wie „De Isaac" entstanden ist. Nach Paulinus in der „Vita Ambrosii" kannte Ambrosius seinen Todeszeitpunkt: „Er selbst aber sagte von seinem eigenen Tode voraus, er werde bis Ostern bei uns bleiben".[85]
Wie ist die aus antiker Perspektive geschilderte Glaubensentwicklung des Menschen gegenwärtig denkbar? Welche konkreten Auswirkungen haben spirituelle Übungen beispielsweise auf das menschliche Gehirn? Inwieweit ist mystische Entwicklung messbar? Die Standardübungen der Mystiker zielen vor allem auf eines: auf die Zentrierung des Menschen, auf eine Klärung und Bündelung seiner Aufmerksamkeit und Wahrnehmungsfähigkeit. Daher soll im folgenden Kapitel der mystische Weg mit dem Schwerpunkt der Aufmerksamkeitsentwicklung aus neurowissenschaftlicher Perspektive betrachtet werden.

---

[84] Ambrosius, a.a.O. (Anm. 5), Isaak 8,79, S. 155.
[85] Paulinus von Mailand, a.a.O. (Anm. 49), Abschnitt 39, S. 60. Vgl. dort die Berichte derer, die Ambrosius am Ostermorgen und in der Zeit darauf geistig sahen: Abschnitte 48 bis 51.

Leiter des göttlichen Aufstiegs bzw. Paradiesleiter, Ikone aus dem 12. Jahrhundert
Sie illustriert das Werk „Die Leiter zum Paradies" von
Johannes Klimakos (ca. 570/579-650), Einsiedler und für vier Jahre Abt des Katharinenklosters vom Berg Sinai.
Er beschreibt darin die spirituelle Entwicklung als eine Leiter mit 30 Entwicklungsstufen bzw. Sprossen. Die aufsteigenden Mönche werden von Dämonen angegrffen und von Engeln unterstützt. Am Ende der Leiter begrüßt Christus die Aufgestiegenen.

3. Neurotheologie: Aufmerksamkeitssteuerung als spirituelles Werkzeug

3.1 Placeboforschung: Von der Heilkraft des Glaubens

Herbert Benson, ein Medizinprofessor an der renommierten Harvard Medical School, hat ein Buch über den menschlichen Glauben geschrieben. Er handelte dabei aus ärztlicher Verantwortung, weil seine Forschungsarbeit erwiesen hat: *Jeder Menschen verfügt über die Kraft, sich selbst durch gezielte Aufmerksamkeitslenkung (Benson spricht populär von „Glauben") zu heilen.*

Den Anstoß zur Erforschung der Aufmerksamkeitslenkung (des „Glaubens") gab Benson der sogenannte *Placebo-Effekt*. „Placebo" ist ein Terminus, der selbst bereits eine lange Geschichte hinter sich hat. Das Christentum und sein Kultus haben ihn mit geprägt. Psalm 116,9 lautet in der Vulgata-Fassung: „Placebo domino in regione vivorum", „Ich werde dem Herrn gefallen im Lande der Lebenden." Dieser Vers fand im 12. Jahrhundert Eingang in die Totenmesse. Zeitweilig wurde der Begriff „Placebo" synonym mit „Totenandacht" verwendet. Ab dem 14. Jahrhundert bezeichnete „Placebo" die Gesangseinlage eines eher scheinheiligen Chores, der für Bargeld am Grabe sang. Er sang „Placebos". Seitdem galt „Placebo" als etwas Scheinheiliges. Das Wort bezeichnete eine heuchlerische Ersatzleistung durch Schmeichler und Lügner. Erst Ende des 18. Jahrhunderts wurde „Placebo" zu einem medizinischen Terminus technicus.

Erstmals wissenschaftlich beschrieben wurde der Placebo-Effekt 1955 durch den amerikanischen Anästhesisten *Henry Beecher* unter dem Titel „The Powerful Placebo".[1] Beecher stieß damals weitgehend auf Skepsis. Er hatte im Zweiten Weltkrieg an der Front in einem Lazarett gearbeitet. Eines Tages ging dort der Vorrat an Schmerzmitteln zu Ende. Beecher spritzte in der Not Kochsalzlösung, ohne seinen Patienten etwas davon zu sagen. Die Kranken berichteten weiterhin von gelinderten Schmerzen.

Während der Placebo-Effekt in der Medizin weitgehend abfällig bewertet wurde, war Benson fasziniert davon. Er fragte sich: *Wenn das Medikament nicht geheilt hat, was hat den Menschen dann geheilt?* Welche Kraft steht hinter dem therapeutischen Placebo-Effekt? Benson durchforschte die Medizingeschichte. Wiederholt stieß er auf Therapien, die Menschen sogar schadeten. Doch solange der Arzt daran glaubte und den Patienten überzeugte, wirkten selbst schädliche Behandlungsformen und Eingriffe heilend! Ein Beispiel liefert die Behandlungsgeschichte von Angina pectoris. Eine

---

[1] *Henry K. Beecher*, The Powerful Placebo, in: Journal of the American Medical Association (JAMA), 1955 (159), 1602-1606.

verringerte Blutzufuhr zum Herzen bewirkt starke Schmerzen in Brust und Armen. Zu den naturwissenschaftlich betrachtet wirkungslosen und sogar schädlichen Behandlungsmethoden zählen Kobragift-Injektionen, die Entfernung der Schilddrüse sowie die Entfernung von Teilen der Bauchspeicheldrüse. Dennoch heilten diese Methoden Angina pectoris in 70 bis 90 Prozent aller Fälle.[2]

Inzwischen ist die Placeboforschung weit verzweigt, und es werden unterschiedliche Faktoren diskutiert, die am Placebo-Effekt mitwirken. Interessant ist zum Beispiel, dass der Placebo-Effekt bei Alzheimer-Kranken nicht auftritt. Fest steht jedoch: Der subjektive Faktor ist auch bei der Wirkung anerkannter Medikamente groß. „Ob und wie Pharmaka wirken, hängt in entscheidendem Maße von der Wahrnehmung und Einstellung des Patienten ab. Fehlt der Glaube, kann die schönste Droge ihre Wirkung verlieren. Umgekehrt gilt: Ist die Hoffnung nur groß genug, kann selbst ein Gift zum Heilmittel werden.“[3]

Dem Medizinpsychologen und Verhaltensimmunbiologen *Manfred Schedlowski* ist es gelungen, eine Variante des Placebo-Effektes bei Tieren hervorzurufen. Er griff dabei auf die Konditionierung im Sinne des Pawlowschen Effektes zurück. Er setzte Ratten zwei verschiedenen Reizen gleichzeitig aus. Mit der Zeit reichte ein einziger Reiz aus, um die Reaktion auf den anderen Reiz mit zu bewirken. Schedlowski gab Ratten mehrere Tage lang ein Medikament zur Unterdrückung des körpereigenen Abwehrsystems. Er koppelte diesen Reiz an das gleichzeitige Tränken mit einer Zuckerlösung. Schließlich reichte die Zuckerlösung aus, um in den Ratten die Wirkung des Medikamentes auszulösen. Schedlowski meint dazu: „Eine starke Erwartungshaltung verändert die Gehirnchemie, Botenstoffe werden ausgeschüttet, und diese Veränderungen werden über das Nervensystem an den Körper weitergeleitet, wo sie häufig genau die gewünschten Wirkungen in Gang setzen.“[4]

Die Placeboforscherin *Karin Meißner* vom Institut für Medizinische Psychologie der Universität München erklärt den Placeboeffekt bildhaft mit einer „Blaupause der Gesundheit“, die im Hirn für jedes Organ gespeichert sei und abgerufen werden könne. Daher reiche die Konzentration auf Genesung aus, um eine entsprechende körperliche Veränderung in Richtung Gesundheit zu bewirken.[5]

Die Geschichte der *Psychosomatik* bezeugt seit langem: Mit Hilfe innerer Bilder, Überzeugungen und Wünsche vermag der Geist des Menschen den Körper umzugestalten. Hierzu zählt der älteste bekannte psychosomatische

---

[2] *Herbert Benson*, Heilung durch Glauben, München 1997, 35.
[3] *Ulrich Schnabel*, Die Vermessung des Glaubens, München 2008, 47f, vgl. 45ff.
[4] Zitiert in: a.a.O., 48.
[5] Vgl. a.a.O., 58-60.

Zustand: die Scheinschwangerschaft (Pseudocyesis). Allein die Überzeugung, schwanger zu sein, setzte bereits 300 v. Chr. nach Berichten von Hippokrates Prozesse in Gang, die körperlich die Symptome einer realen Schwangerschaft erzeugen.[6] Dieses Phänomen wird noch gegenwärtig von Ärzten berichtet.

Die Fähigkeit des Menschen, körperliche Prozesse geistig aktiv steuern zu können, kann – unbewusst ablaufend – auch gegen ihn arbeiten. Benson nennt solche negativen Steuerungsprozesse *„Nocebo-Effekt"*. „Der Körper reagiert auf unangenehme Bilder unserer Vorstellung und kann böse Prophezeiungen erfüllen."[7] Hierzu rechnet Benson den Tod von Verbrechensopfern, die ungewollt in sich eine Überdosis von Noradrenalin auslösen und an der daraus folgenden Kettenreaktion sterben, ferner die Todesangst vor einer OP und die Funktionsweise des tödlichen Zaubers bei Voodoo-Praktiken. Von Placeboforschern ist inzwischen auch das Phänomen untersucht worden, inwiefern die Lektüre des Beipackzettels zur Tablette ausreicht, um die dort beschriebenen Symptome hervorzurufen. „Denn jede Information beeinflusst unsere mentale Bewertung einer Situation. Man … nimmt diese diese [sc. bestimmte Veränderungen] gleichsam im Geiste vorweg; dementsprechend ändert sich die Biochemie des Gehirns."[8]

Benson interessiert sich als Naturwissenschaftler nicht für theologische Erklärungsmodelle. Er ist Pragmatiker im Umgang mit Religion. Das, was daran heilt, sollen Ärzte und Seelsorger unbedingt für andere nutzbar machen. Als Mediziner reicht Benson eine *neurowissenschaftliche Erklärung der Selbsttherapie* durch den eigenen Glauben. Für Theologen ist Benson eben darin spannend. Denn er erforscht genau das Missing Link: Warum können *geistliche* Techniken und Übungen bis in den *Körper* hinein heilend wirken? Benson argumentiert neurowissenschaftlich: *Für unser Gehirn ist es gleichgültig, ob wir einen Gegenstand oder ein Ereignis real vor uns sehen, oder ob wir den Gegenstand als inneres Bild betrachten.* Unser Gehirn unterscheidet nicht zwischen äußerer und innerer Wirklichkeit, wenn die Bilder der inneren Wirklichkeit präzise und intensiv genug ausgearbeitet sind. „Die Szenen, an die wir uns erinnern oder die wir uns vorstellen, sind für das Gehirn real."[9] *Das Gehirn reagiert aufgrund des Bildes. Indem es körperliche Prozesse auslöst, werden geistige Bilder physisch real.* „Wenn Sie träumen, dass Sie verfolgt werden, beschleunigt sich Ihr Puls genauso, als würden Sie tatsächlich verfolgt. Für Ihr Gehirn, und damit auch für Ihr Herz, ist die Verfolgung real."[10]

---

[6] Benson, a.a.O. (Anm. 2), 51.
[7] A.a.O., 45f, vgl. 45ff.
[8] A.a.O., 51.
[9] A.a.O., 96.
[10] A.a.O., 73.

Damit liefert Benson eine neurowissenschaftliche Argumentationsebene für einen psychohygienischen Umgang mit Gewalt im Fernsehen und ebenso für die spirituelle Praxis der Achtsamkeit im Umgang mit eigenen Gedanken und inneren Bildern. Und er erklärt faktisch, warum es spirituell heilsam ist, sich in biblische Bilder und Szenen zu vertiefen. *Für das Gehirn ist es egal, ob wir Augenzeugen des historischen Jesus waren oder ob wir geistige Augenzeugen Jesu sind.* Je intensiver wir das Bild Jesu in uns kultivieren, desto heilender wird seine Gegenwart in uns wirksam werden.

Benson präsentiert als religiöse Anwendungsfelder des therapeutischen Glaubens seine Forschungsergebnisse über das mantrische Gebet, zu Geistheilern sowie zu alten buddhistischen Meditationspraktiken wie dem „Hitze-Yoga". Er reiste mit einem Dokumentationsteam in den Himalaja und überzeugte sich davon, dass Mönche allein durch die Steuerung über Imaginationen in der Lage sind, nasse Tücher auf ihrem Körper zu trocknen – bei einer Umgebungstemperatur von 4 Grad Celsius.[11]

Für die Arbeit von Ärzten und Seelsorgern empfiehlt Benson *mantrische Gebete*. Diese spirituelle Technik zählt zum Kernbestand von Religionen. Sie ist einfach zu praktizieren, alltagstauglich und wirkt hochgradig therapeutisch. Daher wird Benson nicht müde, sie Seelsorgerinnen und Seelsorgern nahe zu legen – zur Selbsttherapie und für die Seelsorgearbeit. Mantren bestehen aus einem Wort oder einem Satz, der innerlich gesprochen oder gesungen werden kann und mit einer einfachen Handlung oder der Achtsamkeit auf den Atemstrom verknüpft werden kann. Die hörbare oder geistige, innere Wiederholung eines Satzes wie „Jesus Christus, Sohn Gottes, erbarme dich meiner" (das ostkirchliche Jesus- bzw. Herzensgebet), „Sh´ma Yisroel", „Insha´allah" oder „Om" genügt bereits.[12] Die oder der Übende erreicht dabei eine *Konzentration in einem heilsamen inneren Raum*. Zugleich befreit ihn diese Aufmerksamkeitslenkung von ungeordneten Gedanken, quälenden Bildern und Phantasien. Auf den Körper wirkt dies nachhaltig entspannend. Stressende Fixierungen lösen sich. Wiederholte Messreihen belegen: Puls, Atmung, Bluthochdruck und Muskelspannung normalisieren sich. Der Übende entspannt sich, mit Bensons Worten, „wie in einer Urlaubsoase". Bereits nach den ersten Wochen entwickelt sich eine heilsame Lebenshaltung, die über die reine Übungszeit hinausreicht. Benson empfiehlt eigenen Patienten als Arzt, sie mögen morgens und abends für 20 Minuten ein Mantrum sprechen sowie zusätzlich bei akutem Stress. Welche spirituellen Wirkungen mit dieser gezielten Aufmerksamkeitslenkung verbunden sind, interessiert ihn jedoch nicht näher.

---

[11] A.a.O., 196-198.

[12] Vgl. a.a.O., 161-164.

Der Mensch kann seinen Körper durch gezielte Aufmerksamkeitslenkung – durch Konzentration mit Hilfe von Mantren oder meditierten Bildern – steuern lernen. Benson greift auf der Grundlage seiner empirischen Ergebnisse die *abendländische Philosophietradition an, die Materie und Geist strikt voneinander getrennt konzipiert.* Der physische Körper des Menschen (res extensa) und sein Denken (res cogitans) existieren nicht wie zwei Schuhkartons nebeneinander. Descartes habe sich mit seinem Körper-Geist-Dualismus geirrt. Messreihen belegen: *Das menschliche Bewusstsein steuert den physischen Körper schon immer – zum Guten wie zum Schlechten.* Es steuert ihn über Aufmerksamkeitslenkung: durch betrachtete Bilder, meditierte Gefühle und Konzentration. Was der Mensch in seinem Gehirn kultiviert, dazu wird er körperlich. Kultiviert er heilsame Bilder, Gedanken und Gefühle, so wird er körperlich zunehmend gesunden. Meditiert er, gestresst und zerstreut lebend, ohne aktive Gegensteuerung negative Bilder, Gedanken und Gefühle, so werden sie ihn krank machen.
Religionen hatten durch ihre Kenntnisse von aufmerksamkeitslenkenden Techniken bis zu den Brüchen in der Moderne Menschen darin unterwiesen, ihr Leben gezielt in heilsame Richtungen zu steuern. Dadurch förderten sie die Persönlichkeitsentwicklung und sie wirkten insgesamt kulturprägend. Nach Bensons Überzeugung sollten die religiösen Funktionsträger Menschen künftig wieder diese Techniken vermitteln, um lebenszerstörenden Kräften Einhalt zu gebieten und wieder therapeutisch wirksam zu werden.

3.2 Das Gehirn bleibt lebenslang formbar

Wenn Descartes sich geirrt hat, wie die Placeboforschung erweist, welche Wechselwirkungen existieren dann zwischen Gehirn und Geist (Bewusstsein, Denken und Emotionen)? Und in welchem Maße kann das Bewusstsein das Gehirn und dessen neuronale Prozesse mitgestalten oder gar umgestalten? Diese Fragen erforschen Wissenschaftler im Themenfeld 'Neuroplastizität'. Neuroplastizität bezeichnet den Umstand, dass das Gehirn formbar bleibt und dass neuronale Prozesse durch rein mentale Handlungen wie durch Denken und Imaginieren, aber auch durch äußere Übungswege wie beispielsweise Klavierspielen umgeformt werden kann.
Was vielen Zeitgenossen im Zeitalter imaginierender und virtuell trainierender Sportler (z.B. die Durchfahrt durch die Bobbahn) längst plausibel erscheint, wird in einigen psychologischen Lehrbüchern und auch Therapieformen noch immer als Randphänomen erörtert. Diese Skepsis wurzelt in einer Schultradition, die ein Jahrhundert lang die Auffassungen vom Gehirn prägte. Die Erforschung des plastischen Gehirns setzte in größerem Umfang erst in den 1990er Jahren ein. Welche Potenziale damit in der Medizin, Psychologie, den Erziehungswissenschaften und der Theologie freigesetzt werden können, kann derzeit kaum abgeschätzt werden. Ein neues Denken über das wichtigste Denkorgan wird in jedem Falle das Menschenbild und die Kultur revolutionieren.
Christliche Mönche und Nonnen, Mystikerinnen und Mystiker erforschten über Jahrhunderte das menschliche Bewusstsein und dessen Arbeitsprozesse *individuell aus der Introspektion* heraus, in der Abgeschiedenheit als Einsiedler oder in klösterlicher Konzentration. Mit den positivistisch vorgehenden Naturwissenschaften setzte um 1900 eine neue Form der Konzentration auf das Bewusstsein ein. Jetzt bemühten sich Forscher darum, seine Arbeitsweise allein aus *materiellen Grundlagen und aus einer äußerlichen Betrachtungsweise* zu beschreiben. Die bislang vernachlässigte stoffliche Grundlage, die Hardware, wurde nun aufmerksam seziert und mit den damals neuesten Mitteln wie elektrischen Reizen experimentell untersucht.

Wie einst Kolumbus zu Beginn der Neuzeit für Spanien Amerika entdeckte, so zogen die besten Anatomen des 19. und des beginnenden 20. Jahrhunderts aus, um die terra incognita der Gehirnmasse zu kartographieren. Dem *Landkartenmodell* folgend, ging man undynamisch davon aus, dass bestimmte Königreiche und Republiken im Hirn auf bestimmte Aufgaben festgelegt seien. Die ersten Kartographen des Gehirns konzipierten seine Funktionsweise in einem mechanistischen und unindividualistischen Diskurs. Sie gingen anfangs von der Annahme aus, dass die Kartographie *eines* menschlichen Gehirns zugleich diejenige *aller* menschlichen Gehirne sei.

Den Anfang bei der Kartographie des Geistes unternahm der französische Anatom *Pierre Paul Broca*. Er verkündete 1861, dass er den Gehirnbereich entdeckt habe, der für das Sprechen zuständig sei. Den traurigen Anlass zu dieser Entdeckung bot ihm ein Patient, der nach einem Unfall nur eine Silbe sprechen konnte („tan") und dessen Hirn Broca schließlich sezierte. Broca wurde zum Entdecker von „Brocas Sprachzentrum" im hinteren Bereich des Frontallappens.

1913 waren die Kartographen bereits so weit mit ihrer Skizzierung der Hirnwelt vorangekommen, dass der spanische Neuroanatom *Santiago Ramon y Cajal* die These äußerte, dass das Gehirn eines erwachsenen Menschen aus unveränderlichen Nervenbahnen bestünde. 1906 hatte Cajal den Nobelpreis für Medizin in Empfang genommen. Seine Hypothese über die Unveränderlichkeit des erwachsenen Gehirns ging für rund 100 Jahre in die Lehrbücher für Anatomie wie eine Tatsachenbeschreibung ein. Gemäß dem Thomas-Theorem wirken auch falsche Hypothesen, sobald sie handlungsleitend werden, realitätssetzend. Wenn niemand mehr nach dem Veränderungspotential in Gehirnen von Erwachsenen fragt, dann betrachtet man das Leben von Erwachsenen als in festen Gleisen verlaufend. Zudem betrachtet man diesen Entwicklungsstillstand als gesund.

Den Begriff der „Plastizität" für das Hirn prägte der experimentelle Psychologe und Religionspsychologe William James bereits 1890. Ihm fiel auf, dass gerade das Nervengewebe „mit einem außergewöhnlichen Grad an Plastizität ausgestattet zu sein scheint".[13] Da James vorrangig Philosoph und Psychologe war und nur wenige Jahre anatomische Forschungen betrieben hatte, wurde seine These über die Plastizität des Gehirns nicht weiter aufgenommen. Experimentelle Beobachtungen sprachen jedoch bereits Anfang des 20. Jahrhunderts dafür, dass das Gehirn plastisch programmierbar bleibt (wie eine Festplatte, um vom Schienenparadigma zum IT-Paradigma überzuwechseln), und dass es nicht *eine* Gehirnstruktur für alle gibt, sondern dass jeder Mensch, sogar Säugetiere, ihr jeweils eigenes Gehirn, eben ihren eigenen Kopf, besitzen. Das Gehirn ist das Individuellste, das wir haben.

Die britischen Neurophysiologen *T. Graham Brown und Charles Scott Sherrington* gingen 1912 in einer Untersuchung der Frage nach, woher die individuellen Unterschiede in den Bewegungslandkarten des motorischen Kortex von Affen stammten. Hatten die bisherigen Neuroanatomen die Punkte im Gehirn nur ungenau stimuliert oder waren die Unterschiede in den Bewegungskarten angeboren?[14] Sie stimulierten den motorischen Kortex vieler Affen mit haarfeinen Elektroden und hielten minutiös fest, welche

---

[13] Zitiert nach: *Sharon Begley*, Neue Gedanken – neues Gehirn. Die Wissenschaft der Neuroplastizität beweist, wie unser Bewusstsein das Gehirn verändert, München [2]2007, 5.

[14] *T. Graham Brown/ Charles S. Sherrington*, On the Instability of a Cortical Point, in: Proceedings of the Royal Science Society of London B 85 (1912), 250-277.

Muskeln sich dann bewegten. Bei dem einen Affen zuckte die Lippe, bei einem anderen die Wange, obwohl sie exakt dieselbe Stelle reizten. Die beiden Wissenschaftler hatten die Individualität solcher Landkarten bewiesen, neigten jedoch zu der falschen Erklärung, dass diese Individualität angeboren sei.
Den Gegenbeweis zu dieser These erbrachte 1923 *Karl S. Lashley*. Er arbeitete geduldig mit einem einzelnen erwachsenen Rhesusaffen.[15] An ihm wies er nach, dass Lernerfahrungen wie andressierte unterschiedliche Formen der Nahrungsaufnahme die individuelle Bewegungslandkarte nochmals *in ein und demselben erwachsenen Tier verändern* konnten. Hierfür untersuchte er viermal im Monat die Bewegungskarte seines Versuchstiers. Sollte diese individuelle Karte tatsächlich angeboren sein, wie dies Brown und Sherrington 1912 behauptet hatten, so müsste sie nach vier Wochen genauso aussehen wie bei der ersten Messreihe. Lashley dokumentierte jedoch die gegenteilige Beobachtung. Je weiter eine Messung zurücklag, desto stärker unterschieden sich die Daten voneinander. Der motorische Kortex seines erwachsenen Rhesusaffen veränderte sich kontinuierlich. Er spiegelte die aktuellen Bewegungsmuster seines Versuchstiers wieder. Lashley schlussfolgerte daraus, dass häufig bewegte Muskeln über größere Verbände von Nervenzellen im motorischen Kortex verfügen als wenig bewegte Muskeln. Der betreffende Gehirnbereich wächst mit dem Ausmaß der Bewegung.

Da diese Untersuchungsergebnisse schwer mit den Hypothesen damals führender Neurowissenschaftler vereinbar waren, wurden sie kaum zur Kenntnis genommen. Die Tierexperimente heutiger Neurowissenschaftler weisen inzwischen detailliert die lebenslange Dynamik einzelner Gehirnbereiche nach. Statt des Landkartenparadigmas lässt sich das Gehirn aus heutiger Sicht angemessener mit dem World Wide Web vergleichen. Einige Webseiten werden nicht weiter aktualisiert, andere werden gelöscht, neue Verknüpfungen und neue Webseiten entstehen. Blogs auf ein und derselben Webseite werden weitergeschrieben. In einem mechanischen, aber bereits sehr dynamischen Bild des Neurophysiologen Sherrington aus dem Jahre 1917 formuliert: Das Gehirn gleicht „einem verzauberten Webstuhl, wo Millionen hin- und herfliegender Schiffchen ein sich ständig wieder auflösendes Muster weben – immer voller Bedeutung, aber nie von langer Dauer“.[16] Jede Landkarte eines Gehirns gilt nur unter Einbeziehung des Zeitfaktors. Das Gehirn spiegelt lebenslang präzise die individuelle Lebens-

---

[15] *Karl S. Lashley*, Temporal Variations in the Function of the Gyrus Precentralis in Primates, in: American Journal of Physiology 65 (1923), 585-602.

[16] *A. F. S. Leyton/ C. S. Sherrington*, Observations on the Excitable Cortex of the Chimpanzee, Oran-Utan and Gorilla, in: Quarterly Journal of Experimental Physiology 1 (1917), 135-222. Zitiert nach: Begley, a.a.O. (Anm. 13), 46.

geschichte wieder. Mit den Worten des Sozialpsychologen Harald Welzer: „You never use the same brain twice."[17]
Aus experimenteller Sicht ist inzwischen deutlich, dass auch das IT-Modell für das menschliche Gehirn nur begrenzt zur Veranschaulichung taugt. Am angemessensten muss es als *organisches* Material betrachtet werden, das lebenslang umstrukturiert und mit frischem Material ausgebaut werden, aber auch absterben kann. Diese Dynamik des Organischen kann im Diskurs des Landkartenmodells oder auch kybernetischer Schaltkreise nur unzureichend wahrgenommen werden. Der Neurowissenschaftler Fred Gage meint dazu: „Wenn man sich das Gehirn als einen komplexen, fest verdrahteten Computer vorstellt, ist es nicht leicht, die Vorstellung zu akzeptieren, dass sich neue Zellen in komplizierte Schaltkreise einfügen können, und zwar nicht nur ohne sie zu stören, sondern sogar zum Nutzen des Systems."[18]
In Experimenten wird inzwischen spezifisch erforscht, unter welchen Bedingungen bei Tieren und Menschen Wachstumsprozesse, Störungen oder Verfall ausgelöst werden. Fred Gage und seine Forschungsgruppe haben nachgewiesen, dass alte Mäuse (ihre 18 Monate Lebensalter entsprechen 65 Menschenjahren) in entsprechender Spielumgebung dreimal soviel neue Gehirnzellen im Gyrus dentatus (dieser ist mit verantwortlich für Lernen und Gedächtnis) bildeten wie ihre Artgenossen in Käfigen ohne Spielmaterial.[19] Statt die Mäuse einzeln in einen öden Käfig zu setzen, musste man sie lediglich mit netten Artgenossen in einer attraktiven Spiel- und Adventure-Landschaft mit Tunnelgängen, Laufrädern und anderem Spielzeug zusammensetzen. Durch die erhöhte Anzahl neuer Nervenzellen und Nervenverbindungen kamen die vergesellschafteten und ereignisreich lebenden Mäuse wesentlich erfolgreicher mit Lernaufgaben (z.B. ein Labyrinth erkunden) zurecht, als ihre einsam und öde lebenden Artgenossen. Für eine erhöhte Neurogenese spielte das Alter beim Wechsel der Lebensweise keine Rolle.

Gegenüber Sigmund Freuds stark deterministischem Menschenbild mit einem – bereits verräterisch maschinenhaft konstruierten – „seelischen Apparat" wirkt die Erforschung der lebenslangen Formbarkeit des Gehirns befreiend. Aus dem experimentellen Wissen über die Plastizität der Gehirne Erwachsener ergeben sich inzwischen neue Ansätze zur Behandlung von Depression und Zwangserkrankungen.[20] Freud betrachtete die charakterlich

---

[17] Zitiert nach: Schnabel, a.a.O. (Anm. 3), 224.
[18] Zitiert in: Begley, a.a.O. (Anm. 13), 88.
[19] *G. Kempermann/ H. G. Kuhn/ Fred H. Gage*, Experience-Induced Neurogenesis in the Senescent Dentate Gyrus, in: Journal of Neuroscience 18 (1998), 3206-3212. Vgl. *dies.*, More Hippocampal Neurons in Adult Mice Living in an Enriched Environment, in: Nature 386 (1997), 493-495.
[20] Siehe unten S. 290ff.

prägenden Lernprozesse ab dem Alter von sechs Jahren als weitgehend abgeschlossen. Aus neuerer neurowissenschaftlicher Sicht übergeht er damit zwei entscheidende Knotenpunkte im Umbau des Hirns. Im Alter von 10 bis 12 Jahren, zu Beginn der Pubertät, gibt es einen großen Wachstumsschub im Frontallappen. Sein Umfang nimmt deutlich zu. Im Frontallappen finden Prozesse wie emotionale Steuerung und Selbstkontrolle, Urteilen, Organisieren und Planen statt. Auch andere Hirnregionen entwickeln sich in der Adoleszenz weiter. Einen vorläufigen Abschluss findet diese Neuorganisation erst im Alter von 20 bis 25 Jahren. Erst jetzt erreicht das Gehirn so etwas wie sein vorläufiges Erwachsenenstadium. Jetzt werden, wie bereits in der frühen Kindheit, ungenutzte Synapsen aus dem Netzwerk entfernt, damit die eingerichteten, meistgenutzten Verbindungen effektiver arbeiten können.

Auch nach dieser vorläufigen Konsolidierung der Ausgangsbasis für das Erwachsenenleben verändert sich das Gehirn weiter. Es bildet jeweils das auf materieller Basis ab, womit Menschen sich geistig und handelnd am intensivsten beschäftigen. Hierbei kann es auch zur Umnutzung bereits eingerichteter Bereiche kommen. Beispielsweise ist es möglich, dass bei erwachsenen Menschen innerhalb von fünf Tagen durch eine experimentell erzwungene Blindheit der visuelle Kortex so umstrukturiert wird, dass er fortan taktile und akustische Informationen verarbeitet. Der Neurophysiologe Alvaro Pascual-Leone und sein Kollege Roy Hamilton ließen erwachsenen Versuchspersonen für ein fünftägiges Experiment die Augen verbinden. Damit blieben schlagartig die neuronalen Verbindungen im visuellen Kortex ungenutzt, die bislang die Signale von der Netzhaut verarbeiteten. Pascual-Leone und Hamilton wollten überprüfen, ob der als visueller Kortex genutzte Bereich bei erwachsenen Menschen auch völlig neu genutzt werden kann, beispielsweise zur Verarbeitung taktiler und akustischer Signale. In der Zeit des Ausbleibens visueller Inputs wurden die Versuchspersonen damit beschäftigt, Braille-Zeichen lesen zu lernen und auf Töne zu hören. Sie sollten angeben, ob es sich um Töne gleicher oder unterschiedlicher Höhe handelte. Während dieser Versuchszeit wurde die Gehirnaktivität im MRT aufgezeichnet. Die Aufzeichnungen ergaben, dass bereits das fünftägige Training dazu genügte, dass der sogenannte visuelle Kortex fortan taktile und akustische Signale verarbeitete. Auch das Gehirn Erwachsener Menschen reorganisiert sich bei entsprechenden Inputs radikal. „… wenn keine visuelle Information vorhanden ist, verarbeitet der visuelle Kortex die nächstbesten Signale. Er braucht eben etwas zu tun, ein so großer Gehirnbereich kann nicht einfach inaktiv sein.“[21] „Die Fähigkeit der Sehrinde, fühlen

[21] Zitiert in: Begley, a.a.O. (Anm. 13), 203. Folgendes Zitat: ebd. Vgl. *Alvaro Pascual-Leone/Roy Hamilton*, The Metamodal Organization of the Brain, in: Progress in Brain Research 134 (2001), 427-445.

und hören zu können, war immer vorhanden und wahrscheinlich schon vor der Geburt angelegt, als das Gehirn wie wild in alle Richtungen spross. Das Experiment mit den verbundenen Augen lässt vermuten, dass selbst Verbindungen, die Jahrzehnte lang ruhig bleiben, bei Bedarf wieder aktiviert werden können."

Umso dramatischer ist es für die Gehirnentwicklung, wenn externe oder geistige (visuelle, gedankliche) Inputs nachlassen und das Gehirn keine Entwicklungsanreize mehr enthält. Es altert dann, vergleichbar einem nicht mehr trainierten Körper. Neurotransmitter, mit deren Hilfe die Zellen untereinander kommunizieren, werden dann nur noch in geringem Maße produziert. Dadurch werden auch die Fähigkeiten zur Konzentration, zum Denken und zum Erinnern geschwächt (der Neurotransmitter Azetylchlin ist für Aufmerksamkeit zuständig). Das Dopaminsystem, das auf Belohnungen und Späße reagiert und als Neurotransmitter Freude ins Leben bringt, arbeitet dann nur noch reduziert, wenn der Mensch keinen Herausforderungen mehr begegnet und sie erfolgreich bewältigt.[22]

Angesichts des lebenslangen Einflusses von geistigen Vorgängen auf das Gehirn und seine Struktur entwickelte der Neurobiologe und Nobelpreisträger für Medizin *Roger Sperry* einen theoretischen Ansatz, den er „Mentalismus" bzw. „emergenten Mentalismus" nannte.[23] Sein Modell zielte darauf, den theoretischen Determinismus von Gedanken und Gefühlen durch die Gehirnstrukturen in Richtung einer Wechselbeziehung zu korrigieren. Mentalismus geht als Modell davon aus, dass geistige Vorgänge physische Strukturen im Gehirn, bis hinunter zur elektrochemischen Aktivität der Nervenzellen, beeinflussen können. Dahinter steht die Annahme, dass Steuerungsprozesse stets von höher organisierten Ebenen abwärts verlaufen. Zwar können elektrochemische Aktivitäten auch Gefühle und Gedanken determinieren. Doch die eigentliche Steuerung verläuft von höheren Ebenen durch mentale Prozesse. Sperry spekulierte nicht über ein vom Gehirn losgelöst existentes Bewusstsein. Er hielt daran fest, dass Bewusstsein nur auf der materiellen Basis des Gehirns existieren könne.

Religiös-philosophische Systeme wie der Buddhismus sowie mystische und theologische Konzepte gehen über Sperrys mentalistische Position hinaus. So betrachtet beispielsweise Teilhard de Chardin Geist und Materie als zwei Aspekte bzw. Pole ein und derselben Wirklichkeit. „Konkret gibt es nicht

---

[22] Vgl. Begley, a.a.O., 446.

[23] *Roger Sperry*, A mentalist view of consciousness, in: Social Neuroscience Bulletin (1993), 6(2), 15-19; *ders.*, Holding course amid shifting paradigms, in: W. W. Harman (Hg.), New metaphysical foundations of modern science. Sausilito/ CA: Institute of Noetic Science (1994), 99-124.

Materie *und* Geist: vielmehr existiert nur die Geist werdende Materie".[24] Materie an sich würde sich desorganisieren, „sich auflösen" in eine nicht organisierte Vielheit. Aus Teilhards Sicht wohnt der Materie selbst eine „schöpferische Potenz" inne. Materie ist potentieller Geist. Geist ist das der Materie inhärente Organisationsprinzip.
Während theologische Konzepte wie das Teilhards in ihrer Pointe auf die Vergeistigung der Materie zielen, setzt der tibetische Buddhismus (in Analogie zum Platonismus) den theoretischen Akzent auf die Befreiung des Bewusstseins von der Materie. Der Tod wird als Überschritt des Bewusstseins in seine Autonomie verstanden. Der 14. Dalai Lama beschreibt das menschliche Bewusstsein als nur phasenweise, während der körperlichen Existenz des Menschen, stark von dieser materiellen Existenzgrundlage geformt. „Es scheint offensichtlich zu sein, dass auf der grobstofflichen Ebene des Geistes die Abhängigkeit zwischen dem Geistigen und dem Physischen sehr stark ist. Aber auf einer feinstofflichen Ebene gibt es, vom buddhistischen Standpunkt aus betrachtet, einen Zustand, in dem das Bewusstsein autonom ist" und nicht von einer Gehirnfunktion abhängt.[25]
Auf phänomenologischer Ebene sprechen sowohl Berichte von Nahtoderfahrungen als auch der introspektive buddhistische Weg dafür, dass sich das menschliche Bewusstsein in der Schlussphase des Sterbeprozesses von körperlichen Funktionsprozessen ablöst. Diese Phase völliger Klarheit wird im Buddhismus als Begegnung mit dem „Klaren Licht" bezeichnet. „Es handelt sich um eine Dimension des Bewußtseins, die sich bei jedem Menschen zum Zeitpunkt seines Todes einstellt, in der Schlussphase des Sterbeprozesses. In diesem Zustand hängt das Bewußtsein nicht länger von einem menschlichen Organismus ab. Es existiert losgelöst vom körperlichen Gehirn. An dieser Stelle hat der Buddhismus eine andere Sichtweise als die moderne Neurowissenschaft, der zufolge es sich bei allen mentalen Prozessen um Gehirnfunktionen handelt."[26] Auch wenn die Debatte über den Mentalismus erst am Anfang steht, so kann als Zwischenergebnis festgehalten werden, dass die Kausalkette in beide Richtungen verläuft. Eine konzentrierte mentale Tätigkeit vermag, Hirnstrukturen zu verändern.
Bereits an dieser Debatte wird deutlich: Auch neurowissenschaftliche Ergebnisse sind interpretationsbedürftig. Daten werden stets im Rahmen bestimmter Modelle gedeutet. Ferner neigen auch Naturwissenschaftler dazu, ihre innerhalb bestimmter Geltungsbereiche zutreffenden Deutungen zu metaphysischen Annahmen zu verallgemeinern (vgl. die extremen

---

[24] Vgl. *Pierre Teilhard de Chardin*, Die menschliche Energie, Olten/Freiburg 1966, 76, 4. Mai 1936.
[25] Zitiert in: Begley, a.a.O. (Anm. 13), 276.
[26] Alan Wallace, zitiert in: Begley, 276f. Näheres siehe unten: S. 357ff.

Verallgemeinerungen bei Kübler-Ross und Dethlefsen)[27]. Solche Überschritte in nicht abgesicherte theoretische Anwendungsbereiche werden beispielsweise beim Menschenbild deutlich. Hierzu zählt die theoretische Konstruktion des Menschen als Reflex biochemischer Prozesse, als durch sie determinierter Automat. Umso spannender wirken gegenteilige Deutungen von Messergebnissen, die auf empirischer Basis die *Freiheit* des Menschen dokumentieren. Ihnen zufolge ist der Mensch frei, weil er grundsätzlich dazu in der Lage ist, seine eigenen Gehirnstrukturen zu modellieren. Neuroplastizität ist der Basiszustand des Gehirns von der Kindheit bis ins hohe Alter. Nur wer seinem Leben die These zugrunde legt, determiniert zu sein und diese These nie kritisch infrage stellt, wird ein determiniertes Leben leben. Das Gehirn selbst ist für lebenslange Veränderungen geschaffen. Es verändert sich entsprechend den Signalen, die es über die Sinne von der Außenwelt aufnimmt, und in Reaktion auf Gedanken, innere Bilder und kultivierte Gefühlszustände. Der Nutzer des Hirns kann sich gezielt entscheiden, bestimmte neurologische Schaltkreise lahm zu legen, die ihn einschränkend determinieren. Er kann pathologische Verbindungen kappen, beschädigte Bereiche durch spezifische Übungen reparieren und sein Gehirn zur Bildung neuer Nervenzellen und neuer Verbindungen anregen. Je nachdem worauf sich ein Mensch konzentriert, vergrößern oder verkleinern sich die jeweiligen Gehirnbereiche. Für Funktionen, die er häufiger ausführt, stellt das Gehirn mehr Gewebe zur Verfügung, hingegen begrenzt es Bereiche für Prozesse, die seltener ausgeführt werden. Das Gehirn bleibt nur unter den schlechtestmöglichen Nutzungsbedingungen die Determinante des Lebens. Im gesunden, aktiven Nutzungszustand prägt der Nutzer es zu einem individuellen Werkzeug um. Dabei wird das Gehirn zum Abbild seines einzigartigen Lebens.

Das Problem vieler psychologischer Systeme ist derzeit noch die unreflektierte Normierung eines unterdurchschnittlichen Lebensstils. Der Präsident der American Psychological Association und Psychologieprofessor *Martin E. P. Seligman*, bemängelte die einseitige Fixierung vieler westlicher psychologischer Konzepte und Forschungsprojekte auf krankhafte Geisteszustände. Er zählt zu den Mitbegründern des neuen Forschungszweiges der *positiven Psychologie*.[28] Dieser knüpft an Konzepte der Humanistischen Psychologie und der ressourcenorientierten Psychotherapie an. Er stellt die Norm des als gesund geltenden, durchschnittlich kranken Lebens der Zeitgenossen infrage. Forschungsprojekte im Bereich der positiven

---

[27] Siehe oben S. 24ff.

[28] Vgl. *Christopher Peterson/Martin E. P. Seligman*, Character strengths and virtues. A handbook and classification, Oxford 2004; *Seligman*, Der Glücks-Faktor, Lübbe 2005; *Ann Elisabeth Auhagen (Hg.),* Religiosität und Spiritualität, Weinheim 2004, Kapitel „Positive Psychologie. Anleitung zum ´besseren´ Leben“, 67-85.

Psychologie untersuchen positive Emotionen, Faktoren der Persönlichkeitsentwicklung, entwicklungsfördernde soziale Strukturen und Lebensqualitäten wie Glück, Optimismus, Solidarität, Verzeihen, Geborgenheit und Vertrauen.

Aus der Perspektive der positiven Psychologie kann das Phänomen der Heiligen teilweise verständlicher werden. Entwickelte christliche Mystikerinnen und Mystiker leben innerhalb ihrer jeweiligen Kultur auf einer überdurchschnittlichen Entwicklungsstufe humane Werte. Sie stellen zugleich das infrage, was in der jeweiligen Kultur als normal gilt. Sie bleiben insofern Leitbilder menschlicher Entwicklungsmöglichkeiten in bezug auf menschliche Grundwerte. In diesem Kontext verstanden, zielt die spirituelle Praxis auf die Weiterentwicklung des Menschen durch die Kultivierung positiver Emotionen, Charakterzüge und entwicklungsfördernder sozialer Strukturen. Spirituelle Übungen zielen auf die Entwicklung von einer hohen Konzentrationsfähigkeit, von Gelassenheit, Einfühlungsvermögen, Vertrauen und Solidarität. Je nachdem, wie intensiv und ausdauernd ein Mensch diesen Weg geht, umso klarer realisiert er sein eigentliches Wesen. Aus buddhistischer Perspektive geht es um die Realisation der Buddhaschaft jedes Menschen. Auf dem christlichen Verwandlungsweg geht es um conformitas – um das Gleichgestaltetwerden mit Jesus Christus als dem Urbild des neuen, voll entwickelten Menschen. Eine lebendige Religion will nicht weniger als das. Im Weisen dieses Weges liegt ihre eigentliche Aufgabe für jede Gesellschaft.

Ethische Entwürfe sind eng mit spezifischen Menschenbildern verbunden. Wird der Mensch als ein Automat genetischer oder neurochemischer Programme konzipiert, so erübrigen sich ethische Reflexionen. Aus der ideologischen Sicht eines neurogenetischen Determinismus erscheint der Mensch als ein Sklave seiner Neurotransmitter und Gene.[29] Er verfügt über ebenso wenig freien Willen wie ein ferngesteuertes Auto. Jegliches charakterliche Fehlverhalten und auch jegliche kriminelle Handlung wären dann auf kein ethisches Subjekt mehr rückführbar, das dafür verantwortlich wäre. Das ethische Subjekt erweist sich als Pixelsammlung aus Genen und Neurotransmittern. Sanktionen und Strafvollzug müssten konsequenterweise an Pharmaindustrie und Gentechniker delegiert werden.

Auf der Grundlage der Erforschung der Neuroplastizität hingegen wird der Mensch als ein Subjekt verstanden, das grundsätzlich über die Freiheit verfügt, genetische Programme zu charakterlicher Veranlagung sowie

---

[29] Vgl. zur Diskussion *Christian Geyer*, Hirnforschung und Willensfreiheit. Zur Deutung der neuesten Experimente, Frankfurt M. 2004; *Michael Pauen*, Illusion Freiheit? Mögliche und unmögliche Konsequenzen der Hirnforschung, Frankfurt M. 2004; *ders./Gerhard Roth*, Freiheit, Schuld und Verantwortung. Grundzüge einer naturalistischen Theorie der Willensfreiheit, Frankfurt M. 2008.

neurochemische Programme umzuprogrammieren. Charakterlich relevante Gene können schweigen oder aktiviert werden. Dies wurde inzwischen selbst für Ratten erwiesen, die noch in Burrhus Frederic Skinners Konzept des psychologischen Behaviorismus als experimenteller Nachweis für Reiz-Reaktions-Ethiken und für Auffassungen vom konditionierten Menschen dienten. Der kanadische Neurowissenschaftler *Michael Meany* und seine Forschungsgruppe wiesen an den Interaktionen zwischen Rattenbabys und ihren Rattenmüttern einen wichtigen Zusammenhang zwischen dem genetischen Programm und sozio-kulturellen Faktoren nach.[30] Sie gingen von der Beobachtung aus, dass Lecken und Putzen bei Ratten der Hauptfaktor zur Stresskontrolle ist. Jungtiere, die wenig geleckt wurden, sind an eine gefährliche Umwelt angepasst und extrem schreckhaft. Sie geben ihren schreckhaften Charakter genetisch sowie zugleich interaktiv an ihren Nachwuchs weiter, indem sie ihn ebenfalls kaum durch Lecken und Putzen beruhigen. Setzt man die genetisch zu Stress neigenden Rattenbabys zu einer fürsorglichen Adoptivmutter um, so werden die genetisch schreckhaft veranlagten Babys dennoch zu ruhigen und fürsorglichen Ratten. Umgekehrt werden genetisch fürsorgliche und zugleich fürsorglich großgezogene Rattenbabys nach dem Käfig-Wechsel zu einer gestressten Ratten-Adoptivmutter gleichfalls zu Nervenbündeln. Der interaktive Faktor entscheidet bereits auf der Ebene von Ratten darüber, welche genetische Veranlagung aktiv wird. Die Gene lassen selbst Ratten hinreichend Spielraum für die bestmöglich angepassten Reaktionen auf tatsächliche Herausforderungen durch die Umwelt.

[30] Vgl. zum Folgenden: *Michael J. Meaney et al.*, Neonatal Handling Alters Adrenocortical Negative Feedback Sensitivity in Hippocampal Type II Glucocorticoid Receptor Binding in the Rat, in: Neuroendocrinology 50 (1989), 597-604; *D. Liu et al.*, Maternal Care, Hippocampal Glucocorticoid Receptors, and Hippothalamic-Pituitary-Adrenal Responses to Stress, in: Science 277, 1659-1662; *D. D. Francis/J. Diorio/D. Liu/M. J. Meaney*, Nongenomic Transmission across Generations in Maternal Behavior and Stress Responses in the Rat, in: Science 286 (1999), 1155-1158.

3.3 Neurowissenschaftliche Meditationsforschung: Übungen verändern das Gehirn

3.3.1 Buddhistische Mönche im MRT und EEG

Herbert Bensons spirituell relevante Untersuchungen zum Placebo-Effekt werden inzwischen durch die Meditationsforschung bestätigt und vertieft. Meditationsforschung untersucht im neurowissenschaftlichen Theoriemodell und mit bildgebenden neurowissenschaftlichen Verfahren wie MRT und EEG, wie bestimmte *Meditationsformen Strukturen des Gehirns kurzzeitig und langfristig verändern.*[31] Damit liegen erstmalig experimentelle Nachweise für das therapeutische Potential bestimmter spiritueller Exerzitien vor.
Gegenwärtig konzentrieren sich Forscher vor allem auf tibetisch-buddhistische Meditationsformen, da tibetische Mönche derzeit zu den Hochleistungsathleten der Meditation gehören. Ihre Gehirne liefern in den Labors Ergebnisse, die bislang von keinem westlichen nichtmeditierenden Bürger erreicht worden sind. Einer dieser Probanden ist der *buddhistische Mönch Matthieu Ricard*, Jahrgang 1946. Bevor Ricard Mönch wurde, arbeitete er als Molekularbiologe am Pariser Institut Pasteur bei dem Nobelpreisträger Francois Jacob. Inzwischen lebt er seit über 35 Jahren in Katmandu. Bereitwillig reist er für Testreihen in die Labors der derzeit weltweit führenden Neurowissenschaftler (wie Richard Davidson) und Emotionsforscher (wie Paul Ekman). Nach Ricards Auffassung erforscht die Neurowissenschaft das Bewusstsein durch Messreihen und Tests von außen. Der Meditierende erkundet seine Funktionsweisen in geschulter Beobachtung von innen.
Ricard kritisiert das westliche Klischee von Meditation als „Leerwerden", bloßes Abschalten oder Entspannen. Meditieren heißt, das Bewusstsein gezielt zu trainieren. Wer lediglich leerwerden will und entspannt dasitzt, das bestätigen inzwischen neurowissenschaftliche Messungen, der erzeugt noch immer *Alpha-Wellen im Gehirn*. Alphawellen verweisen auf mentales Geplapper, das die Buddhisten auch „Affengeist" nennen. Der Mensch bleibt noch immer seinen unkontrollierten Gefühlszuständen und frei flottierenden Gedankenströmen ausgeliefert. Wer lediglich dasitzt, lernt nichts zu steuern.

Neuroplastisch wirksame (das Gehirn kurzfristig und dauerhaft verändernde) Meditationsformen kultivieren gezielt erstrebenswerte Geisteszustände. Es geht um Einübungsprozesse analog wie beim Skifahren Lernen. Nur dass man in diesem Falle keine Muskeln, sondern das Gehirn trainiert (sozusagen „brainbuilding" statt „bodybuilding").

---

[31] Vgl. *Wolf Singer/Matthieu Ricard*, Hirnforschung und Meditation. Ein Dialog, Frankfurt M. 2008.

Ricard nennt drei Stufen auf diesem Lernweg:

1. *Wahrnehmung eigener Gedanken- und Gefühlsprozesse, Unterscheidenlernen von förderlichen und zerstörenden Prozessen*. „Zuerst lernt man auf die innere Welt zu achten, zu unterscheiden zwischen den Emotionen und Geisteszuständen, die zu Leid führen, und solchen, die das echte Glück wachsen lassen.“[32] Aus *christlicher* Perspektive gleicht dies dem Lernziel einer „Unterscheidung der Geister“. Es wurde bereits von den Mönchen zur Zeit der Wüstenväter angestrebt. *Evagrius Ponticus* (345-399), ein gebildeter Mönch in der Nitrischen Wüste und Schüler von Gregor von Nazianz, entfaltet seine Ausführungen zur Introspektion noch im Rahmen einer Dämonologie. Seine Anleitungen zur Wahrnehmung der eigenen Gedanken sind hoch differenziert und beziehen sich auf deren Intensität, Frequenz, gedanklichen Kontext und den Zeitpunkt des Auftretens und Abklingens. „Sollte ein Mensch aus eigener Erfahrung die schlimmen Dämonen kennenlernen und sich mit ihrer Kunst vertraut machen wollen, rate ich ihm gut, seine Gedanken zu beobachten. Achten sollte er auf ihre Intensität, auch darauf, wann sie nachlassen, wann sie entstehen und wieder vergehen. Er sollte die Vielfalt seiner Gedanken beobachten, die Regelmäßigkeit, mit der sie immer wieder auftauchen, die Dämonen, die dafür verantwortlich sind, welcher die jeweils vorausgegangenen ablöst und welcher nicht.“[33] Ferner zieht Evagrius zur Analyse die emotionalen Auswirkungen heran. Heilsamen „Gedanken folgt ein friedvoller Zustand, innere Unruhe ist die Folge“ leidvoller Gedanken.
Die sorgfältige Wahrnehmung eigener Gedanken und Gefühle zählt auch zu den grundlegenden geistlichen Übungen, die *Ignatius von Loyola* (1491-1556) in seinem Exerzitienbuch ausführlich dargelegt hat. Im Anbruch der Neuzeit schrieb er eine detailreiche Anleitung für Menschen auf unterschiedlichen Entwicklungsstufen, um sie heilsame („Trost“) von zerstörerischen Gemütszuständen („Trostlosigkeit“) unterscheiden zu lehren. Nach Ignatius kommen von Gott stets heilsame Gefühle und Gedanken: Ruhe, Freude, Frieden und Liebe. „Überhaupt nenne ich ′Tröstung′ alle Zunahme an Hoffnung, Glaube und *Liebe* und alle innere *Freudigkeit*, die zu den himmlischen Dingen ruft und hinzieht und zum eigenen Heil seiner Seele, indem sie ihr *Ruhe und Frieden* in ihrem Schöpfer und Herrn gibt.“[34]

---

[32] A.a.O., 81. Zitate in Punkt 2 und 3: ebd.

[33] *Evagrius Ponticus*, Praktikos. Über das Gebet, übersetzt von John Eudes Bamberger/Guido Joos, Münsterschwarzach 1986 (Schriften zur Kontemplation; 2), Praktikos Kap. 50, S. 54. Das folgende Zitat: Kap. 80, S. 63.

[34] *Ignatius von Loyola*, Geistliche Übungen, hg. v. Peter Knauer, Würzburg ^{4}2006, Nr. 316, vgl. Nr. 314ff. Das folgende Zitat: Nr. 317. Hervorhebung SB.

Verzweiflung, Unruhe oder Hass hingegen zerstören die Persönlichkeit des Menschen. Sie sind durch gezielte Achtsamkeit und Übungen abzubauen. „Ich nenne 'Trostlosigkeit' das ganze Gegenteil von der dritten Regel, etwa Dunkelheit der Seele, Verwirrung in ihr, Regung zu den niederen und irdischen Dingen, Unruhe von verschiedenen Bewegungen und Versuchungen, die zu Unglauben bewegen, ohne Hoffnung, ohne Liebe, wobei sich die Seele ganz träge, lau, traurig und wie von ihrem Schöpfer und Herrn getrennt findet."

2. *Zunehmendes Verweilen in heilsamen Gedanken und Gefühlen.* Ricard führt zur zweiten Stufe aus: „Danach übt man sich in verschiedenen Fertigkeiten wie Aufmerksamkeit und emotionalem Gleichgewicht." Aus christlicher Perspektive stimmt auch dieses Übungsziel mit dem christlichen Entwicklungsweg überein. Die Ignatianischen Exerzitien zielen auf ein zunehmendes Verweilen in heilsamen Geisteszuständen wie Liebe, Ruhe, Frieden, Freude, und sie geben konkrete Anleitungen dafür.

3. *Dauerhaftes Verweilen in heilsamen Geisteszuständen.* Ricard: „Und zuletzt lernt man das Verweilen im reinen Gewahrsein." Ignatius von Loyola spricht als Entwicklungsziel von „Indifferenz". Damit meint er einen Gleichmut, der zu sorgfältiger Wahrnehmung und zum nicht-subjektiven unparteiischen Urteilen befähigt. Hierbei wird der menschliche Geist weder durch Glücks- noch Unglücksfälle im Leben getrübt. In der Schilderung dieses Zielzustandes („ohne sich durch irgendeine Anhänglichkeit bestimmen zu lassen, die ungeordnet ist") findet sich eine Strukturanalogie zur buddhistischen Zielbeschreibung der Freiheit von Anhaften und Antipathie. Der Mensch soll mental Herr bleiben über die geschaffene Welt und sich nicht von ihr beherrschen lassen. Daher soll er irdische Güter, einschließlich des eigenen physischen Lebens, „soweit gebrauchen …, als sie ihm für sein Ziel helfen, und sich soweit von ihnen lösen soll, als sie ihn dafür hindern. Deshalb ist es nötig, dass wir uns gegenüber allen geschaffenen Dingen in allem, was der Freiheit unserer freien Entscheidungsmacht gestattet und ihr nicht verboten ist, *indifferent* zu machen. Wir sollen also nicht unsererseits mehr wollen: Gesundheit als Krankheit, Reichtum als Armut, Ehre als Ehrlosigkeit, langes Leben als kurzes; und genauso folglich in allem sonst, indem wir allein wünschen und wählen, was uns mehr zu dem Ziel hinführt, zu dem wir geschaffen sind."[35]
In der mystischen Tradition des Hesychasmus, die eng mit der Praktik des Herzensgebetes verbunden ist, besteht das Ziel darin, dauerhaft in „*Hesychia*" zu verweilen. „Hesychia" (ἡσυχία, griechische Bedeutungen:

[35] A.a.O., Nr. 23, Hervorhebung SB.

Ruhe, Stille, Stillschweigen, Einsamkeit, Ungestörtheit, Untätigkeit, Rast, Gelassenheit, Friede) ist gekennzeichnet durch Stille, Unbekümmertheit, Achtsamkeit und den immerwährenden Gedanken an Gott. Unbekümmert ist, wer sich nicht beunruhigen lässt von materiellen Neigungen und Bedürfnissen. Die geistliche Nüchternheit (griechisch νῆψισ) bzw. Achtsamkeit nimmt jeden Gedanken wahr, der aufsteigt. Sie verbindet jeden Augenblick mit dem Bewusstsein der Gegenwart Gottes.
Die jeweilige mentale Einstellung sowie der Grad der Konzentration auf bestimmte Gedanken- und Gefühlskomplexe spiegeln sich direkt in der Gehirnaktivität wieder. Die neurophysiologischen Untersuchungen an den buddhistischen Mönchen ergaben: Sobald die Mönche ihre Aufmerksamkeit im Rahmen bestimmter spiritueller Übungen auf innere Bilder und Gefühlszustände konzentriert hatten, konnten Davidson und sein Team hochfrequente *Gamma-Wellen* messen. Sie verweisen – im Gegensatz zum mentalen Geplapper beim bloß entspannten Sitzen – auf eine hohe Konzentrationsleistung. Gamma-Wellen lassen sich auch beim Lösen einer Mathematikaufgabe oder beim konzentrierten Beobachten eines Gegenstandes messen. Die Konzentration gilt bei der spirituellen Übung nicht einem *äußeren* Objekt, sondern einem *inneren* Objekt wie z.B. bei einer zehnminütigen Konzentration auf den Gefühlszustand „Liebe“, „Frieden“, „Präsenz“ oder „Ruhe“. Hierfür nutzen Anfänger ein inneres Bild. Z.B. erinnern sie sich an eine entsprechende Lebenssituation oder für „selbstlose Liebe“ an ihre Mutter oder ihren spirituellen Lehrer. Später wird die bildlose Konzentration auf einen Gefühlszustand geübt. Dieser wird dann zunehmend räumlich – wie ein Kraftfeld – auf die gesamte Menschheit ausgeweitet. Ferner wird die Konzentrationszeit verlängert. Durch solche Übungen erreichen die buddhistischen Mönche eine andauernde, starke und klare Konzentrationsfähigkeit, wie bei neurologischen und psychologischen Tests erwiesen wurde.
Neurowissenschaftliche Untersuchungen bestätigen, dass die Mönche durch Meditation in bestimmten Hirnregionen (Areale der Großhirnrinde) das Volumen vergrößert haben. Psychologische Test erweisen, dass Ricard über eine hochgradig trainierte Aufmerksamkeit für den kleinsten Moment verfügt (Test zu Aufmerksamkeitslücken, „attentional blink“). Er lässt sich von keinem Eindruck emotional gefangen nehmen, so dass er den nächsten Moment nicht exakt wahrnehmen würde. Er kann die kleinste mimische Regung bewusst erfassen, so dass er über eine übergroße Empathie (Einfühlungsvermögen) verfügt. Und selbst ein Pistolenschuss dicht an seinem Ohr lässt ihn nicht erschrecken, da er sich nicht in Tagträumereien oder Gedanken verliert.[36]

[36] Vgl. einführend in diese Testreihen: *Matthieu Ricard*, Glück, München 2009, 263ff.

Einer der führenden Hirnforscher in Deutschland, Wolf Singer vom Frankfurter Max-Planck-Institut, bestätigt Bensons These aus der Placebo-Forschung. *Unser Gehirn unterscheidet nicht zwischen inneren und äußeren Bildern, innerem und äußerem Erleben.* Daher kann man viele Fertigkeiten sehr effektiv durch imaginiertes Erleben trainieren. Man muss Vorgänge bzw. Zustände nur oft, präzise und intensiv genug mental wiederholen. Singer meint: „Wenn man sich mit geschlossenen Augen ein visuelles Objekt vorstellt, aktiviert man Aufmerksamkeitsmechanismen und visuelle Zentren, in denen die vorgestellten Inhalte gespeichert liegen. Wie kernspintomographische Untersuchungen zeigen, ähneln diese Muster bis ins Detail jenen, die man findet, wenn die Probanden dasselbe Objekt mit offenen Augen betrachten.“[37] Die besten Meditationszeiten liegen, Singers Tests zufolge, am Morgen und am Abend. Der Morgen legt die Grundstimmung für den Tag fest. Der Abend steuert die Lernprozesse, die im Schlaf ablaufen.

Wer seine Gedanken und inneren Bilder nicht ordnet, kann sein Leben nicht steuern. Ricard vergleicht ihn mit einem Schmetterling, der zwischen den Blüten im Wind hin und her tanzt. Er bleibt seinen *eingeschliffenen Charaktermustern schicksalhaft* ausgeliefert. Hierin liegt die existentielle Grunderfahrung für deterministische Lebenskonzepte begründet. Wer seinen Geist nicht zu einem individuellen Werkzeug umformt, dessen Leben entwickelt und verändert sich nicht mehr, da die Charaktermuster als neuronale Schaltkreise dem Gehirn einprogrammiert sind. Diese Schaltkreise berauben einen Menschen schließlich seiner Autonomie. Ricard steht der Psychoanalyse als Heilungsweg sehr kritisch gegenüber. Im psychoanalytischen Verfahren sieht er die Gefahr, dass krankmachende Bilder durch häufiges Wiederkäuen (ruminatio) verstärkt werden, denn jedes Betrachten eines Bildes wirkt verstärkend. Wer meditiert, der heilt sich vom anderen Ende her. Er vergeudet keine Zeit mit der erneuten Versenkung in Krankheitssymptome und mit Deutungsversuchen. Selbst wer etwas intellektuell eingesehen hat, verfügt mit einer intellektuellen Deutung noch über kein Werkzeug zur Umprogrammierung determinierender neuronaler Schaltkreise.

Das gezielte Lenken von Aufmerksamkeit auf heilsame innere Bilder und Gefühlszustände baut hingegen *direkt* gesunde Charakterstrukturen auf. Mit dieser Technik lassen sich gezielt falsche neuronale Schaltkreise ′abschalten′ und neue Muster einprägen, und zwar genau diejenigen, die bislang in der Biographie zu schwach entwickelt wurden. Heilung geschieht, indem man gezielt diejenigen Gefühlszustände und Bewusstseinsbilder einübt, deren Fehlen pathologische Züge und Strukturen erzeugen. Zusätzlich lernt man, die krankmachenden Schaltkreise aufmerksam wahrzunehmen und die bisherigen zwangsweisen Handlungsimpulse zu unterbrechen. Dadurch

---

[37] A.a.O., 70f.

schwächt man den pathologischen Reaktionszirkel zunehmend. Eine vorwiegend intellektuell orientierte Erziehung und Spiritualität greift hier nicht tief genug, als dass sie heilend wirken könnte.

3.3.2 Meditationsforschung und Relecture christlicher spiritueller Traditionen

Vergleicht man die Entwicklungsstufen und Übungen, die Ricard als Grundlage für spirituelles „brainbuilding“ beschreibt, mit christlichen Übungen, so werden strukturelle Gemeinsamkeiten deutlich. Zu den wichtigsten therapeutischen Prinzipien zählen in beiden religiösen Traditionen:

- *Achtsamkeit*, die auf die eigenen kognitiven und emotionalen Prozesse gerichtet wird (erhöhte Introspektion),
- die *„Unterscheidung der Geister“*: durch Introspektion krankmachende Gedanken, Gefühle und Handlungsimpulse von heilsamen unterscheiden zu lernen,
- das *Einüben des Verweilens* in heilsamen Gedanken und Gefühlszuständen,
- das *Ausdehnen des Verweilens* in heilsamen Gedanken und Gefühlszuständen, bis sie zur Lebenshaltung werden.

Bereits die ersten Mönchs-Schriftsteller wie Evagrius Pontikus im „Praktikos“ [38] bezeugen diese Praktiken für das frühe Christentum. Das mystagogisch orientierte Christentum verstand den christlichen Glauben nicht als ein intellektuelles Für-wahr-Halten (fides historica, ein bloßes Anerkennen historischer Tatsachen), sondern als eine personale Beziehung und sogar Liebesbeziehung, die das Leben zunehmend verwandelt. Das Erleben des eigenen Lebens verwandelt sich durch eine einübende Neuausrichtung von Denken, Fühlen und Wollen auf Christus. Der Informations-Glaube heilt nicht. Kognitive Informationen, die nicht emotional und willentlich einübend vertieft werden, bleiben dem Menschen rein äußerlich. Ein eindimensional intellektueller Glaube bleibt beim Fürwahr-Halten stehen. Er ist nicht der Glaube, den Luther mit seinem *sola fide* gemeint hat. Luther ging es um eine personale Beziehung. Er verwarf die scholastische Differenzierung zwischen „fides qua“ und „fides quae“ (d.h. zwischen Glaubensakt und Glaubensgegenstand) als unbiblisch und stellte die interpersonale Dynamik des Glaubensgeschehens in das Zentrum seiner Theolo-

[38] *Evagrius Ponticus*, a.a.O. (Anm. 33).

gie. Glaube ist aus Luthers Sicht missverstanden als inhaltsorientierte Zustimmung zu einer Lehre. Im Kern ist „Glaube" nach Luther ein von Gott selbst herbeigeführtes Zusammensein von Gott und Mensch. „... im Glauben selbst ist Christus anwesend" (WA 40 I, 229,15). Um zu diesem Christusverhältnis zu gelangen, bedarf es der einübenden Konzentration auf Christus. Luther setzte daher auch für den lutherischen Existenzvollzug einen variierten Zirkel der alten monastischen Übungen voraus: lectio, oratio, meditatio und tentatio (Lesen des Bibeltextes, Beten, Meditieren, Angefochtensein).[39]

Therapeutisch wird das Christentum erst wirksam, wenn die Erlösung individuell *vermittelt* wird. Es wird therapeutisch wirksam, wenn der Erlösungs-*Gedanke* die Gefühle und darüber auch den Körper ergreift und verwandelt. Erst einübend wird *gewusste* Erlösung zu gelebter Erlösung, gewusster Friede zu erlebtem und gelebtem Frieden.

Im evangelischen Christentum lebte noch bis in das 19. Jahrhundert hinein die Überzeugung, dass die Spiritualität und durch sie die eigene Persönlichkeitsentwicklung nicht dem Zufall überlassen werden sollte. Eine breite pastoraltheologische Literatur unterstützte die evangelischen Pfarrer mit Anleitungen zu ihrer Selbstkultivierung.

Die mentale Selbstkultivierung sollte in der westlichen Kultur wieder normal werden wie das Erlernen eines Berufes, eines Instrumentes oder Sport-Training. In der mentalen Entwicklungsfähigkeit liegt das wichtigste kulturentwickelnde und therapeutische Potenzial. Die von der philosophischen Aufklärung *rein kognitiv erklärte* Autonomie des Menschen muss geistig-seelisch erst noch *erarbeitet* werden. Noch haben die meisten Menschen weder die Herrschaft über ihre Gedanken noch die Steuerung ihrer Gefühle erlernt.

Hirnforscher verweisen zunehmend auf die Potenziale des Einzelnen zu einer lebenslangen Weiterentwicklung. Das Gehirn bleibt lebenslang auf Entwicklung hin angelegt. Auch im Alter werden, bei entsprechenden Übungen, neue neuronale Verbindungen geschaffen, vorhandene Synapsen verstärkt, neue Neuronen gebildet und dysfunktionale Bereiche stillgelegt. Die buddhistischen Mönche bilden keine Sondergruppe der Menschheit, sondern sie verkörpern das Potenzial, über das jeder Mensch verfügt. Neurowissenschaftliche Untersuchungen an trainierten westlichen Meditierern ergaben in den Labors des Emotionsforschers Paul Ekman, dass sie die Ergebnisse der bisherigen westlichen Elite weit hinter sich ließen. Ekman

---

[39] Vgl. diesen Hintergrund von Luthers Frömmigkeit und lutherischer Pastoren-Frömmigkeit, die noch bis ins 19. Jahrhundert überliefert wurde, bei Dietrich Bonhoeffer: *Sabine Bobert-Stützel*, Bonhoeffers Pastoraltheologie, Gütersloh 1995. Zum pastoralpsychologischen Hintergrund dieser genuin lutherischen Exerzitien: *Dies.*, Frömmigkeit als Symbolspiel, Göttingen 2000.

hatte zuvor 5000 Menschen getestet, die beruflich auf Emotionserkennung spezialisiert sind und die daher bislang in seinen Labors die Spitzenergebnisse geliefert hatten. Die westlichen Meditierer setzten völlig neue Maßstäbe. „Sie schnitten besser ab als Polisten, Rechtsanwälte, Psychiater, Zollbeamte, Richter – und sogar Geheimagenten".[40]

Wie wichtig speziell der Faktor Aufmerksamkeit ist, wird an einem Experiment von Michael Merzenich mit Affen deutlich. Merzenich setzte für sechs Wochen zwei Gruppen von Affen denselben Reizen aus.[41] Sie hörten täglich 100 Minuten lang Töne per Kopfhörer. Ihre Finger wurden simultan von einer gerillen Drehscheibe stimuliert. Beide Gruppen unterschieden sich lediglich darin, ob sie den Tönen oder dem Tastsinn *gezielt* Aufmerksamkeit schenkten. Für diese gezielte Aufmerksamkeit wurden die Affen spezifisch belohnt.

Merzenich untersuchte, inwiefern der Faktor Aufmerksamkeit neuroplastische Auswirkungen hat. Das Ergebnis war frappierend. Beide Affengruppen erlebten über ihre Sinne die gleichen Inputs. Doch wenn die Affen auf das achteten, was sie *hörten*, und nicht auf das, was sie fühlten, gab es keine Veränderung in ihrem somatosensorischen Kortex. Die Region, die den Vibrationsreiz der Finger verarbeitete, vergrößerte sich nicht, sondern nur der für die Verarbeitung der gehörten Tonfrequenz zuständige Bereich der Hörrinde.

Bei den Affen, die sich mit Belohnung auf ihre Finger konzentrierten, zeigten sich nur Veränderungen im somatosensorischen Kortex. Die gezielte Aufmerksamkeit verwandelte den absolut gleichen Input – das Fühlen der leichten Berührung der Finger in eine Kraft, die das materielle Gewebe des Gehirns modellierte. Konzentration ist das Tor zur Neuroplastizität.

---

[40] A.a.O, 277.

[41] Vgl. Begley, a.a.O. (Anm. 13), 282ff.

3.4 Heilungserfolge bei Depression und Zwangserkrankungen

Die Neurowissenschaftlerin Helen Neville von der Universität Oregon, die mit Blinden und Gehörlosen arbeitet, weist ebenfalls auf den bislang weit unterschätzten Faktor Aufmerksamkeit hin: „Die Menschen denken, dass Aufmerksamkeit nur eine Art psychologisches Konstrukt ist, aber in Wirklichkeit kann man sie anfassen. Sie besitzt eine Anatomie, eine Physiologie und eine Chemie.“ [42] Die spirituelle Basistechnik Achtsamkeit ist das grundlegende Werkzeug zur Formung des Menschen und zugleich eine therapeutische hoch wirksame Kraft. Der Meditationsforscher Richard Davidson konstatiert: „In vielerlei Hinsicht ist die Aufmerksamkeit der Schlüssel zur Formbarkeit des Gehirns.“[43] Durch die Lenkung ihrer Konzentration entscheiden Menschen darüber, von welchen Eindrücken sie ihr Hirn modellieren lassen. Der renommierte US-amerikanische Neurowissenschaftler Michael Merzenich verweist gleichfalls auf die neuroplastische Kraft von Aufmerksamkeit: „Wir entscheiden uns in einem sehr realen Sinn dafür, wer wir im nächsten Moment sein werden, und diese Entscheidungen hinterlassen in uns einen physischen Abdruck.“[44]

Seit den 1990er Jahren wurden verschiedene Therapieformen entwickelt, die auf Achtsamkeit basieren. Der Begriff *„Achtsamkeit“* wird je nach Kontext unterschiedlich definiert. Achtsamkeit ist der Kern jeder Wahrnehmungstheorie und jeder Ästhetik. „Wir nehmen nichts wahr, wie es ist, sondern eingefärbt durch den Charakter, den unser Bewusstsein bereits ausgebildet hat. Alles ist ′gefiltert′. Diesen Filter genau kennen zu lernen, zu verstehen und zu ′reinigen′, ist eine unabdingbare analytische Aufgabe, wenn wir in unserem Denken und Handeln klarer werden wollen.“ [45]

Achtsamkeit ist ein Zustand im Wachbewusstsein, bei dem alles, was im gegenwärtigen Moment geschieht, hellwach wahrgenommen wird, ohne über das Wahrgenommene zu urteilen und „ohne dass mentale oder kognitive Projektionen die Wahrnehmung und die mentale Wahrnehmungsverarbeitung trüben würden“. Es geht um eine absichtsvolle, auf den gegenwärtigen Augenblick fokussierte, nicht wertende Wahrnehmung.

Im therapeutischen Kontext meint Achtsamkeit eine Haltung und Lebensform, bei der Menschen Körperempfindungen, Gefühle, Gedanken, Antriebe und Gewohnheiten betrachten, ohne sie zu bewerten oder sofort verändern zu wollen, aber auch ohne vordergründig Negatives wie Schmerz oder unangenehme Gefühle auszublenden.

---

[42] In: Begley, a.a.O. (Anm. 13), 285.
[43] In: Begley, a.a.O., 285.
[44] In: Begley, a.a.O., 284.
[45] *Michael von Brück*, Achtsamkeit als meditative Praxis, in: ThPQ 152 (2004), 357-366, hier: 357f. Folgendes Zitat: 357.

Geschulte Achtsamkeit führt aus einer zersplitterten und zerstreuten Aufmerksamkeit, aus einer kritisch urteilenden Grundhaltung und aus dem Willen zur Manipulation heraus. Durch eine zerstreute Aufmerksamkeit erfassen Menschen ihre Realität nur ungenau. Der gegenwärtige Zeitpunkt ist jedoch der einzige Zeitpunkt, in dem man seine Geschichte neu konstituieren kann. Wenn sich die Gedanken und Gefühle vorrangig in der Zukunft oder der Vergangenheit bewegen, ist der Akteur nicht ganz da, weder in seinen alltäglichen Handlungen noch in kritischen Situationen. Er wird zunehmend zu einem Zuschauer des eigenen Lebens. Er nimmt es weitgehend als fremdes Leben wahr, da es vorrangig von vergangenen, fremden und überindividuellen Faktoren gesteuert wird.

Das therapeutische Potential einer achtsamen Grundhaltung liegt darin, Menschen in alltäglichen und kritischen Situationen wahrnehmungsfähig und dadurch handlungsfähig zu machen. Der Medizinprofessor *Jon Kabat-Zinn* beschreibt als Potential einer achtsamen Grundhaltung:

„Die Schulung der Achtsamkeit führt … zu einer neuen Sicht- und Seinsweise, weil sie dem Meditierenden die Kraft und Bedeutung des gegenwärtigen Augenblicks erschließt. *Der gegenwärtige Augenblick, das Jetzt, ist der einzige Augenblick, in dem wir wirklich leben*. Vergangenes ist vorüber, Zukünftiges noch nicht geschehen. Das Jetzt ist die einzige Möglichkeit, die wir haben, um wirklich zu sehen, wirklich zu handeln, wirklich heil und gesund zu werden. Deshalb ist jeder Moment so unendlich kostbar. Deshalb lenken wir die *ganze* Aufmerksamkeit auf das, was wir in jedem Augenblick tun." „Das Ziel ist nicht, irgendwo anders hinzugelangen, sondern da, wo man ist, wirklich zu *sein, ganz* zu sein."[46]

Zu den inzwischen therapeutisch etablierten Verfahren zählen Stressbewältigung durch Achtsamkeit (MBSR – Jon Kabat-Zinn et al.), die Dialektisch-Behaviorale Therapie zur Behandlung von Borderline-Persönlichkeitsstörungen (DBT – Dialectial Behavioral Therapy for Borderline Personality Disorders, Marsha Linehan[47]) sowie die achtsamkeitsbasierte kognitive Therapie zur Vermeidung von Rückfällen bei Depression. Darüber hinaus werden auch im Coaching von Führungskräften und im Leistungssport achtsamkeits-basierte Methoden eingesetzt.

Die achtsamkeitsbasierte Kognitive Therapie (MBCT – Mindfulness-Based Cognitive therapy) ist ein Therapieverfahren, das entwickelt wurde, um Patienten vor einem depressiven Rückfall zu schützen. MBCT wurde gemeinsam von den Professoren *Zindel Segal, John Teasdale und Mark Williams* entwickelt und durch ihr Buch „Mindfulness-Based Cognitive

---

[46] *Jon Kabat-Zinn*, Gesund durch Meditation, Bern/München/Wien [3]1995, 43.44.

[47] *Marsha Linehan*, Dialektisch-Behaviorale Therapie der Borderline-Persönlichkeitsstörung, CIP-Medien 1996. *Dies.*, Trainingsmanual zur Dialektisch-Behavioralen Therapie der Borderline-Persönlichkeitsstörung, CIP-Medien 1996.

Therapy for Depression" bekannt gemacht.[48] MBCT kombiniert Elemente aus dem achtsamkeitsbasierten Stressbewältigungsprogramm von Kabat-Zinn (MBSR) mit Techniken der kognitiven Verhaltenstherapie in einem Acht-Wochen-Kurs. Eines der Kernprobleme bei depressiven Störungen besteht darin, dass nach Abklingen einer akuten Episode 50 Prozent der Patientinnen und Patienten einen Rückfall erleiden. 70 bis 80 Prozent der Personen, die bereits mehrere depressive Episoden durchlebt haben, erleiden weitere depressive Phasen. Das MBCT Programm richtet sich an Patienten, die bereits mehrere depressive Episoden erlebt haben, jedoch nicht akut depressiv sind.

Da sich bei depressiven Menschen die Gedanken häufig verselbständigen und wie von einem Autopiloten gelenkt werden, setzt die Therapie durch Achtsamkeit genau bei diesem Grundproblem an. Sie lehrt die Betroffenen, aus diesen Gedankenschleifen auszusteigen und sich ins Hier und Jetzt zurückzuholen. Segal et al. beschreiben das Leben „auf Autopilot" wie folgt: „Wenn wir Auto fahren kann es uns passieren, dass wir über viele Kilometer wie ′auf Autopilot′ fahren, ohne uns wirklich gewahr zu sein, was wir tun. In derselben Weise kann es sein, dass wir während eines großen Teils unseres Lebens nicht wirklich ′präsent′ sind, Moment für Moment. Oft sind wir ′kilometerweit weg′ ohne es zu wissen. Wenn wir ′auf Autopilot′ sind, passiert es uns viel eher, dass wir auf Ereignisse ′anspringen′: Ereignisse um uns herum, Gefühle und andere Empfindungen im Geist (die uns evtl. kaum gewahr werden) können alte Denkgewohnheiten auslösen, die oft gar nicht hilfreich sind und zu einer Verschlechterung der Stimmung führen."[49] Indem die Betroffenen zunehmend ihre Gedanken, Gefühle und Körperempfindungen genauer wahrnehmen lernen, erschließen sich ihnen vielfältigere Wahlmöglichkeiten.

Das Ziel eines achtsamkeitsbasierten Therapiekurses gegen Depression ist es, das Gewahrsein zu erhöhen, damit Patienten in kritischen Situationen gedanklich und emotional wählen können statt automatisch zu reagieren. Die Therapie beginnt damit, dass den Patienten zunehmend bewusst wird, wie stark ihre Aufmerksamkeit gestreut ist. Auf einer Aufbaustufe geht es darum zu üben, den Fokus absichtlich verändern zu können. Die Patienten üben das Aufrechterhalten des Fokus durch Konzentration auf den Atemstrom sowie durch Körperwahrnehmungen ein. Dadurch lernen sie, ihren Körper als Anker im Hier und Jetzt zu nutzen. Der Körper ist das Tor in die Gegenwart. Diese Verankerung im Moment wird in einer weiteren Stufe als Grundhaltung auf alltägliche Gedanken und Gefühle sowie schließlich auf kritische Situationen ausgedehnt.

---

[48] *Zindel V. Segal/J. Mark G. Williams/John D. Teasdale*, Mindfulness-Based Cognitive Therapy for Depression: A New Approach to Preventing Relapse, Guilford Press 2001.

[49] Aus den Informationsblättern zur Sitzung 1, frei übersetzt nach Segal et al. 2001.

Die bisherigen Ergebnisse von zwei kontrollierten klinischen Studien mit insgesamt mehr als 200 Teilnehmerinnen und Teilnehmern zeigen eindeutig, dass MBCT das Rückfallrisiko bei Menschen, die drei oder mehr depressive Episoden erlitten haben, um die Hälfte vermindert. Die Therapieteilnehmer lernen ihre eigenen depressionsfördernden Gedanken- und Verhaltensmuster zu erkennen und sie angstfrei und wertfrei zu beobachten und zu akzeptieren. Die Verankerung im Moment fungiert als therapeutische Schutzwand gegenüber der pathologischen Neigung zum fruchtlosen Grübeln und zur Fixierung auf negative Gedankenketten und Gefühle. Der Patient lernt zunehmend, sich von depressiven Gedanken und Stimmungslagen zu distanzieren und sich von ihnen selbst zu unterscheiden. Er nimmt die Gedanken und Gefühle wahr, ohne auf sie reagieren zu müssen. Er betrachtet sie als vorübergehende mentale Vorgänge. Zudem überwindet die Verankerung im Hier und Jetzt eines der depressiven Grundübel: die Unfähigkeit, sich spontan auf Überraschungen einzulassen und die positiven Seiten des Lebens und neue Entwicklungen wahrzunehmen.
Ähnlich strukturiert ist ein achtsamkeitsbasierter Therapieansatz, den der Neuropsychiater *Jeffrey Schwartz* und sein Kollege *Lewis Baxter* von der Universität Kalifornien für Patienten mit Zwangsstörungen entwickelt haben.[50] Zu Therapiebeginn klärt Schwartz anhand von (MRT)PET-Aufnahmen seine Patienten darüber auf, dass einer Zwangserkrankung eine Hyperaktivität im orbitalen Frontallappen sowie im Stratium vorliegt. Durch die Hyperaktivität empfindet der Patient eine Art Fehlermelder im Gehirn, der ihn übermäßig mit der Falschmeldung versorgt, dass etwas nicht stimme („Sorgen-Schaltkreis"). Schwartz führt seine Patienten dazu, die zwanghaften Symptome wie Waschzwang, Kontrollzwang, Ordnungszwang und Zwangsgedanken wertfrei zu beobachten und sie als Fehlermeldung des Gehirns einzustufen.
Die Patientinnen und Patienten berichten bereits nach einer Übungswoche, dass sie das Gefühl hätten, ihrer Krankheit nicht länger ausgeliefert zu sein und persönliche Kontrolle über sie zu gewinnen. Schwartz fragte sich nach dem ersten Training, ob sich die Gehirnaktivitäten seiner Patienten durch das Achtsamkeitstraining tatsächlich verändern würden, oder ob es sich lediglich um subjektive Empfindungen handelte. Nach zehn Wochen Achtsamkeits-Therapie ließ er von seinen 18 Patienten erneute PET-Aufnahmen anfertigen. Bei 12 der Patientinnen und Patienten, die über bedeutende Fortschritte berichteten, zeigten die PET-Bilder, dass die Überaktivität im orbitalen Frontallappen, einem Zentrum im Störungs-Schaltkreis, drastisch

---

[50] Vgl. *Jeffrey M. Schwartz et al.*, Systematic Changes in Cerebral Glucose Metabolic Rate after Successful Behavior Modification Treatment of Obsessive-Compulsive Disorder, in: Archives of General Psychiatry 53 (1996), 109-113; *ders./Sharon Begley*, The Mind and the Brain. Neuroplasticity and the Power of Mental Force, New York 2002, Kapitel 2.

gesunken war. Die Achtsamkeits-Therapie hatte den Stoffwechsel in diesem Bereich verändert. Die bewusste Absicht kann also ohne zusätzliche Medikation pathologische Gehirnfunktionen heilsam umgestalten. Die Reichwiete der Therapie wird allerdings dadurch begrenzt, dass sie vom Patienten aktive Kooperation verlangt: regelmäßiges tägliches Üben, Eigeninitiative und Disziplin.

Aufmerksamkeit als eine neuroplastische Kraft spielt nicht nur bei Heilungsprozessen eine wichtige Rolle. Im Kontext spiritueller Übungen wird sie als Grundlage einer Lebenshaltung erlernt. Aufmerksamkeit ist das Tor zur Wahrnehmung der Wirklichkeit. Exemplarisch soll dies im folgenden Kapitel an der Zeiterfahrung dargestellt werden. Ferner wird die Technik der ruminatio vorgestellt, die so alt ist wie das christliche Mönchtum selbst. „Ruminatio" ist die Arbeit mit einem Mantrum. In ihr fokussiert der oder die Übende die Aufmerksamkeit in einem Wort oder einem Vers. Im Christentum dient die Arbeit mit Mantren vorrangig einem Ziel: der Ausrichtung der Aufmerksamkeit auf die Gegenwart Jesu Christi in allen Prozessen. Die Analyse mantrischer Arbeitstechniken führt mitten hinein in einen interreligiösen Dialog, da Mantren in vielen mystisch orientierten Schulungswegen zentral sind.

4. Der mystische Weg

4.1 Abschied von kulturellen Zeitprojektionen

Die kontemplative Grundhaltung und die Zeitkonstruktionen der Gegenwartskultur könnten kaum entfernter voneinander sein. Zum mystischen Weg gehört es, den Menschen so zu zentrieren, dass vor ihm alle Zeitkonstrukte zerfallen. „Zeit endet, wo sie beginnt: im Denken." „Alle Zeitskalen hängen an konstruierten Begriffen, die Daten logisch verknüpfen, am Denken also."[1] Der kontemplativ Übende nimmt wahr, dass ′Zeit′ ein subjektives und kollektives Konstrukt ist. Er nimmt Vergangenheit wahr als „das Anhaften an Erinnertem, Zukunft [als] die Projektion des Gewünschten. Die Erfahrung reiner Gegenwart, die gleichzeitige Einheit ist, wäre Freiheit von beiden Intentionen, Freiheit von Anhaften und Projektionen also."[2] Die Frage nach der Zeit ist die Frage nach einer bestimmten Existenzweise des Menschen. Sie ist die Frage nach der Selbstvergewisserung des Menschen in seiner Existenz als phänomenales Ego im Unterschied zu seinem wesentlichen Dasein. „Descartes′ *cogito* dient der Selbstvergewisserung des *ego sum*. Das Ego ist nicht, wenn es sich nicht als solches im Denken bestätigt, d.h. wenn es nicht durch das *alter ego* hindurchgegangen ist, das sich von sich distanziert, nur um sich im Gedachten wiederzufinden."[3] Erst der selbstvergewissernde Durchgang durch das Denken erschafft die Konstrukte von Zeit und Raum. „Der Mensch zeitigt sich, um seiner selbst gewiß zu sein."[4] „In Zeit und Raum … wird Existenz. Sie wird sich nicht nur ihrer bewusst, sondern außerhalb dieser Sebstdistanz *ist* sie nicht." Die selbstdistanzierende denkende Selbstvergewisserung ist zugleich der Ursprung des Empfindens von Selbstentfremdung. „Das Dilemma der Entfremdung um der Existenz willen ist also ein fundamentales, die geschichtliche Wirklichkeit … ist davon abgeleitet."

Die Konstruiertheit von Zeit wird besonders im interkulturellen und geschichtlichen Vergleich deutlich. Auch innerhalb der europäischen Kultur erweist sich die Zeiterfahrung nicht als Konstante, sondern als ein zeitgebundenes, wandelbares Phänomen.[5] Bereits aus entwicklungspsychologischer Sicht wird deutlich, wie ein Kind erst allmählich an die Wahrneh-

[1] *Michael von Brück*, Wo endet Zeit? Erfahrungen zeitloser Gleichzeitigkeit in der Mystik der Weltreligionen, in: Kurt Weis (Hg.), Was ist Zeit?, München 1994, 207-262, hier: 207f.

[2] A.a.O., 209. Ergänzung SB.

[3] A.a.O., 210f.

[4] A.a.O., 211. Folgende beide Zitate: ebd.

[5] Vgl. *Reinhart Koselleck*, Vergangene Zukunft, Frankfurt M. 1979.

mung und das Erleben kultureller Zeitraster angepasst wird.[6] Zeiterfahrung ist abhängig von der Lebenskultur des Erfahrenden sowie vom Zustand des wahrnehmenden Bewusstseins. Zeitbestimmungen sind zwar von Naturzyklen her mitbedingt. Doch sie werden kulturell und geschichtlich jeweils spezifisch definiert. Im Universum gibt es simultan unzählige Zeitkonstruktionen. Was als Zeit benannt und erlebt wird, hängt von kulturell geformten Bewusstseinszuständen ab, die selbst wiederum geschichtlichen Wandlungen unterliegen.[7]

Das spätmoderne Zeitempfinden hat seine eigene Geschichte in der Fortschrittsutopie, die mit der Industrialisierung und der technischen Globalisierungswelle um 1900 einsetzte. Die Ökonomisierung der Zeit, um Maschinen voll auszulasten, führte zur empfundenen Gleichsetzung von Zeit mit Geld, zur mechanisch-pedantischen Messung von Zeit und zur disziplinierten Einpassung von Menschen in maschinenhaft-mechanistische Zeitabläufe. Maschinen, die keine Rhythmen von Tag und Nacht und keine Biorhythmen kennen, versteppten zunehmend das menschliche Zeitempfinden. In der zeitgenössischen Literatur schlug sich dies in Redewendungen vom „rasenden Zug der Zeit", der „höchsten Eisenbahn" und „pünktlich wie die Eisenbahn" nieder.

Der französische Philosoph und Kulturkritiker *Paul Virilio* (*1932) widmet einen Großteil seines Werkes der Reflexion des Zusammenhangs zwischen der Einführung neuer Technologien und modernen und spätmodernen Zeitkonstruktionen. Er nennt seinen philosophischen Ansatz „Dromologie", „Lehre von der Geschwindigkeit". Im Unterschied zu enthusiastischen Fortschrittsgläubigen analysiert Virilio die Rückwirkungen von Zeitkonstruktionen auf Kultur und Individuum. Hierfür verbindet er Untersuchungen zur Mediengeschichte, Militärwissenschaft, Urbanistik und Physik miteinander.[8]

Nach Virilio sind heutige Zeitkonstrukte durch drei Geschwindigkeits-Revolutionen seit dem Industriezeitalter geprägt: die Revolution des Transportwesens im 19. Jahrhundert, die Revolution der lichtgeschwinden Übertragungsmedien im 20. Jahrhundert sowie die Revolution der Transplantationstechniken. Das Industriezeitalter entwickelte Maschinen, die mit immer höherer Geschwindigkeit arbeiten konnten. Zu Beginn des 20. Jahrhunderts trugen die elektromagnetischen Übertragungsmedien zur Entwicklung eines neuen Zeit- und Raumempfindens bei. Bereits das Telefon weckte das subjektive Gefühl, weite Strecken körperlos und nahezu zeitlos überwinden zu können. Schließlich werde, so prophezeit Virilio, der

---

[6] Vgl. *Jean Piaget*, Time Perception in Children, in: J. T. Fraser (Hg.), The Voices of Time, Amherst ^{2}1981.

[7] *Michael von Brück*, Ewiges Leben oder Wiedergeburt, Freiburg/ Basel/ Wien 2007, 53f.

[8] Vgl. *Daniela Kloock/Angela Spahr*, Medientheorien, München 2000, 133-164.

menschliche Körper selber durch das Einpflanzen von Mikrochips erweitert und entkörperlicht werden, um direkt mit den Informationsmedien zu verschmelzen.

Nach Virilio stehen die Kultur und das Individuum davor, sich in einer erdfernen Kunstwelt zu verlieren. Nicht mehr die Rhythmen von Tag und Nacht, Körperlichkeit und Erdanziehungskraft bestimmen künftig das menschliche Bewusstsein, sondern Datenhorizonte und virtuelle Welten. In seinem Bewusstsein an sie angepasst, begreift der Mensch sich zunehmend als telepräsenten Informationsschatten. Virilio bezeichnet diese Existenzform im Datenhorizont als „Fluchtgeschwindigkeit". Er greift damit das Bild des Herausgeschleudertseins eines Astronauten aus der Erdanziehungskraft auf.[9]

[9] *Paul Virilio*, Fluchtgeschwindigkeit, Frankfurt M. 2001; *ders.*, Revolutionen der Geschwindigkeit, 1993; *ders.*, Rasender Stillstand, Frankfurt M. ^{4}1997.

4.2 *Die mystische Zeiterfahrung als dynamisches Jetzt*

Die Fähigkeit zur religiösen Erfahrung ist grundlegend mit der Wahrnehmungsfähigkeit des Menschen verbunden. Bereits sinnlich gebundene Alltagserfahrungen vermitteln die Erfahrung: Wer beispielsweise nichts schmecken oder riechen kann, dem bleiben ganze Dimensionen der Sinneswelt verborgen, auch wenn sie existieren. Religiöse Wahrnehmungsfähigkeit lässt sich schulen. Leidenschaftlich religiöse Menschen gingen seit den Anfängen des Christentums davon aus, dass ein Mensch, der von Gott nicht nur vom Hörensagen etwas wissen will, sondern ihn als wirklich erfahren will, seine Wahrnehmungsfähigkeit schulen müsse. Jeder mystische Weg hin zur Gotteswahrnehmung beginnt daher mit Stufen der Reinigung (purificatio) und mit der Wahrnehmungsschulung.
Die Fähigkeit zur Wahrnehmung hängt von der Konzentrationsfähigkeit ab. Wer zerstreut ist oder nur flüchtig hinschaut, wird etwas wesentlich unpräziser wahrnehmen als ein konzentrierter Mensch. Konzentration muss zudem richtig gelenkt werden. Richtet man sie in die falsche Richtung, so wird man das Gesuchte nicht wahrnehmen, selbst wenn man konzentriert ist.

Die Mystiker sind sich darin einig, dass Theoästhetik den Menschen aus den kulturellen und individuellen Zeitkonstruktionen hinausführt. Meister Eckart (ca. 1260-1327) beschreibt die außerzeitliche mystische Erfahrung als ein „nunc stans", ein dynamisches Jetzt. Das Bewusstsein hat eine Klarheit erreicht, die die Einfärbung der Wahrnehmung durch vergangene Prägungen und zukünftige Erwartungen abgelegt hat. Dadurch ist es nicht mehr im Fluss der Dinge zerstreut. Es erreicht eine neue Dichte des unmittelbaren Erlebens, die die Wahrnehmung intensiviert. Es gelangt in einen überwachen Zustand, in dem die bisherige Welt neu erscheint und in dem noch niemals Wahrgenommenes wahrgenommen wird, das, um es in Sprache zu fassen, nach neuen Kategorien verlangt.
Gott befindet sich nicht in einem absoluten, dualistischen Jenseits. Doch er befindet sich in einem Jenseits zu den durchschnittlichen alltäglichen Wahrnehmungskategorien. Daher bleibt er für viele Menschen *wahrnehmungs*transzendent. Aufgrund der engen Verknüpfung von Wahrnehmungsfähigkeit und der Verfassung des Bewusstseins üben mystische Wege den Menschen in verschiedene Bewusstseinszustände ein. Der Mensch erlebt dann: In anderen Bewusstseinszuständen ist er jeweils in der Lage, andere Dimensionen der Wirklichkeit wahrzunehmen. Tagtraum, tiefe Meditation, ekstatisches Erleben oder Nahtoderfahrungen sind jeweils unterschiedlich klare Wachbewusstseinszustände, die unsere Existenz in einem anderen Licht erscheinen lassen und andere Wahrheiten erschließen. Der Mensch existiert sowohl zeitlich – im Rahmen der projizierten Zeitstrahl-Welt von Vergan-

genheit, Gegenwart, und Zukunft – als auch überzeitlich: in einem zeitewigen Fluss der Gegenwart.
Für das Urteilen über religiöse Wahrheiten ist es daher hochgradig problematisch, sie fast ausschließlich in Kategorien des rationalen Tagesbewusstseins pressen zu wollen und den Anspruch zu erheben, dass diese Ebene die wichtigste sei, um über religiöse Wahrheiten urteilen zu können. Dieser Zugang zur Religion ist in etwa so zutreffend als wolle man ein kulinarisches Erlebnis auf Begriffe bringen und über die Qualität der Gerichte fortan im begrifflich-definierenden Diskurs urteilen. Dem begrifflichen Diskurs kommt eine wichtige Ordnungsfunktion zu, doch seine Erschließungsfunktion bleibt sehr beschränkt.
Der Psychologe und Religionswissenschaftler *William James* (1842-1910) reflektierte um 1900 aus phänomenologischer Perspektive über die Begrenztheit des begrifflichen Diskurses zum Verständnis religiöser Phänomene. „Es ist der Sachverhalt, dass unser normales waches Bewußtsein, das rationale Bewußtsein, wie wir es nennen, nur ein besonderer Typ von Bewußtsein ist, während überall jenseits seiner, von ihm durch den dünnsten Schirm getrennt, mögliche Bewusstseinsformen liegen, die ganz andersartig sind. Wir können durchs Leben gehen, ohne ihre Existenz zu vermuten; aber man setze den erforderlichen Reiz ein, und bei der bloßen Berührung sind sie in ihre ganzen Vollständigkeit da: wohlbestimmte Typen von Mentalität, für die wahrscheinlich irgendwo ein Bereich besteht, in dem sie angewendet werden können und passen. Keine Betrachtung des Universums kann abschließend sein, die diese anderen Bewusstseinsformen ganz außer Betracht lässt.“[10] Diesen Voraussetzungen entsprechend forderte der amerikanische Psychologe Charles Tart eine Wissenschaft, die zugleich die Geltungsgrenzen ihrer jeweiligen Beschreibungen und Definitionen mit reflektiert und benennt.[11]
Kernerfahrungen kontemplativen Erlebens und höhere Entwicklungsstufen auf dem mystischen Weg bleiben in die Sprache des Alltagsbewusstseins hinein und in die begrifflich definierende Sprache nur durch phänomenologische Beschreibungen, metaphorische Sprache, via negationis oder sprachliche Neuschöpfungen vermittelbar. Letztlich sind sie nicht übersetzbar. Andererseits bietet das menschliche Bewusstseinskontinuum viele Möglichkeiten, auf Übergänge zu verweisen, die einerseits an alltägliche Wahrnehmungskategorien und Erfahrungen angrenzen, diese jedoch bereits überschreiten. Dieser phänomenologisch beschreibende Weg soll im Folgenden gegangen werden.

---

[10] *William James*, Die Vielfalt religiöser Erfahrung, hg. v. Eilert Herms, Olten/Freiburg 1979, 366.
[11] *Charles Tart,* Transpersonale Psychologie, Olten/Freiburg 1978, 21ff.

4.2.1 Hohe Konzentration als Weg in den Zeitflow

Im Jahre 1962 begann der ungarisch-amerikanische Psychologe *Mihaly Csikszentmihalyi* eine Untersuchung über Kreativität. Der junge Doktorand wollte herausfinden, wie Künstler Ideen für ihre Werke entwickeln. Dabei stieß er auf ein seltsames Trance-Phänomen. Die befragten Maler waren überwach und so konzentriert auf ihre Werke, dass sie dabei gleichzeitig Hunger, Durst und Müdigkeit vergaßen. „Anfang der sechziger Jahre schrieb ich meine Dissertation über junge Kunststudenten am Chicago Art Institute. Ich stellte fest, dass sie, während sie malten, fast in eine Art Trance fielen – ein Phänomen, das mir aus eigener Erfahrung vertraut war. Sie schienen nichts um sich herum wahrzunehmen und bewegten sich wie von etwas in ihrem Innern besessen. Hatten Sie ein Gemälde beendet, betrachteten sie es ein paar Minuten lang befriedigt. Dann stellten sie das Bild beiseite und ließen es anschließend weitgehend unbeachtet. Wichtig war jetzt nur noch die neue leere Leinwand. Ganz augenscheinlich hat der Prozess der Beschäftigung mit dem werdenden Bild etwas so Anziehendes, dass er sich über alles andere hinwegsetzt – außer vielleicht dem Bedürfnis zu essen, zu schlafen und die Toilette aufzusuchen.“[12]

In den frühen 1970er Jahren interviewte Csikszentmihalyi Schachspieler, Bergsteiger, Musiker und Basketballspieler. Auf die Frage, was sie erlebten, wenn alles bei ihren Handlungen perfekt lief, bekam der Psychologe zu seiner Überraschung statt unterschiedlicher Geschichten stets ähnlich lautende Antworten. „Zum Beispiel sagten alle, dass man völlig in dem, was man täte, aufginge, dass die Konzentration sehr hoch wäre, dass man von Augenblick zu Augenblick genau wisse, was man zu tun habe und eine sehr direkte und schnelle Rückmeldung darüber erhielte, wie gut man bei seiner Arbeit wäre, und weiter noch, dass den eigenen Fähigkeiten zwar das Äußerste, jedoch nie zu viel abverlangt würde. Mit anderen Worten, die Herausforderungen und die Fertigkeiten hielten sich die Waage. Und waren all diese Bedingungen simultan gegenwärtig, vergaß man seine Alltagssorgen und sogar sich selbst als etwas Getrenntes von dem, was gerade vor sich ging – man war sich bewusst, dass man Teil von etwas Größerem war und bewegte sich entlang der inneren Logik der Handlung.“

Csikszentmihalyi hatte einen neuen Antrieb zu Tätigkeiten entdeckt – die „autotelische“ Motivation. Autotelisch motivierte Handlungen werden von Menschen um ihrer selbst willen ausgeübt. Sie erlauben ein vollkommenes Vertiefen in die Handlung hinein. Csikszentmihalyi beschrieb in der Folge-

---

[12] Interview, http://zoesmaragda.blogspot.com/2007_05_01_archive.html (abwärts scrollen, Zugang: 31. 10. 2009).

zeit die autotelischen Handlungen unter dem Leitbegriff „Flow“ näher.[13] Denn die Betreffenden schilderten ihr Erleben häufig mit dem Bild des Fließens oder eines Flusses: „Ich war im Fluss“. „Ich wurde von einem Strom weggetragen“. Sie fühlten sich im „Fluss“ leicht, getragen oder schwerelos.
Flow ist ein überwacher Zustand in freiwilliger hochgradiger Konzentration ohne Stress. Im Flow absorbiert die Handlung die gesamte Aufmerksamkeit. Alle seelische Energie ist auf die Tätigkeit ausgerichtet. Für Nachdenken über Anderes gibt es keine Ressourcen. Der Flowprozess ist emotions- und reflexionsfrei, auch frei von Selbstreflexion und Glücksgefühlen. Im Flow erlebt der Betreffende nur eine klare Präsenz – geistige Klarheit, verbunden mit hoher Leistungsfähigkeit. Das Zeitgefühl endet, und die oder der Betreffende tritt in eine Dimension von Zeitlosigkeit über. Um zu dieser Konzentration herauszufordern, muss die Tätigkeit ein hohes Anspruchsniveau haben und auf dem schmalen Grat zwischen Überforderung und Unterforderung liegen. Unterforderung würde Langeweile bewirken, Überforderung Angst und Stress provozieren.
Csikszentmihalyi drang in späteren Veröffentlichungen darauf, die Möglichkeit des Flow-Erlebens auf den Beruf und auf alltägliche Routinehandlungen auszuweiten. Durch seine Untersuchungen war ihm die destruktive Seite des Flow-Zustandes bewusst geworden: das Suchtpotential. „Eine Person kann zunehmend so abhängig von einer bestimmten Art von Herausforderung werden, dass sie, wenn alle Herausforderungsmöglichkeiten erschöpft sind, völlig hilflos dasteht. Mich hat beispielsweise immer wieder beeindruckt, wie viele Schachgroßmeister zusammenbrachen und sich in die verschiedensten Neurosen flüchteten, nachdem sie jeden potentiellen Gegner der Welt geschlagen hatten und es für sie absolut kein Ziel mehr zu erreichen gab.“[14] Wenn Flow nur bei einer spezifischen Tätigkeit erlebt werden kann, so befindet sich der Betreffende in einem seelischen Käfig. Ein Kriterium für Gesundheit bleibt, den Fokus wechseln zu können und mit derselben Intensität beispielsweise im Garten arbeiten oder mit einem Kind spielen zu können und auch in diesen Tätigkeiten ganz präsent sein, ganz aufgehen zu können. Erst dann führt Flow über einen käfiggleichen Zustand hinaus und trägt zum persönlichen Wachstum bei. Letztlich geht es nach Csikszentmihalyi darum, im Leben zunehmend bewusst zu wählen, welchem Ereignis bzw. wem man Aufmerksamkeit schenken möchte und dann in diesen Beziehungen ganz präsent zu sein. Dann erlebt man sich vom Strom des Lebens getragen. Ferner muss der ethische Aspekt im Blick behalten werden. Denn auch ethisch nicht vertretbare Handlungen wie

---

[13] *Mihaly Csikszentmihalyi*, Beyond boredom and anxiety (dt. Jenseits von Angst und Langeweile), 1972.
[14] A.a.O. (Anm. 12).

Einbrüche, Gewaltexzesse und Mord können Menschen in Flow-Prozesse versetzen.

Die großen spirituellen Schulen wie der Buddhismus oder das christliche Mönchtum hatten das Sucht- und Fluchtpotential des mystischen Flow-Erlebens stets im Blick. Zum Zen-Weg zählt daher neben der Sitzmeditation (Zazen), Gehmeditation (Kinhin), Textrezitation und der Arbeit mit einem Koan ebenso das konzentrierte Tätigsein (Samu). Bei Samu soll eine alltägliche Tätigkeit mit hoher Konzentration ausgeführt werden. Dabei ist nicht das Resultat entscheidend, sondern das Wie. Im Zen-Buddhismus gilt Samu als gleichwertiger Weg zum vollkommenen Gewahrsein und zur Erleuchtung wie die Übung des Zazen. Daher berichten viele Zen-Geschichten über die Wesensschau (Kensho) und das Erwachen (Satori) beim konzentrierten Gemüseschälen in der Küche oder beim achtsamen Fegen des Hofes.

Der gleiche Grundzug der Ausweitung kontemplativer Konzentration auf den Alltag lebt in der Ignatianischen Spiritualität. Ignatianische Mystik endet nicht in der Gottesschau und in der Vereinigung während der formellen Gebetszeit. Sie findet ihr Ziel in einer steten Vereinigung und einer alltäglichen hohen Wachheit, die fähig wird, Gott in allen alltäglichen Vorgängen, Dingen und Prozessen zu schauen. Ein Mitarbeiter des Ignatius antwortet in Ignatius´ Auftrag auf eine Frage, wie die Studierenden des Ordens sich meditierend üben sollen: „Sie können sich … darin üben, die Gegenwart unseres Herrn in allen Dingen zu suchen, wie im Umgang mit jemand, im Gehen, Sehen, Schmecken, Hören, Verstehen und in allem, was wir tun; denn es ist wahr, dass seine göttlichen Majestät durch Gegenwart, Macht und Wesen in allen Dingen ist.“[15]

Ignatius lebte in dieser kontemplativen Grundhaltung. „Wir sahen, wie er sehr oft von kleinen Dingen Gelegenheit nahm, den Geist zu Gott zu erheben, der auch in den geringsten wunderbar ist. Wenn er eine Pflanze, einen Grashalm, ein Blatt, eine Blume, irgendeine Frucht sah oder bei der Betrachtung eines Würmchens oder sonst eines Tierleins, wurde er über die Himmel erhoben und drang in das Innerste und den Sinnen Entzogenste ein; und von jeder kleinen Sache von diesen gewann er Lehre und sehr nützliche Hinweise für das geistliche Leben. Und er wünschte, dass sich alle von der Gesellschaft gewöhnen, Gott immer in allen Dingen gegenwärtig zu haben, und dass sie unterwiesen werden, zu ihm die Herzen zu erheben, nicht nur im zurückgezogenen Gebet, sondern auch in allen anderen Beschäftigungen, … so dass sie nicht weniger Andacht in der Tätigkeit als in der Besinnung verspüren.“[16] Wer in die Religion flieht, statt die kontemplative Grundhaltung zur Lebenshaltung zu machen, stagniert.

---

[15] Juan de Polanco in einem Brief vom 1. 6. 1551 an Antonio Brandao, zitiert nach: *Peter Knauer* SJ, Hinführung zu Ignatius von Loyola, Freiburg/ Basel/ Wien 2006, 36f.

[16] Pedro de Ribadeneira, zitiert: a.a.O., 38.

4.2.2 Das mystische Experiment von Arthur Deikman

Der Psychiater und Neurologe *Arthur J. Deikman* führte um 1960 ein Experiment durch. Er bat eine Gruppe von Probanden darum, über mehrere Monate verteilt, 15 bis 30 Minuten eine langweilige blaue Blumenvase anzuschauen. [17] Deikman notierte, wie sich die Wahrnehmung und die Empfindungen seiner Testpersonen während der bis zu 40 Sitzungen veränderten. Seine Anweisung für die Betrachtungszeit lautete, die Aufmerksamkeit ungeteilt auf die Vase zu richten und alle anderen Gedanken, Gefühle und körperlichen Empfindungen auszublenden. Keinesfalls sollte die Vase analysiert werden, so dass etwa ihre Beschaffenheit näher untersucht und reflektiert wird. Ferner war den Teilnehmerinnen und Teilnehmern untersagt, in Assoziationen zur Vase abzuschweifen. Die Anweisungen zum Vasenexperiment entnahm er Anleitungen zu Konzentrationstechniken aus dem Yoga.

Den Anstoß zu diesem Experiment gab Deikman eine persönliche Erfahrung. Während eines einsamen zweimonatigen Sommerurlaubs in den Bergen hatte er die Angewohnheit, sich jeden Morgen täglich für 30 Minuten auf einen Uferfelsen zu setzen und die Augen zu schließen. Anfangs geschah nichts. „Aber nach etwa einer Woche begann sich meine Wahrnehmung der Umgebung zu ändern. Ich sah mehr Details, die Muster der Blätter und Steine wurden deutlicher, die Farben kräftiger. Schließlich spürte ich ein unsichtbares Ausströmen vom Himmel, von den Bäumen, der ganzen Natur. Ich konnte es fühlen, aber nicht mit meinen normalen Sinnen. Es war mir auch klar, dass andere Menschen das nicht wahrnehmen konnten. Aber es war unzweifelhaft positiv, wichtig und befriedigend – etwas, das mir unbedingt wünschenswert erschien.“[18]

Deikman, der daraufhin an der Harvard-Universität sein Medizinstudium aufnahm, wollte herausfinden, was an jenem Seeufer geschah. Er begann, Berichte von Mystikern zu lesen und war über die Einmütigkeit jener Beschreibungen erstaunt. Er ging von der Beschreibung eines realen Phänomens aus.

Deikmans Probanden berichteten nach einigen Sitzungen von Wahrnehmungsveränderungen. Die Vase schien ihnen zunehmend ein Eigenleben zu führen. Sie wurde lebendiger und leuchtender. Die Schranke zwischen Subjekt und Objekt fiel. Einige Beobachter fühlten sich mit der Vase auf subtil-

---

[17] *Arthur J. Deikman*, Experimental meditation, in: Journal of Nervous and Mental Disease 136 (1963), 329-343. Vgl. *ders.*, Deautomatization and the mystic experience, in: Psychiatry 29 (1966), 324-338; *ders.*, A functional approach to mysticism, in: Journal of Consciousness Studies, Vol. 7, 11-12 (2000), 75-91.

[18] Zitiert aus einem Interview in: *Ulrich Schnabel*, Die Vermessung des Glaubens, München 2008, 454.

körperliche Weise verbunden. Wenn die Vase ihre Form änderte, meinten sie, könnten sie dies in ihrem eigenen Körper spüren. Wahrnehmungskanäle verschmolzen miteinander: Die Bewegung des Lichtes schien fühlbar zu werden.
Fortan widmete sich Deikman der Erforschung von nichtalltäglichen Wahrnehmungsformen und Bewusstseinszuständen. Er entwickelte eine eigene Mystiktheorie. Eine wichtige Schlüsselkategorie bildet darin die These von einer *„Deautomatisierung" der Wahrnehmung*. Deautomatisierung verweist auf eine Umkehrung des erlernten kulturellen Codierungsprozesses der Welt. Die Wahrnehmung von Kindern wird zunehmend standardisiert, indem ihnen beigebracht wird, Objekte in einer spezifischen Weise wahrzunehmen und diese zu kategorisieren. Dies führt zu einer zunehmend unbewusst verlaufenden Schablonisierung der wahrgenommenen Welt. Die automatisiert zwischengeschalteten Kategorien führen dazu, Gegenstände nicht mehr in ihrer jeweiligen Spezifik wahrzunehmen und sie nur noch oberflächlich anhand der Kategorien zu sortieren. Mit zunehmendem Alter verlaufen diese Prozesse rascher und effektiver, führen jedoch gleichzeitig zu einer leblosen Oberflächlichkeit. Deikman beschreibt diese Oberflächlichkeit als eine Art kulturellen Trance-Zustand, da die Menschen ihre Aufmerksamkeit dann nur noch halbwach einsetzen. „So habitual is the trance of ordinary life that one could say that human beings are a race that sleeps and awakens, but does not awaken fully. Because half-awake is sufficient for the task we customarily do, few of us are aware of the dysfunction of our condition."[19]
Die Deautomatisierung kehrt diesen Prozess um. „Indem man ein Objekt aufmerksam und voraussetzungslos betrachtet und alle abstrahierenden Gedanken unterdrückt, wird der Prozess der automatischen Kategorisierung umgekehrt. Sinneseindrücke treten stärker ins Bewußtsein, und man hat den Eindruck, dass Grenzen verschwimmen."[20]
Im Zuge eigener Erfahrungen mit Zen- und Sufi-Meditation erweiterte Deikman seine Mystik-Theorie um einen wichtigen Faktor: die Rolle einer beobachtenden *selbstlosen Haltung*. „Ich habe im Laufe der Zeit gelernt, dass Selbstlosigkeit nicht bedeutet, auf gutes Essen und jedwede Annehmlichkeiten zu verzichten – sondern dass es auf einer tieferen Ebene um das Aufgeben der Egozentrik geht. Heute glaube ich, dass der vielleicht effektivste Weg dazu das Dienen ist." „Um aus der selbstzentrierten Motivation herauszukommen, muss man sich dem öffnen, was gerade gebraucht wird und im Sinne eines größeren Ganzen handeln. Tun, was getan werden muss."[21] Dieses Dienen sei „vermutlich die effektivste spirituelle Übung, die jemand absolvieren kann; aber natürlich hat sie keinen Glamour". Über

[19] Zitiert nach Artikel: Arthur J. Deikman, in: Wikipedia Englisch (Zugang: 31. 10. 2009).
[20] Zitiert in: Schnabel, a.a.O. (Anm. 18), 456.
[21] A.a.O., 462, folgendes Zitat: 463.

eine eigene tiefreichende mystische Erfahrung sagt Deikman: „was diese Erfahrung möglich gemacht hat, … war genau dieser Moment der Selbstaufgabe“.[22]
Aus Deikmans Erkenntnis der Rolle von Selbstlosigkeit für mystische Wahrnehmungsprozesse wird verständlich, warum beispielsweise Benedikt von Nursia in seiner Klosterregel für den Benediktinerorden zwölf Stufen der „Demut“ mit spirituellen Entwicklungs- und Erkenntnisstufen gleichsetzt und ihnen solch eine herausragende Stellung zuweist.[23] Es geht Benedikt nicht um einen pathologischen Masochismus, sondern es geht ihm um eine Relativierung des phänomenalen Ego zugunsten einer wesentlich umfassenderen Selbsterkenntnis. Der Stufenweg der Demut soll die Verwandlung des Ego in das wesentliche Selbst einleiten.
Das Ziel des Demutsweges ist somit nicht die Demütigung, humiliatio, sondern die Erhöhung des Menschen, die Öffnung des Menschen für einen anderen Geist, der ihn zu einer neuen Qualität des Lebens führt.
Deikman fasst seine Analysen zur deautomatisierten Wahrnehmung in seinem „Functional Approach to Mysticism“ zusammen. Das zuvor als „automatisiert“ charakterisierte Bewusstsein beschreibt er hier als das „instrumentelle“ Bewusstsein. Es behält im Alltag seine wichtige Funktion, indem es Wahrnehmungsprozesse effektiv organisiert, selektiert, reduziert, beschleunigt und interpretiert. Das Problem ist die nutzenorientierte Kategorisierung selbst. Das Leben im abstrakten Denken und im vorausschauenden Planen konstruiert die Welt und die Lebewesen als voneinander getrennte Dinge. Es führt im gleichfalls getrennt konzipierten Subjekt zu einem Vereinzelungsgefühl.
Dem „instrumentellen“ stellt Deikman das „rezeptive“ Bewusstsein gegenüber. Im Alltag stellt es sich, auch ohne meditative Schulung, in persönlichen Begegnungen ein, bei denen man sich für die absichtslose Wahrnehmung des anderen Menschen im Hier und Jetzt öffnet, ebenso beim Genießen von Musik oder gutem Essen. Diese Erlebnisse sind durch ein starkes Zurücktreten abstrakter Kategorisierungsprozesse gekennzeichnet sowie durch intensive Verbundenheitsgefühle mit dem jeweiligen „Objekt“, ferner durch Präsenz im Hier und Jetzt. Deautomatisierungsprozesse können auch schockartig durch Stress, Drogenmissbrauch, Reizentzug oder starke Stimmungsschwankungen ausgelöst werden.
Diese Zugänge zu den tieferen Schichten der Wirklichkeit im Alltag werden gerade nicht durch rationale Erklärungen angebahnt, sondern durch ein Dekonstruieren kultureller Kategorien, vor allem durch ein Relativieren der egozentrischen Perspektive. „Denn Erklärungen spielen sich immer auf der

---

[22] A.a.O., 460.
[23] Die Regel des hl. Benedikt. Eingeleitet und übersetzt von P. Basilius Steidle OSB, Beuron [12]1980, Kapitel 7, S. 35-43.

Ebene des instrumentellen Bewusstseins ab – und eben das versperrt den Zugang zu den tieferen Schichten der Realität."[24]
Markus Klische beschreibt den Zustand deautomatisierter Wahrnehmung wie folgt: „Jeder Augenblick wird in einer Tiefe erlebt, so dass Bruchteile von Sekunden wie Minuten erscheinen. Alles wird klar, ohne Ablenkung und verzerrende Selektion registriert, was in der jeweiligen Situation innerlich und äußerlich auftritt." In einer weiteren Stufe dieser Konzentrationsform des Bewusstseins werden Konstrukte gänzlich aufgelöst, und diskursives Denken versiegt. Der Mensch tritt über in eine innerlich bildlose Bewusstheit, und er lässt auch Begriffe über das eigene Ich hinter sich. Gegenüber der bild- und begriffsbezogenen Konstruktion von Wahrnehmungsprozessen hebt Klische hervor: „Begriffslosigkeit ist darum nicht Geistlosigkeit, sondern Geist in seiner vollendeten Gestalt, welche das reine Selbst-Bewusstsein ist. Die Gegenwart verschwindet nicht angesichts der Leere, sondern die Leere ist das Volle, das Überfüllige, greifbar, Sekunde für Sekunde."[25]
Für Deikman liegt in der Unterscheidung beider Wahrnehmungsformen auch die Antwort auf das Wesen des Menschen und die Frage einer nachtodlichen Existenz. Automatisierte und deautomatisierte Wahrnehmung verbinden den Menschen mit unterschiedlichen Zeiterfahrungen und bislang nicht erschlossenen Existenzbereichen. „In der einen gibt es die Zeit, die lineare Zeit. In der anderen ist man im ′Jetzt′, die Zeit existiert darin nicht in der üblichen Weise. … In diesem Zustand sind wir außerhalb der Beschäftigung mit dem Tod."[26] Unser instrumentelles Bewußtsein kann uns nicht unser wahres, tiefstes menschliches Wesen erschließen. Diesen Tiefenzugang erschließt nur eine Haltung, die diese logischen Kategorien und die Grenzen des alltäglich konzipierten Ego überwindet. In Deikmans Worten: „Ich glaube, dass unser normales Selbst der *Inhalt* unseres Bewussteins ist. Aber dahinter gibt es noch etwas anderes, nämlich das Bewusstsein selbst, sozusagen die reine Aufmerksamkeit. Und ich glaube, dass man dieses Bewusstsein als fundamentale Konstante des Universums begreifen kann. In diesem Sinne wäre das Bewusstsein – und damit das ′Ich′ – grenzenlos. Aber das sind nur Worte." Das sprachliche Problem bei der Verständigung über die menschliche Natur und das, was von ihr bleibt, ist unsere alltägliche Sprache selbst. „Weil dasjenige Bewusstsein, das diese Frage stellt, eben nicht die Art von Bewusstsein ist, das die Antwort hören kann."[27]

---

[24] In: Schnabel, a.a.O. (Anm. 18), 461.
[25] *Marcus Klische*, Transpersonale Entwicklung. Stufenweg des erleuchteten Geistes, Dissertation Universität Duisburg-Essen 2006, 52.
[26] In: Schnabel, a.a.O. (Anm. 18), 464. Das folgende Zitat: ebd.
[27] A.a.O., 465.

4.3 Ein Menschenbild mit kontemplativer Entwicklungsdynamik

In der theologischen Anthropologie, der Lehre vom Menschen, nehmen zwar die Bewusstseinsprozesse des Menschen einen großen Raum ein. Doch die entsprechenden Erörterungen bleiben auf Prozesse logisch-rationaler Selbstreflexion fixiert. Eine dynamische Anthropologie, die zugleich einen religiösen Deutungsanspruch erhebt, muss ihre Qualität darin erweisen, dass sie *verschiedene* Bewusstseinsprozesse, die im Kontext religiöser Erfahrungen auftreten, angemessen interpretieren kann.

Die Erörterung des kontemplativen Weges bleibt eng mit anthropologischen Grundfragen verknüpft, da die mystische Erfahrung zentral auf die Wesenserkenntnis des Menschen zielt. Solange mystische Phänomene aufgrund eines torsohaften Menschenbildes auf Kategorien des rational-logischen Alltagsbewusstseins reduziert werden und solange eigenständige Bewusstseinsformen nicht als ergänzender und korrigierender Wirklichkeitszugang anerkannt werden, bleibt die Aufgabe bestehen, das vorherrschende Menschenbild aus der Sicht einer mystischen Entwicklungsdynamik des Menschen zu ergänzen. Die Grundlegung einer solchen Anthropologie kann im Rahmen dieser Darstellung nur als Postulat formuliert werden.

Wissenschaftlichen Kriterien genügende Ansätze hierzu liegen bislang nur in essayistischer Form vor. Sie lassen sich bestenfalls als Anregungen verstehen, oder sie formulieren die Entwicklungsdynamik des Menschen auf der Grundlage nichtchristlicher kontemplativer Schulungswege.[28]

Erste Anregungen zu einer erweitert gedachten Entwicklungsdynamik des Menschen finden sich bei C. G. Jung (1875-1961), der in sein Konzept das „kollektive Unbewusste“ und das „wahre Selbst“ des Menschen einbezieht; ferner beim Wiener Neurologen Viktor Frankl (1905-1997), der die Existenz überbewusster Erfahrungen uneingeschränkt anerkennt, sowie bei dem amerikanischen Psychologen Abraham Maslow (1908-1970). Maslow hat eine „Psychologie des Seins“[29] konzipiert, die überbewusste Erfahrungen integriert. Zu den Merkmalen überbewusster Erfahrungen zählt, dass sie besondere Lebensintensität sowie ein Gefühl der „Fülle des Seins“ vermitteln.

Aus der Fülle der Anregungen zu einer Anthropologie, die die kontemplative Entwicklungsdynamik des Menschen reflexiv genauer erfasst, sei das Konzept des Arztes, Psychiaters und Psychotherapeuten *Roberto Assagioli* (1888-1974) vorgestellt. Assagioli, der mit C. G. Jung befreundet war und zu den ersten Psychoanalytikern in Italien zählte, setzte sich bereits seit

[28] Vgl. Klische, a.a.O. (Anm. 25).

[29] *Abraham Maslow*, Psychologie des Seins, München 1973.

1910 kritisch mit Sigmund Freuds Menschenbild auseinander.[30] Wird der Mensch, wie es bei Freud der Fall ist, wesentlich als von seinen biologischen Trieben gesteuert verstanden, so erfasst man ihn nur teilweise. Man geht an wesentlichen Dimensionen des Menschseins vorüber. Assagioli lag daher im Ansatz an einem korrigierten Menschenbild und einem wesensgemäßen therapeutischen Zugang. Hierbei stehen für ihn menschliche Wesensmerkmale im Vordergrund: Liebe, Kreativität, Weisheit, Freude, Erfüllung und Sinn. Aus Assagiolis Sicht hat Freud das Wesen des Menschseins erst randständig erfasst. Assagioli wollte, vergleichbar mit C. G. Jung, einen psychologischen Ansatz entwickeln, der vorrangig die menschlichen Entwicklungspotentiale im Blick hat. Hierfür untersuchte er die Psychodynamik bei künstlerischen und wissenschaftlichen Leistungen sowie von mystischen Erlebnissen. Im Unterschied zu Freud stuft er religiöse Erfahrungen nicht von vornherein als pathologisch ein, sondern er betrachtet sie nach differenzierten Kriterien. Merkmale nicht-pathologischer Erfahrungen bei künstlerischer und wissenschaftlicher Arbeit sowie bei religiösem Erleben sind u.a. Freiheit, Verantwortung, Verbundenheit und Teilhabe.

Während Freud Kreativität im Rahmen seiner Trieblehre als eine sublimierte Energie aus einem unbefriedigten Sexualtrieb versteht, geht es Assagioli um die Eigenständigkeit der genuin menschlichen Kräfte. „Die Versuche“, Transzendenzerfahrungen zu leugnen und zu behaupten, „es handle sich dabei um bloße Illusionen oder bestenfalls um Sublimierungen sexueller Instinkte“, sind nach Assagiolis Untersuchungen „völlig aus der Luft gegriffen und zeugen nur von einem Mangel an echtem wissenschaftlichem Geist“.[31]

Assagioli folgt dem Religionspsychologen William James in dessen religionsphänomenologischem Ansatz. James, der religiöse Phänomene möglichst dicht beschreiben wollte, ist der Auffassung, „dass die äußersten Grenzen unseres Wesens in eine Dimension der Existenz hineinreichen, die von der fühlbaren und verstehbaren Welt, wie wir sie gewöhnlich erfahren, grundverschieden ist, sei es der mystische oder übernatürliche Bereich, wie man ihn auch nennen möge.“ James zufolge „ist der unsichtbare Bereich … nicht nur ein idealer, da er in dieser Welt Auswirkungen zeigt. Wenn wir uns in jenem Bereich bewegen, vollziehen wir praktisch eine Arbeit an unserer gesamten Persönlichkeit. Wir gehen als neue Menschen aus ihm

---

[30] Vgl. zum Folgenden *Roberto Assagioli*, Handbuch der Psychosynthese. Grundlagen, Methoden und Techniken, Rümlang/Zürich 2004. *Ders.*, Psychosynthese und transpersonale Entwicklung, Rümlang/ZH ²2008.

[31] *Ders.*, Erwachen und Entwicklung des spirituellen Bewußtseins, in: ders., Psychosynthese und transpersonale Entwicklung, 2008, 19-23, hier: 19f.

hervor und werden uns, dieser regenerativen Veränderung entsprechend, in der natürlichen Welt anders verhalten."[32]
Ebenso vorurteilsfrei gegenüber den religiösen Phänomenen will Assagioli als Psychoanalytiker vorgehen. Man müsse die Menge der religiös-kulturellen Zeugnisse „ebenso ernst nehmen …, wie man bereit ist, beispielsweise den Bericht einer Gruppe von Forschern ernst zu nehmen, die behaupten, ein bisher unbekanntes, an Rohöl und Edelmetallen reiches Gebiet entdeckt zu haben."[33]
Um den Kontrast zu Freuds trieborientierter Psychologie deutlich zu machen, fordert Assagioli eine korrigierende *„Höhenpsychologie"*[34], die davon ausgeht, dass höhere Bedürfnisse für den Menschen ebenso vital sind wie niedere Triebe. Assagioli konzipiert daher *drei* wichtige Bereiche des menschlichen Unbewussten: *ein „tieferes", ein „mittleres" und ein „höheres" Unbewusstes*. Hauptsächlich das höhere Unbewusste bzw. das „Überbewusste" ist es, das Menschen zu kulturell wertvollen Leistungen und zur persönlichen Entwicklung inspiriert. „Die Realität des Überbewußten bedarf keines Beweises; sie ist eine Erfahrung, die, wenn sie uns zuteil geworden ist, zu dem wird, was Bergson treffend als ′Bewußtseinstatsache′ bezeichnet hat, die aus sich selbst heraus evident und bewiesen ist. Sie ist eine direkte Erfahrung, wie die einer Farbe, eines Klangs oder eines Gefühls."[35]
Die Realität von Bewusstseinszuständen in der spirituellen Erfahrung „wurde oft als transzendent bezeichnet, doch wir werden diesen auf etwas Abstraktes, Entrücktes hindeutenden Begriff nicht verwenden. Die Aussagen derjenigen, denen flüchtige Einblicke in sie vergönnt war, bezeugen, daß sie gegenüber der Alltagswelt als etwas Realeres, Dauerhafteres und Substanzielleres empfunden wird, als die wahre Wurzel und Essenz des Seins, als ′volleres Leben′. Es ist geradezu atemberaubend, wie viele Berichte über derartige Kontakte mit einer übergeordneten und umfassenderen Realität es gibt. Wir finden dafür Zeugen in allen Epochen und in allen Ländern und unter ihnen die hervorragendsten Vertreter der Menschheit."[36]

Für Assagioli stehen weniger die paramystischen Phänomene wie Ekstasen oder Visionen im Vordergrund, sondern die klärende Wirkung der Verbindung zum Überbewussten auf das Tagesbewusstsein. Er beschreibt diese Wirkung als ein „Gefühl des Erwachens". „In vielen Berichten findet

---

[32] Zitiert bei Assagioli, Entwicklung, a.a.O. (Anm. 30), 20.
[33] A.a.O., 21.
[34] Er nimmt damit eine Formulierung des Psychiaters Hubert J. Urban, Innsbruck, auf, vgl. Assagioli, Das Überbewusste, in: ders., Psychosynthese und transpersonale Entwicklung, a.a.O (Anm. 30), 24-32, hier: 27.
[35] A.a.O., 24.
[36] Assagioli, Entwicklung, a.a.O. (Anm. 30), 19.

man Aussprüche wie: ′Ich bin in einer höheren Wirklichkeit erwacht.′ ′Ich bin aus dem Dunkel der Sinne herausgetreten.′ ′Ich bin aus dem Schlafzustand des gewöhnlichen Lebens in einen Zustand höheren Wachseins übergegangen.′“[37] Zu weiteren Merkmalen zählen „das Gefühl der Erneuerung, der Regenerierung“ sowie das „Gefühl der Befreiung, der inneren Freiheit“.[38]

Nach Assagioli kann sich die Unterdrückung spiritueller Impulse bzw. von Intuitionen aus dem höheren Unbewussten genauso pathologisch auswirken wie das Abschneiden von vitalen Trieben aus dem Tierhaften im Menschen.

Eben dies geschehe in einer einseitig rational und positivistisch urteilenden Kultur. Aufgrund eines „theoretischen und praktischen Materialismus“ sei sie auf das Verständnis äußerer Reize ausgerichtet. Dabei werde der Mensch mit seiner spezifisch menschlichen Innenwelt zunehmend unverständlicher und missverstandener. „Der westliche Mensch ist grundsätzlich extravertiert; sein Handeln ist größtenteils nach außen gerichtet. Die Innenwelt in all ihren Erscheinungsformen macht ihm Angst, oder zumindest fühlt er sich in ihr nicht wohl. Er ist daher bemüht, alles zu vermeiden, allem zu entfliehen, was ihn nach innen führen und mit sich selbst konfrontieren könnte.“[39]

Assagioli führt zur Beschreibung des höheren Unbewussten den Begriff des „Höheren Selbst“ ein (vgl. den etwas anders gefüllten Begriff des „Wahren Selbst“ bei C. G. Jung)[40]. Nach seiner Auffassung ist das Höhere Selbst der Motor der eigentlichen menschlichen Entwicklung. Es ist das geistig-seelische Zentrum des Menschen. Daher zielt eine Therapie darauf, sowohl die eigenen Schattenseiten und abgespaltenen biographischen Anteile in den bewussten Horizont zu integrieren als auch unbewusste Impulse des Höheren Selbst wahrnehmen zu lernen und zunehmend das Leben von ihnen her neu zu ordnen. Nur ein Mensch, der neben dem tiefen auch das hohe Unbewusste zunehmend in sein Tagesbewusstsein integriert, wird ein ausgewogenes Leben führen und in seiner Tiefe erfahren, was Menschsein heißt. „Wir alle stehen in Verbindung miteinander, nicht nur sozial und auf körperlicher Ebene, sondern auch über den Strom unserer Gedanken und Emotionen, die einander durchdringen… Verantwortungsgefühl, Verständnis, Mitgefühl, Liebe, Nicht-Verletzen – das sind die wahren Glieder der Kette, die uns verbindet, und sie müssen in unseren Herzen geschmiedet werden.“[41]

---

[37] Assagioli, Entwicklung, a.a.O., 28.
[38] A.a.O., 28f.
[39] A.a.O., 25.
[40] Siehe unten S. 411ff.
[41] Zitiert nach Artikel: Roberto Assagioli, in: Wikipedia (Zugang: 01. 04. 2009).

Cantate Domino canticum novum
Illustration zu Psalm 97,1 (98,1)
Aus dem Psalter des Duc de Berry, vor 1402
Bibliothèque Nationale Paris

4.4 Entwicklungsstufen des Betens: die mystische Entwicklung durch konkrete Techniken

4.4.1 Von einem Benediktiner, der im Kloster das Beten verlernt und es schließlich neu entdeckt

John Main (1926-1982) zählt zu den Erneuerern Benediktinischer Spiritualität in der Hippie-bewegten Zeit der 1970er Jahre. Die Mönchsjahre seit seinem Eintritt in das Londoner Kloster Ealing Abbey 1959 stimmen ihn zunächst unglücklich, denn er kann nicht mehr beten. Die täglich gesungenen Stundengebete und die persönliche Zwiesprache mit Gott zerstreuen seine Gedanken und lenken ihn von Gott ab. Dabei hatte seine Gottsuche zunächst eine glückliche Wendung genommen. Um 1955 arbeitet er für den British Colonial Service in Malaysia und begegnet in der Nähe von Kuala Lumpur einem Hindu-Mönch, der einen Ashram und eine Schule für Waisenkinder leitet. Main diskutiert mit ihm über östliche und Ignatianische Gebetsformen. Beeindruckt von der Persönlichkeit und der unaufdringlichen Weisheit dieses geistlichen Lehrers beschließt er, sein Schüler zu werden.

Swami Satyananda lehrt Main eine äußerlich betrachtet extrem einfache Gebetsform: das Beten mit Hilfe eines christlichen Mantrums. Die Anleitung des Swami lautet: „Um zu meditieren, müssen Sie ganz ruhig werden. Sie müssen still sein. Und Sie müssen sich konzentrieren. In unserer Tradition gibt es einen bestimmten Weg, um zu dieser Stille, dieser Konzentration zu gelangen: Wir benutzen ein Wort, das wir als Mantra bezeichnen. Meditieren bedeutet: solch ein Wort zu wählen und es dann, voll Vertrauen und in Liebe, stetig zu wiederholen. Mehr ist das Meditieren nicht. Das ist wirklich alles, was ich Ihnen sagen kann. Und nun wollen wir meditieren.“[42]

So sitzt John einmal pro Woche für eine halbe Stunde neben dem Swami. Er spricht innerlich als christliches Mantrum „Maranatha“ (1Kor 16,22; Apk 22,20), Silbe für Silbe, mit dem Atemrhythmus. Wenn ihn Gedanken ablenken, kehrt er einfach zu seinem Mantrum zurück. Auch daheim spricht er es täglich morgens und abends eine halbe Stunde, damit es, wie der Swami sagt, „in Ihrem Herzen Wurzeln schlagen“ kann. Das innerlich gesprochene „Maranatha“ hilft John zu großer Konzentration, denn in dieser

---

[42] *John Main*, Meditieren mit den Vätern. Gebetsweise in der Tradition des Johannes Cassian, Münsterschwarzach 1983 (Münsterschwarzacher Kleinschriften [MKS] 21), 10. Vgl. Art.: John Main, in: Wikipedia Englisch (Zugang: 1. 8. 2009). *Paul T. Harris*, Silent Teaching. The Life of Dom John Main, in: Spirituality Today 40 (1988), H. 4, 320-332, http://www.spiritualitytoday.org/spir2day/884043harris.html (Zugang: 31. 09. 2009). *Neil McKenty*, In the Stillness Dancing, London/ New York 1987 (Biographie zu John Main).

Zeit klingt einzig das Mantrum in ihm. Er, der gerne nachdenkt, ist in dieser Zeit von Gedanken und Vorstellungen frei.
Der Kontrast zu den Benediktinern, den er nach seinem Londoner Klostereintritt erlebt, ist groß. Als Mönch soll er viele Gedanken und viele Worte an Gott richten. Er versucht, sich anzupassen, doch sein geistliches Leben stirbt ab. Während der langen Gebetszeiten zerstreuen sich seine Gedanken. Es gelingt ihm nicht, sich auf Gott zu konzentrieren. Als John Direktor einer Schule in Washington DC wird, stößt er über ein Buch auf die „Collationes" des Mönches *Cassian* (360-435). John ist hellwach, als er sein Gebetsproblem und gleichzeitig die Lösung bei Cassian beschrieben sieht. Denn Cassian lehrt seine Mönche das Beten mit einem Mantrum. „Deus in adiutorium meum intende. Domine, ad adiuvandum me festina." „Gott, komm mir zu Hilfe. Herr, eile mir zu helfen!" (Ps 70,2). Cassian erklärt es wie einst der Swami. „Ununterbrochen sollt Ihr diesen Vers in Eurem Herzen wiederholen. Pflegt das Sprechen dieses Verses im Innern, wenn Euch der Schlaf überkommt, bis Ihr, durch seine unaussprechliche Übung geformt, ihn selbst im Schlafe zu wiederholen gewöhnt seid." „Beim Erwachen nehme er alle Gedanken des Wachseins vorweg". Während des ganzen Tages soll es unaufhörlich „im Innersten Eures Herzens" singen.[43]
Cassian lebt im Mainstream der Mystiker des frühen Mönchtums. Er selbst ist bei großen Mystikern in die Schule gegangen: bei Evagrius Pontikus (345-399, der tief von Origenes geprägt wurde) und Johannes Chrysostomos (344-407).
Evagrius Pontikus lehrt Cassian einen strikt *bildlosen Weg des Gebetes*. Im Unterschied zu den schlichten koptischen Mönchen in seiner Umgebung, die als „Anthropomorphiten" Gen 1,26 wörtlich verstanden und Gott eine menschliche Gestalt zuschrieben, lebt Evagrius in der Gebetstradition des Origenes und der Kappadokier. „Wenn du betest, dann stelle dir die Gottheit nicht als Bild vor. Halte deinen Geist überhaupt frei von jeglicher Form und nähere dich ohne jede Materie dem immateriellen Wesen, denn so nur wirst du es erkennen."[44] „Selig ist jener Geist, der, während er betet, frei ist von allem Gegenständlichen, ja sich sogar aller Gedanken entledigt hat." Ziel ist ein völlig bildloses Schauen „mit den reinen Blicken der Seele". Der menschliche Geist sei von Natur aus auf das Gebet hin angelegt. Das Ruhegebet führt den Menschen zu einer stufenweisen Umformung seines Bewusstseins und schließlich in eine dauerhafte Vereinigung mit Gott.

---

[43] In: Main, a.a.O. , 18f.
[44] *Evagrius Ponticus*, Praktikos. Über das Gebet, übersetzt von John Eudes Bamberger/ Guido Joos, Münsterschwarzach 1986 (Schriften zur Kontemplation; 2), Vom Gebet, Kap. 66, S. 102. Das folgende Zitat: Kap. 119, S. 117.

John liest, wie bereits Cassian das Problem der Zerstreuung im Gebet bekannt war und wie er es über ein Mantrum löste. Cassian beschreibt den Weg zur Konzentration im Gebet als einen Weg hin zur Armut des menschlichen Geistes, damit er von Gottes Geist beschenkt werden kann. Cassian erläutert den Sinn in der 10. Collation: „... bis so das Gemüt den Reichtum und üppigen Besitz all der vielen Gedanken gänzlich verwerfe und sich beschränke auf die strenge Armut eines einzigen Verses.“[45]
Ging Main einen asiatischen Irrweg? Entfremdete er sich vom Christentum? Faktisch war er auf die Ursprünge seines benediktinischen Ordenslebens und auf eine zentrale Gebetstradition seines Ordens gestoßen. Denn der Ordensgründer *Benedikt von Nursia* (um 480-547) schätzte Cassian überaus. Cassian hatte selbst zwei Klöster gegründet und war Abt gewesen. Seine Schriften gehören zu den Hauptquellen von Benedikts Klosterregel rund 100 Jahre später. Benedikt empfahl seinen Mönchen neben der Heiligen Schrift auch Cassians Schriften als Grundlektüre.
Benedikt ging davon aus, dass die Mönche mit Cassians Mantrum ihren persönlichen Gebetsweg gehen. Zudem verankerte er dieses Mantrum in allen gemeinsamen Gebetszeiten. Jedes Stundengebet begann und beginnt noch immer mit: „Deus in adiutorium meum intende.“ So wurden der persönliche und der gemeinschaftliche Gebetsweg zusammengeführt und der eine vom anderen getragen.
Cassians Mantrum geriet, wie John es schmerzlich erlebt hatte, in der eigenen Ordenstradition in Vergessenheit. Doch Cassians Psalmvers blieb nicht die einzige mantrische Gebetstradition im Christentum. Cassian schöpfte aus dem Reichtum der ruminierenden christlichen Wüsteneinsiedler. Von ihnen war bekannt, dass sie tagaus, tagein auf einem einzigen Psalmvers herumkauten (lateinisch: ruminatio, Wiederkäuen). Der Trappist Christofoor Wagenaar vertritt sogar die These, dass die Wüstenväter bereits seit ihrer ersten Generation Vorformen des Jesusgebetes praktiziert hätten. „Man sollte ... immer an das Jesus-Gebet denken, wenn man liest, dass die Mönche fortwährend ´saßen´ oder ´in Tränen saßen´, wenn vom ´dauernden Denken an Gott und Gottes Barmherzigkeit´ die Rede ist; oder wenn gesagt wird, dass man ´um sein Erbarmen bittet´ oder ´seinen Namen anruft´; wenn man den Ausdrücken ´Herz´, ´Ruhe´, ´Schweigen´, ´Zöllner´, ´Atem´, ´Seufzen´, ´Tränen´ usw. begegnet. Das Jesus-Gebet wird zum *Schlüssel zum Schatz der Vätersprüche*.“[46] Trotz des Schweigens über den Jesus-Namen in den meisten Vätersprüchen verweist Christofoor darauf, dass es „zumindest zehn koptische Vätersprüche [gibt], in denen das Jesus-Gebet erwähnt ist, meist eingekleidet in den Ausdruck ´das unaufhörliche Denken

[45] In: a.a.O., 14.
[46] *Christofoor Wagenaar*, Das Beten der Wüstenmönche. Zur Geschichte des Jesus-Gebets, in: GuL 59 (1986), 93-103, hier: 102. Das folgende Zitat: 103.

an den geheiligten Namen unseres Herrn Jesus Christus´". Als Hinweis auf die Verbindung von Jesusgebet und Atemtechnik versteht Christofoor die Sätze des Abtes vom Katharinenkloster, Johannes Climacus, in seiner „Leiter": „Das Gedenken an Jesus muss eine Einheit mit dem Atem werden; dann wirst du den Sinn der Ruhe erfassen."[47] Askese und damals noch hörbar gemurmelte Vorstufen des Jesus-Gebetes (wie das Zöllner-Wort „Gott, sei mir Sünder gnädig" Lk 18,9-14 und der Ruf des Blinden am Wege „Jesus, Sohn Davids, erbarme dich meiner" Lk 18,35) bildeten eine unauflösliche Einheit. Abt Moses meinte: „Man kann Jesus nur besitzen durch Anstrengung, Demut und unaufhörliches Gebet." Mantrisches Beten war die klassische Gebetsform der Wüstenmystiker. Cassian erlebte diese Gebetspraxis als so bewährt, dass er sie unbedingt an das lateinische Mönchtum vermitteln wollte.

Wenig mehr als die bereits bekannte Tatsache des mantrischen Betens (die Technik der „ruminatio", des laut murmelnden Wiederkäuens von biblischen Versen) bei den Wüstenvätern vermag allerdings auch Christofoor nicht zu belegen. Die frühesten Zeugnisse für eine „Jesus-bezogene" Spiritualität stammen nicht aus Ägypten, sondern aus Kleinasien und dem nördlichen Griechenland. So empfahl Nilus von Ankyra (gest. um 430) in vier seiner Briefe das unaufhörliche „Gedenken" und die „Anrufung" des Namens Jesu. Etwa eine Generation später, bei Diadochus von Photike (gest. vor 486) in Nordgriechenland, finden sich bereits ausführlichere Überlegungen und Anleitungen zum Jesus-Gebet. Er sah darin eine vorzügliche Technik, die den ständig aktiven Verstand zur Ruhe führt. „Wenn wir alle seine ´Ventile´ durch die Erinnerung an Gott verstopft haben, verlangt der Geist (nous) von uns gebieterisch eine Übung, die sein Bedürfnis nach Aktivität befriedigt. Zur vollständigen Erfüllung seines Verlangens sollten wir ihm nichts als allein das Gebet geben: ´Herr Jesus´ … Lassen wir den Geist sich in seinem Innersten ständig auf diesen Satz konzentrieren mit einer solchen Intensität, dass er nicht auf irgendwelche intellektuellen Bilder abschweift."[48] In der Zeit des Diadochus wird allmählich die Vielfalt christlicher Mantren durch eine zunehmende Einheitlichkeit – die Anrufung des Jesus-Namens – abgelöst.

Im 6. und 7. Jahrhundert begegnet erstmalig die längere Standard-Formel des Jesusgebetes. Die Mönche Barsanuphios (gest. um 540) und Johannes vom Kloster Abba Serid nahe Gaza (Palästina) sowie ihr Schüler, der

---

[47] Zitiert: a.a.O., 97. Das folgende Zitat: 100.

[48] *Diadochus von Photike*, 1000 Kapitel über die geistliche Vollkommenheit, Kap. 59, zitiert nach: *Kallistos Ware*, Weisen des Gebetes und der Kontemplation – In der Ostkirche, in: John Meyendorff/Jean Leclerq (Hg.), Geschichte der christlichen Spiritualität, Bd. 1, 394-411, hier: 404. Vgl. *Heinrich Bacht*, Das „Jesus-Gebet". Seine Geschichte und seine Problematik, in: GuL 24 (1951), 326-338.

Mönch Dorotheus von Gaza (505-565), überliefern die Wendung „Herr Jesus Christus, erbarme dich meiner". Im „Leben" des ägyptischen Abtes Philemon (um 700) begegnet die Langform „Herr Jesus Christus, Sohn Gottes, erbarme dich meiner". Zu einem Zentrum dieser Gebetstechnik wird in der Folgezeit das Katharinenkloster auf dem Sinai. Es ist ein wichtiger Bestandteil im mystischen Weg des Johannes Klimakos (579-649), der dort Abt war, und der Sinaimönche Mönche Hesychios (8./9. Jahrhundert) und Philotheos (9./10. Jahrhundert). Im 14. Jahrhundert wurde das Jesusgebet, vorrangig durch die Schriften von Gregor Sinaites (gest. 1346), populär.

4.4.2 Das mantrische Jesus-Gebet als der klassische Pfad ostkirchlicher Mystik

Das Beten in der Ostkirche ist, vor allem im Mönchtum, bis zur Gegenwart vom mantrischen Beten geprägt geblieben. Diese Gebetspraxis wird einen wichtigen Anteil dazu geleistet haben, dass die ostkirchliche Theologie und ihre Liturgie einen stark mystischen Einschlag behalten haben. Theologie, Liturgie und Glaubenspraxis rechnen mit der Möglichkeit der Gottesschau und der erlebten Vereinigung mit Gott in diesem Leben. Genau dies ist das Ziel des hochgradig konzentrierenden Betens mit Mantren. Die wichtigste ostkirchliche Gebetsform ist das Jesus-Gebet, auch „Herzensgebet" genannt. Es ist der zentrale individuelle Einweihungsweg. Wegen seiner mystischen Wirksamkeit praktizieren ihn die ostkirchlichen Mönche bis heute.

Das Wissen großer christlicher Mystiker über die Jahrhunderte zu diesem Gebetsweg ist in einem Buch gesammelt worden: die Erfahrungen von Evagrius Pontikus, Cassian, Makarios dem Großen von Ägypten (gest. um 390), Maximos Confessor (662); dem Mystiker, Mönch und Hymnendichter Symeon der Neue Theologe (949-1022), dem Athos-Mönch Gregorios Palamas (1297-1359) und seinem Zeitgenossen Gregor dem Sinaiten (1255-1346) und anderen. Das Werk erschien 1792 in Venedig auf Griechisch. Seit 2004 liegt es erstmalig vollständig in deutscher Übersetzung vor: in der „*Philokalia*".[49] Makarios Notaras, Bischof von Korinth (1731-1805), und ein Athos-Mönch, Nikodemos vom Berge Athos (1749-1809), hatten diese Sammlung mit Texten von Kirchenvätern herausgegeben, um das geistliche Leben der Mönche zu fördern.

Die umgehende Übersetzung ins Kirchenslawische (unter dem Titel „Dobrolubje") 1793 durch den Mönch und wichtigen geistlichen Lehrer (Starez) Paissij (1722-1794) führte in der russischen Ostkirche zu einer

---

[49] *Philokalie* der heiligen Väter der Nüchternheit, 5 Bde., Würzburg: Verlag Der Christliche Osten 2004.

neuen Blüte im Mönchs- und Einsiedlerleben und erreichte darüber hinaus alle Bevölkerungsschichten. Einen lebendigen Einblick in den kontemplativen Weg mit dem Jesusgebet gibt die Niederschrift *„Aufrichtige Erzählungen eines russischen Pilgers“.*[50] Sie erschien erstmalig 1870 in Kasan in gedruckter Form. Man nimmt an, dass ein russischer Pilger sie auf die Aufforderung seines Geistlichen Begleiters hin aufgeschrieben hat.

Das Jesus-Gebet ist ein Mantrum, das in verschieden langer Form praktiziert werden kann. Eine überlieferte Langfassung lautet: *„Herr Jesus Christus, Sohn Gottes, erbarme dich meiner, des Sünders.“* Die kürzeste Form besteht in der liebenden Vergegenwärtigung des Namens *„Jesus“*. In den „Aufrichtigen Erzählungen eines russischen Pilgers“ führt der Starez in seiner Klause den Schüler wie folgt in die Arbeit mit dem Jesusgebet ein: „Das unablässige innerliche Jesusgebet ist das ununterbrochene, unaufhörliche Anrufen des göttlichen Namens Jesu Christi mit den Lippen, mit dem Geist und mit dem Herzen, wobei man sich seine ständige Anwesenheit vorstellt und ihn um sein Erbarmen bittet bei jeglichem Tun, allerorts, zu jeder Zeit, sogar im Schlaf. Es findet seinen Ausdruck in folgenden Worten: Herr Jesus Christus, erbarme dich meiner! Wenn sich nun einer an diese Anrufung gewöhnt, so wird er einen großen Trost erfahren und das Bedürfnis haben, immer dieses Gebet zu verrichten, derart, dass er ohne dieses Gebet gar nicht mehr leben kann, und es wird sich ganz von selber aus ihm lösen.“[51]

Der Mystik-Schüler durchlebt im Buch die *typischen Phasen* von der äußerlichen zur inneren Aneignung des Textes.

- *Lippengebet*: Am Anfang spricht er das Gebet mit vernehmbarer Stimme und ohne innere Beteiligung. Dies ist eine relativ öde Phase.
- *Gebet des Verstandes*: Allmählich wird das Mantrum verinnerlicht. Das Gebet muss dann nicht mehr hörbar gesprochen werden, sondern es reicht das Gebet im Verstand. „Die Bilder, die unaufhörlich im Bewusstsein entstehen, werden sanft, aber eindeutig ′ausgelöscht′ oder abgelegt, während das Erfühlen der unmittelbaren Gegenwart Christi, ohne jede verstandesmäßige Vorstellung oder Begrifflichkeit, immer stärker wird.“[52]
- *Gebet des Geistes, Herzensgebet*: In der kontemplativen Phase verläuft das Beten zunehmend unbewusst. Erst auf dieser Stufe entfaltet es seine eigentliche Wirkung. Diadochus von Photike be-

[50] *Aufrichtige Erzählungen* eines russischen Pilgers. Die vollständige Ausgabe, übersetzt von Reinhold Walter, hg. v. Emmanuel Jungclaussen, Freiburg i. Br. (1974) 1993.
[51] A.a.O., 30.
[52] Ware, a.a.O. (Anm. 48), 407.

> schreibt und interpretiert dies wie folgt: „Die Seele hat nun die Gnade des Meditierens erhalten, das Wiederholen der Worte 'Herr Jesus', geradeso wie eine Mutter ihr Kind lehrt, mit ihr das Wort 'Vater' zu wiederholen, bis es ihm zur Gewohnheit geworden ist, seinen Vater sogar im Schlaf zu rufen."[53] Der Name Jesu zentriert den Menschen mit großer Kraft in seinen unbewussten Schichten und richtet diese auf eine stete Gottesverbindung aus.

Der Starez lehrt den russischen Pilger eine sehr hohe Einstiegsfrequenz und setzt diese rasch noch höher. Als Hilfsmittel verwendet der Übende eine Gebetsschnur aus geknoteter Wolle (russisch „chotki" bzw. „tschotki", griechisch „komboskini"). Im Verlaufe des Übens verknüpft der Mystik-Schüler das zunehmend innerlich gesprochene Gebet mit einer hochwirksamen *Atemtechnik*. Die Atemtechnik ist über Jahrhunderte in der ostkirchlichen Mystik eine wichtige Gebetstechnik in Verbindung mit dem Jesus-Gebet geblieben. In den „Aufrichtigen Erzählungen" nutzt der Pilger hierfür die alten Anleitungen aus der „Philokalia". Er schildert seine Praxis wie folgt: „... des weiteren begann ich, das Jesusgebet zusammen mit dem Atem ins Herz ein- und wieder herauszuführen, so wie es der heilige Gregor der Sinaite, auch Kallistos und Ignatios lehren, das heißt, geistig ins Herz blickend und die Luft einziehend, stellte ich mir vor und sprach: Herr Jesus Christus – und dann die Luft wieder hinausstoßend: erbarme dich meiner."[54] Anfangs praktiziert er diese Technik ein bis zwei Stunden täglich, schließlich ganztägig.
Neben dem äußerlichen bzw. inneren Sprechen des Mantrums und der Atemtechnik wird beim Jesus-Gebet mit einer *Visualisierung des Herzens* gearbeitet. Einem Mitpilger, der zeitweise sein Schüler wird, erläutert der russische Pilger diese Technik so: „Dann stell dir genauso das Herz vor, richte deine Augen dorthin, als blicktest du es durch die Brust durch an, und stelle es dir so lebhaft als möglich vor; horche aber möglichst aufmerksam mit den Ohren, wie es sich regt und Mal für Mal schlägt. Wenn du dich da hereingefunden hast, so beginne mit jedem Schlage des Herzens, in dieses hineinblickend, die Gebetsworte dem anzupassen. Beim ersten Schlage sage oder denke: Herr, beim zweiten: Jesus, beim dritten: Christus, beim vierten: erbarme dich, beim fünften, meiner, und wiederhole dies sooft als möglich; es wird dir dies leicht fallen, denn du hast ja schon den Anfang gemacht und dich auf das Herzensgebet vorbereitet. Wenn du dich aber daran gewöhnt

---

[53] Diadochus von Photike, 100 Kapitel, Kap. 61, zitiert nach: Ware, a.a.O., 404.

[54] Pilger, a.a.O. (Anm. 50), 58f. – In der „Philokalie" beschreibt auch der berühmte ostkirchliche Mystiker Gregor Palamas vom Berg Athos umfassend die Atemtechnik bei der Praxis des Jesus-Gebetes. Es handelt sich also keinesfalls um ein christliches Randphänomen. Vgl. zur Atemtechnik bei den Wüstenvätern Wagenaar, a.a.O. (Anm. 46), 97f.

hast, so beginne das ganze Jesusgebet zugleich mit dem Atem ins Herz hinein und wieder heraus zu führen, wie es die Väter lehren, das heißt, sage, wenn du die Luft einatmest, oder denke dir: Herr Jesus Christus, lässt du sie aber entweichen – erbarme dich meiner. Tue dieses sooft als möglich, so wirst du bald einen feinen, angenehmen Schmerz im Herzen spüren, alsdann wird sich Wärme darin ausbreiten."[55]
Wie John Mains Swami, so raten auch die Lehrer des Jesus-Gebetes ihren Schülern, *keinen Gedanken* und Gefühlen nachzuhängen, selbst wenn diese als höhere Eingebungen erscheinen. So lehrt der Pilger seinen zeitweiligen Schüler: „Bemühe dich aber hierbei nach Kräften, alles, was dir der Verstand zuflüstert oder was dir sonst erscheinen mag, zurückzuweisen. Nimm überhaupt gar keine Einbildung in dich auf; denn die heiligen Väter haben es angesagt, man müsse beim inneren Gebet nichts sehen, um nicht in Versuchung zu fallen."[56] „... wofern es dem bösen Feind nicht gelingt, durch eitle Gedanken und sündiges Begehren vom Gebet abzulenken, so lässt er im Gedächtnis erbauliche Erinnerungen erstehen, oder er gibt einem wunderbare Gedanken ein, um einen ... hierdurch von dem Gebet, das ihm verhasst ist, abzulenken. ... wobei die Seele ... sich einem verführenden Zwiegespräch mit sich selber oder mit den Geschöpfen zuwendet. Darum lehrte er mich auch, während des Gebets selbst die schönsten geistigen Gedanken und Tagesbegebenheiten nicht aufzunehmen".[57]
Im Zeitalter von *Rationalismus und Aufklärung* war das Jesus-Gebet selbst im europäischen Katholizismus, der mit dem Rosenkranzgebet dieselbe Gebetstechnik zugrunde legt, nicht mehr begreifbar. Aufgrund fehlender rationaler Konzepte erschien die konzentrative Gebetstechnik durch Mantren als irrational und lächerlich. In den „Aufrichtigen Erzählungen" wird diese kulturelle Bruchlinie zwischen ostkirchlicher und künftig einseitig verbal-rational und pflichtorientierter westlicher Gebetskultur in einem Disput zwischen dem Pilger und einem „polnischen Amtmann", einem römischen Katholiken geschildert. Interessanterweise entdeckt bereits damals der römische Katholik in der ostkirchlichen Gebetstechnik eine enge Verwandtschaft zu indischen Yogis und zur Gebetstechnik des *dhikr* bei den Sufi-Mystikern von Buchara im fast rein muslimisch bevölkerten Usbekistan. „Man muß einfach beten, um unserer Pflicht vor Gott zu genügen; wenn ich am Morgen aufstehe, so bete ich ein Vaterunser, wie es uns Christus gelehrt hat; da bin ich denn für den ganzen Tag in Ordnung und brauche nicht ununterbrochen dasselbe zu leiern..."[58] An die Stelle einer Ausrichtung des ganzen Menschen mit Verstand, Gefühl und Willen

[55] Pilger, a.a.O. (Anm. 50), 112f.
[56] A.a.O., 113.
[57] A.a.O., 89f.
[58] A.a.O., 77, vgl. 76-78.

auf Christus sind bei dem Vertreter des zeitgenössischen Rationalismus trockene Pflicht und Unverständnis für die Tiefenschichten des Menschen getreten. Der Pilger widerspricht dem oberflächlichen Rationalismus seines Dialogpartners. Er begnüge sich mit „äußeren Tugenden“ und stagniere in seiner Entwicklung, indem er sich „keinen höchsten und vollkommenen Zustand der Seele“ wünsche. Er sei nicht mit ganzer Person, ganzem Herzen und dauerhaft auf Gott ausgerichtet, wie es das Erste Gebot intendiere. Und er gelange nicht in diesem Leben dazu, „die Süßigkeit“ Gottes zu schmecken.

Das Jesus-Gebet führt Menschen durch seine konzentrierende Kraft in eine große Ruhe, Gelassenheit und in eine überwache Klarheit des Geistes, wie sie Mihaly Csikszentmihalyi für *Flow-Erfahrungen* beschrieben hat. Aufgrund dieser gelassenen Ruhe wurde die mystische Bewegung um das Jesus-Gebet auch *„Hesychasmus“* genannt, abgeleitet vom griechischen Wort „hesychia“, „Herzensruhe“. Der Athos-Mönch Gregor Palamas beschreibt in einer Predigt diese Wirkung der ruhigen Zentriertheit wie folgt: „Hesychia ist das Stillesein des Geistes und der Welt, Vergessen des Niedrigen, geheimnisvolles Erkennen des Höheren, das Hingeben der Gedanken an etwas Besseres, als sie selber sind. So schauen die, die ihr Herz durch solches heiliges Schweigen (Hesychia) gereinigt und sich auf unaussprechliche Weise mit dem alles Denken und Erkennen übersteigenden Lichte vereinigt haben, Gott in sich selbst wie in einem Spiegel.“[59]

Nachdem der russische Pilger das Jesus-Gebet mit der Atemtechnik verbunden hat, beschreibt er die *Wirkungen* wie folgt: „Mitunter empfand ich die allergrößte Freude beim Anrufen des Namens Jesu Christi und erkannte, was das Wort bedeutet … 'Das Reich Gottes ist in euch' (Lk 17,21). Da … merkte ich, dass sich die Folgen des Herzensgebets auf dreifache Weise kundtun: im Geist, im Fühlen und in Offenbarungen; im Geist spürt man beispielsweise die (Süßigkeit der) Liebe Gottes, innere Ruhe, ein Verzücktsein des Geistes, Reinheit der Gedanken, ein beseligendes Denken Gottes; im Gefühl – eine angenehme Erwärmung des Herzens; alle Gliedmaßen sind erfüllt mit Süßigkeit, freudiges Beben des Herzens, Leichtigkeit und Frische, man empfindet das Leben als angenehm; für Krankheiten und Kummer wird man unempfindlich; in den Offenbarungen – eine Durchleuchtung der Vernunft, Eindringen in die Heilige Schrift, man versteht die Sprache der Schöpfung, ist losgelöst vom irdischen Getriebe und erkennt die Süßigkeit des inneren Lebens, ist der Nähe Gottes gewiß, desgleichen seiner Liebe zu uns.“[60]

[59] Zitat: a.a.O., Vorwort von Jungclaussen, 13.
[60] A.a.O., 59f.

Der Beter macht eine ähnliche Erfahrung wie Franz von Assisi in seiner Schöpfungsspiritualität, indem er ständig mit Gott als Quelle des Lebens und der Schöpfung in Verbindung bleibt. Er beschreibt seine Erfahrung als „die Sprache der Schöpfung verstehen". „... die Bäume, die Gräser, die Vögel, die Erde, die Luft, das Licht, alles schien gleichsam zu mir zu sprechen, dass es für den Menschen wäre, die Liebe Gottes zum Menschen bezeuge, und alles betete, alles war voller Lobpreisungen Gottes. Und das verstand ich, was in der ′Tugendliebe′ mit dem Worte gemeint ist: ′Die Sprache der Kreatur verstehen′."[61]
Vom Geist durchdrungen, erlebt er auch seinen Körper neu. Es wird ihm zudem möglich, seinen physischen Körper mit geistigen Augen von innen wahrzunehmen. „Mitunter fühlte ich eine solche Leichtigkeit, als hätte ich überhaupt keinen Körper, und es war mir, als ginge ich nicht, sondern als flöge ich selig durch die Luft; mitunter ging ich tief in mich selber hinein und sah mein Inneres klar vor mir und staunte über die weise Anordnung des menschlichen Leibes; mitunter empfand ich eine so hohe Freude, als wäre ich König geworden, und bei all diesen Tröstungen wünschte ich, Gott möge mich möglichst bald sterben lassen, um in Dankbarkeit am Schemel seiner Füße in die Geisterwelt mich zu ergießen."[62]
Die innere Ruhe und Klarheit reißen auch in alltäglichen Konflikten nicht ab. Als der Pilger von der Landpolizei zu unrecht verhaftet, zusammengeschlagen und schließlich wieder freigelassen wird, lässt er sich von dieser Gewalt nicht bestimmen. „Alle diese Vorkommnisse kränkten mich gar nicht; es war so, als wären sie einem andern widerfahren und als hätte ich nur zugesehen; ja selbst als ich mit Ruten gezüchtigt wurde, war auch dies wohl zu ertragen".[63]
Der Pilger erlebt die auch aus der westlichen christlichen Mystik bekannten *paramystischen Phänomene* wie Traumgesichte, Hellsichtigkeit, das Sehen der Aura und Kardiognosie. Da er kein materialistisch reduziertes Menschenbild vertritt, überraschen ihn diese Erlebnisse nicht. In einem Gespräch legt er einem Mitpilger, der zeitweise sein Schüler wird, sein mystisches Menschenbild dar, bei dem die menschliche Seele und nicht der physische Körper das Wesen des Menschen bestimmt. Durch Konzentrationsübungen wie beim mantrischen Beten erschließen sich dem Menschen diese in ihm ruhenden Fähigkeiten. „Die menschliche Seele ist verhältnismäßig durch den Ort und durch das Dingliche nicht gebunden. Sie kann auch in der Dunkelheit sehen, auch sehr Entferntes, wie auch das, was in der Nähe geschieht. Wir geben dieser seelischen Fähigkeit nur keine Kraft und keinen freien Lauf, und wir unterdrücken sie, sei es durch die Fesseln

[61] A.a.O., 50.
[62] A.a.O., 116.
[63] A.a.O., 71.

unseres feisten Leibes oder durch die Verworrenheit unserer Gedanken und durch unser zerstreutes Wesen. Wenn wir uns aber gesammelt haben, wenn wir uns von der Umgebung lösen und unseren Geist verfeinern, wird die Seele ihrer Bestimmung zugeführt und wirkt im höchsten Grade, zumal dies eine natürliche Sache ist."[64]

Auch im *westlichen* und im angelsächsischen Christentum war das Jesus-Gebet noch im *Mittelalter* weit verbreitet. Dies wird beispielsweise in der Erzähltradition über den *Kreuzritter Owen* deutlich, der sich als Bußleistung zur nahtodähnlichen Initiationsreise im Purgatorium des Heiligen Patrick einschließen ließ.[65] Dabei handelte es sich um eine Höhle auf einer unfruchtbaren Insel in den mysteriösen roten Gewässern von Lough Derg im Nordwesten Irlands. Es wurde im 12. Jahrhundert von Kanonikern des Augustinerordens verwaltet. Aus Buße für seine Plünderungen und Kirchenschändungen als Kreuzritter (unter König Stephan 1134-1154) lässt sich Ritter Owen von einem Augustinermönch über Nacht in der mysteriösen Höhle einschließen. Visionäre Gestalten, die aussehen wie Zisterziensermönche, instruieren den Instant-Mysten gleich am Anfang der folgenden mystischen Reise, zum Schutz gegen Wahnvorstellungen unbedingt ständig das Jesus-Gebet aufzusagen. Jedes Mal, wenn Owen angesichts höllischer Visionen vergisst, sich auf den Namen Jesu zu konzentrieren, droht er, sich in den Visionen zu verlieren und wahnsinnig zu werden. Nur die Konzentration auf die im Mantrum vermittelte Gegenwart Jesu bewahrt ihn vor mentaler Zerstörung und hilft ihm, die Hölle als geistig, seelisch und moralisch geläuterter Mensch zu verlassen.

Der jesuitische Priester *Franz Jalics* erzählt von einer lebensbedrohlichen Situation im argentinischen Bürgerkrieg der 1980er Jahre.[66] Er lebte damals mit einem Mitbruder und Kollegen in einem Slum bei Buenos Aires. Jemand denunzierte die beiden als Terroristen. Sie wurden daraufhin von einem Militärtrupp entführt und für fünf Monate in Fesseln, mit verbundenen Augen und mit einer Kanonenkugel am Bein gefangen gehalten. Die Chance zu überleben war gering. Von den über 6000 durch diese Gruppe verschleppten Menschen überlebten nur diese beiden Priester. Im Schwanken zwischen Leben und Tod, Hoffnung, Depression und Weinen zentrierten die beiden Priester ihre Aufmerksamkeit im Jesusgebet. Eine zeitlang setzten die Entführer den Kollegen von Jalics unter Drogen, damit er im Rausch etwas über terroristische Absichten aussage. Noch im Rausch blieb

---

[64] A.a.O., 114.

[65] Vgl. zum Folgenden *Carol Zaleski*, Nah-Todeserlebnisse und Jenseitsvisionen vom Mittelalter bis zur Gegenwart, Frankfurt M./Leipzig 1993, 55ff.

[66] *Franz Jalics*, Kontemplative Exerzitien. Eine Einführung in die kontemplative Lebenshaltung und in das Jesusgebet, Würzburg 1994 (^{11}2008), 174-177.

die Aufmerksamkeit des Kollegen auf Jesus Christus zentriert und er sprach über Christus.
Jalics erlebte diese Zeit der Todesnähe, trotz der körperlichen und seelischen Qualen, durch das tagaus und tagein gesprochene Jesusgebet als eine Zeit tiefer Läuterung. Anstelle einer posttraumatischen Belastungsstörung, die nach solchen Erschütterungen häufig auftritt, spricht er von einer positiven seelischen Wandlung, die seitdem blieb. Eine vorher unterschwellige leichte Depression und eine gewisse Aggressivität waren anschließend verschwunden.

4.4.3 Das Jesus-Gebet als höchste Stufe der Exerzitien des Ignatius von Loyola

Entwicklungsstufen im Beten als vergessenes Thema im gegenwärtigen Christentum

Zunehmend suchen Menschen wie der Benediktiner John Main nach einer intensiveren Gottesbeziehung und einem zentrierteren Leben. Sie finden keinen Zugang zu einem gedanklich orientierten Beten. Der alternative Religionsmarkt erschließt vielen von ihnen über Körperarbeit, Zentrierung durch Klänge und Mantren sowohl persönliche als auch spirituelle Entwicklungsmöglichkeiten. Währenddessen ist der Traditionsbruch im Christentum so radikal geworden, dass mantrische Gebetsformen von Christen nur noch als fernöstliche Gebetstechnik kategorisiert werden.
Das Christentum, das durch die Person des „polnischen Amtmanns“ in den „Aufrichtigen Erzählungen“ verkörpert wird, steht vor der Aufgabe, sich auf einer neuen reflexiven Ebene mit seinen eigenen Wurzeln zu verbinden. Reflektierende Zugänge zu dieser dem Rationalismus irrational wirkenden Gebetsform sind längst durch die Werbepsychologie erschlossen, die seit Jahrzehnten erfolgreich Menschen durch Mantren auf eine Konsumentenexistenz zentriert, ferner durch Bensons Placeboforschung sowie durch Ansätze aus der Meditationsforschung. Ein durch die Aufklärung hindurchgegangenes Christentum kann inzwischen die Entwicklungspotentiale reflektieren, die Menschen durch jahrhundertealte Gebetstechniken erschlossen werden.
In der christlichen Gebetstradition wurde Beten niemals so monokulturell wie in der Gegenwart mit einem verbalen bzw. kognitiven Dialog zwischen Mensch und Gott gleichgesetzt, sondern es existierten unterschiedliche Gebetstraditionen nebeneinander. Auf dem kontemplativen Weg wurden verschiedene Gebetsformen als Entwicklungsstufen aufgefasst. Eine wichtige Aufgabe von Geistlichen „Vätern“ bzw. Begleitern lag darin, Menschen

ihrer individuellen Entwicklungsstufe gemäß zu führen. Das Erschließen der kontemplativen Entwicklungsstufe ist das höchste Ziel von Geistlicher Begleitung, und es sollte niemals aus den Augen verloren werden. Kontemplation ist die Erfahrung des auferstandenen Jesus Christus.[67]
Gebetsstufen bedeuten im Christentum keine Wertigkeit – Gebet bleibt Gebet. Unterschiedliche Gebetsformen erschließen verschiedene Dimensionen der Gottes- und Selbsterfahrung. Zudem gehört es zum Wirklichkeitsbezug der Theologie, auch in bezug auf das Beten mit Entwicklungen zu rechnen. Aus der Perspektive von Entwicklungsstufen des Betens müssen Probleme mit „dem Beten" keineswegs Probleme mit dem Gebet und der Gottesbeziehung darstellen. Näher liegt die Frage, ob die betreffende Person aus einer bestimmten Form des Betens herausgewachsen ist und ob eine neue Stufe für sie angemessener ist.
Mit Rückgriff auf ein Stufenschema der spanischen Mystikerin *Teresa von Avila* (1515-1582) lassen sich vier Entwicklungsstufen im Beten voneinander unterscheiden.

1. Stufe: nachahmendes Beten in äußerlichen Formeln. Kinder werden für gewöhnlich an das Beten durch Formeln herangeführt, die Erwachsene ihnen vorsprechen. Sie wachsen in die Gebetsbeziehung hinein, indem sie beim Schlafengehen oder beim Tischgebet zunächst rein äußerlich die Formeln der Erwachsenen nachsprechen.

2. Stufe: fragende Reflexion als Gebet. Spätestens in der Pubertät erscheint die kindliche Gebetsform vielen als unecht. Die Jugendlichen beginnen, im Rahmen eines eigenen Lebenskonzeptes über Gott und eine mögliche Gottesbeziehung nachzudenken. In dieser Zeit der Neuorientierung werden Andachtsformen, die Reflexionen breiten Raum geben, als am angemessensten erlebt. Hierzu zählen Gespräche und persönliche Reflexionen über Bibeltexte, Diskussionen über Sinnfragen und Lebenskonzepte.

3. Stufe: affektives Beten. Sind diese grundlegenden Reflexionen zunehmend zur Klärung gekommen, entfaltet sich eine sehr persönliche affektive Form des Betens. Der Beter erlebt Gott wie einen vertrauten Freund und Partner und teilt mit ihm Höhen und Tiefen des Lebens. In der vertrauten Beziehung zu Gott finden auch Zweifel, Kritik an Gott und Auflehnung ihren Raum.

---

[67] Vgl. zum Folgenden *Dietmar Mieth*, Art.: Kontemplation, in: ^{3}LThK (1997) Sp. 326f; *Gisbert Greshake*, Art.: Visio beatifica, in: ^{3}LThK (1999) 810; *Herbert Vorgrimler*, Art.: Meditation, in: ^{2}LThK (1962) Sp. 234; sowie *Peter Dinzelbacher (Hg.)*, Wörterbuch der Mystik, Stuttgart 1989.

4. Stufe: kontemplatives Beten. Viele Menschen finden in dieser affektiv betonten Gebetsform lebenslang ihre Erfüllung. Es gibt jedoch auch Menschen wie den oben beschriebenen John Main, die diese Gebetsform als zerstreuend erleben, die eine noch klarere Zentrierung für sich selbst und eine noch innigere Gottesbeziehung als die des Auf und Abs der Gefühle suchen. Solche Menschen verspüren einen starken Drang zur Stille und zur Konzentration, gerade auch ihrer der Gottesbeziehung. Finden sie im Christentum keine angemessene neue Gebetsform, so helfen ihnen häufig asiatische achtsamkeitsbasierte Meditationsformen weiter.

Auf der Praxisebene bahnt sich bereits seit Jahrzehnten ein Umbruch in der Gebetsmonokultur an. Dieser ist vor allem auf Kursangebote und Publikationen durch den Altabt und Benediktinermönch Emmanuel Jungclaussen[68], den Jesuiten Franz Jalics[69] und den katholischen Priester Peter Dyckhoff[70] zurückzuführen. Sie berücksichtigen mit ihren Angeboten die inzwischen gewandelten Einstiegsbedingungen für gestresste, reflexionsgewohnte und leistungsorientierte Zeitgenossen. Was über die historisch und praxisorientierten Darstellungen hinaus noch aussteht, ist die Verbindung mit dem gegenwärtigen humanwissenschaftlichen Diskurs und die Wahrnehmung dieser neuen kontemplativen Gebetskultur durch den akademisch-theologischen Diskurs.

---

[68] *Emmanuel Jungclaussen* (Hg.), Das Jesusgebet. Anleitung zur Anrufung des Namens Jesus von einem Mönch der Ostkirche, Regensburg (1976) ^{3}1980. Jungclaussen hat gleichfalls die „Aufrichtigen Erzählungen eines russischen Pilgers" zum Jesusgebet herausgegeben.

[69] Jalics, Exerzitien, a.a.O. (Anm. 66). *Ders.,* Der kontemplative Weg, Würzburg 2006 (Ignatianische Impulse 14).

[70] *Peter Dyckhoff,* Das Ruhegebet. Einübung nach Cassian, hg. und übertragen von P. Dyckhoff, (1992) ^{4}1995. *Ders.*, Das Mystische Gebet. Einübung nach Dionysius, München 1996. *Ders.*, Aus der Quelle schöpfen. Das innerliche Gebet nach Teresa von Avila, München 2000. *Ders.*, Gibt es für Christen Erleuchtung?, München 2003.

Vom Rätsel einer verschollenen Exerzitienübung des Heiligen Ignatius

Der Jesuit Franz Jalics vertritt die These, dass der Exerzitienweg des *Ignatius von Loyola* (1491-1556) über *drei* Gebetsstufen führt. Das kontemplative Beten in Form des Jesusgebetes bilde das Zielstadium des Ignatianischen Exerzitienweges.[71] Leider sei gerade die kontemplative Entwicklungsstufe des Betens und ihre Beschreibung im Exerzitienbuch des Ignatius der „am meisten ignorierte Text".[72] Dies hat zur Folge, dass die Ignatianischen Exerzitien fast ausschließlich auf der reflektierenden, vormystischen Gebetsstufe angeboten werden und dass diese unsachgemäße Verkürzung fast nirgends diskutiert wird. Gerade diese Gebetsform, die in das Zentrum gelebter christlicher Mystik hineinführt, sollte jedoch inzwischen allen Menschen, die sie suchen, erschlossen werden. Ihre Zeit ist jetzt gekommen.

Ignatius hat seine „Geistlichen Übungen"[73] ganz klassisch dem mystischen Weg entsprechend gegliedert, und zwar in:

1. den Reinigungsweg („vida purgativa", EB 10,3),
2. den Erleuchtungsweg („vida illuminativa", EB 10,2) und
3. den Vereinigungsweg („vida unitiva").

Für jede dieser drei Stufen auf dem mystischen Weg beschreibt er jeweils unterschiedliche Formen des Umgangs mit der Heiligen Schrift, der Entscheidungsfindung und auch des Betens. „... es werden drei Weisen zu beten aufgestellt" (EB 4,3).

1. Auf dem *Reinigungsweg* entzieht Ignatius den Übenden dem Lärm der Außenwelt. „Bevor man ins Gebet eintritt, lasse man den Geist ein wenig ruhig werden, indem man sich setzt oder umhergeht, wie es einem besser scheint" (EB 239).

2. Dem Menschen auf dem *Erleuchtungsweg* entzieht Ignatius beim Beten zusätzlich die Ablenkungsmöglichkeiten durch die äußeren Sinne. Er soll körperlich ganz ruhig werden und die Augen schließen oder auf einen Punkt fixiert halten. Die Worte beim Beten soll er drastisch reduzieren, indem er beispielsweise lange bei jedem einzelnen Wort des Vaterunsers verweilt.

---

[71] *Franz Jalics*, Die kontemplative Phase der ignatianischen Exerzitien, in: Andreas Schönfeld (Hg.), Spiritualität im Wandel, Würzburg 2002, 344-363.
[72] A.a.O., 357.
[73] *Ignatius von Loyola*, Geistliche Übungen, hg. v. Peter Knauer, Würzburg ^{4}2006, im Folgenden zitiert mit „EB" und den Nummern der Textabschnitte.

Dem auf dieser Stufe Betenden bleibt jedoch noch der innere Aktivitätsraum. Er kann weiterhin gedanklich tätig sein. „Kniend oder sitzend, je nach der größeren Einstellung, in der er sich findet, und wie ihn mehr Andacht begleitet, dabei die Augen geschlossen oder auf eine Stelle fixiert haltend, ohne mit ihnen hin- und herzugehen, soll der Betreffende sagen: 'Vater'. Und er verweile bei der Erwägung dieses Wortes soviel Zeit, als er Bedeutungen, Vergleiche, Geschmack und Tröstung in zu diesem Wort gehörigen Erwägungen findet." (EB 252) „Er soll in der bereits genannten Weise eine Stunde beim ganzen Vaterunser verweilen. ... Wenn der Betreffende guten Stoff zu denken und Geschmack und Trost findet, kümmere er sich nicht, weiterzugehen, auch wenn die Stunde bei dem, was er findet, zu Ende geht" (EB 253-254).

3. Auf der kontemplativen Stufe des Betens, dem *Vereinigungsweg*, entzieht Ignatius dem Betenden auch noch die gedankliche Aktivität – das Hervorbringen eigener Gedanken, das Verweilen bei Gefühlen oder Erinnerungen, das Fassen von willentlichen Vorsätzen. Diese kontemplative Stufe beschreibt Ignatius in EB 258-260. „Sie ist das bloße Schauen auf die göttlichen Personen, mit einem Wort bei jedem Atemzug, ohne sich mit Gedanken, Erwägungen, Vergleichen, mit Geschmack und Tröstungen zu beschäftigen."[74]

Wie Ignatius das kontemplative Beten beschreibt

Jalics fasst die konkreten Anweisungen zum kontemplativen Gebet im Exerzitienbuch des Ignatius wie folgt zusammen:
„Wir beginnen mit der Beruhigung der äußeren Sinne, die zwar in der *Zweiten Gebetsform* stehen, aber auch für die dritte Weise gültig sind:

- Er soll sich hinknien oder hinsetzen (EB 252).
- Er soll die Augen schließen oder auf eine Stelle fixiert halten (EB 252).
- Er soll ein Wort sprechen (Ebd.).
- Er kann/soll eine Stunde dabei bleiben (EB 253).

Es kommen die Hinweise, die der dritten Gebetsweise eigen sind, hinzu:

[74] Jalics, Phase, a.a.O. (Anm. 71), 348.

- Er soll das Wort mit jedem Atemzug beten (EB 258).
- Beim Sprechen des Wortes soll er auf die Person achten, zu der er spricht (EB 258).
- Statt zu überlegen, zu vergleichen, Geschmack oder Tröstungen zu suchen, soll er einfach im Schauen bleiben (EB 252; 258).“[75]

Das kontemplative Gebet ist die letzte Übung, mit der Ignatius den Übenden schließlich in den Alltag entlässt. Jalics ist überzeugt, dass Ignatius auf dieser höchsten Stufe seiner Exerzitien das Jesus-Gebet lehrte. Entsprechend arbeitet Jalics in seinen kontemplativen Kursen mit dem *Jesus-Gebet in der Kurzform*: Gedanklich spricht die bzw. der Betende beim Einatmen „Christus“ und beim Ausatmen „Jesus“.
Zwar nennt Ignatius auf der zweiten Gebetsstufe noch das Wort „Vater“ als Beispiel, bei dem der Betende eine Stunde lang verweilen könnte. Und auf der dritten Stufe spricht er vom Verweilen bei Worten des Vaterunsers zwischen den Atemzügen. Doch für Ignatius selbst wurde der Name Jesu „Herzenssache“. „Zur Beschreibung mystischer Erfahrungen verwendet er in den römischen Tagebuchaufzeichnungen die ausgesprochen sigillarische Metapher vom ´Einprägen des Namens Jesu´ in seinem Herzen.“[76] „Als ich die heiligen Gewänder angelegt hatte, stieg die Sehnsucht auf, es möge sich der Name Jesu tief in mein Herz einprägen“.[77] In seinem „Geistlichen Tagebuch“ notiert Ignatius über seine Vorbereitung bei der Messe: „Beim Herrichten des Altars und der Gewänder stand mir der Name Jesu vor Augen.“[78]
Ignatius fasste „eine so große Andacht zum heiligsten Namen“[79], dass er seinen Orden diesem Namen unterstellte als die „Gesellschaft Jesu“. Er gab dieser radikalen Zentrierung auf den Jesus-Namen einen visuellen Ausdruck, indem er die Tradition des Jesus-Monogramms „IHS“ für seinen Orden aufgriff und dieses Namens-Monogramm für das Ordenswappen und für das Siegel des Ordens wählte.
In den frühen Ausgaben des Exerzitienbuches von Ignatius spielte noch das Monogramm des Jesus-Namens als Meditationsbild eine zentrale Rolle, „als ´Jesus-Mandala´ sozusagen“.[80] Die meditative Sammlung im Jesus-Namen in den Anfängen des Jesuitenordens spiegelte sich im öffentlichen Kult

---

[75] A.a.O., 356.
[76] *Alex Stock*, Poetische Dogmatik. Christologie, Band 2: Schrift und Gesicht, Paderborn 1996, 52.
[77] Ignatius von Loyola, zitiert in: Stock, a.a.O., 53.
[78] Zitiert in: Stock, ebd.
[79] Zitat aus dem ältesten Bericht von P. Laynez über die Vision des Ignatius in La Storta vor den Toren Roms vor der Ordensgründung, in: Stock, ebd.
[80] Stock, a.a.O., 59. Vgl. die dort genannte Literatur zu den ersten Illustrationen des Exerzitienbuches.

dieses Namens wider. Die Kirche „Il Gesú“ in Rom, in der Ignatius begraben liegt, veranschaulicht im Deckenfresko ihrer gigantischen Kuppel „mit allen Mitteln barocker Illusionsmalerei den Triumph des Namens Jesu. Der im Lichtzenit des Himmels als äußerstes sichtbare Namen (IHS) erscheint als das energetische Zentrum eines kosmischen Szenariums ... Das Sonnenlicht des Namens erleuchtet die Gesichter der Engel, sein Feuer stürzt die teuflischen Mächte in den Abgrund.“[81]
Auf diesem Hintergrund der Mystik des Ordensgründers, der Ordensgründung und der Anfangsgeschichte des Ordens mag kaum Zweifel daran bestehen, dass der zu meditierende Name auf der dritten Stufe der Ignatianischen Exerzitien für Ignatius und für viele andere Exerzitanten der Name Jesu war. Jalics vermutet, dass Ignatius die damals auch im Westen verbreitete Technik des Jesus-Gebets bei einem Mönch auf dem Montserrat oder in Salamanca erlernt hat. „So ist das Jesusgebet auf der dritten Ebene eine buchstäbliche Ausführung der Anweisungen des Exerzitienbuches.“[82]

Der Atem als Hilfsmittel in der christlichen Mystik

Gerade anhand des Exerzitienbuches von Ignatius, dieses Klassikers der Geistlichen Begleitung, ist herauszustellen, dass auch Ignatius auf der kontemplativen Gebetsstufe mit der *Atemtechnik* als Hilfe für den Betenden arbeitet. „Bei einem jeden Atemzug oder Luftholen soll man geistig beten, indem man ein Wort ... betet. Man soll also zwischen einem Atemzug und einem anderen nur ein Wort beten.“ (EB 258) Die Konzentration auf den Atem ist eben kein fernöstliches Spezifikum, sondern das universale Hilfsmittel aller Kontemplativen. Der Atem übernimmt auf einem kontemplativen Weg die Funktion eines Ankers. Mit seiner Hilfe kann der Betende seine Aufmerksamkeit fest im Körper verankern und in tiefer gelegene Regionen der Ruhe und Entspannung hinabsinken. Selbst wenn noch Gedanken an der Oberfläche des Bewusstseins dahinjagen, ist man ihnen nicht mehr ausgesetzt und folgt ihnen nicht mehr, weil die Aufmerksamkeit mit dem Atem verbunden bleibt. Die volle Konzentration auf den Atem

[81] A.a.O., 60f. Vgl. dort Stocks Hinweis auf das *frühere Hauptfest der Gesellschaft Jesu*: das (durch die Liturgiereform abgeschaffte) Fest der Beschneidung Jesu am 1. Januar. Es war so zentral für den Orden, weil im Mittelpunkt des Festes die *Namensgebung Jesu* und damit der Name Jesu selbst stand. Vgl. zum Fest: *Stock*, Poetische Dogmatik. Christologie, Bd. 1: Namen, Paderborn 1995, 17-90.

[82] Jalics, Phase, a.a.O. (Anm. 71), 359. Stock verweist zudem auf die Zuneigung zum Jesus-Namen, die sich bei Ignatius bereits auf dem Krankenlager entwickelte. Eine zentrale Rolle spielte bei der Krankenbettlektüre, die die Bekehrung einleitete, eine Legende über den Märtyrerbischof Ignatius von Antiochien. Ihr zufolge war der Name Jesu Christi dem Märtyrer mit goldenen Buchstaben auf das Herz geschrieben. Vgl. Stock, .a.a.O., 52.

macht den Geist ruhig und stabil. Dadurch, dass der Geist nicht mehr durch Gedanken durcheinander gewirbelt wird, wird die Wahrnehmung weit und sehr klar. Rein theoretisch könnte man sich für solche Verankerung auch auf den Herzschlag konzentrieren. Doch eine dauerhafte starke Konzentration auf das Herz kann leicht zu Herzschmerzen statt zur Entspannung führen, und der Atemrhythmus lässt sich zudem leichter beobachten.
Die Zentrierung auf den Atem entlastet zudem den Umgang mit dem Namen Jesu davon, zu einem lediglich technischen Mittel für den Achtsamkeitsfokus zu werden. In der Qualität dieses Namens liegt ein wichtiger Unterschied zu vielen fernöstlichen kontemplativen Techniken, die gleichfalls mit Mantren arbeiten. „Der heilige Name wird als so machtvoll angesehen, so gefüllt mit spiritueller Energie, dass er mit anderen Worten sozusagen ′verdünnt′ werden muß; würde er ständig allein wiederholt, könnte das zu einem Zustand innerer Spannung führen.“[83] Im Unterschied zu vielen fernöstlichen Zentrierungstechniken des Geistes über Mantren führt der Gebrauch des Namens als Mantrum den Betenden in eine intensive persönliche Beziehung. „Es ist nicht einfach ein rhythmisches Rufen… Sein Ziel ist nicht einfach die Aufhebung aller Gedanken, sondern eine Begegnung mit einem Jemand. Das Gebet ist unmittelbar an ein anderes Du gerichtet… Es gibt kein Jesusgebet ohne dieses persönliche Verhältnis“.[84]

Die Aufmerksamkeit auf den eigenen Atemrhythmus ist, über die festen Gebetszeiten hinaus, ein wichtiges Mittel, um alltägliche Arbeiten und um Situationen zunehmend wacher und klarer wahrnehmen zu lernen und dadurch freier in ihnen reagieren zu können. Zusätzlich zum Konzentrationsweg mit dem Atem können weitere Achtsamkeitsübungen sowie Entspannungstechniken für den Körper angebracht sein, bevor man mit dem Beten beginnt, um Körper und Geist intensiv zu beruhigen.[85] Denn der Geist folgt zunächst dem Körper, und ein verspannter, gestresster Körper wird zu einem extrem unruhigen Geisteszustand führen.

---

[83] Ware, a.a.O. (Anm. 48), 401.
[84] Ware, a.a.O., 402.
[85] Vgl. Jalics, Weg, a.a.O. (Anm. 69); ders., Exerzitien, a.a.O. (Anm. 66); *Jon Kabat-Zinn*, Gesund durch Meditation, Bern/München/Wien [3]1995. Kabat-Zinn beschreibt aus der ärztlichen Praxis einer Stressklinik heraus achtsamkeitsfördernde Techniken, bezogen auf den Atem, die Körperwahrnehmung, das Essen sowie auf Routinetätigkeiten.

Beten ohne Vorstellungen – der Ausweg aus der Ego- und Projektionsfalle

Für den kontemplativen Weg ist es zentral, den Namen Jesu *ohne Vorstellungen* zu gebrauchen. Vorstellungen von Gott bleiben anthropomorph und sinnesbezogen. Vor allem die Pastoralpsychologie hat hinreichend thematisiert, dass Gottesvorstellungen neue und heilsame Erfahrungen behindern können. Aus pastoralpsychologischer Sicht gilt: Ein Mensch wird nur diejenigen Beziehungsmuster auf Gott übertragen können, in denen er sich bisher bewegt hat. Er bleibt in seinen eigenen Gottesprojektionen gefangen und in einengenden Beziehungsmustern stecken, selbst wenn er sich auf Gott bezieht.[86] Gefühle und Gedanken verzerren die Wahrnehmung der Realität stark, einschließlich der Wahrnehmung des eigenen Daseins und der Wahrnehmung Gottes.

Aus der Sicht des kontemplativen Betens birgt das *affektive Gebet* vor allem zwei Gefahren in sich:

1. das Problem der Egozentrik und
2. das Problem der Gottesprojektion.

Ad 1: Die Egozentrik ist eine Gefahr, die mit dem Strom subjektiver Gedanken und Gefühle verbunden ist. Sobald der Mensch zu sich kommt, nimmt er seine Gedanken und Gefühle wahr. Beim affektiven Beten werden diese Gefühle und Gedanken mit Gott in Beziehung gebracht. Dabei stellt sich die Frage, wie weit Gott bei diesem Beten Raum erhält und selbst wahrgenommen wird. Es besteht die Gefahr, dass der affektive Beter beim Beten überwiegend um sich kreist und sich mehr in die eigenen Gefühle vertieft und von eigenen Gedankenströmungen treiben lässt, als von sich abzusehen und wach auf Gott zu blicken und auf ihn zu hören.

Ad 2: Der kontemplative Weg führt an der *Projektionsfalle* krankmachender und einengender Gottesbilder vorbei, indem er von vornherein Gottesbilder kritisiert und Menschen strikt auf ihre konkrete Wahrnehmung im Hier und Jetzt fokussiert. „… wir arbeiten nicht mit dem Gottesbild. Ich habe nicht einmal gefragt, ob du an Gott glaubst oder nicht. Wir gehen einen viel konkreteren Weg. Wir richten uns auf die Realität aus und schauen, was von dort kommt. Wir lernen wahrnehmen, was da ist. Augenblicklich bezieht sich das noch auf die Wahrnehmung der Atemwege. Mehr und mehr kommen wir aber in die Wahrnehmung der Gegenwart. Uns interessiert nicht, ob wir von ihr ein Bild haben oder nicht, denn wir erfahren sie unmittelbar.

---

[86] Vgl. *James W. Jones*, Contemporary psychoanalysis and religion. Transference and transcenddence, New Haven/London 1991; *Ana-Maria Rizzuto*, The birth of the living God, Chicago/London 1979.

Die Wahrnehmung der Gegenwart ist schon eine Vorstufe der Wahrnehmung der Gegenwart Gottes. Gott ist ja da. Wir nehmen ihn nicht wahr, weil wir noch sehr wenig wahrnehmen können. Konzepte, Begriffe und Bilder brauchen wir uns von Ihm nicht zu machen, weil wir den Weg der Erfahrung gehen. Wir nehmen die Gegenwart wahr, und wenn wir sensibler und durchlässiger werden, öffnet sich die Gegenwart Gottes. Im ewigen Leben werden wir uns Gott nicht vorstellen, sondern im Schauen auf Ihn verweilen.“[87] „In dieser Tiefe gibt es nämlich keine Gedanken, keine Bilder, keine Überlegungen und kein Machen. Alles geht nur durch das Schauen und das Sein.“

Gregor von Nyssa (um 330-395) wendet das Bilderverbot aus dem Ersten Gebot (Ex 20,4) auf das Gebet an. Er versteht Bilder und intellektuelle Abstraktionen als menschliche Werke, die sich bei der Wahrheitssuche hinderlich zwischen Mensch und Gott schieben können. Der Mensch läuft immer Gefahr, seine eigenen Konstruktionen anzubeten. Daher müssen nicht nur Bildwerke aus Stein, sondern ebenso begriffliche Bilder zerschlagen werden.[88] Ziel im Gebet bleibt eine nichtbildliche, nichtdiskursive „Art von Gegenwartserfahrung“. „... der Bräutigam ist da, wenn auch nicht sichtbar“[89]. „Jeder vom Verstand erfasste Begriff wird den Suchenden zum Hindernis“.

In der bildlosen Stille und im wachen einfachen Dasein werden die Gedankenströme und das Gefühlschaos deutlich wahrnehmbar, die auch sonst ständig das Leben begleiten. Die wichtigste Technik zum Umgang mit ihnen ist, sie wahrzunehmen und zu akzeptieren wie ein Geräusch oder einen vorbeiflatternden Schmetterling und dann die Aufmerksamkeit wieder zum Fokus – zum Atemrhythmus und zum Namen Jesu – zurückzulenken. *Evagrius Ponticus* erörtert Phänomene wie Visionen und andere Störungen beim kontemplativen Beten in seiner Schrift „Vom Gebet“ im Rahmen der Dämonologie. Visionen, das Hören von Stimmen und Geräuschen, das Empfinden körperlicher Schläge, sogar Engelserscheinungen und die bildliche Schau Jesu Christi werden von ihm als religiöse Versuchungen eingestuft. Sie sind in jedem Fall streng zu analysieren. Wer sie unkritisch als reale Wahrnehmungen einer mystischen Wirklichkeit nimmt und ihnen eine tiefere Bedeutung beimisst, läuft nach Evagrius Gefahr, den Verstand zu verlieren. „Gib dich auch nicht dem Verlangen hin, mit deinen Augen die Engel, die Mächte oder selbst Christus zu sehen, du läufst sonst Gefahr, den Verstand zu verlieren, den Wolf für den Hirten zu halten und schließlich die

---

[87] Jalics, Exerzitien, a.a.O. (Anm.66), 83. Das folgende Zitat: ders., Weg, a.a.O. (Anm. 69), 44.
[88] Gregor von Nyssa, Das Leben des Moses, 1,165-166, zitiert nach: Ware, a.a.O. (Anm. 48), 398.
[89] Gregor von Nyssa, Kommentar zum Hohelied, hg. v. H. Langerbeck, Leiden 1960, Kap. 6 und 11, S. 116, 122.

Dämonen zu verehren, die dir übel wollen.“[90] Die Dämonen „lassen ein sinnlich wahrnehmbares Bild entstehen und geben einem solchen Menschen ein, dass er es mit Gott zu tun habe. Sie hegen dabei die Hoffnung, dass ein solcher Mensch sich damit am Ziel seines Betens wähnt.“

Gerade Menschen, die bereits stark in Gedanken leben und daher einen schwächeren Bezug zur sinnlichen Wirklichkeit haben, sind nach Evagrius auf dem kontemplativen Weg gefährdet. „... wenn es der gefährliche Dämon nicht schafft, während du betest, dein Erinnerungsvermögen zu aktivieren, dann versucht er dich aus dem Gleichgewicht zu bringen, indem er Wahngebilde vor deinem geistigen Auge aufsteigen lässt, die eine bestimmte Form annehmen. Gefährdet sind dadurch vor allem Menschen, die gewöhnlich bei begrifflichem Denken und bei Vorstellungen stehen bleiben. Und so geht der Geist des Menschen in die Irre, obwohl er von Natur aus unermüdlich nach spiritueller Erkenntnis und formlosem Wissen sucht. Fälschlicherweise hält er den Rauch für das Feuer.“[91]

Neben der metaphysischen Rückführung von Visionen und außergewöhnlichen Empfindungen auf Dämonen finden sich bei Evagrius auch psychologische Überlegungen. Visionen und außergewöhnliche spirituelle Erfahrungen entspringen Ruhmsucht und Stolz. Wer beim Beten das Außergewöhnliche sucht und ihm Aufmerksamkeit schenkt, wird es geistig selbst erzeugen. „Eitle Ruhmsucht ist der Grund für deine Trugbilder. Gerätst du unter ihren Einfluss, wird dein Geist der Gottheit Form und Gestalt zu geben versuchen.“[92]

Erstaunlicherweise finden sich auch erste hirnphysiologische Überlegungen in Evagrius´ Abhandlung über das kontemplative Gebet. „Ich kenne einen ganz herausragenden Menschen, der den kontemplativen Weg geht, der gesagt hat, dass dieses Phänomen dem Laster der Ruhmsucht entspringt und von einem Dämon ausgelöst wird, der diese spezifische Seite des Gehirns stimuliert und so gewisse Gehirnströme in Gang setzt.“[93] Eine ungesunde Kraft wird im Gehirn wirksam, indem sie „die Seite des Gehirns stimuliert, dadurch ein Lichtphänomen erzeugt, um so den Geist des Menschen zu beeinflussen.“

Der *Grundsatz der Nichtbeachtung* von Tagträumen, Visionen, Stimmen, ungewohnten Körperwahrnehmungen oder paramystischen Phänomenen auf dem kontemplativen Weg gilt seit den ersten kontemplativen Theologen der Wüste bis zur Gegenwart. Er schützt die Betenden vor den Abgründen und der Verwirrung durch eigene seelische und mentale Projektionen, die durch ein narzisstisches Streben nach religiöser Grandiosität noch verstärkt

---

[90] Evagrius Ponticus, a.a.O. (Anm. 44), Kap. 115, S. 116. Das folgende Zitat: Kap. 72, S. 104.

[91] A.a.O., Kap. 68, S. 103.

[92] A.a.O., Kap. 116, S. 116.

[93] A.a.O., Kap. 72, S. 104. Das folgende Zitat: Kapitel 73, S. 105.

werden. Nur derjenige, der diesen mentalen Irrgarten weitgehend desinteressiert durchschreitet, wird auf diesem Weg seinen Geist klären statt seine mentale Gesundheit zu riskieren.

Die Grundtechnik bleibt dabei immer dieselbe: Die Aufmerksamkeit wird zum Atemstrom und auf den Namen Jesu zurückgelenkt. Diejenigen Phänomene, denen man Aufmerksamkeit schenkt, werden stärker und können einen schließlich wie besessen gefangen nehmen. Die eigene Aufmerksamkeit erschafft die Phänomene. Nimmt man nur kurz Notiz von ihnen und beachtet sie ansonsten kaum, so werden sie seltener und sich auflösen. Die Verankerung in der Gegenwart des eigenen Körpers und der Gegenwart Jesu bleiben in allen seelischen Untiefen und Ablenkungen durch quasireligiöse Sensationen ein sicherer Schutz vor mentaler Verwirrung – wie bereits in der mittelalterlichen Darstellung der Seelenreise des Kreuzritters Owen.

Der kontemplative Gebetsweg will den Menschen zu seinem höheren Unbewussten bzw. in seinen „Seelengrund"[94] führen. Auf diesem Weg begegnet jeder Mensch unausweichlich seiner eigenen seelischen und mentalen Verfasstheit. In dieser Selbstbegegnung bleibt es wichtig, sich die Vorläufigkeit der eigenen Verfasstheit zu vergegenwärtigen und das phänomenale Ego zu relativieren. Die auf dem Weg begegnenden Gefühle, Gedanken, Traumbilder und Visionen bilden, im Vergleich zum metaphorisch bezeichneten „Seelengrund", eine vorläufige, relative Existenzweise. Sie bilden noch nicht die Tiefe des eigentlichen, wahren Daseins.

[94] Vgl. *v. Brockhusen*, Art. Seelenburg (und -stadt), in: Peter Dinzelbacher (Hg.), Wörterbuch der Mystik, Stuttgart 1989, 454; *Fraling*, Art. Wesensmystik, in: a.a.O., 519f. „In der ´wesentlichen Einheit des Geistes´ rührt das Geheimnis des Menschen an das Geheimnis Gottes. Das Wesen ist die innerste Mitte, in der der Mensch auf den bezogen ist, der uns innerlicher ist als wir uns selbst (Augustinus)." (520)

Das Beten in der „dunklen Kammer“

Jalics gebraucht als Bild für den kontemplativen Gebetsweg das Bild Jesu vom „Beten in der Kammer“. Zusätzlich verweist er hierfür auf Jesu Armutsforderung gegenüber dem Reichen Jüngling (Mk 10,17-31). Wer den kontemplativen Weg geht, verzichtet darauf, Jesus irgendetwas zu bieten: Gefühle, Gedanken oder geistliche Fortschritte. Das einzige, worauf er nicht verzichten kann, ist die Gegenwart Jesu. Von ihr geht alle Verwandlung aus. Dieser unsichtbaren Gegenwart öffnet er sich mit zunehmendem Vertrauen. Auf dem kontemplativen Weg gibt es kein „geistliches Machen“, kein geistliches Werk mehr.

In Mt 6,6f rät Jesus dem Betenden: „Du aber geh in deine Kammer, wenn du betest, und schließ die Tür zu; dann bete zu deinem Vater, der im Verborgenen ist. Dein Vater, der auch das Verborgene sieht, wird es dir vergelten.“ „Kammer bedeutet hier: Vorratskammer oder Schatzkammer ohne Fenster. Wenn auch die Tür noch geschlossen ist, kann man weder hinaus- noch hineinschauen. In ihr ist man verborgen. Der einzig mögliche Blick richtet sich – nach dem Text – an den Vater.“[95]

Die Kammer ist der Raum, in dem der Mensch völlig von seiner gewohnten Welt und von sich absieht und nur noch auf Gott schaut. „Solange jemand sich im Gebet mit Gedanken, Gefühlen, Gemütsbewegungen oder Bildern beschäftigt, ist er noch nicht in seiner Kammer. Er ist vielleicht schon im Haus, aber er sitzt auf seinem Balkon und genießt einen herrlichen Blick auf die Umgebung, das heißt auf die Außenwelt.“ „Er kann sich vergnügt mit seiner eigenen psychoreligiösen Landschaft beschäftigen. Denn Gedanken und Gefühle verbinden uns mit der Welt und mit unserer Psyche. In der Auffassung Jesu ist das noch nicht die Kammer, nicht der lichtlose Schuppen. Die Tür ist noch nicht verriegelt.“[96]

---

[95] Jalics, Weg, a.a.O. (Anm. 69), 35.

[96] Jalics, Weg, a.a.O., beide Zitate: 35.

Gott allein genügt

Das Ziel der kontemplativen Gebetsstufe liegt nach Ignatius darin, Gott in seinen Werken zu schauen (EB 234-237). In der „Betrachtung um Liebe zu erlangen“ (EB 234) steht der *Verzicht* auf alle äußeren und mentalen Aktivitäten des Betenden im Mittelpunkt. „Nehmt, Herr, und empfangt meine ganze Freiheit, mein Gedächtnis, meinen Verstand und meinen ganzen Willen, all mein Haben und mein Besitzen. Ihr habt es mir gegeben; Euch gebe ich es zurück. Alles ist Euer, verfügt nach Eurem ganzen Willen. Gebt mir Eure Liebe und Gnade, denn diese genügt mir.“ (EB 234)
Alles im Betenden soll zur Ruhe kommen. Auf dieser Stufe geht es um das Schauen auf Gott, das durch eigene Impulse nicht mehr zerstreut wird. Verstand, Wille, Erinnerungen spielen auf dieser Gebetsstufe keine Rolle mehr. Ignatius gibt hierfür eine konkrete Anleitung, um zu dieser Haltung im Gebet zu gelangen. „Die dritte Weise zu beten ist: Bei einem jeden Atemzug oder Luftholen soll man geistig beten, indem man ein Wort des Vaterunsers oder eines anderen Gebetstextes betet. Man soll also zwischen einem Atemzug und einem anderen nur ein Wort beten und, solange die Zeit von einem Atemzug zum anderen dauert, hauptsächlich auf die Bedeutung dieses Wortes schauen oder auf die Person, zu der man das Gebet spricht, oder auf die Niedrigkeit seiner selbst oder auf den Unterschied von so großer Hoheit zu so großer eigener Niedrigkeit.“ (EB 258)
Auf dieser Gebetsstufe stehen keine Gedanken mehr zwischen Mensch und Gott. Die bzw. der Betende lässt die eigenen Gedanken los. Sie oder er schaut nur noch auf Gott selbst. Gespiegelt in Gott, schaut sich der Mensch selbst neu. Christliche Kontemplation führt in keine Leere, sondern sie führt den Menschen in eine Beziehung hinein. Nichts personalisiert und heilt den Menschen stärker als Liebe. Ignatius spricht bei der Beschreibung dieser Gebetsform nicht von einer grenzverwischenden Verschmelzung, sondern von einem Schauen in Beziehung: „auf die Person, zu der man das Gebet spricht, oder auf die Niedrigkeit seiner selbst“. Bei diesem Schauen aus der eigenen Niedrigkeit heraus auf Gottes Hoheit will Ignatius nicht mehr, wie auf der vorigen Gebetsstufe, zu Vergleichen und Reflexionen im Gebet anregen. Es geht nur noch um die Wahrnehmung der Kluft und zugleich um das Verweilen in dieser Beziehung, wie es Johannes Maria Vianney, Pfarrer von Ars, mit den Worten eines kontemplativen Beters aus seinem Dorfe beschreibt: „Ich schaue den guten Gott an, und der gute Gott schaut mich an.“
Aus der Sicht eines Außenstehenden mag der kontemplative Weg mit seiner disziplinierten Technik – dem inneren Sprechen der Formel bzw. des Namens, dem wachen Wahrnehmen des Atems, der gedanklichen Stille – mechanisch wirken und als spirituelle Leistung erscheinen. Aus dem inne-

ren Erleben heraus erscheint es genau umgekehrt. Die „Technik“ liefert lediglich einen Schutzraum zu einer sehr intimen Begegnung, von der verwandelnde Kraft ausgeht und die fasziniert wie eine Liebesbeziehung. Wo früher religiöse Leistung stand, der Wille zur Selbstveränderung und eigene Ideale der Christusnachfolge, dort entwickelt sich Hingabe und das Gefühl, aus einer neuen Klarheit heraus geführt zu werden.

Je stärker ein Mensch von eigenen religiösen Anstrengungen und Zielen absieht und seine Wahrnehmungsfähigkeit verfeinert, umso stärker wird er erfahren, was er bislang nur geglaubt hat, bzw. umso klarer kann er sich eigene Urteile bilden. Das alte mystische Ziel der Kontemplation gilt ungebrochen weiterhin für Zeitgenossen, die auf dem kontemplativen Weg unterwegs sind.

Leidenschaftlich könnte hier Symeon Theologos gegenüber Theologen zitiert werden, die aufgrund ihrer rationalen Einschränkungen im Rahmen ihrer Dogmatik Gott nur noch für denkbar, jedoch nicht mehr für erfahrbar halten. „Sagt nicht: Es ist unmöglich, den Heiligen Geist zu empfangen. Sagt nicht: Es ist möglich, ohne Ihn erlöst zu werden. Sagt nicht: Man kann den Heiligen Geist besitzen, ohne ihn zu spüren. Sagt nicht: Gott erscheint doch den Menschen nicht. Sagt nicht: Die Menschen sehen doch das göttliche Licht nicht – Oder zumindest sei das in der derzeitigen Generation nicht möglich. Das ist etwas, meine Freunde, was nie unmöglich ist, zu keiner Zeit. Im Gegenteil: Für die, die danach verlangen, ist es durchaus möglich.“ Der kontemplative Weg mit dem Jesus-Gebet ist konkrete Mystagogik. „Glaube ist Gewissheit dessen, was man nicht sieht und nicht erfahren hat (Hebr 11,1). Kontemplation dagegen ist keine Gewissheit der Existenz Gottes, sondern ist eine anfängliche Schau Gottes.“[97]

Jalics nimmt zwei Verheißungen Jesu für das Jesus-Gebet als real in Anspruch: Wir werden mit Gott eins sein (Joh 17,20-26). Und wir werden Gott schauen wie er ist (1 Joh 3,2). Wer auf dem kontemplativen Weg die konditionierten Zeitschemata und Sinneskategorien hinter sich lässt und seine Wahrnehmung deautomatisiert, nimmt Gottes Gegenwart wahr. „Wenn wir mit Gott eins sein werden, sind wir jetzt schon eins mit ihm, und wir werden uns nur unseres Eins-Seins mit ihm bewußt werden. Die Änderung vollzieht sich nur in unserem Bewußtsein.“ [98] Im Bild von Jalics gesprochen: Menschen entdecken dann, dass sie schon immer Reben am Weinstock Jesus sind, und dass es seine Lebenskraft ist, die schon immer durch sie fließt und sie am Leben erhält. Wer die Entfremdungen abstreift, Projektionen und automatisierte Wahrnehmungsprozesse aufgibt, erkennt in der unmittelbaren Gegenwart sein wahres Wesen.

---

[97] Jalics, Weg, a.a.O. (Anm. 69), 10.

[98] A.a.O., 42.

Der Mensch ist Licht: Das wahre Selbst ist reiner Geist

Im kontemplativen Stadium erkennt und betritt der Mensch einen Bereich, der in der christlichen und außerchristlichen Mystik vielfach beschrieben worden ist, für den die theologische Anthropologie jedoch keinen Platz mehr vorsieht. Er betritt den Bereich, in dem der Mensch als reine Wahrnehmung, als reiner Geist, bzw. metaphorisch gesprochen als „Licht“ existiert. Diesem zentralen anthropologischen Bereich, der das Wesen des Menschen ausmacht, ergeht es im Rahmen einer rationalistisch reduzierten Theologie ebenso schattenhaft wie der Lehre von Heiligen Geist und damit zusammenhängend dem Verständnis von Verklärung, Auferstehung oder von pneumatischen Heilungen. Eine positivistisch und auf Alltagsrationalität konditionierte Welt- und Selbstwahrnehmung wird von pneumatischen Kategorien schlichtweg überfordert.

Die Zweinaturenlehre gilt jedoch mutatis mutandis nicht nur für Jesus als πρῶτος ἄνθρωπος, als Urbild aller Menschen. Sondern sie gilt auf einer abgeleiteten Stufe für alle Menschen: Menschen sind Körper (σῶμα), Seele (ψυχή) und Geist (νοῦς). Je mehr ein Mensch durch Achtsamkeit dieses eigene Potential des reinen, ungetrübten Beobachters seiner selbst erschließt, desto stärker erlebt er seine eigene differenzierte Existenz. Er lernt, geistige Prozesse von seelischen und körperlichen zu entkoppeln sowie körperliche und seelische Prozesse durch einen klaren Geist bewusst zu steuern.

Auf dem Weg zur Schau Gottes bilden daher Übungen zur Achtsamkeit das Rückgrat aller Wahrnehmungsfähigkeit für rein geistige Prozesse. Sie trainieren den eigenen Geist und erschließen zunehmend sein Steuerungs- und Wahrnehmungspotential. Je stärker ein Mensch auf diesem Wege erkennt, dass er in seinem tiefsten Wesen selbst klarer, ungetrübter Geist ist, desto klarer wird er durch diesen Geist die geistige Gegenwart Gottes in allen Dingen wahrnehmen.

In der ostkirchlichen Mystik griffen die Kappadokier auf die *Metaphorik des Lichtes* zurück, um den Selbsterkenntnisprozess des Menschen im Lichte des Geistes Gottes zu reflektieren. Gregor von Nyssa und Basilius sprachen davon, dass der Erkenntnis Gottes das Erleben von Licht vorausgehe, das in der Seele zu leuchten beginne. Evagrius knüpft im „Praktikos“ an die Lichtmetapher des Basilius an. Er spricht davon, dass der Geist des Menschen in der Phase der Schau „sein eigenes [!] Licht zu sehen beginnt“. „Wenn der Geist des Menschen sein eigenes Licht zu sehen beginnt, wenn er sich auch durch Traumgesichte nicht beunruhigen lässt, und wenn er selbst angesichts der Ereignisse des Lebens gelassen bleibt, dann hat ein solcher Mensch mit Sicherheit Apatheia erlangt.“[99]

[99] Evagrius, a.a.O. (Anm. 44), Praktikos, Kap. 64, S. 60.

Aus religionsphänomenologischer Sicht hat Mircea Eliade die Lichtmetaphorik im Kontext mystischer Erfahrungen anderer Religionen näher untersucht. Er verweist auf den Hinduismus, bei dessen spirituellen Praktiken die im Lotus des Herzens gesammelte Aufmerksamkeit zur Erfahrung reinen Lichtes führt. Die bildliche Rede vom „Licht des Herzens" komme gehäuft in den mystischen Lehren postupanishadischer Werke vor und begleite dort beschreibend die Erfahrung des wahren Selbst.

Nach Evagrius ist der Geist des Menschen auf diese Gottes- und Selbsterfahrung hin angelegt. In der vollständigen Ruhe, Konzentration und Leere des alltäglichen Bewusstseins (des „alten Menschen") wird der menschliche Geist zu einem Spiegel des göttlichen Geistes. „Wenn ein Mensch den alten Menschen abgelegt und den neuen Menschen angezogen hat, der eine Schöpfung der Liebe ist, dann wird er zur Stunde des Gebetes erkennen, wie sein Zustand einem Saphir gleich, der klar und hell wie der Himmel leuchtet. Mit dem Ausdruck 'Ort Gottes' meint die Schrift genau diese Erfahrung. Unsere Vorfahren, die Ältesten, haben ihn am Berg Sinai gesehen."[100] Die erfahrene Einheit vollzieht sich in unmittelbarer Wahrnehmung und nicht mehr denkend. Sie wird intuitiv geschaut. Sie führt nicht zu einer dauerhaften Vermischung und Verschmelzung, jedoch wie jede intensive Begegnung zu einer Verwandlung des Schauenden. Mit Florenskij gesprochen, wird in dieser Phase das menschliche Gesicht zum Antlitz, in dem der eigene Geist aufleuchtet, der im Geist Gottes entflammt ist.

Symeon der Neue Theologe stellt die kontemplative Erfahrung dieses „nicht materiellen" Lichtes in den Mittelpunkt seiner Theologie. „Wir bezeugen, dass Gott Licht ist und dass jene, die wert befunden wurden, ihn zu sehen, ihn alle als Licht sahen, und jene, die ihn empfangen haben, ihn als Licht empfangen; denn das Licht seiner Herrlichkeit geht ihm vorauf. Es ist ihm unmöglich, sich ohne Licht zu offenbaren; jene, die sein Licht nicht gesehen haben, haben ihn nicht gesehen; denn er ist das Licht, und jene, die das Licht nicht empfangen haben, haben noch keine Gnade empfangen."[101] Symeon selbst beschreibt seine eigene Lichterfahrung wie folgt: „Während ich in der Mitte meiner Zelle sitze, sehe ich ein Licht, das nicht von dieser Welt ist. In mir nehme ich den Schöpfer der Welt wahr. Ich rede mit ihm, liebe ihn und erhalte durch diese eine Schau reiche Nahrung. Ich vereinige mich mit ihm und werde so über die Himmel erhoben. Dies weiß ich mit aller Klarheit und Gewissheit. Aber ich weiß nicht, wo zu solch einer Zeit der Körper ist […]. Denn Gott liebt mich, er hat mich in sein eigenes Sein aufgenommen und verhüllt mich in seiner Umarmung […]. Es ist nicht nur kein Wunsch da, in einem solchen Zustand seine Zelle zu verlassen; man

[100] Evagrius, PG 40, 1240A, dort, textkritisch nicht zutreffend, als Teil des „Praktikos" mit abgedruckt. Hier zitiert nach: Evagrius, a.a.O. (Anm. 44), S. 19f.

[101] Symeon der Neue Theologe, Katechesis 28, zitiert nach: Ware, a.a.O. (Anm. 48), hier: 408.

verspürt ein Verlangen, sich tief in irgendeiner Höhle unter dem Boden zu verkriechen und dort, losgelöst von vertrauten Welten, meinen unsterblichen Herrn und Schöpfer lange zu betrachten."[102]

In der Einheitserfahrung bleibt die menschliche Natur menschlich. Sie wird jedoch verwandelt. Besser als der metaphysisch problematische Begriff der „Wandlung" aus der lateinischen Theologie eignet sich der in der ostkirchlichen Theologie bevorzugte Topos der „Verklärung". Die menschliche Natur bleibt nach der Vereinigung vom göttlichen Geist durchstrahlt. Dadurch wird sie selbst Licht, wie auch Gott – im metaphorischen, pneumatischen Sinne gesprochen – Licht ist. Mit dem göttlichen Licht verbunden, ist der Mensch in sein eigenes Wesen zurückgekehrt.

Symeon der Neue Theologe beschreibt diese Anthropologie der Zwei-Naturen-Lehre für den δεύτερος ἄνθρωπος – den geschaffenen Menschen – als eine „verwandelnde", „unveränderte" „Einheit ohne Vermischung". In seiner „Hymne an die Göttliche Liebe" nimmt das Gras poetisch die Stellung des δεύτερος ἄνθρωπος ein: „... das Gras wird Licht; es ist verklärt".

> „O Licht, das keiner benennen kann, da es gänzlich namenlos ist,
> o Licht, das viele Namen trägt, da es in allen Dingen wirkt ...
> Wie vermischst du dich mit Gras?
> Wie, da du unverändert bleibst, völlig unzugänglich,
> bewahrst du die Natur des Grases unzerstört?
> Wie verwandelst du es vollständig und erhältst es doch zugleich
> unverändert?
> Es bleibt Gras und ist doch Licht, und doch ist das Licht nicht Gras,
> Aber du, das Licht, verbindest dich dem Gras in einer Einheit ohne
> Vermischung,
> und das Gras wird Licht; es ist verklärt und doch nicht
> verändert."[103]

Geist kann nur durch Geist erkannt werden. Auch der zur Ruhe gekommene, auf den geistigen Gott konzentrierte Geist kann erst zum Spiegel des Geistes Gottes werden, wenn das „Licht" dieses Geistes in ihn hineinstrahlt. Wird der Geist eines Menschen vom Geist Gottes erleuchtet, so wird der ganze Mensch Licht. Auch die christliche Anthropologie, Soteriologie und Pneumatologie zielt auf Erleuchtung. Die Frage nach dem Menschen und die Gottesfrage des Menschen hängen an der Wahrnehmungsfrage. Die

[102] Symeon der Neue Theologe, zitiert nach: *Sergei Hackel*, Das spätmittelalterliche Russland: Die Besitzer und die Besitzlosen, in: Jill Raitt (Hg.), Geschichte der christlichen Spiritualität, Bd. 2, Würzburg 1995, 233-245, hier: 239.

[103] Symeon der Neue Theologe, Hymnus 28, 114-115, 160-167, zitiert nach: Ware, a.a.O. (Anm. 48), 409.

Aufgabe der heutigen Theologie und Kirche ist es, Menschen hinzuführen zur Theoästhetik. Erst in Gott spiegelt sich der wahre Mensch.
Aus dieser Perspektive erschließt sich der tiefe Sinn des Gespräches zwischen Jesus und der Samaritanerin am Brunnen. Sie fragt Jesus im physischen Sinn: An welcher irdischen Kultstätte wird Gott legitim verehrt? Jesus lenkt die Samaritanerin hin auf die Ebene der Gottesschau im Geist, die das höchste Ziel allen Kultes ist. „Die Stunde kommt, und sie ist schon da, zu der die wahren Beter den Vater anbeten werden im Geist und in der Wahrheit... Gott ist Geist, und alle, die ihn anbeten, müssen im Geist und in der Wahrheit anbeten." (Joh 4,24)
Der Mensch, der sich von Jesus auf dem kontemplativen Weg reinigen und führen lässt, erkennt zunehmend sein tiefstes menschliches Wesen. Er ist – mit Assagioli[104] gesprochen – in seinem „Hohen Selbst" oder – mit der mystischen Tradition formuliert – in seinem „Seelengrund", seiner „Seelenburg" oder seinem „Seelenfunken" – selbst reiner Geist. Je stärker er sich mit seiner Aufmerksamkeit in dieser Ebene bewegt, desto klarer wird seine Wahrnehmungsfähigkeit für die geistige Gegenwart Gottes werden.
Für den kontemplativen Menschen ist diese anthropologische und erkenntnistheoretische Aussage keine theologische Spekulation, sondern empirisch. „Wir spüren in der Tiefe unserer Seele, dass wir selbst Geist sind und dass wir in diesem auf Raum und Zeit begrenzten Universum nur Pilger sind."[105] „Wenn ich hellwach bewußt bin, aber mein Bewußtsein leer ist, bin ich in meiner Mitte. Dort sind wir nur Geist und befinden uns am nächsten zu Gott, der reiner Geist ist. Es ist ein einfaches Bewußt-Sein, ein bewußtes Da-Sein. Dort ist der Mensch im höchsten Grad Ebenbild Gottes. Dort kann er eine Ahnung davon bekommen, was es bedeutet, eins mit Gott zu sein. Verweilt der Mensch dabei, ist er in reiner Anbetung. Es ist die Anbetung im Geist."[106]

---

[104] Siehe oben S. 307ff.
[105] Jalics, Weg, a.a.O. (Anm. 69), 13.
[106] Ders., Weg, 27.

Beten als therapeutischer Weg

Ein psychoanalytisches Setting richtet den Fokus auf Gedanken und Gefühle. Es ermutigt daher den Klienten zur freien Assoziation, in der er alles, was ihm in den Sinn kommt, zulässt und nicht länger unterdrückt. Es wird als Fortschritt bewertet, wenn aus dem diffusen Bewusstsein oder Unbewussten etwas bislang Verschüttetes hervortritt und nun näher reflektierend betrachtet werden kann.

Auch das Jesus-Gebet entfaltet eine starke therapeutische Wirkung. Sie tritt ebenfalls dadurch in Kraft, dass die oder der Betende innerlich loslässt und nichts mehr erreichen oder abwehren will. Im Unterschied zum psychoanalytischen Setting richtet der Betende seine Aufmerksamkeit jedoch nicht auf die aufsteigenden Gedanken und Gefühle. Sein Wahrnehmungsfokus bleibt auf den Atemstrom und den Namen Jesu gerichtet, durch den er in die geistige Gegenwart Jesu eintritt.

Dieser Fokus wäre als Unterdrückung der Gedanken und Gefühle missverstanden. Der Betende vollzieht eine Gratwanderung in seiner Aufmerksamkeit. Er ist dazu bereit, alles, was in ihm aufsteigt, zuzulassen und hält gleichzeitig weiterhin den Fokus seiner Aufmerksamkeit auf den Namen Jesu und den Atemrhythmus gerichtet. „Das Heil kommt nicht von ihnen [sc. den aufsteigenden Gefühlen und Gedanken], sondern vom stillen Verweilen in der Gegenwart.“[107]

Wem dieses Vorgehen zu schwierig erscheint, der kann belastende Gefühle, alte Verletzungen, empfundene Schuld in einem kurzen affektiven Gebet Jesus anvertrauen und gleichsam „schenken“ und sie auf diese Weise loslassen. Alle Absichten, alles Streben nach eigener Heiligung, charakterlicher Verbesserung und Selbstergründung, die noch beim affektiven Beten eine Rolle spielen, haben auf dieser Stufe ihr Ende gefunden.

Alle Veränderung geschieht auf dem kontemplativen Weg über das *Wahrnehmen und Akzeptieren* dessen was ist. Der kontemplative Mensch erlebt die theologisch abstrakte Behauptung, dass Jesus erlöst, als geistige, seelische und körperliche Wahrheit. Die heilende und verwandelnde Kraft geht von der Zeit aus, die er bewusst in der Gegenwart Jesu verbringt.

Unter therapeutischem Aspekt betrachtet, bildet beim Jesus-Gebet der Jesus-Name – und damit die Beziehung zum gegenwärtigen Christus – das therapeutische Setting und das „holding environment“ – eine tragfähige, geschützte, belastbare Beziehung. Auch der normale tägliche Arbeitsrhythmus ist auf dem kontemplativen Weg ein wichtiger stabilisierender Faktor. Die Stille und das zunehmend tiefe Berührtwerden von Jesu Gegenwart setzen eine starke seelische Dynamik frei. Daher sollte das Jesus-Gebet im

---

[107] Ders., Exerzitien, a.a.O. (Anm. 66), 241. Ergänzung SB.

Unterschied zur Frequenz des „Russischen Pilgers“ in einer wesentlich geringeren Frequenz gesprochen werden. Jalics und Dyckhoff empfehlen zur formellen Praxis morgens und abends einen Zeitrahmen von 20 bis 30 Minuten. Die informelle Praxis während des Alltags sollte jeder nach seinen eigenen Erfahrungen ausgestalten. Je länger ein Mensch den kontemplativen Weg geht, desto belastenderes Material aus der Vergangenheit wird in sein Bewusstsein treten. Trauer, Einsamkeit, Angstzustände, körperlich gespeicherte Erinnerungen wie Atemnot oder Herzschmerzen können durchlebt werden. Man kann tagelang aufgrund langsam ins Bewusstsein aufsteigender Empfindungen wie neben sich stehen. Ein abgespaltener Anteil aus der Vergangenheit verstellt dann die Gegenwart, und man lebt zeitweise wie in einer alten Gefühlsblase eingeschlossen. Es ist möglich, dass man in solchen Zeiten das Jesus-Gebet nur noch mechanisch spricht und keine Gegenwart empfindet. „Dieser heilende Blick Gottes hat eine Feinfühligkeit, die jeder Therapeut sich wünschen würde. Er bringt die Wunden in der Reihenfolge zu Bewußtsein, in der sie im Inneren des Menschen liegen. Er zeigt nie eine tiefere Verletzung, die noch nicht an der Reihe ist, weil zuerst noch andere Verwundungen heilen müssen.“[108]
Werden diese Zustände zu stark und ist ein klarer innerer Beobachter während ihres Auftretens noch zu schwach entwickelt, so sollte ein liebevolles und vorsichtiges Vorgehen das Handeln leiten: Es sollte dann genug Zeit zum Wahrnehmen des bislang Verborgenen und zur Neuordnung der Gedanken, Gefühle und Lebensausrichtung eingeräumt werden. Es geht nicht um Leistung, sondern um eine tief berührende Beziehung. Diese erfordert, wie jede Beziehung, ein eigenes Gespür für ihre Dynamik. Das Wahrnehmen und Heilenlassen des eigenen verletzten Lebens und des Bösen, dessen Sklave man geworden ist, zählt zur unabwendbaren Reinigungsphase (purificatio) auf dem mystischen Weg. Im Unterschied zu einem mechanistischen Stufenmodell ist es verfehlt, diesen Reinigungsprozess als eine abgrenzbare Phase zu betrachten. Je inniger die gespürte Gegenwart Jesu wird, desto tiefer reichen die Berührungen und desto vertrauensvoller lässt der Mensch los, was seinem Wesen fremd ist.

[108] Ders., Weg, a.a.O. (Anm. 69), 49.

Der kontemplative „Flow“ im Alltag

Während der Mensch sich auch beim kontemplativen Beten leicht selbst täuschen und zudem in paramystischen Phänomenen verlieren kann, bietet der Alltag ein untrügliches Feedback für die tatsächlich entwickelte Achtsamkeit und Wahrnehmungsfähigkeit dessen, was ist. Hier bewährt sich, was in der Kontemplation gewachsen ist: deautomatisierte Wahrnehmung, die Zurücknahme von subjektiven Projektionen, eine Entkopplung des Reiz-Reaktions-Schemas im sozialen Handeln, sachgerechte Interventionen aus dem Moment heraus.

Der kontemplative „Flow“ wird nur dann nicht zum Flop, wenn die Aufmerksamkeit aus der Gebetszeit auf alltägliche Routinehandlungen und Begegnungen ausgedehnt werden kann. Präsenz und Offenheit bewähren sich im deautomatisierten Handeln im Streitfall und in konstruktiven Lösungen. Konflikte werden häufig durch die tief im Menschen verwurzelte Kampf-oder-Flucht-Reaktion verschärft. Diese steuert Reaktionen zunächst automatisch, auch wenn das Leben nicht bedroht ist. Als Auslöser reichen häufig Empfindungen, dass der eigene soziale Status bedroht sei. Wer in seine Gefühle verstrickt ist, kann nicht mehr differenziert die Position des anderen wahrnehmen und sachgerecht über Lösungen kommunizieren.

Achtsames Verweilen im Atem und in der Gegenwart Jesu kann davor schützen, von der eigenen oder fremden Gefühlsdynamik mitgerissen zu werden. Dadurch wird eine Kontrolle auch über komplexe Situationen möglich. Das Verweilen in Geistesklarheit (Ignatianisch „Indifferenz“, ostkirchliche Tradition „Apatheia“ und „Hesychia“) ermöglicht es, dem Konfliktpartner offen zuzuhören und ihn nicht abzuwehren oder auf die Darstellung der eigenen Position zu drängen. Dadurch wird es möglich, den anders gesonnenen Partner einerseits zu respektieren, Verständnis für sein Anliegen zu äußern und weder defensiv noch aggressiv zu reagieren, zugleich aber auch klar darzulegen, warum man in bestimmten Punkten sein Anliegen nicht teilen kann und anders entscheidet.

Bei Routinehandlung wird deutlich, wie wach oder halbwach man lebt. Der angebliche Grauschleier des Alltags wird beim Zähneputzen, Ankleiden, Abwaschen oder einen Flur Entlanggehen zunehmend als Grauschleier aus dem eigenen Gedanken- und Gefühlsgewirr erkannt werden.[109] Einzelne hellwach erlebte Momente werden bei einer regelmäßigen Praxis zunehmen und schließlich den Alltag als fließende Gegenwart voll intensiven Lebens entdecken lassen. Das ist der kontemplative „Flow“ im Alltag.

Was auch immer die oder der Kontemplative in der Gebetszeit an paramystischen Phänomenen erleben mag, das Kriterium bleibt (wie bereits bei

---

[109] Vgl. Kabat-Zinn, a.a.O. (Anm. 85).

den Stufen des Ambrosius dargelegt) die Verwandlung des eigenen Lebens durch die liebende Gegenwart Jesu. In den Worten von Cassian: „Ziel eines durch das Ruhegebet auf Gott ausgerichteten Lebens und Zeichen für die Vollendung des Herzens ist die beständige und ununterbrochene Verbindung mit dem Urgrund Liebe.“[110] Evagrius beschreibt für seine Mönche das Ziel: „Ein Mönch ist ein Mensch, der sich von allem getrennt hat und sich doch mit allem verbunden fühlt.“[111] „Selig ist der Mönch, der in allen Menschen Gott sieht.“ „Selig ist der Mönch, der das Wohlergehen und den Fortschritt anderer mit so viel Freude begrüßt, wie wenn es sein eigener wäre.“[112] „Wenn du wirklich betest, entsteht in dir ein tiefes Gefühl des Vertrauens. Engel werden dich begleiten und dir den Sinn der ganzen Schöpfung erschließen.“

Da das Thema Liebe in der christlichen Mystik für die Persönlichkeitsentwicklung zentral ist und weil an der zunehmenden Liebesfähigkeit wahre Mystik von Wahnvorstellungen und Egotrip unterschieden werden, soll im folgenden Kapitel die Entwicklung der Liebe aus der Sicht eines klassischen Mystikers im Vordergrund stehen.

---

[110] *Dyckhoff*, Ruhegebet, a.a.O. (Anm. 70), 27.

[111] Evagrius, a.a.O. (Anm. 44), Vom Gebet, Kap. 124, S. 117. Das folgende Zitat: Kap. 123, S. 117.

[112] A.a.O., Kap. 122, S. 117. Das folgende Zitat: Kap. 80, S. 107.

5. Stufen der liebenden Vereinigung

5.1 Vom Sterben des erotischen Gottes im Christentum

Sich fern von Gott erleben, sich nach Vereinigung mit ihm verzehren, von magischer Anziehungskraft gebannt sein bis zum Auslöschen der eigenen Sinne – all diese Motive bezieht die mystische Tradition des Christentums auch auf die Liebesgeschichte des Menschen mit Gott. Herausragende christliche Mystiker wie Origenes, Ambrosius von Mailand, Bernhard von Clairvaux empfanden keinen Bibeltext angemessener für ihre zutiefst erotisch empfundene Beziehung zu Gott als das alttestamentliche Buch Hohelied.

Was in der Gegenwartskultur getrennte Wege geht – erotische Körpererfahrungen einerseits und das Gebetsleben andererseits – das bildet in den Hauptsträngen der christlichen Mystik eine unauflösliche Einheit. Liebe ist die stärkste einigende Kraft. Als Kernerfahrung christlicher Mystik kann man in nahezu allen Beschreibungen die Einigung in Liebe herausstellen. Mystik hat wesentlich mit Liebe zu tun und umgekehrt.[1] In der Liebesbeziehung geht es um den ganzen Menschen. Hier vereinigt er sich zugleich mit sich selbst als einem Wesen aus Körper, Seele und Geist.

So kommt es zu dem für die Gegenwartskultur zunächst unverständlichen Phänomen, dass ausgerechnet christliche Mönche und Nonnen hoch erotische Texte verfassen und darüber obendrein auch noch öffentlich predigen. Der mittelalterliche Abt *Bernhard von Clairvaux* (um 1090-1153) ruft in einer Predigt aus: „O jähe, heftige, brennende, ungestüme Liebe (amor praeceps, vehemens, flagrans, impetuosus), die du keinen nicht auf dich bezogenen Gedanken duldest, … alles außer dir verschmähst und mit dir allein zufrieden bist! Du lehnst alle Ordnung ab, kehrst dich an keine Schicklichkeit, kennst kein Maß. Über alles, was gute Zeit, Vernunft, Sitte, Rat und Überlegung zu sein scheint, setzest du dich siegreich hinweg. Alles, was die Braut denkt und spricht, tönt nach dir, duftet von dir und von nichts sonst. So sehr hast du ihr Herz und Zunge in Beschlag gelegt.“[2]

Es ist schwer vorstellbar, dass ein protestantischer Prediger gegenwärtig Spiritualität durch erotische Bilder beschreiben würde. Das höchste Gebot wird jedoch durch die Verwirklichung des Menschen in Liebe erfüllt: Gott zu lieben – aus ganzer Seele und mit ganzer Kraft (Dtn 6,5; Lk 10,27). Es geht um etwas anderes als hin und wieder an Gott zu *denken*. Was ist aus

---

[1] Vgl. *Fraling*, Art.: Liebe, in: Peter Dinzelbacher, Wörterbuch der Mystik, Stuttgart 1989, 323-326.

[2] 79. Canticum-Predigt, 79,1; in: *M. Assumpta Schenkl*, Bernhard und die Entdeckung der Liebe, in: Dieter R. Bauer/Gotthard Fuchs (Hg.), Bernhard von Clairvaux und der Beginn der Moderne, Innsbruck, Wien 1996, 151-179, hier: 171.

dem Ergriffensein vom religiösen Eros geworden? Was hindert daran, von Gott zu reden wie der antike Hesiod den Gott Eros beschwor: als „schönsten unter den unsterblichen Göttern“ und als eine „gliederlösende“ Macht, die die Vernunft und den vernünftigen Willen bezwingt.[3]

In der offiziellen Sammlung evangelisch approbierter Kirchenlieder finden sich noch vorsichtige Ekstasen. Hier dürstet noch der mystische Poet Angelus Silesius alias Johann Scheffler nach Gott: „Ich will dich lieben, meine Stärke, ... meine Zier ... mit ... immerwährender Begier.“ (Johann Scheffler 1657, Evangelisches Gesangbuch Nr. 400) In diesem religiösen Urgestein mischen sich noch zärtliche Verehrung, erhebendes Gefühl und das Aufblicken zu einer stärkeren Macht. Wieso hat sich diese erotische Explosivkraft in einer luftig-blassen Liebe zwischen „Gras und Ufern ... Wind und Weite“ (Evangelisches Gesangbuch Nr. 623) verloren? Liegt es am rationalen Schwerpunkt der evangelischen Form zu glauben? Muss eine rational orientierte Kultur per se unerotisch sein? Aus der Sicht der *antiken Philosophie* nicht unbedingt. So nahm noch *Platon* an, dass gerade der Dämon Eros die Reflexion des Höchsten gut beflügeln kann.[4] Nur diese Kraft vermag, das Begehren stufenweise ins Metaphysische zu leiten: hin zur Reflexion der Idee und der unverfälschten Erfahrung des Schönen.

Auch *Georg Wilhelm Friedrich Hegel* als klassischer Vertreter des Deutschen Idealismus spekulierte durchaus nicht unerotisch, jedenfalls motivgeschichtlich betrachtet. Wer hegelianisch von Gott spricht, spricht von „ewiger Liebe“ zum extrem Anderen, vom Tod und von „ungeheurer Vereinigung“. Der „Geist selbst“ ist „die ewige Liebe“. Sie führt hinein in den Tod Jesu, zur „ungeheuren Vereinigung“ der göttlichen Identität mit dem extremen Anderssein (der Negation des Todes) und hebt ihn damit auf. Ein abstraktes Konzept, doch in seiner narrativen und spannungsreichen Dynamik auch als Skript für erotische Beziehungsdramen denkbar. Hegels kognitiv-erotisches Vereinigungskonzept beflügelt noch die Sprachwelt in *Eberhard Jüngels* Gottesspekulation über „Gott als Geheimnis der Welt“.[5] Nach Jüngel geht es bei Gottes Geheimnis um Hingabe, Sich-Neu-Finden im Anderen und um die Vereinigung von Gegensätzen. Doch motivisch hat sich hier die Erotik bereits still und leise zur Caritas hin verschoben. Es geht nicht mehr um das Begehren, sondern bei der Rede von Liebe siegt der

---

[3] *Hesiod*, Theogonie. Werke und Tage. Griechisch und deutsch, hg. und übersetzt von Albert von Schirnding, Zürich/Düsseldorf [3]2002, 120 und 121.

[4] Siehe oben S. 44ff.

[5] *Eberhard Jüngel*, Gott als Geheimnis der Welt, Tübingen [7]2001, § 20 „Der Gott, der Liebe ist. Zur Identität von Gott und Liebe“, 430ff sowie § 21 „Der Glaube an die Menschlichkeit Gottes. Zur Unterscheidung von Glaube und Liebe“, 453ff. „Ist Liebe das Ereignis einer inmitten noch so großer Selbstbezogenheit immer noch größeren Selbstlosigkeit...“ (435). Eine Stärke von Jüngels Liebesverständnis ist, dass er das Begehren des Eros zumindest im Ansatz in das christliche Liebesverständnis integriert hat, statt es diastatisch auszuschließen.

Trend zur „immer noch größeren Selbstlosigkeit". Das semantische Format der Rede von Gottes- und Menschenliebe wird in diesem hegelschen Nachhall zunehmend unerotisch und bieder.

Faktisch haben genug kulturelle Gründe dafür gesprochen, Gott unerotisch und die Frömmigkeit leidenschaftslos zu denken. Dieser christliche Trend hält sich erstaunlicherweise bis in unsere sexualisierte Gegenwartskultur hinein durch. Selbst wenn die Theologie inzwischen, auf das Drängen der *feministischen Theologie* hin, die Dimension menschlicher Körperlichkeit vorsichtig neu entdeckt, so bleiben die semantischen Kontexte weitgehend *unerotisch*: Es geht vorrangig um den kranken, heilungsbedürftigen, defizitär erlebten Körper; und noch die Geschlechterrollen werden vorrangig als Leidensquelle thematisiert. Die Zitation von „Körper", „Geschlecht" oder „gender" garantiert keine Verknüpfung mit erotischen Themen, Denk- oder Sprachformen. Es liegt nicht unbedingt an „verkopften Männern" oder „gefühlsbetont-körpernahen" Frauen als den Subjekten theologischer Konzepte. Was spricht gegen eine erneute Verknüpfung der Gottesbeziehung mit erotischen Bildern nach dem Vorbild christlicher Mystiker und des Hohenliedes?

Zunächst spricht eine soziologische und mentalitätsgeschichtliche Analyse dagegen. Die Berglandschaft erotischer Liebe mit ihren Gipfelerlebnissen und Abgründen ist zum Familienschrebergarten mit Gartenzwergromantik geworden. Soziologisch gesprochen: Die evangelische Frömmigkeit verschwamm ab 1800 mit den kulturellen Horizonten des Kleinbürgertums. Davon hat sie sich bis zur Gegenwart nicht erholt. Im Zuge dieser kulturellen Adaption wurde der abgründige, unverständliche Gott in den Familiensinn des Kleinbürgers eingefügt. Gott wurde niedlich. Über ihn wurde fortan so gesprochen, dass niemand sich vor ihm erschrecken musste und sich niemand von kulturell unverständlichen Erwartungen überfordert fühlte. Bei dieser Horizontverkleinerung verlor der lutherische Kultus die Wucht seiner Rituale. Im verkleinerten Kultus im bürgerlich passfähigen Wohnstubenformat wurden Taufen und Gottesdienste zum endlosen Geplauder. Der bürgerliche, endlos redende Gott wollte nur das, was der Lehrer, der Papa und der König auch wollten. Gott wurde kulturell gut adaptiert, sehr verständlich und langweilig.

Der Verzicht auf erotische Sprachformen geht mit einer missionarisch-kulturellen Anpassungsleistung einher: der Stärke des Protestantismus zur Inkulturation. *Kulturell* stellte der verständliche Bürgergott eine theologische Anpassungsleistung dar. Motivisch fügte er sich in die Erlebensweisen einer bürgerlichen Milieuwelt ein, für die die „Heilige Familie" das religiöse Hauptmotiv bildete. Der Zeitgeschmack entschied sich für die religiös entsexualisierte Urmutter Natur, die ihren ummauerten dunklen Schoß dem Ruderer in *Arnold Boecklins „Toteninsel"* (1880) entgegenstreckt. Ein kul-

turelles Jenseits markiert demgegenüber *Gustave Courbets „Ursprung der Welt" (1865/66).* Hier sind es reale Schenkel, die das Paradies verheißen können und die gleichzeitig als metaphysische Metapher fungieren. Courbet entwirft eine erotische Variante einer neuen „Metaphysik von unten". Sie bleibt zu aufwallend für das bürgerliche Schlafzimmer.
Noch 1930/1937 stellte der Theologe *Anders Nygren* in seinem Werk „Eros und Agape" Erotik und christliche Liebe einander gegenüber wie zwei feindliche Lager.[6] Er wählte als Grundfigur die Diastase, statt Eros und Selbstlosigkeit auf einem Kontinuum einander zuzuordnen wie einst Platon Erotik und die Erkenntnis der Idee des Schönen. Nygrens Auffassung vom erosfeindlichen Glauben prägte ganze Theologengenerationen. In einer derart erosfeindlichen Lebenskultur kann das erotische Verlangen die Familie und den bürgerlichen Glauben nur unterwandern wie ein Feind.
Was bleibt dem derart kultivierten Christenmenschen? Eine sublimierte Sinnlichkeit im Rahmen metaphysisch überhöhter Naturschilderungen (Gott mit dem Antlitz von „Mutter" Natur) und Gott als Familien-Oberhaupt mit Herrentitel und zugleich mit urmütterlichen Zügen: Gott als Zulieferer von Erbarmen, als Beschützer von Familie und Vaterland, Gott als Pflegender ohne Eigeninteressen.
Diesem Gottesbild entspricht ein religiöser Konsument mit überwiegend kindlichen Grundbedürfnissen. In bestimmter Hinsicht war damit die feministische Theologie der 1980er Jahre längst vorweggenommen worden: Der domestizierte Gott war längst auf dem Wege, überwiegend freundlich, nahe, klein und tendenziell auch ohnmächtig zu werden. Der theologische Gewinn einer dekonstruierend ansetzenden Genderforschung bleibt abzuwarten.

In der IKEA-Kinderparadies-Landschaft bleibt der deus absconditus („der verborgene Gott") und der eigendynamische Gott schlicht unverständlich, wie es dann auch Karl Barth in den 1930er Jahren erlebte, als er den Gedanken an Gottes Fremdheit, Macht und Distanz gegenüber allen Tendenzen zu Gottes kultureller Nutztierhaltung und Verwertung nach dem Zusammenbruch des Bürgerglücks nach 1918 wieder in die theologische Debatte einwarf.
Die erotische Redeweise von Gott steht exemplarisch für einen nichtfunktionalen, entwicklungspsychologisch wichtigen und zugleich mystisch zentralen Zugang zur Gotteserfahrung. Gott kann auch *„genossen" (lateinisch: frui)* statt nur *„gebraucht" (lateinisch: uti)* werden. Augustinus (354-430), der diese Unterscheidung theologisch ins Spiel gebracht hat, beschreibt Aspekte seiner Gotteserfahrung gleichfalls in mütterlichen Bildern. In seiner gebetsförmigen Autobiographie „Confessio-

---

[6] *Anders Nygren*, Eros und Agape. Gestaltwandlungen der christlichen Liebe, 2 Bde., Gütersloh 1930/1937. Vgl. diese Tradition auch bei *Johannes Baptist Lotz*, Die Stufen der Liebe, Eros, Philia, Agape, Frankfurt M. 1971.

nes" stellt er sich dar, wie er Milch aus Gottes „Brüsten" saugt, sich von ihnen genährt und an ihnen geborgen fühlt. Ein genießender Zugang zu Gott schließt funktionale Aspekte nicht aus. Einem rein funktionalen Zugang bleiben jedoch die Bereiche von Liebe und Freiheit verschlossen.[7] Wer zu stark emotional und gedanklich um sich selbst und seine Bedürfnisse kreist, nimmt sein Gegenüber als andersartigen Partner nur ungenügend wahr. Damit gelangt er nicht zum freien Spiegel-Spiel, in dem sich personale Identität erst voll entfaltet. Liebe in ihrem Reifestadium bedarf der Entlastung von funktionalen Dauerabhängigkeiten zum Wechselspiel zweier Anderer.

Im bürgerlich-religiösen Familienparadigma bleibt das *Autonomieproblem* ungelöst. Dem unerotischen, funktionalisierten Gottespapa entspricht die bzw. der Gläubige als Kind. Psychologisch haftet dem *Gottes-Konsumenten* lebenslang etwas Unreifes an. Zwischen Gott-Vater und Menschen-Kind wird kein Wachstum gedacht. Aus der Sicht der mystischen Theologie ist der Mensch jedoch das sich am stärksten entwickelnde Wesen, das es gibt. Seine Gottesbeziehung ist auf Autonomie hin angelegt, auf Freiheit vom Gottes-Gebrauch. Der religiös erwachsen werdende Mensch erkennt zunehmend, dass Gott auch zum Genießen da ist. Gottes Genusswert übersteigt seinen kindlichen Gebrauchswert bei weitem.

Der konsumierbare, in Funktionen aufgehende Kuschel-Gott bleibt im seelisch günstigen Entwicklungsfall eines Tages auf dem Sofa sitzen wie der Teddy. Kein durchschnittlich gesunder Mensch ist so bedürftig, dass er ewig nur Grundbedürfnisse versorgt haben möchte. Kindschaft ist eine Beziehung, in der das Kind die Eltern zur selbständigen Menschwerdung existenznotwendig braucht. Erotik verweist auf eine Beziehungsqualität, in der man ohne den anderen durchaus existieren kann. In ihr ist die Reife groß genug, dass man sie aus eigener Freiheit und Unabhängigkeit heraus aufs Spiel setzen kann und zu Veränderungen durch die Begegnung mit einem Anderen bereit ist. Religiöser Eros entspricht dem Erwachsenen-Format. In der freien Beziehung zweier Anderer finden neben seichten Kuschel-Motiven Erlebnisse von Alterität und Fremdheit, Distanz und Nichtverstehen, Aggression und Zerstörung ihren Ort. Erst die (religiöse) Trennung vom (religiösen Kuschel-)Vater schafft Raum für Sehnsucht nach Nähe, nach Schau des wahren Wesens und nach Verschmelzung. Erst Distanz führt zur Wertschätzung der gewährten Nähe: „I really want to see you." (George Harrison in „My Lord")

---

[7] Siehe oben S. 156ff.

5.2 Entwicklungsstufen der Liebe

Die in Kapitel IV. 2. „Stufen des Glaubens bei Ambrosius von Mailand" dargestellten Glaubensstufen sind metaphorisch mit erotischen Bildern gesättigt. Dabei gebrauchen sie diese nicht nur in „uneigentlicher" (ἀλλοίωσις) Weise, um geistige Vorgänge zu bezeichnen. Sondern die Glaubensstufen beschreiben ein Erleben des *ganzen* Menschen mit Gott. Der Körper bleibt in geistige Ekstasen mit einbezogen. Eine geistige Annäherung an Gott kann einen körperlichen Orgasmus auslösen: „Die Mystiker erlebten auch ihre männliche und weibliche Sexualität, als sie Gott in kontemplativer Vereinigung begegneten."[8]
Im Unterschied zu Stereotypen über „neuplatonische Mystiker" und deren Leibfeindlichkeit wird an den Darstellungen körperlicher Aspekte der Vereinigung mit Gott und am gegenwärtigen Befremden darüber die Eindimensionalität gegenwärtiger Rationalität deutlich. Ihr sind körperliche Ausdrucksformen in der Gottesbeziehung und leidenschaftliche Emotionalität weitgehend fremd geworden. Im Gespenst des „dualistischen leibfeindlichen Neuplatonismus" der christlichen Mystik beschreibt der Rationalismus den eigenen Schatten und das aus *seinem* System Ausgeschlossene.
Ambrosius beschreibt Christus als den Geliebten und den Menschen als Braut. Er scheut sich nicht, körperliche Details aus dem Liebesspiel auf den Weg der zunehmenden Vereinigung mit Gott zu übertragen. So „überträgt" sich „der Geist des Küssenden" durch Küsse, „so wie auch diejenigen, die einander küssen, sich nicht mit der Berührung der Lippen zufrieden geben, sondern jeder seinen Geist in den anderen einströmen lassen möchte".[9] Und der Geliebte lockt die Braut mit Rufen wie „Öffne mir", „Öffne mir dich selbst, sei nicht eng, sondern weit, und ich werde dich erfüllen. … so öffne du mir, damit der Menschensohn in dir sein Haupt niederlegt".[10]
Die Tradition des mystischen Gebrauchs des Hohenlieds erlebte in der Brautmystik des mittelalterlichen Abtes *Bernhard von Clairvaux* eine neue Blütezeit. Bernhard war Klostergründer, Reformer und Kirchenpolitiker. Er lebte in einer Zeit, die ein neues Ich-Bewusstsein entfaltete und die zugleich die Liebe wiederentdeckte.[11] Dieser kulturelle Umschwung hängt mit einer

---

[8] Wunibald Müller, Ekstase, Sexualität und Spiritualität, zitiert in: *Anselm Grün/Gerhard Riedl,* Mystik und Eros, Münsterschwarzach 1993 (MKS 76), 65. Vgl. Grün/Riedl insgesamt zu dieser Thematik.

[9] *Ambrosius von Mailand*, De Isaac vel Anima. Über Isaak oder die Seele, übersetzt von Ernst Dassmann, Turnhout 2003 (Fontes Christiani, Bd. 48), 3,8, S. 61.

[10] A.a.O., Isaak 6,51, S. 109.

[11] Vgl. *Peter Dinzelbacher*, Art.: Liebe, in: Lexikon des Mittelalters, München 1991, Bd. 5, 1965-1968; *ders.*, Christliche Mystik im Abendland, Paderborn 1994, 89ff.

neuen, persönlichen Christusbeziehung zusammen. Bernhard lebte in einer Zeit des Übergangs, die sein eigenes Leben bis zum Zerreißen durchzog. Er schildert sich als „die Chimäre meines Jahrhunderts". Die zeittypische Mentalität lebt im Umbruch von Autoritätsorientierung hin zur Orientierung an eigenen Erfahrungen, fort von der Orientierung an äußeren Gesetzen hin zur verinnerlichten Norm des eigenen Gewissens, fort von hierarchischen Ordnungen hin zu partnerschaftlichen Beziehungen (Freundschaft zu Christus!), fort von versachlichten Lebensbeziehungen hin zu tief empfundener Emotionalität.

Das neue Paradigma, das sowohl das geistliche als auch das gesellschaftliche Leben erfasst, lässt sich in der Umbruchsphase gut an einem Vergleich der beiden Benediktineräbte Johannes von Fécamp und Rupert von Deutz veranschaulichen. Abt *Johannes von Fécamp* (um 990-1078) aus Ravenna erlebt Christus noch hauptsächlich als den Priesterkönig, dem der Mensch als Knecht dient. Abt Johannes spricht zwar bereits von der Sehnsucht nach Gottesliebe. Er erfährt diese aber noch nicht in der mystischen Vereinigung. Er lässt sich von Augustinus inspirieren, der wie Ambrosius im Kontext antiker Bildung bereits diese Prozesse der Individualisierung mit dem christlichen Individuationsweg verbunden hatte. Doch im Unterschied zu Augustinus wagt Abt Johannes nur ein „ich will dich lieben" und normiert es durch ein „wie es sich gebührt".[12]

Der Benediktinerabt *Rupert von Deutz* (gest. 1129/1130) hingegen berichtet detailliert von seinen erotischen Christuserfahrungen. In einem Traum, den er als mystische Realität versteht, wird der Altar zum Brautlager. „Ich stand vor dem Altar und sah auf diesem in der Mitte das Kreuz des Herrn. Als ich es genauer anblickte, erkannte ich Jesus mit mir zugewandten offenen Augen. Dies war mir nicht genug. Ich wollte ihn mit Händen greifen, umfassen, küssen. Sobald er diesen meinen Gedanken, mein Wollen sah, wollte er es auch. Ich spürte nämlich, dass er es wollte, und durch seine Willensregung tat sich der Altar in der Mitte auf und nahm mich, der ich hineinlief, auf. Als ich so eilends eingetreten war, ergriff ich den, den meine Seele liebt, hielt ihn, umarmte ihn und küsste ihn lange. Ich fühlte, wie gern er dieses Zeichen der Liebe zuließ, da er selbst unter Küssen seinen Mund öffnete, damit ich tiefer küssen könne."[13] Rupert beschließt nach diesem Erlebnis der „Zungenküsse mit Gott", Priester zu werden. Er sieht ihren geistigen Sinn darin, die göttlichen Mysterien künftig tiefer zu begreifen.

Nach Dinzelbacher finden sich Berichte „einer so intensiven, intimen Beziehung zu Gott" erst ab dem 12. Jahrhundert. Ihre Blütezeit liegt in der Minnemystik des 13. und 14. Jahrhunderts. Sie werden in der Brautmystik

---

[12] *Ders.*, Mystik, 98.
[13] Zitiert nach: Dinzelbacher, Mystik, 104. Folgendes Zitat: ebd.

bis in die Neuzeit hinein als Sprachform für eine sinnlich-übersinnliche Christusbegegnung tradiert.
Nach Bernhard von Clairvaux ist die Liebe das wichtigste Gesetz des Weltalls. „Diese Liebe ist das ewige Gesetz, die Erschafferin und Lenkerin des Weltalls. Durch sie ist alles nach Gewicht, Maß und Zahl erschaffen." „Dieses Gesetz fügt die Dreifaltigkeit zur Einheit und hält sie im Band des Friedens zusammen." (Brief 11,4) Jeder Mensch ist zur Liebesvereinigung mit Gott bestimmt. „Jede Seele, mag sie auch mit Sünden belastet, von Verführungen umgarnt, vom Leib im Gefängnis gehalten sein; mag sie am Schmutz kleben und im Kot stecken; mag sie an Händen und Füßen gebunden, von Sorgen erdrückt, von Aufgaben zerrissen, von Ängsten verkrampft, von Schmerzen gepeinigt... werden, ... mit den Toten verunreinigt sein und schon in der Liste derer stehen, die in der Unterwelt sind; mag sie ... sogar verdammt und bar aller Hoffnung sein ...; selbst dann kann sie ... kühn nach der Vermählung mit dem WORT ... verlangen; selbst dann kann sie ohne ein Bangen ein Bündnis mit Gott eingehen und braucht sich nicht zu scheuen, das süße Joch der Liebe mit dem König der Engel zu tragen. ... von dem sie weiß, daß sein Bild in ihr Wesen geprägt ist, und daß ihr der Adel verliehen ist, sein Ebenbild zu sein" (52. Cant-Predigt, 1)[14] Ganz gleich wie seelisch zerstört oder moralisch gesunken ein Mensch ist – er kann jederzeit in der Gottesbeziehung sein wahres Wesen entdecken und verwandelt werden.
Bernhard beschreibt in der Abhandlung „De diligendo Deo" („Über die Gottesliebe") sowie in Predigten und Briefen den mystischen Weg durch *Entwicklungsstufen der Liebe*. Die Entwicklung der Liebesfähigkeit und die Entwicklung der Erkenntnisfähigkeit sind in seiner Auffassung untrennbar miteinander verbunden. Erst wer liebt, erkennt die Wirklichkeit. Nach Bernhard erlebt der Mystiker auf dem Entwicklungsweg folgende Stufen der Liebe:

a) Der Mensch liebt sich selbst („amor carnalis"). Auf den ersten beiden Stufen nehmen Menschen Gott nur anonym durch die Schöpfung wahr. Die urtümlichste Form von Liebe, die im Menschen wurzelt ist, ist der Überlebensinstinkt. Bernhard geht nüchtern davon aus: Jeder Mensch liebt zunächst sich selbst. „Ante omnia homo diligit se ipsum." „Und es gibt die

[14] Zitiert nach: *Bernardin Schellenberger (Hg.),* Bernhard von Clairvaux, Rückkehr zu Gott. Die mystischen Schriften, Düsseldorf 2001. Zur Liebesthematik bei Bernhard vgl. Schenkl, a.a.O. (Anm. 2); *Kurt Knotzinger*, Hoheslied und bräutliche Christusliebe bei Bernhard von Clairvaux, in: Jahrbuch für mystische Theologie 7 (1961), 5-88; *Schellenberger*, Die Liebesmystik Bernhards von Clairvaux, dargestellt auf dem Hintergrund der höfischen Liebe des 12. Jahrhunderts, in: Wolfgang Böhme/Josef Sudbrack (Hg.), Der Christ von morgen – ein Mystiker?, Würzburg/ Stuttgart 1989, 27-53.

fleischliche Liebe, mit der der Mensch vor allem anderen sich selbst um seiner selbst willen liebt. Er hat noch an nichts anderem Geschmack als an sich selbst".[15]

b) Die anonyme Gottesliebe bzw. die „Liebe des Sklaven". Auch auf dieser Stufe bleibt Gott dem Menschen verborgen und anonym. Bernhard gebraucht hierfür das Bild eines Großbetriebes, in dem der Sklave zwar für seinen Herrn arbeitet, diesen jedoch nicht persönlich kennt. Der Sklave ist jedoch bereits in ein soziales Netz integriert und faktisch darin engagiert. Sein Lebenshorizont übersteigt den eines egozentrischen Kreisens um sich selbst. Bernhard sieht in dieser Lebensform des „Sklaven" bereits ein anonymes Christentum. Wer sich sozial vernetzt und engagiert, praktiziert bereits ein Grundgesetz des Christentums. Bereits hier gehen Menschen den Weg der Liebe, selbst wenn sie es nicht bewusst um der Liebe selbst willen tun und die Liebe noch nicht als Grundgesetz des Lebens erkannt haben.

c) Die Liebe des Lohnarbeiters. Bernhard setzt voraus, dass Menschen Krisen durchleben und dass sie dabei religiöse Erfahrungen machen können. Das kann sie neugierig auf ein Mehr im Leben machen. Sie brechen auf und suchen. Diese religiösen Erfahrungen sind aber noch nicht auf die Verwandlung ihres Lebens angelegt. Die ab jetzt bewusst gelebte Gottesbeziehung wird als bereichernd in die vorhandenen Lebensstrukturen integriert. Das Gottesverhältnis bleibt funktional (siehe oben zum Papa- und Versorgergott). Dass Gott um seiner selbst willen interessant ist und genossen werden kann, hat man noch nicht entdeckt. Bernhard spricht aufgrund der Gewinnorientierung von der „Liebe des Lohndieners".
Sklave und Lohnarbeiters haben das Gesetz der Liebe mit anderen Beziehungsgesetzen verbunden. Dadurch sind sie bereits auf dem richtigen Weg, setzen jedoch noch falsche Prioritäten. „Der Knecht und der Lohnarbeiter haben auch ein Gesetz, aber eines, das nicht vom Herrn stammt, sondern das sie sich selbst zurechtgelegt haben", indem ihr eigener Wille nicht dem Weg der Liebe folgt (Brief 11,5).

d) Gott, der um seiner selbst willen interessant ist („Liebe des Sohnes"). Auf dieser Stufe machen Menschen persönliche Erfahrungen mit Gott. Er wird um seiner selbst willen attraktiv. Verliebtsein setzt ein. Menschen werden, von Gott fasziniert, dazu bereit, ihre bisherigen Lebensprioritäten loszulassen und das Leben aus der Faszination von Gott heraus neu zu ordnen. „Der erste ist ein Knecht: er fürchtet um seinen Bestand. Der zweite

---

[15] De diligendo Deo 8,23, zitiert nach: Schellenberger, Rückkehr, a.a.O., 187.

ist ein Lohnarbeiter: er ist darauf bedacht, es zu etwas zu bringen. Der dritte ist ein Sohn: er ist gern beim Vater." (Brief 11,3)

e) *Die „Liebe der Braut".* Als höchste Stufe der Liebe beschreibt Bernhard die „Liebe der Braut". Hier machen Menschen mystische Erfahrungen von intensiver verwandelnder Kraft. Ambrosius von Mailand und Bernhard sprechen von Trunkenheit, Maßlosigkeit, Vereinigung und einander-Essen. „... er ißt uns, und er wird von uns gegessen, je enger wir mit ihm verbunden sind. Und es gibt keine andere Möglichkeit für uns, völlig mit ihm geeint zu werden. Denn wenn ich ihn esse, aber nicht von ihm gegessen werde, ist er zwar in mir, aber ich bin noch nicht in ihm. ... Erst wenn er mich ißt, um mich in sich zu haben, und wenn er umgekehrt von mir gegessen wird, damit ich ihn in mir habe, ist die Vereinigung vollständig und fest." (71. Cant-Predigt, 5)
Diese Liebe der Vereinigung ist wie ein „hellwacher Schlaf" (sopor). Sie wird wie eine Trunkenheit und Krankheit erlebt. Sie entführt das Wahrnehmungsvermögen, trübt es jedoch nicht und schläfert es nicht ein. Sie leitet es von der Wahrnehmung der „niedrigen und körperhaften Dinge" und von „körperhaften Bildern" zur Schau (52. Cant-Predigt, 4). „... in der Schau nicht mehr in körperhaften Bildern befangen zu sein, ist ein Zeichen der Lauterkeit der Engel." (52. Cant-Predigt, 5)
Diese Liebe und ihr Erkenntnisweg ist zugleich „ein Sterben" und ein Tod der bisherigen Wahrnehmung. „O gutes Sterben, das nicht das Leben aufhebt, sondern es in eine bessere Wirklichkeit hebt! Gutes Sterben, in dem der Leib nicht abgeworfen, sondern die Seele emporgehoben wird!" (52. Cant-Predigt, 4)
Inmitten dieser Erlebnisse und Einsichten fragt die bzw. der Liebende nicht mehr nach Gewinn. Der Geliebte selbst ist der Gewinn. Bernhard beschreibt Braut und Geliebten: „Er sucht nichts anderes, sie hat nichts anderes." (83,5)
Aus Bernhards Sicht sind Gott und Mensch in der Vereinigung ein Geist. „... es ist ... eine wechselseitige, innige, starke Liebe, die nicht in einem Fleisch, sondern in einem Geist zwei vereint und diese zwei, schon nicht mehr zwei, sondern eins sein lässt; sagt doch Paulus: ′Wer Gott anhangt, ist ein Geist mit ihm′ (1 Kor 6,17)" (83. Cant-Predigt, 6).
Viele Wege führen zum Weg der Liebe. Abseits bewusster Schulungswege spielten auch im Christentum Nahtoderfahrungen eine wichtige Rolle als mystische Initiation. Überlieferte Texte zeigen, dass Nahtoderfahrungen seit Jahrhunderten dazu führten, dass Menschen ihr Leben neu bewerten und Beziehungsfähigkeit und Liebe zu ihren höchsten Lebenswerten erklären. Das folgende Kapitel widmet sich daher dem Thema Nahtoderfahrungen als einem scheinbar „profanen" Weg zur Liebe.

Kupferstich „Versuchung im Glauben“
Aus der Ars Moriendi von Meister E. S., ca. 1450
Ashmolean Museum, Oxford University

6. Nahtoderfahrungen als mystischer Weg

6.1 Nahtoderfahrungen im christlichen Mittelalter

6.1.1 „Hautnah am Vorhang sitzen“ – Sterbebegleitung aus der Sicht von Zisterziensern

„Uns Jüngeren eröffnete sich eine intensive Erfahrung mit Sterbenden und dem leisen Nahen des Todes. Wir wurden mit Vorliebe während der Nachtstunden, also in der Zeit von 19 bis 2 Uhr, eingeteilt, damit die älteren Mitbrüder ihren gewohnten Schlaf hatten. Da saß man also zwei Stunden lang in der Nacht allein im Zimmer neben dem Bett des röchelnd Atmenden, hielt seine Hand, befeuchtete ihm von Zeit zu Zeit Lippen und Mund, war einfach anwesend.“[1] Der Ex-Mönch Bernardin Schellenberger beschreibt in seinem Buch „Die Stille atmen“ liebevoll seinen Alltag im Reformierten Zisterzienserorden in der Abtei Mariawald. Dieser Trappistenorden hatte bis 1969 nahezu unverändert die mittelalterlichen Bräuche beibehalten. Dazu zählten auch die Riten und Handlungen im Umfeld des Todes.
Die Zisterzienser ließen ihre Sterbenden niemals allein. Dadurch wurde faktisch jeder Mönch zum Sterbebegleiter. Hier machte jeder von ihnen intensive Erfahrungen mit dieser Übergangssituation. Da die Zisterzienser ihren Alltag mit Ausnahme des Chorgebetes schweigend verbringen und einen kontemplativen Weg gehen, haben sie ihre Aufmerksamkeit über Jahre geschult. Sie verfügen über eine feine Wahrnehmung auch sehr subtiler Vorgänge. Wie erlebt ein Zisterziensermönch von außen als Sterbebegleiter den Übergang vom physischen Leben in eine andere Existenzform?

Liegt ein Mitbruder im Sterben, so werden zunächst alle Brüder durch Glocken und dumpfe Schläge auf das Totenbrett an das Sterbebett gerufen. Der Abt schließt symbolisch den Lebenskreis zwischen Tod und Geburt, indem er den Sterbenden mit Weihwasser besprengt. Dazu singt die Gemeinschaft den sonntäglichen Taufgesang, das „Asperges“. Es folgen Psalmen und Gebete mit Bildern der Hoffnung und des Schutzes. „Unbekannt soll dir alles bleiben, was im Finstern Schrecken einflösst, was kreuzigt und peinigt in der Qual…“
Fortan lässt die Gemeinschaft den Sterbenden Tag und Nacht nicht allein. Er durchläuft in den nächsten Tagen noch einen „wichtigen Reifungsprozess“ bis er sein Leben loslassen kann. Zwei Mönche sitzen im Schichtdienst rund um die Uhr bei ihrem Mitbruder. Schellenberger erlebte diese Stunden als besonders kostbar. Er schildert eine innige Gemeinschaft

[1] *Bernardin Schellenberger*, Die Stille atmen. Leben als Zisterzienser, Stuttgart 2005, folgende Zitate: 182-186.

und ein „hautnahes Sein am Vorhang". Dieser Vorhang trennt eine vordergründige Sichtweise auf das Leben von einer anderen Dimension. „Bei dieser Qualität von Nähe und Gemeinschaft rührte man zugleich wie sonst kaum je irgendwo an das Mysterium, von dem wir herkommen, das uns trägt und das uns schließlich wieder aufnimmt und jetzt diesen Bruder in jedem Augenblick aufnehmen konnte. Es war geradezu spannend, hautnah am Vorhang zu sein, hinter den der Bruder bald gleiten würde, und man selbst bliebe weiter hier in dieser Vordergründigkeit."
Sein Erleben als Sterbebegleiter und seine kontemplative Aufmerksamkeit führen Schellenberger zu einer Wahrnehmung des Sterbevorganges, die andere Ebenen erfasst als dies physikalisch messenden, rational-analytischen Diskursen oder materialistischen Konzepten möglich ist. Gerade die kritische Phase von Tod und Abschied erlebt er als Grundlage für eine neue intensive Form von Verbundenheit. Dadurch ist für ihn die christliche Hoffnung kein Dogma, mit dem er intellektuell ringen müsste. Sie wurzelt in seiner existentiellen Erfahrung als Sterbebegleiter. „Ich habe das viele Male erlebt und mich auf diese Weise fast von allen Mitbrüdern verabschiedet, die zu meiner Zeit starben – oder nicht eigentlich verabschiedet, sondern habe sie gefunden und trage sie seither in mir als eine Wirklichkeit und in einer alle Zeitdimensionen aufhebenden Gleichzeitigkeit, die mir niemand nehmen kann. So wuchs geradezu Gemeinschaft für die Ewigkeit."
Schellenberger setzt bei der Frage nach einer „Existenzform danach" nicht spekulativ ein, sondern er geht von seinen Wahrnehmungen beim Sterben seiner Mitbrüder aus. „Als Bruder Berchmans starb, war ich gerade dabei, ihn etwas anders zu betten. Ich hatte die Hand um seinen Hals gelegt, mein Gesicht war ganz nah vor dem seinen. Ich spürte das Pochen seiner Halsschlagader – und genau in dem Augenblick hörte das Pochen auf und ich spürte das Wehen seines letzten Ausatmens im Gesicht: So hatte er sich lautlos hinter den geheimnisvollen Vorhang entzogen, und es war, als wehe mich von ganz kurz dahinter her ein Hauch an."
Schellenberger ist mit seinen Wahrnehmungen im Grenzbereich des Todes kein Sonderfall. Auch Abt André Louf, der Vorsteher eines französischen Zisterzienserklosters im 20. Jahrhundert, schildert gleichfalls ausführlich, was er als Sterbebegleiter erlebte. Einmal war er einem Mann Mitte 30 zugeteilt worden, mit dessen Sterben er selbst haderte. Gerade dieser Sterbeprozess nimmt André Louf in eine Atmosphäre mit hinein, die ihn intensiv durchdringt und ihm von innen her, intuitiv, existentielles Wissen über den Weg des Toten vermittelt. Der Sterbende, der nicht mehr sprechen kann, kommuniziert auf intensive atmosphärische Weise mit dem Abt. Er erfüllt den Trauernden mit einer überwältigenden Freude.
„Gegen Ende der Komplet schien er in ein leichtes Koma zu fallen. Ich las ihm Psalmen vor, und als ich an den Vers kam: 'Der Herr ist mein Hirte,

mir wird nichts fehlen′, hob er die Arme zum Himmel. Das schenkte mir die Gewissheit, dass er mich hörte und verstand. Als er hierauf eingeschlafen zu sein schien, vertiefte ich mich in ein Buch, das ich mir mitgebracht hatte. Plötzlich wurde ich aus dieser Beschäftigung vom Aufquellen eines Gefühls des Glücks und der Freude herausgerissen; es setzte unerwartet ein, überschwemmte mich förmlich, und war mir in der Form unbekannt und ungewohnt. Ich badete geradezu in einer festlichen Stimmung. Da kam mir: Er stirbt und gibt mir ein Zeichen. Ich sah ihn an und stellte fest, dass er ganz sanft seinen letzten Atem aushauchte. Für einen langen Moment blieb ich an seiner Seite, erfüllt von einer unsagbaren Freude. Hätte man mich in dem Augenblick eingeladen, den Sterbenden dorthin zu begleiten, wohin er ging, so wäre ich aus dieser augenblicklichen freudigen Erregung heraus auf der Stelle mitgegangen. Auch wenn das radikal anders als das war, was ich gewöhnlich beim Gedanken an meinen eigenen Tod empfand, weckte es in der Folge in mir trotzdem nicht den Wunsch, auch selbst bald meinen Lauf vollenden zu dürfen. Aber die Erinnerung daran ist mir geblieben und hat sich wie eine unauslöschliche Spur in mein Wesen eingegraben. Oft habe ich mir gesagt: ′Wenn schon ich als schlichter außen stehender Zeuge seines Verscheidens von einer derart überwältigenden Freude erfüllt wurde, wie groß muss dann erst die Freude des Sterbenden selbst gewesen sein, der tatsächlich die Schwelle überschritt!′ Er hatte mir brüderlich die Hand gereicht. Er hatte mich nicht nur mit seinem eigenen Tod versöhnt, den ich nur mit großer Mühe hatte annehmen können, sondern hatte mir auch das brüderliche und freundschaftliche Gesicht des Todes offenbart. Doch, es bleibt immer noch unvorstellbar, aber ist eindeutig mehr als unsere Phantasiebilder und Ängste, beschenkt uns weit über alles hinaus, was wir uns in unseren kühnsten Träumen vorstellen können.“
Bei den Zisterziensern war es üblich, den Schichtdienst beim Verstorbenen fortzusetzen. Man ließ ihn auch jetzt niemals allein. Zunächst wurde er, mit einer brennenden Kerze am Kopfende, im Kapitelsaal aufgebahrt, dann im Chor, wo die Mönche ihr Stundengebet sangen. „Es galt weiterhin die Regel, den Toten bis zu seinem Begräbnis nie allein und ohne Licht zu lassen. Sie wird jener uralten Überzeugung oder Ahnung entstammen, die Seele eines Verstorbenen bleibe drei Tage in der Nähe ihres Leichnams und habe noch mit den Mächten der Finsternis zu ringen, bedürfe also in dieser Zeit besonders dringend des Lichts und der Anwesenheit und des Gebets der Lebenden.“ War Schellenberger zur Nachtwache beim Toten in der Kirche eingeteilt, so blieb auch hier sein Eindruck, nicht lediglich einen Leichnam zu bewachen, sondern bei einer Person zu sein, die sich verwandelt hat. „Ich empfand keine Angst, sondern ahnte jene uns Lebenden unerreichbare Dimension jenseits von Zeit und Raum. Die Mauer, die uns gewöhnlich von

ihr trennt, wurde zum hauchdünnen, wenn auch weiterhin ganz und gar undurchsichtigen Vorhang."

Das noch im 20. Jahrhundert vorhandene empirische Wissen von Sterbebegleitern mit einer kontemplativ geschulten Aufmerksamkeit bildet eine wichtige ergänzende Perspektive zu rein spekulativen Zugängen über die „eschatologischen Fragen" (die sog. „Letzten Dinge") in der christlichen Theologie und zu physikalisch-gerätetechnischen Messungen am Körper des sterbenden Menschen. Das Gesicht des Todes verändert sich radikal, je nachdem mit welcher Methode man ihn betrachtet. Mit ihm verändert sich zugleich das Gesicht des Menschen. Einige Methoden geben lediglich Aufschluss über die physiologischen Sterbeprozesse. Und es gibt achtsame Wahrnehmungsformen, die es ermöglichen, an geistigen und seelischen Transformationsprozessen des Sterbenden teilzuhaben.

Die radikale Reduktion der Wahrnehmungsfähigkeit von Menschen im technisch-empirischen Zeitalter muss mentalitätsgeschichtlich unbedingt in Rechnung gestellt werden, wenn es um die Frage nach dem Gesicht des Todes geht. Wer nur noch in der Lage ist, auf der physikalischen Ebene Verfallsprozesse zu dokumentieren, kann nur über die physikalische Ebene des Todes Aussagen treffen. Werden diese Aussagen zum kulturellen Dogma erhoben, so wird diese Kultur blind für andere Zugänge zur Wahrnehmung des Todes. Eine Kultur verarmt und verroht, wenn ihre Wahrnehmungsfähigkeit sich zunehmend auf materielle Prozesse reduziert und wenn sie die Lebensdimensionen seelischer und geistiger Prozesse aus dem Blick verliert. Um dem Menschen gerecht zu werden, bleibt es wichtig, die Vielschichtigkeit von Sichtweisen in der Diskussion zu halten, auf Wahrnehmungsverluste aufmerksam zu machen und unbegründeten Verallgemeinerungen von Teilperspektiven zu widersprechen.

Da viele Angehörige, die Sterbende aufmerksam begleiten, auch gegenwärtig – ohne besondere kontemplative Schulungen und ohne Vorkenntnisse – Erfahrungen wie Schellenberger und Louf machen, zählt es zu den Kernkompetenzen im geistlichen Beruf, mit alternativen Wahrnehmungsformen im Bereich des Todes vertraut zu sein und physikalistisch reduzierte Bilder vom menschlichen Tod korrigieren zu können.

6.1.2 Mittelalterliche Abenteurer des Jenseits

Das Christentum hat aufgrund eigener langer Traditionen mit Sterbebett- und Nahtodvisionen keinen Grund zu Berührungsängsten mit Konzepten gegenwärtiger Nahtodforscher. Aus allen Jahrhunderten finden sich im Christentum existentielle Zeugnisse dafür, dass der Tod für die physische Existenz des Menschen ein Ende darstellt, dass er gleichzeitig aber ein geistiger Geburtsvorgang des Menschen ist. Sterben und Tod sind zentrale Transformationsereignisse für den Menschen. Für diejenigen, die den Tod gestreift haben, bildet dieses Erlebnis so etwas wie ein Erleuchtungserlebnis, das zu einem tiefgreifenden und dauerhaften Wandel in der Persönlichkeitsstruktur führt.

Gegenwärtige Nahtodberichte setzen gegenüber den mittelalterlichen christlichen Traditionen andere Akzente. Sie beziehen zudem eine gewandelte kulturelle Metaphorik ein. Demgegenüber ist es erstaunlich, wie konstant Grundstrukturen in diesen Erzählungen seit den ersten umfassenden christlichen Sammlungen von Nahtoderzählungen geblieben sind. Im Christentum dienten solche Sammlungen als empirische Beweise für die Behauptung, dass der Mensch in seinem Wesen unsterblich sei und im Sterben bzw. nach seinem Tod eine Konfrontation mit seinen Handlungen und Eigenschaften erleben würde. Daher fanden Nahtodberichte einen selbstverständlichen Platz in den Predigten. Erst einem Christentum, das zunehmend materialistisch denkt, erscheinen Nahtodberichte als nebensächlich bis suspekt.

Eine erste große Sammlung von Nahtoderzählungen stammt von einem christlichen Papst: *Gregor dem Großen* (540-604) aus dem 6. Jahrhundert. Sie ist in seinem vierten Buch bzw. Kapitel der „Dialoge“ überliefert.[2] Im zweiten Kapitel erzählt Gregor das Leben des Ordensgründers Benedikt von Nursia. Das vierte Kapitel enthält eine Sammlung von 42 Geschichten. Sie sollen anhand empirischer Fälle die Unsterblichkeit der Seele beweisen. „Die fleischlichen Menschen aber, die diese unsichtbare Welt nicht aus Erfahrung kennen, zweifeln, ob das auch wirklich existiere, was sie mit ihren leiblichen Augen nicht sehen können.“[3] Gregor stellt Sterbebettvisionen, Erscheinungen von Verstorbenen und Berichte über Jenseitsreisen zusammen. Er wirkt wie ein moderner Forscher, wenn er Zeugen befragt, nachprüfbare Schauplätze angibt und möglichst genau die Persönlichkeitsstrukturen der Akteure beschreibt. Aus Gregors Sammlung wurden vor allem drei Fälle aus Kapitel IV,36 wirkungsgeschichtlich bedeutsam: das überlieferte Erlebnis eines Einsiedlers, der auf seiner Jenseitsreise – im

---

[2] *Gregor der Grosse*, Der heiligen Papstes und Kirchenlehrers Gregor des Grossen vier Bücher Dialoge, übersetzt von Joseph Funk, München 1933 (BKV, Reihe II, Band 3).

[3] A.a.O., IV,1, S. 185.

Unterschied zu einer heute idyllischen Nahtodkultur – die Hölle schaute; der Fall des berühmten Geschäftsmann Stephan, der auf einer Geschäftsreise in Konstantinopel starb und ins Leben zurückkehrte sowie der Bericht über einen vom Tode zurückgekehrten Soldaten. Letzterer beschrieb das Jenseits besonders detailliert. Er wusste von Hindernissen wie einem stinkenden Fluss zu berichten, von einer Testbrücke, grünenden Blumenwiesen, weiß gekleideten Menschen und lichtdurchfluteten Häusern.

An spektakulären Fällen bildeten sich im Früh- und Spätmittelalter eigene Überlieferungsstränge aus. Gregors Sammlung war sehr populär und wurde vom Lateinischen in das Griechische übersetzt. Sie beeinflusste die mittelalterlichen Vorstellungen vom Fegefeuer und trug dazu bei, dass Theologen Himmel und Hölle weniger statisch konzipierten: das Fegefeuer verband fortan Himmel und Hölle miteinander als reinigender Prozess. Die tradierten Geschichten formierten ihrerseits kulturelle Erwartungshorizonte vom „Jenseits".

Zu diesen prägenden und traditionsbildenden Erzählungen zählt der Fall von *Drythelm* aus dem *8. Jahrhundert*. Der angelsächsische Benediktinermönch und Gelehrte *Beda Venerabilis* (672/673-735) hat Drythelms Nahtoderlebnis in seiner „Kirchengeschichte des englischen Volkes" („Historia ecclesiastica gentis Anglorum") überliefert und dadurch weit verbreitet.[4] Bedas Überlieferung zufolge war Drythelm ein frommer Familienvater aus Northumberland. Er verstarb nach schwerer Krankheit im Anbruch der Nacht. Zum Schrecken aller Trauernden erhob er sich jedoch im Morgengrauen von seinem Lager und erzählte seiner Frau von seinen nächtlichen Visionen. Drythelm kleidet seine Nahtoderlebnisse in die Form einer Reisegeschichte. Seine detailreiche Erzählung prägte die Jenseitsvorstellungen vor allem in bezug auf Reinigungsprozesse und Übergangsstationen zwischen Hölle und Himmel. Laut Drythelms Bericht ermöglichen Reinigungsorte Weichenstellungen im Jenseits, so dass die Hölle kein ewiges Schicksal bleiben muss.

Drythelm trifft nach seinem Tod im Jenseits auf einen Führer. Er beschreibt ihn als einen Mann „von leuchtendem Angesicht und heller Kleidung". Der Verstorbene passiert mit ihm Orte vorübergehender Qualen zur Läuterung, lässt sich die Hölle zeigen und den Vorhimmel. Dieser erscheint als eine lichtüberflutete, leuchtende Blumenwiese mit „einer Gesellschaft von vielen

---

[4] *Beda der Ehrwürdige,* Kirchengeschichte des englischen Volkes, hg. und übersetzt von Günter Spitzbart, 2 Bde., Darmstadt 1982. – Vgl. zum Folgenden die an der Harvard-Universität entstandene Dissertation von *Carol Zaleski*, Nah-Todeserlebnisse und Jenseitsvisionen vom Mittelalter bis zur Gegenwart, Frankfurt M./Leipzig 1993. Die Stärke von Zaleskis Untersuchung liegt darin, dass sie in ihrer Deutung multiperspektivisch und nichtreduktionistisch ansetzt und die Nahtodüberlieferungen zugleich als literarische Formen innerhalb ihrer kulturellen Kontexte analysiert.

glücklichen Menschen". In den Himmel gelangt er jedoch nicht, denn kurz vor dem himmlischen Königreich und einem an Helligkeit nie zuvor geschauten Licht schickt ihn sein Führer zurück.
Der erwachte Drythelm versucht, seine verstörte Frau zu trösten: „Hab keine Angst, ich bin tatsächlich vom Tode, der mich hielt, auferstanden und es wurde mir erlaubt, wieder unter den Menschen zu leben; doch von heute an darf ich nicht mehr wie früher leben, sondern muß ein ganz neues Leben beginnen."[5] Drythelm ist aufgrund seiner Nahtodvision ein gewandelter Mensch. Dem inneren Umbruch entspricht sein Bruch mit der bisherigen Lebensform. Er verteilt sein Eigentum und wird Mönch in einem Benediktinerkloster.
Zwischen dem 10. und 13. Jahrhundert differenziert sich die christliche Nahtodliteratur in diverse Literaturgattungen aus. Sie erreichte jetzt ihre Blütezeit. Ordensleute, Priester und Volk wurden mit romanlangen Schriften über Jenseitsreisen gleichsam überschüttet. Jenseitsvisionen fanden Eingang in Chroniken, Predigten und in Lehrbücher für Priester. Geistliche Autoren griffen gern auf dieses Genre zurück, um damit ihre eigenen Ansichten über die Buße, den Sinn von Messen und Fürbitten für Verstorbene und die Hinwendung zum Ordensleben zu begründen.
Zu den spektakulären Fällen aus diesem Zeitraum zählt der Fall von *Ritter Owen*. Owen diente als Kreuzritter unter König Stephan (1134-1154). Von seinen Kriegen in die irische Heimat zurückgekehrt, packt ihn die Reue über sein gewalterfülltes Leben. Die vielen Kirchenplünderungen lasteten auf seinem Gewissen. Das Bußsystem des 12. Jahrhunderts sah als angemessene Strafe dafür die Wallfahrt vor. Sie fungierte als eine Verbannung auf Zeit und war, im günstigsten Falle, mit der Läuterung des Delinquenten verbunden. Ritter Owen besteht auf der für ihn härtesten Strafe: auf einer Wallfahrt zum Purgatorium des Heiligen Patrick. Das Reiseziel war eine mysteriöse Höhle, die sich auf der Insel Station Island im See Lough Derg, County Donegal im Nordwesten Irlands befand. Sie war ein schreckenerregendes Initiations-Heiligtum, das Kanoniker eines Augustiner-Ordens verwalteten. Im 18. Jahrhundert wurde das Heiligtum vernichtet.
Über die Höhle hieß es, dass sie Einblicke ins Jenseits gebe. Zugleich war jedoch bekannt, dass viele, die sich dort für eine Nacht rituell begraben und einschließen ließen, diesen Einblick nicht überlebten oder die Höhle wahnsinnig geworden verließen. Andererseits sei das Geschaute von so großer reinigender Kraft, dass auch ein großer Sünder wie Owen dort völlig geläutert werden könne.
Ritter Owen ergreift seine Chance. Er lässt sich von den Augustinern in die Höhle führen und wird dort nach den offiziell gültigen Riten für Verstor-

[5] Zitiert nach: Zaleski, a.a.O., 52.

bene rituell bestattet. Dieser Brauch ist noch für das Jahr 1411 bezeugt, als Antonio Mannini diesen riskanten Weg der Seelenreise wählte. Mannini berichtet einem Freund in einem Brief: „Nachdem er mich flach auf den Rücken gelegt hatte, so als ob ich tot sei, schloß er meine Augen und befahl mir, sie nicht zu öffnen, bis die Messe vorüber sei; er faltete meine Hände über meiner Brust und nachdem er über mir die Vigilien und die Totenmesse gesprochen hatte, segnete er mich drei Mal mit Weihwasser, mit denselben Gebeten und ebenso feierlich, als ob ich wirklich tot sei, nicht mehr und nicht weniger. Dann öffnete er mit seinen Händen meine Augen, legte das Kreuz in meine rechte Hand und ließ mich aufstehen.“[6]

Bereits der Aufbruch zur Wallfahrt wurde sozial als eine Vorwegnahme des eigenen Todes inszeniert. Man sollte sich auf eine Pilgerreise, die damals mit vielen Gefahren verbunden war, vorbereiten wie auf den drohenden Tod. So verteilte man vor längeren und gefährlichen Pilgerreisen wie beispielsweise nach Compostella seine Habe, legte Almosen für den Sterbefall zurück, beichtete und vergab allen.

Die Höhle, die Owen zunächst als kleine Kammer erschien, wirkt unermesslich tief. Er folgt einem Lichtschein und gelangt in einen ausgedehnten Kreuzgang. Hier trifft er seine zwölf Initiatoren. Sie sind weiß gekleidet und kahlgeschoren wie Zisterzienser-Mönche. Sie gebieten ihm, sich stets auf den Namen Jesu zu konzentrieren und das Jesus-Gebet in allen Gefahren zu sprechen. Das Jesusgebet als mentale Schutzformel ist noch in offiziellen Pässen späterer Besucher für die Reise zum Heiligtum überliefert. „Damit soll die sichere Reise nach Ankunft in der Höhle des Purgatoriums gewährleistet werden.“[7]

Ein infernalisches Gebrüll setzt ein. Owen konzentriert sich inmitten der Hölle, die losbricht, auf das Jesus-Gebet, um nicht den Verstand zu verlieren. Er wird zu Bestrafungsorten fortgetragen, gelangt an einen Fluss aus Feuer und Schwefel, den eine glitschige, schmale, steile Brücke überspannt, und kommt schließlich in einem Vorparadies an, wie bereits Drythelm vor ihm. Hier warten die durch die bisherigen Schrecken Gereinigten, um von Gott in den Himmel gerufen zu werden. Owens Führer informieren ihn darüber, dass die Lebenden durch Fürbitten, stellvertretende Almosen und Messen diese Reinigungsphase für die Verstorbenen verkürzen können.

Der Ritter gelangt zum Eingang ins Paradies. Eine Flamme „fiel auf den Kopf des Ritters und durchdrang ihn ebenso wie die anderen. Dann empfand er ein süßes Gefühl der Freude in seinem Körper und seinem Herzen, so dass er vor Entzücken kaum zu sagen wusste, ob er noch lebte oder bereits tot war; doch die Zeit verging in einem Augenblick.“[8] Owen will für

---

[6] Zitiert nach: Zaleski, a.a.O., 65, vgl. 56ff.

[7] Zaleski, a.a.O., 66.

[8] Zitiert nach: Zaleski, a.a.O., 61.

immer bleiben, doch seine Führer senden ihn zur Erde zurück. Das Erlebte hat ihn so gereinigt, dass alle Dämonen auf dem Rückweg entsetzt vor ihm fliehen.
In der irdischen Höhle angelangt, erteilen ihm die zwölf Zisterzienser-Gestalten freudig die Absolution und drängen ihn zum Ausgang, damit er rechtzeitig von den Wächtern herausgelassen werden kann. Owen verarbeitet das Erlebte, indem er noch 15 Tage vor Ort in der Kirche meditiert und sich anschließend mit einem Kreuz auf den Schultern als Pilger nach Jerusalem aufmacht. Von dort zurückgekehrt, bittet er seinen König um die Erlaubnis, Mönch zu werden. Er erreicht jedoch nur, dass er künftig einem Zisterziensermönch als Übersetzer zugeordnet wird. Owen verbleibt in Irland, und ein Mönch schreibt die Geschichte des zu Lebzeiten Unbekannten nieder.

6.1.3 Reisemerkmale

Die mittelalterlichen literarischen Überlieferungen zu Nahtoderfahrungen und Jenseitsreisen weisen nach Carol Zaleski gleich bleibende Merkmale auf.

a) Austritt der Seele aus dem Körper. Die Reiseschilderung beginnt fast immer mit einer Beschreibung, wie die Seele aus dem Körper tritt, „nachdem die Verbindung zu ihm zuvor durch Krankheit, Verletzung, Ekstase oder Träume gelockert wurde. Dabei verlässt die Seele den Körper aus der Mundöffnung, sei es, dass ein Engel oder ein Dämon sie herauszieht, sei es, dass sie sich aus eigener Kraft befreit.“[9]

b) Symbolische Zeitspanne einer Nacht. Nach einer symbolischen Zeitspanne, die meist mit „einer Nacht“ angegeben wird, kehrt die Seele in den Körper zurück, der dadurch wieder im Diesseits zum Leben erwacht.

c) Der Seelenführer. Beim Weg durch die unbekannte Region ist die Seele auf einen Führer angewiesen. Dieser vereinigt meist drei Funktionen in sich: Er ist Lehrer, Beschützer und „Seelenholer“. In der Figur des Seelenführers lebt in der christlichen Nahtod- und Jenseitsliteratur ein Motiv weiter, das bereits in antiken Berichten eine große Rolle spielte, die von Übertritten ins Jenseits als Sterbender, in Trance oder im Traum erzählen. Eine Zentralgestalt war in der griechisch-römischen Mythologie Hermes. Im Christentum treten häufig Schutzengel oder Schutzheilige an seine Stelle. Sie werden in

[9] Zaleski, a.a.O., 70.

der mittelalterlichen Visionsliteratur durchweg als leuchtend weiß gekleidet geschildert. So heißt es in der Drythelm-Überlieferung: „Ich wurde von einer leuchtenden, hellglänzenden Erscheinung geführt.“[10] Die Führergestalt bildet zugleich ein literarisches Stilmittel, um die Handlung voranzutreiben und erklärende Dialoge im Frage- und Antwort-Schema zwischenzuschalten.

d) Transportmittel in die Transzendenz. In den mittelalterlichen Vorstellungen benötigt die Seele ein symbolisches Transportmittel für ihren Ausflug in die andere Dimension. Ein berühmtes biblisches Vorbild hierfür bietet Elias Streitwagen, der ihn in den Himmel erhob. Der Prophet Mohammed erhielt der Überlieferung nach vom Erzengel Gabriel ein geflügeltes Pferd, auf dem er zunächst zur Al-Aqsa-Moschee nach Jerusalem flog (Sure 17,1) und dann, von Gabriel als Seelenführer geleitet, durch die sieben Paradiese bis hinein in Allahs unmittelbare Gegenwart gelangte.
In der mittelalterlichen Mystik waren Leitern als Aufstiegswege zur Transzendenz beliebte Symbole. Hierfür stand Jakobs Himmelsleiter in Gen 28,10-22 Modell. Auch Schiffe und sonstige zeitgenössischen Gefährte, bis hin zu fliegenden Teppichen, waren motivisch verbreitet.

e) Die dynamische Topographie des Jenseits. Vergleicht man die Visionen untereinander, so fällt die Dynamik des Jenseits auf. Das Mittelalter legte sich auf keine Landkarte fest. Sie wurde fortwährend umgeschrieben. Erst die universitäre scholastische Theologie bemühte sich um die Quadratur des Kreises: um das Festschreiben fließender Visionsbilder in akademisch approbierte Baedecker des Jenseits. Bei der Dynamik des Jenseits fällt auf, wie die Nahtoderzählungen die kirchliche Eschatologie individuell unterwandern. Die Jenseitsreisenden widersprechen der kirchlichen Topologie, derzufolge es einerseits die Hölle für unrettbar Verlorene gibt und andererseits den Himmel. Die mittelalterliche Frömmigkeit, in der subjektive Reinigungsprozesse eine wichtige Rolle spielen, zeichnet den Himmel neu und beschreibt die Reinigungsmöglichkeit als ins Unendliche reichend. Sie überbrückt die Kluft zwischen Himmel und Hölle. Selbst dem größten Sünder steht, nach unangenehmen Zwischenaufenthalten in schmerzlichen Zuständen, das Tor zum Himmel offen. Zudem wird die menschliche Solidargemeinschaft betont, deren Kräfte bis ins Unendliche reichen. Auch ein großer Sünder muss seine Sünden nicht allein bewältigen, sondern die irdische Gemeinschaft kann ihm im Jenseits fürbittend und helfend zur Seite treten.[11]

---

[10] Zitiert nach: Zaleski, a.a.O., 83.
[11] Die populäre Reinigungs-Eschatologie des Fegefeuers wurde mit dem Brief des Papstes Innozenz V. im Jahre 1254 und mit dem Beschluss des Zweiten Rates von Lyon 1274 offiziell

In der Visionsliteratur wurde der Himmel mit sieben bis zehn unterschiedlichen Sphären konzipiert, die je nach Reinigungszustand bereist werden konnten. Mitunter wurde auch hier noch von Kämpfen mit eindringenden Feindmächten wie beispielsweise mit bösen Engeln berichtet. Da jedoch die kirchlich verurteilten Gnostiker bereits das Gleiche behauptet hatten, fanden diese Thesen der Nahtodreisenden keinen Einlass in die amtliche Dogmatik. Die scholastischen Systeme zeichneten den Himmel demgegenüber statisch kompakt. Eine literarische Renaissance erlebte der gestufte Himmel in Dantes „Göttlicher Komödie". Himmel und Hölle können in ihr in jeweils neun Ebenen bereist werden. Der Satan hat einen eisigen Aufenthaltsort im Erdmittelpunkt erhalten. Das Universum wird von der dynamischen Hierarchie der Liebe bewegt.

f) Gegabelte Wege und Hindernisse. Die mittelalterlichen Visionäre waren sich – im Unterschied zu heutigen Nahtodreisenden – erstaunlich einig darin, dass der Weg in den Himmel extrem hindernisreich sei. Standard-Requisiten der literarisch geschilderten Jenseits-Bühne sind gegabelte Wege (von denen bereits Mt 7,13f darauf hinweist, dass der unbequeme Weg himmelwärts führt), märchengleiche Hindernisse wie Mauern, Nebelwände, Feuer, fiese Dämonen, Prüfungssituationen und dysfunktionale Brücken. Von Brücken waren mittelalterliche Menschen noch bautechnisch fasziniert. Zudem eignen sich Brücken hervorragend zum Beschreiben riskanter Übergänge zwischen abgrundtief getrennten Dimensionen. Daher waren sie ein schier unverzichtbares Requisit, um die Übergangssituation von Sterbenden zu beschreiben.

g) Reise durch die eigene Seelenlandschaft. Bereits Papst Gregors erste umfassende Sammlung von Nahtoderzählungen und Jenseitseinblicken legt ein psychologisches Grundgesetz der Jenseitstopographie offen: Zuallererst begegnet die Sterbende bzw. der Verstorbene sich selbst. Er steht nicht Christus als Richter gegenüber. Sondern er durchleidet seine eigene Seelenlandschaft. Was im physisch-körperlichen Leben in seinem Innersten verborgen war und sein Handeln leitete, begegnet ihm nun, nach außen gestülpt, als eine visionäre Landschaft. Innere Qualen werden zu äußerem Feuer, Geraubtes zu einer drückenden Last, Angst und strafende Normen greifen den Unsicheren in Gestalt von Dämonen an. Abstrakte innere Eigenschaften treten im Jenseits als Naturgewalten und meist übel gesonnene Wesen ins Bild. Wie im normalen Traum, so nehmen auch in der Nahtodvision innere Motive äußere Formen an.

---

anerkannt. Damit wurde die Lehre vom Fegefeuer fortan zum Gegenstand scholastischer Spekulationen und Systeme.

Die Ars moriendi, die mittelalterliche Literatur und Bilderkunst über die Kunst des guten Sterbens, zielte auf die Verwandlung der nachtodlichen Krise in eine vortodliche Krise. Hierzu konfrontierte sie den Sterbenden mit den wichtigsten Fragen und rüstete ihn mit bewährten Tipps aus. Man gab ihm Fragen zur Vorbereitung, Ratschläge und informierte ihn über die am häufigsten auftretenden Krisen. Zu den kritischen Erfahrungen zählen ein zusammenbrechender Glaube, Verzweiflung, Ungeduld und ein Nicht-Loslassen-Können (Anhaften am Vergänglichen).[12]

Reformatorisch betrachtet, wirkt die wichtigste Empfehlung der Ars moriendi für den Sterbeprozess klar und tragfähig: ganz auf Barmherzigkeit zu vertrauen. In den Krisen des Sterbens und auch bei der Reise durch das Jenseits sind es stets die Dämonen, die den Menschen anklagen und angesichts seines Versagens in Verzweiflung treiben. Die Engel raten in den Berichten stets dazu, ganz auf die Barmherzigkeit Christi zu vertrauen. Christus, die Heiligen und die Engel erlösen den Menschen aus allen Kämpfen, indem sie dämonische Gesetzesstrenge durch Barmherzigkeit unterlaufen.

Die von Luther verworfene Fegefeuer-Lehre hatte in ihrer vorscholastischen, populären Gestalt etwas gnadenhaft Emanzipatorisches. Durch das Gesetz der Stellvertretung, das zwischen den Menschen als dem mystischem Leib Christi gilt, kann einer für den anderen selbst noch im Jenseits einstehen. Auch wenn ein Mensch mit seinem Leben, dämonisch streng betrachtet, die Hölle verdient hat, kann ein anderer liebend für ihn einstehen und ihm Christi Barmherzigkeit zuwenden. Die gelebte Stellvertretung aktualisiert das universale Gesetz der Liebe besonders klar. Es setzt den religiösen Individualismus heilsam außer Kraft.

h) Wiedereintritt der Seele in den Körper, Bekehrung und verwandeltes Leben. Die mittelalterlichen Nahtodtexte erzählen wesentlich von Prozessen der Selbstkonfrontation. Dieser Gerichtsprozess und die erlebte Verwandlung durch Liebe (vgl. Ritter Owens Erleuchtungserfahrung durch die himmlische Flamme vor dem Himmelstor) führt zu einer tiefgreifenden Wandlung der Persönlichkeit. In der mittelalterlichen Sprache und Kultur wird diese Verwandlung als Bekehrung dargestellt, die häufig mit einer Hinwendung zum Ordensleben verbunden ist.

Wie auch in gegenwärtigen Nahtodzeugnissen, so wird bereits in der mittelalterlichen Literatur der Wiedereintritt der Seele in den Körper als krisenhaft berichtet. Ritter Owen, der relativ krisenfrei ins Leben zurückkehrt, ist eine Ausnahmegestalt. Typisch dagegen ist der Mönch Salvius aus

[12] Vgl. *Rudolf Mohr*, Art.: Ars moriendi, in: TRE 4 (1979), 143-156.

dem 6. Jahrhundert. Er wäre gerne im Himmel geblieben, sitzt weinend auf seinem Grabstein und beklagt seine Rückkehr zur Erde.[13]
Die charakterliche Verwandlung aufgrund der Jenseitsreise ist von Dauer. Ferner berichten die mittelalterlichen Texte von paramystischen Phänomenen, die auch in der damaligen mystischen und in der gegenwärtigen Nahtodliteratur aufgeführt werden. Die Zurückgekehrten verfügen über Fähigkeiten, die sonst eher von Heiligen berichtet werden. Sie wissen intuitiv die Gedanken anderer und Zukünftiges, sie können den eigenen und den fremden Tod voraussagen, und sie sind mitunter von körperlichen Gebrechen geheilt.

i) Literarisch überarbeitete Gestalt. Als sehr schwierig erweist sich die Verhältnisbestimmung zwischen literarischer Gestalt und faktischem Gehalt der Texte. Bereits im Rahmen dieser kurzen Darstellung mag deutlich geworden sein, wie sich – beispielsweise im Topos des Fegefeuers – seit Gregor dem Großen Traditionslinien gebildet haben. Der Tradierungsweg z.B. von Drythelms und Ritter Owens Vision bis in die Textsammlung eines Mönchs-Gelehrten ist ebenso zu berücksichtigen wie der religiöse Erwartungshorizont der mittelalterlichen Kultur, der mit der Macht von Fürbitte, Heiligen, Schutzengeln und Heiligen Messen rechnete. All diese Motive spiegeln sich in den Visionen wieder.
Diese Wechselbeziehungen lassen ein sauberes Herausschälenwollen eines unbeeinflussten, reinen Kerns der Nahtoderzählungen als unangemessen erscheinen. Denn sowohl in ihrer Struktur als auch in ihren zentralen inhaltlichen Motiven bezeugen sie im Wesentlichen eines: Die Vision eines Sterbenden bzw. eines Verstorbenen konfrontiert ihn mit seiner Seelenlandschaft, die immer schon eine kulturell geformte Seelenlandschaft ist. Auf der kulturell bedingten Seelenreise erlebt der Visionär in seinem veränderten Bewusstseinszustand eine gerichtshafte Spiegelung seiner selbst. Auf dem Höhepunkt und zugleich Wendepunkt seiner Reise betritt er eine als Vorhimmel symbolisierte Ebene. Hier erlebt der er eine mystische Unio mit einer Kraft voller Liebe. Unterwegs steht ihm eine visualisierte Figur bzw. seelische Instanz zur Seite, die als ein neutraler Beobachter fungiert, das Geschehen deutet und ihn dieser Macht der Liebe entgegenführt.

[13] *Gregor von Tours*, Zehn Bücher Geschichte (Fränkische Geschichte), Darmstadt 1967, Bd. 3, 91-93.

6.2 Die Nahtodforschung im 20. Jahrhundert

6.2.1 Das Schema von Raymond Moody und der IANDS-Gruppe

Bei der Ergebnissichtung zur Nahtodforschung des 20. Jahrhunderts und der Gegenwart soll die Frage nach menschlichen Konstanten und kulturellen Varianten im Vordergrund stehen. Durch den diachronen Vergleich innerhalb der abendländischen Kultur zwischen den Zeitperioden des Mittelalter und des 20. Jahrhunderts können kulturelle Prägungen in beiden Traditionen umso schärfer hervortreten.

Textsammlungen mit Sterbebettvisionen und Nahtodberichten waren noch im 18. Jahrhundert als christliche Argumentationshilfe sehr beliebt. Um 1900 differenzierten sich neue Überlieferungsstränge aus. Hierzu zählt die Fallsammlung des Schweizer Geologie-Professors und Bergsteigers *Albert Heim* (1849-1937) aus dem Jahre 1892.[14] Heim, der selbst einen Absturz überlebte und dabei ein Nahtoderlebnis hatte, befragte 30 Bergsteiger, die tendenziell tödliche Unfälle erlitten hatten. Er stellte heraus, dass die Innensicht der Betroffenen von Geborgenheit und Glücksgefühlen bestimmt war. Eines seiner Ziele bei dieser Dokumentation war, die Familien und Freunde von Verunfallten nicht mit der schrecklichen Außenseite des Unglücks alleinzulassen, sondern diese durch die Innenperspektive der Betroffenen zu ergänzen.

Um 1900 widmeten sich zunehmend spiritistische Zirkel mit eigenen Methoden der Erkundung des „Jenseits“. Sie gingen davon aus, über Klopfzeichen, durch Medien oder durch automatisches Schreiben mit den Geistern Verstorbener in Kontakt treten zu können und dadurch exakte Beschreibungen des nachtodlichen Lebens erhalten zu können. Die parapsychologische Forschung von *F. W. H. Myers, James H. Hyslop* und *William Barrett* entstand aus diesen spiritistischen Anfängen heraus. Sie ergänzte diese jedoch durch empirische Forschung wie z.B. qualitative Interviews mit Lebenden.[15]

Barretts umfassende Forschungen wurden nach dem Zweiten Weltkrieg von *Carlos Osis* (1917-1997) fortgeführt. Osis sammelte seit 1959, also bereits vor Raymond Moody, Berichte von Ärzten und Krankenschwestern über Sterbebettphänomene. Er kooperierte mit einem isländischen Psychologen und Parapsychologen, Erlendur Harldsson, und weitete seine Material-

---

[14] *Albert Heim*, Notizen über den Tod durch Absturz, in: Jahrbuch des Schweizer Alpenvereins 27 (1892), 327-337. *Ders*., Bergsturz und Menschenleben, Zürich 1932.

[15] *James H. Hyslop*, Visions of the Dying, in: The Journal of the American Society for Psychical Research 1 (1907), 45-55 und 12 (1918), 585-646. *William F. Barret*, Deathbed Visions, London 1926. *F. W. H. Myers*, Human Personality and Its Survival of Bodily Death, hg. V. Richard Hogson/Alice Johnson, 2 Bde., New York (1903) 1961.

sammlung bis zu Fällen aus Indien aus, um kulturübergreifenden Mustern nachzugehen. Osis war Mitglied der „Parapsychology Foundation". Als bekennender Parapsychologe bezog er auch parapsychologische Untersuchungsmethoden und Phänomene ein, um die Schwellensituation des Todes darzustellen.

Inzwischen hat sich die Erforschung von Sterbe- und Nahtoderfahrungen noch weiter ausdifferenziert. Einen nicht weiter verfolgten Weg beschritten der Psychologe *Stanislav Grof* (* 1931) und die Anthropologin *Joan Halifax*. Sie untersuchten Anfang der 1970er Jahre in einem amerikanischen Krankenhaus die Wirkung der Droge LSD auf Sterbeprozesse bei unheilbar krebskranken Menschen. In ihrem Buch „Die Begegnung mit dem Tod"[16] plädieren sie für eine *psychedelische Therapie*, die den Sterbenden eine wache, offene und schmerzfreie Begegnung mit ihrem Tod ermöglichen soll. Grof und Halifax berichten im Rahmen dieser Therapieform von „Wiedergeburts"-Erfahrungen.

Auf populärer Rezeptionsebene steht die Traditionslinie im Vordergrund, die sich durch die Namen *George Ritchie, Raymond Moody, Michael Sabom, Elisabeth Kübler-Ross und Kenneth Ring* kennzeichnen lässt. Sie präsentieren nicht nur formal betrachtet eine frappierend einheitlich erscheinende Beschreibung des Phänomens der Nahtoderfahrungen, sondern die genannten Forscher arbeiten eng miteinander zusammen. Auf Moodys Initiative hin gründeten Kenneth Ring, Michael Sabom, Bruce Greyson, John Audette und weitere Personen nach einem ersten Zusammenschluss 1977 im Jahre 1978 die „Association for the Scientific Study for Near Death Studies". Sie wurde 1981 in die „International Association for Near Death Studies" (IANDS) umbenannt. Der Vorstand der gemeinnützigen Gesellschaft setzt sich inzwischen aus Thanatologen, Psychiatern, Parapsychologen, Ärzten, Unternehmern und Menschen mit eigenen Nahtoderfahrungen zusammen. Elisabeth Kübler-Ross saß eine zeitlang im Aufsichtsrat der IANDS. Die IANDS finanziert nationale Forschungskonferenzen, Forschungsprojekte und Stipendien, führt Workshops für Ärzte, Krankenschwestern und Berater durch, finanziert Filme und vertreibt DVDs.[17] Die inzwischen international organisierte IANDS gibt das Informationsblatt „Vital Signs" sowie das „Journal of Near Death Studies" heraus. Das Logo der Gesellschaft vereint die Symbolik des Tunnels mit der des Yin-und-Yang-Zeichens und des Lichtes am Ende des Tunnels.

George G. Ritchie jr. (1923-2007) gab 1943 mit seinem Buch „Return from Tomorrow" (deutsche Ausgabe: „Rückkehr von Morgen") zunächst einen christlich inspirierten Deutungsrahmen für Nahtod-Erfahrungen vor. Ritchie

---

[16] *Stanislav Grof/Joan Halifax*, Die Begegnung mit dem Tod, Stuttgart 1980. *Ders*., Geburt, Tod und Transzendenz, München 1985.

[17] http://www.iands.org/about_iands/iands/history.html (Zugriff: 31. 09. 2009).

beschreibt in dem Buch sein eigenes Nahtod-Erlebnis. Er hatte es während des Zweiten Weltkriegs nach einer doppelten Lungenentzündung und einem Herzstillstand in einem Militärkrankenhaus. Zu diesem Erlebnis zählte eine Lichtvision. Er spürte die Gegenwart Christi und vernahm die Aufforderung, sein bisheriges Leben zu überprüfen. Mit Christus als Seelenführer durchreiste Ritchie daraufhin irdische Dimensionen von Qualen und Glück. Ritchie verstand die Nahtod-Erfahrung als seine Berufung, „Arzt zu werden, damit ich etwas über die Menschen lernen und Gott dienen kann“. Nach dem Studium lehrte er Psychiatrie an der Medizinischen Fakultät der Virginia Universität.

Hier begegnete ihm 1965 erstmalig *Raymond Moody* (geb. 1944) als Student. Ritchies Nahtod-Schilderungen sowie studentische Berichte von Nahtoderlebnissen in Philosophieseminaren über Platon gaben Moody den Anstoß zu einer eigenen Umfrage über dieses Phänomen. Seine Forschungsergebnisse erschienen 1975 unter dem Titel „Life after Life“.[18] Mit dem Terminus „Nahtoderlebnis“ und der Konstruktion von Grundelementen prägte Moody die folgende Debatte und das populäre Verständnis von Nahtoderfahrungen nachhaltig. Das nach Moody theoretisch ideale bzw. „vollständige“ Erfahrungsmodell einer Nahtod-Erfahrung durchläuft folgende Chronologie:

1. Unbeschreibbarkeit,
2. Hören der Todesnachricht,
3. Gefühle von Frieden und Ruhe,
4. Wahrnehmung eines unangenehmen Geräusches (Läuten, Brummen),
5. Bewegung durch einen langen, kleinen, dunklen Tunnel,
6. der/die Betroffene befindet sich plötzlich außerhalb des Körpers und nimmt seine Umgebung von dort her wahr, langsame Gewöhnung an den neuen Zustand,
7. andere Wesen, oft bekannte Verstorbene, nähern sich und begrüßen ihn/sie,
8. Erscheinung eines „Lichtwesens“, das von einzelnen Betroffenen mit Christus oder anderen religiösen Figuren gleichgesetzt wird,
9. das Lichtwesen richtet telepathisch eine Frage an den Sterbenden, die ihn zu einer Bewertung des eigenen Lebens führen soll, Rückschau auf das gelebte Leben,
10. Annäherung an eine Grenze bzw. „Schranke“, die die Scheidelinie zwischen Leben und Tod symbolisiert,

[18] *Raymond Moody*, Leben nach dem Tod: die Erforschung einer unerklärlichen Erfahrung, Reinbek bei Hamburg 2002.

11. Widerstand gegen die Erkenntnis, dass er/sie wieder ins Leben zurückkehren muss,
12. Mitteilungsversuche an die Ärzte und die Umstehenden,
13. Folgen im Leben: die Betreffenden nehmen das Leben tiefer wahr, setzten sich mit philosophischen Grundfragen auseinander,
14. neue Sicht des Todes: Personen, die bislang Angst vor dem Tod hatten, erwarten ihn nun entspannt und furchtlos.

Moody, Sabom und Ring zählen übereinstimmend folgende Elemente auf: ein Gefühl von Frieden, die Trennung vom Körper, die Begegnung mit dem Licht bzw. „Lichtwesen“ sowie das Zusammentreffen mit anderen Personen bzw. Wesen.[19]

6.2.2 Nahtoderfahrungen aus psychologischer Sicht

Zunehmend erforschen und diskutieren auch Mediziner und Psychologen Nahtod-Phänomene, wobei der jeweils vertretene Forschungsansatz zugleich die vorherrschende Deutung für Nahtod-Erfahrungen vorgibt. Aus theologischer Sicht und generell methodisch ist dabei eine *reduktionistische Hermeneutik* zu kritisieren, die das komplexe Geschehen der Nahtod-Erfahrung auf wenige Faktoren bzw. lediglich einen Faktor reduziert. Die in dem jeweiligen Rahmen aufgestellten Behauptungen stellen einander durch ihren jeweils absoluten Geltungsanspruch infrage.[20]
Die klinischen Psychologen *Russel Noyes* und *Roy Kletti*, die seit den 1970er Jahren Nahtoderfahrungen erforschen, deuten sie als Spielart einer „Depersonalisierungserfahrung“. Im Unterschied zu einer Depersonalisierung im Rahmen einer klinischen Persönlichkeitsstörung nehmen Noyes und Kletti zunehmend auch positive Aspekte von Nahtoderfahrungen wahr.

Abwägender und differenzierter beurteilt der Facharzt für Psychiatrie *Michael Schröter-Kunhardt* die Erfahrungen Sterbender während des klinischen Todes.[21] Er definiert Nahtod-Erfahrungen (NDE) als „veränderte

---

[19] Zur ausführlicheren Darstellung und Kritik der Untersuchungen von Moody, Sabom und Ring vgl. Zaleski, a.a.O. (Anm. 4), 153ff. *Michael B. Sabom*, Erinnerung an den Tod. Eine medizinische Untersuchung, München 1983. *Kenneth Ring*, Den Tod erfahren, das Leben gewinnen, München 1988. Ring, Professor für Psychiatrie an der Connecticut Universität, arbeitet zwar mit anerkannten psychologischen Test- und Auswertungsverfahren. Er übernimmt jedoch weitgehend Moodys Gliederungsraster, und er fügt einen metaphysischen Deutungsrahmen hinzu.

[20] Vgl. Zaleski, a.a.O. (Anm. 4), 244ff. Zu Noyes 263ff.

[21] *Michael Schröter-Kunhardt*, Erfahrungen Sterbender während des klinischen Todes, in: TW Neurologie Psychiatrie 9 (1995), 132-140. Vgl. *Pim van Lommel*, Endloses Bewusstsein. Neue medizinische Fakten zur Nahtoderfahrung, Düsseldorf 2009.

Wachbewusstseinszustände in unmittelbarer – tatsächlicher oder nur erwarteter – Todesnähe".[22] Auslöser können Unfälle, lebensbedrohliche Erkrankungen, Geburten, Operationen oder Suizidversuche sein. Die unterschiedlichen Auslöser haben keinen Einfluss auf den NDE-Inhalt. Schröter-Kunhardt stellt folgende interkulturell konstanten Elemente zusammen. Sie treten mit abnehmender Häufigkeit auf:

- „*Stimmungsaufhellung* mit Gefühlen von Leichtigkeit, Wohlbefinden, Heiterkeit, Friede, Glück u.a.,
- *außerkörperliches* Erlebnis (OBE), bei dem der NDEr [Person mit Nahtoderfahrungen – SB] sich plötzlich auf seinen eigenen Körper herabschauend erlebt, wobei sein *rationales Bewusstsein weiterarbeitet* und zuweilen sogar Tests unternimmt, um diese neue Existenzform zu überprüfen. Dabei werden (auch von Blinden) *verifizierbare optische Wahrnehmungen*, auch außerhalb des jeweiligen Raumes, gemacht. Beim scheinbaren Verlassen des Körpers kommt es zu *abrupter Schmerzfreiheit*. Die oft sehr schnelle Rückkehr in den Körper führt zum plötzlichen Wiedereinsetzen der Schmerzen,
- Eintritt in eine zumeist dunkle, tunnelartige Übergangszone,
- Wahrnehmung eines zumeist wie goldenen, unendliche *Liebe* ausstrahlenden *Lichtes*, das bei dem Erlebenden oft Gefühle höchster Seligkeit und manchmal mystische Allwissenheits/ Alleinheitserfahrungen auslöst,
- Wahrnehmung einer paradiesischen oder höllischen *Landschaft*,
- Begegnung mit verstorbenen Verwandten, religiösen *Figuren* oder Lichtwesen. Zwischen diesen und dem NDEr kommt es oft zu einer *gedanklichen Kommunikation*, in der letzterer häufig zur Rückkehr aufgefordert wird. Zwischen diesen Stadien kann es außerdem noch zu *folgenden NDE-Elementen* kommen:
- *Hören von Tönen* und wunderschöner Musik,
- *Präkognitionen*, in denen Teile der eigenen oder der globalen Zukunft gesehen werden können,
- Ablauf eines *Lebensfilms*, in dem der Sterbende viele bekannte und unbekannte z.T. verifizierbare Einzelheiten seines Lebens als Beobachter wiedererlebt. In Form der Lebensrevision kommt es dabei manchmal über das Miterleben der jeweiligen Gefühle aller Beteiligten zu einer kultur- und religionsspezifischen ethischen Bewertung aller eigenen Gedanken, Worte und Taten."[23]

---

[22] A.a.O., 132.
[23] A.a.O., 132f.

Die Intensität und der Umfang der Erlebnisse scheinen mit der zunehmenden Todesnähe in einem direkten Zusammenhang zu stehen. Zugleich sind religions-, kultur- und mentalitätsspezifische Ausgestaltungen und Interpretationen der Berichte zu berücksichtigen.
Das Eintreten der Erfahrung scheint nicht an soziologische, demographische oder weltanschauliche Voraussetzungen gebunden zu sein. Das heutzutage im Zentrum der westlichen Erzählungen stehende Merkmal einer mystisch-ekstatischen Lichterfahrung ist jedoch offenkundig kein universales Merkmal. Es scheint „nur in den Hochreligionen wie dem Christentum und dem Buddhismus vorzukommen, in denen auch die Lebensbewertung nach einer höheren Ethik erfolgt“.[24]
Kritisch diskutiert Schröter-Kunhardt unterschiedliche wissenschaftliche reduktionistische Thesen zur Deutung von Nahtod-Erfahrungen. „NDEs sind kein Ausdruck einer *psychischen Störung* des NDErs. Seelisch Kranke machen solche Erfahrungen nicht häufiger oder seltener als Gesunde. NDEr/OBEr sind eher noch seelisch gesünder als die Mitglieder verschiedener Kontrollgruppen.“[25]
Auch die These, dass Nahtod-Erfahrungen eine *Folge von Vorherwissen* seien, erweist sich als leicht falsifizierbar. Einer Deutung von Nahtoderfahrungen als *Wiederholung von Geburtserinnungen* (vgl. oben Stanislav Grof) widerspricht die Tatsache, dass Personen mit nachweislich komplizierten Geburten keineswegs von negativen Nahtoderfahrungen berichten. Der These von Noyes und Kletti (siehe oben), die als Klinische Psychologen Nahtoderfahrungen als *Spielart einer Depersonalisierungserfahrung* deuten, widersprechen die gegenteiligen Berichte der Betroffenen. „So ist beim NDE das *Ich-Gefühl gesteigert und alle Wahrnehmungen wirken sehr real*, so dass es sich um keine Depersonalisation oder Derealisation handelt. Erstere kommt im Gegensatz zum NDE auch bei *Kindern und alten Menschen* nicht vor.“[26] Ebenso widerspricht die Datenlage einem Deutungsansatz im Rahmen von Regressionstheorien. „Das NDE psychoanalytisch als Regression in den Zustand vor der Ego-Differenzierung zu erklären, ist ebenfalls falsch, da es von einem relativ *intakten Ich bei Rationalität und erhaltener oder gar gesteigerter ethischer Reife* erlebt wird.“[27]
Gegen die Thesen einer *zu hohen oder zu niedrigen Sauerstoffkonzentration* im Gehirn (Hypoxie, Hypokapnie) sprechen zum einen Messdaten bei Nahtoderfahrungen (auch wenn NDE-ähnliche Erfahrungsaspekte unter diesen Bedingungen künstlich auslösbar sind), zum anderen unterschiedliche Symptome zwischen Hypoxie und NDE. „Hypoxie und Hyperkapnie spie-

[24] A.a.O., 133.
[25] A.a.O., 134, Herv. SB.
[26] A.a.O., 137.
[27] Ebd.

len zwar bei realer Todesnähe, nicht aber bei bloßer Todeserwartung eine Rolle. Auch gibt es Menschen, die i.R. ihres klinischen Todes einen normalen oder gar keinen erhöhten O2-Gehalt und eine Hypokapnie aufwiesen und dabei dennoch ein NDE erlebten. Außerdem bewirkt eine künstliche Hypoxie deutliche Störungen der geistigen Leistungen, während NDEs Höchstleistungen des Gehirns sind."[28]

Gegenüber Deutungsansätzen, die NDEs als eine *Variante von Halluzinationen* betrachten, bleibt unterscheidend festzuhalten, dass Halluzinationen stets individuelle Inhalte haben, während NDEs eine überindividuelle Grundstruktur aufweisen. Verglichen mit den abstrakten Grundmustern bestimmter (Klüverscher) Halluzinationsformen sind NDE-Bilder gegenständlich. In bezug auf Deutungsansätze, die NDEs von *drogeninduzierten* Halluzinationen her verstehen, bleibt differenzierend festzuhalten: „Andere typische Halluzinogen-Effekte wie formale Denkstörungen, Dysmorphopsien, Beeinflussungserlebnisse, das Auftreten von sexuellen Inhalten, Geräuschen und Gerüchen sowie die Instabilität und Individualität der Bilder fehlen jedoch beim NDE."[29]

Die Popularisierung mangelhaft geprüfter Thesen von Medizinern und Psychologen führt dazu, dass seelisch gesunde Menschen aus Angst vor Diskriminierung ihre Erfahrungen vor Ärzten und Angehörigen verschweigen. Im Rahmen der Sterbebegleitung wird „die für den Sterbenden oft wichtigste Frage nur selten angesprochen: Gibt es ein Leben nach dem Tod?"[30] Die Verdrängung dieser zentralen Frage kann den Sterbeprozess erheblich belasten.

Beim Vergleich von Nahtoderfahrungen mit krankhaften bzw. veränderten Bewusstseinszuständen wird aus einer differenzierten psychologischen Perspektive ersichtlich, dass Nahtoderfahrungen mit einem außergewöhnlich *klaren, gesteigerten Wachbewusstsein* verbunden sind. Sie können geradezu als eine Höchstleistung des Gehirns eingestuft werden. Bewusstseinszustände im Nahtodbereich ermöglichen Menschen eine klare ethische Urteilsfähigkeit über ihr Leben. Diese wird anschließend erinnert, und sie führt häufig zu einem langfristigen Wertewandel und einer neuen Lebensorientierung.

Im Vergleich zu pathologischen, halluzinatorischen oder traumähnlichen Bewusstseinszuständen lassen sich Nahtoderfahrungen am obersten Ende eines *Kontinuums von* überaus klaren und ethisch reifen hin zu zunehmend getrübten und realitätsverzerrenden *Bewusstseinszuständen* einordnen. „Das klassische NDE scheint somit am Ende eines Kontinuums zu liegen, an dessen Anfang Phänomene wie Derealisations- und Depersonalisations-

[28] A.a.O., 138.
[29] Ebd.
[30] A.a.O., 132.

erscheinungen, Halluzinationen und Träume stehen und das über eine zunehmende Luzidität, oneiroide Wachträume (im Koma) und geträumte OBEs bis zu universellen archetypischen Bildern, ASW und verifizierbarer Außerkörperlichkeit reicht."[31]

6.3 Nahtoderfahrungen zwischen anthropologischer Konstanz und kultureller Varianz

Wie weit der Deutungsprozess durch die Betroffenen und die Forscher die Nahtoderfahrung selbst überlagert, wird je nach Forscherposition unterschiedlich beantwortet. Die Betroffenen insistieren darauf, dass sie klare Einsichten über ihr Leben gewonnen haben, die tragfähig genug sind, um auf dieser Grundlage das verbleibende Leben neu zu gestalten.

Aus sozialpsychologischer sowie aus einer philosophisch konstruktivistischen Sicht heraus erweist sich das Dilemma der Frage nach den „rein empirischen" Fakten eines Nahtoderlebnisses als eine Sackgasse. Die Fragestellung wird dem Menschen in einer grundmenschlichen Eigenschaft nicht gerecht. Er selbst ist der wichtigste Konstrukteur von Wirklichkeit. Jenseits eines künstlich erzeugten *positivistischen Dilemmas*, das zwischen einem objektiv realen Kern und einer subjektiven Deutung säuberlich unterscheiden will wie zwischen zwei Ziegeln, gilt für den Menschen als Konstrukteur von Wirklichkeit: Genau das, was er als real definiert, ist für ihn real und wird durch Interaktionen zudem auch für Andere real. Diesen Grundsatz formulierten der amerikanische Soziologe *William Isaac Thomas* (1863-1947) und die Soziologin *Dorothy Swaine Thomas* (1899-1977) im sogenannten Thomas-Theorem: "If men define situations as real, they are real in their consequences." "Wenn die Menschen Situationen als wirklich definieren, so sind auch ihre Folgen wirklich".[32] Insofern lässt sich die als verändert erlebte Wirklichkeit während der Nahtoderfahrung und die wirklichkeitsverändernde Langzeitwirkung der Nahtoderfahrung als hochgradig real und hochgradig realitätsverändernd einstufen.

In einem Nahtoderlebnis begegnet der Mensch in jedem Falle sich selbst. Dabei kann zunächst offen bleiben, ob dies durch eine hirnphysiologisch bedingte Spiegelung geschieht, durch die Begegnung mit einer höheren, bislang unbewussten Selbstinstanz oder in einer transzendenten Beziehung. Der Betreffende erlebt diese Selbstbegegnung als eine grundlegende

---

[31] A.a.O., 138.

[32] Ein klassisches Beispiel: Wenn viele Menschen in einem Ort dem falschen Gerücht folgen, dass ihre Bank insolvent sei, und daraufhin alle zur Bank gehen, um ihr Geld abzuheben, dann wird diese Bank bankrott gehen, obwohl es sich anfangs nur um ein Gerücht handelte.

Lebensrevision und Neukonstitution seiner Person. Die Konfrontation mit dem eigenen Leben und einer bislang schwer erklärbaren Wirklichkeitsdimension veranlasst ihn dazu, seine bisherigen Konstruktionsprinzipien von Wirklichkeit zu verändern. Seine neuen Konstruktionsprinzipien werden fortan für ihn handlungsleitend.

Vergleicht man die Nahtoderzählungen aus dem Mittelalter mit denen des 20. Jahrhunderts, so treten einerseits wichtige kulturelle Verschiebungen hervor, andererseits Konstanten. Kulturell variieren offenkundig Symbole wie Fegefeuer, Hölle und Gerichtsformen sowie die Beschreibungen der Bewohner des „Jenseits".

Die Visionäre des 20. Jahrhunderts bereisen das Jenseits zudem in einer wesentlich optimistischeren Grundstimmung. Hindernisse wie glitschige Brücken, stinkende Flüsse, Feuerwände und Dämonen sind verschwunden. Ihren Berichten zufolge scheint das Jenseits unterschiedslos jedem offen zu stehen, und dies scheinbar bis in seine höchsten Regionen. Verglichen mit den Reiseproblemen des mittelalterlichen Visionärs, reist jeder Gegenwarts-Tourist in das Jenseits als sei er mit dem Visum eines Heiligen ausgestattet: Der Himmel steht ihm schrankenlos offen. Die Reisehindernisse und Lasten des Sünders kennt er nicht mehr.

Zudem erscheint das zeitgenössische Paradies bis hinein in das Gericht auffällig pädagogisiert und therapeutisiert, als sei es von Carl Rogers und gleich gesonnenen Kollegen des 20. Jahrhunderts eingerichtet worden. Der *lerntheoretische und therapeutische Zeitgeist* des 20. Jahrhunderts weht bis in die obersten Himmel. Er ersetzt die mittelalterliche Furcht vor ewiger Verdammnis in der Hölle und vor den Qualen im Fegefeuer. Zugleich wirkt er ebenso zeitgebunden und vom Zeitgeist konstruiert.

Ferner spiegelt der Himmel des 20. Jahrhunderts ebenso wie der mittelalterliche Himmel auffällig die jeweiligen Gesellschaftsstrukturen wieder. Der zeitgenössische Seelenführer ist kein heilig gesprochener Mönch, Engel oder persönlicher Schutzheiliger mehr. Dieser religiösen Autoritäten scheint der Reisende in einer demokratischen Gesellschaft nicht mehr zu bedürfen. Ein vertrauter Familienangehöriger oder Freund reicht als Begleiter aus, um in den Himmel zu gelangen.

Das Jenseits ist auch nicht mehr von prominenten Figuren, mythologischen Wesen wie Seraphen oder okkulten Gestalten bevölkert. Der zeitgenössische Himmel bietet dem Zeitgenossen wenige Überraschungen. Er ist ein Familienparadies. Er wird von persönlich nahe stehenden Menschen bewohnt, von verstorbenen Verwandten oder Freunden. Etwas befremdlich bleibt nur ihre Bekleidung. Die himmlische Garderobe scheint seit dem Mittelalter weiß geblieben zu sein.

Zu den abendländischen Konstanten bei Nahtoderfahrungen zählt die *Lichterfahrung*. Sie wird sowohl in den mittelalterlichen Visionen als auch in gegenwärtigen Erzählungen und ebenso in tibetisch-buddhistischen Beschreibungen des Sterbeprozesses überliefert. „Die Berichte über Lichtvisionen offenbaren, was William James die 'ewige Einstimmigkeit' des mystischen Diskurses nennt."[33] Sowohl in den mittelalterlichen als auch in den gegenwärtigen Erzählungen wird das Licht mit den gleichen Eigenschaften charakterisiert: mit Glanz, Klarheit, Wärme. Damit werden kognitive und emotionale Wesenszüge des Lichtes benannt. Das Lichtphänomen verbindet überragendes Wissen mit einer alles Menschliche übersteigenden Liebe.

Die zeitgenössischen Nahtoderzählungen berichten von einer *unio mystica* mit dem geschauten Licht. Die Visionäre verschmelzen mit ihm. Die berichteten Formen der wechselseitigen Durchdringung variieren von gedanklich geführten Gesprächen bis zu einem Überflutetwerden mit Wissen und Liebe. Die *Erleuchtung* bei der mystischen Vereinigung wird als ein Eintauchen in ein universales Wissen beschrieben. Über den mystisch-intuitiven Weg begreifen die Reisenden schlagartig den Sinn des Universums, den Sinn des Lebens, und sie erfassen den Sinn von Leid und Krieg. Mitunter blicken sie in die Zukunft der Menschheit oder ihres eigenen Lebens. Beliebte zeitgenössische Metaphern für diese Wissens-Verschmelzung ohne eigene Anstrengung logischer Deduktion sind Bibliotheken oder Weiterbildungsinstitute, die bereist werden. Als problematisch erleben die Instant-Mystiker den Verlust vieler Wissensdetails bei der Rückkehr ins Diesseits. Ein Nah-Tod-Reisender grübelte mehrere Jahre über die Antwort auf den Sinn des Lebens, die er bei der mystischen Vereinigung erhalten hatte. Seine Rekonstruktion lautete: „In deinem eigenen Bild".[34]

Im Vergleich zwischen mittelalterlichen und gegenwärtigen Erzählungen wird ein grundlegender *Dissens bei der Interpretation* der Lichterfahrung deutlich. Für den mittelalterlichen Jenseitsreisenden handelte es sich klar um eine Gottes- bzw. Christusbegegnung. Diese Klarheit hat sich auf der gegenwärtigen Deutungsebene aufgelöst. Christliche Zeitgenossen begegnen weiterhin Gott, Christus, einem Engel oder einer heiligen Person wie Maria. So beschrieb George Ritchie diese Begegnung als Christusbegegnung. Seit Raymond Moody hingegen ist in der Nahtodforschung hierfür die übergeordnete Bezeichnung „Lichtwesen" eingeführt worden. Sie scheint wissenschaftliche Neutralität intendieren zu wollen. Es bleibt jedoch fraglich, inwieweit ein Jenseitsreisender, der angibt, Jesus Christus begegnet zu sein, in dieser Oberkategorie seine spezifisch personale Begegnung wiedergegeben findet. Der *Name* einer Person bleibt bereits bei der Begegnung mit Verwandten im Diesseits oder Jenseits nicht lediglich ein reines

[33] Zaleski, a.a.O. (Anm. 4), 192.
[34] Zitiert in: Zaleski, a.a.O., 204.

Benennungsproblem, sondern er verweist auf eine unaustauschbare Beziehung. Personale Beziehungen sind nicht mehr verallgemeinerbar. Sie verlangen um der personalen Einzigartigkeit willen nach Unterscheidungen. Der Name gilt in den Hochreligionen und selbst noch in der Magie als das Heiligste und als Zugangscode zu einem spezifischen Wesen und zu dessen spezifischer Machtsphäre.[35]
Zudem wirkt die Bezeichnung „Lichtwesen" auf dem Hintergrund der christlichen Mythologie ambivalent, da diese von Lichtwesen („Luzifer" als „Lichtbringer") spricht, mit denen ein Christ gerade nicht verschmelzen möchte. „Es ist dem bösen Engel eigen, der Gestalt unter einem Lichtengel annimmt, bei der frommen Seele einzutreten und bei sich selbst hinauszugehen; nämlich gute und heilige Gedanken zu bringen, wie es dieser gerechten Seele entspricht; und danach bemüht er sich allmählich, bei sich hinauszugehen, indem er die Seele zu seinen verborgenen Täuschungen und verkommenen Absichten zieht." [36] Fortgeschrittene christliche Mystiker entwickelten deshalb Regeln, um Jesus Christus von Lichtwesen in der Gestalt Jesu Christi unterscheiden zu können. Diskurse über „Lichtwesen" bei Nahtoderfahrungen stoßen hier an Codierungs-Grenzen, die nur scheinbar durch wissenschaftlich neutrale Kategorien überbrückt werden.

Der ins Jenseits schauende Zeitgenosse muss weder *Fegefeuer, Hölle oder das Gericht* fürchten. Jeder Mensch kann zur Begegnung mit dem „Lichtwesen" gelangen. „In der heutigen Nah-Todesliteratur, die das Universum durchgehend als den Menschen wohlgesonnen beschreibt, ist die Befragung nicht mehr ein gefährliches Gottesurteil, sondern eine positive Verstärkung. *Das Lichtwesen kommuniziert, aber es exkommuniziert nicht.*"[37]
Die vom mittelalterlichen Jenseitsreisenden als quasi objektiv, von ihm getrennt erlebte Landschaft voll von Flammen, Dämonen, üblem Getier und voller Hindernisse wird von Zeitgenossen als eine zunehmend *bewusste Selbstbegegnung* mit dem eigenen seelischen und gedanklichen Inventar erlebt. Sie irren nicht mehr ahnungslos durch eine Jenseitslandschaft, die faktisch ihre nach außen gestülpte Persönlichkeit in deren kulturellem Zusammenhang spiegelt. Die zeitgenössische Konfrontation mit dem gelebten Sein wird *bewusst* eingeleitet und bewusst als solche betrachtet und ausgewertet. Zwar gab es auch beim mittelalterlichen Aufstieg in den Himmel den Topos der *Befragung* durch Wächter-Gestalten. Doch sie zielten nicht auf eine umfassende Lebensrückschau, sondern auf die Erfüllung

---

[35] Vgl. *Alex Stock*, Poetische Dogmatik. Christologie, Bd. 1: Namen, Paderborn 1995, 52ff.63ff.
[36] *Ignatius von Loyola*, Geistliche Übungen, hg. v. Peter Knauer, Würzburg ^{4}2006, vierte Regel zur größeren Unterscheidung der Geister, EB 332. Vgl. *Johannes Paul II.*, Die Engel. Sechs Papst-Katechesen, Stein am Rhein 1988.
[37] Zaleski, a.a.O. (Anm. 4), 196, Hervorhebung SB.

spezifischer Einlass-Bedingungen: auf Treue zum Dogma, rituelle Reinheit, ethische Vollkommenheit oder auf die esoterische Entwicklungsstufe.
Das zeitgenössische Lichtwesen stellt dem Toten-auf-Zeit eine Frage, die ihn zu einer umfassenden Lebensbetrachtung und -Auswertung veranlasst. Diese umfassende Revision ist nicht erst durch Moody, sondern bereits in biographischen und medizinischen Berichten aus dem 19. Jahrhundert bezeugt. Im Unterschied zum „*Buch* des Lebens“ (oder der Waage), das im Christentum der nicht-technischen Medienzeit das zentrale Speichermedium und -Symbol war, sind die zeitgenössischen Gerichtsszenen von der Symbolik gegenwärtiger und futuristischer *technischer Medien* geprägt. Nicht mehr ein Buch wird als Verhandlungsgrundlage und zur Rechenschaftslegung aufgeschlagen, sondern es laufen Filme mit Rückblenden ab, Diashows, oder es werden Hologramme auf eine äußere Bühne projiziert. Ein Gerichtsengel kann heute durch einen Computer ersetzt werden. Zugleich gilt jedoch, dass es sich nicht um rein optische und akustische Wahrnehmungen wie bei technischen Medien handelt. Die Projektionen und Bilder sind mit den gleichen Gefühlen und Sinneswahrnehmungen verbunden wie in der dargestellten Ursprungsszene.
Während des modernen Gerichtsprozesses ängstigt sich der Jenseitsreisende nicht mehr, sondern er verharrt wie ein hoch entwickelter Mystiker oder Zen-Buddhist in der *neutralen Position reiner Achtsamkeit*. Er wird zu einem beobachtenden Selbst, das die Taten, Gedanken und Worte des irdisch-phänomenalen Ich neutral wie eine dritte Person von außen wahrnimmt.
Das Ziel des Gerichtsprozesses ist, im Unterschied zu mittelalterlichen Befürchtungen, weder die Verhandlung über eine mögliche Verbannung aus dem Himmel noch die Festlegung von Fristen im Fegefeuer. Aus der mittelalterlichen Metaphorik eines Strafprozesses ist ein *Lernprozess* geworden. Nicht Sünden werden beurteilt oder gar gestraft, sondern Entwicklungsrückstände werden betrachtet. „Damit projizieren die modernen Nah-Todesberichte ein Wunschbild psychoanalytischer oder „klientenzentrierter“ Therapie in die jenseitige Welt.“[38] Das „Lichtwesen“ will niemanden aus dem Himmel ausschließen oder bestrafen, sondern – wie ein Sozialtherapeut – Entwicklungsrückstände wahrnehmbar machen und neue Lernschritte einleiten. Entsprechend zieht ein moderner Jenseits-Reisender das Fazit: „Lernen ist ein Prozess, glaube ich, der bis in alle Ewigkeit weitergeht.“[39]

---

[38] Zaleski, a.a.O., 200.
[39] Zitiert in: Zaleski, a.a.O., 201. Die Gerichtserfahrung bleibt also – in dieser gewandelten Form – nach wie vor anthropologisch bedeutsam. Sie sollte daher, durch eine zeitgenössisch verständliche Symbolik vermittelt, wieder einen Ort in der christlichen Eschatologie erhalten.

Mauern, Zäune, Türen oder Weggabelungen tauchen zwar auch in den Visionen der modernen Sterbevisionäre auf. Doch diese Bilder markieren nicht mehr die *Grenzscheide* zwischen dem Weg der Verdammten und dem der Erlösten. In gegenwärtigen Berichten markieren die Hindernisse die Grenzscheide zwischen dem Bleiben im Jenseits und der Rückkehr ins Diesseits, in den physischen Körper. Sie markieren den mystischen point of return.

Konstant geblieben ist das *Motiv der Bekehrung* der Jenseits-Reisenden. Gewandelt haben sich dabei die sozialen Ausdrucksformen. Während Drythelm ins Kloster eintrat und auch Ritter Owen am liebsten Mönch geworden wäre, bleiben die modernen Rückkehrer mitten im Leben verankert. Auch sie haben einen tiefgreifenden Wertewandel durch ihre visionären Einsichten, emotionalen Eindrücke und die Selbstkonfrontation durchlebt. Sie konstruieren ihr Leben nach neuen Leitprinzipien, indem sie fortan menschlichen Beziehungen gegenüber materiellen Werten den höchsten Stellenwert einräumen, Verantwortung übernehmen und einen Weg tätiger Liebe gehen. Viele Rückkehrer engagieren sich in Hilfsorganisationen. Manche wenden sich religiösen Institutionen zu. Andere distanzieren sich fortan von einer als tot oder verwässert empfundenen kirchlichen Religiosität.[40] Wie bei mittelalterlichen Berichten wird die Rückkehr in den Alltag zunächst als kultureller Schock empfunden und kann zu einer krisenhaften Phase führen.

Als *kulturell konstante Kernerfahrung* kann im Vergleich zwischen mittelalterlichen und modernen Nahtoderzählungen die unio mystica festgehalten werden. Diese wird wie in der christlichen Mystik und in mittelalterlichen Nahtoderzählungen metaphorisch als Lichterfahrung beschrieben. Sie wird inhaltlich, wie in mittelalterlichen Erzählungen, als eine Erleuchtungserfahrung charakterisiert, als ein intuitives Eintauchen in ein universales Wissen und als ein Eintauchen in Liebe.

Zu den kulturellen Variablen der Nahtodberichte zählen die mentalitätsgebundene Metaphorik (religiös dominiert vs. wissenschaftlich-technisch dominiert) und die Projektion sozialer Muster. Der mittelalterliche Himmel ist hierarchisch konstruiert, und der Reisende bedarf eines in der Hierarchie höher stehenden Führers. Der moderne Himmel scheint kompakt zu sein und steht allen Reisenden offen. Die Heiligen und höher stehenden Führer sind demokratisiert und durch Verwandte und Freunde ersetzt worden.

---

[40] „Also ging ich in eine Kirche und hörte eine Predigt über das Rauchen und Trinken, und ich fand es schrecklich deprimierend. Ich ging noch öfters hin, doch die Predigten drehten sich niemals um irgend etwas von Belang. Ich weiß, dass Gott etwas mit Freude zu tun hat, und ich wartete darauf, dass die Prediger von Liebe und Freude und Feierlichkeit sprechen würden und der Versammlung sagten: 'Ihr seid die Liebe.' Denn das sind wir, ich bin todsicher“ (zitiert in Zaleski, a.a.O., 224f).

Eine neue Phase in der Nahtodforschung könnte der *interreligiöse Dialog* einleiten. Im Vergleich unterschiedlicher Stufenbeschreibungen des Sterbeprozesses und der damit zusammenhängenden Visionen treten kulturelle Ausschmückungen, wissenschaftliche Interpretationsmuster und Kernerfahrungen noch schärfer hervor. In Anfängen geschieht dies im interreligiösen Dialog mit dem tibetischen Buddhismus. Seine Überlieferungen wie das hierfür zentrale „Bardo Thodol" (Tibetisches Totenbuch, wörtlich: „Befreiung der Toten durch Hören im Zwischenzustand") und Beobachtungen aus der meditativen Praxis führen zu einer Beschreibung differenzierter Stadien der Loslösung des Bewusstseins vom physischen Körper.
Die tibetischen Lehren über den Sterbeprozess beruhen nicht vorrangig auf fortgeschriebenen Dogmen, sondern ebenso auf Beobachtungen einer experimentellen Mystik. In tiefen Zuständen der Meditation durchläuft der Meditierende anfänglich die gleichen Prozesse wie im Sterben. Er erlebt eine schrittweise Ablösung des subtilen Körpers vom physischen Körper, „wobei sich am Schluss die Trägerenergien und Bewusstseinskräfte der subtilen Geistebenen dergestalt auflösen, dass sie an einem Punkt (im Herzen) konzentriert werden, was die Schauung des Klaren Lichtes auslöst. Der Tod bedeutet also die Trennung des Bewusstseins vom grobstofflichen Körper".[41]
Ein Dialog westlicher Wissenschaftler mit dem 14. Dalai Lama warf interessanter Weise mehr Fragen auf als dass er Übereinstimmungen hervortreten ließ.[42] Aus buddhistischer Sicht erscheinen die zeitgenössischen westlichen Nahtodzeugnisse als traumähnliche Vorstufen von Menschen, die physisch noch nicht tot waren (aus buddhistischer Sicht kann der Prozess der endgültigen Ablösung des Bewusstseins vom physischen Körper im „Bardo des Sterbens und des Todes" etwa drei Tage dauern), die stark subjektiv eingefärbt sind und daher nur in geringem Maße als objektive Beschreibungen eines „Jenseits" gelten können. Eine stärkere Übereinstimmung zwischen christlich-westlicher Tradition und Buddhismus gibt es in bezug auf die Lichterfahrung sowie in bezug auf die Erleuchtung durch intuitiv empfangenes Wissen, das später nicht mehr erinnert werden kann. Traumartige Erfahrungen basieren, aus der Sicht des Buddhismus, auf Prozessen im Gehirn und können daher beim Aufwachen relativ leicht durch das gehirngebundene Nachdenken rekonstruiert werden. Habe sich hingegen eine Person tatsächlich mit ihrem Bewusstsein von ihrem Körper gelöst, so komme es zu einem Bruch bei der Rückkehr und dem versuchten

---

[41] *Michael von Brück*, Ewiges Leben oder Wiedergeburt? Sterben, Tod und Jenseitshoffnung in europäischen und asiatischen Kulturen, Freiburg/Basel/Wien 2007, 215ff: „'Ars moriendi' im Buddhismus", hier: 228.
[42] *Francisco Varela*, Traum, Schlaf und Tod. Grenzbereiche des Bewußtseins, München 1998, 159ff.

Transfer in das vom Gehirn abhängige Bewusstsein. Viele Inhalte lassen sich dann nicht übertragen und „abspeichern".
In den tibetischen Überlieferungen finden sich Entsprechungen zu den mittelalterlichen Schreckens-Visionen der Jenseitsreisenden. Hier werden sie klar als subjektive Spiegelung der Seelenlandschaft des Verstorbenen interpretiert. Die bzw. der Sterbende durchlebt die dualistische Erfahrung der eigenen Bewusstseinspotentiale, die friedvoll und licht sein können, aber ebenso dämonische Gestalt annehmen können und als Projektion des eigenen Zorns aggressiv und bedrohlich erfahren werden können.
Aus tibetisch-buddhistischer Sicht spielt die Erfahrung des „Klaren Lichtes" als letzter Grenze zwischen Leben und physisch irreversiblem Tod eine zentrale Rolle. Der 14. Dalai Lama meint über diese irreversible Grenze von Nahtoderfahrungen auf dem Hintergrund buddhistischer Lehren: „Wenn die Person das Klare Licht erreicht hat, aber noch nicht darüber hinaus ist, dann ist es vorstellbar, daß man die Person mit technologischen Mitteln zurückholen könnte. Wenn die Person aber über das Klare Licht hinaus in den Bardo gegangen ist, wäre das sehr schwierig."[43] Das „Klare Licht" versteht er dabei anthropologisch als jenen „Geistgrund, der anfangs- und endlos kontinuierlich in jedem Individuum von Leben zu Leben, ja bis in die Buddhaschaft hinein, existiert."[44]
Die Nahtoderfahrung ist ein individuelles Einweihungserlebnis. Der Einzelne ist in der Vereinzelung des Sterbens auf sich gestellt, und er bleibt mit der Verarbeitung des Erlebten in der gegenwärtigen Gesellschaft zunächst allein. Die christliche Tradition kennt auf dem mystischen Weg viele Hilfsmittel. Dies wurde bereits im Kapitel über die Glaubensstufen bei Ambrosius von Mailand deutlich. Zu den Hilfsmitteln auf dem Einweihungsweg zählen Initiationsrituale sowie auf dem spezifisch christlichen Weg das Wandlungsritual der Eucharistiefeier. Rituale nehmen den Menschen in eine Gemeinschaft hinein, und sie verbinden die Kraft des Einzelnen mit der Kraft eines umfassenden mystischen Körpers.
Aus Sicht der Orthodoxen Kirche bleiben gemeinsame Rituale die Einstiegsebene in die christliche Mystik. Kultus ist Mystik für alle. Er veranschaulicht sinnlich, was sich unsichtbar in ihm vollzieht: Man geht in ihm gemeinsam den Weg der Reinigung (κάθαρσις), der Erleuchtung (ἔλλαμψις), der Schau (θεωρία) und der Einung (κένωσις) mit dem Ziel der Vergottung des Menschen (θέωσις). Gottesdienst vergegenwärtigt die Menschwerdung Gottes und die Gottwerdung des Menschen als Entwicklungsziel. Er verschränkt die Dimensionen von Himmel und Erde miteinander.

---

[43] In: a.a.O., 177.
[44] Zitiert nach: von Brück, a.a.O. (Anm. 41), 237.

Christliche Mystiker wussten die Kraft der Rituale zu schätzen. Hierbei spielte eine wichtige Rolle, dass sie nicht an die mystischen Kräfte, die dem Menschen im Ritual zuströmen, glauben mussten. Sie erlebten diese Kräfte bis hinein in ihren Körper. Sie sahen direkt, was Anderen sinnlich über Realsymbole als Zwischenstufe vermittelt werden muss. Das Zelebrieren der Eucharistie löste bei Mystikern wie Ignatius von Loyola und Charles de Foucauld die Vereinigung mit Gott aus. Die spanische Mystikerin Teresa von Avila beklagte wiederholt die körperlichen Erfahrungen und paramystischen Phänomene, die ihr während der Kommunion in der Gemeinschaft mit ihren Mitschwestern, mitunter sogar während der Predigt widerfuhren.[45]

Da diese Wirkungslogik der christlichen Hauptrituale inzwischen im Christentum zunehmend unbekannt geworden und nicht mehr bei ihrem Vollzug berücksichtigt wird, sollen in einem eigenen Hauptteil die zentralen Rituale unter der Perspektive von Einweihungsritualen vorgestellt werden: die Feier der Eucharistie, das Taufritual und das Bestattungsritual.

[45] *Teresa von Avila*, Das Buch meines Lebens. Vollständige Neuübertragung, übersetzt von Ulrich Dobhan/Elisabeth Peeters, GW Bd. 1, Freiburg/Basel/Wien [5]2009, Kapitel 20, S. 289f. Vgl. die Erfahrungen der Benediktinerinnen Elisabeth von Schönau, Gertrud die Große, Mechthild von Hackeborn. Vgl. auch den russischen Religionsphilosophen Wladimir Solowjew, der seine erste Sophienvision während der Liturgie erfuhr.

V. Gemeinsame Rituale als Einweihungswege

1. Liturgie als inszenierte Christus-Präsenz

1.1 Protestantismus ohne symbolisch inszenierte Mitte

Bereits *Johann Wolfgang von Goethe*, der nicht unbedingt als Kirchgänger zu bezeichnen ist, kritisierte die mangelnde protestantische Fähigkeit, über inszenierte Symbole gruppenbildend wirken zu können. „Der protestantische Gottesdienst hat zu wenig Fülle und Konsequenz, als dass er die Gemeinde zusammenhalten könnte... Fehlt es dem protestantischen Kultus im ganzen an Fülle, so untersuche man das einzelne, und man wird finden, der Protestant hat zu wenig Sakramente... Die Sakramente sind das Höchste der Religion“.[1]

Eine einseitig gewordene protestantische Rationalität und Innerlichkeit, die sich nicht mehr an übersubjektiven, gemeinsamen Bildern nährt und korrigiert, forciert den Substanzverlust sowie die Atomisierung der eigenen Institution. Mit dem Mystiker Heinrich Seuse gesprochen: „Wem Innerlichkeit auch äußerlich erscheint, dessen Innerlichkeit wird immer innerlicher, als wem Innerlichkeit nur innerlich erscheint.“ Bei Seuse begegnet gerade keine pure Innerlichkeit in der Mystik. Wer Religiosität einseitig auf subjektive Meinungen, individuelle Spekulation und Empfindungen stellt, verliert schließlich den Inhalt selbst.

Aus der Sicht des Lutheraners *Georg Wilhelm Friedrich Hegel* hat der Protestantismus durch sein einseitiges Betonen von Subjektivität und Innerlichkeit den Kultus zerstört und sich eines wichtigen Erkenntnisweges beraubt. Erst die Handlungsebene wird Menschen zu wirklicher Erkenntnis führen. „Die Religion auf die bloß subjektive Richtung zu stellen – mein Herz (ist) alles – hat den Kultus vernichtet, und ebenso wie das Herausgehen aus seinem subjektiven Bewußtsein zu Handlungen, auch das Herausgehen des Bewußtseins zu einem objektiven Wissen; eins ist aufs innigste mit dem anderen verbunden.“[2]

Der idealistische Philosoph *Friedrich Wilhelm Schelling* sah die Zukunft des Christentums in der Überwindung zu einseitig gewordener Frömmigkeitsstile im Protestantismus und im Katholizismus. Erst durch die Fülle beider Traditionen könne das Christentum aus einer Nischenkultur heraustreten und zu einer „Religion des Menschengeschlechts“ werden. In seiner „Philosophie der Offenbarung“ erläutert er sein Modell einer evangelisch-katholischen Synthese. Dem damaligen Katholizismus schreibt er, stereotyp,

---

[1] *Johann Wolfgang von Goethe*, Dichtung und Wahrheit, Hamburger Ausgabe, Bd. 9, [10]1981, 7. Buch, 289.

[2] *Georg Wilhelm Friedrich Hegel*, Vorlesungen über die Philosophie der Religion, Bd. 3, hg. v. Walter Jaeschke, Hamburg 1983. Vgl. *Günther Dellbrügger*, Gemeinschaft Gottes mit den Menschen. Hegels Theorie des Kultus, Würzburg 1998.

eine überwiegend blinde Treue zur Sache zu. „Dem Katholicismus muß zugestanden werden, er hatte die *Sache* und hat sie noch jetzt; sein Verdienst ist, diese, den geschichtlichen Zusammenhang mit Christo, bewahrt zu haben. Von der andern Seite muß man sagen: Die römische Kirche hatte die Sache, aber nicht das Verständniß derselben. Die Einheit, die sie hatte, … war nur eine äußere, blinde, nicht eine innere, verstandene und begriffene“, die daher letztlich durch eine äußere Autorität wie die päpstliche sichergestellt werden musste.[3]

Der Protestantismus sei hierzu in den Gegensatz getreten. Vor ihm liege jedoch die Aufgabe einer neuen Synthese. Luthers Reformation zielte darauf, „den Uebergang zu vermitteln von der blinden, bloß realen Einheit zu der verstandenen, begriffenen und eben darum freien Einheit“[4]. Die zukunftsfähige Synthese sieht Schelling in einer Spiritualität, in der der *sinnlich repräsentierte Inhalt* und dessen *freies individuelles Verständnis* zusammengefunden haben. Erst dann beginne eine „Zeit, wo das Christenthum Gegenstand *allgemeiner* Erkenntniß geworden, wo es nicht mehr das enge verschrobene, verkümmerte, verdürftigte der bisherigen dogmatischen Schulen, noch weniger das in armselige, das Licht scheuende Formeln nothdürftig eingeschlossene, ebenso wenig das zu einem Privatchristenthum zugeschnitzelte seyn wird, sondern erst wahrhaft *öffentliche* Religion – nicht als *Staats*religion, nicht als Hochkirche, sondern als Religion des Menschengeschlechts, das in ihm zugleich die höchste Wissenschaft besitzt.“[5]

1.2 Zentrierende Symbole

In der pluralen protestantischen Kultur gibt es bereits zahlreiche Ansätze zu Synthesen aus freier Subjektivität und einem kultischen und spirituellen Weg. Einer dieser Ansätze stammt von *Dietrich Bonhoeffer*. In der Einheit von konzeptioneller und existentieller Ebene könnte man Bonhoeffers Synthese als evangelische Variante monastischer Theologie bezeichnen. Ihr Sitz im Leben ist Bonhoeffers eigener spiritueller Weg und eine von ihm gegründete und geleitete Theologenkommunität. In seinem Buch „Nachfolge“, das aus diesem existentiellen Hintergrund heraus entstanden ist, entfaltet Bonhoeffer im Kapitel „Das Bild Christi“ sein Symbolverständnis. Es kann die gegenwärtige Debatte um die Dimension

[3] *Friedrich Wilhelm Joseph von Schelling*, Die Philosophie der Offenbarung, Stuttgart/Augsburg 1858 (Sämmtliche Werke II/4), 322.
[4] Ebd.
[5] A.a.O., 328.

einer *christologischen Ästhetik* erweitern. Diese ist unlösbar mit einer *anthropologischen Ästhetik der Verwandlung* verbunden.
Jesus Christus und die Menschheit stehen nach Bonhoeffer in einem Urbild-Abbild-Verhältnis zueinander. Im Unterschied zu einer abstrakten platonischen Ideen-Spekulation ist Christus als Urbild eine reale *Person*, die die *Zielgestalt der menschlichen Entwicklung* real verkörpert. Daher wird die „Teilhabe“ an diesem Urbild nicht durch intellektuelle Spekulation vermittelt, sondern in einer personalen Beziehung. „Das Bild Jesu Christi, das der Nachfolgende immer vor Augen hat, vor dem ihm alle anderen Bilder entschwinden, dringt in ihn ein, erfüllt ihn, gestaltet ihn um, dass der Jünger dem Meister ähnlich, ja gleich wird. Das Bild Jesu Christi prägt in der täglichen Gemeinschaft das Bild des Jüngers. Der Nachfolgende kann das Bild des Sohnes Gottes nicht anschauen in toter, müßiger Betrachtung; von diesem Bilde geht umschaffende Kraft aus.“[6]
Bonhoeffer kritisiert daher selbst „erdachte“ Gestalten und Symbole. Sie sind an der vorfindlichen menschlichen Gestalt Jesu Christi zu messen. „Das Bild entspringt am Leben, am lebendigen Urbild. Gestalt formt sich an Gestalt. Entweder ist es die erdachte Gottesgestalt, an der die menschliche Gestalt sich bildet, oder es ist die wahrhaftige, lebendige Gottesgestalt selbst, die die Menschengestalt zu Gottes Ebenbild prägt.“[7] Symbolische Kommunikation in der Kirche und liturgische „Äußerlichkeiten“ sind nicht allein kreativer Gestaltungs- und ästhetischer Erlebnisraum, sondern sie unterliegen zugleich der Wahrheitsfrage.
Das Urbild Jesus Christus, der eine Person bleibt, begegnet in geschichtlicher Entfaltung. Die Gestalt des *physischen* Menschen, die Gestalt des *toten* Menschen und die Gestalt des *auferstandenen* Menschen bleiben prozesshaft miteinander verbunden. Dieser Gestaltwandel: die Annahme des irdischen Ortes und des physischen Leibes, die Hingabe bis in den Tod und die Verklärung in die Auferstehungsgestalt bleibt in seinen Stufen *die Metamorphose jedes Menschen.* Sie muss daher immer neu symbolisch und rituell inszeniert werden. Nur von diesen wahren Symbolen, die am Urbild teilhaben, geht verwandelnde Kraft aus. Nur in ihnen begegnet das Urbild selbst. „Aus der Todesgestalt des Gekreuzigten, in der wir leben, … wird schon die Klarheit und das Leben des Auferstandenen hervorleuchten, und immer tiefer wird die Umgestaltung zum göttlichen Ebenbild, immer klarer wird das Bild Christi in uns; es ist ein Fortschreiten von Erkenntnis zu Erkenntnis, von Klarheit zu Klarheit, zu immer vollkommenerer Gleichheit mit dem Bildes des Sohnes Gottes.“[8]

---

[6] *Dietrich Bonhoeffer*, Nachfolge, hg. v. Martin Kuske/Ilse Tödt, München 1989 (DBW 4), 297.
[7] A.a.O., 299.
[8] A.a.O., 302.

Christologische Ästhetik zielt daher nicht auf Unterhaltung, künstlerische Erlebnisqualitäten um ihrer selbst willen oder Events, sondern auf einen existentiellen Gestaltwandel im Betrachter. Der Prozess der Betrachtung soll im Betrachter eine Verwandlung auslösen. Ziel ist, dass im Betrachter ein Prozess der Metamorphose einsetzt. Durch die Betrachtung der Symbole soll er seiner eigenen Urgestalt ähnlicher werden. „Es muß eine Umgestaltung, eine ´Metamorphose´ (R. 12,2; 2. Kor. 3,18), ein Wandel der Gestalt vor sich gehen, wenn der gefallene Mensch wieder zum Bilde Gottes werden soll. Die Frage ist, wie die Umwandlung des Menschen in Gottes Bild möglich werden kann.“[9]
Das ästhetische Ziel symbolischer Kommunikation in der Kirche ist die Gleichgestaltung des Menschen mit Jesus Christus: „dass sie Christus gleich werden sollen. Sie sollen sein Bild tragen als die Brüder des erstgeborenen Sohnes Gottes. Das ist die letzte Bestimmung des Jüngers, dass er werden soll ´wie Christus´.“[10]
Symbolische Kommunikation und liturgische Gestaltung erreichen ihr höchstes Ziel darin, dass der Mensch seine eigene Gottessohnschaft erkennt und sie konkret zu leben beginnt. „Wer sich Jesus Christus ganz ergibt, der wird und muß sein Bild tragen. Er wird zum Sohne Gottes, er steht neben Christus als dem unsichtbaren Bruder in gleicher Gestalt, als das Ebenbild Gottes.“[11]
Am Willen, Jesus Christus symbolisch und rituell gestalthaft abzubilden, entscheidet sich, ob kirchliche Kommunikation *exzentrisch oder konzentrisch* verläuft. *Konzentrische* Kommunikation zentriert den Menschen auf sein Urbild, und sie versammelt Menschen um ihr Urbild. Nur das Urbild selbst wirkt heilend und gemeindebildend.
Exzentrische Kommunikation hat die Zentrierung auf das Urbild weitgehend aus dem Blick verloren. Sie arbeitet ersatzweise auf anderen Ebenen. Sie wirkt zu schwach zur Gemeindebildung. Sie kann dem protestantischen Individualisierungsprinzip kein gestalthaftes Zentrum mehr als sammelnde Mitte entgegenstellen. In exzentrischen Gottesdiensten erlebt der dezentrierte Mensch vorwiegend Zerstreuung, Abwechslung, subjektiven Gestaltungswillen und die Wiederholung alltäglicher Symbole und Gedanken. Die Liturgie führt ihn nicht mehr in den Bereich des Heiligen ein, in dem er seine eigene Mitte findet.
Eine exzentrische Liturgie vermittelt keine Gegenkräfte gegen die symbolische Deformation des Menschen durch mentalen und seelischen Müll aus Werbemantren, kurzlebigen popkulturellen Leitbildern und Ritualen der

[9] A.a.O., 299.
[10] A.a.O., 297.
[11] Ebd.

Civil Religion.[12] Vernachlässigt die Kirche ihren genuinen Auftrag, Menschen auch rituell zu bilden, so überlässt sie die Mystagogie lediglich anderen Mystagogen, die professionell wissen, wie man Menschen durch „Äußerlichkeiten" wie Bilder, Klänge, Gesang und Körpersprache führt.

So wichtig das intellektuelle Anliegen des Protestantismus bleibt, Menschen zu kritischer Reflexion anzuleiten, so zeigt gerade eine kritische Reflexion eine grundlegende Schwäche an der protestantischen Spiritualität auf. Einer konsum- und eventorientierten, die Medienkultur hervorragend nutzenden Mystagogie lässt sich nicht allein durch kritische Reflexion begegnen, auch nicht allein durch die Reflexion von Kinofilmen, Videoclips, Werbespots oder eine reflexive Kulturhermeneutik. Analytisches Denken, Emotionen und Wollen sind verschiedene Systemebenen. Der professionellen gegenwartskulturellen Mystagogie muss zusätzlich zu ihrer reflexiven Durchdringung mit einer *alltagspraktischen* Mystagogie begegnet werden. Angesichts der massiven Kräfte, die medial auf Menschen einwirken, steht auf dem Spiel, ob der Mensch sein wahres Selbst handelnd (und nicht allein reflexiv) ergreifen wird, oder ob eine vorrangig warenzentrierte Mystagogie ihn in seiner Lebenspraxis weiter zerstreuen und entfremden wird.

Gegenüber einer prinzipiellen Hochschätzung von Symbolen bleibt festzuhalten: Nicht die symbolische Kommunikation an sich heilt. Bereits der Tanz um den Goldenen Jungstier (Ex 32) zeigte, dass symbolische Kommunikation extrem fehlleiten kann. Die Kraft von Symbolen und Riten wird bewusst zur Ausbeutung und Fehlleitung von Menschen eingesetzt (politisch-esoterischer Gebrauch im Dritten Reich[13], Events, Werbung), kann in bloße Traumwelten führen oder, mythisch formuliert, negative Geister herbeirufen. Heilend wirkt nur diejenige symbolische Kommunikation, die Menschen auf ihr wahres Selbst zentriert. Im Christentum ist Jesus Christus das Ursymbol des realisierten Selbst jedes Menschen. Auch das liturgische Herumrudern in subjektiven Eigenkreationen wirkt auf Dauer nicht befreiend, sondern einengend. Traditionen müssen stets kritisch reflektiert und zeitgemäß inszeniert werden, doch sie bündeln ein bestimmtes Niveau.

Das Zentrum des Gottesdienstes ist keine Idee, sondern eine Person: Jesus Christus in seiner Auferstehungsgestalt. Daraus folgen zentrale Gestaltungsgesetze für die kultische Symbolik und für den Umgang mit Sprache im Gottesdienst. Das protestantische Wort-Verständnis tendiert zu einer einseitigen Intellektualisierung und einem reinen Ideen-Glauben. Das

---

[12] Siehe oben S. 270, Bensons Drängen darauf, dass die Kirche ihr eigenes therapeutisches Potential entdeckt.

[13] Vgl. zum manipulativen Einsatz von Symbolen im Dritten Reich: *Rüdiger Sünner*, Schwarze Sonne. Entfesselung und Missbrauch der Mythen im Nationalsozialismus und rechter Esoterik, Freiburg 1996.

„Wort" im christlichen Sinn ist jedoch eine Person, keine Idee. „Unser menschliches Denken kennt nur noch die eine Form des Wortes als die Idee. Zur Idee gehört der Gedanke der allgemeinen Zugänglichkeit."[14] „Dem aber steht in völliger Umkehrung gegenüber das Wort nicht als Idee, sondern als Anrede."[15]
Ein mystagogischer Gottesdienst ist die symbolische Vergegenwärtigung Jesu Christi als Wort durch den Menschen als Wort. Der Mensch selbst wird zum mystagogisch-ästhetischen Stilmittel. Er wird transparent für die Gegenwart Jesu Christi, indem er nicht nur auf einer intellektuellen Inhaltsebene, sondern in seiner eigenen Körperhaltung, in seiner mentalen Sammlung und in seiner emotionalen Zentrierung auf diese Gegenwart ausgerichtet ist. In dieser Zentrierung wird ein Mensch Medium. Der körperlich, mental und emotional auf Jesus zentrierte Mensch ist das wirksamste Medium des Christentums.
Das protestantische Ur-Wort ist keine akademische Idee, sondern Jesus Christus. „Christus als Wort Gottes im Sinne der Anrede bedeutet nicht Christus als zeitlose Wahrheit, sondern in den konkreten Augenblick hineinbrechende Wahrheit als die Anrede Gottes an uns."[16] „Weil das Wort der annehmende Christus selbst ist, ist es immer voller Gnaden und Gericht. Es kann nur zum Heil oder Gericht vernommen werden. Vorübergehen an der Predigt heißt: vorübergehen an Christo. Das Wort ist etwas Reales; es gibt ein sacramentum verbi. (sacramentum audibile)"[17]
Im Unterschied zu einer Idee führt das protestantische Wort ein Eigenleben. Bonhoeffer spricht von der „Eigenbewegung" des Wortes. Es existiert aus sich selbst heraus. Es muss lediglich aus der Dimension des Unsichtbaren heraus sinnlich vergegenwärtigt werden. Der unsichtbare Christus vergegenwärtigt sich in einem sichtbaren Menschen und in der durch diesen Menschen auf Christus zentrierten Materie. „Das Wort im Sakrament ist leibgewordenes Wort. Das Sakrament repräsentiert nicht das ´Wort´. Denn repräsentiert kann nur das Nicht-Präsente werden. …Das Sakrament soll in der Gestalt der Natur den Menschen in seiner Natur ergreifen."[18]
Liturgie und Predigt sollen dieser Eigenbewegung lediglich funktional dienen und ihr nicht mit sekundären Zielen im Wege stehen. „Das Wort soll ich begleiten auf dem Weg, den es von selber zur Gemeinde nimmt; es hat eine eigene Tendenz, eine fast magnetische Beziehung, das zeigt sich in dem Verzicht auf eigene Absichten […] Es handelt sich um ein Sich-bezie-

---

[14] *Dietrich Bonhoeffer*, Vorlesung „Christologie" (1933), in: *Ders.*, Berlin 1932-1933, hg. v. Carsten Nicolaisen/Ernst-Albert Scharffenorth, Gütersloh 1997 (DBW 12), 298.
[15] Ebd.
[16] Ebd.
[17] *Ders.*, Vorlesung über Homiletik, Mitschrift Archiv-Nummer NL B 10,5 (93).
[18] *Ders.*, Vorlesung „Christologie", a.a.O. (Anm. 14), 300.

hen auf Gottes Wort, das sich aus freier Kraft und eigenen Stücken bewegt und wirkt.“[19] „Als Wort schreitet es durch die Gemeinde.“[20]

1.3 Liturgische Präsenz als Achtsamkeit für die Gegenwart Christi

Aus der „Eigenbewegung des Wortes“ im Gottesdienst – d.h. aus der unsichtbaren personalen Gegenwart Jesu Christi – folgen eigene kultische Gesetze. Nicht alles, was unter „Predigt“ und 'Liturgie' firmiert, führt tatsächlich in die Gegenwart Jesu Christi hinein. Predigt und Liturgie werden nicht ex opere operato durch eine *dogmatische Setzung*, sondern nur durch eine professionell *angemessene Ausführung* zu Geistträgern und Medien der Gegenwart Christi. „Es gibt hier aus der Sache kommende Gesetze.“[21] Nicht jedes menschliche Wort, nicht jede Geste und nicht jede Körperhaltung eignen sich als Geistträger. Eine exzentrische Ästhetik mag zu Spiel, Spaß, Spannung und seelischen Erlebnissen führen. Sie bleibt jedoch bestenfalls in mystagogischen Vorformen stecken. Ein mystagogischer Kultus führt Menschen körperlich, seelisch und geistig über ihr phänomenales Ego und ihre Bruchstück-Existenz hinaus. Er führt sie in die reine Aufmerksamkeit im Hier und Jetzt und lässt sie erkennen, dass Jesus Christus auf dem Grund der Gegenwart und der Wirklichkeit ist. Mystagogische Rituale erzeugen geistige Klarheit. Sie führen Menschen seelisch zur Ruhe, zu Frieden und Mitgefühl. Sie lassen sie ihre eigene Kraft und ihr eigenes Subjektsein erkennen. Mystagogie hat nichts mit seelischer Ablenkung, mit Ideen, Idealen oder geistigen Fiktionen zu tun.

Bonhoeffer entwickelt in seiner Homiletik-Vorlesung Kriterien, die zwischen der protestantischen Dogmatik des Gottesdienstes und seiner Pragmatik – der sachgerechten Ausführung – vermitteln sollen. Die „Eigenbewegung“, d.h. die Selbstaktualisierung Jesu Christi im gottesdienstlichen Geschehen wird immer dann behindert, wenn Gottesdienste für nebensächliche Ziele funktionalisiert werden. Alles darstellende Handeln im Gottesdienst und alles Sprechen dienen allein der Selbstaktualisierung Jesu Christi.

Bonhoeffer geht davon aus, dass eine Funktionalisierung von Gottesdiensten an der Sprechweise des Liturgen bzw. der Liturgin hörbar wird. „Man weiß fast aus dem ersten Wort, was für einen Pfarrer man vor sich hat, was

---

[19] *Ders.*, Vorlesung über Homiletik, Mitschrift Archiv-Nummer NL B 10,3 (5f).

[20] *Ders.*, Vorlesung über Homiletik, in: Ders., Illegale Theologenausbildung Finkenwalde 1935-1937, hg. v. Otto Dudzus et al., Gütersloh 1996 (DBW 14), 503.

[21] *Ders.*, Vorlesung über Homiletik, Mitschrift Archiv-Nummer NL B 10,5 (111).

für eine Theologie er vertritt! Die Theologie formt die Sprache und Sprechweise."[22] Der Liturg verbindet den Gottesdienst mit exzentrischen Zielen, wenn er selbst nicht mehr an das Hauptziel kultischer Ästhetik glaubt: dass Jesus Christus unsichtbar gegenwärtig ist und in diesem Moment durch einen auf ihn zentrierten Menschen als ganzmenschliches Wort vergegenwärtigt werden will. Der Liturg bzw. die Liturgin beginnt dann, die für ihn bzw. sie leer gewordene Mitte mit Nebensächlichkeiten aufzufüllen. Vertritt der Liturg eine auf moralische Grundsätze reduzierte Theologie, so wird ihm bereits die Eröffnung des Gottesdienstes durch den Gottesnamen Schwierigkeiten bereiten. Er wird sie in eine nette Begrüßungsformel einkleiden oder die beim Sprechen auftretenden Leere durch eine übertriebene Sprechweise ausgleichen. „Moralistisch orientierte Theologie: Pathos [Mitschrift Ernst Klapproth: Idealismus]. Scheitert am ersten Gebot, oft schon am Anfang 'Im Namen des Vaters…'"[23]
Ähnliche sprachliche Auffälligkeiten beschreibt Bonhoeffer an Pfarrern mit einer apologetisch ausgerichteten Theologie. Sie haben den existentiellen Kontakt zu dem, worüber sie denken, verloren. Sie schämen sich dafür, nun mit ihrer Person existentiell für die Person Jesu Christi einstehen zu müssen. Sie entschuldigen sich daher umständlich für das, was sie denken und tun und setzen sekundäre Schwerpunkte wie beispielsweise durch Selbstdramatisierung in der Liturgie oder durch stilistische Glanzleistungen in der Predigt. „Apologetische Theologie, die sich dauernd für ihre Existenz entschuldigen muß: logische und ästhetische Kniffe, blumige Redeweise, rhetorisches Überzeugen- und Überredenwollen; in der Liturgie: Dramatisierung."[24]
Bonhoeffer geht es bei liturgischer Präsenz nicht um subjektive Zeugnisse persönlicher Frömmigkeit. Auch die individuell gelebte Christusbeziehung der Liturgin bzw. des Liturgen soll die Gegenwart Jesu Christi nicht überwuchern und anderen Menschen hinderlich im Wege stehen. Die Teilnehmer und Teilnehmerinnen des Gottesdienstes sollen auf Christus zentriert werden und nicht auf die Herzensfrömmigkeit eines Pfarrers. „Pietistisch-erbauliche Theologie: persönliche, weiche, pektorale Töne. Scheitert am Glaubensbekenntnis [Ernst Klapproth: gefährlich da die Dramatisierung des 2. Artikels], auch an der Schriftlesung."[25]
Liturgische Präsenz setzt die mentale Zentrierung auf Christus voraus. Das heißt, dass sich der Liturg bzw. die Liturgin achtsam auf diese Gegenwart fokussiert und dadurch atmosphärisch durchlässig für sie wird. Das Sprechen und Handeln aus dieser reinen Geistesgegenwart heraus muss nach

[22] *Ders.*, a.a.O. (Anm. 20), 496.
[23] Ebd.
[24] *Ders.*, a.a.O. (Anm. 20), 496, ergänzt mit Mitschrift Archiv-Nummer NLB 10,5 (109).
[25] Ebd.

Bonhoeffer konkret sichtbar und hörbar werden. „Beim gewöhnlichen Sprechen liegt alles daran, dass wir uns mit unserm Wort identifizieren. [EK: damit es glaubwürdig werde]. Beim Sprechen des Wortes Gottes liegt gerade alles daran, dass die Distanz sichtbar wird."[26] „Diese eigene Absicht, das eigene Leben dieses Wortes bei der Predigt muß beim Sprechen hörbar werden."[27] „Sprechen der Liturgie mehr wie das Vorlesen eines fremden Briefes; der Predigt mehr wie das Überbringen einer Kunde."[28]

Die Sprache des Liturgen ist das wichtigste Medium, um zentrierend und nicht zerstreuend auf die Teilnehmerinnen und Teilnehmer des Gottesdienstes zu wirken. „Objektivität des Wortes Gottes gibt's nur in der Subjektivität eines glaubenden Sprechens! Das ist das Problem."[29] „Das heißt: eben objektiv sein; nicht den anderen betreffen wollen, sondern selbst betroffen sein."[30] „Gott ist im realsten Sinne Subjekt des Sprechens, nicht wir."[31] „[Ernst Klapproth: Die] Falsch [e Subjektivität]: Ich bin das Subjekt meines Sprechens. Ich muß dem Wort erst Absicht und Ziel geben, es durchs Sprechen lebendig machen. [...] Aber das Wort Gottes allein hat seine eigene Absicht, dem wir zu dienen haben."[32]

Liturgische Präsenz aus Achtsamkeit für die Gegenwart Christi heraus geht über eine rein schauspielerische Übung hinaus. Ohne Kenntnis der theologischen Grundlagen von Predigt und Liturgie bleiben Sprecherziehung und Schauspielunterricht Oberflächendesign. Es ändert nichts an der eigentlichen Krise des Gottesdienstes – der Orientierungslosigkeit der Pfarrerinnen und Pfarrer selbst – und überspielt diese bestenfalls.[33] Schauspielkunst kann den Liturgen bzw. die Liturgin jedoch sehr gut weiterführen, wenn sie bei der Christuspräsenz und mit dem Erlernen von Achtsamkeit, wie dies beispielsweise beim Improvisationstheater[34] geschieht, einsetzt. „Gefahr des Sprechunterrichts für Theologen, abgesehen von organischen Fehlern; weil meist Nicht-Theologen das Sprechen lehren. Es kann ein Theologe aber nicht bei einem Politiker oder Schauspieler sprechen lernen, weil er nicht so sprechen darf."[35]

---

[26] *Ders.*, a.a.O. (Anm. 20), 496f, ergänzt mit Mitschrift Archiv-Nummer NL B 10,5 (109).
[27] *Ders.*, Vorlesung über Homiletik, Mitschrift Friedrich Trentepohl, Abschnitt 11.
[28] *Ders.*, Vorlesung über Homiletik, Mitschrift Archiv-Nummer NL B 10,5 (111).
[29] *Ders.*, Vorlesung über Homiletik, Mitschrift Archiv-Nummer NL B 10,7 (15).
[30] *Ders.*, Vorlesung über Homiletik, Mitschrift Archiv-Nummer NL B 10,5 (109), Randnotiz.
[31] *Ders.*, a.a.O. (Anm. 20), 497.
[32] A.a.O., 496.
[33] Ein Plädoyer, das wichtige Projekt von Thomas Kabel mit einer Fortbildung in spiritueller Präsenz und ebenso mit Übungen aus dem Improvisations-Theater zu verbinden. *Thomas Kabel*, Handbuch Liturgische Präsenz, Bd. 1: Zur praktischen Inszenierung des Gottesdienstes, Gütersloh 2002; *ders.*, Bd. 2: Zur praktischen Inszenierung der Kasualien, Gütersloh 2006; *Helmut Wöllenstein* (Hg.), Werkbuch Liturgische Präsenz nach Thomas Kabel, Gütersloh 2002.
[34] *Keith Johnston*, Improvisation und Theater, Berlin 1993; *ders.*, Theaterspiele, Berlin 2002.
[35] *Ders.*, Vorlesung über Homiletik, Mitschrift Archiv-Nummer NL B 10,5 (111).

1.4 Der ganze Mensch ist Wort

Die Gegenwart Jesu Christi muss im Gottesdienst auf allen Ebenen sinnlich codiert werden. Der Protestantismus krankt in seiner kulturellen Vermittlung daran, dass er „Wort“ vorrangig mit „Begriff“ oder Information gleichsetzt. Er reflektiert jedoch kaum die körperlich-sinnlichen Ausdrucksformen, geschweige denn schult er sie in einer künstlerisch dem Bühnenformat angemessenen Form.

a) Inneres Sehen: Ein Sprechen des ganzen Menschen durch Worte und körperliche Inszenierung setzt *Imagination* voraus, ein aktiv erarbeitetes inneres Sehen. Im günstigsten Falle, der selten anzunehmen ist, ist der Liturg/die Liturgin Pneumatiker/in und spricht aus einem pneumatischen Sehen heraus. Im durchschnittlich anzunehmenden Fall muss das pneumatische Sehen durch Imagination ersetzt werden. Wer sich die Inhalte der gesprochenen und verkörperten Symbole imaginiert und sie dazu zunächst selber *meditiert*, wird kaum einem toten Ritualismus verfallen. Er wird oberflächliche Trends von zentrierenden Symbolen unterscheiden lernen.

b) Wahre Symbole: Alle Rituale und Symbole, die in der Liturgie eingesetzt werden, haben zentrierende Funktion. Sie führen Menschen zur Selbstwahrnehmung in der klaren Geistesgegenwart Christi. *Zentrierende Rituale versinnlichen eine unsichtbare Wahrheit*. Sie sprechen verborgene Kräfte im Menschen an. Sie nehmen ihn in heilsame Atmosphären hinein. Sie vermitteln ihm göttliche Kräfte. Ritualen und Symbolen eignet eine künstlerisch-ästhetische Dimension, jedoch im kultischen Zusammenhang darüber hinaus auch die Dimension der Wahrheit. Daher sind sie kein Gegenstand des subjektiven Experimentierens. Es macht einen Unterschied aus, ob ein Gottesdienstteilnehmer mit überalltäglichen Lebenskräften verbunden wird oder lediglich mit der Subjektivität des Predigers, der netten Kindergruppe und einem Chor. Für den Menschen ist es seelisch und geistig überlebenswichtig, immer wieder mit seinen eigenen Grundkräften zusammengesprochen und zusammengeschaut zu werden. Er bedarf zu seiner Entwicklung der *Schau seines eigenen Wesens*. Sein Urbild und sein eigener Entwicklungsweg muss ihm – auf allen Ebenen des Wortes – vermittelt werden.

c) Sichtbarkeit: Christus wurde nicht Begriff oder Idee, sondern Mensch. Der *ganze* Mensch ist Wort. Das Wort ist *ganzer* Mensch. Der christliche Gottesdienst stellt den wahren Menschen vor Augen. Ein Wort hat eine Inhaltsebene, emotionale Beziehungsqualität und leibhaften Gestaltcharakter. (Noch wer mit einem Handy telefoniert, redet mitunter mit Händen und Füßen.) Christus wird im Kultus als Einstiegsebene von Mystik (im Unterschied zu hohen Ebenen bildloser Mystik) atmosphärisch Mensch als Farbe, Klang und Geruch. Er wird dem Menschen Mensch in Bildern, in Gewandfarben und in Bewegungen durch den Raum.

2. Verwandelt werden durch die Eucharistie

2.1 Die Eucharistie – das fremde Mysterium

Die Eucharistie ist der Moderne und dem Protestantismus so fremd geworden, dass ihr Geheimnischarakter wieder Kontur gewinnt. Um ihre eigensinnige Tiefe ausloten zu können, bedarf es einer Mystagogie. Denn der Sinn der Eucharistie führt weit über das hinaus, was die Moderne zu denken vermag. Wer die Eucharistie feiert, begibt sich auf einen christlichen Einweihungsweg.

Der Protestantismus hat sich den Zugang zum Geheimnis der Eucharistie bereits kurz nach seiner Geburtsstunde verstellt. *Martin Luther* stand noch fest in der ökumenischen Tradition. Er war von der Gegenwart Christi in den Elementen von Brot und Wein überzeugt, ohne darüber jedoch in scholastischen Begriffen spekulieren zu wollen.[1] Christus wird in Brot und Wein konzentriert gegenwärtig. Luther erlebt nicht nur das rituelle Verzehren von Brot und Wein als sakramentalen Akt, sondern die gesamte rituelle Handlung (tota actio coenae). Die für den Ritus zentralen Elemente Brot und Wein behalten für ihn auch nach dem Abschluss der rituellen Feier einen besonderen Status. Weil Christus sich auf mystische Weise mit ihnen verbunden hat, soll der Liturg auch nach der Feier achtsam mit ihnen umgehen.

Luther blieb hiervon lebenslang überzeugt. Kurz vor seinem Tod kam es zu einem Vorfall, der Luthers Auffassung von der mysterienhaften Gegenwart Christi im eucharistischen Brot sehr gut veranschaulicht. Der Fall ist in Luthers Briefwechsel sowie in Kurzform in Luthers Tischreden überliefert. In Neundorf bei Frießnitz in der Diözese Weida war dem Kaplan Adam Besserer bei der Abendmahlsfeier eine konsekrierte Hostie zu Boden gefallen. Als der Kirchendiener Hans Prelle die Hostie nach der Feier fand und sie Besserer gab, legte dieser sie zu den unkonsekrierten Hostien mit den Worten: „es lig nicht Dran, es sey alles ein Dingk".[2] Als der Vorfall Luther gemeldet wurde, hielt er Besserer zunächst für einen Zwinglianer und wollte ihn des Landes verweisen lassen. „Erstlich, es ist wirklich nicht die Nachlässigkeit, sondern Bosheit, und zwar eine außerordentliche Bosheit dieses Diaconus, welcher als ein Verächter Gottes und der Menschen es gewagt hat, öffentlich geweihte Hostien und nicht geweihte für einerlei zu halten. Deshalb muß er schlechterdings aus unsern Kirchen ausgestoßen

---

[1] *Jürgen Diestelmann*, Usus und Actio. Das Heilige Abendmahl bei Luther und Melanchthon, Berlin 2007.

[2] Zitiert nach: a.a.O., 117, vgl. 116ff. Vgl. „Von einem, der die gesegnete und die ungesegnete Hostie für eins hielt, Urtheil D. Martin Luthers und D. Pommers", WATR 6, Nr. 6771, S. 179.

werden; er gehe zu seinen Zwinglianern. Es ist nicht vonnöthen, daß der Mensch, der nicht zu uns gehört, gefangen gehalten werde, dem nichts geglaubt werden muß, wenn er auch schwört."[3] Besserer wurde inhaftiert. Nach Luthers Tod wurde er auf Melanchthons Intervention hin begnadigt und an einen anderen Ort des Fürstentums versetzt.

Die Modernisierung des Eucharistieverständnisses ging über Luthers Verständnis des eucharistischen Geheimnisses hinweg. Auffassungen, die sich am rationalen Alltagsbewusstsein orientierten, drangen rasch und tief ins Luthertum ein. Bereits Luthers vertrauter Schüler *Philipp Melanchthon* konzipierte die Gegenwart Christi im Abendmahlsritual rationaler im Sinne Zwinglis. An die Stelle mystagogischer Realitäten traten Überlegungen zur symbolischen Repräsentation von Abwesendem. Damit hatte der Protestantismus einen großen Schritt in die Moderne hinein getan. Zugleich waren die modernisierten Konzepte nicht mehr in der Lage, die mystagogischen Verluste zu erfassen.

Der Protestantismus verlor das Verständnis für rituelle Einweihungswege und für Gruppenbildung über Rituale. Ohne Verständnis für ein kultisches Zentrum tendiert er zu einer abstrakten Gedanken- und Ideen-Religion, die nur noch zeichenhaft auf Vergangenes oder Abwesendes verweist. Ohne ein sinnlich erfahrbares Zentrum bleibt er verwiesen auf alternative Techniken der Identitätsvergewisserung. Im rationalen Streit über das Verständnis der kultischen Mitte zersplitterte die evangelische Form des Christseins bereits in der Geburtsstunde. In der protestantisch-theologischen Suche nach rationalen Einheitsformeln des Mysteriums Christi ist die Nötigung zur Dauerreflexion angelegt. Eine Einigung über ein alltagsrational nur bedingt zugängliches Mysterium kann jedoch nicht durch rationale Analysen und Formeln erreicht werden, sondern nur auf der ursprünglicheren Ebene polyvalent deutbarer Symbole.

Durch die Verabsolutierung rationaler Sätze und die Vernachlässigung der symbolischen Konstitution von Einheit zersplitterte der Protestantismus mit jeweiligen neuen Verabsolutierungen von Teilerkenntnissen in jeweils neue Gemeinschaften, die ihre eigenen, nicht mehr kultischen, Mechanismen zur Identitätsvergewisserung erzeugen. Der Protestantismus ist nur noch stark eingeschränkt in der Lage, sich selbst kultisch die Einheit des Leibes Christi zu vergegenwärtigen. Daher ist er nicht mehr imstande, sich *als* diese Einheit zu vergegenwärtigen.

---

[3] „Primum Non est negligentia, Sed nequitia Eaque insignis istius Diaconi, Qui contemptor Dei et hominum ausus est hostias consecratas ac non consecratas pro eodem habere. Ideo simpliciter est ejiciendus extra nostras Ecclesias. Vadat ad suos Zuinglianos. Non est opus, ut carcere teneatur homo alienus a nobis, cui nihil etiam Juranti credendum est." Martin Luther, WABr. Bd. 11 Nr 4186. Übersetzung nach: Walch, Luther, Martin, W^2 XXIb., S. 3179f.

Luther zielte nicht auf den von der Eucharistie befreiten Predigtgottesdienst, sondern auf den Gottesdienst in Vollgestalt: auf eine evangelische Messe mit Predigt. Das Bild des akademischen Lehrers Luther am Altar ist eine rationalistische Chimäre. Luther taugt weder zur Berufung auf Bilderstürmerei noch auf Schulstubengottesdienste. Er trug zum Zelebrieren nicht den akademischen Talar, d.h. die Schaube, sondern ein Messgewand.[4] Er feierte die Messe mit ihren traditionellen Gesängen, abgesehen von den Opferkult ausdrückenden Gebeten des Canon Missae. Sixtus Dietrich berichtet 1543 über Luthers Gottesdienste in Wittenberg: „D. M. Luther hat sonderlich grosse Liebe zu der Musik, mit dem ich viel und oft gesungen. Ganz zu schweigen von den Zeremonien, die noch erhalten geblieben sind und ehrlich beim Gottesdienst bewahrt werden. Zu allen Festen singt man ein herrlich Amt in Figuris: Introitus, Kyrie, Et in terra, Pacem, Alleluja, Sanctus, Agnus und Communio wie von Alters her. So dass bis jetzt kaum etwas geändert ist. ... Ich wollte, dass Ihrs selber sehen könntet. Niemand lässt man zu dem Hochwürdigen Sakrament des Leibes und Blutes Christi Jesu gehen, der nicht vorher dem Priester gebeichtet hat. Summa: Ich wollte, dass es in allen Landen so zuginge. Dann würde es um die Welt besser stehen."[5]

Liturgisch lebte das Luthertum bis zur Aufklärung um 1800 in einer großen Kontinuität mit der Gottesdiensttradition der alten Messbücher. In den meisten lutherischen Gemeinden wurden die alten Messbücher weiter verwendet. Nur die von Luther kritisierten Seiten des Canon Missae wurden herausgeschnitten bzw. herausgerissen.[6] Die neuen lutherischen Kirchenordnungen wiesen in ihren Vorschriften auf die Messbücher zurück, setzten ihren weiteren Gebrauch voraus und fügten lediglich ergänzende Vorschriften hinzu.

---

[4] „Ein Messgewand, das Luther getragen haben soll, befindet sich im Domstift Merseburg. (Mitteilung von H. Schatz, vgl. J. G. Otto, Die Schloß- und Domkirche Merseburg, 1834, S. 48.)" (Diestelmann, a.a.O., 11, dort Anm. 13)

[5] Zitiert nach: in: Diestelmann, a.a.O., 27, dort Anm. 71. Vgl. *Adolf Boes*, Die reformatorischen Gottesdienste in der Wittenberger Pfarrkirche von 1533 an, in: Jahrbuch für Liturgik und Hymnologie, Bd. 4, 1958/59, S. 1ff.

[6] Vgl. Diestelmann, a.a.O., 31f, Anm. 83. „An die Stelle der aus den Messbüchern entfernten Teile trat die KO. Hier allein hatte das Neue seinen Ort, sonst blieb alles beim Alten. Das bestätigt *die KO selbst, wenn sie vom 'gewöhnlichen Introitus' spricht*, von dem 'gesang, den man hiervor pro offertorio gehalten hat', und von der *'gewöhnlichen präfation'* und wenn sie auch für die Lektionen und für andere Teile der Messe keinerlei nähere Erläuterungen bringt. Wo sollte der Liturg das alles finden, was bisher 'gewöhnlich' war, wenn nicht in den Messbüchern, die man 'hiervor' gebraucht hatte?" (Bernhard Klaus, in: Diestelmann, a.a.O., 31f, dort Anm. 83)

2.2 Die Eucharistie als sich selbst schützendes Geheimnis

Die Sakramente sind das Tor zu einer erweiterten Lebensdimension. Sie verwandeln den Menschen und machen ihn zunehmend geistig sehend. Ambrosius von Mailand vergleicht das Eingeweihtwerden durch eine wiederholte Teilhabe am Kultus mit der Blindenheilung in Joh 9.[7] Nach Dietrich Bonhoeffers Auffassung gibt es im Christentum Stufen der Glaubensentwicklung und der Erkenntnis. Wer Christ geworden ist, hat noch längst nicht die Tiefe dieses Mysteriums erfasst. Bonhoeffer fordert die Kirche dazu auf, die Geheimnisse des Christentums nicht zu nivellieren und öffentlich zu verschleudern. Er plädiert stattdessen für ein Aufgreifen des Konzeptes des Taufkatechumenats sowie für neue stufenweise Formen des Hineinführens in die christlichen Geheimnisse.

Der Benediktiner Odo Casel stellt den Geheimnischarakter der christlichen Rituale durch die erschließende und zugleich verschließende Symbolik heraus. Er spricht vom Schweigen über die christlichen Geheimnisse aus Liebe zu ihnen.

Das Christentum verfügt über eigene Geheimnisse. Der klassische Zugang zu ihnen war seit Jahrhunderten die symbolische Kommunikation durch den Kultus. Die rituelle Darstellung der Geheimnisse bedarf einer eigenen Mystagogie. Eine neue gottesdienstliche Mystagogie ist die Alternative zu einer einseitig rationalen Selbstvergewisserung und zu Ersatzformen protestantischer Identitätsbildung im Rahmen jeweils neuer religiöser Gruppen.

---

[7] Siehe oben S. 253.

2.3 Eine postsäkulare Phänomenologie der Wandlung

2.3.1 Anfänge einer postsäkularen Theologie

Die Postmoderne ist insofern theologisch begrüßenswert, als sie die umfassende Metastory und den Dogmatismus eines eindimensionalen materialistischen Weltbildes aufbricht. Menschen fühlen sich nicht mehr geistig gestört, wenn sie in Wochenendworkshops oder aufgrund täglicher Exerzitien in asiatischen Religionen Erfahrungen mit pneumatischen Realitäten machen. Die westliche Kulturgestalt des Christentums wird von diesen Menschen zunehmend wegen ihrer spirituellen Erfahrungsarmut verachtet. Interreligiös aufgeschlossene Menschen lernen aufgrund eigener Exerzitienwege zunehmend die Worthülsen abgestorbener Religion von der Gegenwart des Heiligen zu unterscheiden. Sie verfügen über Erfahrungen mit Ritualen, Schweigen, Kontemplation und bringen neue Deutungsmuster in den theologischen rationalen Diskurs ein. Ihre Erwartungen an die rituellen Vollzüge und ihre eigenen spirituellen Deutungskompetenzen müssen in der evangelischen Gottesdienstkultur zunehmend berücksichtigt werden. Hierzu zählt grundlegend ein postsäkulares Weltbild. Ein postsäkulares Zeitalter benötigt eine postsäkulare Theologie.

Seit den 1980er Jahren werden vermehrt populäre Neuentwürfe konsistenter Weltbilder entwickelt. Sie gehen von einer Einheit der Wirklichkeit ausgehen, wie z.B. bei dem Physiker Fritjof Capra[8]. Inzwischen wird der Diskurs um eine postmaterialistische Weltsicht auch auf wissenschaftlicher Ebene geführt. Für Religionswissenschaftler ist dabei der interreligiöse Dialog ein wichtiger Denkrahmen. Der Religionswissenschaftler *Michael von Brück* reflektiert mit Rückgriff auf William James und im Dialog mit dem Buddhismus *die Abhängigkeit jeweiliger Weltbilder* (mit ihren Konzepten von Raum und Zeit) *vom jeweiligen Bewusstseinszustand des Betrachters*.

Dem christlichen Mystiker bzw. dem in Meditation geschulten Menschen sind umfassendere Wirklichkeiten – andere Raum- und Zeitmodi – zugänglich als Menschen, die ihre Wirklichkeitsauffassung auf dasjenige reduzieren, was dem logisch-rational kategorisierenden Alltagsbewusstsein zugänglich ist. So kennt beispielsweise der tibetische Buddhismus sechs verschiedene Bewusstseinszustände („Bardo“):

---

[8] *Fritjof Capra*, Das Tao der Physik. Die Konvergenz von westlicher Wissenschaft und östlicher Philosophie, Bern/München/Wien [7]1985. Vgl. den Dialog von Naturwissenschaftlern mit dem tibetischen Buddhismus: *Dalai Lama*, Die Welt in einem einzigen Atom, Berlin 2005; *Jeremy W. Hayward*, Gewagte Denkwege. Wissenschaftler im Gespräch mit dem Dalai Lama, München [2]2007.

1. das Alltagsbewusstsein (von der Geburt bis zum Tod),
2. den Bardo des Traumes,
3. den Bardo meditativer Konzentration,
4. den Bardo während der Sterbeprozesse,
5. den Bardo im nachtodlichen Zustand sowie
6. den Bardo im „Jenseits“ bis zu einer neuen körperlichen Geburt.

Die Bardos werden als Entwicklungsstufen aufgefasst. Ihre Qualität und ihre jeweiligen Inhalte hängen zudem von der geistigen Konzentration ab, die der Einzelne z.B. durch meditative Schulung erreicht hat.
Der Faktor der *Bewusstseinsklarheit* für Wahrnehmungsprozesse wird bereits auf der Ebene des Alltagsbewusstseins anschaulich. Ein konzentrierter und seelisch ausgeglichener Mensch erlebt andere Alltagsprozesse als ein gestresster Mensch in derselben Umgebung. Denn das Bewusstseinsfeld des ersten Menschen ist klar, weit und stabil. Das der zweiten Person ist durch Emotionen und gedankliche Filter eingeengt und stark verzerrt.
Die Theologie muss jeweils selbst darüber neu entscheiden, wie weit ihr erkenntnistheoretischer Rahmen den von ihr beschriebenen und reflektierten Phänomenen angemessen ist. Sind ihre Kategorien über das menschliche Bewusstsein und dessen Erkenntnisfähigkeit zu eng gefasst, so kann sie bestimmte Phänomene nicht erfassen, selbst wenn diese einem anderen Menschen durch eigene Erkenntnis evident sind. *Innerhalb der logisch-rationalen Kategorien des Alltagsbewusstseins ist weder die pneumatische Wirklichkeit von Auferstehung denkbar noch* sind diese notwendigen Kategorien bereits hinreichend, um transzendenzbedingte Prozesse wie *eine eucharistische Wandlung bzw. eine Verklärung* hinreichend beschreiben zu können.
Von Brück entwickelt einen Ansatz, der die weltanschaulichen Reduktionen und Brüche im neuzeitlichen Materie-Geist-Dualismus zu überwinden versucht. Für diesen Neuansatz knüpft er an die biblische Differenzierung von Körper-Seele-Geist an. Diese wird bei den Kirchenvätern noch weitgehend vorausgesetzt. *In einem Materie-Psyche-Pneuma-Kontinuum sind Wechselwirkungen zwischen materiellen und geistigen Prozessen in beiden Richtungen möglich.*
Das von von Brück entfaltete *postsäkulare Weltbild* weist Strukturanalogien mit der Wirklichkeitsbeschreibung durch die frühen Kirchenväter auf. Platonismus und Neuplatonismus lieferten den frühkirchlichen Theologen einen Rahmen, der *die Einheit von Transzendenz und Immanenz denkbar* machte. An die Stelle einer konzeptionell dualistischen Aufspaltung der Wirklichkeit (wie sie in Descartes´ Aufspaltung der Welt in „res extensa“ und „res cogitans“ vorliegt), die denkerisch und praktisch zu einem *materialistischen Monismus* führt, tritt bei von Brück das Konzept einer

materiellen, seelischen und geistigen *Wirklichkeit als einer „in sich differenzierten Ganzheit*".[9] „Der Ganzheitsgrund ist Gott, der sich auf verschiedenen Manifestationsebenen, die relative Ganzheiten formen und miteinander reagieren, manifestiert. Da dieser Prozess Kreativität impliziert, insofern neue Kombinationen und Substrukturen geschaffen werden, kann man von Schöpfung sprechen." Auf diesem Hintergrund gelangt von Brück zu einem Schöpfungsverständnis als creatio continua. „Das Absolute Jenseits von Raum und Zeit ist dann vollkommene Interrelationalität, in der alle bedingten Elemente, Erfahrungen und Individuen einander gegenseitig durchdringen. Christlich gesprochen ist dies der allumfassende mystische Leib Christi, oder wie Augustinus sagt: et erit unus Christus amans seipsum – ein Christus, der sich selbst liebt."[10]

[9] A.a.O., 301. Folgendes Zitat: ebd.
[10] A.a.O., 303.

2.3.2 Phänomenologie der eucharistischen Transformationsprozesse

Eine Phänomenologie der eucharistischen Wandlungsprozesse muss sachgemäß bei den Beschreibungen der eucharistischen Prozesse selbst einsetzen. Theologisch wurde das Geheimnis der eucharistischen Wandlung lange Zeit in Kategorien der aristotelischen Philosophie von Substanzen und Akzidentien erörtert. Die Trümmer einer apersonalen und undynamischen Philosophie einerseits und ein reduktionistischer Gebrauch semiotischer Konzepte andererseits (in Fortschreibung calvinistischer Reduktion) verstellen den Zugang zur personalen Gegenwart Christi in der Eucharistie.
Im aufgeklärten Protestantismus wurde das Mysterium der eucharistischen Wandlungsprozesse zudem aufgrund eines *materialistischen Missverständnisses* als Magie und primitiver Volksglaube diskreditiert. Dabei wird übersehen, dass erst die zunehmende Vorherrschaft eines materialistischen Weltbildes und die Absolutsetzung des rational-logischen Alltagsbewusstseins die eucharistische Theologie der Kirchenväter als magisch erscheinen ließ.
Als materialistisches Missverständnis der Wandlung bezeichne ich die Annahme einer Transformation von „sinnlicher Materie A“ in die „sinnlich wahrnehmbare Materie B“. Zu diesem erst spät aufkommenden Traditionsstrang „eucharistischer Visionen“ zählen mirakulöse Erzählungen, in denen z.B. Gegner und Feinde der Eucharistie mit einer blutenden Hostie konfrontiert werden oder gar mit Fleisch auf dem Altar. In diesen Erzählsträngen geht es nicht mehr um ein *pneumatisches* Sehen, das geistig entwickelten Menschen möglich ist. Sondern es geht um handfeste *materielle* Beweise, die auch von Gegnern der Wandlung nicht zu leugnen seien. Der Sitz im Leben dieser Mirakel-Erzählungen ist eine bereits um sich greifende Kultur des Zweifels und der eucharistischen Erfahrungsarmut. In diesem kulturellen Klima soll Gegnern des eucharistischen Mysteriums – zweifelnden Priestern, sog. „Juden“ oder auch „Dieben“ – durch handfeste Beweise der Mund gestopft werden.
Neben dem leicht zurückzuverfolgenden Sitz im Leben dieser Mirakel-Strömung sprechen vor allem theologische Gründe gegen dieses Wandlungs-Missverständnis. Die Wandlung ist und bleibt ein *transzendentes* Ereignis. Daher sieht das physische Auge weiterhin nur sinnlich Brot und Wein. Die Schau der Wandlung ist ein mystisches *Phänomen für das geistige Auge*. Ein Wandlungsverständnis von „Materie A“ in „Materie B“ wäre zudem theologisch so sinnlos, wie wenn sich Jesus auf dem Berg der Verklärung in einen Elefanten verwandelt hätte.
Die Wechselwirkungen zwischen den unterschiedlichen Dimensionen der *einen* Wirklichkeit bilden beim eucharistischen Prozess die Grundlage, von der das Denken ausgehen muss. In der Zusammenschau materieller Pro-

zesse mit geistigen Prozessen liegt das Ziel der spirituellen Entwicklung. Wandlung ist die „Überformung *aller* Ebenen durch den Geist". Von Brück beschreibt dieses Ziel auf dem Hintergrund der christlichen Tradition als „*materielle Transfiguration*".[11]

Da es sich bei christlichen Transformationsprozessen um kein materielles Mirakel handelt, sondern um Wechselwirkungen zwischen der materiellen und der pneumatischen Dimension der Wirklichkeit, müssen zentral bei der Darstellung und Reflexion der eucharistischen Wandlungsprozesse hypothetisch zunächst solche Wechselwirkungen akzeptiert werden. Erst auf der reflexiven Grundlage der *Vieldimensionalität der Wirklichkeit* können rationale Systeme transzendente Prozesse tatsächlich denkbar machen.

Eine Phänomenologie der eucharistischen Transformationsprozesse setzt bei der von Peter L. Berger beschriebenen induktiven Methode ein. Dogmengeschichtlich betrachtet, stellte die induktive Methode für lange Zeit den methodischen Hauptstrom der orthodoxen und ebenso der monastischen Theologie dar.[12] Dabei wird eine strenge Systematik häufig zugunsten *dichter Beschreibungen* und subjektiver Aussagen aufgebrochen. Aufgrund der erlebnisnahen Spekulation wirken diese induktiv vorgehenden theologischen Systeme sowohl erschließend für die darin beschriebenen und reflektierten Phänomene als auch erschließend für die Frage nach dem religiösen Erkenntnisweg. Weder begnügt sich ein induktiver Ansatz mit der Reduktion der Wirklichkeit auf physikalisch messbare Prozesse (vgl. Bultmanns Entmythologisierungsprogramm), noch setzt er dogmatisch autoritäre Behauptungen, die durch einen Glaubenssprung akzeptiert werden müssen (vgl. Barths Offenbarungspositivismus). Die induktive Methode setzt bei Erfahrungen ein und erforscht „die aus ihnen zu empfangenden ′Signale der Transzendenz′".[13] Dass mystische Erfahrungen mit der Eucharistie manchen Menschen leichter zugänglich sind als anderen, darf nicht zu einem materialistischen Dogma über die Unmöglichkeit solcher Erfahrungen verallgemeinert werden. „Es gibt Menschen, Mystiker und dergleichen, die behaupten, unmittelbare persönliche Erfahrungen mit religiösen Realitäten gehabt zu haben. … für solche Menschen *sind* religiöse Glaubensvorstellungen genauso unvermittelt selbstbeglaubigend wie die Erfahrung eines Zahnschmerzes."[14]

Zur Thematik der eucharistischen Transformationsprozesse liegt aus der ostkirchlichen Tradition eine Fülle von Texten vor, die den gesamten

---

[11] *Michael von Brück*, Ewiges Leben oder Wiedergeburt?, Freiburg/Basel/Wien 2007. Vgl. dort den Abschnitt „Interkulturelle Perspektive: Kontinuierliche Manifestation der Einen Wirklichkeit", 291ff. Zitate: 299.

[12] Siehe oben S. 56 und 57ff.

[13] *Peter L. Berger*, Der Zwang zur Häresie, Frankfurt M. 1980, 7. Siehe oben S. 19ff.

[14] A.a.O., 47.

Wandlungsprozess dicht an den dabei auftretenden Phänomenen beschreiben. Hierzu zählen Erfahrungen des Schwellenübertritts aus der alltäglichen Zeit und aus dem alltäglichen Raum in eine Überzeit und in einen Überraum, ferner Beschreibungen von Veränderungen an den rituellen Elementen Brot und Wein sowie Texte über Wahrnehmungen des eigenen Verwandeltwerdens. In mystischen Texten wie denen von Teilhard de Chardin werden Wirkungen, die über den rituellen Kontext hinausreichen, beschrieben. Hierzu zählen Beschreibungen vom Ausstrahlen des eucharistischen Christus als Feuer in den Kosmos.
Bei einer kontemplativ wahrnehmenden dichten Beschreibung der eucharistischen Wandlungsprozesse begegnen viele Elemente, die in der Religionsphänomenologie verallgemeinernd als typische Kultstrukturen bekannt sind. Hierzu zählt der *Passagecharakter des Rituals* als Tor in eine andere Dimension, das Selbstverständnis des Kultus als dynamisches Zentrum des Kosmos und als Abbild der Welt. Die Eucharistiefeier als Passageritual zielt ihrem Wesen nach auf die Verwandlung von Menschheit und Kosmos. Sie zielt auf die Unio von Materie und Geist.
Aus der Materialfülle orthodoxer Beschreibungen von eucharistischen Wandlungsprozessen seien im Folgenden exemplarisch Texte zu den Transformationen des kultischen Raumes, zu Transformationen der rituellen Elementen Brot und Wein sowie zu Transformationen der kommunizierenden Teilnehmer vorgestellt.

Die Wandlung des kultischen Raumes: Mystische Wahrnehmungen über den verwandelten Raum und die verwandelte alltägliche Zeit gehören zu den Grundlagen orthodoxer Theologie. *Karl Christian Felmy* stellt als Experte für die russisch-orthodoxe Liturgie ihren „Theophaniecharakter" und „die eschatologische Aufhebung der Grenzen von Himmel und Erde im Gottesdienst" heraus.[15] Kontemplative Beobachtungen sind von orthodoxen Theologen als strukturell-theologische Aussagen über den kultischen Ablauf übernommen wurden. Nach mystischen Schilderungen öffnet sich der kultische Raum im Prozess der rituellen Konzentration zu einem Überraum und einer Überzeit. Die alltägliche Raumzeit wird transparent für das Wahrnehmen und Einströmen übersinnlicher Phänomene in alltägliche Zeit- und Raumkonstrukte (Gottesdienstraum, Gottesdienstzeit, Versammlung alltäglich gestimmter Menschen).
Die Lebensbeschreibung des bedeutendsten altrussischen Heiligen, die Vita des hl. *Sergij von Radonez* (1313/19-1391/92), enthält zahlreiche Zeugnisse für die kontemplativ konzentrierte Liturgieerfahrung. „Ein göttliches Feuer

[15] *Karl Christian Felmy*, Die Deutung der göttlichen Liturgie in der russischen Theologie, Berlin 1984, 16.

lief über den Opfertisch, bezeichnete den Altar … und lief um den heiligen Tisch herum. Dann umkreiste es den Heiligen [Sergij] dreimal, so dass er von Kopf bis Fuß in diesem Feuer zu stehen schien. Und als der Heilige kommunizieren wollte, rollte sich das Feuer zusammen wie ein göttlicher Epitaphios [ein Tuch] und ging in den heiligen Kelch ein, und so kommunizierte der Heilige."[16]

Die Transformation der rituellen Elemente Brot und Wein: *Ephräm der Syrer* (306-373) beschreibt in seiner 10. Hymne in „De Fide" aus der kontemplativen Wahrnehmung heraus die *gewandelten Elemente* als ganz durchdrungen vom Geist. Er gebraucht dafür die Metapher des Feuers. Brot und Wein erscheinen ihm als ein „nicht zu trinkendes Feuer". Er spricht von „Feuer im Brot" sowie von „Feuer und Geist".[17]
Johannes Chrysostomos (344/349-407) sieht den *Priester im Kraftfeld pneumatischer Energien* und im Kreise von Engelsmächten handeln. „… glaubst du da noch, unter Menschen zu sein und auf Erden zu weilen? Fühlst du dich da nicht vielmehr gleich in den Himmel entrückt … und schaust die himmlischen Dinge"?[18] Wie Elia eine Flamme vom Himmel herabfallen ließ, so fleht nach Chrysostomos der Priester das Feuer des Heiligen Geistes auf Brot und Wein herab.
Zu den Zeugnissen kontemplativer Wahrnehmung von Wandlungsprozessen an den Elementen zählt ein Bericht aus der „Geistlichen Wiese" des *Ioannis Moschos* (6. Jh.).[19] Abt Johannes feierte in seinem Kloster wie gewohnt die Eucharistie. Doch dieses Mal spürte er während der Anaphora (dem eucharistischen Hochgebet) nicht den Heiligen Geist auf sich und die Gaben herabkommen. Zerknirscht warf er sich vor dem Altar nieder und wollte erfahren, was er falsch gemacht hätte. Im Gebet erfuhr er, was vorgefallen war: Einige Tage zuvor hatte er einen Mönch ausgesandt, um das Brot für die Feier einzukaufen. Der Laienbruder hatte unterwegs zum Zeitvertreib den Wortlaut der Anaphora vor sich hingesungen. Die Worte des Gebetes waren auch außerhalb des kultischen Kontextes und ohne den priesterlichen Weihegrad so wirksam, dass die Gaben bereits geisterfüllt waren. Daher war der Geist während der rituellen Feier nicht erneut auf das Brot herabgekommen.

---

[16] Zitiert nach: Felmy, a.a.O., 16f. Ergänzungen in Klammern SB.
[17] Zitiert nach: Felmy, a.a.O., 18.
[18] *Johannes Chrysostomus*, Sechs Bücher über das Priestertum, Kempten/München 1916 (BKV 27), III 4, S. 140-142, Zitat: 141.
[19] Zitiert nach: *Karl Christian Felmy*, Die Vollmacht zum Vollzug der Mysterien nach der „Geistlichen Wiese des Ioannis Moschos, in: Hochkirchliche Vereinigung Augsburgischen Bekenntnisses (Hg.), Um die eine Kirche. FS Hans-Joachim Mund, München 1984, 51-57. Quelle: Prat. Spir. 25 (PG 87/3, 2869-2872).

Die Erfahrung einer überwältigenden Kraft in den gewandelten Gaben lebt auch in dem Stoßgebet, das *Symeon Metaphrastes* (10. Jh.) zur Kommunionvorbereitung zu sprechen pflegte: „Siehe, ich schreite zur göttlichen Gemeinschaft; Schöpfer, verbrenne mich nicht durch deine Heimsuchung. Denn Feuer bist du, das die Unwürdigen verbrennt. Du aber reinige mich von jeder Befleckung."[20]

Die Wandlung der Kommunizierenden: Zu den intimsten Schilderungen aus der kontemplativen Schau eucharistischer Prozesse zählen Zeugnisse über die Erfahrung der mystischen unio in der persönlichen Kommunion der gewandelten Gaben. Eines der schönsten Zeugnisse hierzu stammt aus den Hymnen *Symeons des Neuen Theologen* (949-1022).

> „Mein Blut war mit dem deinen vermischt
> Und ich weiß, dass ich in deine Gottheit getaucht bin.
> Ich selbst bin dein lauterster Leib geworden,
> Ein Glied daran, blendend hell, ein wahrhaft geheiligtes Glied,
> Ein glorreiches, transparentes, lichtvolles Glied...
> Was war ich einst?
> Was bin ich jetzt geworden?
> Wohin soll ich mich setzen? Was soll ich anrühren?
> Wo soll ich diese Glieder ruhen lassen, die jetzt ganz deine eigenen geworden sind?
> Zu welchen Werken oder Taten soll ich jetzt verwenden
> Die Glieder, die jetzt so furchterregend göttlich sind?"[21]

Erst in einem pneumatologisch erweiterten Rahmen wird ein sachgerechtes Verständnis der eucharistischen Wandlungsprozesse möglich. Die Stärke theologisch-spekulativer Ansätze liegt in ihrer Begriffsschärfe und in ihrer Kommunikationsfähigkeit im Gespräch mit einer rational orientierten Welt, die das Arkane weder wahrnimmt noch versteht. Ohne eine induktiv ansetzende Phänomenologie, die für die kontemplativ konzentrierte Wahrnehmung alltagstranszendenter Prozesse offen ist, laufen alltagsrational argumentierende Systeme Gefahr, den Zugang zu alltagstranszendenten Phänomenen reduktionistisch zu verstellen statt ihn zu erschließen.

---

[20] Zitiert nach: Felmy, a.a.O. (Anm. 15),17.

[21] *Symeon Neos Theologos*, Hymnen. Einleitung und kritischer Text, hg. v. Athanasios Kambylis, Berlin 1976 (Supplementa Byzantina, Texte und Untersuchungen; 3), hier: 2,13-29.

2.4 *Psychologischer Zugang: Die Verwandlung des Menschen in sein Urbild*

Der Psychologe *Carl Gustav Jung* hat sich mit der Eucharistiefeier unter dem Leitaspekt der menschlichen Individuation auseinandergesetzt. Er hat dabei das arkane Phänomen der Wandlung in das Zentrum seiner Erörterungen gestellt. Die Grundlage seiner Überlegungen bildet die Dynamik der seinerzeit nach dem Tridentinischen Ritus gefeierten Messe. „Die Messe ist eine liturgisch reich ausgestattete Eucharistiefeier. Ihre Struktur ist folgende: Vormesse – Oblatio – Consecratio – Communio – Nachmesse“.[22] Jung betrachtet die Messe als Therapeut. Ihn leitet die Frage, welche Beiträge die Rituale der Messe zum menschlichen Individuationsweg leisten. Inwieweit und wodurch zentriert die Eucharistiefeier den Menschen auf sein innerstes Wesen?

Hierbei berücksichtigt er unbewusste Vorgänge, die durch die Symbole und Riten ausgelöst werden. Im Unterschied zu Sigmund Freud konzentriert er sich dabei nicht auf aggressive oder libidinöse Triebe des Menschen (also dessen niederes Unbewusstes). Sondern er fragt danach, wie die Dynamik der Messe den Menschen mit seinem hohen Unbewussten, seinem „wahren Selbst“, verbindet.[23]

Für Jung ist die Messe kein kollektiver Ausdruck einer Zwangserkrankung wie ein Kontroll- oder Waschzwang. Im Gegenteil, nach Jung entfaltet die Feier der Eucharistie *therapeutische Kraft.* Sie fördert den Menschen in seiner Persönlichkeitsentwicklung. „Die Messe ist ein noch lebendiges Mysterium, dessen Anfänge bis in die christliche Frühzeit zurückreichen. Es ist überflüssig zu betonen, dass sie ihre Lebendigkeit unter anderem einer unzweifelhaften psychologischen Wirksamkeit verdankt“.[24]

Eine auf das rationale Alltagsbewusstsein bezogene Deutung vermag nicht, die Dynamik religiöser Riten zu erfassen. Gerade die aus rationaler Perspektive schwach fundiert erscheinenden religiösen Aussagen und Riten erweisen trotz rationaler Kritik eine unverständliche Zählebigkeit. „Eine unwahrscheinliche Meinung verfällt erwartungsgemäß baldiger Korrektur. Die religiösen Aussagen sind aber die allerunwahrscheinlichsten von allen und behaupten sich durch die Jahrtausende. Mit ihrer durchaus nicht erwartungsgemäßen Lebenskraft beweisen sie die Existenz einer zureichenden Ursache, deren wissenschaftliche Erkenntnis sich dem menschlichen Geist

---

[22] *Carl Gustav Jung,* Das Wandlungssymbol in der Messe, in: *Ders.*, Ges. Werke 11, Zürich/Stuttgart 1963, 219ff, hier: 222. (Zwei Vorlesungen, gehalten 1941.) Im Folgenden zitiere ich im Haupttext nach dieser Ausgabe. Vgl. auch *Anselm Grün*, Eucharistie als Selbstwerdung, Münsterschwarzach 1990 (MKS 64).

[23] Siehe oben S. 307ff.

[24] Jung, a.a.O. (Anm. 22), 221.

bis jetzt entzogen hat. Ich kann als Psychologe zunächst nur auf das Vorhandensein des Phänomens hinweisen"[25] Für den Ritus wie für die menschliche Natur gilt: „die historischen Tatsachen sind zwar wirklich, aber sie lassen nur erkennen, was dem Sinnenmenschen eindrücklich und begreifbar ist".

Jung erfasst als Psychologe klar, was in der gegenwärtigen liturgiewissenschaftlichen Diskussion zunehmend in den Hintergrund tritt: *Die Eucharistiefeier verdichtet in ritueller Gestalt das Leben Jesu Christi.* Ihre Kraft liegt genau darin, dass sie „bald deutlich, bald nur andeutungsweise im Verlaufe der verschiedenen rituellen Handlungen das Leben und Leiden des Herrn in verdichteter Form darstellt. … Vielmehr erscheint es, als ob der historische Werdegang der Messe allmählich zu einer Konkretion der Hauptaspekte des Christuslebens geführt hätte."[26]

Jung liegt an einer nicht-reduktionistischen Deutung, die die transzendente und überbewusste Dynamik des Rituals mit einbezieht. Um die Wechselwirkung zwischen der sichtbaren und der pneumatischen Dimension zu erörtern, greift Jung auf das christologische Dogma von den zwei Naturen Jesu Christi zurück. Christus sei, so entschied das Konzil von Chalcedon im Jahre 451, sowohl wahrer Mensch als auch wahrer Gott. Beide Naturen seien in ihm sowohl unvermischt als auch ungetrennt gegenwärtig. Jung zufolge offenbart der Ritus der Messe dem Menschen seine Teilhabe an der göttlichen Natur. Er verbinde ihn mit dieser bewusstseinstranszendenten Dimension.

Die Dynamik der zwei Naturen bzw. zwei Dimensionen wirkt auch im Ritual. Der Ritus der Messe ist zunächst „ein Handeln der Gottheit selber". Dem „darin miteingeschlossenen Menschen" kommt „nur instrumentale ('dienende') Bedeutung zu".[27] „Das menschliche Bewußtsein (repräsentiert durch Priester und Gemeinde) ist konfrontiert mit einem autonomen, auf bewußtseinstranszendenter Basis sich abspielenden ('göttlichen' und 'zeitlosen') Geschehen, welches in keinerlei Weise vom menschlichen Handeln abhängt, sondern im Gegenteil solches Handeln anregt, sogar den Menschen als Werkzeug ergreift und zum Darsteller 'göttlichen' Geschehens macht."

Die Göttlichkeit des Ritus wird sinnenhaft durch seine Schönheit zum Ausdruck gebracht. Schönheit enthebt Dinge und Handlungen der alltäglichen Welt reiner Zweckdienlichkeit. „Die Schönheit der Kulthandlung ist unerlässliches Requisit, denn der Mensch hat Gott nicht recht gedient, wenn er ihm nicht auch in Schönheit dient. Darum gibt es im Kulte keine Sachdienlichkeit, denn diese ist Zweckdienlichkeit, eine nur-menschliche

[25] A.a.O., 274. Das folgende Zitat: 309.
[26] A.a.O., 241.
[27] A.a.O., 272. Das folgende Zitat: ebd.

Kategorie. Aber alles Göttliche ist Selbstzweck und der einzige legitime Selbstzweck, den wir kennen."[28]
Im Ritual bleibt der Mensch ein Werkzeug. Jung vergleicht ihn mit einem Hammer, der sich durch den Handwerker führen lässt. „Da der Mensch im Geschehen der Messe (freiwilliges) Werkzeug ist, so ist er auch gar nicht in der Lage, etwas über die Hand auszumachen, die ihn führt. Der Hammer findet jenes nicht in sich, das ihn schlagen macht. Es ist ein außer ihm Befindliches, Autonomes, welches ihn ergreift und bewegt. Das Ereignis der consecratio ist ein Wunder und soll es auch sein, denn sonst hätte der Mensch darüber zu befinden, entweder, ob er wohl magisch Gott herbeizwingen, oder ob er sich philosophisch wundern solle, wieso ein Ewiges überhaupt wirken könne" in der Zeit.[29]
Die lutherisch-reformierte Streitfrage, wie ein endliches Wesen das Unendliche darstellen könne („capax" oder „non capax infiniti"?) wird von Jung als Beziehungsfrage beantwortet. Der Mensch ist an sich nicht dazu in der Lage. Er kann Christus nur darstellen, indem er von ihm ergriffen und erfüllt ist. „Der gewöhnliche Mensch ist sich dessen unbewußt, was ihn veranlassen könnte, ein Geheimnis darzustellen. Er kann und tut es nur, wenn und solange er vom Mysterium ergriffen ist. Diese Ergriffenheit oder die als außerbewußt gefühlte oder angenommene Existenz eines Ergreifenden ist das Wunder par excellence, ein wirkliches und wahrhaftes Wunder, wenn man bedenkt, was dargestellt wird."[30]
Jung bezieht die Zweinaturen-Lehre nicht nur auf den Ritus und die Akteure, sondern auch auf die rituelle Darstellungsdynamik. Im Ritus werden die alltäglich getrennten Wirklichkeitsdimensionen von Gott und Mensch zusammengeführt und miteinander vereinigt. „Wahres Menschsein ist ein äußerstes Entfernt- und von Gott Verschiedensein." Zugleich lebt Gott selbst in jedem Menschen. Diese Doppelnatur jedes Menschen ist nach Jung durch Jesus in Joh 10,34 formuliert: „Ihr seid Götter."
„Der Doppelaspekt der Messe drückt sich nicht nur im Gegensatz menschlichen und göttlichen Handelns aus, sondern auch im Doppelaspekt von Gott und Gottmensch, die zwar ihrer Natur nach eine Einheit sind, aber im rituellen Drama eine Zweiheit darstellen. Ohne diese 'Entzweiung' Gottes (wenn dieser Ausdruck gestattet ist) wäre der ganze Opferakt unvorstellbar und würde der actualitas entbehren."[31] Zur Dynamik des menschlichen Lebens gehört beides: „das Fern- und Nahesein, die äußerste Verfinsterung und zugleich das Aufblitzen des Gottesfunkens. Gott ist in seinem Menschsein

[28] A.a.O., 272f.
[29] A.a.O., 273.
[30] A.a.O., 273. Das folgende Zitat: 274.
[31] A.a.O., 274. Das folgende Zitat: 275.

sich selber wohl so ferne, daß er mit völligster Hingabe sich selber wieder suchen muß."
Die Gaben, die der Mensch in der Eucharistiefeier Gott darbringt, sind Projektionsträger für den Menschen. „Alles, was mir gehört, trägt den Stempel des 'Meinseins', nämlich einer subtilen Identität mit meinem Ich." Es handelt sich um „eine irrationale, unbewußte Identität".[32] Brot und Wein sind Kulturprodukte auf einer kulturell hohen Verarbeitungsstufe. In ihnen und mit ihnen bringt der Mensch sich Gott selber dar. Jung identifiziert die menschliche Selbsthingabe mit der *Hingabe des phänomenalen Alltags-Ich*. Der Mensch gibt sich mit dem hin, was er von sich als Person weiß und so wie er sich kennt.
Diese Selbsthingabe als phänomenales Ich ist für Jung ein Grundelement in seinem spezifischen Opfer-Verständnis der Messe. Erst indem der Mensch sich mit seinem bewussten Bild seiner selbst Gott hingibt, kann er zu seiner eigentlichen Ganzheit und zu seinem wahren Wesen Zugang finden. Der Mensch opfert seinen Anspruch auf die Gaben und zugleich auf sich selbst.

Jungs anthropologisches Opferverständnis lässt sich theologisch aufgreifen. Teilhard de Chardin entfaltet in seinem Konzept der mystischen Evolution den strukturgleichen Grundgedanken. Die Verwandlung des Menschen erfordert „das radikale Opfer unseres Egoismus". „Ich gestehe grundsätzlich zu, dass die Vollendung der Welt sich nur erfüllt durch einen Tod, eine 'Nacht', eine Umkehrung, eine Entäußerung und eine Quasi-Entpersonalisierung der Monaden [Individuen] hindurch. Die Verbindung einer Monade mit Christus setzt in dieser eine Art innere Auflösung voraus, d.h. eine Verwandlung ihres ganzen Seins, Bedingung ihrer Neu-Schöpfung und Eingliederung in das Pleroma. Die Vereinigung mit Christus setzt wesenhaft voraus, daß wir das innerste Zentrum unserer Existenz in ihn hineinlegen – das bedeutet das radikale Opfer unseres Egoismus".[33]
Im Ritus der Eucharistie wird der Prozess der zunehmenden Selbsthingabe als eine *zunehmende Vergeistigung* von Gemeinde, Priester, Gaben und Altar inszeniert. Die Elemente dieser Inszenierung und zugleich der spirituellen Realisierung sind die Gebete, die Inzensationen (Beräucherungen) und die Elevationen (das Emporheben) von Brot und Wein. Deshalb spielen im rituellen Drama der Vergeistigung das Erheben der Gaben und das Herabrufen des Heiligen Geistes auf sie solch eine zentrale Rolle. „Die Elevation als ein Schwebezustand bereitet die Spiritualisierung (Volatilisierung) des Weines vor. Darauf, nämlich auf die Vergeistigung, weist auch die damit verbundene Anrufung des Heiligen Geistes hin im 'Veni sanctificator', deutlicher noch im mozarabischen Ritus, wo es heißt: 'Veni spiritus

[32] A.a.O., 279.
[33] Zitiert nach: *Thomas Broch*, Pierre Teilhard de Chardin, Mainz 1989, 166. Ergänzung in Klammern SB.

sanctificator'. Diese Anrufung dient offenbar der Erfüllung des Weines mit Heiligem Geiste, denn letzterer zeugt, erfüllt und wandelt."[34] Das Räuchern bedeutet „eine Wandlung der Opfergabe und des Altares in der Richtung der Vergeistigung aller dem Ritus dienenden physischen Körper." „Die Elevation hat die Bedeutung der 'Erhebung' ins Geistige. Sie ist ein vorbereitender Spiritualisierungsakt", der das *Transparentwerden* der sinnlichen Welt für die Gegenwart Christi vorbereitet. Christus erscheint in den physischen Elementen von Brot und Wein. „In diesem Augenblick tritt die Ewigkeit des einzigen Gottesopfers zutage, d.h. sie wird erlebbar an bestimmtem Ort und zu bestimmter Zeit, wie wenn ein Fenster aufgetan oder eine Türe geöffnet worden wäre nach dem Unräumlichen und Unzeitlichen."[35]
Auch das Kreuzschlagen über den Gaben ist eine leiblich ausgedrückte Kurzform eines Hingabegebetes an Jesus Christus. „Die Hostie wird etwas zum Altarkreuz emporgehoben. Der Priester macht das Zeichen des Kreuzes mit der Patena über der Hostie. Durch die Kreuzbezeichnung wird das Brot mit Christus und seinem Kreuzestod in Beziehung gebracht und als 'Sacrificium' gekennzeichnet. Es erhält dadurch Weihecharakter."[36]
Die zunehmende Vergeistigung der physischen Welt im Altarbereich und das rituelle Hineinführen der Gemeinde in diese Überwelt bereiten das geistige Erscheinen Christi unter dem Schleier des Physischen vor. „Da Priester und Gemeinde, sowohl wie die Gaben und der Altar, durch Gebete und Riten von der Vormesse bis zum Kanon purifiziert, geweiht, erhöht, spiritualisiert und daher als mystische Einheit auf die Epiphanie des Herrn zubereitet sind, so bedeutet das Aussprechen der Konsekrationsworte in der Ichform das Sprechen Christi selber, also mithin seine lebendige Gegenwart im Corpus mysticum des Opfers von Priester, Gemeinde, Brot, Wein und Weihrauch, welche eine mystische Einheit darstellen."[37]
Das Ego schließt vieles aus seinem Selbstbild aus. Dadurch zersplittert die Persönlichkeit des Menschen. Das Loslassen des Ego auf eine neue Form der Selbstkonstitution hin ermöglicht eine Zentrierung der Persönlichkeitsfragmente. Durch den Zentrierungsprozess setzt ein Individuationsprozess auf einer neuen Ebene ein. „Das Bewußte umfaßt nicht die Ganzheit des Menschen, denn diese besteht einesteils aus Bewußtseinsinhalten, andererseits aber auch aus seinem unbestimmt weiten Unbewußten... in diesem Ganzen ist das Bewußte enthalten, vielleicht wie ein kleinerer Kreis in einem größeren. Daher besteht die Möglichkeit, das 'Ich' zum Objekt zu machen, respektive die Möglichkeit, daß eine umfänglichere Persönlichkeit stufenweise im Verlaufe der Entwicklung hervortritt und das Ich in Dienst-

[34] Jung, a.a.O., 230. Folgende Zitate: 231 und 226.
[35] A.a.O., 233.
[36] A.a.O., 226.
[37] A.a.O., 233.

barkeit nimmt. Dieser Zuwachs an Persönlichkeit geht aus dem Unbewußten hervor, dessen Grenzen nicht absteckbar sind.“[38] Die zentrierende Menschwerdung des Menschen wird in Träumen häufig als Zusammensetzen von Zerstückeltem dargestellt. „Dieser Vorgang der Menschwerdung wird in Träumen und inneren Bildern als ein Zusammensetzung aus vielen Einheiten, als eine Sammlung von Zerstreutem einesteils, anderenteils als allmähliches Hervortreten und Deutlichwerden von etwas, das stets vorhanden war, dargestellt.“

Der Mensch benötigt zur Überwindung der Existenzebene des Ego die Schau seiner eigenen Ganzheit. Das rituelle Drama spiegelt seine fragmentarische Existenz und seine wahre wesentliche Natur. *Im wahren Selbst ist der voll entwickelte, ganze Mensch dargestellt.* Die Entwicklungsstufe des wahren Selbst übersteigt und vereinigt das mit den Sinnen erlebte bruchstückhafte Leben und die fiktive, nur gedanklich konstruierte Einheit eines alltäglichen Ich. „Als was ich jetzt gesehen werde, das bin ich nicht.“[39] „Ohne die Objektivation des Selbst bliebe das Ich in hoffnungsloser Subjektivität befangen und könnte sich nur um sich selber drehen.“ In der rituellen Überwindung des Ego und der symbolisch vermittelten Ganzheit „verwandelt das eucharistische Mysterium die Seele des empirischen Menschen, der nur ein Teil seiner selbst ist, in ihre Ganzheit, die durch Christus ausgedrückt ist.“ Christus ist in der Eucharistiefeier das Urbild und zugleich das Gegenüber des sich hingebenden Menschen. „Psychologisch betrachtet stellt Christus als Urmensch (Menschensohn, Adam secundus, τέλειος ἄνθρωπος) eine den gewöhnlichen Menschen überragende und umfassende Ganzheit dar, welche der bewußtseinstranszendenten totalen Persönlichkeit entspricht.“[40]

[38] A.a.O., 282. Das folgende Zitat: 287.
[39] A.a.O., 307. Die folgenden Zitate: 307 und 299.
[40] A.a.O., 299.

2.5 Die Verwandlungsprozesse von Menschheit und Kosmos

Der eucharistische Kult zielt nicht auf die Wandlung von Brot und Wein, sondern auf die Verwandlung von Menschheit und Kosmos. Weil diese Wandlungsprozesse das eigentliche Ziel der Eucharistie beschreiben, werden sie in einem eigenen Abschnitt erörtert.

Wolfhart Pannenberg beschreibt eine klassische Funktion des Kultes darin, dass er „die mythische Ordnung des Kosmos … zur Darstellung" bringe.[41] „Gerade darum kann … der Kultus den Bezugsrahmen für die Sinndeutung des alltäglichen Lebens vermitteln. Von der in den religiösen Festen vergegenwärtigten, die Ordnung von Kosmos und Gesellschaft begründenden Sinntotalität her empfangen sowohl die alltäglichen Verrichtungen des Individuums als auch die Ordnung der Alltagswelt ihren Sinn. Sie werden in ihrem Licht sowohl bestätigt als auch korrigiert." Die biblischen Religionen sind bis in ihre Gottesdienste hinein von Transzendenzerfahrungen in geschichtlichen Ereignissen geprägt. Dennoch wäre es eine Simplifizierung, den Mythos und die Inszenierung einer ewigen Ordnung den menschlichen Zeitkonstruktionen alternativ gegenüberzustellen. „Die Grundstrukturen des mythischen Bewusstseins werden von der geschichtlichen Glaubenserfahrung nicht einfach eliminiert, sondern verwandelt bewahrt. Auch die christliche Liturgie ist noch heiliges Spiel, in dessen Mitte die Mahlhandlung Jesu steht, die sein Wirken und Geschick zusammenfasst und die geschöpfliche Wirklichkeit des Menschen in ihrer sozialen Lebensform mit seiner eschatologischen Bestimmung vermittelt".[42]

Die Tiefe des Mysteriums der Eucharistie wird nur dann verstanden, wenn sie auch als mythische Darstellung einer kosmischen Ordnung erfasst wird. Die kosmische Ordnung entfaltet sich aus der Perspektive von Zeitkonstruktionen als eine *dynamische Ordnung*. Die Eucharistie verbindet Menschen mit ihrem Entwicklungsziel in Jesus Christus und leitet transformative Prozesse ein. Die westliche Theologie konzentrierte sich lange Zeit einseitig unter dem Stichwort der „Transsubstantiation" auf die Transformation irdischer Elemente (Brot und Wein) zu einem je nach Position sehr unterschiedlich begriffenen „Leib Christi". Demgegenüber rückten die wesentlichen Transformationsprozesse – die Verwandlung der Kommunizierenden sowie die Verwandlung des Kosmos – theologisch unverantwortlich in den Hintergrund.

Der Theologe *Teilhard de Chardin* (1881-1955) verbindet die Reflexion der eucharistischen Wandlungsprozesse mit dem christologisch-pneumatischen

---

[41] *Wolfhart Pannenberg*, Anthropologie in theologischer Perspektive, Göttingen 1983, 326. Das folgendes Zitat: 327.

[42] A.a.O., 327f. Vgl. *Pannenberg*, Christentum und Mythos, in: *ders.*, Grundfragen systematischer Theologie, Bd. 2, Göttingen 1980, 13-65.

Konzept einer kosmischen *Evolution*. Teilhard zufolge wirkt Christus in den eucharistischen Elementen wie ein Ferment. Durch die kultischen Wandlungsprozesse treibt er die Evolution zu ihrem Ziel – zur Vereinigung von Geist und Materie im Geist Christi – voran. Teilhard bezeichnet diese kosmische Evolution, die vom eucharistischen Christus vorangetrieben wird, als „*Eucharistisation*". „Eucharistisation" ist die pneumatische Hineinnahme des physischen Kosmos in den Leib Christi. Es geht um die Rückführung der Materie in den Geist. „Es will mir scheinen, in einem gewissen Sinn sei die täglich zu konsekrierende wirkliche Substanz das Wachstum der Welt am heutigen Tage – wobei das Brot sehr gut das symbolisiert, was die Schöpfung hervorbringt, und der Wein (das Blut) das, was sie durch Erschöpfung und Leiden bei ihrer Anstrengung verlieren läßt".[43]

Wichtige Ausführungen hierzu finden sich vor allem in Teilhards eucharistischen Frühschriften. In ihnen entfaltet er bereits zentrale Elemente seiner späteren Mystik. Seine eucharistisch-mystischen Texte gehen auf eigene mystische Erlebnisse zurück. Die Texte selbst zeugen bereits von einer meditativen, literarischen und theologisch-reflexiven Verarbeitung. „… die Grenze zwischen einem geschulten Sehen im Sinne wissenschaftlicher Präzision und der Schau im religiös-philosophischen Sinn [ist] bei Teilhard schmal".[44]

In Teilhards mystischer Schau und ihrem reflektierten Verständnis hat die Eucharistie „universale Kraft und universalen Realismus"[45]. Der in ihr geschaute kosmische Christus bildet eine kosmische Achse für die Höherentwicklung des Weltalls. Wie die Kirchenväter, so spricht auch Teilhard von einem geistigen Feuer in den eucharistischen Elementen. Teilhard erlebt dieses personale Feuer, das von Christus ausgeht, als eine universale Kraft. Sie strahlt weit über den kultischen Raum hinaus. „Um den grundlegenden Platz angemessen zu interpretieren, den die Eucharistie tatsächlich in der Ökonomie der Welt einnimmt, … halte ich es für notwendig, im christlichen Denken und Beten den wirklichen und physischen Auswirkungen der eucharistischen Gegenwart einen größeren Platz einzuräumen … Und wie wir im eigentlichen Sinne das lokale Zentrum unserer geistigen Ausstrahlung als ′unseren Leib′ bezeichnen, … müssen wir sagen, daß der Anfangsleib, der *Primärleib* Christi auf die Spezies Brot und Wein begrenzt ist. Doch kann Christus bei diesem Primärleib bleiben? Offensichtlich

[43] *Teilhard de Chardin*, Geheimnis und Verheißung der Erde. Reisebriefe 1923-1939, Freiburg/München ²1961.

[44] *Christoph Benke*, Die Welt als Hostie. Zur Eucharistie-Mystik Pierre Teilhard de Chardins, in: Geist und Leben 77 (2004), 26-36, hier: 35 Anm. 41, Hinzufügung SB. Vgl. zum Folgenden Benkes Darstellung sowie *C. Schlüter*, Konsekration der Welt. Die universale Eucharistie in den frühen Schriften Pierre Teilhards de Chardin, Dissertation Göttingen 1993.

[45] Vgl. *Teilhard de Chardin*, Mein Universum, in: *ders.*, Wissenschaft und Christus, Olten/Freiburg 1970, 96.

nicht… Die Hostie gleicht einem glühenden Zentrum, von dem die Flamme ausstrahlt und sich ausbreitet“.[46]

Teilhard schaut die Energie Christi als einen „Strom von Weiße“. Christus strömt vom eucharistischen Brot aus dem kultischen Raum und erfasst mit seiner verwandelnden Kraft alle Dinge. Er durchdringt und durchglüht sie wie ein reinigendes Feuer. In der Vereinigung mit dieser Energie Christi glüht die Welt auf. „Ich hatte also, während mein Blick auf der Hostie haftete, den Eindruck, daß sich ihre Oberfläche ausweite wie ein Ölfleck, aber, wohlgemerkt, viel schneller und lichter … So umhüllte mich, inmitten eines großen Seufzens, das an ein Erwachen oder an eine Klage denken ließ, der Strom von Weiße, er ging über mich hinaus und überflutete alle Dinge. Und alles bewahrte, in sie hineingetaucht, seine eigene Gestalt, seine autonome Bewegung: denn die Weiße verwischte keine Züge, verwandelte keine Natur, vielmehr durchdrang sie die Gegenstände inniger, tiefer als ihr Leben selbst. Es war, als ob eine milchige Klarheit das Universum von innen her erleuchtete … Durch die geheimnisvolle Ausweitung der Hostie also war die Welt aufgeglüht – in ihrer Totalität, ähnlich einer einzigen großen Hostie … Ich konnte das umso besser sehen, als eine Kraft in mir ebenso wie in allem übrigen wirkte“.[47]

Teilhard beschränkt die Kulthandlung nicht auf eine heilige Zone. Er bezieht von vornherein die Auswirkungen der im Altarraum konzentrierten Energien Christi auf die Welt mit ein. Die eucharistische Kommunion im Kultus wird zur „universalen Konsekration“. „Die kleine reglose Hostie ist in meinen Augen so weit wie die Welt geworden, so verzehrend wie eine Feuersglut. Sie beherrscht mich von überallher. Sie will sich um mich schließen. Eine unerschöpfliche und universale Kommunion beendet die universale Konsekration. Ich wüßte nicht, Herr, wie mich solch großer Gewalt entziehen, und ich liefere mich ihr beseligt aus.“[48]

In der universalen Kommunion Christi mit Menschen und Dingen durchdringt Christus sie reinigend wie ein Feuer. Doch er zerstört die materiell ausdifferenzierte Schöpfung nicht. Er klärt Prozesse und Dinge, er personalisiert das menschliche Bewusstsein. Die eucharistische Energie ist die Energie eines personalen Bewusstseins. Sie ist *„alle im Universum enthaltene Liebeskraft“*.[49]

---

[46] *Teilhard de Chardin*, Mein Universum, in: *ders.*, Wissenschaft und Christus, Olten/Freiburg 1970, 97.

[47] *Ders.*, Christus in der Materie. 2. Die Monstranz, in: *ders.*, Das Herz der Materie, Olten 1990, 98f.

[48] *Ders.*, Der Priester. 3. Die Kommunion, in: *ders.*, Frühe Schriften, Freiburg 1968, 262f.

[49] *Ders.*, Christus in der Materie. 2. Die Monstranz, in: *ders.*, Das Herz der Materie, Olten 1990, 99.

Im Prinzip der Personalität und der Hyperpersonalisierung durch die Integration in eine höhere Ordnung unterscheidet sich Teilhards Mystik von alten und esoterischen Pantheismuskonzepten. Die Unio mit Christus führt die Individuen, die Menschheit und den Kosmos auf eine neue Zentrierungs- und Ordnungsstufe. Durch die Neuorganisation im mystischen Leib Christi gelangt jeder Mensch auf ein höheres Niveau von Personalität. „Die *Vereinigung differenziert* auf jedem beliebigen Gebiet, ob es sich um Zellen eines Körpers handelt oder um Glieder einer Gesellschaft oder um Elemente einer geistigen Synthese. In jeder organisierten Gesamtheit erlangen die Teile Vollkommenheit und Vollendung. Weil wir diese Universalregel vernachlässigt haben, konnten uns so viele pantheistische Lehren zum irrigen Kult eines großen Alls verleiten, in dem die Individuen dazu bestimmt schienen, sich wie Wassertropfen zu verlieren und wie ein Salzkorn im Meer aufzulösen.“[50]

Teilhard geht es in seiner eucharistischen Mystik nicht um die Aufteilung der Welt in einen heiligen Bezirk und profane Zonen. Die eucharistisch Kommunizierenden werden in eine universale Ordnung hineingenommen. „Alle Illusionen eines engen Individualismus muss er… [der Mensch – SB] abwerfen und nun sein Herz nach dem Maß des Universums weiten“.[51] Teilhard kritisiert ein provinziell denkendes und kultisch beschränktes Christentum. Wer der Dynamik der eucharistischen Energie Christi entsprechen will, verharrt weder in kultmystischer Schau, eucharistischer Anbetung oder individualistischem Genuss. Er folgt der Grundbewegung der Vereinigung Christi mit der Welt. Er arbeitet mit am physischen Sichtbarwerden der pneumatischen Gegenwart Christi in allen Prozessen. Die Scheidung von Materie und Geist ist durch die Gegenwart Christi in aller Materie hinfällig geworden. Christi Gegenwart, die in den rituellen Elementen konzentriert aufstrahlt, zielt auf die Wahrnehmung seiner Gegenwart in aller Materie.

Teilhards Forschertätigkeit als Geologe und Paläontologe hat ihn in seiner Selbsteinschätzung nicht in eine andere Sphäre entrückt als seine Wirksamkeit als Priester. Im Sinne Ignatianischer Spiritualität („Gott finden in allen Dingen“) weitet Teilhard seine Wahrnehmung der Gegenwart Christi von der eucharistischen Gegenwart auf Christi Wirken in allen Prozessen aus. Teilhard geht in diesem Zusammenhang soweit, von „Heiliger Materie“ zu sprechen. „Je mehr ich in mich hinabsteige, desto mehr finde ich Gott im Herzen meines Seins; je mehr ich die Verkettungen, die mich an die Dinge heften, vervielfältige, desto enger umschließt Er mich … Heiliges Leben,

[50] *Ders.*, Der Mensch im Kosmos, München ^{2}1959, 254.
[51] *Ders.*, Einführung zu „Das kosmische Leben“, in: *ders.*, Frühe Schriften, Freiburg 1968, 12.

Heilige Materie, durch die ich mich, wie durch die Gnade zugleich, mit der Genesis Christi vereine".[52]

Die mystische Schau in der individuellen Unio und im Kultus sowie eine Wissenschaft, die materialistische Dogmen hinter sich lässt, führen auf ihren voneinander unterschiedenen Wegen zur Epiphanie Christi im Bewusstsein des Menschen. Das wahrnehmende menschliche Bewusstsein selbst ist bereits ein Vollzug der Kommunion Gottes mit der Materie. Die Evolution des Kosmos wird bislang verkürzt dargestellt und dadurch in ihrer Pointe missverstanden. Es gibt keine geistlose Materie. Bewusstsein, das in seiner sich selbst erkennenden Gestalt als Geist Christi verstanden wird, und Materie sind Dimensionen der einen Wirklichkeit. Konflikte zwischen Naturwissenschaft und Theologie verweisen im Denkrahmen einer einheitlich konzipierten Wirklichkeit auf konzeptionelle Fehler und auf die Verabsolutierungen von Einzelergebnissen.[53] Eine materialistische Naturwissenschaft ist ebenso ein Selbstmissverständnis wie eine Religion, die die Welt als geist- und gottlos betrachtet.

Teilhard de Chardin markiert als Naturwissenschaftler und Mystiker eine Trendwende zu einem postsäkularen Denken. Seine konzeptionelle Verbindung der pneumatischen und materiellen Lebensdimension befreit von der gedanklichen Fessel eines materialistisch reduzierenden Evolutionismus. Sie ergänzt die evolutionstheoretischen Konzepte durch ein geistiges Evolutionsverständnis. „Das Christentum wäre in einem materialistischen Evolutionismus erstickt. Findet es nicht sein geeignetstes Klima in den weiten, aufsteigenden Perspektiven eines zum Geist hin mitgerissenen Universums?"[54]

Ebenso wie die Schöpfungslehre (Kosmologie), so bedarf auch die theologische Anthropologie einer evolutionär-pneumatologischen Erweiterung. Sie verliert sonst aus dem Blick, dass der Mensch ein evolutives Wesen bleibt. Die emotionale und geistige Menschwerdung entfaltet sich erst in ihren Anfängen. Zoologisch gesehen, befindet sich der Mensch noch in seiner Kindheit, biologisch gesehen ist er dazu bestimmt, sich in emergenten Prozessen zu entwickeln und zu organisieren. *Christus ist der Welt weder jenseitig, noch ist er in der Welt wirkungslos gegenwärtig. Christus ist umwandelnd in der Welt gegenwärtig.* Er lenkt die Schöpfung im Sinne einer creatio continua als ihr personal-geistiges Zentrum. Er ist in der Materie energetisch anwesend und wirksam wie ein Ferment.

---

[52] *Ders.*, Das kosmische Leben, in: *ders.*, Frühe Schriften, Freiburg 1968, 9-82, hier: 69.

[53] Siehe oben S. 27f.

[54] *Teilhard de Chardin*, Die Mystik der Wissenschaft, in: *ders.*, Die menschliche Energie, Olten/Freiburg 1966, 242.

2.6 Die Eucharistie als Nahrung

Wer die Kraft der eucharistischen Vereinigung für seinen Entwicklungsweg nutzen will, braucht möglichst einen täglichen Zugang zu ihr. Die Entfernung der Eucharistie aus dem alltäglichen Lebensrhythmus führt nicht zur Entfaltung ihres Mysteriums, sondern zu wachsender Entfremdung und Nichtverstehen.

Die eucharistische Theologie der Kirchenväter hatte ihren Sitz im Leben in der täglichen oder zumindest mehrmals wöchentlichen Kommunionserfahrung. Die tägliche Feier ist von den nordafrikanischen Theologen Tertullian[55] und Cyprian[56] bezeugt. Auch wenn sich die Praxis der täglichen Kommunion in der Antike nicht ganz durchsetzte,[57] so ist doch damit die alltagsprägende Kraft dieses Mysteriums gut bezeugt.

Da nicht alle Gemeindeglieder an einer täglichen Feier teilnehmen konnten, war es zu frühkirchlicher Zeit noch üblich, Gemeindegliedern ihre „Wochenration" an geistlichem täglich Brot in die Hände mit nach Hause zu geben. Aufschlussreich für die Mitgabe der Eucharistie als geistliches tägliches Brot sind vor allem die Ausführungen von *Basilius dem Großen* (330-379). Der Asket und Bischof von Cäsarea in Kappadokien votiert für die tägliche Kommunion. Wer sich täglich in der Eucharistie mit Christus vereinigt, wird ihre Auferstehungskräfte in sich erfahren. Er steigert seine Lebenskräfte um ein Vielfaches, indem er das künftige Leben in diesem zu leben beginnt. „Täglich zu kommunizieren und am hl. Leibe und Blute Christi teilzunehmen, ist gut und nützlich, da er selbst ausdrücklich sagt: 'Wer mein Fleisch ißt und mein Blut trinkt, der hat das ewige Leben.' [Joh 6,55] Wer zweifelt denn daran, daß die stete Teilnahme am Leben etwas anderes sei, als auf vielfache Weise leben? Wir wenigstens kommunizieren jede Woche viermal, am Herrntage, am vierten Tage, am Rüsttag und am

---

[55] *Tertullian*, Über den Götzendienst, 7. In: *ders.*, Tertullians private und katechetische Schriften, übersetzt von K. A. Heinrich Kellner, Kempten/München 1912 (BKV 7), 137-174, hier: S. 146.

[56] *Cyprian*, ep. 57,3: „wir Priester, die wir täglich Gottes Opfer feiern", in: *ders.*, Des heiligen Kirchenvaters Caecilius Cyprianus Briefe, übersetzt von Julius Baehr, München 1928 (BKV 60), S. 201. Cyprian, dom. or. 18: „damit wir, die wir in Christus sind und seine Eucharistie jeden Tag als Speise des Heils empfangen, vom Leibe Christi nicht getrennt werden", in: *ders.*, Des Heiligen Kirchenvaters Caecilius Cyprianus Traktate, übersetzt von Julius Baehr, Kempten/München 1918 (BKV 34), S. 181. Vgl. *Joseph Duhr*, Communion fréquente, in: DSp 2, Paris 1953, Sp. 1234-1292, für die Alte Kirche: Sp. 1237-1246.

[57] Nach Augustinus wurde in einigen Gemeinden täglich, in anderen nur samstags und sonntags, in wieder anderen nur sonntags die Eucharistie gefeiert. Vgl. *Martin Wallraff*, Von der Eucharistie zum Mysterium, in: *Peter Gemeinhardt/Uwe Kühneweg*, Patristica et Oecumenica. FS W. A. Bienert, Marburg 2004, 89-104, hier: 96, Anm. 26.

Sabbat, und auch an den andern Tagen, wenn er ein Gedächtnistag eines Heiligen ist."[58]

Die Praxis der Mitnahme des eucharistischen Brotes hielt sich besonders lange im Mönchtum. Auf diese Weise konnten die Einsiedler in der Wüste an der umwandelnden eucharistischen Energie teilhaben. „Denn alle, die in den Wüsten, wo kein Priester ist, ein Einsiedlerleben führen, haben die Kommunion zu Hause und empfangen sie aus eigener Hand."[59]

Die Eucharistie ist Energie für den Geist, die Seele und den Leib. Sie wirkt auf den Menschen so umwandelnd wie Muttermilch als Nahrung für einen Säugling. Ohne geistige Nahrung verkümmert das Wesen des Menschen. Entsprechend schilderten die Kirchenväter Christus in mütterlichen Bildern als Brüste des Vaters, die Eucharistie als Milch und die eucharistische Feier als Stillvorgang für den Menschen. Christus nährt seine Söhne und Töchter an seiner Brust, um sie zu ihrer vollen Größe aufwachsen zu lassen.[60] In der Eucharistie wird, nach Justin (100-165), „unser Fleisch und Blut durch Umwandlung genährt".[61]

Aus der Sicht spiritueller Biographien bildet ein inniges Leben mit dem eucharistischen Christus häufig das Rückgrat tief reichender geistiger Verwandlungsprozesse. Mystiker wie Charles de Foucauld haben die Eucharistie nicht als totes Ritual und als „permanentes Requiem für den toten Jesus"[62] begangen, sondern sie haben ihre Energie zur persönlichen Verwandlung gebraucht. Die eucharistische Vereinigung mit der konzentrierten Gegenwart Christi ist neben der Versenkung in Evangelientexte, Meditation und Gebet eines der zentralen Kraftfelder im Christentum. In der physisch vermittelten Vereinigung strömen Auferstehungskräfte auf die Einzelnen über. Gleichzeitig werden die mit Christus Vereinigten in seinem Energiefeld neu geordnet und miteinander vernetzt. Wer mit Christus kommuniziert, ist nicht mehr ein Einzelner. Wer sich auf ihn zentriert, wird zur Zelle eines zunächst wahrnehmungs-transzendenten Organismus, der

---

[58] *Basilius der Große*, Des Heiligen Kirchenlehrers Basilius des Grossen Bischofs von Cäsarea ausgewählte Briefe, übersetzt von Anton Stegmann, München 1925 (BKV 46), ep. 93 „An die Patrizierin Cäsarea", S. 140f, hier: 140. Zitate im Folgenden: 140f. – Vgl. zur Mitnahme des eucharistischen Brotes durch Gemeindeglieder, Eremiten und in den Klöstern: *Hans Bernhard Meyer*, Eucharistie, Regensburg 1989 (Gottesdienst der Kirche. Handbuch der Liturgiewissenschaft, 4), S. 550.

[59] Bereits der Apologet Justin berichtet, dass das konsekrierte Brot Abwesenden durch Diakone gebracht wird: „jeder erhält seinen Teil von dem Konsekrierten; den Abwesenden aber wird er durch die Diakonen gebracht". *Justin der Märtyrer*, Die beiden Apologien, in: Frühchristliche Apologeten und Märtyrer, Kempten/München 1913 (BKV 12), 55-155, hier: 1. Apologie, 67. Abschnitt, S. 136.

[60] Vgl. *J. Betz*, Die Eucharistie als Gottes Milch in frühchristlicher Zeit, in: ZKTh 106 (1984), 1-26 und 167-185.

[61] Justin der Märtyrer, a.a.O. (Anm. 59), 1. Apologie, 66. Abschnitt, S. 135.

[62] *Kurt Koch*, Eucharistie, Freiburg Schweiz 2005, 150.

sich jedoch aufgrund der Einheit der Wirklichkeit in Sozialformen und Aktionen äußert.

Insofern stellt das eucharistische Ritual neben der Taufe die wichtigste „Kasualie“ des Christentums dar. Sie ist, mit van Gennep gesprochen, das wichtigste *Übergangsritual* (ritus de passage).[63] Sie ist im eminenten Sinne ein *Pascha-Ritual* – das Hinübergehen des Menschen von einer sinnlich-materiellen Existenzform in eine geistige Existenzform. Mit Leo dem Großen formuliert: „Wir gehen in das über, was wir empfangen.“[64] Bei der eucharistischen Kommunion geht es nicht um eine distanzierte Anbetung Jesu Christi. Sondern es geht um eine wirkliche Unio, um die reale Vereinigung mit seiner Natur, die die Evolution der menschlichen Natur vorwegnimmt. Christus zieht Menschen aus einer eindimensional physisch-seelischen Existenzform zu einem Entflammtwerden ihres Geistes, auf die mystische Erkenntnisstufe ihrer selbst und der Wirklichkeit. Christus nimmt die mit ihm Vereinigten in das Geheimnis der Gattung Mensch hinein: Geistig bildet die Menschheit einen einzigen Leib. Sie ist ein in sich gegliederter Organismus, in dem jeder Mensch eine Zelle, ein Organ bildet. Die Menschheit ist der physische und geistige Leib Christi, der von ihm evolutionär gebildet und geleitet wird. Diese Evolutionskräfte strömen durch die eucharistische Unio in die Menschheit hinein. Die Eucharistie enthüllt das Geheimnis des Menschen: das Entwicklungsziel des Individuums und die Zukunft der menschlichen Evolution. In den Worten von Augustinus: „Wenn ihr selbst also Leib Christi und seine Glieder seid, dann liegt auf dem eucharistischen Tisch euer eigenes Geheimnis… Ihr sollt sein, was ihr seht, und sollt empfangen, was ihr seid.“[65]

In wem Christi Auferstehungskräfte wohnen, der wird zunehmend Christus gleichgestaltet. Von dem strömen heilende und sozial verbindende Kräfte aus. Der verwandelte Mensch wird selbst zur Eucharistie, zur „Speise“ für seine Mitmenschen. Mit Origenes: „Weil Jesus als Ganzer im Ganzen rein ist, darum ist sein Fleisch eine Speise und sein ganzes Blut ein Trank. Denn jedes seiner Werke ist heilig und jedes seiner Worte ist wahr. Darum ist also sein Fleisch eine wahre Speise und sein Blut ein wahrer Trank. … Und so vermag jeder, je nach der Menge seiner Verdienste oder der Reinheit seiner Sinne seinem Nächsten eine reine Speise zu werden… Jeder Mensch hat eine gewisse Speise in sich…“[66]

---

[63] *Arnold van Gennep*, Übergangsriten, Frankfurt M. 2005.
[64] *Leo der Große*: „quam ut in id quod sumimus transeamus“ (Jaques-Paul Migne, PL 54, 357c).
[65] Augustinus, In Joann. Tr. 26, c.b.n. 13, zitiert nach: Koch, a.a.O. (Anm. 62), 29.
[66] *Origenes*, Homilien zu Leviticus 7,5.

3. Die Taufe als Wandlungsritual

Jean-Francois Lyotard beschreibt als eine Aufgabe der Gegenwartskunst: Sehen zu lassen, dass es Unsichtbares im Sichtbaren gibt. Der Land-Art-Künstler Andy Goldsworthy montiert im Film „Rivers and Tides“ Materialien wie Eiszapfen, Blätter und Treibholz, um die unsichtbaren Energien einer Landschaft im Kunstwerk wie in einem Prisma zu bündeln.[1] Er wirft roten Steinstaub in die Luft, um für einen kurzen Moment das sichtbar zu machen, was nur er als anwesend spürt und was andere übersehen hätten.

Rituelle Symbolhandlungen sind Prismen des Unsichtbaren. Wer Riten vollzieht, ist ein Landart-Künstler des Heiligen. Er/sie bündelt das Wirken des Geistes in Prismen für diejenigen, deren geistige Augen und Ohren noch verschlossen sind.

Luthers Taufbüchlein (1526) ist eine Anleitung für liturgische Land-Art.[2] Der liturgische Land-Art-Künstler gebraucht den menschlichen Körper, die Stimme in ihren verschiedenen Tonlagen sowie Requisiten als Prismen für einen geistigen Einweihungsweg. Ein Schwellenritual (van Gennep) wird leibhaftig durchlebt.[3] Sein Inhalt muss nicht herbeigeredet werden. Die Taufhandlung beginnt *vor* der Kirche bzw. an der Kirchenschwelle (ad limen ecclesiae). Jeder sieht damit: Getauftwerden ist ein Weg. Vor dem Überschreiten der Schwelle liegen die Trennungsriten, die den Täufling aus seinem bisherigen Lebensraum herauslösen: ein kleiner Exorzismus (mit ihm beginnt bei Luther die Liturgie), Kreuzeszeichen, Gebete, ein großer Exorzismus, das Verlesen des Kinderevangeliums (in anderen frühen lutherischen Kirchenordnungen auch eine Ansprache an die Paten und deren Verpflichtung), das Vaterunser. Am Taufstein folgen: die Abrenuntiatio, das Glaubensbekenntnis und der Waschritus mit weiteren Symbolhandlungen.

Das Tridentinische *Rituale Romanum* inszeniert den liminalen Sinn der Taufe (die Herauslösung aus der todverfallenen Welt und die Eingliederung in den ewigen Leib Christi) noch dramatischer miterlebbar:

---

[1] Siehe oben S. 158ff.

[2] Vgl. zum Folgenden *Paul Graff*, Geschichte der Auflösung der alten gottesdienstlichen Formen in der evangelischen Kirche Deutschlands, Bd. 1, Waltrop 1994, 286ff.

[3] *Arnold van Gennep*, Übergangsriten, Frankfurt M. 2005. Vgl. *Victor Turner*, Das Ritual. Struktur und Anti-Struktur, Frankfurt M. 2005.

(1) *vor der Kirchenschwelle* die *Trennungsphase* mit exorzistischen Handlungen, Anblasen, Überreichen von geweihtem Salz, dann

(2) eine *Prozession als eigentliche Zwischen- und Schwellenphase*. Der Priester führt die Taufgemeinde in die Kirche ein. Die Prozession endet *in einiger Entfernung vom Taufstein*. Hier präpariert der Priester den Täufling für seine künftige Lebensform: eine Lebensgemeinschaft mit Jesus Christus, der Geist ist. Dafür öffnet er dem Täufling rituell Ohren und Nase. Er stärkt und versiegelt ihm das geistige Auge, die Stirnmitte („drittes Auge"). Er lässt den Täufling die endgültige Absage an lebenszerstörende Mächte sprechen. Er stärkt und versiegelt sein Herz als Personzentrum mit heiligem Öl durch eine Salbung auf der Brust und zwischen den Schultern. Während dieser kritischen Phase trägt der Priester eine violette Stola, am Zielort eine weiße Stola.

(3) Der Waschritus wird erst in dieser dramatischen Abfolge der Symbolhandlungen als *Eingliederungsritus* sinnlich einsichtig. Er bildet das Ziel der Prozession: die Vereinigung dieses menschlichen Lebens mit dem Lebensweg Jesu Christi. In der frühen Kirche folgte als vierter Teil eine rituelle Inszenierung des erlangten ewigen Lebens: die rituelle Vereinigung mit Christus in der Eucharistie.

Je stärker die Gesamtkomposition zerstückelt und reduziert wird, desto unverständlicher und interpretationsbedürftiger werden die Restteile. Desto willkürlicher und abstrakter klingen verbale Ersatzteile, die in die Lücken Inhalte hineinsprechen müssen.
Luther hatte mit seinem Taufbüchlein bis um 1800 die symbolische Grundstruktur für die Taufordnungen der lutherischen Landeskirchen geschaffen. Variationen gab es fast nur in den Redeformularen. Der evangelische Zeitgeist um 1800 setzte auf Rederitis statt Ritus.[4] Viel Ton, wenig Bild. Seitdem krankt die evangelische Taufpraxis an Wasserknappheit bei Redeschwall. Bürgerlicher Kleingeist ängstigte sich vor allem, was er nicht verstand: vor dem Unsichtbaren ebenso wie vor körperlichen Ausdrucksformen für unsichtbar Anwesendes. Der evangelische Initiationsweg wurde so kurz wie bürgerlicher Kleingeist reichte: Er endete räumlich und auch geistig (im Redeschwall) in der guten Stube und in Gartenlaubenromantik. An die Stelle einer Vereinigung von Mensch und Gott traten mit der Wohnstubensymbolik die Familienbande und die Einführung in bürgerliche Sitten.

---

[4] Vgl. *Paul Graff*, Geschichte der Auflösung der alten gottesdienstlichen Formen in der evangelischen Kirche Deutschlands, Bd. 2, Waltrop 1994, 223ff.

Wer seinen Geist nicht mehr durch Symbole des Überzeitlichen weiten will, betet die Kälber seiner Zeit an. Der Emanzipation versprechende evangelische Rationalismus führte Menschen mit seinen sinnlichen und verbalen Symbolen nicht weiter als in die gute Stube.
Zudem irrte er mit seiner impliziten These, dass Menschen nur *redend* mit Gott und untereinander kommunizieren. Die Bilder- und Mediengesellschaft drängt den protestantischen Dozenten und abstrakten Entertainer endgültig in die Nischenkultur.
Menschen verstehen mit den Augen und dem Herzen mehr als evangelische liturgische Schonkost ihnen zutraut. Wenn ich in Vorbereitungsgesprächen Menschen Taufsymbole und Redeteile zusammenstellen lasse, entscheiden sie sich stets für große und gut inszenierte Bilder, ′im liturgischen Musikbett′. Wenige Zwischenkommentare reichen für ein tiefes Miterleben der Taufgemeinde. Ars liturgica als Heiliges Theater, das Urbilder vom Menschen zwischen Himmel und Erde inszeniert.
Die *Absage an das Böse* (Abrenuntiatio) nimmt die Erfahrung des Bösen im Leben ernst. Fünf Minuten Tagesschau reichen für eine nicht-mythologische Interpretation und ein Verständnis des Bösen in der Gegenwart. Menschliches Leben bleibt gefährdetes Leben. Christ werden bedeutet eine Entscheidung gegen partikuläre Mächte zugunsten einer weltumspannenden Menschengemeinschaft. Es bedeutet eine Absage an Gewalt und ein Vertrauen auf die Verwandlung des Menschen durch Liebe. Die alten Formeln: „Widersagst du dem Satan (dem Bösen), seinen Werken, seinem Pomp…“ markieren den Ernst dieser Lebenswende, im Unterschied zu einem netten Familienfest oder zur Aufnahme in einen Verein. Gleiches wird deutlich, wenn die Form der Abrenuntiatio mit frei formulierten Absagen durch Eltern und Paten gestaltet wird, die diese vorbereitet haben.

Auch mit der Akzeptanz der *Salbungen* sollte gerechnet werden. Das altkirchliche Taufritual kannte zwei Arten der Salbung. Eine vorbereitende Salbung des Herzens in Kreuzform sollte zum Kampf gegen das Böse stärken (die „Katechumenensalbung“). Öl ist die gespeicherte Lichtkraft des Sommers. Sie wird durch Gebet mit Christus-Kräften verbunden. Die wichtigere Salbung geschieht mit Chrisam-Öl. Chrisam ist ein stark duftendes Öl, das mit Balsam und Gewürzen vermischt wurde. Es ist das Öl, das Könige macht. Im Judentum wurden Könige und Propheten mit Chrisam gesalbt, und zwar auf dem Scheitel. Der Scheitelpunkt (das „Kronenchakra“) gilt als menschliches Tor zum Himmel. Die Kraft der Salbung öffnet es und führt den Menschen zurück in die Lebensgemeinschaft, die ihm verschlossen war.

Der Getaufte ist Priester, der Himmel und Erde wieder verbinden kann. Mit den Kräften des Himmels kann er die Erde verwandeln. Der Getaufte ist ein königlicher Mensch, dessen Geist nicht mehr auf das Horizontale beschränkt ist. Sondern er richtet sich seelisch und körperlich auf, dadurch dass sein Geist aufgerichtet wurde und nun licht ist. Der Getaufte ist Prophet geworden durch seinen aufgerichteten Geist. Er kann Dinge und Verhältnisse beim wahren Namen nennen, wie und was sie vor Gott sind, und nicht allein vor Menschen.

Das weiße *Taufgewand*, das sogenannte Westerhemd, und die an der Osterkerze entzündete Taufkerze inszenieren diese geistige Verwandlung durch die Lebensgemeinschaft mit Gott sinnlich: Der Täufling hat Christus angezogen wie ein weißes, lichtes Gewand (Gal 3,27). In ihm strahlt das Licht des wahren Menschen schon jetzt. Wenn er auf diesem Weg der Einweihung weitergeht, kann die Nacht des Todes seinem Leben nichts mehr anhaben.

4. Die Bestattung als Wandlungsritual für die Verstorbenen

4.1 Vom Totenkult zum Fetisch Markt

Die Reformation war eine Zerstörerin von Friedhofskultur und Totengedächtnis. Dies hatte damals gute Gründe: Die Sorge für das Seelenheil der Toten erdrückte die Lebenden – seelisch und finanziell. Daher zog Luther hier klare Grenzen: gegen eine Werkerei für die Toten, um die Lebenden von ihnen zu befreien.

Inzwischen hat sich der gesellschaftliche Kontext drastisch gewandelt. Die Fronten für die Rechtfertigungsbotschaft sind nicht mehr ein ausufernder Totenkult. Sondern im Gegenteil: eine zunehmende Entsorgungsmentalität gegenüber Hochbetagten, Dementen, Sterbenden und Toten. In der Entsorgungsmentalität gegenüber Toten spiegelt sich die Kultur der Lebenden wider: eine Gesellschaft, deren Credo in Marktgesetzen formuliert ist und die sich von der technischen Neuschöpfung eines zweiten Menschen mehr Gewinn verspricht als von einem zunehmend humanen Umgang mit den Lebenden und ihren natürlichen Grenzen.

Demgegenüber steht die Evangelische Kirche vor der Aufgabe, ihre Rechtfertigungsbotschaft neu zu formulieren und liturgisch neu zu inszenieren: als sinnenfällig werdender Glaube vom bleibenden Wert des lebenden, sterbenden und physisch toten Individuums. Der Mensch ist nicht nur Konsument, Produzent oder zeitweise Arbeitnehmer, sondern ein körperlich sichtbares Subjekt mit einer unsterblichen Seele und einem unsterblichen Geist. Die Rechtfertigungsbotschaft hat heute vor allem diesen seelischen und geistigen Mehrwert des Menschen gegenüber einem materialisierenden Reduktionismus zu formulieren, und sie sollte ihn in der Mediengesellschaft möglichst sinnlich inszenieren. Gerade die Umgangsformen mit den Toten können den reformatorischen Protest der Gnade in einer ökonomisierten Gesellschaft konkret veranschaulichen. Die Gestorbenen haben sich aus der Konsumentenkette verabschiedet. Die Kirche handelt an ihnen als Glieder der Gemeinschaft der Heiligen. Die Toten gehen nicht ins Nichts. Sie durchlaufen einen Verwandlungsprozess von der physisch sichtbaren Existenz hinein in eine geistig reale Existenzform. Die Kirche begleitet geistig sehend und handelnd diesen Verwandlungsweg.

4.2 Der Pfarrer als „lebender Palmkübel"

Bereits im 19. Jahrhundert wurden in der liturgiewissenschaftlichen Diskussion die Unstimmigkeiten zwischen den alten Fronten der Rechtfertigungsbotschaft und den sich wandelnden gesellschaftlichen Verhältnissen empfunden und formuliert. Die bürgerliche Bestattungskultur begann zu bröckeln unter dem Ansturm eines zunehmend materialistisch denkenden, maschinisiert und mechanisiert zupackenden Industriezeitalters, mit seinen typischen Erfindungen: Kühlhaus, Verbrennungsofen (ein Ableger der neuen Müllverbrennungsanlagen) und Reihengrab, um die Entsorgung der Toten technisch effizient und auf dem neuesten Stand des medizinisch-wissenschaftlichen Hygienediskurses zu gewährleisten.[1] Die Toten wurden von den Lebenden sinnlich-sichtbar, aber auch zunehmend geistig getrennt. Sie erhielten ihr eigenes Getto. Sie wurden mit Schlachthöfen, Krankenhäusern und Irrenanstalten aus den boomenden Städten der Lebenden ausgegrenzt und vor die Stadttore verlagert. Die sinnenfälligen Zeichen für die Unauflöslichkeit einer Gemeinschaft der Heiligen aus den physisch Lebenden und den geistig-seelisch fortexistierenden Verstorbenen wurden damit randständig.

Im Fortschreiten dieses Ausdifferenzierungsprozesses der Moderne wurden die Toten den Pfarrern und Familien enteignet. Die Familie wurde zunehmend zum Adressaten komplizierter Verwaltungsvorgänge. Die Toten waren vorrangig ein hygienisches und ein Entsorgungsproblem geworden. (Ein Toter ist heute zwar zunächst noch ein Gegenstand des Personenrechtes, fällt aber ebenso in den Bereich des Sachen- und Seuchenrechtes.) Mit der Marginalisierung der Toten als Person verkam zugleich die Rolle des Pfarrers im Zusammenspiel von Fuhrunternehmern und Tischlern, die sich als „Bestatter" selbständig machten. Der Pfarrer wurde, wie aus Klagen um 1900 verlautet, zu einem „lebenden Palmkübel", zum bloßen Zierrat. Seine Rolle im Verband der anderen Dienstleister „rund um den Tod" wurde ihm selbst unklar, während die nachrückenden Bestattungsdienstleister nun klare Profile ausbildeten. Den Toten physisch sachgerecht unter die Erde bringen konnten andere auch. Trost spenden für die Hinterbliebenen konnten auch Redner, die zugleich Teile alter Rituale adaptierten und modernisierten. Inzwischen organisieren adressatennahe Bestatter für die Hinterbliebenen Trauergruppen mit professionellen Psychologen.

Angesichts dieser Fragmentierung der Liturgie und der Marginalisierung von Religion im Umfeld des Todes kam es im 19. Jahrhundert zu einem ersten großen innerevangelischen Streit in Sachen „Verstorbener": Sollte es

---

[1] *Norbert Fischer*, Zwischen Trauer und Technik. Feuerbestattung, Krematorium, Flamarium, 2002. *Ders.*, Vom Gottesacker zum Krematorium, Böhlau 1996.

unter den gewandelten Bedingungen wieder ein evangelisches Geleit für den Verstorbenen geben und nicht nur Trost für die Hinterbliebenen? Damit waren die Fragen nach der Legitimität der Fürbitte für die Toten, Aussegnung und Segnung der Toten verbunden.[2]

[2] Vgl. den Diskussionsstand bei *Ernst Chr. Achelis*, Lehrbuch der Praktischen Theologie, Bd. I, Leipzig ^{3}1911, 520ff. Die Einsegnung der Leiche im Sterbehause oder am Grabe *befürwortete* u.a. Carl I. Nitzsch (vgl. auch die kirchliche Fürbitte bei W. Löhe, 1844). *Ablehnend* äußerten sich u.a.: Claus Harms, Theodor Kliefoth und Theodosius Harnack sowie Ernst Chr. Achelis.

4.3 Die mystische Gemeinschaft zwischen Lebenden und Toten in Christus

Einen Neuansatz zum Verständnis des Wesens der evangelischen Bestattung entwickelte im 20. Jahrhundert *Dietrich Bonhoeffer*. Bonhoeffer setzt ekklesiologisch bei der Sanctorum Communio ein, die an der Grenze des physischen Lebens nicht endet. Die menschlichen Beziehungen, sowohl zwischen Lebenden als auch zwischen Verstorbenen, sind im mystischen Leib Christi durch Christus vermittelt. Christus ermöglicht ein stellvertretendes Handeln füreinander, zwischen Lebenden, Sterbenden und Verstorbenen. „Nur bedingt behält das Psalmwort Recht: ′Kann doch einen Bruder niemand erlösen; man muß es lassen anstehen ewiglich.′ [Ps 49,8f] Die Fürbitte ist wie jedes andere Gebet kein Gottzwingen, aber – wenn Gott selbst das letzte tut, dann kann ein Bruder den anderen erlösen, in der Kraft der Gemeinde.“[3]

Bonhoeffer greift zur Entfaltung dieser Gedanken auf Luther zurück.[4] In der vom Motiv der Werkerei befreiten, ewigen Gemeinschaft finden das Geleit für die Sterbenden, für die Toten und die Gemeinschaft mit den physischen Verstorbenen ihren evangelischen Ort. Bonhoeffer: „Und selbst, wenns zum Sterben kommt, soll ich gewiß sein, daß nicht ich oder doch nicht ich allein sterbe, sondern daß Christus und die Gemeinde der Heiligen mit mir leidet und stirbt. In der Geleitschaft der ganzen Kirche gehen wir den Leidens- und Todesweg. [mit Luther:] ′Soll ich sterben, sso bin ich nit alleyn ym tod, leyd ich, sie leyden mit mir′; nämlich Christus ′mit allen heyligen Engelln und seligen ym hymell und frummen menschen auff erden′.“[5]

Bonhoeffer setzt voraus, dass der verstorbene Christ menschlich konstituierte Gemeinschaften verlässt, jedoch weiterhin zur Sanctorum Communio gehört. „Mit dem Tode hat der Anspruch der Familie auf ihn ein Ende, er gehört jetzt ganz zur Gemeinde.“[6] „Die Gemeinschaft zwischen Gemeinde und verstorbenen Christen bleibt ewig.“[7] Bonhoeffer bezieht sich für das Recht einer Fürbitte für Verstorbene direkt auf Luther: „so magst du es tun daheim in deiner Kammer, und das einmal oder zwei und laß darnach gut sein. Sprich... und es soll damit getan sein, und laß sie in Gott schlafen;

---

[3] *Dietrich Bonhoeffer*, Sanctorum Communio, hg. v. J. v. Soosten, München 1986 (DBW 1), 123-126.

[4] Vor allem auf Luthers Tesseradecas consolatoria pro laborantibus et oneratis (1520), WA VI, 130ff.

[5] SC 119, Zitat: *Martin Luther*, Sermon von dem hochwürdigen Sakrament des heiligen wahren Leichnams Christi, 1519, WA 2, 745.

[6] *Dietrich Bonhoeffer*, Illegale Theologenausbildung: Finkenwalde 1935-1937, hg. v. O. Dudzus et al., Gütersloh 1996 (DBW 14), 745, folgendes Zitat: 746.

[7] Vgl. *Bonhoeffer*, Finkenwalder Homiletik, DBW 14, 741ff, hier: 746.

denn bittest du etwas und glaubst, so ists gewiß, daß du erhört bist." „Für die Toten, weil die Schrift nichts davon meldet, halte ich, daß aus freier Andacht nicht Sünde sei, so oder desgleichen zu bitten..."[8] Zugleich hält Bonhoeffer mit Luther an der Ablehnung von Opfermessen für die Toten fest, von Bekehrungen im Totenreich und Unruhe über das Schicksal der Verstorbenen.

Die Bekenntnisschriften der lutherischen Kirche stehen einer Neuaufnahme des Diskurses über ein evangelisches Totengeleit nicht im Wege. Sie kennen kein Verbot der Fürbitte für die Toten. Die Apologie der Confession (Art. 24) will den altkirchlichen Brauch des Gebets für die Verstorbenen nicht hindern. Nur „eine Anwendung des Herrenmahls an Tote aus dem Vollzug heraus (ex opere operato) verwerfen wir".[9] Der mystische Leib Christi lässt weder die Verabsolutierung der Lebenden noch die Verabsolutierung der physisch Toten zu. Jenseits einäugiger Theologie und Liturgie gilt: Die Adressatin der gottesdienstlichen Handlungen bei der Bestattung sind weder nur die Hinterbliebenen noch allein die Toten. Adressatin ist die Sanctorum Communio in ihrer mystischen Gemeinschaft aus Lebenden und Toten.[10] Im Extremfall heißt dies: „Auch wenn gar keine leidtragenden anderen Gemeindeglieder anwesend sind, behalten die Kernstücke der christl. Bestattung ... ihr volles Recht."[11] Aus dieser ekklesiologischen Perspektive spricht sich die *VELKD-Agende* klar für die Fürbitte und auch die Segnung der Toten aus. „Das fürbittende Gebet für die Toten ist in der über den Tod hinausreichenden Gemeinschaft mit Christus begründet. Die betende Gemeinde hält sich an die Verheißung der Gnade... Das Gebet nimmt die Hoffnung auf die Auferweckung und Vollendung auf."[12] Wo verschiedene Segnungsformen regional noch lebendig sind, sollten sie der Agende zufolge sorgfältig bewahrt werden. Ansonsten sollten sie neu gewonnen werden.

---

[8] Vgl. *Martin Luther*, Predigten des Jahres 1522, 59 (2. Nov.), WA 10/3, 409 und *ders.*, Vom Abendmahl Christi, Bekenntnis, 1528, WA 26, 508.

[9] „Quod vero allegant adversarii patres de oblatione pro mortuis, scimus veteres loqui de oratione pro mortuis, quam nos non prohibemus, sed applicationem cenae Domini pro mortuis ex opere operato improbamus" (ApolCA XXIV, 94, BSLK 375, 46f, nur im lat. Text).

[10] Vgl. zur Kontroverse *Georg Rietschl/Paul Graff*, Lehrbuch der Liturgik, Bd. 2, Göttingen ^{2}1952. Auch er löst die Kontroverse ekklesiologisch auf: „Nur dann, wenn wir die Feier als Handlung der Gemeinde ansehen, erledigt sich die Frage, ob sie den Toten oder nur den Hinterbliebenen gilt; denn beide gehören eben zur Gemeinde" (766).

[11] Lotz, zitiert in: Rietschl/Graff, a.a.O., 766.

[12] *Agende für evangelisch-lutherische Gemeinden*, hg. v. der Kirchenleitung der VELKD, Bd. 3: Die Amtshandlungen, Teil 5: Die Bestattung, Hannover 1996, 20f, vgl. zu Aussegnung (Valetsegen) und Segnung der Toten nach der Grablegung S. 22. Die Agende kennt auch Bedenken zur Segnung, aber: „Sie sieht sie – im Sinn einer intensiven Form des fürbittenden Gedenkens – als „gliedkirchlich mögliche Variante" vor (22) – Vgl. die „Erläuterungen" zur Fürbitte für die Toten (13.31).

4.4 Der Verwandlungsweg der Toten

Die Bestattung ist ein Schwellenritual. Sie geleitet einen physisch Verstorbenen in seiner neuen Lebensform als pneumatischer Leib, Seele und Geist aus der physischen Welt in eine schwerer wahrnehmbare Dimension hinüber. Die Bestattung ist das Weggeleit für einen menschlichen Wandlungsprozess.
Hans-Martin Gutmann hat versucht, das Wesen der Bestattung von einem kulturhermeneutischen Standpunkt aus neu zu bestimmen. Er bezieht sich wesentlich auf den Kinofilm „The Sixth Sense" von M. Night Shyamalan (1999). Im Film sagt der hellsehende Junge Cole: „Wenn Menschen glauben, dass sie etwas verlieren, dann stimmt das oft nicht, es ist nur woanders". Die Toten existieren weiter. Sie gehen lediglich in einen anderen Seinszustand über – in den von lebenden Geistern bzw. in eine Dimension, die nur feineren Sinnen zugängliche ist.
Gutmann nennt drei Ziele des kirchlichen Bestattungsrituals:

a. Trauernde erkennen an, dass die Toten tot sind;
b. Erkennen: Der Tod ist keine völlige Beziehungslosigkeit, sondern es gibt eine neue Beziehung;
c. Auch die Toten müssen realisieren, dass sie tot sind. Sie müssen sich aufmachen, um den anderen Weg zu gehen.[13]

„Die kirchliche Bestattung ist ein Transformationsritual nicht nur für die Hinterbliebenen, sondern auch für die Verstorbenen... Sie müssen lernen, dass sie tot sind, und sie sollen für sich die Verheißung annehmen, dass sie auferstehen werden. Aufgabe der Predigt [und der Liturgie!] wäre, ihnen die Rechtfertigung so machtvoll zuzusagen, dass sie ihre bisherige Lebensgeschichte fahren lassen und sich ohne Angst dem Tod, aber auch dem verheißenen neuen Leben öffnen können."[14] Während der Protestantismus die Bestattung weiterhin vorrangig als ein *homiletisches* Problem auffasst, will ich im Folgenden grundsätzliche Überlegungen für ein neues *liturgisches* Proprium darlegen. Denn der Weg der Toten sollte – für die physisch Toten und die Hinterbliebenen – nicht nur homiletisch, sondern auch liturgisch sinnenfällig inszeniert und begleitet werden. Das Wort inkarniert im ganzen Menschen.
Die/der Verstorbene hat das physische Leben abgeschlossen. Er trennt sich von seiner physischen Umgebung und seinem physischen Leib. Er verändert seine Lebensform und verwandelt sich in ein geistiges Wesen. Er wird

---

[13] *Hans-Martin Gutmann*, Mit den Toten leben, Gütersloh 2002, S. 7-9.
[14] Gutmann, a.a.O., 209ff. Ergänzung in Klammern SB.

ungetrennt Bürger des „Reiches Gottes". Dieses Reich Gottes wäre im Bultmannschen Sinne als Teil einer dreistöckigen Welt missverstanden. „Sixth Sense" verdeutlicht auf populäre Weise das Denken einer post-Bultmannschen Ära: *Das Reich Gottes ist mitten unter uns. Es ist eine Dimension unseres Lebens. Es handelt sich lediglich um ein Jenseits unserer Wahrnehmungen.* Die Toten bleiben bei uns. Sie begleiten uns als Sanctorum Communio, als Gemeinschaft der Heiligen. Wir sind sinnlich von ihnen geschieden. Mittelalterliche Altarbilder haben die Einheit der Wirklichkeit noch sinnenfällig dargestellt: Der Zelebrierende ist im Altarbereich von Engeln und Verstorbenen umgeben. Die Sanctorum Communio endet nicht an den Grenzen der physischen Welt.
Die Liturgin/der Liturg fungiert am Grabe als Brückenbauer/in zwischen den Lebensdimensionen. Er/sie ist als Leiter/in des Rituals ein Schwellenguide. Um dies nicht nur äußerlich darzustellen, sondern tatsächlich zu sein, sollten die Geistlichen durch ihre berufliche Vorbereitung und eigenes Training in beiden Lebensdimensionen zuhause sein.

4.5 Die Bestattungsliturgie als Wandlungsritual

Die Bestattung ist als Schwellenritual im Kern ein *Wandlungsritual*. Sie macht den Wandlungsprozess, den die/der Verstorbene jetzt erlebt, sinnlich sichtbar und hörbar. Ihr wichtigstes Ausdrucksmittel sind dabei wahre Symbole. Wahre Handlungs- und Sprachsymbole sind die brückenbauende, schwellenbezogene Sprachebene par excellence. Wahr sind sie, sofern sie – wie eine wahre Aussage – in eine wirklich vorhandene, lediglich vielen Menschen nicht wahrnehmbare Lebensdimension hineinführen. Weil sie dadurch unentdeckte Kräfte erschließen, wirken sie als Kraftträger. Da es bei Symbolen im kultischen Zusammenhang um die Bezeichnung von Realität geht und nicht um Spielerei, Improvisation, pure Selbsterfahrung, Events etc., unterstehen liturgisch eingesetzte Symbole der theologischen Reflexion. Ohne theologische Verantwortung tendieren Liturgien dazu, in monadische Phantasiewelten und subjektive Konstrukte der Liturgen einzuführen. Sie verbinden die Teilnehmenden dann nicht mehr mit übersubjektiven, realen Lebensdimensionen.
Die Kraft liturgischer Worte und Handlungen wirkt nicht ex opere operato, sondern durch Anrufung (*epikletische Kraft*): im Benennen und Erschließen nicht-sinnlicher Kräfte. Dadurch wirkt das Ritual schöpferisch. Es verbindet die isoliert wahrgenommene physische Lebensebene mit einer unsichtbaren Lebensdimension und erschließt sie dadurch den Lebenden. Im verbindenden Benennen ist das Ritual in seinem Wesen Gebet: Gebet für die Anwesenden und – nachdem die Anwesenden aus ihrer Alltagswelt in die erweiterte Realität hineingenommen sind, *gemeinsames* Gebet der Anwesenden und des/der Zelebrierenden für die/den Verstorbene/n.
Nimmt man den Charakter des Bestattungsrituals als Wandlungsritual ernst, so muss es über folgende Stufen führen bzw. folgende Funktionen erfüllen:

a) Trennung,
b) Wandlung,
c) Ankunft.

Das Ritual kann in retardierenden Momenten durchaus „Wiederholungsschleifen" enthalten, so dass die logische Stufung symbolisch mehrfach durchschritten wird.

a) Trennung: Das Ritual benennt die Realität des unumkehrbaren physischen Todes. Insofern ist es in seinem Beginn klar ein Abschiedsritual. Wir übergeben das physisch Vergängliche dieser Person den vergänglichen Elementen.

b) Wandlung: Nicht das Ritual oder der/die Liturg/in verwandelt den Verstorbenen in einen Christus Schauenden und die Trauernden in Hoffende, sondern Christus selbst. Die Hoffnung erwächst daraus, dass Christus bereits in einem Menschen als Keim der Verwandlung lebt. Kurze Evangelientexte sollten Jesus Christus als die Auferstehungskraft des Menschen benennen.

c) Ankunft: Das Ritual ist ein Ankunftsritual. Es beschreibt die neue Lebensdimension in Sprachsymbolen und Symbolhandlungen für die Anwesenden und für den Verstorbenen.

4.6 Die Predigt als Lebensrückschau für die Verstorbenen

Zu dem vielen Guten und Bewahrenswerten, was über die protestantische Predigt am Grabe gesagt worden ist, möchte ich im Rahmen des Konzeptes „Bestattung als Wandlungsritual“ eine wichtige Funktion ergänzen: die *Predigt als Lebensrückschau für die/den Verstorbene/n*. In ihrem Mittelpunkt steht die Biographie als Lernprozess im Angesicht Christi. Ihre Hauptfunktion liegt in der Strukturbildung. Die Lebensrückschau am Grab bietet eine Lernprozesse bilanzierende Struktur an, an der sowohl der Verstorbene als auch die Anwesenden weiterarbeiten können. Der Verwandlungsprozess, den der Verstorbene selbst noch durchlaufen wird, bildet den Hintergrund, auf dem auch das Fragmentarische der Existenz des phänomenalen Ego thematisiert werden kann.

Mit der Rede von Lernprozessen, Strukturbildung und Lebensbilanz greife ich die gewandelten Gerichtsvorstellungen auf, wie sie sich in zeitgenössischen Nahtoderzählungen widerspiegeln.[15] Das religiöse Subjekt ist seit dem Mittelalter zunehmend selbstreflexiv und selbstverantwortlich geworden. Die europäische Entwicklungsgeschichte der Nahtodvisionen läuft auf ein Subjekt zu, das zunehmend die ihm visionär erscheinende *fremde* Seelenlandschaft als seine *eigene* Seelenlandschaft erkennt und das sich einer *bewussten* Lebensbilanzierung stellt. Der moderne Tote-auf-Zeit existiert für die Zeit seiner Visionsreise als neutraler Beobachter seines gelebten Lebens. Er beurteilt das in Rückblenden wiedererlebte Leben als einen Lernprozess mit dem Maßstab von Liebe. Beziehungen stellen dabei den höchsten Wert dar. Dieser Zunahme an Selbstbewusstsein und Selbstverantwortlichkeit sollte die Bestattungspredigt als die erste öffentliche Station auf dem Weg der Lebensrückschau entsprechen.

Für das anthropologische Verständnis der Metamorphose im Tod knüpfe ich an die trichotome Anthropologie der Kirchenväter aus Leib, Seele und Geist an. Die Auffassung einer unsterblichen Seele bzw. eines unsterblichen Wesens des Menschen ist sowohl im populären Kino (vgl. „The Sixth Sense“, „Hinter dem Horizont“)[16] als auch auf dem gegenwärtigen Spiritualitätsmarkt wieder plausibel. Das Christentum sollte die Ganztod-Theorie, die innerhalb einer spezifischen Schule in einer bestimmten gesellschaftlichen Situation entwickelt wurde, nicht wie einen Konzilsbeschluss betrachten. Angesichts gravierender logischer, anthropologischer und auch theologischer Probleme, die die Ganztod-Theorie aufwirft, sowie angesichts einer gewandelten gesellschaftlichen Situation (mit rund 25 Prozent Menschen,

---

[15] Siehe oben S. 377ff.

[16] Vgl. *Sabine Bobert*, Auferstehungskonzepte im populären Kinofilm, in: Magazin für Theologie und Ästhetik, Heft 38, www.theomag.de/38/sbs4.htm.

die an Reinkarnation glauben)[17] erscheint es inzwischen angebracht, die Passage von Sterben, physischem Tod und verwandelter Existenzform theologisch neu zu konzipieren.
Die Kirchenväter christianisierten die platonische Unsterblichkeitslehre der Seele, indem sie Christus als die Auferstehungskraft des Menschen verstanden. Es ist der Geist des Auferstandenen, der den menschlichen Verstand erleuchtet und den Menschen zur Unsterblichkeit führt. Dieser christianisierte Platonismus ist in seiner Auferstehungslehre nicht leibfeindlich, da die Kirchenväter auf einen *pneumatischen Auferstehungsleib* nach dem Ablegen des physischen Leibes hofften – auf ein *neues „Gewand"* der Seele.

Auf dem Hintergrund dieses anthropologischen Konzeptes ist der Verstorbene lediglich in eine andere Dimension hinübergegangen, kann aber bei der Bestattung aufgrund der Christus-Kräfte, die ihn in der neuen Seinsweise halten, als geistleiblich, seelisch und geistig weiterlebend angesprochen werden. *Auferstehen ist ein Prozess, der im physischen Leben beginnt*, wenn ein Mensch sein wahres Wesen zu erkennen und zu leben beginnt. Die Auferstehung erst nach dem physischen Tod anzusetzen, erscheint angesichts des mystischen Entwicklungsprozesses dualistisch. Erlösung durch Jesus Christus ist Leben. Das Leben ist hier und jetzt Leben, Hölle oder Tod. Alle Erkenntnisse der christlichen Religion dienen dem Leben. Darum sagt ein christlicher Mystiker wie Jacob Böhme über die nötige Verwandlung des Menschen in diesem Leben: „Wer nicht stirbt, bevor er stirbt, verdirbt, wenn er stirbt."

---

[17] Vgl. zur Diskussion über den Reinkarnationsglauben als Hintergrund für eine Neuformulierung der Auferstehungslehre: *Sabine Bobert*, Postmoderne Präsenz der Mythen. Auferstehung, Reinkarnation, Esoterik, in: Philipp David/Hartmut Rosenau (Hg.), Auferstehung, Berlin/Münster etc. 2009, 189-219.

4.7 Reale Symbole: Wasser und Rauch

Zu Symbolhandlungen am Grabe kann der sinnliche Umgang mit Wasser und Weihrauch zählen (sowie bei der Aufbahrung: das Besprengen mit Wasser, bei einer Sterbe-Ölung: das Salben mit Öl).
Die Pfarrerin bzw. der Pfarrer kann vor dem Versenken des Sarges (am Grab bzw. im Krematorium) um den Sarg herumgehen und ihn – im Aufnehmen der christlichen Dreiersymbolik – von drei Seiten (mit einem Aspergill oder mit übereinandergelegten Händen voll Wasser) besprengen. Die Taube, der Wind, Feuer und *Wasser* sind die zentralen neutestamentlichen Symbole für Gottes Gegenwart als Geist. Der Pfarrer verbindet sinnlich sichtbar den Verstorbenen mit dieser Lebensdimension. Zugleich erinnert das Wasser an die Neugeburt des physischen Menschen als wesentlicher, geistiger Mensch in der Taufe. Hier hat er sich erstmalig mit Christus als Kraftstrom verbunden. Was in der Taufe begann, wird jetzt vollendet. Dies natalis.
Weihrauch sollte in der evangelischen Liturgie kein „katholisches Medium" bleiben. Er ist ein globales religiöses Ursymbol, wurde lange Zeit auch im lutherischen Gottesdienst eingesetzt und wird zudem inzwischen von vielen Menschen religiös oder zur Wellness gern genutzt. Das Verbrennen von Substanzen und ihr Aufgehen in Rauch ist par excellence ein Symbol für den Übergang von der physischen Lebensdimension in die geistige. Das Umschreiten des Sarges, sein Beräuchern, Einhüllen und Eintauchen in Rauch nehmen den Verstorbenen in Prozesse von Zerstörung, Freisetzen von Energie, Reinigung, Aufstieg und Vereinigung hinein. Handelnd wird dadurch Wesentliches über die Verwandlung im Tode gesagt. Das physisch gebundene Bewusstsein, seelische und andere formgebende Kräfte lösen sich aus dem zerfallenden physischen Körper. Sie werden freigesetzt, durchlaufen Prozesse der Klärung und formieren sich in einer neuen Existenzform.

4.8 Der Bestattungsprozess als gestufte rituelle Seelsorge

Das Bestattungsritual gewinnt seinen Sinn und seine Kraft zurück, wenn es den Sterbenden/Verstorbenen in seinem *gesamten* Lösungs- und Umwandlungsprozess begleitet. Zu den ursprünglichen Stationen hat bereits *Reiner Volp* Wesentliches ausgeführt. Der „Abschied des Sterbenden", „der Abschied vom Toten im Haus, evtl. mit Leichenzug", „die Totenfeier in Kirche bzw. Kapelle oder Trauerhalle", „die Bestattungsfeier am Grab, auf See oder an der Feuerstelle", „das Totenmahl", „die Gedächtnisfeier in der Kirche oder in einem festlichen Saal" markieren Abschieds- und Wandlungsstufen.[18] Die Bestattung sollte als *gestuftes* Ritual zurückgewonnen werden, das in seiner Stufung gleichzeitig seelsorgerisch wirksam wird für die Angehörigen sowie für die Sterbenden und Verstorbenen in ihrer „Geburtsstunde" für eine neue Existenzform. Werden die Rituale in ihren einzelnen Phasen gut inszeniert, so werden sie zum Bestandteil einer Ars Moriendi für die Lebenden. Sie üben die Teilnehmenden in ihren eigenen Loslösungsprozess ein – zunächst aus sicherer Distanz, mit der Möglichkeit, sich intensiver in die Symbolwelt einer neuen Existenzform hineinzubegeben. Gleichzeitig wird die Seelsorge durch die symbolische und rituelle Kommunikation im Trauerbereich bereichert. Während diskursive Sprache dem Verstand ordnende Kategorien anbietet, erreichen sinnlich inszenierte Symbole Menschen wesentlich tiefer. Sie binden starke Gefühle an sich und können dadurch willensorientierend und damit handlungsleitend wirken.

Die Zukunftsfähigkeit der evangelischen Kirche hängt unter anderem an einem klaren religiösen Profil. Dies gilt auch für ihre Präsenz auf dem Bestattungsmarkt. Neben einer Neuordnung des Kernrituals der Bestattung unter dem Aspekt der Verwandlung der Toten heißt dies:

a) rituelle Begleitung für die *Phase des Sterbens*: Aufgreifen der Tradition der Sterbeölung unter dem Aspekt der Salbung (Jak 5,13ff); Begleitung aus der Tradition der Ars moriendi heraus; Eucharistie;

b) rituelle Begleitung bei der *ersten Trennung* der Angehörigen und Freunde vom Toten durch *Aussegnungsfeiern*, verbunden mit dem Engagement für *Aufbahrungsräume* in Krankenhäusern und Pflegeheimen, dem Neubau von Aufbahrungsräumen in Kirchen und verbunden mit Informationen in der Gemeinde über das Recht und den Sinn einer Aufbahrung daheim, ferner verbunden mit der Kompetenz von Pfarrerinnen und Pfarrern, Verstorbene für eine Aufbahrung (evtl. gemeinsam mit den Angehörigen) herzurichten;

---

[18] *Reiner Volp*, Liturgik, Bd. 2, Gütersloh 1994, 1284ff.

c) *Totengedächtnisfeiern,* evtl. im Rahmen von Eucharistiefeiern, die nicht das Seelenheil des/der Verstorbenen bewirken wollen, sondern Ausdruck der Sanctorum Communio sind: als Gegengift zu einer Spaßkultur, die den Tod verdrängt, als Heilmittel gegen Sprachlosigkeit, als Hirn einer evangelischen Gedächtniskultur.

NACHWEISE

COPYRIGHT FÜR DEN VERWENDETEN GRIECHISCHEN UND HEBRÄISCHEN SCHRIFTFONT

VORFORMEN VON KAPITEL III.3.1 UND III.3.2

Religion in der Gegenwartskunst. Das Unsagbare und Unsichtbare als Unsagbares und Nichtdarstellbares evozieren, in: G. Kretzschmar/U. Pohl-Patalong/Chr. Müller (Hg.), Kirche Macht Kultur (Veröffentlichungen der WGTH, 27), Gütersloh 2006, 115-135.

Kosmische Energien. Mystische Frömmigkeit zwischen Kunst, Physik und Erleuchtung, in: Karl Baier, Josef Sinkovits (Hg.), Spiritualität und moderne Lebenswelt, Wien/Berlin 2006.

ERSTVERÖFFENTLICHUNG VON KAPITEL IV.3 UND IV.4

Zur Taufe in den Swimmingpool?, in: ZGP 26 (2008), Heft 2, 10-12.

Die Bestattung als Wandlungsritual. Zur Neubestimmung ihres liturgischen Propriums, in: ZGP 26 (2008), H. 3, 2-5.

ÜBERBLICK ÜBER WEITERE VERÖFFENTLICHUNGEN

Webseite der Christian-Albrechts-Universität, Theologische Fakultät Kiel: http://www.uni-kiel.de/fak/theol/personen/bobert/bobert_publ.shtml

Literaturverzeichnis

A

Achelis, Ernst Chr., Lehrbuch der Praktischen Theologie, Bd. I, Leipzig [3]1911.

Agende für evangelisch-lutherische Gemeinden, hg. v. der Kirchenleitung der VELKD, Bd. 3: Die Amtshandlungen, Teil 5: Die Bestattung, Hannover 1996.

Ambrosius von Mailand, De Sacramentis. De Mysteriis. Über die Sakramente. Über die Mysterien, übersetzt von Josef Schmitz, Freiburg i. Br. 1990 (Fontes Christiani, 3).

Ambrosius von Mailand, De Isaac vel Anima. Über Isaak oder die Seele, übersetzt von Ernst Dassmann, Turnhout 2003 (Fontes Christiani, 48).

Arbesmann, Rudolph, Das Fasten bei den Griechen und Römern, Giessen 1929.

Arbesmann, Rudolph, Art.: Fasten, in: RAC (1969) Bd. 7, 447-493.

Assagioli, Roberto, Handbuch der Psychosynthese. Grundlagen, Methoden und Techniken, Rümlang/Zürich 2004.

Assagioli, Roberto, Psychosynthese und transpersonale Entwicklung, Rümlang/Zürich [2]2008.

Athanasius, Leben des Heiligen Antonius, übersetzt von Hans Mertel, Kempten/München 1917 (BKV 31).

Aufrichtige Erzählungen eines russischen Pilgers. Die vollständige Ausgabe, übersetzt von Reinhold Walter, hg. v. Emmanuel Jungclaussen, Freiburg i. Br. (1974) 1993.

Auhagen, Elisabeth (Hg.), Religiosität und Spiritualität, Weinheim 2004.

B

Baatz, Art.: Telepathie, in: Dinzelbacher (Hg.), Wörterbuch der Mystik, Stuttgart 1989, 482.

Bacht, Heinrich, Das „Jesus-Gebet“. Seine Geschichte und seine Problematik, in: GuL 24 (1951), 326-338.

Baier, Karl, Yoga auf dem Weg nach Westen, Würzburg 1998.

Baier, Karl, Meditation und Moderne, Würzburg 2009.

Balint, Michael, Therapeutische Aspekte der Regression. Die Theorie der Grundstörung, Stuttgart 1970.

Barret, William F., Deathbed Visions, London 1926.

Bartsch, Hans-Werner (Hg.), Kerygma und Mythos, Hamburg 1954ff.

Basilius der Große [von Cäsarea], Des Heiligen Kirchenlehrers Basilius des Grossen Bischofs von Cäsarea ausgewählte Briefe, übersetzt von Anton Stegmann, München 1925 (BKV 46).

Basilius von Cäsarea, De spiritu sancto – Über den Heiligen Geist, hg. von Hermann Josef Sieben, Freiburg etc. 1993 (Fontes Christiani 12).

Baumgart, Matthias, Psychoanalyse und Säuglingsforschung: Versuch einer Integration unter Berücksichtigung methodischer Unterschiede, in: Psyche 45 (1991), 780-809.

Beck, Ulrich, Der eigene Gott, Frankfurt M. 2008.

Beda der Ehrwürdige, Kirchengeschichte des englischen Volkes, hg. und übersetzt von Günter Spitzbart, 2 Bde., Darmstadt 1982.

Beecher, Henry K., The Powerful Placebo, in: Journal of the American Medical Association (JAMA), 1955 (159), 1602-1606.

Begley, Sharon, Neue Gedanken – neues Gehirn, München 2007.

Benedikt von Nursia, Die Regel des hl. Benedikt. Eingeleitet und übersetzt von P. Basilius Steidle OSB, Beuron [12]1980.

Benke, Christoph, Die Welt als Hostie. Zur Eucharistie-Mystik Pierre Teilhard de Chardins, in: Geist und Leben 77 (2004), 26-36.

Benson, Herbert, Heilung durch Glauben, München 1997.

Benn, Gottfried, Einsamer nie, Berlin (Ost) 1986.

Berger, Peter L., A Rumor of Angels. Modern Society and the Rediscovery of the Supernatural, Garden City/NY 1970.

Berger, Peter L./Berger, Brigitte/ Kellner, Hansfried, Das Unbehagen in der Modernität, Frankfurt M. 1975.

Berger, Peter L., Der Zwang zur Häresie, Frankfurt M. 1980.

Betz, Hans Dieter, Art. Mysterienreligion II. Christlicher Kult und Mysterien, in: RGG [4]2002, Bd. 5, 1640-1642.

Betz, J., Die Eucharistie als Gottes Milch in frühchristlicher Zeit, in: ZKTh 106 (1984), 1-26 und 167-185.

Bieber, Marianus, Theologie der Innerlichkeit, Regensburg 2003 (Ratio fidei 17).

Bischof, Marco, Tachyonen, Orgonenergie, Skalarwellen, Aarau 2002.

Blofeld, John, Der Taoismus oder Die Suche nach Unsterblichkeit, München [6]1998 (Diederichs Gelbe Reihe, 61: China).

Bobert-Stützel, Sabine, Dietrich Bonhoeffers Pastoraltheologie, Gütersloh 1995.

Bobert-Stützel, Sabine, Frömmigkeit als Symbolspiel, Göttingen 2000.

Bobert, Sabine, Auferstehungskonzepte im populären Kinofilm, in: Magazin für Theologie und Ästhetik, Heft 38, URL: http://www.theomag.de/38/sbs4.htm

Sabine Bobert, Postmoderne Präsenz der Mythen. Auferstehung, Reinkarnation, Esoterik, in: Philipp David/Hartmut Rosenau (Hg.), Auferstehung, Berlin/Münster etc. 2009, 189-219.

Boes, Adolf, Die reformatorischen Gottesdienste in der Wittenberger Pfarrkirche von 1533 an, in: Jahrbuch für Liturgik und Hymnologie, Bd. 4, 1958/59, 1ff.

Bonhoeffer, Dietrich, Sanctorum Communio, hg. v. Joachim von Soosten et al., München 1986 (DBW 2).

Bonhoeffer, Dietrich, Nachfolge, hg. v. Martin Kuske/Ilse Tödt, München 1989 (DBW 4).

Bonhoeffer, Dietrich, Widerstand und Ergebung, hg. v. Ilse Tödt/Christian Gremmels u.a., Gütersloh 1998 (DBW 8).

Bonhoeffer, Dietrich, Vorlesung „Christologie" (1933), in: ders., Berlin 1932-1933, hg. v. Carsten Nicolaisen/Ernst-Albert Scharffenorth, Gütersloh 1997 (DBW 12).

Dietrich Bonhoeffer, Dietrich, Illegale Theologenausbildung: Finkenwalde 1935-1937, hg. v. O. Dudzus et al., Gütersloh 1996 (DBW 14).

Bonhoeffer, Dietrich, Katechetik (Mitschrift 1935/36), in: ders., Illegale Theologenausbildung: Finkenwalde 1935-1937, hg. v. O. Dudzus et al., Gütersloh 1996 (DBW 14), 530-551.

Bonhoeffer, Dietrich., Vorlesung über Homiletik, in: ders., Illegale Theologenausbildung Finkenwalde 1935-1937, hg. v. Otto Dudzus et al., Gütersloh 1996 (DBW 14), 741ff.

Bornkamm, Günther, Art. μυστήριον, μυέω, in: ThWNT IV (1942), 809- 834.

Brauerhoch, Annette, Die gute und die böse Mutter, Marburg 1996.

Broch, Thomas, Pierre Teilhard de Chardin, Mainz/Stuttgart 1989.

Broch, Thomas, Teilhard de Chardin, in: W. Haug/D. Mieth (Hg.), Religiöse Erfahrung, München 1992, 425-451.

Brockhusen, von, Art.: Levitation, in: in: Peter Dinzelbacher (Hg.), Wörterbuch der Mystik, Stuttgart 1989, 321f.

Brockhusen, von, Art. Seelenburg (und -stadt), in: Peter Dinzelbacher (Hg.), Wörterbuch der Mystik, Stuttgart 1989, 454.

Brockhusen, von, Art.: Sprache der Mystik, in: Peter Dinzelbacher (Hg.), Wörterbuch der Mystik, Stuttgart 1989, 466-469.

Brown, T. Graham/Sherrington, Charles S., On the Instability of a Cortical Point, in: Proceedings of the Royal Science Society of London B 85 (1912), 250-277.

Brück, Michael von, Wo endet Zeit? Erfahrungen zeitloser Gleichzeitigkeit in der Mystik der Weltreligionen, in: Kurt Weis (Hg.), Was ist Zeit?, München 1994, 207-262.

Brück, Michael von, Achtsamkeit als meditative Praxis, in: ThPQ 152 (2004), 357-366.

Brück, Michael von, Ewiges Leben oder Wiedergeburt, Freiburg/Basel/ Wien 2007.

Buchholz, Michael B. (Hg.), Metaphernanalyse, Göttingen 1993.

Burkert, Walter, Antike Mysterien. Funktionen und Gehalt, München 1990.

C

Cano, M., De locis theologicis, Löwen 1564.

Capra, Fritjof, Das Tao der Physik. Die Konvergenz von westlicher Wissenschaft und östlicher Philosophie, Bern/München/Wien ^{7}1985.

Carveth, Donald L., Die Metaphern des Analytikers. Eine dekonstruktivisti sche Perspektive, in: Michael B. Buchholz (Hg.), Metaphernanalyse, Göttingen 1993, 15-71.

Casel, Odo, Die Liturgie als Mysterienfeier, Freiburg i. Br. 1922 (Ecclesia Orans, 9).

Casel, Odo, Mysterientheologie, hg. v. Arno Schilson, Regensburg 1986.

Chia, Mantak und Maneewan, Tao Yoga der inneren Alchemie 1, Interlaken 1990.

Chia, Mantak, Tao Yoga. Praktisches Lehrbuch zur Erweckung der heilenden Urkraft Chi, Interlaken ^{6}1993.

Chia, Mantak, Gesundheit, Vitalität und langes Leben, München 2001.

Chia, Mantak/Dohnke, Carsten, Interview „Geistige Unsterblichkeit ist das höchste Ziel", URL: http://www.wrage.de/kgs/1101chia.htm (Zugang: 31. 10. 2009).

Johannes Chrysostomus, Sechs Bücher über das Priestertum, Kempten/ München 1916 (BKV 27).

Ciompi, Luc, Affektlogik. Über die Struktur der Psyche und ihre Entwicklung. Ein Beitrag zur Schizophrenieforschung, Stuttgart ^{4}1994.

Ciompi, Die emotionalen Grundlagen des Denkens. Entwurf einer fraktalen Affektlogik, Göttingen ^{2}1999.

Clemens von Alexandrien, Des Clemens von Alexandreia Mahnrede an die Heiden. Der Erzieher, Buch I, übersetzt von Otto Stählin, München 1934 (BKV II/7).

Clemens von Alexandrien, Teppiche wissenschaftlicher Darlegungen entsprechend der wahren Philosophie (Stromateis), Buch I-III, hg. v. Otto Stählin, München 1936 (BKV II/17).

Clemens von Alexandrien, Des Clemens von Alexandreia Teppiche wissenschaftlicher Darlegungen entsprechend der wahren Philosophie (Stromateis), Buch IV-VI, übersetzt von Otto Stählin, München 1937 (BKV II/19).

Clemens von Alexandrien, Teppiche, Buch VII, München 1938 (BKV II/20).

Clinton, K., The Sacred Officials of the Eleusinian Mysteries, Philadelphia 1974.

Clinton, K., Myth and Cult. The iconography of the Eleusinian Mysteries, Stockholm 1992.

Cobb, John B./Griffin, David R., Prozess-Theologie, Göttingen 1979.

Cooper, Jean C., Der Weg des Tao, Reinbek 1996.

Csikszentmihalyi, Mihaly, Beyond boredom and anxiety (dt. Jenseits von Angst und Langeweile), 1972.

Cumont, Franz, Die orientalischen Religionen im römischen Heidentum, Stuttgart [4]1931.

Cyprian., Des heiligen Kirchenvaters Caecilius Cyprianus Briefe, übersetzt von Julius Baehr, München 1928 (BKV 60).

D

Dalai Lama, Die Welt in einem einzigen Atom, Berlin 2005.

Daniélou, C., Bible et liturgie, Paris 1958.

Dassmann, Ernst, Das Leben des heiligen Ambrosius, Düsseldorf 1967.

Dassmann, Ernst, Art. Ambrosius, in: TRE 2, 362-386.

Dassmann, Ernst, Ambrosius von Mailand. Leben und Werk, Stuttgart 2004.

Deikman, Arthur J., Experimental meditation, in: Journal of Nervous and Mental Disease 136 (1963), 329-343.

Deikman, Arthur J., Deautomatization and the mystic experience, in: Psychiatry 29 (1966), 324-338.

Deikman, Arthur J., Therapie und Erleuchtung, Reinbek 1986.

Deikman, Arthur J., A functional approach to mysticism, in: Journal of Consciousness Studies, Vol. 7, 11-12 (2000).

Dellbrügger, Günther, Gemeinschaft Gottes mit den Menschen. Hegels Theorie des Kultus, Würzburg 1998.

Diestelmann, Jürgen, Usus und Actio. Das Heilige Abendmahl bei Luther und Melanchthon, Berlin 2007.

Dinzelbacher, Peter (Hg.), Wörterbuch der Mystik, Stuttgart 1989.

Dinzelbacher, Peter, Art.: Vision, in: ders. (Hg.),, Wörterbuch der Mystik, Stuttgart 1989, 514f

Dinzelbacher, Peter, Art.: Liebe, in: Lexikon des Mittelalters, München 1991, Bd. 5, 1965-1968.

Dinzelbacher, Peter, Christliche Mystik im Abendland, Paderborn 1994.

Dionysios Areopagita, Über die Mystische Theologie, in: ders., Über die Mystische Theologie und Briefe, hg. und übersetzt von Adolf Martin Ritter, Stuttgart 1994 (BGL 40), 74-89.

Dörrie, *Heinrich*, Das fünffach gestufte Mysterium. Der Aufstieg der Seele bei Porphyrios und Ambrosius, in: Mullus. FS Theodor Klauser, Münster 1964.

Dohnke, Carsten/Chia, Mantak, Interview „Geistige Unsterblichkeit ist das höchste Ziel", URL: http://www.wrage.de/kgs/1101chia.htm (Zugang: 31. 10. 2009).

Drechsel, *Wolfgang*, Pastoralpsychologische Bibelarbeit, Stuttgart/Berlin/ Köln 1994.

Dürr, Hans-Peter (Hg.), Gott, der Mensch und die Wissenschaft, Augsburg 1997.

Dürr, Hans-Peter (Hg.), Physik und Transzendenz, Bern 1986.

Duhr, Joseph, Communion fréquente, in: DSp 2, Paris 1953, Sp. 1234- 1292, für die Alte Kirche: Sp. 1237-1246.

Dyckhoff, Peter, Das Ruhegebet. Einübung nach Cassian, hg. und übertragen von P. Dyckhoff, (1992) [4]1995.

Dyckhoff, Peter, Das Mystische Gebet. Einübung nach Dionysius, München 1996.

Dyckhoff, Peter, Aus der Quelle schöpfen. Das innerliche Gebet nach Teresa von Avila, München 2000.

Dyckhoff, Peter, Gibt es für Christen Erleuchtung?, München 2003.

E

Eckerstorfer, Bernhard A., Weisheit und Innerlichkeit ins Denken bringen. Anstöße für eine monastische Theologie heute, in: EuA 82 (2006), 405- 420.

Einstein, Albert, Die Religiosität der Forschung, in: Carl Selig (Hg.), Mein Weltbild, Zürich/Stuttgart/Wien [2]1953.

Eliade, Mircea, Birth and Rebirth, 1958.

Eliade, Mircea, Rites and Symbols of Initiation, New York 1965.

Erdheim, Mario,, Adoleszenz und Esoterik, in: WzM 46 (1994), 198-209.

Evagrius Ponticus, Praktikos. Über das Gebet, übersetzt von John Eudes Bamberger/Guido Joos, Münsterschwarzach 1986 (Schriften zur Kontemplation, 2).

F

Erich Fascher, Art.: Epoptie (ἐποπτεία), in: RAC 5, Stuttgart 1962, 973- 983.

Feild, Reshad, Ich ging den Weg des Derwisch, Reinbek 2001.

Felmy, Karl Christian, Art. Mysterienreligion II.2 Orthodoxie, in: [4]RGG (2002) Bd. 5, 1641-1636.

Felmy, Karl Christian, Art. Mystagogie/Mystagogische Theologie II. Orthodoxe Kirche, in: [4]RGG 5 (2002), 1636.

Felmy, Karl Christian, Die Deutung der göttlichen Liturgie in der russischen Theologie, Berlin/New York 1984.

Felmy, Karl Christian, Die Vollmacht zum Vollzug der Mysterien nach der „Geistlichen Wiese des Ioannis Moschos, in: Hochkirchliche Vereinigung Augsburgischen Bekenntnisses (Hg.), Um die eine Kirche. FS Hans-Joachim Mund, München 1984, 51-57.

Fischer, Hans Rudi (Hg.), Eine Rose ist eine Rose. Zur Rolle und Funktion von Metaphern in Wissenschaft und Therapie, Weilerswert 2005.

Fischer, Norbert, Vom Gottesacker zum Krematorium, Böhlau 1996.

Fischer, Norbert, Zwischen Trauer und Technik. Feuerbestattung, Krematorium, Flamarium, 2002.

Florenskij, Pavel, Die Ikonostase, Stuttgart 1988.

Foerster, Werner, Die Gnosis, Bd. 1: Zeugnisse der Kirchenväter, Zürich 1969.

Fourcart, Paul, Les mystères d'Eleusis, Paris 1914.

Fowler, James W., Glaubensentwicklung, München 1989.

Fowler, James W., Stufen des Glaubens, Gütersloh 1991.

Fraling, Art.: Liebe, in: Dinzelbacher (Hg.), Wörterbuch der Mystik, Stuttgart 1989, 323-326.

Fraling, Art. Wesensmystik, in: Peter Dinzelbacher (Hg.), Wörterbuch der Mystik, Stuttgart 1989, 519f.

Francis, D. D./Diorio, J./Liu, D./Meaney, M. J., Nongenomic Transmission across Generations in Maternal Behavior and Stress Responses in the Rat, in: Science 286 (1999), 1155-1158.

Frank, Karl Suso, Art. Hoheslied, in: RAC 16, 58-89.

French, Marilyn, Frauen. Roman, Hamburg 1982 (rororo 1490).

Frenschkowski, Marco, Art.: Pantaenus (Pantainos), in: BBKL XVI (1999), 1186-1189, URL: http://www.kirchenlexikon.de/p/pantaenus.shtml (Zugriff: 31. 10. 2009)

Freud, Sigmund, Das Unheimliche (1919), in: ders., Gesammelte Werke, hg. v. Anna Freud et al., Bd. 12, Frankfurt M. [4]1972, 227-268.

Freud, Sigmund, Die Zukunft einer Illusion, in: ders., Gesammelte Werke, Bd. 14, Frankfurt M. [5]1972, 323-380.

Freud, Sigmund, Das Unbehagen in der Kultur, in: ders., Gesammelte Werke, Bd. 14, 419-506.

G

Gennep, Arnold van, Übergangsriten, Frankfurt M. 2005.

Gergen, Kenneth J., Das übersättigte Selbst: Identitätsprobleme im heutigen Leben, Heidelberg 1996.

Gerlich, Fritz, Die stigmatisierte Therese von Konnersreuth, 2 Bde., München 1929.

Geyer, Christian, Hirnforschung und Willensfreiheit. Zur Deutung der neuesten Experimente, Frankfurt M. 2004.

Goertz, Harald/Härle Wilfried, Art. Priester/Priestertum II/1, in: TRE 27 (1997), 402-410.

Goethe, Johann Wolfgang von, Dichtung und Wahrheit, Hamburger Ausgabe, Bd. 9, [10]1981.

Gormley, Antony/ Theweleit, Klaus/ Schmidt, Hans-Werner, Gormley/ Theweleit, 2000.

Gormley, Antony/ Rauchenberger, Johannes/ Kölbl, Alois, The Darkness within the Body: A Space full of Potential, in: Kunst und Kirche 2003, H. 1, S. 28-32.

Graff, Paul, Geschichte der Auflösung der alten gottesdienstlichen Formen in der evangelischen Kirche Deutschlands, 2 Bde., Waltrop 1994.

Gregor von Nyssa, Kommentar zum Hohelied, hg. v. H. Langerbeck, Leiden 1960.

Gregor von Tours, Zehn Bücher Geschichte (Fränkische Geschichte), Darmstadt 1967.

Greiner, Dorothea/Noventa, Erich/Raschzok, Klaus/Schödl, Albrecht (Hg.), Wenn die Seele zu atmen beginnt… Geistliche Begleitung in evangeli scher Perspektive, Leipzig 2007.

Greshake, Gisbert, Art.: Visio beatifica, in: ³LThK (1999), 810.

Grof, Stanislav/Halifax, Joan, Die Begegnung mit dem Tod, Stuttgart 1980.

Grof, Stanislav, Geburt, Tod und Transzendenz, München 1985.

Grof, Stanislav, Spirituelle Krisen, München 1990.

Grozier, André, Odo Casel. Künder des Christusmysteriums, Regensburg 1986.

Grün, Anselm, Eucharistie als Selbstwerdung, Münsterschwarzach 1990 (MKS 64).

Grün, Anselm, Geistliche Begleitung bei den Wüstenvätern, Münsterschwarzach 1991 (MKS 67).

Grün, Anselm/Riedl, Gerhard, Mystik und Eros, Münsterschwarzach 1993 (MKS 76).

Guigo der Kartäuser, Scala Claustralium – Die Leiter der Mönche zu Gott. Eine Hinführung zur Lectio divina. Übersetzt und eingeleitet von Daniel Tibi, Nordhausen 2008.

Guitton, Jean/Bogdanov, Grichka und Igor, Gott und die Wissenschaft, München 1991.

Gutmann, Hans-Martin, Mit den Toten leben, Gütersloh 2002.

H

Haas, Adolf, Teilhard de Chardin-Lexikon, 2 Bde., Freiburg 1971.

Hackel, Sergei, Das spätmittelalterliche Russland: Die Besitzer und die Besitzlosen, in: Jill Raitt (Hg.), Geschichte der christlichen Spiritualität, Bd. 2, Würzburg 1995, 233-245.

Härdelin, Alf, Monastische Theologie – eine „Praktische" Theologie vor der Scholastik, in: ZKTh 109 (1987), 400-415.

Harris, Paul T., Silent Teaching. The Life of Dom John Main, in: Spirituality Today 40 (1988), H. 4, 320-332, URL: http://www.spiritualitytoday.org/spir2day/884043harris.html (Zugang: 31. 09. 2009)

Hawking, Stephen W., Eine kurze Geschichte der Zeit, Hamburg 1988.

Hayward, Jeremy W., Gewagte Denkwege. Wissenschaftler im Gespräch mit dem Dalai Lama, München ²2007.

Hegel, Georg Wilhelm Friedrich, Vorlesungen über die Philosophie der Religion, Bd. 3, hg. v. Walter Jaeschke, Hamburg 1983.

Heim, Albert, Notizen über den Tod durch Absturz, in: Jahrbuch des Schweizer Alpenvereins 27 (1892), 327-337.

Heim, Albert, Bergsturz und Menschenleben, Zürich 1932.

Hell, Daniel, Die Sprache der Seele verstehen. Die Wüstenväter als Therapeuten, Freiburg/Basel/Wien 2002.

Hempelmann, Reinhard et al. (Hg.), Panorama der neuen Religiosität, Gütersloh 2001.

Henricson-Cullberg, Martha, God as Holding Function – a Religious Conversion, in: Scandinavian Psychoanalytic Review 7,12 (1984), 184- 194.

Herrmann, Jörg, „Wir sind Bildhauern gleich". Von der Verwandlung mystischer in ästhetische Erfahrung, in: ders./Andreas Mertin/Eveline Valtink (Hg.), Die Gegenwart der Kunst, München 1998, 87-105.

Hesiod, Theogonie. Werke und Tage. Griechisch und deutsch, hg. und übersetzt von Albert von Schirnding, Zürich/Düsseldorf [3]2002.

Hippolyt von Rom, Der heiligen Hippolytus von Rom Widerlegung aller Häresien (Philosophumena), übersetzt von Konrad Preysing, München/Kempten 1922 (BKV 40).

Hoevels, Fritz Erik, Die Unsterblichkeitsvorstellung im Lichte der Psychoanalyse, in: system ubw 10 (1992), 7-30.

Holze, Heinrich, Erfahrung und Theologie im frühen Mönchtum, Göttingen 1992.

Hutchinson, John/Gombrich, E. H./Njatin, Lela B., Antony Gormley (Contemporary Artists), London 1995.

Hyslop, James H., Visions of the Dying, in: The Journal of the American Society for Psychical Research 1 (1907), 45-55 und 12 (1918), 585-646.

I

Ignatius von Loyola, Geistliche Übungen, hg. v. Peter Knauer, Würzburg [4]2006.

J

Jacob, Christoph, „Arkandisziplin", Allegorese, Mystagogie, Frankfurt M. 1990.

Jalics, Franz, Kontemplative Exerzitien. Eine Einführung in die kontempla tive Lebenshaltung und in das Jesusgebet, Würzburg (1994) [11]2008.

Jalics, Franz, Die kontemplative Phase der ignatianischen Exerzitien, in: Andreas Schönfeld (Hg.), Spiritualität im Wandel, Würzburg 2002, 344-363.

Jalics, Franz, Der kontemplative Weg, Würzburg 2006 (Ignatianische Impulse 14).

James, William, Die Vielfalt religiöser Erfahrung, hg. v. Eilert Herms, Olten/Freiburg 1979.

Jasmuheen, Lichtnahrung. Die Nahrungsquelle für das kommende Jahrtausend, 1997.

Jasmuheen, Sanfte Wege zur Lichtnahrung. Von Prana leben und weiterhin das Essen genießen, 2004.

Jell, Andreas, Gesund durch Tachyon, Aitrang 2001.

Johannes Chrysostomus, Taufkatechesen I, hg. R. Kaczynski, Freiburg etc. 1992 (Fontes Christiani 6/1).

Johannes Paul II., Die Engel. Sechs Papst-Katechesen, Stein am Rhein 1988.

Johannes vom Kreuz, Die dunkle Nacht, hg. v. Ulrich Dobhan, Elisabeth Hense, Elisabeth Peeters, Freiburg 1995.

Jones, James W., Contemporary psychoanalysis and religion. Transference and transcenddence, New Haven/London 1991.

Jong, Karl Hendrik Eduard de, Das antike Mysterienwesen in religionsge schichtlicher, ethnologischer und psychologischer Beleuchtung, Leiden ³1923.

Josuttis, Manfred, Die religiöse Dimension von Rausch und Ekstase, in: Wolfgang Scheiblich (Hg.), Rausch - Ekstase - Kreativität. Dimensionen der Sucht, Freiburg i.Br. 1987, 27-37.

Josuttis, Manfred, Die Einführung in das Leben. Pastoraltheologie zwischen Phänomenologie und Spiritualität, Gütersloh 1996.

Josuttis, Manfred, Religion als Handwerk, Gütersloh 2002.

Josuttis, Manfred, Heiligung des Lebens, Gütersloh 2004.

Jüngel, Eberhard, Gottes Sein ist im Werden, Tübingen 1967.

Jüngel, Eberhard, Gott als Geheimnis der Welt, Tübingen ⁷2001.

Jüngel, Eberhard,, Art. Glaube IV. Systematisch-theologisch, in: ⁴RGG 3, 953-974.

Jung, Carl Gustav, Das Wandlungssymbol in der Messe, in: ders., Gesammelte Werke 11, Zürich/Stuttgart 1963, 219ff.

Jungclaussen, Emmanuel (Hg.), Aufrichtige Erzählungen eines russischen Pilgers. Die vollständige Ausgabe, übersetzt von Reinhold Walter, Freiburg i. Br. (1974) 1993.

Jungclaussen, Emmanuel (Hg.), Das Jesusgebet. Anleitung zur Anrufung des Namens Jesus von einem Mönch der Ostkirche, Regensburg (1976) ³1980.

Justin Martyr, Die beiden Apologien Justins des Märtyrers, in: Frühchrist liche Apologeten und Märtyrerakten, Kempten 1913 (BKV 12).

K

Kabat-Zinn, Jon, Gesund durch Meditation, Bern/München/Wien ³1995.

Kaiguo, Chen/Shunchao, Zheng, Der Meister vom Drachentor. Geheime Praktiken des Daoismus im modernen China, München 2000.

Kairies, Klaus, Stressbewältigung durch Entwicklung von Spiritualität im Sinne einer religionsunabhängigen Erfahrung. Ein Konzept zur Verbes- se-

rung von Wettbewerbsfähigkeit und Steigerung von Produktivität in Unternehmen, Hannover 2007 (Fachhochschule Hannover Arbeitspapier/ Abteilung Wirtschaft Nr. 170/2007).
Kehl, Alois, Art.: „Gewand (der Seele)", in: RAC 10, 945-1025.
Kempermann, G./Kuhn, H. G./Gage, Fred H., Experience-Induced Neurogenesis in the Senescent Dentate Gyrus, in: Journal of Neuroscience 18 (1998), 3206-3212.
Kempermann, G./Kuhn, H. G./Gage, Fred H., More Hippocampal Neurons in Adult Mice Living in an Enriched Environment, in: Nature 386 (1997), 493-495.
Kerényi, Karl, Die Mysterien von Eleusis, Zürich 1962.
King, Serge Kahili, Der Stadtschamane, Freiburg 1994.
Kirsner, Inge, Erlösung im Film, Stuttgart/Berlin/Köln 1996.
Kirsner, Inge/Wermke, Michael (Hg.), Religion im Kino, Göttingen 2000.
Klische, Marcus, Transpersonale Entwicklung. Stufenweg des erleuchteten Geistes, Dissertation Universität Duisburg-Essen 2006.
Kloock, Daniela/Spahr, Angela, Medientheorien, München 2000.
Knauer, Peter SJ, Hinführung zu Ignatius von Loyola, Freiburg/Basel/Wien 2006.
Knotzinger, Kurt, Hoheslied und bräutliche Christusliebe bei Bernhard von Clairvaux, in: Jahrbuch für mystische Theologie 7 (1961), 5-88.
Koch, Kurt, Eucharistie, Freiburg Schweiz 2005.
Kohut, Heinz/Moss, David M., Narzißmus, Empathie und die Fragmentie rung des Selbst: ein Gespräch mit Heinz Kohut, in: WzM 29 (1977), 49- 68.
Kohut, Heinz, Überlegungen zum Narzißmus und zur narzißtischen Wut, in: ders., Die Zukunft der Psychoanalyse. Aufsätze zu allgemeinen Themen und zur Psychologie des Selbst, Frankfurt M. [2]1985, 205-251.
Kohut, Heinz, Narzißmus. Eine Theorie der psychoanalytischen Behandlung narzißtischer Persönlichkeitsstörungen, Frankfurt M. [8]1992.
Köpf, Ulrich, Monastische Theologie im 15. Jahrhundert, in: RoJKG 11 (1992), 117-135.
Köpf, Ulrich, Monastische und scholastische Theologie, in: D. R. Bauer/G. Fuchs (Hg.), Bernhard von Clairvaux und der Beginn der Moderne, I-W 1996, 96-135.
Köpf, Ulrich, Art. Monastische Theologie, in: LThK 7 (1998), 389f.
Kohlberg, Lawrence, Die Psychologie der Moralentwicklung, Frankfurt M. 1996.
Kohlberg, Lawrence, Die Psychologie der Lebensspanne, Frankfurt M. 2000.
Koselleck, Reinhart, Vergangene Zukunft, Frankfurt M. 1979.
Judith Krahe, Der Herr ist Geist. Studien zur Theologie Odo Casels, 2 Bde., St. Ottilien 1986.

L

Lauenstein, Diether, Die Mysterien von Eleusis, Stuttgart 1987.

Lashley, Karl S., Temporal Variations in the Function of the Gyrus Precentralis in Primates, in: American Journal of Physiology 65 (1923), 585-602.

Leclercq, Jean, Wissenschaft und Gottverlangen. Zur Mönchstheologie des Mittelalters, Düsseldorf 1963.

Lenz, B., Die Kraft der Stille, in: Capital 3/1999, 84-88.

Leyton, A. F. C./Sherrington, C. S., Observations on the Excitable Cortex of the Chimpanzee, Oran-Utan and Gorilla, in: Quarterly Journal of Experimental Physiology 1 (1917), 135-222

Lifton, Robert Jay, The Protean Self: Human Resilience in an Age of Fragmentation, New York 1993.

Linehan, Marsha, Dialektisch-Behaviorale Therapie der Borderline- Persönlichkeitsstörung, CIP-Medien 1996.

Linehan, Marsha, Trainingsmanual zur Dialektisch-Behavioralen Therapie der Borderline-Persönlichkeitsstörung, CIP-Medien 1996.

Linse, Ulrich, Geisterseher und Wunderwirker. Heilssuche im Industriezeitalter, Frankfurt M. 1996.

Liu, D. et al., Maternal Care, Hippocampal Glucocorticoid Receptors, and Hippothalamic-Pituitary-Adrenal Responses to Stress, in: Science 277, 1659-1662.

Lommel, Pim van, Endloses Bewusstsein. Neue medizinische Fakten zur Nahtoderfahrung, Düsseldorf 2009.

Lotz, Johannes Baptist, Die Stufen der Liebe, Eros, Philia, Agape, Frankfurt M. 1971.

Luther, Martin, Weimarer Ausgabe, Weimar 1883ff (WA; Tischreden: WA.TR; Briefe: WA.B)

Lyotard, Jean-Francois, Der Augenblick. Newman, in: ders., Das Inhumane, Wien 1989, 141-157

Lyotard, Jean-Francois, Das Erhabene und die Avantgarde, in: ders., Das Inhumane, Wien 1989, 159-187.

M

Main, John, Meditieren mit den Vätern. Gebetsweise in der Tradition des Johannes Cassian, Münsterschwarzach 1983 (MKS 21).

Martin, Emily, Flexible Bodies. Tracking Immunity in American Culture from the Days of Polio to the Age of AIDS, Boston 1994.

Maslow, Abraham, Psychologie des Seins, München 1973.

McGinn, Bernhard, Die Mystik im Abendland, Bde. 1-3, Freiburg 1996.

McKenty, In the Stillness Dancing, London/ New York 1987.

Meaney, Michael J. et al., Neonatal Handling Alters Adrenocortical Negative Feedback Sensitivity in Hippocampal Type II Glucocorticoid Receptor Binding in the Rat, in: Neuroendocrinology 50 (1989), 597- 604.

Merkelbach, Reinhold, Mithras. Ein persisch-römischer Mysterienkult, Wiesbaden o.J.

Merkelbach, Reinhold, Isis regina – Zeus Sarapis, München/Leipzig ²2001.

Mertens, Wolfgang, Art.: Spiegeln – mirroring, in: ders., Kompendium psychoanalytischer Grundbegriffe, München 1992, 236-238.

Mertin, Andreas, Disfiguring. Postmoderne Perspektiven auf Kunst und Religion, in: Magazin für Theologie und Ästhetik 2 (1999), URL: http://www.theomag.de/02/am9e.htm (Zugang: 31. 10. 2009)

Meyer, Hans Bernhard, Eucharistie, Regensburg 1989 (Gottesdienst der Kirche. Handbuch der Liturgiewissenschaft, 4).

Mieth, Dietmar, Art.: Kontemplation, in: ³LThK (1997), Sp. 326f

Miller, Bonifaz (Hg.), Weisung der Väter. Apophtegmata Patrum, auch Gerontikon oder Alphabeticum genannt, Freiburg 1965.

Min-Dao, Deng, Der Taoist vom Huashan, 3 Bde., Interlaken 1994.

Mohr, Rudolf, Art.: Ars moriendi, in: TRE 4 (1979), 143-156.

Moody, Raymond, Leben nach dem Tod: die Erforschung einer unerklärlichen Erfahrung, Reinbek bei Hamburg 2002.

Myers, F. W. H., Human Personality and Its Survival of Bodily Death, hg. v. Richard Hogson/Alice Johnson, 2 Bde., New York (1903) 1961.

Mylonas, George E., Eleusis and the Eleusinian Mysteries, Princeton 1961.

N

Nefiodow, Leo A., Ganzheitliche Gesundheit – die Wachstumslokomotive für das 21. Jahrhundert, in: ders., Der sechste Kondratieff – die neue lange Welle der Konjunktur, URL: http://kondratieffzyklen.de/sechste.html (Zugriff: 08. 09. 2009)

Neubaur, Caroline, Übergänge. Spiel und Realität in der Psychoanalyse Donald W. Winnicotts, Frankfurt M. 1987.

Neunheuser, Burkhard, Art.: Casel, Odo, in: TRE 7 (1981), 643-647.

Noble, Richard/Gormley, Antony/Mack, Michael, Antony Gormley, Göttingen 2004.

Nouwen, Henri J. M., Ich hörte auf die Stille. Sieben Monate im Trappistenkloster, Freiburg/Basel/Wien ²1978.

Nygren, Anders, Eros und Agape. Gestaltwandlungen der christlichen Liebe, 2 Bde., Gütersloh 1930/1937.

O

Ohly, Friedrich, Hohelied-Studien. Grundzüge einer Geschichte der Hohelied-auslegung des Abendlandes bis um 1200, Wiesbaden 1958.

Opitz, Christian, Ernährung für Mensch und Erde, Freiburg ^{6}2001.

Origenes, Commentarius in Canticum Canticorum, Werke 8, hg. W. A. Baehrens, Leipzig 1903 (CGS 10, Origenes Werke 4).

Ostrander, Sheila/Schroeder, Lynn, PSI, Bern/München/Wien ^{2}1992.

P

Pangritz, Andreas, Dietrich Bonhoeffers Forderung einer Arkandisziplin. Eine unerledigte Anfrage an Kirche und Theologie, Köln 1988.

Pannenberg, Wolfhart, Systematische Theologie, Bd. 2, Göttingen 1993.

Pascual-Leone, Alvaro/Hamilton, Roy, The Metamodal Organization of the Brain, in: Progress in Brain Research 134 (2001), 427-445.

Pauen, Michael, Illusion Freiheit? Mögliche und unmögliche Konsequenzen der Hirnforschung, Frankfurt M. 2004.

Pauen, Michael/Roth, Gerhard, Freiheit, Schuld und Verantwortung. Grundzüge einer naturalistischen Theorie der Willensfreiheit, Frankfurt M. 2008.

Peterson, Christopher/Seligman, Martin E. P., Character strengths and virtues. A handbook and classification, Oxford 2004.

Pettazzoni, Raffaele, Misteri, Rom 1924.

Philokalie der heiligen Väter der Nüchternheit, 5 Bde., Würzburg 2004.

Piaget, Jean, Time Perception in Children, in: J. T. Fraser (Hg.), The Voices of Time, Amherst ^{2}1981.

Pietschmann, Herbert, Das Ende des naturwissenschaftlichen Zeitalters, Wien 1980.

Plooij, Jakob, Die Mysterienlehre Odo Casels, Neustadt an der Aisch 1968.

Pruyser, Paul W., Narzißmus in der Religion der Gegenwart, in: WzM 35 (1983), 32-43.

Q

„*Quality of One* – Vertical Reality – 101. Präsentiert von ATTI und der University of Integrated Science California", Manuskript, Copyright 2004, 2005.

R

Rahner, Karl, Frömmigkeit heute und morgen (1966), in: Andreas Schönfeld (Hg.), Spiritualität im Wandel, Würzburg 2002, 79-94.

Randell, Robert L., Religiöse Vorstellungen einer narzißtisch gestörten Persönlichkeit, in: WzM 29 (1977), 68-78.

Köster, Peter SJ, Einführung in die Praxis geistlicher Begleitung, Books on demand, 2002.

Rauchenberger, Johannes, Stellprobe und Ernstfall, in: Kunst und Kirche 2003, H. 1, 12-17.

Reitzenstein, Richard, Die hellenistischen Mysterienreligionen nach ihren Grundgedanken und Wirkungen, Leipzig ^{3}1927.

Ricard, Matthieu, Glück, München 2009.

Riedweg, Christoph, Mysterienterminologie bei Platon, Philon und Klemens von Alexandrien (Untersuchungen zur antiken Literatur und Geschichte 26), Berlin/New York 1987.

Rietschl, Georg/Graff, Paul, Lehrbuch der Liturgik, Bd. 2, Göttingen ^{2}1952.

Ring, Kenneth, Den Tod erfahren – das Leben gewinnen, Stuttgart/München 1984.

Rizzuto, Ana-Maria, The birth of the living God, Chicago/London 1979.

Rohde-Dachser, Christa/Meyer zur Capellen, Renée, Prothesengott und Muttermacht, in: Christa Rohde-Dachser (Hg.), Zerstörter Spiegel, Göttingen 1990, 163-184.

Ruhland, Friedrich Theophil, Luther und die Brautmystik. Nach Luthers Schrifttum bis 1521, Gießen 1938.

S

Sabom, Michael B., Erinnerung an den Tod. Eine medizinische Untersuchung, München 1983.

Sachau, Rüdiger, Weiterleben nach dem Tod?, Gütersloh 1998.

Samson, R./Pitt, David (Hg.), The Biosphere and Noosphere Reader: Global Environment, Society and Change, London/New York 1999.

Schacht, Lore, Die Spiegelfunktion des Kinderanalytikers, in: Psyche 36 (1982), 47-58.

Schaupp, Klemens, Gott im Leben entdecken. Einführung in die geistliche Begleitung, Würzburg 2006.

Schefer, Christina, Platons unsagbare Erfahrung, Basel 2001.

Schellenberger, Bernardin, Die Liebesmystik Bernhards von Clairvaux, dargestellt auf dem Hintergrund der höfischen Liebe des 12. Jahrhunderts, in: Wolfgang Böhme/Josef Sudbrack (Hg.), Der Christ von morgen – ein Mystiker?, Würzburg/ Stuttgart 1989, 27-53.

Schellenberger, Bernardin (Hg.), Bernhard von Clairvaux, Rückkehr zu Gott. Die mystischen Schriften, Düsseldorf 2001.

Schellenberger, Bernardin, Die Stille atmen. Leben als Zisterzienser, Stuttgart 2005.

Schelling, Friedrich Wilhelm Joseph von, Die Philosophie der Offenbarung, Stuttgart/Augsburg 1858 (Sämmtliche Werke II/4).

Schenkl, M. Assumpta, Bernhard und die Entdeckung der Liebe, in: Dieter R. Bauer/Gotthard Fuchs (Hg.), Bernhard von Clairvaux und der Beginn der Moderne, Innsbruck/Wien 1996, 151-179.

Schnabel, Ulrich, Die Vermessung des Glaubens, München 2008.

Schneider-Flume, Gunda, Narzißmus als theologisches Problem, in: ZThK 82 (1985), 88-110.

Schröter-Kunhardt, Michael, Erfahrungen Sterbender während des klinischen Todes, in: TW Neurologie Psychiatrie 9 (1995), 132-140.

Schwartz, Jeffrey M. et al., Systematic Changes in Cerebral Glucose Metabolic Rate after Successful Behavior Modification Treatment of Obsessive-Compulsive Disorder, in: Archives of General Psychiatry 53 (1996), 109-113.

Schwartz, Jeffrey M./Begley, Sharon, The Mind and the Brain. Neuroplasticity and the Power of Mental Force, New York 2002.

Schweitzer, Friedrich, Postmoderner Lebenszyklus und Religion, Gütersloh 2003.

Schilson, Arno, Theologie als Sakramententheologie. Die Mysterientheologie Odo Casels, Mainz 1982.

Schlüter, C., Konsekration der Welt. Die universale Eucharistie in den frühen Schriften Pierre Teilhards de Chardin, Dissertation Göttingen 1993.

Schmemann, Alexander, Introduction to Liturgical Theology, Paris 1961.

Schmid, J., Art. Brautschaft, heilige, in: RAC 2, 528-564.

Schmitz, Hermann, Das Göttliche und der Raum. System der Philosophie III/4, Bonn 1977.

Schneider, Michael, Aus den Quellen der Wüste. Die Bedeutung der frühen Mönchsväter für eine Spiritualität heute, Köln ²1989.

Schwarz, Reinhard, Luthers unveräußerte Erbschaft an der monastischen Theologie, in: Kloster Amelungsborn 1135-1985, in: Gerhard Ruhbach/Kurt Schmidt-Clausen (Hg.), Amelungsborn 1985, 209-231.

Secretan, Lance H. K., Soul-Management. Der neue Geist des Erfolgs – die Unternehmenskultur der Zukunft, München 1997.

Segal, Zindel V./Williams, J. Mark G./Teasdale, John D., Mindfulness- Based Cognitive Therapy for Depression: A New Approach to preventing Relapse, Guilford Press 2001.

Seligman, Martin E. P., Der Glücks-Faktor, Lübbe 2005.

Sherwood, Vance R., Object Constancy: The Illusion of Being Seen, in: Psychoanalytic Psychology 6,1 (1989), 15-30.

Siefer, Werner/Weber, Christian, Ich. Wie wir uns selbst erfinden, Frankfurt M. 2006.

Singer, Wolf/Ricard, Matthieu, Hirnforschung und Meditation. Ein Dialog, Frankfurt M. 2008.

Six, Jean Francois, Charles de Foucauld. Bruder aller Menschen, Freiburg/Basel/Wien 1977.

Six, Jean Francois, Charles de Foucauld. Der geistliche Werdegang, München/Zürich/Wien 1978.

Snell, Bruno, Die Entdeckung des Geistes. Studien zur Entstehung des europäischen Denkens bei den Griechen, Göttingen (1946) 4. neubearb. Aufl. 1975.

Sophokles, Tragödien und Fragmente, hg. v. W. Willige, München 1966.

Sperry, Roger, A mentalist view of consciousness, in: Social Neuroscience Bulletin (1993), 6 (2), 15-19.

Sperry, Roger, Holding course amid shifting paradigms, in: W. W. Harman (Hg.), New metaphysical foundations of modern science. Sausilito/ CA: Institute of Noetic Science (1994), 99-124.

Steiner, Rudolf, Wie erlangt man Erkenntnisse der höheren Welten?, Stuttgart 1961.

Stern, Daniel N., The interpersonal world of the infant, New York 1985.

Stock, Alex, Poetische Dogmatik. Christologie, Bd. 1: Namen, Paderborn 1995.

Stock, Alex, Poetische Dogmatik. Christologie, Band 2: Schrift und Gesicht, Paderborn 1996.

Strzyz, Klaus, Sozialisation und Narzißmus. Gesellschaftlicher Wandel und die Veränderung von Charaktermerkmalen, Wiesbaden 1978 (Theorie und soziale Praxis, 6).

Sünner, Rüdiger, Schwarze Sonne. Entfesselung und Missbrauch der Mythen im Nationalsozialismus und rechter Esoterik, Freiburg 1996.

Symeon Neos Theologos, Hymnen. Einleitung und kritischer Text, hg. v. Athanasios Kambylis, Berlin 1976 (Supplementa Byzantina, Texte und Untersuchungen, 3).

T

Tart, Charles, Transpersonale Psychologie, Olten/Freiburg 1978.

Taylor, Mark C., Disfiguring. Art, Architectur, Religion, Chicago/London 1992.

Teilhard de Chardin, Pierre, Der Mensch im Kosmos, München ^{2}1959.

Teilhard de Chardin, Pierre, Geheimnis und Verheißung der Erde. Reisebriefe 1923-1939, Freiburg/ München ^{2}1961.

Teilhard de Chardin, Pierre, Die menschliche Energie, Olten/Freiburg 1966.

Teilhard de Chardin, Pierre, Frühe Schriften, Freiburg/München 1968.

Teilhard de Chardin, Pierre, Wissenschaft und Christus, Olten/Freiburg 1970.

Teilhard de Chardin, Pierre, Mein Glaube, Olten/Freiburg 1972.

Teilhard de Chardin, Pierre, Auswahl aus dem Werk, hg. v. Lorenz Häfliger/Joseph Bader, Freiburg 1964.

Teilhard de Chardin, Pierre, Das Herz der Materie, Olten 1990.

Teresa von Avila, Das Buch meines Lebens, hg. und übersetzt von Ulrich Dobhan/Elisabeth Peeters, Freiburg/ Basel/Wien ^{5}2009.

Terstriep, Dominik, Weisheit und Denken. Stilformen sapientialer Theologie, Rom 2001 (Analecta Gregoriana 283).

Tertullian, Tertullians private und katechetische Schriften, Kempten/ München 1912 (BKV 7).

Tertullian, Tertullians apologetische, dogmatische und montanistische Schriften, Kempten/München 1915 (BKV 24).

Thiels, Gustave, Christliche Heiligkeit, München 1961.

Turkle, Sherry, Leben im Netz, Reinbek 1999.

Turner, Victor, Das Ritual, Frankfurt M. (1969) ²2005.

Tweedie, Irina, Wie Phönix aus der Asche, Reinbek 1984.

V

Varela, Francisco, Traum, Schlaf und Tod. Grenzbereiche des Bewußtseins, München 1998.

Vermaseren, Maarten J., Mithras. The Secret God, London 1963.

Vermaseren, Maarten J., Mithraica I: The Mithraeum at S. Maria Caua Vetere, Leiden 1966 (EPRO 9).

Vermaseren, Maarten J., Der Kult des Mithras im römischen Germanien, Stuttgart 1974.

Vermaseren, Maarten J., (Hg.), Die orientalischen Religionen im Römerreich, Leiden 1997.

Vermaseren, Maarten J., Cybele and Attis. The Myth and Cult, London 1977.

Virilio, Paul, Revolutionen der Geschwindigkeit, 1993.

Virilio, Paul, Rasender Stillstand, Frankfurt M. ⁴1997.

Virilio, Paul, Fluchtgeschwindigkeit, Frankfurt M. 2001.

Völker, Walther, Der wahre Gnostiker nach Clemens Alexandrinus, Berlin/ Leizpig 1952.

Volp, Reiner, Liturgik, 2 Bde., Gütersloh 1994.

Vorgrimler, Herbert, Art.: Meditation, in: ²LThK (1962) Sp. 234.

W

Wagenaar, Christofoor, Das Beten der Wüstenmönche. Zur Geschichte des Jesus-Gebets, in: GuL 59 (1986), 93-103.

Wagner, David /Cousens, Gabriel, Tachyon Energie, Aitrang 1999.

Wahl, Heribert, Narzißmus? Von Freuds Narzißmustheorie zur Selbstpsychologie, Stuttgart/Berlin/Köln/ Mainz 1985.

Wallraff, Martin, Von der Eucharistie zum Mysterium, in: Peter Gemeinhardt/ Uwe Kühneweg, Patristica et Oecumenica. FS W. A. Bienert, Marburg 2004, 89-104.

Ware, Kallistos, Weisen des Gebetes und der Kontemplation – In der Ostkirche, in: John Meyendorff/Jean Leclerq (Hg.), Geschichte der christlichen Spiritualität, Bd. 1, 394-411.

Welker, Michael, Universalität Gottes und Relativität der Welt, Neukirchen-Vluyn 1981.

Wendebourg, Dorothea, Mysterion und Sakrament, in: Peter Hauptmann (Hg.), Unser ganzes Leben Christus unserm Gott überantworten. FS Lilienfeld, Göttingen 1982, 272-294.

Wilbrand, W., Ambrosius und Plato, in: Römische Quartalsschrift 25 (1911), 42-49.

Winn, Michael, Einleitung: Was ist die „heilende Energie des Tao"?, in: Mantak Chia, Tao Yoga. Praktisches Lehrbuch zur Erweckung der heilenden Urkraft Chi, Interlaken [6]1993, 16-19.

Winnicott, Donald W., Übergangsobjekte und Übergangsphänomene, in: Psyche 23 (1969), 666-681.

Winnicott, Donald W., Die Spiegelfunktion von Mutter und Familie in der kindlichen Entwicklung, in: ders., Vom Spiel zur Kreativität, Stuttgart 1973, 128-135.

Winnicott, Donald W., Ich-Integration in der Entwicklung des Kindes, in: ders., Reifungsprozesse und fördernde Umwelt, München 1974, 72-81.

Wobbermin, Geog, Religionsgeschichtliche Studien zur Frage der Beeinflussung des Urchristentums durch das antike Mysterienwesen, Berlin 1896.

Wolfes, Matthias, Art.: Panentheismus, in: [4]RGG VI, 848-850.

Wolke, Gerry, Tachyon Healing and the Physics of Love, 1995, URL: http://www.naturalhealthconsult.com/THATPOL.html (Zugriff: 31. 10. 2009)

Wurmser, Léon, Die zerbrochene Wirklichkeit. Psychoanalyse als das Studium von Konflikt und Komplementarität, Berlin etc. 1989.

Wurmser, Léon, Die Maske der Scham. Die Psychoanalyse von Schamaffekten und Schamkonflikten, Berlin etc. 1990.

Z

Zaleski, Carol, Nah-Todeserlebnisse und Jenseitsvisionen vom Mittelalter bis zur Gegenwart, Frankfurt M./Leipzig 1993.

Zander, Hans Conrad, Als die Religion noch nicht langweilig war. Die Geschichte der Wüstenväter, Köln 2004.

Zander, Hans Conrad, Die emanzipierte Nonne, Berlin/Zürich [2]2007.

Zezschwitz, Gerhard von, System der christlichen Katechetik, Bd. 1, Leipzig 1863.

Zezschwitz, Gerhard von, Art. Arkandisciplin, in: Real-Encyklopädie für protestantische Theologie und Kirche, Bd. 1 ([2]1877), 637-645.

Personenregister
(ohne Namensnennungen in Fußnoten)

D

E

F

G

H

I

J

K

L

M

N

O

P

R

S

T

V

W

Z